DIREITOS LGBTI+ NO BRASIL

DIREITOS LGBTI+ NO BRASIL

novos rumos da proteção jurídica

edições sesc

ORGANIZAÇÃO Renan Quinalha
Emerson Ramos
Alexandre Melo Franco Bahia

1ª reimpressão, 2024

Edição e preparação André Albert
Revisão Mario Tommaso Pugliese Filho, Andréia Manfrin Alves
Capa, projeto gráfico e diagramação Felipe Chodin

Dados Internacionais de Catalogação na Publicação (CIP)

D62897
Direitos LGBTI+ no Brasil: novos rumos da proteção jurídica
Organização: Renan Quinalha; Emerson Ramos;
Alexandre Melo Franco Bahia. — São Paulo:
Edições Sesc São Paulo, 2024. – 472 p.

Bibliografia
ISBN 978-85-9493-292-1

1. Direito LGBTI+. 2. Cidadania LGBTI+. 3. Brasil.
4. Proteção jurídica. 5. Direitos Civis. 6. Direitos sociais.
7. Direito penal. 8. LGBTIfobia. 9. Direito internacional
I. Título. II. Quinalha, Renan. III. Ramos, Emerson.
IV. Bahia, Alexandre Melo Franco.

CDD 344.810

Elaborada por Maria Delcina Feitosa CRB/8-6187

Edições Sesc São Paulo
Rua Serra da Bocaina, 570 – 11º andar
03174-000 – São Paulo SP Brasil
Tel. 55 11 2607-9400
edicoes@sescsp.org.br
sescsp.org.br/edicoes
/edicoessescsp

APRESENTAÇÃO

PELO DIREITO DE HABITAR A VIDA

LUIZ DEOCLECIO MASSARO GALINA
DIRETOR DO SESC SÃO PAULO

Para a filósofa estadunidense Judith Butler – referência para o pensamento contemporâneo nas discussões sobre gênero, sexualidade, direito e democracia –, a precariedade é uma situação induzida sistematicamente, evocando condições básicas de vida não asseguradas, como moradia, alimentação, acesso a saúde, trabalho, autonomia financeira, tendo a própria garantia de futuro negligenciada tanto material como subjetivamente.

Considerar uma dimensão subjetiva de futuro diz respeito à manutenção da existência física conjuntamente à dignidade dos sujeitos, de tal maneira que recursos materiais para a sobrevivência estejam vinculados a condições que possibilitem sonhar, desejar e experienciar bem-estar.

Butler aponta vários grupos sociais vulnerabilizados pelos sistemas hegemônicos, dentre os quais as pessoas LGBTQIAPN+. No contexto brasileiro, a que este livro se dedica a pensar, são variadas as aproximações com as realidades de lésbicas, gays, bissexuais, transgêneros, travestis, queer, intersexuais, assexuais, pansexuais, pessoas não binárias e mais. Histórias inseridas em um contexto político-social que ainda demanda nomeações, reconhecimento das diferentes interseções com outros marcadores sociais, como raça, classe, idade, localidade, das particularidades de cada um desses grupos e de suas potências criadoras, para o enfrentamento das desigualdades e o reconhecimento político integral.

Nesse sentido, *Direitos LGBTI+ no Brasil: novos rumos da proteção jurídica* apresenta um panorama dos instrumentos legais e contextos jurídicos de proteção a pessoas LGBTQIAPN+ conquistados no Brasil, bem como de condições a serem ainda alcançadas e conjunturas postas em reflexão.

De estrutura transversal a diversas áreas do conhecimento, este livro, organizado por Alexandre Melo Franco Bahia, Emerson Ramos e Renan Quinalha, tenta assentar os complexos terrenos que organizam a sociedade brasileira e a vida de pessoas vulnerabilizadas por sua orientação sexual ou identidade de gênero. Para tanto, historiciza os debates sobre gênero e sexualidade, as políticas de direito e o sistema jurídico, sem perder de vista o que mobiliza essas interfaces: as demandas sociais.

Colocar esses temas em perspectiva permite que façamos perguntas sobre nossos modos de viver, sejam esses legitimados pelos aparatos jurídicos ou não. Nesse sentido, vale considerar que a história dos direitos

LGBTQIAPN+ é distinta da história das pessoas LGBTQIAPN+. É fundamental sublinhar que essas pessoas, cujas existências são atravessadas por invisibilidade, violência e privações, efetivamente existem, em potência individual e coletiva, apesar das ausências e negligências de um sistema de direitos.

Assim, é possível abrir alguns questionamentos: o que fazer quando uma lei não existe ou é seletivamente cumprida? Por que, e a quem, a igualdade é ameaçadora? Com respostas vastas, que se desdobram em novas perguntas, tais questionamentos serão refletidos nesta organização de textos e apontam para o exercício de pensar e fabricar práticas que incorporem as diversas realidades e necessidades dos sujeitos. Afinal, a emancipação só é verdadeira se for coletiva.

A ação cultural, associada a perspectivas educativas, pode colaborar no fomento e na circulação de reflexões, no intento de superar imposições, preconceitos, essencialismos e violências. Trata-se da convicção de que reconhecer as histórias sociais, sobretudo as marginalizadas, é aperfeiçoar a habilidade de transgredir as regras que sustentam as violências em suas mais diversas denominações.

INTRODUÇÃO

RENAN QUINALHA
EMERSON RAMOS
ALEXANDRE MELO FRANCO BAHIA

A década de 2010 foi marcada, no Brasil, pela conquista dos principais direitos historicamente reivindicados pelo movimento LGBTI+[1], sobretudo no âmbito do Supremo Tribunal Federal (STF). Na Ação Direta de Inconstitucionalidade (ADI) n. 4.277 e na Arguição de Descumprimento de Preceito Fundamental (ADPF) n. 132, julgadas em 2011, foi reconhecido o direito à união entre pessoas do mesmo sexo, o que possibilitou a formalização da garantia do casamento civil igualitário pela Resolução n. 175/2013 do Conselho Nacional de Justiça (CNJ). Na ADPF n. 291, julgada parcialmente procedente em 2015, o STF considerou inconstitucional a menção à homossexualidade no art. 235 do Código Penal Militar, que considera como crime a "pederastia ou outro ato de libidinagem". Já no ano de 2018, reconheceu-se o direito à identidade de gênero das pessoas trans (bem como suas consequências jurídicas) por meio do Recurso Extraordinário (RE) n. 670.422 e da ADI n. 4.275. Em 2019, no Mandado de Injunção n. 4.733 (MI) e na Ação Direta de Inconstitucionalidade por Omissão (ADO) n. 26, decidiu-se pela criminalização da LGBTfobia, através do enquadramento da conduta na Lei do Racismo (Lei n. 7.716/89). Vale ainda mencionar o reconhecimento do direito à doação de sangue, em maio de 2020, na ADI n. 5.543, a homens cis gays e bissexuais, mulheres trans e travestis. Por fim, mencionem-se as diversas ações recentemente apreciadas pela Suprema Corte no sentido de declarar a inconstitucionalidade de legislações municipais e estaduais que proibiam discussões de gênero e sexualidade nas escolas. Todas essas ações foram julgadas praticamente no intervalo de apenas uma década.

Depois de tantas conquistas, a sensação é a de que, ao menos do ponto de vista formal, não haveria mais pelo que lutar. Aparentemente, o processo de cidadanização da população LGBTI+ teria sido consumado pela atuação de um Poder Judiciário sensível às demandas das minorias sexuais, que estariam cada dia mais fortalecidas. Esse, entretanto, é um imaginário que não se sustenta ao ser confrontado com a realidade social.

Os direitos LGBTI+, apesar de formalmente assegurados, ainda são uma ficção para boa parte da população que deveria se beneficiar deles. Além disso, o Brasil permanece como o país que mais mata e deixa matar pessoas LGBTI+, segundo os registros de entidades. Além da continuidade dessa violência crônica e estrutural, apesar do reconhecimento formal de direitos, há uma escalada do conservadorismo que toma a sociedade e as instituições do Estado brasileiro.

1 Optamos por respeitar a grafia escolhida por cada autor para a sigla em questão.

Mesmo com a derrota de Bolsonaro nas últimas eleições presidenciais, um candidato e ex-presidente abertamente LGBTfóbico, o bolsonarismo persiste como força política no Brasil. Prova disso é a articulação em curso, na Câmara dos Deputados, pela aprovação de um Projeto de Lei (PL) que proíbe o casamento homoafetivo, reconhecido por decisão do STF desde 2011. Por 12 votos a 5, a Comissão de Previdência, Assistência Social, Infância, Adolescência e Família da Câmara aprovou o referido PL e, apesar de suas remotas chances de conversão em lei, torna-se evidente a tentativa de fazer retroceder direitos já conquistados.

Assim, se é verdade que significativas conquistas históricas advieram da década passada, também o é o fato de que ainda há muito pelo que lutar em um contexto de permanente disputa e tensão em torno da construção dos direitos LGBTI+.

Nesse sentido, buscamos reunir nesta publicação pesquisas sobre os novos rumos da luta por direitos da comunidade LGBTI+ no Brasil. Convidamos pessoas que pesquisam e escrevem sobre a temática, tanto da perspectiva teórica como da empírica, em todo o país, buscando responder às seguintes questões: qual o grau de efetividade das decisões judiciais paradigmáticas do STF e seus desdobramentos na sociedade e na cultura brasileiras? Quais os limites de aplicação de decisões que, apesar de promoverem avanços de reconhecimento, ainda se pautam por uma visão binária de gênero e por uma concepção familista da sexualidade? Como operam as normas jurídicas diante da fluidez das identidades que escapam aos contornos ainda estritos do sujeito de direitos? Por que, passados mais de dez anos da decisão do STF sobre união homoafetiva, o Congresso Nacional continua omisso em legislar sobre essa matéria (e qualquer outra relacionada à minoria LGBTI+)? Em que medida a ausência de leis em sentido formal imprime uma precariedade ainda maior aos direitos LGBTI+? De que modo a omissão legislativa de tratar da questão mostra um problema de crise da democracia representativa no Brasil? Quais são as novas fronteiras de práticas e identidades ainda pouco reconhecidas pelo direito brasileiro (como as pessoas intersexo)? De que modo a cruzada moral contra os direitos sexuais e reprodutivos em curso no país ameaça a cidadania das pessoas LGBTI+? Em suma, pelo que nos resta lutar em uma conjuntura complexa como a atual?

A obra que você tem em mãos pretende, assim, tanto fazer um balanço crítico do processo de reconhecimento trilhado até aqui quanto promover uma discussão em torno dos desafios presentes e futuros postos às pessoas que se preocupam, na teoria e na prática, com a cidadanização das pessoas LGBTI+ no país.

A parte I, intitulada "Os direitos civis: prazer, afetividade e conjugalidade", tem por foco os direitos civis de sexualidade, o campo de batalhas mais tradicionalmente ligado às lutas LGBTI+. Assim são classificadas aquelas demandas por reconhecimento que foram pioneiras e que, historicamente, tiveram maior visibilidade e se tornaram hegemônicas no amplo conjunto de reivindicações do ativismo por diversidade sexual e de gênero. Com efeito, quando se fala em direitos LGBTI+, logo vêm à mente as garantias civis específicas de reconhecimento das liberdades de orientação sexual e de identidade de gênero.

Talvez a mais conhecida dessas demandas seja a união e o casamento entre pessoas do mesmo gênero, bandeira que se tornou símbolo da diversidade sexual em vários países. Isso porque ela foi, de um lado, uma das primeiras reivindicações diretamente dirigidas ao Estado, com o objetivo de retirar de vez considerações de caráter religioso da esfera do matrimônio civil, em um momento no qual a falta de amparo jurídico prejudicou toda uma geração de gays que tiveram seus companheiros mortos em decorrência da epidemia do HIV/aids; de outro, porque se tornou a principal demanda ostentada por homens gays cissexuais, segmento com maior visibilidade dentro da comunidade LGBTI+ e maior capacidade de assimilação. Além disso, pode-se dizer que essa demanda ressignificou uma das mais longevas e tradicionais instituições da sociedade heterocispatriarcal, o casamento.

Não à toa, no caso brasileiro, o primeiro direito específico assegurado à população LGBTI+ foi precisamente o das uniões homoafetivas, graças a uma decisão do Supremo Tribunal Federal de 2011. A partir dela, o tribunal passou a reconhecer e consagrar uma série de outros direitos a essa população. No entanto, os capítulos da primeira seção do livro colocam em perspectiva crítica a centralidade dos direitos civis ou mesmo a redução da cidadania de pessoas LGBTI+ a esses direitos de reconhecimento. Nessa linha, os textos exploram as contradições do processo de institucionalização dos direitos civis.

No primeiro artigo, "Do direito ao prazer à cidadania LGBTI+: uma história das conquistas jurídicas", Renan Quinalha explora, em perspectiva histórica, a construção da gramática dos direitos durante os primeiros passos do movimento LGBTI+ no contexto da abertura da ditadura, no final da década de 1970. A despeito da desconfiança da comunidade em relação ao Estado ainda ditatorial, o autor sustenta o argumento de que o uso estratégico do discurso dos direitos humanos emerge junto com o movimento, que usava formulações mais radicais e utópicas, como a do "direito ao prazer", que, aos poucos, deu lugar aos direitos civis cada vez mais institucionalizados na ordem social, jurídica e sexual vigente.

Já o segundo artigo, "Entre o reconhecimento e a regulação: os fluxos decisórios e legislativos nos processos de busca por legitimidade das famílias homoafetivas e não monogâmicas", de Laura Pimentel e Luiza Pimenta, traça um interessante panorama sobre decisões judiciais e projetos de lei em torno da temática dos modelos de formação de famílias. A partir de uma etnografia de documentos de organizações estatais, as autoras concentram a análise no período que vai de 2011, data do julgamento no STF que reconheceu as uniões homoafetivas, até 2020, ano em que a mesma corte rejeitou a possibilidade de uma pessoa ter uniões estáveis concomitantes. Como argumento central, com forte tom crítico, sustenta-se que o ideal de conjugalidade que informa a matriz heteronormativa do poder jurídico ainda passa pelo paradigma do casamento entre duas pessoas de gêneros distintos.

No terceiro capítulo, o último da seção sobre direitos civis, "Nem véu nem grinalda: uma reescrita queer do julgamento que reconheceu a união estável homoafetiva", Eder van Pelt apresenta uma instigante crítica queer ao modo como o direito ainda vincula à moralidade sexual dominante seu reconhecimento das dissidências. Sem desqualificar as conquistas jurídicas da população LGBTI+, o autor faz um exame detido dos pressupostos e valores presentes nos votos dos ministros do STF no julgamento que reconheceu as uniões homoafetivas, apontando para os limites desse reconhecimento. Nos termos do próprio Eder, trata-se de trazer para o centro da cena um "mundo de amores e afetos não reconhecidos pelo direito porque o direito ama com véu e grinalda".

Por sua vez, a segunda parte reúne quatro textos que dialogam com questões referentes aos chamados direitos sociais, econômicos e culturais, classificados tradicionalmente como direitos de segunda geração ou dimensão. Como mencionamos, quando se pensa na luta por direitos da minoria LGBTI+, muitas vezes as questões giram mais em torno de reconhecimento que da dimensão de redistribuição ou mesmo da representação (tema que será abordado mais detidamente na parte 4)[2]. Contudo, a conquista da cidadania plena depende de que as três dimensões caminhem juntas – e é o que

2 Nancy Fraser irá apresentar essas três dimensões da questão da justiça: ver Nancy Fraser, *Escalas de justicia*, Barcelona: Herder, 2008.

ocorre no conjunto de textos deste livro. Afinal, questões de acesso à educação e à saúde são fundamentais quando se pensa nas pessoas LGBTI+ como sujeitos plenos de direito.

No primeiro capítulo da seção, "O dispositivo dos direitos humanos na cultura escolar: direitos, autonomia dos jovens e uma nova geografia dos prazeres", Carlos Eduardo Barzotto e Fernando Seffner mostram alguns resultados da pesquisa etnográfica que vem sendo feita com estudantes do ensino médio de uma escola pública para discutir *bullying*, discriminação e evasão escolar associados a questões de gênero e sexualidade "desviantes". A essas experiências são confrontadas políticas educacionais já positivadas de desenvolvimento de uma cultura de direitos humanos nas escolas. Os autores propõem, a partir de outros estudos, que os desejos e as práticas corporais não são apenas regulados pelo "dispositivo de sexualidade", como queria Foucault, mas que há um outro dispositivo ao lado daquele, chamado de "dispositivo dos direitos humanos", o qual propõe novas visões e discursos que a prática pedagógica pode aprofundar. Ao mesmo tempo, o texto mostra o embate daquelas concepções com (re)ações de grupos neoconservadores sobre a educação.

Em "O direito à educação sexual anti-LGBTfóbica: da construção psicanalítica das sexualidades à desconstrução pedagógica das categorias dissidentes", Arthur Albuquerque de Andrade propõe uma nova "frente" diante das três propostas já existentes de educação anti-LGBTfóbica por ele identificadas. Sua ideia é abordar, na educação, a temática da sexualidade não a partir de categorização de identidades de gênero ou de orientações sexuais, mas da emancipação, que só é verdadeira se for coletiva. Assim, dando passos além das propostas feitas por Foucault e, mais recentemente, Butler, propõe, em um viés pós-estruturalista, uma discussão interdisciplinar entre o direito, a psicanálise e a pedagogia, de forma que o direito à educação deve ser visto como "instrumento ao desenvolvimento da capacidade cognitiva e das habilidades sociais para a emancipação". O ambiente da educação deve superar a imposição de dicotomias sexuais ou identidades padrão, que manteriam a sexualidade como forma de controle e de assujeitamento a uma "ciência" de modelos performativos predeterminados, a fim de caminhar para uma concepção da sexualidade como potência de emoção e amor.

No texto "A política de morte das pessoas LGBTQIA+ no sistema carcerário: uma análise a partir dos casos de autoextermínio no presídio de São Joaquim de Bicas (MG)", Bruno Roberto de Souza Siqueira e

Alexandre Melo Franco Bahia mostram a situação reconhecida pelo STF de "estado de coisas inconstitucional" do sistema carcerário brasileiro, que é agravada pelo fato de, no caso, se tratar da população carcerária composta por gays, bissexuais, mulheres trans e travestis em um presídio na Região Metropolitana de Belo Horizonte. Os autores, a partir de pensadores como Foucault e Mbembe, mostram a política de "deixar morrer" a que aquelas pessoas estão expostas, em razão das graves violações do direito à saúde integral (física, psicológica e moral). À discriminação estrutural por ser LGBTI+ se soma o estigma do encarceramento, o que potencializa a vulnerabilidade em termos de saúde.

Semirames Khattar e Vanessa Berner fecham essa sessão com o texto "Políticas públicas culturais e imagens de controle das manifestações artísticas negras LGBTQIA+: bloqueios ao acesso ao financiamento em editais públicos", o qual discute a dimensão dos direitos culturais e de que forma pessoas negras e LGBTI+ eram preteridas nos editais de fomento da Política Nacional de Cultura no governo Bolsonaro. Como mostram as autoras, a discriminação a esses grupos se dá pelo uso de certas "imagens de controle" – conceito que tomam de Patricia Hill Collins – que contaminam a definição de quais projetos seriam ou não financiados, embora os processos de seleção se apresentem como imparciais, prejudicando pessoas LGBTI+, particularmente as negras. As autoras desnudam três critérios de seleção que encobrem tais categorias e acabam por retroalimentar uma série de estereótipos associados a esses grupos, como promiscuidade, agressividade, primitivismo e vitimismo, a partir daí considerando-os desprovidos de competências técnica e artística.

Por sua vez, a terceira parte do livro agrupa três artigos que tratam da repressão penal à discriminação contra pessoas LGBTI+. Os usos do direito penal no combate à discriminação são uma das questões mais tormentosas para juristas e militantes neste primeiro quarto de século. A consolidação política dos movimentos sociais organizados em torno de identidades ao longo do século XX e o reconhecimento de novos sujeitos de direito nas democracias contemporâneas levaram à consequente aprendizagem e aproximação do direito positivo e da linguagem jurídica pelos diversos movimentos. Conhecer o campo jurídico permite a esses grupos organizados disputar a elaboração, a interpretação e a aplicação das normas de constituição e atuação do Estado. Mesmo em meio a disputas internas em torno das estratégias a serem desenvolvidas, atores sociais passam a apostar na política criminal como forma de combate repressivo às discriminações. Os debates em torno dessa estratégia jurídico-política é o tema central da seção.

No texto "Homotransfobia como crime de racismo: diretrizes para uma justa tutela penal da diversidade sexual e de gênero", Emerson Ramos e Paulo Iotti esclarecem de forma sucinta o que significa interpretar a discriminação contra pessoas LGBTI+ como discriminação racial para fins de direito penal. Explicam o que se entende por homotransfobia (ou cis-heterossexismo), o que significa criminalizar a homotransfobia (ou o cissexismo) e o que se pretende com a criminalização (ou seja, quais são os fins sociais da repressão penal). O artigo é particularmente útil para quem deseja entender a decisão tomada pelo Supremo Tribunal Federal na ADO n. 26 e no MI n. 4.733, julgados em 2019, que reconheceu a homotransfobia como crime de racismo. Neste ponto, os autores enfrentam as críticas jurídicas que eventualmente são direcionadas à decisão.

Na esteira dessa discussão, Fernanda Pereira e Thiago Amparo debatem, no texto "Além da criminalização: leitura queer sobre legalismo progressista", o significado do projeto criminalizador para o movimento LGBTI+ e os dilemas em torno dele. Sintoma de um legalismo progressista por parte dos movimentos sociais, a criminalização das atitudes discriminatórias representa a desradicalização e cooptação das pautas dos movimentos de diversidade sexual e de gênero pelo neoliberalismo, apresentando riscos como a satisfação simbólica (ilusória) gerada pela conquista formal de direitos, o déficit transformador da política de criminalização (que não altera efetivamente a vida das pessoas LGBTI+) e o risco de focar as pautas do movimento em questões como o aumento de penalidades e o fortalecimento das instâncias penais, em vez de apostar em políticas mais eficazes de combate aos problemas sociais dessa comunidade.

O terceiro e último artigo da seção é de Victor Sugamosto Romfeld, chamado "A LGBTfobia entre a ausência e o reconhecimento: uma análise empírica a partir dos casos criminais julgados pelo Tribunal de Justiça do Estado do Paraná entre 2010 e 2020". Nesse texto, o autor investiga se o Poder Judiciário paranaense tem reconhecido, em julgados criminais, eventuais condutas discriminatórias praticadas contra pessoas LGBTI+. Para tanto, analisa um universo de 54 decisões para identificar quais delas reconheceram a LGBTfobia no momento de fixação da pena e em que contextos essa discriminação foi reconhecida. Além disso, observa as razões utilizadas pelos julgadores nos casos de não reconhecimento da discriminação nas práticas criminosas.

Na quarta parte, "Para além da cisgeneridade e da endossexualidade: os direitos das pessoas trans e intersexo", são exploradas as fronteiras mais recentes de expansão dos direitos LGBTI+, priorizando o reconhecimento das identidades representadas pelas letras que ficam mais ao final da sigla: pessoas trans e intersexo. Essa é a maior seção do livro por uma escolha política, já que essa parcela da comunidade LGBTI+ ainda é a menos amparada por conquistas jurídicas, demandando, portanto, maior atenção nas reflexões em torno dos novos rumos dos direitos de diversidade sexual e de gênero.

No texto "Autodeterminação da identidade de gênero como direito fundamental das pessoas trans: uma leitura a partir do direito antidiscriminatório", Antonella Galindo defende a existência do direito fundamental à autodeterminação de gênero, reconstruindo os fundamentos de seu reconhecimento pelo STF no julgamento da ADI n. 4.275. Para fundamentar sua análise, ela se vale da tese do "direito antidiscriminatório" construída por Adilson Moreira e também por suas próprias pesquisas prévias sobre o tema. Os direitos que são reconhecidos à minoria LGBTI+ no Brasil têm advindo quase que exclusivamente do Judiciário, como na decisão objeto do texto, construindo o que a autora define como uma "legalidade oblíqua e contramajoritária" do STF.

Já em "Entre a inclusão conservadora e o reconhecimento afirmativo: discursos que constituem as decisões do STF sobre travestis e pessoas trans", Alice Hertzog Resadori aponta limites e contradições desse reconhecimento jurisdicional dos direitos das pessoas trans. A partir da constatação de que, diferentemente de alguns vizinhos da América Latina, o Brasil não tem uma lei específica de proteção a pessoas trans, a autora se propõe a analisar as decisões do STF sobre o tema a partir de uma tensão entre, de um lado, uma inclusão conservadora e, de outro, um reconhecimento afirmativo. Essa chave de leitura permite um registro crítico dos avanços e também do que ainda precisa ser feito para a proteção jurídica dessa comunidade.

Por sua vez, Carla Watanabe, no texto "Os cartórios extrajudiciais e seu paradigma jurídico: a luta das pessoas trans", traça um histórico dos cartórios como instituições de larga tradição para a defesa da propriedade e não da dignidade da pessoa humana. A autora elenca uma série de dificuldades, disso decorrentes, para a efetivação do direito à identidade de gênero – já reconhecido pelo STF – no dia a dia dos cartórios brasileiros, indicando ações necessárias para que essa realidade mude.

Luana Lemos de Almeida e Sumaia Midlej Pimentel Sá, em "O direito ao nome da criança intersexo: nomeação e registro civil", trazem para a obra uma contribuição imensa ao discutirem a intersexualidade, até pouco tempo atrás esquecida da maioria dos que se debruçavam sobre direitos dos LGBTI+. As autoras lembram que o gênero e, logo, a identidade da pessoa intersexo, no Brasil, são determinados por uma equipe médica, mais os pais, logo após seu nascimento, através de procedimentos extremamente invasivos, somados normalmente à hormonização por toda a vida, apenas porque se trata de um corpo que desafia concepções binárias quanto ao gênero. As autoras lembram que, felizmente, apesar de algumas limitações, o CNJ aprovou há pouco tempo norma que permite o registro civil do intersexual como "sexo ignorado" e que este poderá, depois, se assim quiser, vir em cartório definir seu gênero. O texto, além de trabalhar as normativas existentes, traz o resultado de entrevistas semiestruturadas com pais de crianças intersexo, demonstrando avanços, mas também problemas ainda enfrentados por esse grupo.

Em "Cotas para pessoas travestis e transexuais: um debate necessário no campo dos direitos da população LGBTI+", Dyego de Oliveira Arruda e Caroline Oliveira Santos examinam a fundo um dos debates jurídicos mais candentes da atualidade sobre as políticas de reparação às pessoas trans: as ações afirmativas e cotas. A partir de uma análise do histórico das ações afirmativas na legislação brasileira, bem como um levantamento cuidadoso sobre políticas públicas e projetos de lei já existentes, a dupla aponta possíveis caminhos para a implementação concreta dessas políticas no Brasil.

No texto "Inclusão das pessoas trans no processo eleitoral brasileiro: impacto do reconhecimento judicial do direito à identidade de gênero no exercício da cidadania", Leandro Cunha e Nicole Porcaro discutem o histórico da (falta de) representatividade de pessoas trans nas eleições, algo que vem sendo amenizado nos últimos anos, sobretudo no último pleito. O capítulo se propõe a discutir como tem se dado essa recente inserção de pessoas trans no cenário político do país – inclusive as barreiras sociais e jurídicas ainda existentes, mas também avanços, como normativas do Tribunal Superior Eleitoral (TSE) possibilitando que pessoas trans usem o nome social para o registro de suas candidaturas. Um tema de enorme relevância, uma vez que a representatividade é fundamental para a aprovação de leis e políticas públicas capazes de reverter o quadro de discriminação, exclusão e morte violenta de pessoas trans. São trazidos dados que mostram um aumento significativo de candidaturas e mesmo da eleição de pessoas trans e travestis. Ao final, os autores mencionam as propostas que foram enviadas ao TSE visando ao fomento de candidaturas de pessoas transgênero nas eleições – estudo realizado pela Clínica de Políticas de Diversidade da Fundação Getulio Vargas (FGV Direito SP) em conjunto com a Associação Nacional de Travestis e Transexuais (Antra).

A quinta parte do livro agrupa dois artigos que tratam das repercussões do movimento LGBTI+ para o direito internacional público. De diversas maneiras, os investimentos políticos e as formulações teóricas elaboradas pelos movimentos sociais de diversidade sexual e de gênero modificaram a atuação das organizações internacionais: por vezes, estabelecendo novos conjuntos de direitos a serem protegidos; por outras, criando novas diretrizes hermenêuticas para a interpretação das normas jurídicas. Essa dimensão ainda é pouco explorada em obras na seara jurídica, mas tem se tornado importante para salvaguardar os direitos de uma comunidade LGBTI+ em um mundo cada vez mais integrado e globalizado. Exemplo dessa tendência foi a decisão do governo federal brasileiro em simplificar os procedimentos para acolher refugiados LGBTI+ vindos de países onde eles sofrem perseguição em consequência da orientação sexual ou da identidade de gênero.

Nessa linha, no capítulo intitulado "Proteção dos direitos das pessoas LGBTI+: diálogos entre o Sistema Interamericano de proteção dos direitos humanos e o Supremo Tribunal Federal", Nathércia Magnani e Flávia Piovesan fazem um balanço dos avanços conquistados pelo Sistema Interamericano de Direitos Humanos (SIDH) na proteção dos direitos das pessoas LGBTI+, descrevendo o efeito desses avanços nas decisões tomadas pelo Supremo Tribunal Federal brasileiro. Piovesan foi comissária da Comissão Interamericana de Direitos Humanos e relatora na Relatoria sobre os Direitos de Pessoas Lésbicas, Gays, Bissexuais, Trans e Intersexo dessa comissão. Trata-se de um escrito que sinaliza para o potencial transformador do SIDH ao formular uma jurisprudência de defesa da diversidade sexual e de gênero, impactando especialmente na formação de entendimentos congruentes por parte da cúpula do Judiciário dos países das Américas.

Já o segundo capítulo desta seção olha para o direito internacional a partir de instrumentais elaborados por epistemologias críticas tais como a decolonialidade e a teoria queer, convergindo para uma abordagem terceiro-mundista (TWAIL[3]). O texto, chamado "Descolonizar/deslocalizar e desbinarizar/desbaratinar o direito internacional", foi escrito por Gabriel Mantelli, Isabela Bicalho e João Vicente Pereira. Os autores e a autora entendem que, uma vez que o direito internacional público foi criado sob o paradigma colonial do Estado-nação e com a finalidade de garantir as trocas entre esses Estados, as modernas teorias críticas são necessárias para a reformulação da atuação e do sentido desse ramo jurídico, auxiliando no rompimento das lógicas de dominação. Nesse sentido, associando uma densa revisão de literatura a três estudos de caso, o artigo apresenta uma interlocução entre a teoria queer e a abordagem decolonial na tentativa de pensar um direito internacional desbinarizado/desbaratinado e descolonizado/deslocalizado.

A sexta e última parte da obra também agrupa dois artigos, os quais miram para os horizontes e desafios da cidadania LGBTI+ em contexto de neoliberalismo e reascensão da extrema direita no Brasil e no mundo. Especificamente aqui, os anos do governo Bolsonaro significaram uma prova de fogo para os direitos de diversidade sexual e de gênero, uma vez que fora eleito sob (e em razão de) ofensivas antifeministas e anti-LGBTI+, cuja expressão mais nítida foi a criação do Ministério da Mulher, Família e Direitos Humanos sob comando da pastora evangélica Damares Alves.

É com essa preocupação que Lucas Bulgarelli e Arthur Fontgaland escrevem o capítulo intitulado "Entre desmontes e expectativas de reconstrução: os efeitos da agenda anti-LGBTI+ no Brasil". Os autores reconstroem a história das ofensivas contra a população não cis-heterossexual, desde a "ideologia de gênero" como categoria social criada pelas instituições religiosas até a consolidação do bolsonarismo como força política brasileira hegemônica, que representam uma reação ao processo de cidadanização das pessoas LGBTI+ nas primeiras duas décadas do século XXI. Na tentativa de desmonte dos direitos desse grupo social, o governo Bolsonaro adotou sistematicamente ofensivas contra ele, demonstrando a fragilidade dessas recentes conquistas. Mesmo com a derrota de Bolsonaro nas últimas eleições, o bolsonarismo segue como força relevante na cena política brasileira.

Por fim, o último texto da coletânea, escrito por Bruna Andrade Irineu, se chama "O ativismo LGBTI+ brasileiro sob as ruínas do neoliberalismo".

3 Sigla para *Third World Approaches to International Law* ("Abordagens do Terceiro Mundo para o Direito Internacional" em inglês).

A autora discute como a aquisição da cidadania via consumo e a assimilação social através de normatividades heterocentradas são expressões da racionalidade neoliberal e contribuem para uma "cidadania precária" ou uma "cidadania de consolação", em que a LGBTfobia assume viés de cordialidade. Para além de descrever minuciosamente como o movimento LGBTI+ acaba por assumir para si um receituário neoliberal, Bruna aponta caminhos para "desimperializar" as estratégias políticas desse ativismo em busca de uma cidadania plena e efetiva – um desfecho bastante pertinente para a obra.

Nos últimos anos, tem-se notado um crescimento significativo não apenas no reconhecimento formal de direitos para a população LGBTI+ como também na quantidade de publicações sobre temas jurídicos envolvendo a diversidade sexual e de gênero. Temos observado de perto, como professores universitários, a produção de inúmeras teses, dissertações e trabalhos de conclusão de cursos abordando essas temáticas. No entanto, a maior parte das publicações assume uma perspectiva dogmática, pouco crítica. Limitam-se, em geral, a descrever as decisões emanadas pelo Supremo Tribunal Federal, sem realizar um exame crítico ou analisar dimensões externas dos julgamentos. Em geral, predominam os mesmos objetos e os mesmos olhares.

Diferentemente dessa tendência, aqui, reunimos perspectivas que consideramos mais arejadas e inovadoras sobre um tema que tem se mostrado cada vez mais central para nossa democracia. Esperamos, em primeiro lugar, que este livro sirva como uma apresentação do estado da arte dos debates jurídicos sobre direitos da diversidade sexual e de gênero, como uma espécie de guia para introduzir o tema a estudantes que estão iniciando suas inquietações. Além disso, pela profundidade das questões exploradas, que ele também auxilie profissionais e estudiosos que já se debruçam sobre a temática. Vale destacar que nosso esforço maior foi, precisamente, o de não restringir a um perfil único de público, mantendo sempre presente uma preocupação de ampliar, tanto pelo conteúdo escolhido quanto pela linguagem dos textos e o projeto gráfico, o acesso e o interesse de pessoas não necessariamente do campo do direito.

Em tempos de ameaça de retrocessos na cidadania das pessoas LGBTI+ pairando em diversas partes do mundo, como Rússia, Estados Unidos e Itália, esperamos, por fim, que esta obra contribua para um uso estratégico do direito para maior proteção jurídica da diversidade sexual e de gênero no nosso país.

PARTE 01

OS DIREITOS CIVIS: PRAZER, AFETIVIDADE E CONJUGALIDADE

DO DIREITO AO PRAZER À CIDADANIA LGBTI+: UMA HISTÓRIA DAS CONQUISTAS JURÍDICAS

RENAN QUINALHA

As primeiras mobilizações do movimento LGBTI+ organizado no país aconteceram ainda durante a chamada transição política, no ocaso da ditadura civil-militar iniciada em 1964. Na segunda metade da década de 1970, a luta pela redemocratização havia se intensificado, unificando diversos setores da sociedade em um contexto de reorganização e ampliação das oposições ao autoritarismo. A gramática dos direitos entrava em intensa voga naquele período, no bojo das manifestações que reivindicavam o alargamento da cidadania e maior participação política, especialmente com eleições diretas para os cargos executivos. Essa linguagem já pautada na centralidade do direito era usada, sobretudo, pelas forças oposicionistas ao regime autoritário[1].

É sempre delicado transportar perspectivas de hoje para o passado. No entanto, considero possível afirmar que o jovem movimento homossexual brasileiro (MHB, hoje movimento LGBTI+) irrompeu na cena pública já marcado pelo horizonte de reivindicação de direitos que vigorava naquele momento histórico. O primeiro grupo de existência pública e duração mais prolongada de que se tem registro foi constituído em 1978, sob o nome Núcleo de Ação pelos Direitos dos Homossexuais (que logo seria alterado para Somos – Grupo de Afirmação Homossexual). Ainda em 1979, na mesma linha, o Somos forma o Núcleo de Defesa dos Direitos Homossexuais com os grupos Eros e Libertos[2].

A presença do termo "direitos" e, mais amplamente, do discurso dos direitos humanos não é algo trivial. Afinal, em uma época de ditadura e repressão, a lógica de atuação do Estado não passava pelo efetivo reconhecimento jurídico da liberdade dos cidadãos. Além disso, o direito era tradicionalmente considerado um instrumento de dominação e manutenção de privilégios, inclusive criminalizando ou restringindo a cidadania de pessoas que desafiavam os padrões binários e heterocisnormativos de gênero e sexualidade.

À luz dessas considerações, seria então ingenuidade dos atores políticos tentar importar uma formulação já em voga em países democráticos ou, ainda, alimentar uma esperança por mudanças institucionais que não estavam anunciadas tão nitidamente? O aparente paradoxo de reivindicar direitos em tempos de arbítrio e exceção só pode ser melhor

1 Para uma contextualização sobre a recepção e as disputas do conceito de direitos humanos na redemocratização brasileira, ver Teresa Pires do Rio Caldeira, "Direitos humanos ou 'privilégios de bandidos'?", *Novos Estudos Cebrap*, n. 30, jul. 1991, p. 162-74.

2 Ver "Cronolo'somos'", AEL/Unicamp, SOMOS OF s.002, doc 009.

compreendido se analisarmos os diferentes usos e sentidos conferidos às instâncias do direito e da lei.

A hipótese que pretendo examinar neste artigo envolve precisamente a polissemia do campo jurídico nas lutas políticas pela diversidade sexual em nosso país, compreendendo deslocamentos e ressignificações da agenda de reivindicações desde o MHB dos anos 1970 até o LGBTI+ na atualidade. A partir de fontes documentais e bibliográficas em torno do processo de cidadanização da população LGBTI+ no Brasil nas últimas décadas, proponho uma retrospectiva histórica, buscando apurar como os direitos foram sendo reivindicados e construídos, bem como os limites dessa trajetória.

Direito ao prazer "amplo, geral e irrestrito"

Quando os homossexuais ainda davam os primeiros passos em sua organização política no Brasil, no final da década de 1970, o vocabulário dos direitos já aparecia em seus documentos e intervenções no debate público. Além de o termo constar no nome do grupo considerado pioneiro, fundado em 1978 em São Paulo, diversas manifestações dessa fase do ativismo apontam para a construção de uma emancipação que passava pelo direito. De um lado, em uma dimensão mais defensiva, impunham-se os pleitos de fim da violência social e da repressão estatal contra pessoas LGBTI+; de outro, de maneira mais positiva, reivindicava-se uma concepção de emancipação em que o prazer como direito era um elemento central.

Prazer é uma reivindicação forte, sediada no reino do desejo. Sua força vem do fato de brotar do íntimo da subjetividade, de ser fruto de um instinto, que não depende de regulação ou norma estatal para se manifestar e se legitimar. O prazer pode ser vivido e exercido contra as normas oficiais de um regime. A radicalidade de um direito ao prazer remete a um questionamento direto do regime de desejo: quem pode desejar e o que pode ser desejado em nossa sociedade. O sujeito e o objeto (que, aqui, também é um sujeito) são colocados em primeiro plano, mais do que as instituições formais que dão previsibilidade e segurança jurídica ao direito positivo.

A reivindicação de liberação sexual era um mote importante na origem do movimento. Isso porque, em uma sociedade de matriz cultural judaico-cristã, em que nossa repressão se expressa em constantes autopenitência e privação dos instintos, a potência do afeto da nossa liberdade de querer e escolher afronta o controle do corpo e a renúncia ao prazer.

É nesse sentido mais utópico e libertário de reivindicação que notamos diferentes registros nas manifestações do então MHB. O primeiro pronunciamento público do grupo pioneiro trazia a sexualidade como um "direito humano". Isso pode ser notado em carta de 22 de agosto de 1978 enviada ao Sindicato dos Jornalistas Profissionais no Estado de São Paulo contra o tratamento desrespeitoso conferido a homossexuais pelo jornal *Notícias Populares*. Nela, o Núcleo de Ação pelos Direitos dos Homossexuais afirmava: "em nossos dias, a livre aceitação da própria sexualidade começa a ser encarada como um dos direitos humanos fundamentais"[3].

A mesma linha de posicionamento é adotada pelo jornal *Lampião da Esquina*, iniciado em 1978 e que se tornou porta-voz de um setor importante do ativismo. O jornal publicou uma provocadora entrevista com Fernando Gabeira, que havia participado da resistência armada contra a ditadura e estava retornando do exílio. Em contraposição à abertura "lenta, gradual e segura", anunciava-se o direito ao prazer e ao orgasmo "amplo, geral e irrestrito", parafraseando as palavras de ordem da luta pela anistia, que se desenrolava ao longo da década. Nas palavras de Gabeira, que se tornaram uma espécie de lema desse movimento a partir de então: "Não se pode esperar 70 anos para ter um orgasmo quando a esquerda fizer a revolução"[4].

Na mesma época, um documento enviado ao Congresso Internacional pela Anistia e Liberdade Democráticas no Brasil, realizado em Roma entre 28 de junho e 1º de julho de 1979, veicula um autêntico manifesto pelas liberdades sexuais. A carta assinada pelo *Lampião* e pelo Somos – Grupo de Afirmação Homossexual sustenta que, "além do direito ao trabalho, todo cidadão tem também *o direito legítimo e inalienável ao prazer*, que é parte do seu direito à vida e à sobrevivência enquanto ser humano. *As pessoas precisam do prazer como precisam da comida e da liberdade.* Não podemos esperar uma participação política efetiva de quem se aliena de si mesmo, ignorando seu direito ao prazer"[5].

Tal postura significava, por um lado, uma afronta direta à ditadura, regime assentado em uma moral conservadora que repelia o prazer, o desejo e, sobretudo, os homossexuais. Por outro lado, reivindicar o "direito inalienável ao prazer" representava também um desafio

3 AEL/Unicamp, SOMOS CORR s.003, doc 001.

4 "Fernando Gabeira fala, aqui e agora, diretamente dos anos 80", *Lampião da Esquina*, n. 18, p. 6, nov. 1979.

5 AEL/Unicamp, SOMOS COM s.001, doc 001. Os destaques nesta e nas demais citações deste texto são meus.

bastante incômodo para os partidos e grupos vinculados aos setores mais tradicionais da esquerda, que não detinham acúmulo nem, muitas vezes, abertura para essa agenda específica.

A ideia do direito ao prazer, portanto, era também expediente de diferenciação em relação a setores progressistas que se opunham à ditadura, mas não superavam uma visão careta, tradicional, sobre práticas sexuais e costumes. Tanto é assim que, em outro texto publicado no *Lampião*, ativistas afirmavam buscar "uma maneira especificamente nossa [dos homossexuais] de fazer política", e não apenas a inclusão de um programa específico que contemplasse esse segmento. Isso demandava uma "revisão dos métodos políticos geralmente machistas" que frequentavam os ambientes do movimento estudantil, já conhecidos por vários deles. Assim, pretendiam, com a própria organização, contestar o poder por meio de uma práxis que se fundaria em uma mistura entre "o prazer e a ternura"[6].

Mas a busca do prazer não se refletia apenas nas disputas internas dos grupos homossexuais ou no interior das esquerdas. Não tardou para que a visibilidade pública crescente do movimento também viesse com uma plataforma que refletisse esse anseio por mais liberdades. Entre 4 e 6 de abril de 1980, realizou-se o I Encontro de Grupos Homossexuais Organizados (I EGHO), em São Paulo. Também foi realizado o I Encontro Brasileiro de Homossexuais (EBHO), aberto para o público, nas dependências do Centro Acadêmico da Faculdade de Medicina da Universidade de São Paulo (USP)[7].

Infiltrado no último dia da reunião, no Teatro Ruth Escobar, um agente da Divisão da Ordem Política do Departamento de Ordem Política e Social de São Paulo (Dops/SP) elaborou um documento endereçado ao diretor dessa unidade, Silvio Pereira Machado, em 6 de abril de 1980. Seu nome não é revelado no documento; ele é identificado apenas como um número na anotação: "Relatório feito por 2563". Como assunto do documento, consta: "Observação velada. I Encontro Brasileiro de Homossexualismo". O relato informa que o encontro contou com a "presença de aproximadamente quinhentas pessoas (travestis, lésbicas e homossexuais)", metade do que os organizadores do evento contabilizaram. Quanto à mesa do ato final, informa o observador que era integrada por oito "elementos de vários Estados", além do Movimento Negro Unificado, do Centro da Mulher Brasileira, do Grupo Lésbicas Brasileiras e de Alice Soares, advogada do Centro

6 "Grupo Somos: uma experiência", *Lampião da Esquina*, n. 12, p. 2, maio 1979.

7 Renan Quinalha, *Contra a moral e os bons costumes: a ditadura e a repressão à comunidade LGBT*, São Paulo: Companhia das Letras, 2021.

Acadêmico XI de Agosto. Apesar dos equívocos no registro dos nomes dos grupos, o próprio relato da repressão atesta o caráter amplo do encontro e a proximidade entre os movimentos homossexual, feminista e negro.

Foi destacado nos discursos que a discriminação "atinge todos os aspectos da nossa vida: como trabalho, religião, política, escola e família", ressaltando-se que a "vida política brasileira" considera os homossexuais "como minoria, juntamente com as mulheres, negros, índios". O relato ressalta que foram apresentadas como finalidades do encontro "analisar nossas questões" e "formar uma plataforma para que nos uma [sic] de norte a sul", sendo que essa plataforma deveria formar o "nosso tríplice direito: o livre uso do nosso corpo, a livre expressão de nossa afetividade e o direito ao prazer"[8].

O Dia de Luta e Prazer Homossexual: 13 de junho de 1980

Liberdades do corpo, do afeto e do prazer se tornavam a tônica da linguagem utilizada nesse período. Em 13 de junho de 1980, pela primeira vez, o movimento homossexual brasileiro realizou um ato de rua: uma histórica passeata contra a violência policial promovida pelo delegado José Wilson Richetti no centro de São Paulo. Mesmo tendo acontecido em um momento crítico de fratura dentro do grupo Somos, ela se tornou uma referência fundamental de resistência para o conjunto do ativismo organizado. Entre os manifestantes, ecoavam palavras de ordem tais como "Lutar, vencer, mais amor e mais prazer" e "Amor, tesão, abaixo a repressão"[9].

Um ano depois, em 12 de junho de 1981, Somos, Grupo de Ação Lésbico-Feminista e Facção Homossexual da Convergência Socialista fizeram um ato público na praça Ramos de Azevedo, em São Paulo, no qual distribuíram a carta-manifesto "Um grito de Carnaval contra a repressão ao homossexual". Ali afirmavam que *"nós queremos e fazemos o prazer. Lutar por ele é bom pro corpo, prá cabeça e prá barriga"*, pontuando que "é por esse direito que saímos às ruas em junho de [19]80 contra a violência pelo delegado Richetti"[10].

8 Pasta 870, Arquivo Público do Estado de São Paulo.

9 Renan Quinalha, *Contra a moral e os bons costumes*, *op. cit.*, cap. 2.

10 Informe n. 1417/116/ASP/1981 da Agência de São Paulo para a Agência Central do Serviço Nacional de Informação (SNI), datado de 19 de junho de 1981, fazia o acompanhamento do ato, resumindo o conteúdo dos panfletos distribuídos e contabilizando que estariam presentes no protesto em torno de quarenta pessoas.

Em uma linha cronológica da própria história do grupo, datada de julho de 1981 e chamada criativamente de "Cronolo'somos'", menciona-se, sobre o ano anterior, que "o ponto culminante [...] foi o Ato Público contra a Repressão Policial e Arbitrária contra Homossexuais, realizado no dia 13 de junho, com a participação de um grande número de homossexuais, mulheres e negros. *Esta data está sendo proposta como 'dia de luta e prazer homossexual'*". Mais adiante, afirma-se que houve a "participação no dia 13 de junho (dia de luta e prazer homossexual), comemorada com a nossa presença colorida nas ruas de São Paulo"[11].

Curioso notar que foi ensaiada, já nos primórdios dessa organização política, uma iniciativa de memorialização, com a instauração de uma data simbólica do ativismo homossexual no Brasil, uma espécie de "Stonewall à brasileira": o Dia de Luta e Prazer Homossexual. De fato, em junho de 1982, foi realizado um evento denominado "Viva a Homossexualidade" para a celebração de "quatro anos do movimento homossexual no Brasil", com uma ampla programação cultural de discussões e uma festa na sequência. Em um documento de divulgação desse evento, constam precisamente duas datas, uma ao lado da outra: "13 de junho: Dia de Prazer e Luta Homossexual" e "28 de junho: Dia Internacional de Luta Homossexual". Ou seja, o prazer homossexual estava enquadrado na mesma categoria de orgulho que remete ao episódio icônico da revolta no bar Stonewall Inn nos Estados Unidos, em 1969[12].

O evento foi organizado pelos principais grupos paulistas do ativismo daquela época: Grupo de Ação Lésbico-Feminista, Outra Coisa – Ação Homossexualista e Somos – Grupo de Afirmação Homossexual. A despeito de, dentro de poucos anos, não ter persistido a memória em torno do 13 de junho, houve um esforço inicial de estabelecer um marco genuinamente nacional para a luta por liberdade sexual e que estampava o termo "prazer" em destaque.

Conforme o movimento vai dialogando com atores mais institucionalizados, contudo, vão se verificando certos deslocamentos do prazer para "opção" ou "orientação sexual", ambos termos utilizados à época. Um marco fundamental, nesse sentido, foram as eleições de 1982, quando candidatos homossexuais levantaram suas bandeiras[13]. Vale destacar o

11 AEL/Unicamp, SOMOS OF s.002, doc 009.

12 Renan Quinalha, "O mito fundador de Stonewall", *CULT*, n. 246, São Paulo: jun. 2019.

13 Rodrigo Cruz, *Do protesto às urnas: o movimento homossexual na transição política*, dissertação (Mestrado em Ciências Sociais) – Escola de Filosofia, Letras e Ciências Humanas, Universidade Federal de São Paulo, Guarulhos: 2015.

teor do documento redigido em abril de 1982 por Antônio Carlos Tosta, do grupo Outra Coisa, demonstrando o incipiente diálogo entre o movimento e o sistema partidário em reorganização, com a defesa do "direito à livre manifestação do afeto, independente da orientação sexual" e uma sugestão do movimento homossexual de São Paulo (MH-SP) aos partidos políticos: "incluir nos itens de liberdades democráticas defendidas pelos partidos mais um item: *direito à livre opção sexual dos cidadãos*"[14].

Pouco adiante, ainda no contexto eleitoral de 1982, uma carta dos grupos cariocas Auê e Somos/RJ congratula o Partido dos Trabalhadores (PT) pela "inclusão em sua Plataforma Eleitoral Nacional do repúdio à discriminação e opressão que sofrem os homossexuais em nosso país". Ao mesmo tempo, denunciam que "em nossa sociedade, homens e mulheres são vistos como meros produtores de objetos que, no campo da sexualidade, teriam a função única de reprodutores", concluindo que "todos que divergem desta norma de comportamento são encarados como párias sociais, doentes mentais ou ideologicamente degenerescentes. Amor e prazer não têm lugar no frio mundo mecânico de exploração... *Direitos Iguais para os Homossexuais!* Contra Todas as Formas de Opressão e Exploração"[15].

Fica evidente, a partir dos registros históricos aqui recuperados, que uma das reivindicações mais presentes na agenda do primeiro ciclo do movimento foi a defesa do direito como uma plataforma discursiva ampla e multifacetada capaz de unificar prazer, tesão, igualdade, liberdade e expressão de afetos e da sexualidade. Contudo, a ideia de direito carregava um sentido peculiar, bastante diferente daquele que se difunde hoje, pois ele era enquadrado sob uma perspectiva pouco institucionalizada, menos associada ao Estado (exceto pela denúncia das violências policiais) e mais vinculada a um imperativo de gozo por parte dos sujeitos, que punha em primeiro plano a garantia de seu prazer e de sua liberdade sexuais.

Se tal constatação de um uso estratégico e já programático do direito mesmo em contexto de fechamento autoritário se sustenta, algumas questões ainda merecem melhor análise: como a concepção mais abstrata e um tanto mais ousada de direito ao prazer pôde ser progressivamente assimilada e traduzida em um direito estatal e jurídico? Quais foram os principais traços do complexo processo de metamorfose e institucionalização das demandas que vem se desenrolando desde a segunda

14 AEL/Unicamp, SOMOS COM s005, doc 035.
15 AEL/Unicamp, SOMOS CORR s003, doc 080.

metade dos anos 1980 e que se intensificou nos anos 2000, conformando o atual padrão de cidadania LGBTI+? Em outras palavras, como, partindo do direito ao prazer, chegamos à homoafetividade[16]?

Para compreender essas questões, que entendo como deslocamentos e ressignificações das demandas diante de oportunidades trazidas por mudanças discursivas e institucionais em cada conjuntura, faz-se necessário examinar os diversos ciclos de mobilização do movimento.

Do prazer à institucionalização da cidadania

Em trabalho recente, propus outra interpretação da trajetória da organização política das pessoas LGBTI+ no Brasil, usando a noção de ciclos em lugar da clássica periodização dos movimentos sociais em ondas[17]. Sustentei ali haver diversas maneiras de ler a luta por liberdade sexual em nosso país. Consagrou-se, nos últimos anos, uma leitura de que o movimento teria se organizado, desorganizado e reorganizado a partir de ondas[18], de modo a demarcar as diferentes gerações de ativismo que se sucederam historicamente.

A metáfora da onda para compreender os desdobramentos nada lineares de um sujeito político não é nova. O movimento feminista, por exemplo, vem sendo assim interpretado há bastante tempo. A ideia de onda é interessante por denotar uma oscilação, demarcando alguns momentos centrais de um movimento social: a onda se inicia tímida e pequena, vai acumulando força e ganhando vulto, chega a um ápice e depois reflui, sendo sucedida por outra onda que segue um fluxo semelhante. De fato, muitas vezes, esse tipo de padrão pode funcionar para compreender a

16 Para uma crítica ao afetivismo que marca o entendimento do Supremo Tribunal Federal sobre as uniões entre pessoas classificadas como sendo do mesmo sexo, ver Angelo Brandelli Costa e Henrique Caetano Nardi, "O casamento 'homoafetivo' e a política da sexualidade: implicações do afeto como justificativa das uniões de pessoas do mesmo sexo", *Estudos Feministas*, v. 23, n. 1, p. 137-50, abr. 2015; Renan Quinalha, "Do armário para o altar: entre reconhecimento e normalização no julgamento da ADPF 132 pelo STF", em Carolina Valença Ferraz *et al.*, *Diferentes, mas iguais: estudos sobre a decisão do STF sobre a união homoafetiva (ADPF 132 e ADI 4277)*, Rio de Janeiro: Lumen Juris, 2017.

17 Renan Quinalha, *Movimento LGBTI+: uma breve história do século XIX aos nossos dias*, Belo Horizonte: Autêntica, cap. 4. Neste tópico, retomo algumas reflexões desenvolvidas nos capítulos 4 e 5 desse livro.

18 A periodização do movimento LGBTI+ em ondas no Brasil foi feita, pioneiramente, em James Naylor Green, *Além do carnaval: a homossexualidade masculina no Brasil do século XX*, São Paulo: Editora Unesp, 2000. Green identifica basicamente duas ondas: a primeira, de 1978 até 1985, e a outra, desse momento até o momento em que escreveu seu livro, tendo como marco divisor a redemocratização do país. Júlio Simões e Regina Facchini (em *Na trilha do arco-íris: do movimento homossexual ao LGBT*, São Paulo: Editora Fundação Perseu Abramo, 2009, p. 14) adotaram a mesma metáfora, mas com um modelo de três ondas: a primeira no período da "abertura política" da ditadura, a segunda coincidente com o período da redemocratização e a terceira a partir de meados dos anos 1990 até o momento de publicação do livro.

dinâmica de uma ação coletiva ao longo do tempo, identificando continuidades, mudanças e deslocamentos na atuação de sujeitos políticos.

Contudo, a fixidez implicada na ideia de primeira, segunda e terceira ondas, impondo de antemão uma sequência e um curso com início e fim definidos, pode comprometer sua capacidade heurística. Além de ser uma noção importada de outros contextos, a metáfora acabou dando margem a leituras etapistas – mesmo que não fosse essa a característica das elaborações pioneiras mencionadas. Por etapismo, me refiro à imposição de certa rota normativa que assume um aspecto de teleologia e linearidade para um processo social que é muito mais complexo e indefinido. Soma-se ainda o fato de que, na história LGBTI+, em razão da persistência de preconceitos e violências, não é raro que demandas que pareciam atendidas em um momento logo precisem ser novamente reivindicadas, afinal, nunca são efetivamente superadas ou tiradas do papel e acabam se recolocando em um regime de reconhecimento que é sempre precário. Além disso, ao definir marcos temporais estanques, a ideia de ondas não parece dar a devida atenção à dimensão processual da transição entre as diversas fases de um movimento social. A separação em fases bem delimitadas tende a superestimar as diferenças e rupturas, impondo uma artificialidade aos marcos históricos e perdendo de vista que as redes e gerações de ativistas se constituem e se formam nessa interação e nesse conflito permanentes, em uma transmissão de valores, perspectivas e tarefas de uma fase a outra.

Por isso, adoto outra maneira de ler a trajetória dos movimentos sociais, por meio da noção de ciclos concêntricos definidos a partir da agenda de reivindicações prevalente em cada momento histórico[19]. Nessa leitura, um ciclo não precisa se esgotar e finalizar para dar lugar a um novo ascenso, sendo possível uma convivência de diversos ciclos, ainda que um ou outro assuma a hegemonia a cada momento. Todos os ciclos podem se expandir ou se retrair ao mesmo tempo, estabelecendo diversas formas de interação entre si, resultando em múltiplas combinações que são mais fiéis à complexidade da realidade.

19 "Os movimentos sociais são cíclicos em dois sentidos. Em primeiro lugar, respondem às circunstâncias, que variam segundo as flutuações e os ciclos políticos, econômicos e, talvez, ideológicos. Em segundo lugar, os movimentos sociais tendem a ter ciclos de vida próprios. Os movimentos como tais, assim como seus membros, sua mobilização e sua força tendem a ser cíclicos, já que mobilizam as pessoas em resposta a (principalmente contra, e em menor grau a favor de) circunstâncias que, em si mesmas, são de caráter cíclico." Ver André Gunder Frank e Marta Fuentes, "Dez teses acerca dos movimentos sociais", *Lua Nova*, n. 17, p. 19-48, 1989. Disponível em: https://www.scielo.br/j/ln/a/HWC6mySwxm5GvCkK5bhXVrt.

Uma periodização a partir das demandas prevalecentes em que não se percam de vista as demais reivindicações e processos é interessante porque permite enxergar melhor não só as diferenças, mas também a sobreposição desses ciclos no processo histórico. Diferentemente da ideia de onda, em que uma tem de se encerrar para dar lugar à próxima mesmo que não haja clareza quanto ao início de uma e o fim de outra, com certas tarefas e questões ainda pendentes, a de ciclo valoriza a convivência e o tensionamento de pautas, gerações e repertório de ações na conformação de um movimento LGBTI+.

Tal reflexão me parece bastante pertinente ao objeto central deste artigo: a compreensão da metamorfose do direito ao prazer em um padrão institucionalizado de cidadania LGBTI+ que prevalece na atualidade. A metáfora das ondas poderia levar análises a indicar que o direito não estava presente na fase inicial de organização do movimento, tendo aparecido somente mais tarde, sob a forma do direito à saúde durante a epidemia do HIV/aids, e se intensificado com as políticas públicas dos anos 1990 e, sobretudo, as decisões judiciais dos anos 2000. Como vimos, contudo, essa interpretação acaba por reproduzir um esquematismo que invisibiliza bandeiras e agendas que, desde as primeiras horas do movimento homossexual, tomavam a linguagem do direito como instrumento para as lutas políticas.

Assim, parece-me mais interessante traçar essa linha do tempo sobre os modos como o direito apareceu em cada uma das conjunturas. Nesse sentido, depois de uma fase de prevalência de um direito ao prazer sem uma tradução direta no campo da institucionalidade restringida por um regime autoritário, nota-se um deslocamento importante no decorrer da década de 1980.

Com uma identidade homossexual mais estabilizada no contexto da então chamada "peste gay", emergiu a articulação de uma resposta comunitária para a epidemia do HIV/aids – com marcada "onguização" do movimento, além das candidaturas eleitorais tematizando a defesa dos homossexuais na política institucional. Mas duas outras campanhas de impacto nacional marcaram o movimento e o tornaram cada vez mais conhecido da opinião pública no processo de afirmação de LGBTI+ como sujeitos de direito perante o Estado.

Ainda em 1980, o Grupo Gay da Bahia (GGB) lançou uma das principais campanhas do movimento homossexual brasileiro: a da despatologização das homossexualidades. A campanha teve por foco a organização de um abaixo-assinado reivindicando a remoção da subcategoria 302.0 da classificação de doenças do Instituto Nacional de Assistência Médica da Previdência Social (Inamps) – órgão à época encarregado da assistência médica pública, restrita aos contribuintes da previdência –, que enquadrava a homossexualidade como "desvio e transtorno sexual"[20].

O abaixo-assinado contou com o apoio de uma parcela expressiva de entidades científicas, políticos e personalidades públicas na sociedade brasileira. Com milhares de adesões, a iniciativa demonstrou que era, sim, possível abrir um diálogo com a sociedade, mobilizando pessoas heterossexuais sensíveis à demanda por igualdade[21]. Depois de coletadas mais de 16 mil assinaturas, finalmente, em 9 de fevereiro de 1985, o Conselho Federal de Medicina atendeu à reivindicação, retirando a homossexualidade do código 302.0[22].

O mesmo abaixo-assinado trazia outra reivindicação atrelada à despatologização, que era a proteção legal e o enfrentamento da violência: "exigimos também que a Constituição garanta a livre opção sexual dos cidadãos, condenando a discriminação sexual da mesma forma como pune a discriminação racial"[23]. De um lado, nota-se que já se mobilizava o direito nas trilhas do que o movimento negro havia feito, mas utilizando a formulação de defesa da "livre opção sexual".

Outra campanha que trilhou diálogos com a institucionalidade e que imprimiria um legado marcante nas décadas seguintes foi a luta travada no processo constituinte. Esse processo, apesar de seus limites, desenrolou-se em momento privilegiado das lutas sociais no Brasil. Após décadas de represamento das demandas, os movimentos sociais irromperam e organizaram uma disputa nas ruas que transbordou pelas diversas instituições em processo de redemocratização. Com o movimento homossexual não foi diferente.

20 AEL/UNICAMP, FUNDO SOMOS, grupo 7, série 2, correspondência recebida, 1981, documento 441.

21 "No Brasil, bem mais recentemente, começaram a surgir alguns movimentos nesse sentido, não só dos assim chamados 'grupos gays', mas também pronunciamentos de algumas sociedades científicas começaram a se fazer presentes. Já ocorreram, por outro lado, manifestações de apoio ou 'moções de repúdio ao código 302.0' por parte de cinco Câmaras Municipais, todas de capitais de estados e todas por unanimidade, bem como idêntica medida tomou uma Assembleia Legislativa. Até o final do ano de 1983, 309 políticos, desde um governador até 167 vereadores, já haviam subscrito abaixo-assinado de apoio à moção de determinado 'grupo gay' contrária ao código 302.0 da Classificação Internacional de Doenças da Organização Mundial de Saúde, adotada pelo Governo Brasileiro que qualifica a homossexualidade como desvio e transtorno mental." Ver Ruy Laurenti, "Homossexualismo e a classificação internacional de doenças", *Revista de Saúde Pública*, v. 18, n. 5, p. 344-7, 1984. Disponível em: https://www.scielo.br/j/rsp/a/rnPK5HhLVnFKvCJj5qN7R8n.

22 Grupo Gay da Bahia (GGB), *Boletim do Grupo Gay da Bahia*, ano IV, n. 11, jun. 1985.

23 AEL/UNICAMP, FUNDO SOMOS, grupo 7, série 2, correspondência recebida, 1981, documento 441.

A Constituinte emergiu como a maior oportunidade de inscrever, no texto constitucional, o reconhecimento e a dignidade das minorias sexuais. A campanha, que teve um porta-voz na pessoa de João Antônio Mascarenhas, do grupo Triângulo Rosa, visava incluir a "expressa proibição da discriminação por orientação sexual" na Constituição, conforme proposta também defendida pelo Conselho Nacional dos Direitos da Mulher. Essa união com o movimento feminista é interessante, pois este abriu caminho para o questionamento dos papéis tradicionais de gênero na nossa sociedade, possibilitando uma desnaturalização também da sexualidade.

No discurso intitulado "Homossexualidade e Constituinte", proferido em 27 de abril de 1987, Mascarenhas afirmava que, "se o machismo constitui o móvel da discriminação por sexo, esse mesmo machismo provoca a discriminação por orientação sexual", apontando-o como um inimigo comum às causas feminista e homossexual[24]. Além disso, já desenvolvia um argumento bastante utilizado pelo movimento nos anos seguintes, ao sustentar que "proibir a discriminação sexual apenas em lei ordinária seria um ato discriminatório" na medida em que isso violaria o "princípio da isonomia", dando a impressão de que outras discriminações seriam mais importantes por figurar na Carta Magna. Ao disputar o conceito de discriminação, verifica-se um uso mais técnico e dogmático do direito, em contraste com a defesa de um direito ao prazer, de caráter mais abstrato.

Confrontada pela resistência conservadora, que desde então só tem crescido no Congresso Nacional, a proposta contou com o apoio de apenas pouco menos de um quarto dos constituintes, não alcançando a maioria necessária. Em 28 de janeiro de 1988, foi rejeitada por 429 dos 559 deputados constituintes. Dentre os apoiadores, destacou-se a bancada do PT, especialmente parlamentares como José Genoino e Benedita da Silva.

Ainda que não tenha sido vitoriosa em seu principal objetivo, pois o texto constitucional não incorporou a demanda trazida, a iniciativa deixou consequências importantes em legislações estaduais e municipais posteriores, que tiveram promulgados dispositivos antidiscriminatórios nesse mesmo sentido. No começo dos anos 1990, mais de 70 municípios brasileiros já tinham incluído, em suas respectivas Leis Orgânicas, a proibição à discriminação por orientação afetivo-sexual, passando-se o mesmo com

24 João Antônio de Souza Mascarenhas, "Homossexualidade e Constituinte", em Senado Federal, *Anais da Assembleia Constituinte (Atas de Comissões)*, Comissão da Soberania e dos Direitos e Garantias do Homem e da Mulher – Subcomissão dos Direitos Políticos e Garantias Individuais, Ata da 12ª Reunião em 30 de abril de 1987, Brasília: Congresso Nacional, 1987.

três Constituições estaduais[25]. Além disso, quando, quase quatro décadas depois do abaixo-assinado do GGB, o Supremo Tribunal Federal (STF) criminalizou a LGBTIfobia em 2019, ao considerá-la uma espécie do gênero racismo, pode-se dizer que reconheceu precisamente a tese levantada nos primórdios do movimento homossexual brasileiro, o que demonstra a pertinência da ideia de ciclo para pensar os modos como as reivindicações se colocam e se atualizam em diferentes períodos históricos[26].

As campanhas aqui enfocadas, que expressaram anos de amadurecimento e acúmulos, ajudaram a forjar uma nova percepção do ativismo em relação às institucionalidades e ao discurso dos direitos por dentro de um Estado democrático. Começava-se a desbravar as possibilidades de disputas dos espaços oficiais de poder, que apresentavam um horizonte concreto de conquistas, ainda que limitado pela democracia incipiente e pelo preconceito arraigado na sociedade[27]. Tais iniciativas obtiveram cada vez mais visibilidade na mídia. Essas campanhas – e também a epidemia do HIV/aids – conferiram existência pública aos homossexuais, que passaram a estar presentes em cada vez mais lugares e de modo cada vez menos clandestino.

Os anos 1990, neste sentido, foram fundamentais para uma saída do armário mais definitiva por parte da comunidade LGBTI+. O acúmulo de anos de experiência de ativismo organizado, um diálogo bem estabelecido com diversas instituições estatais, a consolidação de um mercado voltado para esse segmento e a presença cada vez mais marcante de uma subcultura LGBTI+ são elementos que atestam o crescimento reconhecido dessa população pelo conjunto da sociedade.

25 Conforme esclarece Mott: "Em 1990, outra conquista crucial: em Salvador, por iniciativa do Grupo Gay da Bahia, pela primeira vez em toda a história continental, é aprovada Lei Orgânica Municipal proibindo a discriminação baseada na orientação sexual, exemplo seguido por 74 municípios de norte a sul do país e por três constituições estaduais, de Mato Grosso, Sergipe e Distrito Federal". Ver Luiz Mott, "Homoafetividades e direitos humanos", *Estudos Feministas*, v. 14, n. 2, maio-ago. 2006, p. 512.

26 Para uma análise mais aprofundada da argumentação jurídica apresentada ao STF, ver Paulo Iotti, *O STF, a homotransfobia e seu reconhecimento como crime de racismo*, Bauru, SP: Spessotto, 2020.

27 O ápice desse processo de institucionalização e conquista de políticas públicas aconteceu já nos anos 2000. Em 2001, foi criado o Conselho Nacional de Combate à Discriminação (CNCD). Em 2002, foi lançado o Programa Nacional de Direitos Humanos II. Em 2004, foi lançado o Programa Federal Brasil Sem Homofobia. Em 2007, realizou-se o I Seminário Nacional de Segurança Pública e Combate à Homofobia, promovido em parceria pela Secretaria Nacional de Segurança Pública e pela Associação Brasileira de Gays, Lésbicas e Transgêneros (ABGLT). Em 2008, ocorreu a histórica I Conferência Nacional de Gays, Lésbicas, Bissexuais, Travestis e Transexuais, com a presença do presidente Lula na abertura. Em 2009, lançou-se o Plano Nacional de Promoção da Cidadania e Direitos Humanos LGBT. Em 2010, criou-se o Conselho Nacional de Combate à Discriminação e Promoção da Cidadania de Lésbicas, Gays, Bissexuais, Travestis e Transexuais. Em 2011, teve lugar a II Conferência Nacional LGBT.

Um termômetro para aferir a presença LGBTI+ na esfera pública são as Paradas do Orgulho LGBTI+, que começam em meados da década de 1990 no Rio de Janeiro e em São Paulo, expandindo-se posteriormente para centenas de outras cidades por todo o país. É sempre difícil definir qual foi a primeira Parada, nome dado para manifestações que já vinham acontecendo desde o início da organização do movimento LGBTI+ no Brasil. Lembremos, por exemplo, dos atos de rua em São Paulo com a presença de ativistas e grupos homossexuais, como o de 13 de junho de 1980, episódio icônico contra a violência policial e, possivelmente, o primeiro ato público convocado por homossexuais com faixas e bandeiras bem definidas. Teria sido o 13 de junho de 1980 uma primeira Parada no Brasil?

A despeito de serem uma manifestação de rua como diversas outras já realizadas, é também verdade que, durante os anos 1990, as Paradas assumiram um formato singular. Inspiradas nas marchas do orgulho feitas anualmente em junho para rememorar e celebrar a revolta de Stonewall, aqui no Brasil, elas adquiriram contornos específicos e tons carnavalizados, suplantando a memória do Dia de Prazer e Luta Homossexual, como vimos.

Paralelamente a essas intervenções de enorme impacto na esfera pública, o fato de homossexuais não poderem se casar e, sobretudo, ter filhos logo despertou a atenção de empresas interessadas em explorar o grande potencial de consumo desse público. Isso levou a uma combinação singular entre visibilidade e mercantilização que aprofundou a clivagem de classe dentro da comunidade, estigmatizando pessoas LGBTI+ mais pobres, enquanto as mais abastadas gozavam dos privilégios de sua posição na hierarquia social.

Assim, a comunidade LGBTI+ chega na virada dos anos 2000 a um patamar inédito de visibilidade, capilaridade e força política. A representatividade também se tornou um ativo fundamental de um movimento cada vez mais consciente de que é composto por muitas identidades, especificadas na sopa de letrinhas LGBTI+, entre outras variações.

Os homens gays cisgênero protagonizaram os primeiros espaços de articulação do movimento, logo ocupados também pelas mulheres lésbicas cisgênero, que, com muita articulação e engajamento, combateram o machismo enraizado no ativismo. As travestis, apesar de sua longa história de resistências individuais e coletivas, ficaram por muito tempo excluídas dos fóruns organizados do movimento, em consequência da transfobia desses espaços e da dificuldade de acessar o ensino e o mercado de trabalho formais.

Mas, em 1992, essa história muda de vez. A partir da iniciativa das travestis Beatriz Senegal, Josy Silva, Cláudia Pierre France, Jovanna Baby, Elza Lobão e Monique Du Bavieur, é fundada no Rio de Janeiro a Associação de Travestis e Liberados, mais conhecida como Astral[28]. Essa articulação pioneira nasceu graças às campanhas de prevenção de infecções sexualmente transmissíveis (ISTs), especialmente HIV/aids, e de conscientização da saúde entre prostitutas, promovidas pelo Instituto Superior de Estudos da Religião (Iser). A Astral terá uma atuação decisiva nos anos seguintes, tanto no combate à violência transfóbica no Rio de Janeiro quanto na mobilização de uma rede nacional de travestis, que logo se transformaria na Associação Nacional de Travestis e Transexuais (Antra) em 1997, até hoje uma das principais redes do movimento LGBTI+ brasileiro[29].

Naquele momento, as reivindicações pela saúde e pela cidadania jurídica da comunidade ganham uma força cada vez maior. Como vimos, ao menos desde a Constituinte investiu-se mais diretamente na arena legislativa para lograr uma proteção jurídica à população homossexual. Nos anos 1990, diversos são os projetos de lei apresentados, sobretudo aqueles relativos à garantia de direitos das uniões entre pessoas do mesmo sexo. Mas o conservadorismo persistente no Congresso Nacional, com uma bancada fundamentalista religiosa ciente de seu poder de veto, impediu o avanço de quaisquer proposições sobre direitos sexuais. É sintomático, nesse sentido, que até hoje não tenha havido, no Congresso Nacional, a aprovação de uma única lei específica em favor dos direitos LGBTI+[30].

Diante do travamento da agenda no Poder Legislativo, o campo das políticas públicas concebidas e implementadas pelo Poder Executivo

28 "Então o marco histórico de fundação do nosso movimento politicamente organizado aconteceu no dia 15 de maio de 1992, quando nós seis, as fundadoras Jovanna Cardoso, Elza Lobão, Beatriz Senegal, Josy Silva, Monique Du Bavieur e Claudia Pierre France demos entrada no cartório do registro da ASTRAL, a primeira organização brasileira de travestis e transexuais. Até o momento, as pesquisas apontam que a nossa associação foi a primeira da América Latina e possivelmente seja de fato a primeira do mundo, já que as outras instituições eram mistas de gays, lésbicas e travestis" (Jovanna C. da Silva, *Bajubá Odara: resumo histórico do nascimento do movimento de travestis do Brasil*, Picos (PI): Autopublicação, 2021, p. 23). Este livro é um importante registro e depoimento da história política do ativismo trans no Brasil.

29 Ver: https://antrabrasil.org/.

30 Ver Helena Bertho, "Congresso Nacional nunca aprovou nenhuma lei voltada para direitos LGBT", *Universa*, 6 jun. 2018. Disponível em: https://universa.uol.com.br/noticias/redacao/2018/06/06/congresso-nacional-nunca-aprovou-nenhuma-lei-voltada-para-direitos-lgbt.htm. Vale ressalvar que há referências pontuais a questões de sexualidade em legislações de outras matérias: "No plano legislativo interno, há duas referências na legislação federal: a Lei n. 9.612, de 1998, que trata da proibição de discriminação por motivo de 'preferências sexuais' na programação da radiodifusão comunitária, e a Lei n. 11.340, de 2006, que combate a violência doméstica e familiar contra a mulher, sem distinção de orientação sexual"; ver Roger Raupp Rios, "Perspectivas e tensões no desenvolvimento dos direitos sexuais no Brasil", *Revista de Informação Legislativa*, v. 52, n. 207, jul.-set. 2015, p. 333.

nos diferentes níveis federativos tem sido, desde os anos 2000, uma arena privilegiada para os avanços na garantia dos direitos LGBTI+, sobretudo nas pastas de saúde, educação, assistência social e trabalho.

Hiperjudicialização da cidadania LGBTI+

Em um momento de progressiva judicialização da vida social, outra arena privilegiada na trajetória da cidadania sexual tem sido o Poder Judiciário. Vocacionado para uma atuação contramajoritária na proteção dos direitos fundamentais e das liberdades públicas, o sistema de justiça tem sido encarregado cada vez mais da tarefa de fazer avançar os direitos LGBTI+.

Exemplo disso é que os primeiros casos de reconhecimento jurídico de uniões formadas por pessoas homossexuais, para fins previdenciários e fiscais, resultaram de decisões judiciais inovadoras, em meados dos anos 1990. Essas decisões pioneiras não envolviam direitos civis, mas direitos sociais, conformando uma cidadania com uma sequência de estágios diferenciada em relação ao padrão dos países centrais[31]. Mas isso não se deu sem resistência, considerando o caráter predominantemente conservador dos membros do elitizado e corporativo Poder Judiciário brasileiro. Instâncias superiores, frequentemente, revogaram os efeitos de decisões de juízes progressistas que estendiam a casais homossexuais os direitos assegurados aos heterossexuais.

Essa batalha jurisprudencial – uma verdadeira loteria para pessoas LGBTI+, que poderiam ou não ver suas demandas atendidas, a depender das convicções do magistrado da ocasião – só se resolveu com uma decisão unânime do STF, nas ADPF 132 e ADI 4277, proferidas em maio de 2011, quando, em uma ação de alcance abstrato e maior amplitude, foi reconhecida a união estável homoafetiva. Diante da resistência de certos cartórios para formalizar os pedidos mesmo após a referida decisão, em 2013, o Conselho Nacional de Justiça (CNJ) editou a Resolução n. 175, que determinou o dever dos tabeliões de celebrar não apenas a união estável mas também o casamento civil entre pessoas designadas como sendo do mesmo sexo.

Há uma década, portanto, o STF atendeu uma das principais reivindicações do movimento LGBTI+ brasileiro: a extensão aos casais

31 T. H. Marshall, "Citizenship and Social Class", em T. H. Marshall e Tom Bottomore, *Citizenship and Social Class*, Chicago: Pluto Classic, 1996, p. 3-51. Ver também José Murilo de Carvalho, *Cidadania no Brasil: o longo caminho*, 7. ed., Rio de Janeiro: Civilização Brasileira, 2005. Para uma leitura específica sobre cidadania sexual, ver Adilson José Moreira, *Cidadania sexual: estratégia para ações inclusivas*, Belo Horizonte: Arraes, 2017.

homoafetivos dos mesmos direitos assegurados às uniões heteroafetivas. Era a primeira vez que nossa Suprema Corte se debruçava, em profundidade e com efeitos amplos, sobre o tema da diversidade sexual. Por unanimidade e com base nos princípios da dignidade da pessoa humana, da igualdade e da não discriminação, os ministros ampliaram o conceito de família no ordenamento jurídico.

Isso não significa que, até então, não houvesse casais homoafetivos no Brasil. Famílias LGBTI+ sempre existiram, apesar das violências. Mas elas tinham de ser sempre clandestinas, discretas, invisibilizadas porque repelidas pelas instituições do Estado. O casamento se tornou uma bandeira central da comunidade LGBTI+ porque parecia o caminho natural para restituir a esse grupo marginalizado exatamente aquilo de que ele foi privado por força do preconceito: uma família. Rejeitadas pelos pais e outros parentes, muitas dessas pessoas haviam sido expulsas ou fugido de casa, rompendo com os laços afetivos e de criação cuja ausência marca a vida de qualquer um.

Além disso, o enorme impacto da epidemia do HIV/aids em gerações de homossexuais – a ponto de durante muitos anos ter sido absurdamente chamada de "peste gay" – demonstrou a importância das redes de cuidado e proteção. Foram muitos os casos em que companheiros se viram impedidos de acompanhar o tratamento hospitalar das pessoas que amavam por não serem considerados seus familiares. Enquanto isso, as famílias de sangue, que haviam renegado seus membros homossexuais, apareciam após sua morte apenas para reivindicar o espólio deles, privando de qualquer direito quem de fato construiu uma vida com aquela pessoa.

Mesmo reconhecendo o caráter essencialmente conservador do casamento, trata-se de uma luta que vai além de reproduzir uma instituição cristã e familista: buscava-se também assegurar um tratamento igualitário do ponto de vista dos direitos familiares e sucessórios, como herança, aposentadorias e pensões, enfim, dimensões práticas até então já garantidas a qualquer casal heterossexual no Brasil. Por tudo isso, a decisão de 2011 do STF é tão relevante.

Ela é também fundamental por ter inaugurado o que alguns denominam de uma "revolução de direitos" na construção da cidadania legal das pessoas LGBTI+. Seguiram-se decisões do STF sobre: adoção por casais homoafetivos independentemente da idade da criança, em 2015; descriminalização da homossexualidade no âmbito militar, no mesmo ano; equiparação de regime sucessório entre cônjuges e companheiros em união estável, em 2017; direito à identidade de gênero pela mudança de prenome e sexo diretamente nos cartórios, sem que as pessoas trans necessitassem de laudo médico, autorização judicial ou cirurgia de redesignação sexual, em 2018; criminalização da homotransfobia, em 2019; permissão de doação de sangue por homens que fazem sexo com outros homens (HSH), em 2020; além da presença da educação sexual e de gênero nas escolas, também em 2020[32].

Tal repertório de garantias insere o Brasil em uma pequena lista de países que asseguram, ao menos oficialmente, os principais direitos de orientação sexual e de identidade de gênero. Com efeito, além da luta contra a violência e o preconceito, foram as reivindicações de casamento igualitário para homossexuais e de uso, nos documentos, do nome social e do gênero autopercebido pelas pessoas trans que constituíram as principais bandeiras desse movimento social nas últimas décadas (e século).

Cidadania conquistada? O que resta fazer?

Um olhar apressado e formalista, dirigido apenas às decisões judiciais, poderia sugerir que a comunidade LGBTI+ não teria mais razão para lutar, afinal, todas as bandeiras historicamente reivindicadas encontram-se formalmente atendidas. No entanto, a distância entre lei e realidade ainda é abissal. Há um longo caminho a ser percorrido para que, no país que mais mata pessoas LGBTI+ em todo o mundo, possamos ter uma cidadania efetiva para as minorias sexuais e de gênero.

A centralidade das políticas públicas e das decisões judiciais, diante da inexistência de leis aprovadas em Congresso, confere certas particularidades ao processo brasileiro de construção da cidadania sexual. Até o momento e a despeito das inúmeras iniciativas de projetos de lei, não há sequer uma legislação mais ampla de direitos LGBTI+ que tenha sido aprovada.

Em primeiro lugar, pode-se destacar a precariedade e a fragilidade nas políticas de diversidade, pois a alteração de uma decisão do Judiciário ou de uma norma do Executivo é mais simples e fácil de ocorrer do que a mudança de uma lei em sentido formal, que demanda uma maioria

32 Respectivamente, RE n. 846.102, em 2015; ADPF n. 291, em 2015; RE n. 646.721, em 2017; ADI n. 4.275 / RE n. 670.422, em 2018; MI n. 4.733 / ADO n. 26, em 2019; ADI n. 5.543, em 2020; e ADPF n. 457 / ADPF n. 461, em 2020. Ver Conselho Nacional de Justiça, Supremo Tribunal Federal e Max Planck Institute for Comparative Public Law and International Law, *Cadernos de Jurisprudência do Supremo Tribunal Federal: concretizando direitos humanos – Direito das Pessoas LGBTQIAP+*, Brasília: CNJ/STF/Max Planck Institute, 2022. Disponível em: https://www.cnj.jus.br/wp-content/uploads/2022/12/cadernos-stf-lgbtqia-3.pdf.

parlamentar, além de estar sujeita a controle judicial. Além disso, a atuação estatal é marcada por certa inconsistência e falta de regularidade, pois as políticas públicas se modificam a depender do chefe do Executivo ou dos ocupantes das pastas responsáveis pela implementação, comprometendo a continuidade e a efetividade dessas políticas.

Ainda que nenhum direito seja eterno, mesmo quando inscrito na lei, as distintas formas de salvaguarda institucional conferem graus também diferentes de proteção. Uma lei daria maior segurança por envolver um debate público mais amplo e uma maior legitimidade na sociedade. Isso é importante, sobretudo, nos momentos em que o STF é atacado por diferentes setores da sociedade civil, inclusive quando o ex-presidente Jair Bolsonaro indicou André Mendonça para uma vaga na Corte, buscando enfatizar seu conservadorismo ao qualificá-lo como "terrivelmente evangélico". Mesmo que as decisões a favor da comunidade LGBTI+ tenham sido unânimes ou por maioria expressiva, sabemos do poder e da influência que a caneta de um único ministro encerra, bem como dos efeitos de restrição a direitos que podem advir daí.

Na atual conjuntura, em que persiste uma cruzada moral conservadora aliada a uma degradação institucional sem precedentes desde a redemocratização, a despeito dos esforços de reconstrução nacional, deve-se dizer que os direitos LGBTI+, ainda tão recentes, correm riscos. Os desafios pela frente, portanto, são muitos. Do direito ao prazer até a cidadania legal foi um caminho largo e pavimentado por diversas conquistas. É inquestionável o quanto avançamos até aqui, mas é essencial preservar as conquistas já materializadas em políticas públicas e decisões judiciais. É também preciso superar os obstáculos ao acesso dos grupos vulneráveis à justiça no Brasil. Não haverá direitos se não conseguirmos tornar cartórios, salas de audiências e gabinetes de magistrados e promotores espaços menos hostis e mais diversos. Isso só será possível, também, tensionando entendimentos conservadores na construção dos direitos LGBTI+.

Para além dos direitos LGBTI+: a falta que o prazer nos faz

Como vimos, desde uma perspectiva mais utópica e radical até uma visão mais institucionalizada, o direito sempre cumpriu um papel central na normalização de uma ordem sexual, por ser visto como um tipo de racionalização da convivência humana mais "moderna", "técnica" e "imparcial" em relação à moral e às demais normas sociais. Considerando essa dimensão ambivalente da contribuição do direito ao processo de modernização das sociedades ocidentais, é pertinente questionar: a enunciação de liberdades públicas pela via do direito teria um potencial emancipador ou, ao contrário, todo o impulso de universalização de garantias jurídicas estaria sorvido pela normalização vigilante dos modos de vida? Estaríamos construindo uma efetiva igualdade ou estendendo a rígida matriz heterossexual que informa as estruturas jurídicas?

Em outras palavras, ao mesmo tempo que a garantia de direitos abre um campo de embates para sua realização concreta, mobilizando novos atores e estratégias de luta para efetivar cada conquista, o direito também pode ser decisivo para forjar subjetividades à luz de suas prescrições morais e princípios estreitos, reduzindo a uma abstração e uma universalização típicas da regulação jurídica a diversidade de modos de vida e de desejo. Para Eder Monica, há o risco de o direito ir "colonizando os discursos dissidentes, alternativos ou contrários ao paradigma liberal sobre o modo de produção de políticas de gênero e sexualidade"[33]. Ademais, com as promessas de direitos, pode promover uma assimilação dos movimentos sociais, despolitizando os conflitos e tornando-se, em verdade, um dispositivo de gestão das expectativas, sem transformações mais profundas na estrutura social.

No campo dos direitos de sexualidade, essa tensão entre reconhecimento e colonização ou, para radicalizar, a oposição entre libertação e opressão parece atingir um ponto privilegiado para análise. Largamos de lado o direito ao prazer e nos concentramos apenas no direito da homoafetividade. Nessa linha, há a mobilização bastante marcada de uma "gramática do sofrimento" para conceder ou negar direitos, além de prevalecerem práticas generificadas nas decisões do STF analisadas[34]. Por essa razão, essa figura da regulação jurídica que fascina e preocupa aqueles que buscam uma política radical da sexualidade, tanto do ponto de vista intelectual quanto do militante, sempre desperta um juízo de valor ambíguo. Normalmente, estes reconhecem as conquistas, mas ressaltam as limitações dessa via de encaminhamento dos conflitos.

Por constituir um suporte fundamental de estabilização identitária, o sistema jurídico, muitas vezes, também contribui para a naturalização

33 Eder Fernandes Monica, "A hegemonia do discurso liberal sobre direitos homossexuais no STF", *Direito e Práxis*, v. 11, n. 2, 2020, p. 1.361.

34 Adriana Dias Vieira e Roberto Efrem Filho, "O rei está nu: gênero e sexualidade nas práticas e decisões no STF", *Direito e Práxis*, v. 11, n. 2, p. 1.084-136, 2020. Disponível em: https://doi.org/10.1590/2179-8966/2020/50699.

de desigualdades e diferenças nas sociedades ocidentais modernas. Ao enquadrar as relações sociais e seus agentes a partir da categoria universal de sujeito de direito, ele reduz a complexidade dessas relações e promove tanto a imposição de identidades como a atribuição de certas garantias jurídicas[35]. Além disso, hierarquiza os diferentes modos de vida, separando-os entre os lícitos e os não lícitos ou, para usar uma linguagem mais comum e menos técnica, contribuindo para traçar os contornos sociais entre aqueles considerados "normais" e os "anormais".

Desse modo, mesmo quando reconhece garantias historicamente reivindicadas, como a união entre pessoas do mesmo sexo, o direito reproduz valores conservadores de assimilação e exclui outros modos de vida e de conjugalidade. A concepção familista transparece dos votos dos ministros do STF no julgamento dessa temática[36]. Um formato específico de família – e não a orientação sexual diversa – é a tônica da proteção assegurada pelo STF. O reconhecimento dos direitos sexuais vem subordinado à lógica de um tipo de família. A inclusão parece sempre ser excludente[37]: casais do mesmo sexo são protegidos desde que vivam como casais heterossexuais tradicionais. Exemplo disso é a falta de reconhecimento jurídico de uniões poliafetivas no ordenamento jurídico brasileiro, por subverter a noção de família formada a partir de um núcleo de duas pessoas[38].

No mesmo sentido de inclusão excludente se alinha a decisão de 2018 do STF que reconheceu o direito à identidade de gênero para pessoas trans. Sem negar o tamanho dessa conquista, vale destacar que ela traz consigo

35 Essa relação entre o político e o jurídico é bem explorada por Butler, que afirma que "a construção política do sujeito procede vinculada a certos objetivos de legitimação e exclusão, e essas operações políticas são efetivamente ocultas e naturalizadas por uma análise política que toma as estruturas jurídicas como seu fundamento. O poder jurídico 'produz' inevitavelmente o que alega meramente representar – função dual do poder: jurídica e produtiva". Ver Judith Butler, *Problemas de gênero: feminismo e subversão da identidade*, trad. Renato Aguiar, Rio de Janeiro: Civilização Brasileira, 2003, p. 19.

36 Renan Quinalha, "Do armário para o altar", *op. cit.*

37 "Inclusão" ou atribuição de determinado estatuto a algo ou a alguém implicam sempre atos correlatos de exclusão ou deslegitimação. Ver: Chris Shore; Susan Wright, "Policy: A New Field of Anthropology", em: *Anthropology of Policy*, Londres: Routledge, 1997, p. 6.

38 Ver Matheus Teixeira, "CNJ proíbe que cartórios reconheçam uniões poliafetivas". Jota, 26 jun. 2018. Disponível em: https://www.jota.info/justica/cnj-proibe-que-cartorios-unioes-poliafetivas-26062018. Ou, ainda, o entendimento do STF que rejeita reconhecimento de duas uniões estáveis simultâneas, expresso na tese fixada em 18 de dezembro de 2020 na decisão sobre o RE n. 1045273: "A preexistência de casamento ou de união estável de um dos conviventes, ressalvada a exceção do artigo 1.723, parágrafo 1º, do Código Civil, impede o reconhecimento de novo vínculo referente ao mesmo período, inclusive para fins previdenciários, em virtude da consagração do dever de fidelidade e da monogamia pelo ordenamento jurídico-constitucional brasileiro".

um binarismo bastante marcado: pessoas trans só são reconhecidas e respeitadas se estiverem enquadradas e assumirem uma posição claramente masculina ou feminina. Isso exclui pessoas trans não binárias ou de gênero neutro (ou agênero). No caso das pessoas intersexo, o caminho jurídico ainda é bastante precário, pois elas precisam assumir uma patologia de "anomalia de diferenciação sexual" para não ser enquadradas no masculino ou no feminino nos registros civis[39].

No que concerne à proteção contra a violência, a criminalização da LGBTIfobia em 2019 pelo STF, a despeito de sua importância simbólica, implica o reforço a um sistema penal estruturado por uma lógica punitivista que tem por alvo principal pessoas negras e pobres, reforçando desigualdades raciais e de classe[40].

Como se pode perceber, é preciso cautela com esse processo de hiperjudicialização das demandas LGBTI+[41]. Ainda que o uso estratégico de tribunais seja uma ferramenta importante para movimentos sociais trilharem um caminho para a cidadania, rendendo vitórias fundamentais, deve-se manter um viés crítico a essa tática pelas razões aqui apontadas e pelo modo como conservadores vêm, neste momento, disputando as Cortes como fizeram com o Legislativo. Ademais, ainda há muito a avançar na construção de um direito democrático da sexualidade que se apegue menos a identidades e mais a liberdades e à autodeterminação, um direito que não exclua na mesma medida em que inclui novas formas de relações e existências[42].

O caminho para esse que é o maior dos nossos desafios não é fácil. Olhar para a história dos que lutavam pela liberação sexual e pelo direito ao prazer não nos dará todas as respostas, mas certamente servirá tanto

39 Ver: https://www.cnj.jus.br/novas-regras-permitem-registrar-criancas-com-o-sexo-ignorado--na-dnv/.

40 Alexandre Nogueira Martins, *Caminhos da criminalização da LGBTfobia: racionalidade criminalizante, neoliberalismo e democratização*, São Paulo: IBCCRIM, 2021; Clara Moura Masiero, *Direito penal antidiscriminatório: movimentos sociais e os crimes de ódio no Brasil*, Florianópolis: Emais, 2021; Salo de Carvalho, "Sobre a criminalização da homofobia: perspectivas desde a criminologia queer", em Salo de Carvalho e Evandro Piza Duarte, *Criminologia do preconceito: racismo e homofobia nas ciências criminais*, São Paulo: Saraiva, 2017, p. 229-54; Victor Sugamosto Romfeld. "Aproximações entre Direito Penal e Direito da Antidiscriminação: um (novo?) modelo normativo para pensar a criminalização da LGBTfobia no Brasil". *Revista Brasileira de Ciências Criminais*, v. 170, ano 28. São Paulo: RT, ago/2020, p. 73-103; e Roger Raupp Rios; Lawrence Estivalet de Mello. "Direito da antidiscriminação, criminalização da homofobia e abolicionismo penal". *Revista Crítica do Direito*, n. 5, v. 65, abr./jul. 2015, p. 99-121.

41 Daniel Carvalho Cardinali, *A judicialização dos direitos LGBT no STF: limites, possibilidades e consequências*, Belo Horizonte: Arraes, 2018.

42 Para um aprofundamento dessas discussões, ver: Eder F. Monica; Ana Paula Antunes Martins (org.). *Qual o futuro da sexualidade no direito?* Rio de Janeiro: Bonecker; Editora Universidade Federal Fluminense 2017; e Roger Raupp Rios, "Para um direito democrático da sexualidade". *Horizontes Antropológicos*, ano 12, n. 26, p. 71-100, 2006.

de inspiração para sonharmos horizontes mais radicais de luta quanto de alerta para evitarmos a domesticação dos nossos desejos por instituições do Estado e do sistema de justiça.

ENTRE O RECONHECIMENTO E A REGULAÇÃO: OS FLUXOS DECISÓRIOS E LEGISLATIVOS NOS PROCESSOS DE BUSCA POR LEGITIMIDADE DAS FAMÍLIAS HOMOAFETIVAS E NÃO MONOGÂMICAS

LAURA MOSTARO PIMENTEL
LUIZA COTTA PIMENTA

Apresentamos aqui um panorama das decisões judiciais e dos projetos de lei relacionados à temática dos modelos de formação de famílias. O objetivo é identificar cronologicamente os fluxos que viabilizaram o reconhecimento jurídico de certos arranjos familiares e as restrições que, do ponto de vista normativo, ainda marginalizam alguns arranjos. Para tanto, mapeamos práticas e discursos por vezes contrastantes entre os diversos poderes de Estado, por meio da perspectiva analítica proporcionada pela etnografia dos documentos das organizações estatais. Com isso, buscamos compreender os elementos que informaram a decisão do Supremo Tribunal Federal (STF) proferida no Recurso Extraordinário n. 1.045.273, que, por seis votos a cinco, entendeu pela impossibilidade de reconhecimento das uniões estáveis concomitantes.

Nossa análise está delimitada ao período entre maio de 2011 e dezembro de 2020, detendo-se em decisões e projetos de leis que alcançaram maior repercussão. O intervalo temporal tem como marco inicial o julgamento conjunto da ADPF n. 132 e da ADI n. 4.277, em maio de 2011, e como marco final o julgamento do Recurso Extraordinário n. 1.045.273 em dezembro de 2020, todos pelo STF.

Após uma descrição cronológica das decisões e dos projetos de leis, esses dados serão contrastados com posicionamentos teóricos sobre direitos sexuais, perspectivas sobre parentesco e arranjos familiares não monogâmicos. Dada a matriz heteronormativa do poder jurídico, o reconhecimento desses direitos e arranjos familiares ainda é raro, visto que eles não se adequam ao ideal da conjugalidade e da expressão de família normatizado e culturalmente valorado: o casamento entre dois sujeitos de gêneros distintos.

Estirpe e reconhecimento das uniões homoafetivas perante o STF

O uso do substantivo "família" é uma constante ao longo da Constituição Federal de 1988 (CF/1988), para além do artigo 226, centrado no tema. A instituição também é mencionada quando se trata da proteção estatal conferida aos núcleos familiares formados a partir do casamento ou da união estável. O parágrafo 3º do artigo 226 dispõe que, "para efeito da proteção do Estado, é reconhecida a união estável entre o homem e a mulher como entidade familiar, devendo a lei facilitar sua conversão em casamento"[1]; no mesmo sentido, a Lei n. 9.278/1996, destinada à regulamentação desse dispositivo,

1 Presidência da República, *Constituição da República Federativa do Brasil*, Brasília: Presidência da República, 1988. Disponível em: http://www.planalto.gov.br/ccivil_03/constituicao/constituicao compilado.htm.

prevê que é "reconhecida como entidade familiar a convivência duradoura, pública e contínua, de um homem e uma mulher, estabelecida com objetivo de constituição de família"[2].

Os diplomas normativos têm claro fundamento na matriz heterossexual, conferindo àqueles casais formados por dois indivíduos, um homem e uma mulher, o reconhecimento, a legitimidade e a tutela do Estado. Um exemplo é a previsão do artigo 1.723 do Código Civil de 2002 (CC/2002), que, ao aludir às uniões estáveis, explicita sua composição: "É reconhecida como entidade familiar a união estável entre o homem e a mulher"[3].

Apesar de ser resultado de processo legislativo que tramitou entre 1975 e 2002, a referência à união estável só foi inserida em 1988 no anteprojeto da codificação civil, com a previsão constitucional dela como modelo familiar reconhecido e protegido pelo Estado. Observa-se então que nesse período prevaleciam no ordenamento jurídico os modelos heteronormativos e monogâmicos de constituição das entidades familiares, seja pela via do casamento, seja pela da união estável.

As uniões homoafetivas, poliafetivas e paralelas sempre existiram na realidade social, mas as demandas delas originadas não encontravam proteção estatal, pois o ordenamento positivo selecionou e formulou os tipos de relação "dignos" de tutela. Diante deste cenário de não reconhecimento normativo, as famílias organizadas em outras formas de conjugalidades recorreram aos tribunais para postular seu reconhecimento.

O acúmulo dessas demandas e a crescente insegurança jurídica decorrente de decisões divergentes conduziram a questão para análise do STF. Com relação às uniões homoafetivas, os processos mais relevantes diziam respeito às demandas da Arguição de Descumprimento de Preceito Fundamental (ADPF) n. 132 e da Ação Direta de Inconstitucionalidade (ADI) n. 4.277. O julgamento no STF possibilitaria uma decisão uniforme sobre o reconhecimento jurídico das uniões homoafetivas, o que levaria à redução do volume de processos em tramitação nas justiças estaduais e federais relativamente a obrigações, bens e direitos da parcela da população nelas envolvida.

O reconhecimento ou não da união homoafetiva significa o reconhecimento de uma situação jurídica da qual decorre uma série de direitos. A falta de orientação central sobre o tema sujeitava esses direitos à interpretação

2 *Idem*, Lei n. 9.278/1996, Brasília: Presidência da República, 1996, art. 1º.

3 *Idem*, Lei n. 10.406/2002, Brasília: Presidência da República, 2002. Disponível em: http://www.planalto.gov.br/ccivil_03/leis/2002/l10406compilada.htm.

pessoal do magistrado que decidia sobre cada caso, gerando insegurança jurídica para a população. Levantamento realizado por Thiago Coacci no lapso temporal de 1989 e 2012, quanto aos direitos discutidos pelas pessoas LGBT nos tribunais, informa que os pedidos de reconhecimento de união estável integravam 32,7% dos casos, seguidos por demandas de partilha de bens (14,5%), pensão por morte (12,7%), indenização por danos morais (9,1%), inclusão no plano de saúde (3,6%) e reconhecimento de sociedade de fato (3,6%)[4].

A ADPF n. 132 e a ADI n. 4.277 foram reunidas para julgamento conjunto, o que ocorreu em 5 de maio de 2011. Previamente ao julgamento das ações, o STF realizou pedido de informações junto aos tribunais estaduais, detectando que alguns deles eram favoráveis ao reconhecimento das uniões homoafetivas, como os de Acre, Goiás e Rio de Janeiro, enquanto outros mantinham posição contrária, sendo eles os do Distrito Federal, da Bahia e de Santa Catarina. O último reconhecia tais uniões como "parcerias civis", logo, de competência das varas cíveis[5].

A ADPF n. 132 foi proposta pelo então governador do Rio de Janeiro, Sérgio Cabral, e buscava a ampliação e a uniformização da interpretação conferida aos dispositivos do Estatuto dos Servidores Civis do Estado do Rio de Janeiro para que direitos como licenças, previdência e assistência também fossem conferidos aos parceiros em uniões homoafetivas.

Por decisão do relator, ministro Ayres Britto, o objeto dessa ADPF foi absorvido pela ADI n. 4.277, dada a abrangência desta última. Formulada pela Procuradoria-Geral da República, a ADI pedia que as uniões homoafetivas fossem reconhecidas como entidade familiar em todo o território nacional, conferindo-lhes os mesmos direitos e deveres que os garantidos às heteroafetivas. O Ministro relator, que foi acompanhado em seu voto pelos demais ministros[6], deu reconhecimento jurídico ao interpretar o artigo 1.723 do CC/2002 conforme a Constituição, seguindo o artigo 3º, inciso IV dela:[7]

> [...] para dele excluir qualquer significado que impeça o reconhecimento da união contínua, pública e duradoura entre pessoas do mesmo sexo

4 Thiago Coacci, "Do homossexualismo à homoafetividade: discursos judiciais brasileiros sobre homossexualidades, 1989-2012", *Sexualidad, Salud y Sociedad*, n. 21, dez. 2015, p. 67. Ações discutindo outros tópicos não perfazem sequer 2%. Remete-se ao artigo para a listagem completa.

5 Supremo Tribunal Federal, Acórdão da ADI n. 4.277, 5 maio 2011, p. 620-1. Disponível em: https://redir.stf.jus.br/paginadorpub/paginador.jsp?docTP=AC&docID=628635.

6 À época, Cezar Peluso, Celso de Mello, Marco Aurélio, Ellen Gracie, Gilmar Mendes, Joaquim Barbosa, Ricardo Lewandowski, Cármen Lúcia, Dias Toffoli e Luiz Fux.

7 Diz o texto constitucional: "Art. 3º Constituem objetivos fundamentais da República Federativa do Brasil: [...] IV – promover o bem de todos, sem preconceitos de origem, raça, sexo, cor, idade e quaisquer outras formas de discriminação".

> como "entidade familiar", entendida esta como sinônimo perfeito de "família". Reconhecimento que é de ser feito segundo as mesmas regras e com as mesmas consequências da união estável heteroafetiva [...].[8]

Chama a atenção que, ao final da sessão plenária, alguns ministros tenham discutido se a decisão recém-proferida poderia impedir um encaminhamento da questão pela via legislativa. Os ministros Ayres Britto, Cezar Peluso, Gilmar Mendes e Ricardo Lewandowski concordaram que tal decisão implicaria um chamamento ao Congresso Nacional para que legitimasse na lei os arranjos familiares homoafetivos. Nesse sentido, disse Lewandowski:

> Ministro Gilmar Mendes, assinalei no meu voto que nós estamos ocupando um espaço que é do Congresso Nacional. Vossa Excelência mesmo acentuou, com muita propriedade, que há uma espécie de inércia ou inapetência do Parlamento em regular essa matéria, por razões que não nos compete examinar. Então eu afirmei, assentei e conclui que a nossa comutação desta lacuna é meramente provisória, porque, na verdade, quem tem o poder de legislar nesta matéria, originariamente, é o Congresso Nacional.[9]

As críticas a essa decisão apontam para um possível ativismo judicial, pois o STF acabaria atuando em lugar do que deveria ser regulamentado pelo Poder Legislativo. Outro aspecto citado é que o questionamento da redação restritiva do artigo 1.723 do CC/2002 ao "homem e a mulher" como componentes da união estável gera lateralmente a indagação sobre a constitucionalidade do próprio artigo 226, parágrafo 3º, da CF/1988, que utiliza a mesma expressão[10].

Por outro lado, favoravelmente à atuação do Judiciário nessas questões, pode-se falar na necessidade de adaptação da Constituição às novas demandas sociais e políticas, retirando arranjos familiares poliafetivos das "zonas de ilegitimidade"[11] às quais são relegados pela falta de decisão pela via legislativa. Como observa Karl Loewenstein, existe uma inobservância

8 Supremo Tribunal Federal, Acórdão da ADI n. 4.277, *op. cit.*, p. 656.

9 *Ibidem*, p. 746.

10 Para essas críticas, ver Lênio Streck, "O caso da ADPF 132: defender o texto da Constituição é uma atitude positivista (ou 'originalista')?", Direito UnB, v. 1, n. 1, p. 280-304, jan./jun. 2014; Lênio Streck, Vicente Barretto e Rafael de Oliveira, "Ulisses e o canto das sereias: sobre ativismos judiciais e os perigos da instauração de um 'terceiro turno da Constituinte'", *Revista de Estudos Constitucionais, Hermenêutica e Teoria do Direito*, v. 1, n. 2, jul.-dez. 2009.

11 Judith Butler, "O parentesco é sempre tido como heterossexual?", trad. Valter Arcanjo da Ponte, *Cadernos Pagu*, n. 21, p. 219-60, 2003.

consciente na aplicação da constituição, situação em que um dispositivo constitucional essencial não será deliberado e, consequentemente, aplicado e realizado[12]. Esta *inobservância consciente dos entes estatais* possibilita que o STF atribua nova interpretação a um preceito constitucional sobre o qual não se investiu o devido processo legislativo.

No campo jurídico, esse tipo de conflito coloca em cena as disputas entre os poderes estatais e os próprios intérpretes do direito. Como afirma Pierre Bourdieu, não é possível explicar plenamente a estrutura de um corpus "jurídico" e as transformações que o afetam ao longo do tempo por uma análise estritamente interna, ignorando suas funções nas relações de concorrência ou conflito pelo poder econômico ou simbólico[13]. É necessária, portanto, a análise de debates e de processos legislativos sobre o tema, integrando o elemento político ao jurídico e ao social.

A montagem da cena: o contexto político dos debates entre o Poder Legislativo e o Poder Judiciário

Em setembro de 2011, a então senadora Marta Suplicy protocolou o Projeto de Lei do Senado Federal (PLS) n. 612, visando alterar trechos específicos dos artigos 1.723 e 1.726 do CC/2002. Para a senadora, que concordava com as decisões tomadas pelo STF, ainda persistiria "insegurança jurídica" no que tange ao reconhecimento das uniões homoafetivas[14].

Sua proposta de alteração textual do artigo 1.723 do CC/2002 substituía o trecho "entre o homem e a mulher" por "entre duas pessoas" na normatização familiar da união estável. Quanto ao artigo 1.726, propunha simplificar a conversão da união estável em casamento, que passaria a ser feita perante o oficial do Registro Civil, sem a necessidade de demanda judicial. Não se fazia alusão às possibilidades de união civil entre mais de duas pessoas, apesar das recentes decisões favoráveis às conjugalidades concomitantes.

As mudanças legislativas propostas nesse PLS seguem ao encontro do que Butler narra em seu artigo "O parentesco é sempre tido como

12 Karl Loewenstein, *Teoria de la Constitución*, Barcelona: Ariel, 1979, p. 223 (tradução nossa).

13 Pierre Bourdieu, *O poder simbólico*, trad. Fernando Tomaz, Rio de Janeiro: Bertrand Brasil, 1989, p. 210-1.

14 Senado Federal, Projeto de Lei do Senado Federal n. 612/2011, 2011, p. 3. Disponível em: https://www25.senado.leg.br/web/atividade/materias/-/materia/102589.

heterossexual?"[15], em que identifica duas dimensões do reconhecimento e da regulação do parentesco e do casamento, principalmente quanto às uniões homoafetivas e às alianças possíveis fora dos pressupostos das famílias heterossexuais e compostas por dois companheiros. Nesse descolamento das categorias do parentesco e do casamento, em vez de suscitar diversas possibilidades de proteção às uniões que fogem do padrão heteronormativo, a facilitação da conversão em casamento e o reconhecimento das uniões estáveis entre duas pessoas do mesmo sexo faz com que se negue, por vias indiretas, a existência de alianças compostas por mais de duas pessoas com vista à formação de uma aliança familiar, situando esses "outros" arranjos nas ditas zonas de ilegitimidade. Para a autora, ao mesmo tempo que se passa a contar com o Estado para o reconhecimento das uniões entre pessoas do mesmo sexo, se admite que o mesmo Estado e suas diversas instituições têm o poder de regular o parentesco, dizendo o que é ou não família.

A questão ganhou novos desdobramentos em maio de 2013, com a publicação da Resolução n. 175 pelo Conselho Nacional de Justiça (CNJ)[16]. Sua edição objetivava vedar que as autoridades competentes – no caso, os oficiais dos Cartórios de Registro Civil – contrariassem a decisão do STF e se recusassem a promover a habilitação, a celebração de casamento civil ou a conversão de união estável em casamento entre pessoas do mesmo sexo[17]. A normativa que unificava o entendimento sobre as uniões homoafetivas no nível das Corregedorias dos Tribunais de Justiça estaduais confrontava a resistência que ainda havia no reconhecimento desses direitos. A resolução em si não tem poder de lei, mas sua edição evidencia que a decisão do STF nas ADI n. 4.277 e ADPF n. 132 não estava sendo cumprida.

Como Butler também observa, o que se entende por Estado se pulveriza em diversas dimensões e relações com a sociedade. Assim, o Estado que reconhece a possibilidade do casamento homoafetivo através do Judiciário é o mesmo que não operacionaliza esse direito através do registro nem regulamenta alianças familiares diversas do padrão binário heteronormativo. A questão, como situou Foucault, pode ser

15 Judith Butler, "O parentesco é sempre tido como heterossexual?", *op. cit.*

16 A expedição de atos regulamentares é uma das funções constitucionalmente previstas para o CNJ, desde que não ocorra inovação no ordenamento jurídico, conforme a previsão do art. 103-B, § 4º, inciso I da CF/1988.

17 Conselho Nacional de Justiça, Resolução n. 175 de 14 de maio de 2013, Brasília: DJE/CNJ n. 89/2013, de 15 de maio de 2013, p. 2. Disponível em: https://atos.cnj.jus.br/files/resolucao_175_14052013_16052013105518.pdf.

analisada pelos parâmetros da resistência e do poder, na medida em que existem posições "estratégicas" nas relações de luta entre as minorias e governos e entre órgãos do Estado. Para o autor, "se não há resistência, não existem relações de poder. Porque tudo seria simplesmente uma questão de obediência"[18]. Nesse sentido, observa-se não apenas uma resistência "negativa" por parte de alguns órgãos no registro das uniões homoafetivas, como também uma resistência "positiva" dos sujeitos contra a efetivação do registro das uniões estáveis e dos casamentos.

O PLS n. 612 passou pela Comissão de Direitos Humanos e Legislação Participativa, pela Comissão de Constituição, Justiça e Cidadania e foi considerado pronto para deliberação em maio de 2017. Apesar de apresentado em sessão plenária no dia 28 de novembro de 2017, não foi apreciado, sendo arquivado ao final da 55ª legislatura, nos termos do art. 332, § 1º do Regimento Interno do Senado Federal.

Os Estatutos das Famílias: os projetos legislativos do Senado Federal e da Câmara dos Deputados

As normativas vistas até aqui enfrentaram reações políticas por parte do poder legislativo federal. O significativo reconhecimento de direitos das populações LGBTQIA+, principalmente no que tange às uniões homoafetivas, entre 2011 e 2013 não encontrou reflexos de continuidade no âmbito legislativo. Ao contrário: em reação, de 2013 a 2019, foram propostos diversos projetos de lei disputando a verdade sobre o conceito de família[19], a começar pela Proposta de Lei (PL) n. 6.583/2013.

PL n. 6.583/2013 – *Estatuto da Família*

O PL n. 6.583, apresentado em outubro de 2013 pelo então deputado federal Anderson Ferreira, integrante do Partido da República (PR)[20] e da chamada "bancada evangélica", almejava o não reconhecimento de entidades familiares que não tivessem como núcleo um casal formado por um homem e uma mulher. Membro da Assembleia de Deus, Ferreira se aliou em várias ocasiões a outros deputados e senadores com pautas afins

18 Michel Foucault, "Michel Foucault, uma entrevista: sexo, poder e a política da identidade", trad. Wanderson Flor do Nascimento, *Verve*, n. 5, 2004, p. 268.
19 Ver "Cronolo'somos'", AEL/Unicamp, SOMOS OF s.002, doc 009.
20 Atualmente Partido Liberal (PL).

para defender projetos de lei contrários ao reconhecimento de direitos à população LGBTQIA+, tendo sido relator do Projeto de Decreto Legislativo (PDC) que tratava da "cura gay" no âmbito do Conselho Federal de Psicologia (PDC 234/2011).[21]

Tal reação por parte do legislativo não é um fenômeno novo: esse *backlash* conservador tem sido mapeado desde os anos 1990, "quando novas coalizões contra os direitos de gênero foram formadas para se oporem aos movimentos feministas e LGBTQ nas conferências das Nações Unidas do Cairo (1994) e de Pequim (1995)"[22]. A participação de lideranças religiosas (católicas e evangélicas) em órgãos do Poder Legislativo tem atuado no sentido da manutenção de uma série de pautas de caráter moral, limitadoras das manifestações de gênero, dos direitos reprodutivos e dos arranjos familiares aceitos (heteronormativos e monogâmicos). Quanto à reação legislativa às decisões do STF que reconhecem as uniões homoafetivas como entidades familiares, ressalta Daniel Cardinali que o "discurso desses setores é marcado pela defesa de uma concepção de família exclusivamente heterossexual-monogâmica ('tradicional') e pela oposição à repressão de discursos e práticas discriminatórios, com fundamento na liberdade de expressão"[23].

O autor observa o PL n. 6.583 como uma verdadeira tentativa de "reversão da decisão do STF", ainda que sua constitucionalidade possa ser questionada, visto que a decisão da corte, por seu caráter *erga omnes* e efeito vinculante, tem o poder de tornar inconstitucional qualquer disposição em contrário, inclusive aquelas restritivas da interpretação conferida pelo STF em relação ao art. 226 da CF/88. Caráter *erga omnes* significa que a interpretação tem eficácia contra todos, atingindo toda a sociedade e as instituições jurídicas de alcance nacional, não se limitando às partes da ação judicial. Já efeito vinculante significa que a decisão em questão é de observância obrigatória pela administração pública em nível federal, estadual e municipal, bem como pelos demais órgãos do Poder Judiciário, não apenas na parte dispositiva mas também por seus fundamentos.

Conhecido como "Estatuto da Família", o PL n. 6.583 tem 16 artigos, dentre os quais se destaca o artigo 2º, que define entidade familiar

21 Disponível em: https://www.camara.leg.br/proposicoesWeb/fichadetramitacao?idProposicao=505415.

22 Flávia Biroli e Mariana Caminotti, "The Conservative Backlash against Gender in Latin America", *Politics & Gender*, v. 16, n. 1, mar. 2020, p. 22 (tradução nossa).

23 Daniel Carvalho Cardinali, *A judicialização dos direitos LGBT no STF: limites, possibilidades e consequências*, dissertação (Mestrado em Direito) – Faculdade Nacional de Direito, Universidade Federal do Rio de Janeiro, Rio de Janeiro, 2017, p. 42-3.

como aquela constituída "a partir da união entre *um homem e uma mulher*, por meio de casamento ou união estável"[24]. A partir desse conceito de família são propostas várias regulações no que tange à elaboração de políticas públicas protetivas, incluindo a criação dos chamados "conselhos da família", órgão de natureza não jurisdicional que teria como um de seus objetivos "tratar das políticas públicas voltadas à família e da garantia do exercício dos direitos da entidade familiar". Há entre as "atribuições" desses "conselhos" funções que os constituiriam em verdadeiras instâncias de vigilância, exemplificadas em normas como:

> I – encaminhar ao Ministério Público notícia de fato que constitua infração administrativa ou penal contra os direitos da família garantidos na legislação; II – encaminhar à autoridade judiciária os casos de sua competência; III – expedir notificações; IV – solicitar informações das autoridades públicas; [...].[25]

Formas de controle social que compreendem a vigilância, o controle e a correção foram apresentadas por Foucault ao descrever a origem da sociedade disciplinar, em que novas facetas autoritárias são absorvidas pela estrutura estatal[26]. No caso do PL n. 6.583, esse esquema regulatório levaria para dentro do sistema normativo estatal o fundamento para o exercício de um esquema panóptico, retrocedendo nas garantias anteriormente concedidas às entidades familiares fora do padrão heteronormativo e monogâmico.

O embate entre movimentos LGBTQIA+ e movimentos conservadores se dá em um contexto em que, segundo Biroli, existiria uma relação triangular entre esses movimentos e o próprio Estado[27]. Nesse entrelaçamento de estratégias dos movimentos, cada qual visando ao reconhecimento do seu conceito de entidade familiar, o Estado é não apenas o campo no qual as disputas ocorrem, mas também um agente delas.

Tal projeto de norma contém, além do foco na vigilância das entidades familiares, outra forma de controle social, descrita por Richard Miskolci a partir do conceito de pânico moral. As atribuições concedidas

24 Câmara dos Deputados, Projeto de Lei n. 6.583/2013, 2013. Disponível em: https://www.camara.leg.br/proposicoesWeb/fichadetramitacao?idProposicao=597005.
25 *Ibidem*, art. 15, incisos I a IV. Grifo nosso.
26 Michel Foucault, *A verdade e as formas jurídicas*, trad. Eduardo Jardim e Roberto Machado, 3. ed., Rio de Janeiro: Nau, 2002.
27 Flávia Biroli, "Democracy, Family, and the Backlash against Gender in Latin America", em FLACSO-IFJP, *Feminismos y conservadorismos América Latina*, Ciudad de México, 2019, p. 19-20.

a esses conselhos de família possibilitariam dar vazão a concepções sociais e pânicos morais em torno de suposta "ameaça à ordem social" e a "instituições [...] que det[ê]m um status valorizado como a família ou o casamento"[28], viabilizando o questionamento de arranjos e uniões destoantes do padrão. O PL 6.583/2013 se encontra em tramitação na Câmara dos Deputados, aguardando deliberação desde 2015.

PLS n. 470/2013 – *Estatuto das Famílias*

Em novembro de 2013, a então senadora Lídice da Mata, do Partido Socialista Brasileiro (PSB), protocolou o PLS n. 470, que propunha um Estatuto das Famílias. Tal PLS estava fundamentado em estudos realizados pelo Instituto Brasileiro de Direito de Família (IBDFAM) e integrava diretivas estabelecidas pelo STF e pelo CNJ.

Em 2014 a senadora afirmou que "[n]ão é mais possível tratar questões da vida familiar, que perpassam por idealizações, sentimentos e perdas, valendo-se das mesmas normas que regulam questões meramente patrimoniais"[29]. Com 303 artigos, o projeto buscava substituir dispositivos previstos em diversas leis, em uma ampla reorganização do ordenamento jurídico nacional que conferiria segurança jurídica e previsibilidade às múltiplas formas de organização familiar e afetiva existentes na sociedade.

O PLS n. 470/2013 apresentava proteção ampla da família, não se limitando à configuração tradicional heteronormativa e monogâmica, conforme se pode depreender dos seguintes termos: "É protegida a família em qualquer de suas modalidades e as pessoas que a integram". Entretanto, o conceito de "entidade familiar" nele adotado se refere a duas pessoas e condiciona seu reconhecimento ao objetivo de "constituir família":

> Art. 61. É reconhecida como entidade familiar a união estável entre duas pessoas, configurada na convivência pública, contínua, duradoura e estabelecida com o objetivo de constituição de família.

28 Richard Miskolci, "Pânicos morais e controle social: reflexões sobre o casamento gay", *Cadernos Pagu*, n. 28, jun. 2007, p. 112.

29 Simone Franco, "Proposta de Estatuto das Famílias garante amparo legal para uniões homoafetivas". *Agência Senado*, 23 out. 2014. Disponível em: https://www12.senado.leg.br/noticias/materias/2014/10/23/proposta-de-estatuto-das-familias-garante-amparo-legal-para-unioes-homoafetivas.

> Parágrafo único. Independentemente de registro, a união estável constitui o estado civil de companheiro, o qual deve ser declarado em todos os atos da vida civil.[30]

O PLS n. 470/2013 se apresenta como um estatuto jurídico, pois compreende um conjunto de normas com vistas à regulação de diversos temas afeitos aos direitos das famílias. Além disso, carrega consigo a noção de pluralidade, principalmente quando faz uso do substantivo "famílias" em seu título, demonstrando a intencionalidade de dar conta dos vários arranjos familiares. Apesar disso, mobiliza representações de família e de entidade familiar aparentemente contraditórias e utiliza conceitos que apresentam marcas do tempo, como a expressão "com o objetivo de constituição de família", também presente no CC/2002.

A presença de variadas representações de família e entidade familiar no projeto de lei, ainda que não tenham como objetivo ou intenção limitar as configurações possíveis ou aceitáveis, revelam, além das contradições, a própria ficção na qual se fundam tais representações. A noção de "representação conscientemente falsa" atribuída ao pensamento humano, proposta pelo filósofo ficcionalista Hans Vaihinger[31], é assim explicada por Zelijko Loparic:

> A finalidade das ficções não é, portanto, servirem de reproduções ou réplicas do mundo real (como pensam o senso comum e os epistemólogos tradicionais), mas a de poderem ser usadas como instrumentos [...] "operando com representações conscientemente falsas, mas úteis" [...].[32]

O uso de representações conscientemente falsas não se restringe aos institutos jurídicos, afetando também teorias e práticas em outros

30 Senado Federal, Projeto de Lei do Senado Federal n. 470/2013, 2013, Art. 61. Disponível em: https://www25.senado.leg.br/web/atividade/materias/-/materia/115242.

31 "Hans Vaihinger (1852-1933) foi um filósofo neokantiano, que fez contribuições importantes para a epistemologia, filosofia da ciência e matemática, e para a historiografia da filosofia. [...] Como filósofo sistemático, Vaihinger é mais lembrado como o pai da teoria filosófica do ficcionalismo, que ele expõe em sua obra mais relevante *Die Philosophie des Als Ob*, que pode ser traduzida por *A filosofia do 'como se'*. [...] O ficcionalismo de Vaihinger antecipou muitas das tendências antirrealistas e antimetafísicas do positivismo lógico posterior e representou uma alternativa importante para o neokantismo das escolas de Marburgo, do Sudoeste alemão e de Göttingen." Ver Timothy Stoll, "Hans Vaihinger", em Edward Zalta (org.), *The Stanford Encyclopedia of Philosophy*. Stanford University, 2020 (tradução nossa). Disponível em: https://plato.stanford.edu/archives/spr2020/entries/vaihinger/.

32 Zelijko Loparic, "Kant entre o ficcionalismo de Vaihinger e a fenomenologia de Heidegger", *Aprender – Caderno de Filosofia e Psicologia da Educação*, ano IV, n. 10, 2008, p. 75.

campos do conhecimento, como nas ciências sociais e na religião. Vaihinger observava no uso das representações conscientemente falsas um instrumento que favorece as operações que necessariamente devem ser realizadas com vistas a alcançar objetivos corretos. Em seus termos: "No campo teórico, prático e religioso, descobrimos o que é correto na base e com auxílio do que é falso"[33].

Após ter sido aprovado pelo relator na Comissão de Direitos Humanos do Senado Federal, o PLS n. 470/2013 foi arquivado em 2018, pelos mesmos fundamentos do PLS n. 612/2011. Apesar disso, considerada a correlação de forças, sua tramitação significou a defesa de representações de família e de entidades familiares diversas daquelas contidas no PL n. 6.583/2013, de caráter manifestamente moral e conservador. Assim, a proposta apoiada por entidades religiosas encontrou resistência à sua autoapresentação como hegemônica ou única.

PL n. 3.369/2015 – *Estatuto das Famílias do Século XXI* e o PL n. 4.302/2016

Em outubro de 2015, o deputado Orlando Silva, integrante do Partido Comunista do Brasil (PC do B), apresentou o PL n. 3.369 visando instituir o "Estatuto das Famílias do Século XXI". Composto por três artigos, o projeto se apresenta mais como um corpo de princípios mínimos relativamente à atuação do Estado nos direitos das entidades familiares. Movimentado ativamente no ano de 2016, o PL teve sua tramitação reduzida nos anos seguintes, sendo arquivado em janeiro de 2019 com fundamento no artigo 105 do Regimento Interno da Câmara dos Deputados, situação revertida no mês seguinte por requerimento do autor. Entre estudiosos das formas de conjugalidade, a proposta em questão ficou conhecida como "Estatuto do Poliamor", pois acolhe como entidade familiar

> [...] todas as formas de união entre duas ou mais pessoas que para este fim se constituam e que se baseiem no amor, na socioafetividade, independentemente de consanguinidade, gênero, orientação sexual, nacionalidade, credo ou raça, incluindo seus filhos ou pessoas que assim sejam consideradas.

33 Hans Vaihinger, *A filosofia do como se: sistema de ficções teóricas, práticas e religiosas da humanidade, na base de um positivismo idealista*, trad.: Johannes Kretschmer, Chapecó: Argos, 2011, p. 87.

> Parágrafo único. O Poder Público proverá reconhecimento formal e garantirá todos os direitos decorrentes da constituição de famílias na forma definida no *caput*.[34]

Cabe mencionar que o PL n. 3.369/2015 foi desarquivado no primeiro ano de mandato do presidente Jair Bolsonaro, não tardando para que os representantes da bancada evangélica se manifestassem contra a proposta. A oposição ao projeto se manteve mesmo após sua aprovação pelo relator na Comissão de Direitos Humanos e Minorias, em julho de 2019, quando o PL se tornou alvo de inúmeras *fake news*, como a de que estaria propondo a "legalização do incesto"[35].

As pressões contrárias a esse projeto surgiram ainda em 2016, quando o deputado e pastor Vinícius Carvalho, integrante do então Partido Republicano Brasileiro (PRB, atual Republicanos), apresentou o PL n. 4.302/2016, com o objetivo de proibir o reconhecimento da união poliafetiva. Carvalho propunha a inserção de parágrafo único no artigo 1º da lei 9.278/1996 (Lei da União Estável), com a seguinte norma: "É vedado o reconhecimento de União Estável conhecida como 'União Poliafetiva' formada por mais de um convivente"[36]. A única justificativa apresentada para a proposta é a de impedir que cartórios reconhecessem uniões poliafetivas, pois já o faziam à margem da legislação. Ou seja, tratava-se de uma reação legislativa à formalização de uniões poliafetivas em cartórios e ao próprio PL n. 3.369/2015. Além disso, a justificativa levou para a esfera da opinião a decisão proferida pelo STF, afirmando que

> Registros dessa natureza vêm sendo feitos ao arrepio da legislação brasileira, embora algumas opiniões entendam a decisão do Supremo Tribunal Federal de reconhecer "outras formas de convivência familiar fundadas no afeto". Entendemos que reconhecer a Poligamia no Brasil é um atentado que fere de morte a família tradicional em total contradição com a nossa cultura e valores sociais.[37]

34 Câmara dos Deputados, Projeto de Lei n. 3.369/2015, 2015, art 2º. Disponível em: https://www.camara.leg.br/proposicoesWeb/fichadetramitacao?idProposicao=2024195 (grifo nosso).

35 Em um esforço interpretativo, podemos supor que tal *fake news* tenha se pautado no trecho "independentemente de consanguinidade". Uma mínima atividade de compreensão com o fim de compreender percebe que o intuito de tal PL é que não seja necessário vínculo consanguíneo ou conjugal para formação de família, de modo que amigos poderiam se constituir como família, por exemplo, pois o foco é a socioafetividade.

36 Câmara dos Deputados, Projeto de Lei n. 4.302/2016, 2016. Disponível em: https://www.camara.leg.br/proposicoesWeb/fichadetramitacao?idProposicao=2076754.

37 *Ibidem*, p. 1.

O poder da onda conservadora capitaneada pela bancada evangélica foi determinante para a aprovação, em agosto de 2019, do PL n. 4.302/2016 na Comissão de Segurança Social e Família da Câmara dos Deputados. No mês seguinte, o projeto de Orlando Silva foi retirado de pauta e mantido em análise pelo relator, o deputado Túlio Gadêlha, no que nos parece ter sido um recuo estratégico para evitar maiores danos à proposta legislativa.

Nesse contexto, as disputas discursivas envolvem o próprio poder do Estado no reconhecimento dos arranjos familiares ainda excluídos do campo normativo. O que vemos é que, ainda que a estrutura estatal abrigue órgãos que se posicionam favoravelmente às uniões fora do espectro heteronormativo e monogâmico, as instâncias dos poderes Executivo e Legislativo disputam sobre o poder de dizer *o desejo do Estado*. Para Butler, a questão se pauta na própria necessidade de utilizar o Estado e seus instrumentos como meio de ratificação, a partir do qual "uma fantasia se torna literal" e no qual se buscaria "o reconhecimento universal [...] de esvaziar a particularidade solitária da relação não-ratificada"[38]. Ainda que indivíduos em alianças não monogâmicas busquem a legitimação do reconhecimento estatal, esta relação não se dá de forma estável e contínua. Há períodos em que, para além da instabilidade nas relações com o Estado, se fazem presentes conflitos entre as próprias instâncias e poderes do Estado.

Nesse sentido, para além do *backlash* conservador descrito anteriormente, percebe-se que em 2019, com o início do governo Bolsonaro, emerge uma nova linha de mobilização entre os partidos conservadores e com integrantes da bancada evangélica: certos posicionamentos e discursos passam a dizer respeito à identidade adotada pelos partidos perante certas pautas, principalmente aquelas relativas a direitos das populações LGBTQIA+.

As movimentações legislativas analisadas revelam o objetivo por parte da bancada evangélica de construir uma identidade em torno das pautas morais e da repressão social. Essa atuação se direciona principalmente à repressão dos direitos das minorias que se situam fora do padrão normativo de entidade familiar. Em 2019, o deputado Pastor Eurico, do partido Patriota, propôs sete projetos de lei com vistas a "instituir o Estatuto das Famílias"[39]. Estes têm pequenas diferenças entre si, sendo ponto comum a defesa da entidade familiar como "formada a partir da

38 Judith Butler, "O parentesco é sempre tido como heterossexual?", *op. cit.*, p. 234.
39 PLs n. 4.590, n. 4.824, n. 4.965, n. 5.162, n. 5.486, n. 5.541 e n. 6.309.

união de um homem e de uma mulher, denominados respectivamente de pai e mãe, por meio de casamento ou de união estável, com ou sem a existência de filhos"[40].

Como afirma Biroli, muitos direitos relativos a adoção, guarda, bens, divórcio, sucessão e deveres dos pais relativamente aos filhos menores de idade são profundamente conectados às lógicas da conjugalidade e da família. Nesse sentido, as pautas conservadoras quanto a direitos e deveres das entidades familiares se direcionam não apenas a proteger casais heterossexuais e monogâmicos, mas também a estimulá-los à procriação e a práticas como a educação domiciliar[41].

O fenômeno da multiplicidade de projetos de Estatutos das Famílias tramitando no Poder Legislativo não pode ser lido apenas como uma busca por regulação estatal de direitos dos indivíduos que compõem as uniões afetivas. Existe uma disputa de discursos entre, de um lado, os representantes das pautas progressistas e dos direitos LGBTQIA+ e, de outro, aqueles que se apresentam como conservadores, defensores das pautas moralistas e repressoras e representantes de interesses religiosos, com destaque para membros de denominações evangélicas e integrantes da "bancada da Bíblia".

É possível observar, em muitos casos, que o intuito das proposições do movimento conservador ao Congresso Nacional é menos a aprovação e mais a mobilização para a confrontação, apoiando-se justamente nos debates entre público e privado, entre demandas coletivas e individuais.

> O *backlash* de gênero parte dessa crítica [dos limites entre público e privado nas pautas de gênero e sexualidade] para promover uma moldura alternativa na qual os direitos da família são definidos como mais significativos do que os direitos individuais e as alternativas coletivas que promovem a justiça de gênero são apresentadas como prejudiciais, pois questionam a autoridade parental. O Familismo é, portanto, renovado como chave para a reivindicação conservadora de que os direitos humanos, o feminismo e os ativistas LGBTQ são atores "neocoloniais" ao defenderem ideias que não são compartilhadas pela maioria dos cidadãos.[42]

40 Câmara dos Deputados, Projeto de Lei n. 4.590/2019, 2019. Disponível em: https://www.camara.leg.br/proposicoesWeb/fichadetramitacao?idProposicao=2216200.

41 Flávia Biroli, *Gênero e desigualdades: limites da democracia no Brasil*, São Paulo: Boitempo, 2018, p. 92.

42 Flávia Biroli e Mariana Caminotti, 2020, p. 3.

No contexto atual, em que as forças conservadoras vêm ocupando espaços antes destinados aos debates de pautas progressistas de gênero, também se impõem obstáculos aos movimentos críticos dos universalismos jurídicos e políticos. Esse recuo das propostas de reconhecimento das diferenças com vistas à proteção de alianças familiares alternativas tem dado lugar ao que Roger Rios classifica como um "diferencialismo repressivo". Esse movimento, propositalmente guiado pela busca da dominação e da classificação do outro, busca classificar os integrantes de arranjos familiares não normativos em categorias como "intrusos" ou "estranhos", em alinhamento ao que o autor chama de "formas modernas de totalitarismo e fascismo"[43].

A decisão do STF no Recurso Extraordinário n. 1045273

Em maio de 2017, foi interposto perante o STF o Recurso Extraordinário (RE) n. 1045273/SE, no qual um homem buscava receber, em decorrência do falecimento de seu companheiro, o valor relativo à metade da pensão por morte paga pelo Instituto Nacional do Seguro Social (INSS). Ocorre que a pensão já era recebida em sua integralidade pela companheira do falecido.

A demanda chegou ao STF para que se decidisse quanto à possibilidade de que essas duas pessoas, que mantinham relações estáveis simultâneas com o mesmo homem, dividissem a pensão pela morte dele. O pedido se apoiava em três artigos constitucionais (artigo 1º, inciso III; artigo 3º, inciso IV; e artigo 5º, inciso I), com fundamentos na dignidade da pessoa humana, contra as formas de discriminação e pela igualdade.

O artigo 3º, inciso IV da CF já havia sido mobilizado no caso da ADI n. 4.277. Porém, enquanto no julgamento de 2011 o fundamento constitucional contrário aos preconceitos foi plenamente acolhido, sendo destacado o seu caráter pétreo[44], no julgamento do RE este não foi mencionado, tendo

43 Roger Raupp Rios, "Direito à diferença ou direito geral de igualdade?", em Antônio Carlos de Lima (org.), *Antropologia e direito: temas antropológicos para estudos jurídicos*, Brasília/Rio de Janeiro/Blumenau: ABA/Laced/Nova Letra, 2012, 2012, p. 254.

44 Segundo os autos: "DO CONSTITUCIONALISMO FRATERNAL. HOMENAGEM AO PLURALISMO COMO VALOR SÓCIO-POLÍTICO-CULTURAL. LIBERDADE PARA DISPOR DA PRÓPRIA SEXUALIDADE, INSERIDA NA CATEGORIA DOS DIREITOS FUNDAMENTAIS DO INDIVÍDUO, EXPRESSÃO QUE É DA AUTONOMIA DE VONTADE. DIREITO À INTIMIDADE E À VIDA PRIVADA. CLÁUSULA PÉTREA. O sexo das pessoas, salvo disposição constitucional expressa ou implícita em sentido contrário, não se presta como fator de desigualação jurídica. [...] Reconhecimento do direito à preferência sexual como direta emanação do princípio da 'dignidade da pessoa humana': direito a autoestima no mais elevado ponto da consciência do indivíduo. Direito à busca da felicidade. Salto normativo da proibição do preconceito para a proclamação do direito à liberdade sexual. O concreto uso da sexualidade faz parte da autonomia da vontade das pessoas naturais. Empírico

sido atribuído valor menor ao mesmo preceito no caso das uniões concomitantes, em situação flagrante de direitos distribuídos desigualmente.

Além disso, enquanto na ADI n. 4.277 o disposto no art. 3º, inciso IV da Constituição foi compatibilizado com o art. 1.732 do CC/2002, no sentido de se reconhecer a união homoafetiva como entidade familiar, no RE n. 1045273/SE não ocorreu interpretação análoga, mantendo-se uma aplicação estrita do parágrafo 1º do artigo 1.723 do CC/2002[45]. Não se reconheceu a possibilidade das uniões concomitantes sob o argumento de que existiria impedimento ao "reconhecimento de novo vínculo referente ao mesmo período, inclusive para fins previdenciários, em virtude da consagração do dever de fidelidade e da monogamia pelo ordenamento jurídico-constitucional brasileiro"[46].

Outro ponto contraditório entre as decisões diz respeito ao pronunciamento do ministro Ricardo Lewandowski. Ao se manifestar favoravelmente ao reconhecimento das uniões homoafetivas, ele admitiu a possibilidade de uma margem de criatividade dos juízes na interpretação da lei, principalmente diante de lacunas normativas, atribuindo a estas uniões o status de realidade:

> Com efeito, a ninguém é dado ignorar – ouso dizer – que estão surgindo, entre nós e em diversos países do mundo, ao lado da tradicional família patriarcal, de base patrimonial e constituída, predominantemente, para os fins de procriação, outras formas de convivência familiar, fundadas no afeto, e nas quais se valoriza, de forma particular, a busca da felicidade, o bem estar, o respeito e o desenvolvimento pessoal de seus integrantes.[47]

Entretanto, ao julgar o RE n. 1045273, Lewandowski se manifestou pelo não reconhecimento das uniões concomitantes, contribuindo para que o recurso fosse considerado improcedente por seis votos a cinco[48].

— uso da sexualidade nos planos da intimidade e da privacidade constitucionalmente tuteladas. Autonomia da vontade. Cláusula pétrea". Ver STF, Acórdão da ADI n. 4.277, *op. cit.*, p. 612.

45 O referido artigo traz a seguinte redação: "Art. 1.723. É reconhecida como entidade familiar a união estável entre o homem e a mulher, configurada na convivência pública, contínua e duradoura e estabelecida com o objetivo de constituição de família. § 1º A união estável não se constituirá se ocorrerem os impedimentos do art. 1.521; não se aplicando a incidência do inciso VI no caso de a pessoa casada se achar separada de fato ou judicialmente." [...] "Art. 1.521. Não podem casar: [...] VI - as pessoas casadas". Ver Presidência da República, Lei n. 10.406/2002, *op. cit.*

46 Supremo Tribunal Federal, Ementa do RE n. 1045273, 9 abr. 2021.

47 STF, Acórdão da ADI n. 4.277, *op. cit.*, 2011, p. 712-7.

48 Acompanharam Lewandowski os ministros Luiz Fux, Nunes Marques, Alexandre de Moraes, Gilmar Mendes e Dias Toffoli.

Esta diferença de posicionamento do ministro chama a atenção, tendo em vista que o supracitado trecho de seu voto na ADI n. 4.277 foi usado pelo deputado Vinícius Carvalho como justificativa para se buscar a proibição legal do reconhecimento das uniões poliafetivas.

Percebe-se, portanto, além do acirramento nos votos dos ministros, um aparente retrocesso no entendimento do STF em relação aos fundamentos da decisão da ADI 4.277, em que foram reconhecidas as uniões homoafetivas como entidades familiares e admitida a constituição de famílias a partir do afeto. A partir do entendimento fixado na decisão do RE n. 1045273/SE, o STF volta a trabalhar com representações conscientemente falsas do que são as entidades familiares e os vínculos que as formam. Porém, ao contrário de atuar como instrumento para alcançar objetivos corretos, como defende Vaihinger, esta decisão teve o efeito de negar a proteção do Estado às uniões concomitantes.

Como observam Adriana Geisler e Ana Paula Martins, é assim que se forja um universo jurídico dissociado da sociedade e de suas relações sociais: em vez de o Estado produzir normas que se atualizam de acordo com os novos laços sociais, as normas já existentes passam a definir, através da qualificação dos sujeitos e da prescrição de condutas, como esses laços serão estabelecidos[49].

Considerações finais

A partir da análise de diversos documentos institucionais como legislações, acórdãos do STF e projetos legislativos federais, foi possível mapear uma série de fluxos decisórios e políticos e observar as dinâmicas das disputas de poder, inclusive no nível dos discursos, referentes ao reconhecimento das diversas formas de entidades familiares e uniões no Brasil contemporâneo. Essas disputas, longe de afetar apenas as relações entre indivíduos e esferas judiciais, revelam uma trama estratégica produzida pelas próprias instituições integrantes da estrutura estatal na defesa de suas pautas e identidades partidárias.

Para além de manifestar as divergências no campo político entre aqueles com uma visão progressista acerca dos direitos LGBTQIA+ e aqueles que se posicionam a partir de uma visão conservadora das relações

49 Adriana Ribeiro Geisler e Ana Paula Antunes Martins, "Do 'ultraje público' à potência dos corpos 'obscenos': o direito (penal) na perspectiva queer", em Adriana Ribeiro Geisler (org.), *Protagonismo trans*: política, direito e saúde na perspectiva da integralidade*, Niterói: Alternativa, 2015, p. 149.

sociais, representada principalmente pela chamada bancada evangélica, os contrastes evidenciados entre as decisões judiciais e os projetos legislativos revelam também as diversas formas através das quais o Estado se manifesta nas vidas das pessoas.

O reconhecimento das uniões homoafetivas no nível normativo permitiu que uma série de direitos fossem garantidos às entidades familiares formadas por esses laços de afeto. Porém, como alertava Butler, a legitimação das uniões homoafetivas seguiu um formato delimitado pelo Estado, que implica a exclusão de outras formas de alianças possíveis entre as pessoas. Logo, a legitimação de uma parcela das uniões se dá justamente em cima da criação de "zonas de ilegitimidade", espaços nos quais hoje se inserem as uniões poliafetivas. Nesse sentido, a regulação das relações homoafetivas denota a intenção do ordenamento jurídico de ser uma instância de reconhecimento normativo, e não de autodeterminação e de emancipação de uma pluralidade de direitos.

A ausência de um patamar mínimo de direitos àqueles que se encontram em relações poliafetivas dá margem à insegurança jurídica, negando a essas pessoas direitos de cunho patrimonial, previdenciário e reprodutivo. Além disso, essa falta de reconhecimento contribui para a proliferação dos discursos moralistas contrários aos arranjos sociais fora do espectro heteronormativo e monogâmico.

NEM VÉU NEM GRINALDA: UMA REESCRITA QUEER DO JULGAMENTO QUE RECONHECEU A UNIÃO ESTÁVEL HOMOAFETIVA

EDER VAN PELT

Uma das mais populares conquistas de direitos da diversidade sexual no Brasil foi a decisão do Supremo Tribunal Federal (STF) que autorizou o reconhecimento de uniões estáveis entre pessoas do mesmo gênero. O julgamento mobilizou a opinião pública, levando definitivamente para o debate jurídico as questões relacionadas aos direitos dos dissidentes sexuais[1]. Tivemos muitas outras conquistas nos últimos tempos; todavia, restam também muitas questões a enfrentar: direitos ainda não reconhecidos e direitos que, embora reconhecidos, ainda padecem de efetividade ou de questionamentos mais profundos a respeito da sua vinculação à moralidade sexual dominante em nossa sociedade, carregando em si características da matriz heterossexual, cristã, burguesa, capitalista e liberal.

Trato aqui do aprofundamento da cidadania de dissidentes sexuais. Mais especificamente, quero oferecer uma crítica queer aos argumentos mais destacados da decisão que reconheceu a união estável entre pessoas do mesmo gênero. Quero falar das pessoas que não são "dignas" do reconhecimento da sua conjugalidade; das que amam de um jeito um tanto estranho para os olhos da população em geral; das que ousam desenvolver seus afetos em configurações não monogâmicas; das que constroem famílias com arranjos tão diferentes do hegemônico que poucos a reconhecerão como uma entidade familiar. Em outras palavras, quero falar de um mundo de amores e afetos não reconhecidos pelo direito, porque o direito ama com véu e grinalda.

Minha proposta é a de resumir a decisão e os argumentos dos ministros do STF, apresentando os principais elementos que indicam um entendimento das relações conjugais e das entidades familiares reduzido ao modelo dominante em nossa sociedade. A crítica a esses elementos será feita segundo minha compreensão do que seja uma crítica queer[2]. Ao final, reescreverei alguns argumentos, com o objetivo de oferecer outros olhares para os "novos rumos dos direitos LGBTI+ no Brasil".

Não nego a importância do reconhecimento jurídico da união estável entre pessoas do mesmo gênero nem o trabalho de muitas pessoas

1 Prefiro utilizar o termo "dissidências sexuais" para referir-me ao amplo espectro de identidades sexuais não hegemônicas. A sigla LGBT e suas derivadas variam conforme as nuances políticas de cada grupo ou sociedade, sendo impossível representar em uma sigla todo esse espectro de pessoas.

2 Não entrarei em detalhes da discussão sobre o que é uma crítica queer, apesar de oferecer uma síntese disso no decorrer do artigo. Para um desenvolvimento mais detido, consultar Eder van Pelt, *Encruzilhadas queer no direito*, Salvador: Devires, 2022.

que lutaram para que chegássemos até aqui. É com base nessa conquista que podemos lançar novos olhares sobre o passado e propor outras vias para o caminho contínuo e sem fim rumo à justiça social. Com isso, quero dizer que, mesmo depois de muitos direitos conquistados, o novo sempre vem, e novos direitos também. Por isso, a constância da luta e a crítica vigilante são os motores da qualidade da nossa cidadania.

O contexto da decisão sobre uniões homoafetivas no STF

O Supremo Tribunal Federal, órgão supremo do Judiciário brasileiro e o responsável pela interpretação final do sentido jurídico da Constituição Federal, tem, em matéria de costumes sexuais e liberdades privadas, assumido um posicionamento progressista e liberal nas últimas décadas. Na configuração político-institucional brasileira, ele tem se destacado por assumir um papel contramajoritário[3], aperfeiçoando a tradição liberal moderna e o sistema de proteção aos direitos fundamentais dos cidadãos, especialmente das minorias sociais[4]. Justamente por isso, em um período em que o Congresso Nacional tem posições mais conservadoras em relação aos costumes sexuais, os movimentos pela diversidade sexual têm desenvolvido estratégias de judicialização das pautas, na expectativa de que o Judiciário conceda os direitos adequados às pessoas dissidentes sexuais[5].

Em 2011, o STF, por meio de mecanismos de controle abstrato de constitucionalidade das leis[6], julgou conjuntamente as ações que equipararam, para todos os fins, as uniões estáveis homoafetivas às uniões estáveis heteroafetivas: a Arguição de Descumprimento de Preceito

3 Isso ocorre principalmente nos momentos em que o STF garante e reconhece os direitos das minorias sociais, ou seja, daqueles grupos que estão fora do padrão comportamental ou moral da maioria da sociedade. Assim, o tribunal tem feito contraponto às decisões das maiorias sociais, que geralmente se expressam no Poder Legislativo.

4 Daniel Carvalho Cardinali, *A judicialização dos direitos LGBT no STF: limites, possibilidades e consequências*, Belo Horizonte: Arraes, 2018.

5 Thiago Coacci, "Do homossexualismo à homoafetividade: discursos judiciais brasileiros sobre homossexualidades, 1989-2012". *Revista Latinoamericana Sexualidad*, Salud y Sociedad, n. 21, dez. 2015, p. 53-84.

6 No Brasil, temos dois tipos de controle de constitucionalidade: o controle difuso e o controle concentrado. O controle difuso se inspira no modelo estadunidense e pode ser realizado por qualquer juiz ou tribunal. Já o controle concentrado se baseia no sistema austríaco sedimentado por Hans Kelsen e julga as mais variadas normas do sistema jurídico em relação à Constituição Federal. Existem outras particularidades desses métodos de controle de constitucionalidade, mas que não são importantes para esta análise. Para uma bibliografia a respeito do controle de constitucionalidade brasileiro, ver Virgílio Afonso da Silva, *Direito constitucional brasileiro*, São Paulo: Edusp, 2021.

Fundamental n. 132 (ADPF n. 132) e a Ação Direta de Inconstitucionalidade n. 4.277 (ADI n. 4.277)[7].

A ADPF n. 132 foi apresentada pelo Governo do Estado do Rio de Janeiro ao STF em 25 de fevereiro de 2008, com o objetivo de enfrentar problemas específicos dos funcionários públicos estaduais: problemas previdenciários, assistenciais e de acompanhamento de cônjuge em mudança para cumprir cargo eletivo. Ela indicou as possíveis violações ao direito à isonomia, à liberdade, à autonomia privada, ao princípio da segurança jurídica e ao da dignidade da pessoa humana. A ação requeria a "interpretação conforme a Constituição" do artigo 1.723 do Código Civil brasileiro[8], compatibilizando-o ao sentido constitucional mais adequado para a época da interpretação, a fim de considerar que as decisões judiciais que denegassem a equiparação jurídica das "uniões homoafetivas" às demais uniões estáveis afrontariam os direitos fundamentais previstos na Constituição.

Por questões de técnica processual, em 2 de julho de 2009 a Procuradoria-Geral da República apresentou a ADPF n. 178, que foi convertida na ADI n. 4.277. Esta ação tinha por objetivo principal que o STF reconhecesse as uniões homoafetivas como entidades familiares, desde que fossem preenchidos os *mesmos requisitos* para o reconhecimento das uniões estáveis entre homem e mulher cissexuais, com a aplicação àquelas dos mesmos direitos e deveres destas.

Em resumo, ao julgar concomitantemente as duas ações, o STF fez uma "interpretação conforme à Constituição" do artigo 1.723 do Código Civil, estabelecendo que "o sexo das pessoas, salvo disposição constitucional expressa ou implícita em sentido contrário, não se presta como fator de 'desigualação' jurídica"[9]. Em uma das raras ocasiões de julgamento consensual e com poucas dissidências argumentativas no STF, todos os ministros votantes no julgamento manifestaram-se pela procedência das ações[10].

7 São ações específicas do processo de controle de constitucionalidade brasileiro e análise de violações aos preceitos fundamentais que sustentam o ordenamento jurídico nacional. Para consultar as ações: Supremo Tribunal Federal, *ADPF/132*, maio 2011. Disponível em: https://redir.stf.jus.br/paginadorpub/paginador.jsp?docTP=AC&docID=628633.

8 Brasil, Lei n. 10.406/2002, art. 1.723: "É reconhecida como entidade familiar a união estável entre o homem e a mulher, configurada na convivência pública, contínua e duradoura e estabelecida com o objetivo de constituição de família".

9 STF, ADPF 132, *op. cit.*, p. 2-10.

10 As decisões dos onze ministros do STF seguem um método decisório chamado "seriatim", pelo qual cada ministro explica as razões de seu voto, não precisando concordar ou usar as mesmas razões jurídicas que os demais para fundamentar a sua decisão. Por isso, mesmo tendo sido uma decisão unânime, os ministros apresentaram votos com argumentações diferenciadas entre si.

O artigo do Código Civil expressamente dispõe que a união estável se dá entre homem e mulher. A decisão do STF não modificou o texto desse artigo; apenas realizou uma interpretação conforme à Constituição, que afastou a discriminação sexual que haveria nesse limite explicitado pelo dispositivo legal. Com a decisão, permitiu-se aos cartórios do país o registro de uniões estáveis entre *pessoas do mesmo sexo*, garantindo estabilidade jurídica a um tema muito controverso na sociedade brasileira, e com muitas decisões judiciais conflitantes, algumas reconhecendo e outras negando a união estável para casais homossexuais.

Como consequência da decisão do STF, o instituto jurídico da união estável se estenderia também aos casais *homoafetivos*, reconhecidos agora como entidades familiares perante o direito. O termo *homoafetividade*, utilizado na fundamentação da decisão e popularizado por ela, foi desenvolvido pela jurista Maria Berenice Dias para dar à questão uma roupagem mais aceitável à população em geral[11]. A *afetividade* seria o instrumento de convencimento retórico da "humanidade" dos casais homossexuais, afastando os estigmas e os pânicos morais que os envolvem.

Uma das bases da decisão do STF foi o chamado *direito à busca da felicidade*, um direito implícito extraído por via interpretativa do princípio da dignidade da pessoa humana, previsto no artigo 1º, inciso III, da Constituição Federal como um dos fundamentos da República brasileira. Este princípio advém da tradição dos ideais liberais e liga-se às liberdades individuais dos sujeitos, sendo um dos elementos de concretização da autonomia e da liberdade dos indivíduos em geral[12].

A decisão também está relacionada com uma mudança paradigmática geral ocorrida nas últimas décadas no entendimento jurídico no Brasil sobre o *conceito de família*. Antes, predominava o entendimento de que a família era a base da sociedade, mas especialmente um instituto jurídico de proteção do patrimônio de seus membros, conforme estabelecido pelo Código Civil anterior ao atual. O novo Código Civil promulgado em 2002 e os princípios constitucionais introduzidos pela Constituição Federal de 1988 ressignificaram o sentido jurídico de família, agora entendida como um espaço no qual os seus membros, unidos pela *afetividade*, se desenvolvem

11 Maria Berenice Dias, *União homoafetiva: o preconceito e a justiça*, São Paulo: Revista dos Tribunais, 2011.

12 Pedidos de reconhecimento de uniões conjugais entre pessoas do mesmo gênero já haviam sido levados ao STF em outras ocasiões e com base em outros argumentos e princípios, mas não foram concedidos. Em 2003, foi analisada a questão em uma Ação Civil Pública (2000.71.00.009347-0/RS); em 2006, na ADI n. 3.300.

como pessoas e promovem meios para a busca de sua felicidade e dignidade. Desse modo, ela se torna uma entidade social que se justifica pela realização das relações afetivas entre os seus membros, um lugar onde se materializa a felicidade individual, conjugal e familiar das pessoas.

Os argumentos questionáveis da decisão segundo uma perspectiva queer

Partindo do fato de que cada ministro do STF apresenta seus próprios argumentos em um julgamento, podemos dividir os sentidos argumentativos do caso em questão em dois grupos:

- o grupo majoritário, composto pelos ministros Ayres Britto, Luiz Fux, Cármen Lúcia, Joaquim Barbosa, Marco Aurélio, Dias Toffoli e Celso de Mello. Neste grupo, a "interpretação conforme à Constituição" do artigo 1.723 do Código Civil tem por conteúdo o reconhecimento da união homossexual como entidade familiar *equiparada* às uniões estáveis heterossexuais. Assim, haveria apenas uma categoria de entidade familiar, abrigando tanto as uniões heterossexuais quanto as homossexuais;
- o grupo minoritário, composto pelos ministros Gilmar Mendes, Ricardo Lewandowski e Cezar Peluso. Estes ministros afastaram a possibilidade de uma "interpretação conforme à Constituição". Consideraram as uniões homossexuais como uniões estáveis, desde que fossem reconhecidas como *outro tipo de entidade familiar*, aplicando-se a elas, por analogia e quando cabível, as mesmas regras das uniões estáveis heterossexuais. Por isso, entenderam que não se trata do reconhecimento de uma união estável homoafetiva, mas de uma *união homoafetiva estável.*

A decisão é longa e cheia de questões de técnica jurídica. Para as finalidades críticas aqui pretendidas, selecionei apenas os conceitos ou argumentos apresentados nas primeiras defesas, isto é, logo que foram anunciados na sequência da votação e exposição dos votos, evitando as repetições dos argumentos em votos dos ministros subsequentes[13].

13 Esta seleção, que acabou por limitar-se a argumentos de quatro ministros, não quer dizer que os demais não tenham argumentos relevantes ou que não existam outras nuances interessantes.

O ministro Ayres Britto, relator da decisão, argumentou que as *uniões homoafetivas* se caracterizam por serem duráveis, de conhecimento público e contínuas – isto é, por terem *durabilidade, publicidade e estabilidade*. Além disso, para o ministro, elas precisam demonstrar o propósito ou o verdadeiro anseio de se constituir uma família[14]. Utilizando-se de um estilo poético de argumentação, Ayres Britto definiu a união estável como uma parceria afetiva ou amorosa, envolta por um "voluntário navegar emparceirado por um rio sem margens fixas e sem outra embocadura que não seja a confiante entrega de um coração aberto a outro"[15].

Nessa argumentação, a família passa a ser entendida como uma complexa instituição social que não se restringe ao modelo heterossexual. Ela se torna um instrumento para que seus membros estabeleçam entre si afetos, redes de solidariedade e de realização espiritual[16]. Os casais homossexuais seriam, então, uma *nova* família ou uma *nova* entidade familiar, agora incorporada à normatividade do direito de família[17].

O termo *homoafetividade* é usado como um conceito para a identificação de afeto e solidariedade entre os pares ou parceiros do *mesmo sexo*. O termo proposto pela jurista Maria Berenice Dias foi utilizado pelo ministro para definir o "enlace por *amor*, por *afeto*, por *intenso carinho* entre *pessoas do mesmo sexo*, da *união erótica* ou por *atração física* entre esses mesmos pares de seres humanos"[18].

Junto ao termo homoafetividade, o relator se utiliza recorrentemente do termo sexo em seu sentido fisiológico. Assim, a vedação da discriminação em razão de *sexo*, prevista no artigo 3º, inciso IV, da Constituição Federal, deve incorporar, em seu conteúdo sobre o que venha a ser essa vedação, a "conformação anátomo-fisiológica descoincidente entre homem e mulher". Portanto, nesta expansão da vedação da discriminação, não se é "mais digno ou menos digno pelo fato de se ter nascido mulher ou homem". O *sexo* das pessoas seria um "todo pró-indiviso", pois alcança o ser, a sua existência e o seu respectivo *aparelho genital*. A sexualidade humana seria, portanto, um bem da personalidade[19].

Na perspectiva do ministro Ayres Britto, as pessoas de *preferência homossexual* só podem ser *felizes homoafetivamente*. E o século XXI seria

14 STF, *ADPF n. 132*, *op. cit.*, p. 21.
15 *Ibidem*, p. 23.
16 *Ibidem*, p. 39.
17 *Ibidem*, p. 47.
18 *Ibidem*, p. 23.
19 *Ibidem*, p. 29.

marcado pela preponderância da afetividade sobre a biologicidade. Dessa forma, haveria a substituição da diferença sexual pela autonomia privada e pela liberdade individual dos sujeitos, que sofreriam interferências regulatórias apenas em situações excepcionalíssimas, o que não seria o caso nas uniões homoafetivas. Portanto, a Constituição não poderia negar aos "parceiros homoafetivos, em estado de *prolongada* ou *estabilizada* união, o *mesmo* regime jurídico-protetivo [...] dos casais heteroafetivos"[20].

O ministro Luiz Fux acompanhou muitos pontos da argumentação do relator. Afirmou que a homossexualidade é um "fato da vida", pois há indivíduos que, sendo do *mesmo sexo*, constituem entre si relações afetivas, colocando-se em um regime de *assistência recíproca*, em um convívio *contínuo e duradouro*[21]. Em correspondência, a família seria uma "garantia institucional" que recebe proteção constitucional, mas que não está a serviço apenas do modelo tradicional de família biparental – composta por pai, mãe e filhos. Ela seria definida pelo *amor*, o "*verdadeiro amor familiar*, que estabelece relações de afeto, assistência e suporte recíprocos entre os integrantes do grupo". O que faz uma família é a "comunhão, a existência de um *projeto coletivo, permanente e duradouro* de *vida em comum*", bem como a identidade, a certeza de seus integrantes quanto à existência de um *vínculo inquebrantável* que os une e que os identifica uns com os outros, e cada um deles perante a sociedade. Assim, para o ministro, presentes esses requisitos, "tem-se uma família, incidindo, com isso, a respectiva proteção constitucional"[22].

Uma vez definida a família nesse sentido mais amplo, Luiz Fux argumenta que não há distinção, do ponto de vista "ontológico", entre as uniões estáveis *homoafetivas* e *heteroafetivas*. Portanto, considerado o preceito constitucional de que "todos os indivíduos devem ser tratados com igual consideração e respeito", ambos os tipos de arranjo conjugal se enquadram no conceito de autonomia privada dos indivíduos. Assim, o Estado deveria garantir aos indivíduos a livre realização de sua vida pessoal, sem discriminação, contribuindo para um "mundo amigo da *diferença*", sem que haja a assimilação das minorias às maiorias ou às normas culturais dominantes[23].

20 *Ibidem*, p. 32.
21 *Ibidem*, p. 59.
22 *Ibidem*, p. 64.
23 *Ibidem*, p. 65-70.

Para evitar essa *assimilação* das minorias às maiorias, seria necessário, segundo o ministro, o *reconhecimento expresso* das "relações homoafetivas". Designar explicitamente quem são os *novos sujeitos* do direito ao reconhecimento da união estável garantiria a segurança jurídica, a previsibilidade e a certeza dos direitos conjugais. Desse modo, Luiz Fux defende um movimento interpretativo de "progressiva legitimação social das uniões homoafetivas", interpretando a Constituição conforme o momento histórico em que vive uma determinada sociedade, *enquadrando*, assim, as uniões homoafetivas na "moldura jurídica" das uniões heterossexuais[24].

O ministro Ricardo Lewandowski diverge do relator em relação à linha argumentativa de defesa do reconhecimento da união estável para casais homossexuais. Ele entende que não há uma opção no ordenamento jurídico brasileiro para o enquadramento da união homossexual como entidade familiar. Seu voto recupera, em uma perspectiva histórica, a noção de família das Constituições anteriores à de 1988, indicando que todas elas atrelavam a noção de família ao instituto do casamento. A Constituição Federal de 1988, no entanto, não faz essa vinculação, trazendo em seu artigo 226 três tipos possíveis de família: (a) a que for constituída pelo casamento; (b) a que for configurada pela união estável; e (c) a família monoparental, que não é estabelecida a partir de vínculos conjugais, e sim de descendência entre pai ou mãe e os seus filhos[25].

Como a Constituição previu apenas esses três tipos de família, o ministro entendeu que não poderia haver inovação no método de interpretação conforme à Constituição[26]. Por isso, a família homoafetiva deveria ser reconhecida, desde que presentes os requisitos gerais da união estável, como um *quarto gênero de família*, mas pelo método interpretativo da integração constitucional, que é utilizado para reconhecer situações sociais que são supervenientes à "vontade" do legislador constitucional. Todavia, Lewandowski destaca que essa interpretação possui força normativa excepcional e momentânea, até que sobrevenham decisões legislativas específicas para as relações homossexuais[27].

O ministro Gilmar Mendes, em linha argumentativa semelhante, entendeu que o método da interpretação conforme a Constituição não

24 *Ibidem*, p. 71-4.
25 *Ibidem*, p. 101-2.
26 *Ibidem*, p. 106.
27 *Ibidem*, p. 111-2.

deveria ser usado para situações de "violência contra a expressão literal do texto". Ele é um método específico de interpretação constitucional que visa adequar o texto normativo ao sentido profundo e principiológico da Constituição, evitando eventuais distorções normativas em relação aos fundamentos constitucionais. No caso, a violação à literalidade do texto estaria no fato de que a Constituição expressamente indica que a união estável ocorre entre homem e mulher[28]. Mendes acrescenta, ainda, não haver nenhuma grande concordância sobre o tema no Congresso Nacional, que estava, naquele momento, há mais de 15 anos discutindo a questão por meio de diversos projetos de lei que não foram aprovados[29].

Ao mesmo tempo que afasta a interpretação conforme à Constituição, o ministro reconhece que a Constituição *não exclui a possibilidade* de reconhecimento da união estável homoafetiva, pois não indica expressamente que a união estável estaria limitada apenas aos casos de relação entre homem e mulher. Por se tratar de uma questão meramente privada, sem consequências em vidas alheias, Mendes considera que a falta de algum tipo de reconhecimento da união homoafetiva violaria os princípios constitucionais de tratamento isonômico e de preservação da liberdade e da privacidade dos sujeitos[30].

A determinação constitucional expressa de que a união estável ocorre entre homem e mulher levou o ministro Gilmar Mendes a afirmar uma interpretação constitucional da *tolerância*, tomando em conta aquilo que é *juridicamente possível* segundo as condições gerais dadas. Por fim, assim como Lewandowski, defendeu uma interpretação provisória, com o reconhecimento da união homossexual sendo válido apenas enquanto o Legislativo não criar norma específica para a situação. Assim, defendeu que não se trata do reconhecimento de uniões estáveis homossexuais, mas sim de *uniões homossexuais estáveis*[31].

Elementos para uma crítica queer à decisão

No tópico anterior, resumi os principais argumentos dos ministros que podem ser revistos e reescritos segundo uma perspectiva queer. De certa forma, eles também são os argumentos de fundo da decisão, pois

28 *Ibidem*, p. 147-51.
29 *Ibidem*, p. 163-8.
30 *Ibidem*, p. 159.
31 *Ibidem*, p. 64.

os debates giram em torno dos princípios de isonomia de tratamento, preservação da liberdade sexual, da liberdade de escolha, da autonomia privada e da privacidade dos sujeitos, bem como do direito à segurança jurídica e à estabilidade das relações privadas.

A reescrita que aqui desenvolvo sob uma perspectiva queer não anula o reconhecimento do direito à união estável por pessoas do mesmo gênero. Ou melhor dizendo: ela não se afasta do direito como meio de afirmação de sentidos de liberação dos sujeitos; ela reconhece as emancipações operadas por intermédio do direito que levam os sujeitos que foram subalternizados a atingir uma situação um pouco melhor do que aquela em que antes se encontravam. Mesmo assim, uma crítica queer nos leva a sentidos mais amplos de liberdade, que não se confundem com o caminho que o direito consolida com as suas ações de liberação dos sujeitos de situações de opressão, exclusão e dominação. O que quero trazer com essa reescrita é a percepção de que outras possibilidades interpretativas para a concessão e consolidação dos direitos, segundo os princípios básicos dos sistemas jurídicos ocidentais, não só existem como podem incluir o maior número de pessoas nesse projeto de modernidade jurídica[32].

A proposta não é a de se afastar radicalmente do sistema jurídico moderno ocidental ou das propostas de modificá-lo, apesar de todas as exclusões que ele inevitavelmente promove ao produzir sentidos de normalização dos sujeitos. A questão é que, por mais que o direito se esforce em produzir liberações como as que indiquei, ele foi criado com base em um modelo comportamental dominante na sociedade. As alterações que são promovidas no sentido de reconhecer outras possibilidades comportamentais são realizadas por meio da expansão desse núcleo normativo inicial, criado com base no modo de vida hegemônico das mais variadas sociedades. No caso analisado, parto da constatação de que as alterações promovidas nos modelos jurídicos de conjugalidade apenas expandem as possibilidades de relações conjugais a partir do

32 Entendo que muitas questões técnicas no direito brasileiro dificultam esse projeto de uma reinterpretação queer do direito. Por exemplo: alguns podem alegar a necessidade de requisitos objetivos para o reconhecimento de uniões estáveis, dado que esse instituto é muito utilizado *a posteriori*. Todavia, creio que o papel de uma crítica é apontar outros horizontes de possibilidades, para que novos arranjos técnicos sejam construídos. Creio também que o papel do direito é o de construir fórmulas adequadas para resolver os problemas da vida social, mesmo que isso implique a readequação profunda dos institutos jurídicos. Essa é uma tarefa inventiva, criativa e desafiadora para todos aqueles que querem pensar um direito efetivamente plural e diverso.

modelo heterossexual de conjugalidade. A minha pergunta é: que outras fórmulas normativas podemos criar com base em modelos não hegemônicos de conjugalidade que encontramos entre as dissidências sexuais?

Dito de outro modo, em razão das particularidades do sistema jurídico, essa normalização tem como centro normativo os sentidos hegemônicos de modos de vida – no caso aqui apresentado, toma por base os modos heterossexuais de exercício da sexualidade e de relações conjugais entre as pessoas. Por isso, essas particularidades têm uma grande tendência em fazer com que dissidentes sexuais assimilem os modos de vida hegemônicos ou adaptem as suas próprias formas de vida a modelos próximos ao sentido comportamental hegemônico, para que possam receber a proteção do sistema jurídico. Esse processo de normalização vai incorporando ao sistema jurídico aquelas sexualidades dissidentes que mais se aproximam do modelo heterossexual, deixando em segundo plano os modos de vida mais distantes dele. Ou, em situações mais extremas, o sistema jurídico nunca reconhecerá aqueles modos de vida que são opostos, irreconhecíveis ou inaceitáveis segundo os parâmetros da sexualidade e conjugalidade dominantes.

Em resumo, é um modelo de normatividade que se expande a partir de um centro normativo originário sem, no entanto, conseguir abranger os casos mais extremos, como o das pessoas que possuem um estilo de vida bem distante do modelo heterossexual. O meu exercício interpretativo está preocupado em expandir ao máximo esse modelo de normatividade, incluindo o maior número de possibilidades comportamentais, desde que dentro dos princípios e postulados que dão validade ao sistema jurídico moderno e ocidental.

Evidentemente, nem todos os modos de vida podem ser reconhecidos como válidos. Devem ser rechaçados casos de violência física e psicológica, abusos sexuais ou qualquer outra situação de exploração, dominação e opressão. Embora essa diferenciação entre as situações possíveis e as situações rejeitáveis possa ser complexa, é tarefa do direito produzir fórmulas sofisticadas para o convívio social, o que inclui a expansão de seus mecanismos de proteção e de reconhecimento de outras formas de vida e, ao mesmo tempo, a rejeição das situações de exploração, dominação e opressão dos sujeitos.

Assim, o objetivo da crítica queer não é o de autorizar o reconhecimento de toda e qualquer forma de vida ou exercício de liberdade, mas o de problematizar a normalização promovida pelo sistema jurídico a partir do modelo hegemônico de vida. O que está em discussão é a realização do sentido de pluralidade e de diversidade social de uma forma mais complexa e sofisticada, sem que a normalização jurídica se baseie em um padrão central de vida. Por esses motivos, a crítica queer pode aceitar os princípios jurídicos modernos em seu sentido mais amplo, mas busca questionar os modos como eles são concretizados para as mais variadas realidades sociais e pessoais.

Aqui, trabalho com uma aliança complexa entre, de um lado, as liberações jurídicas que expandem o padrão hegemônico de comportamentos sexuais e conjugais, e, de outro, as compreensões mais avançadas que trazem outras perspectivas sobre o conteúdo dos princípios jurídicos que se realizam por meio das regras estabelecidas pelos legisladores e pelos intérpretes do direito.

Mantenho a compreensão de que são válidos para o debate da questão os princípios de isonomia de tratamento, preservação da liberdade sexual, de escolha, da autonomia privada e da privacidade dos sujeitos, bem como do direito à segurança jurídica e à estabilidade das relações privadas. Todavia, questiono alguns elementos da argumentação jurídica por limitarem a expansão do sistema jurídico ao modelo comportamental hegemônico de sexualidade e conjugalidade, impedindo um sentido mais plural e diverso do direito[33].

É nesse sentido que defendo a possibilidade de uma crítica queer à decisão aqui analisada, sem que se afastem nem neguem os avanços do direito no sentido do reconhecimento dos direitos sexuais ou dos direitos da população de dissidentes sexuais. Conjuga-se esta emancipação por intermédio do direito a uma crítica desenvolvida a partir de sentidos de liberdade que estão para além do próprio direito, justamente por se preocupar com aquelas pessoas que estão alheias a essas conquistas jurídicas – por opção ou por impossibilidade de ser aquele sujeito a quem o direito concebe suas normas – ou que até são abrangidas pelos direitos reconhecidos, mas de modo ainda precário ou insuficiente[34].

33 Enfatizo que as conquistas jurídicas daqueles que lutaram pelo reconhecimento jurídico das uniões estáveis de pessoas do mesmo gênero não são anuladas pela crítica queer. Sem elas, talvez a própria crítica queer não se desenvolveria a contento. Prefiro pensar que estamos em uma dinâmica conjunta de lutas para a realização de um direito mais justo e plural, cada qual com sua estratégia e sua frente de trabalho.

34 Em meu livro *Encruzilhadas queer no direito*, apresento a conjugação entre práticas de emancipação pelo direito e práticas de liberdade em sentido amplo. Defendo a compreensão de que, a partir de determinada linha das críticas queer, não é possível termos um "direito queer", e sim uma crítica queer que ajuda na tarefa de questionar os caminhos e sentidos tomados pelas atualizações do direito.

Quando falamos da aquisição de direitos segundo os moldes do direito moderno ocidental, estamos nos referindo a um sistema de normas que nos reconhece por um artifício normativo de sujeição. Somos transformados em sujeitos de direito e reconhecidos por esse sistema conforme os parâmetros que ele mesmo institui para o nosso reconhecimento. Nesse sentido, podemos dizer que somos reconhecidos de modo heterônomo pelo direito, ou seja, é ele quem designa os caracteres pelos quais seremos validados como sujeitos de determinado direito. Por isso, é importante nos atentarmos para os detalhes que constituem o sujeito que o direito imaginou como destinatário dos direitos e pensarmos em possibilidades de um direito que permita, cada vez mais, que os próprios sujeitos constituam as formas pelas quais serão reconhecidos pelo direito, investindo mais em uma perspectiva autônoma do que heterônoma de sujeição.

Assim, como o pedido na ação judicial aqui em análise se restringe aos *sujeitos homossexuais*, inclusive com a qualificação *homoafetiva* – ou seja, sujeitos homossexuais que se relacionam afetivamente –, o debate fica limitado ao binômio heterossexual-homossexual, sem que se avance no reconhecimento de direitos conjugais para outras identidades sexuais, como travestis, transexuais, pessoas intersexo, não binárias etc. Há um avanço no direito, mas sem um debate normativo mais complexo sobre as diversas identidades sexuais que, nos últimos anos, se afirmam como tais e buscam o seu reconhecimento pelas instituições da sociedade[35].

Podemos incluir nessa questão os debates sobre poligamia ou outros arranjos conjugais que não se limitam a casais, independentemente de serem heterossexuais ou homossexuais. Aqui retornamos aos princípios da autonomia privada, da não interferência na liberdade pessoal e na busca dos sentidos da própria felicidade dos sujeitos. Levar a sério os sentidos profundos desses princípios é uma tarefa necessária para enfrentarmos os pânicos morais que rondam a sexualidade humana e para efetivamente constituirmos um direito que se volte para a compatibilização das

35 Pode-se argumentar que, conforme a técnica do direito processual, os ministros estavam limitados em sua análise decisória pelas características do pedido feito na peça inicial do processo e, por isso, não poderiam estender o debate para outros sujeitos que não os homossexuais cisgênero. Pode-se argumentar também que, caso queiramos a extensão do direito à conjugalidade para outros sujeitos ou arranjos conjugais, deveríamos ingressar com outra ação judicial que visasse expandir os efeitos da decisão para essas outras sujeições. Todavia, a crítica queer busca justamente se preocupar com aquelas pessoas que ficaram de fora do processo de reconhecimento de direitos, independentemente das estratégias políticas e das questões técnicas presentes nas situações.

liberdades, e não para a sustentação de uma moralidade dominante que imprime os seus sentidos no exercício de nossas liberdades em geral.

Outro problema de centrar as estratégias de reconhecimento de direitos nos sujeitos homossexuais é que eles, principalmente os brancos e de alto poder econômico, são os mais facilmente assimilados pelo sistema e, ao reverso, são os que mais prontamente assimilam os comportamentos da hegemonia heterossexual[36]. Esse é o processo que Encarnación Fernández intitulou de "assimilacionismo", isto é, o predomínio seguido da imposição de uma cultura sobre as demais, algo que pode acontecer no interior de uma comunidade ou na relação dela com outras[37].

O grande problema não é a adoção de um modelo de comportamento que nos é alheio, mas o de institucionalizar a forma de ser e de viver do grupo majoritário da população, que acaba sendo apresentada como a mais válida dentre todas. Como verificamos na decisão do STF, a união estável entre homossexuais será possível, desde que sejam observados os mesmos requisitos da união estável heterossexual[38]. O caminho mais satisfatório seria compreender que os modelos de conjugalidade são múltiplos e que nem sempre aquilo que se configura como uma união conjugal para sujeitos não heterossexuais se enquadra nos parâmetros de estabilidade, durabilidade e publicidade[39] destacados na decisão dos ministros.

36 Há uma forte inteligibilidade da gramática jurídica em relação aos sujeitos homossexuais brancos e de alto poder econômico. Não à toa, a maioria dos direitos reconhecidos pelos sistemas jurídicos modernos ocidentais possuem nítidos fundamentos liberais, com reduzida possibilidade de constituição de outros paradigmas filosóficos e políticos para os direitos para além desse. Desenvolvi essa questão em: Eder Fernandes Monica [Eder van Pelt], "A hegemonia do discurso liberal sobre direitos homossexuais no STF", *Direito & Práxis*, n. 11, 2020, p. 1.358-91. Existe uma compensação nesse processo: ao mesmo tempo que os sujeitos homossexuais assimilam os comportamentos heterossexuais, os heterossexuais também acabam assimilando alguns estilos ou modos de vida homossexuais. Porém, dada as condições da hegemonia, essa compensação não é equilibrada, de modo que prevalecem os comportamentos do lado dominante (no caso, os heterossexuais).

37 Encarnación Fernández, "¿Cómo conjugar universalidad de los derechos y diversidad cultural?", *Persona y Derecho*, n. 49, 2003, p. 410. Esse fenômeno pode ocorrer por diversas causas: pelo entendimento de que uma certa cultura ou modo de vida é superior às demais; pelo entendimento de que a universalidade cultural seria necessária para a paz social; ou por uma consequência da atual economia de mercado globalizada, mantendo-se assim as atuais relações de poder, sujeição e colonização.

38 Destaco que os requisitos não são universais, ou seja, criados a partir de parâmetros gerais sobre como deve ser uma união conjugal entre pessoas. Eles foram consolidados pelo direito a partir do modelo conjugal heterossexual, com fortes características cristãs, burguesas e liberais. Caso esses parâmetros fossem efetivamente universais, despidos de valores hegemônicos em determinada cultura – o que creio ser impossível –, o problema do assimilacionismo não existiria.

39 Por serem um grupo subalternizado na sociedade, as pessoas dissidentes sexuais tendem a viver suas relações afetivas de modo instável, não duradouro e sem publicidade. A determinação de equiparação trabalha com dois pressupostos: o de que, com o passar do tempo, ocorrerá a aceitação social das dissidências sexuais, a ponto de viabilizar relações estáveis, duradouras e públicas; e o de que dissidentes sexuais precisam amoldar as suas formas de conjugalidade ao padrão heterossexual. Essas duas formas específicas de assimilacionismo demonstram a

Essa falta de sensibilidade para as mais variadas formas de arranjos conjugais e a determinação de reconhecimento das uniões estáveis segundo os requisitos das uniões heterossexuais traz o problema da "higienização" das relações conjugais, isto é, os arranjos conjugais de pessoas que não são heterossexuais são lidos pela normatividade jurídica sob o filtro romantizado da noção de afeto e amor[40]. Assim, os sujeitos que exercem a sua conjugalidade segundo o padrão mais aceitável pela cultura geral é que serão mais facilmente reconhecidos e validados pelo sistema jurídico. Os demais arranjos serão lidos como desvios do padrão, como arranjos precários ou, em situações extremas, como aberrações conjugais.

De certa forma, opera-se uma seleção de preferência do sistema jurídico pela homossexualidade como modelo de vida mais próximo aos parâmetros da cultura geral. Isso fica evidente na argumentação dos ministros, quando se referem apenas a variações da identidade homossexual: *homossexualidade, homossexualismo, casamento homossexual, casamento homoafetivo, casamento de pessoas do mesmo sexo*. Em suma, a reforma interna do sistema jurídico para favorecer outros arranjos conjugais consegue abarcar apenas aquelas conjugalidades que mais se aproximam do modelo hegemônico, traduzindo-as segundo as fórmulas liberais de proteção dos indivíduos e das liberdades individuais, sem promover significativas mudanças no núcleo de valores da cultura da maioria.

Reescrita dos pontos críticos da decisão sob uma perspectiva queer

Buscar o reconhecimento jurídico da união estável entre pessoas do mesmo gênero pode ter sido estratégico, diante do fato de que o instituto jurídico do casamento é ainda muito ligado ao seu sentido religioso; um pedido de reconhecimento do casamento igualitário provavelmente geraria muitas controvérsias na sociedade[41]. Após o reconhecimento da união estável

— incapacidade – ou falta de vontade – dos poderes instituídos de efetivamente reconhecer que, em uma sociedade plural, há diversas formas de se alcançar a felicidade pessoal.

40 Essa filtragem pelas noções de afeto e de amor é algo novo no tratamento do sistema jurídico para a relação conjugal. Em outro texto, escrevi o seguinte: "Para os arranjos heterossexuais, a noção de afeto ou amor é tardia enquanto princípio jurídico e, acima de tudo, desnecessária para o reconhecimento da validade jurídica de seus interesses. Entretanto, para o caso dos interesses de casais homossexuais, a filtragem do afeto e do amor se faz presente, como um instrumento de 'purificação' e higienização das relações aceitáveis". Ver Eder Fernandes Monica [Eder van Pelt], *A hegemonia do discurso liberal sobre direitos homossexuais no STF, op. cit.*

41 No direito brasileiro, há a determinação de que o Estado deve incentivar a conversão da união estável em casamento, já que este último é entendido como o modelo mais aperfeiçoado de proteção às relações conjugais, com regras mais rígidas e consolidadas no direito, e possui um simbolismo cultural mais forte. Tanto o casamento quanto a união estável são considerados entidades familiares.

homoafetiva, consolidou-se também o direito de conversão da união estável em casamento civil, resolvendo, ao menos momentaneamente, a situação.

Todavia, resta a insegurança jurídica de que os direitos à união estável e ao casamento civil não são reconhecidos por lei, o que daria estabilidade e segurança muito maiores do que o reconhecimento pela via judicial. Há, de algum modo, uma omissão nos argumentos dos ministros a respeito dessa questão, já que a interpretação mais adequada dos princípios utilizados na decisão levaria ao entendimento de que é necessária uma ação legislativa para preencher esse vácuo na lei, tendo em vista o princípio da igualdade de tratamento entre todos na sociedade[42]. E, em vários momentos, afirmou-se que as relações conjugais homossexuais são relações de segunda categoria: seja designando-as como *novas* famílias, seja colocando-as como *uma quarta* categoria de família; seja, ainda, colocando o texto legislativo acima da realidade social, ao estabelecer diferenças categóricas com a diferenciação entre *união estável heterossexual* e *união homossexual estável.*

Por mais que o termo *homoafetividade* tenha surtido efeitos positivos na retórica argumentativa, facilitando a aceitação do pedido por parte dos ministros e da própria sociedade[43], ele levou para o plano da normatividade a preocupação com sentidos de *afetividade.* O *amor familiar* torna-se o principal elemento a ser considerado quando se busca o reconhecimento de uma relação conjugal[44]. Mas qual o conteúdo desse amor? Que modelo de afeto seria a base para o reconhecimento pelas instituições jurídicas formatadas segundo a compreensão cultural dominante de uma sociedade?

42 Nos votos dos ministros, comenta-se a respeito da necessidade de uma ação legislativa a respeito, mas sem que se caracterize a omissão legislativa em realizar os sentidos concretos dos princípios constitucionais debatidos na questão. Em minha compreensão, pela interpretação mais adequada aos sentidos principiológicos, há uma determinação afirmativa de que o legislador aja para reconhecer como válidas as relações conjugais não heterossexuais.

43 Maria Berenice Dias justificou o uso do termo dizendo que a afetividade entra no campo da justificativa do pedido, sendo um ponto a mais para sua aceitabilidade social. Ver Maria Berenice Dias, "Homoafetividade: um novo substantivo", *Portal Jurídico Investidura*, Florianópolis, 17 dez. 2004. Disponível em: https://investidura.com.br/biblioteca-juridica/artigos/sociedade/2198-homoafetividade-um-novo-substantivo. Paulo Iotti também explica o uso do termo: "A referida terminologia foi criada para justificar a inclusão das uniões entre pessoas do mesmo sexo no âmbito de proteção dos regimes jurídicos da união estável e do casamento civil, e com o intuito de se destacar que as uniões entre pessoas do mesmo sexo são pautadas no mesmo afeto romântico que justifica as uniões entre pessoas de sexo opostos. Isso foi feito por conta do preconceito social que afirmava que as uniões entre pessoas do mesmo sexo seriam motivadas por mera luxúria ou puro desejo erótico e não pelo sentimento de amor sublime que une duas pessoas de sexo oposto". Ver Paulo Iotti Vecchiatti, *Manual da homoafetividade: da possibilidade jurídica do casamento civil, da união estável e da ação por casais homoafetivos*, 3. ed., Bauru: Spessotto, 2019, p. 53.

44 Para Vecchiatti, a homoafetividade e a união homoafetiva expressariam, "com muito mais felicidade", o elemento central da família contemporânea, que seria o afeto conjugal. Ver Paulo Iotti Vecchiatti, *Manual da Homoafetividade, op. cit.*, p. 122.

A judicialização da noção de afeto tem implicações diretas no princípio de preservação da *liberdade sexual*. A liberdade sexual seria a "capacidade de agir eroticamente sem coação e de se expressar sexualmente segundo as próprias escolhas"[45]. Ao trazer a noção de afeto para o âmbito da liberdade sexual, corre-se o risco de limitar a liberdade sexual aos parâmetros das concepções hegemônicas de *afeto* e de *amor*. Para uma perspectiva queer, o Estado deveria se tornar "indiferentemente moral para a questão da sexualidade"[46], sob pena de se tornar um Estado paternalista, determinando qual é o conteúdo do afeto e do amor entre as pessoas[47].

Em consequência, ele produziria um "assimilacionismo familista"[48] ao confundir *liberdade sexual* com *conjugalidade familiar*[49]. Os direitos sexuais não podem ser conduzidos pela noção de *convivência familiar* – por isso, o uso do termo "familismo" –, pois esta é uma confusão própria do modelo de relação conjugal heterossexual. Isso traz sérios problemas para a promessa da diversidade e da pluralidade trazida pelos princípios normativos da modernidade jurídica, que ficam subordinados "à lógica heteronormativa"[50].

Assim, a melhor alternativa interpretativa não seria aquela que repetiria e expandiria para as relações homossexuais os modelos tradicionais de família, casamento e união estável[51]. Estamos diante da oportunidade de uma interpretação que nos leve a rever o próprio direito de família e a sua vinculação aos parâmetros familistas hegemônicos[52]. Se não aproveitarmos essa ocasião de debate sobre os novos rumos dos direitos sexuais, enfraqueceremos os sentidos interpretativos mais adequados

45 Daniel Borrillo, "Direitos emergentes: uma crítica do gênero e dos direitos sexuais desde a perspectiva latina", em Célia Abreu *et al.* (org.), *Diálogos sobre direitos humanos fundamentais*, v. I, Curitiba: Lúmen Juris, 2016, p. 119.

46 *Ibidem*, p. 120.

47 Imagine uma situação de poligamia entre três travestis; uma relação conjugal não monogâmica entre homossexuais que vão juntos a um clube noturno para escolher parceiros sexuais diversos; casais que vivem em habitações separadas; parceiros que estão juntos, mas não desempenham suas liberdades sexuais entre si etc. São todas situações que fugiriam da concepção afetiva e amorosa da maioria da população de uma sociedade.

48 Roger Raupp Rios, "As uniões homossexuais e a 'família homoafetiva': o direito de família como instrumento de adaptação e conservadorismo ou a possibilidade de sua transformação e inovação", *Civilística.com*, v. 2, n. 2, 2013, p. 14-5.

49 Um exemplo de configuração familiar que, nesse sentido, tem pouca inteligibilidade por parte do sistema jurídico: pessoas dissidentes sexuais que foram expulsas de casa e resolveram constituir uma relação familiar entre si, sem possuírem os vínculos familiares tradicionais reconhecidos pelo sistema jurídico (ascendência, descendência e adoção). Essas pessoas tampouco estão em uma relação familiar com objetivos de exercício da liberdade sexual.

50 Thiago Coacci, "Do homossexualismo à homoafetividade", *op. cit.*, p. 72.

51 Isso também pode demonstrar a dificuldade do sistema jurídico em lidar com temas de moralidade sexual, como a própria liberdade sexual, a transexualidade, a não binaridade, a prostituição, a não monogamia etc.

52 Thiago Coacci, "Do homossexualismo à homoafetividade", *op. cit.*, p. 75.

aos tempos atuais dos princípios de autonomia privada, liberdade sexual, dignidade da pessoa humana e privacidade.

O mais correto não seria a extensão da proteção jurídica da união estável apenas às *pessoas homossexuais*, e sim a realização do sentido mais profundo dos princípios utilizados para sustentar a argumentação: *toda* e *qualquer pessoa*, independentemente de sua orientação sexual, identidade de gênero ou outro fator identitário, estaria autorizada pelo Estado a estabelecer vínculos conjugais, independentemente do sentido de amor e de afeto que ali se imprime. Mesmo que a estratégia seja coerente com os modos de conquistar direitos em uma sociedade com grande preconceito em relação às dissidências sexuais, uma união conjugal não é homoafetiva, muito menos heteroafetiva; ela é uma união civil, não necessariamente estável, duradoura e pública[53]. Do mesmo modo, para as finalidades jurídicas, um casamento não é homossexual nem heterossexual. Ele é casamento, é civil e é para todas aquelas pessoas que queiram constituir, em conjunto com outras pessoas, arranjos conjugais visando às finalidades que desejarem[54].

Caso o reconhecimento das uniões conjugais se limite aos casais homossexuais, o Estado reproduzirá um dos seus grandes problemas em relação aos seus destinatários de direitos: o de estabelecer que a proteção jurídica de um sujeito dependerá da determinação do Estado sobre como devemos ser[55]. Assim, ele reconhece o direito de heterossexuais e homossexuais, desde que dentro dos parâmetros de exercício da liberdade sexual da moralidade padrão: uma relação conjugal estável, duradoura, pública, monogâmica e, agora, afetiva e amorosa. Este é um caso de "colonização dos sujeitos"[56]: o de naturalização da experiência existencial e comportamental dos indivíduos segundo o padrão de poder imposto, e não segundo as próprias preferências das pessoas. Além disso, certo estilo de vida homossexual – geralmente aquele dos homossexuais

53 Uma das grandes funções de uma crítica queer ao direito é a de deslocar os seus sentidos, ou a de provocar os seus sentidos mais profundos, expurgando-o dos elementos que favorecem a cultura dominante em detrimento dos modos de vida subalternizados ou não reconhecidos como válidos em uma sociedade. A crítica queer, em última instância, faz com que o direito seja levado a sério por ele mesmo e seja coerente com as suas próprias premissas.

54 Repito que isso exclui ações que impliquem formas de exploração, opressão ou dominação. Refiro-me aqui apenas às finalidades compatíveis com as liberdades alheias e com os valores mais profundos que sustentam a convivência humana.

55 Para um debate sobre os problemas a respeito da heteroformação dos sujeitos, conferir: Eder van Pelt, *Encruzilhadas queer no direito*, *op. cit.*, cap. II.

56 Aníbal Quijano, "Colonialidade do poder e classificação social", em Boaventura de Sousa Santos e Maria Paula Meneses (org.), *Epistemologias do Sul*, Coimbra: Almedina, 2010, p. 74.

brancos e de alto poder econômico – acaba se impondo sobre as demais dissidências sexuais como um modelo normativo hegemônico[57].

Por fim, o termo utilizado na decisão, *pessoas do mesmo sexo*, é corrente em vários países que também estão discutindo a questão. Todavia, os estudos queer apontam, desde a década de 1990, que sexo é, assim como o gênero, um conceito com nuances culturais. Isso rompe com o consolidado binômio sexo-gênero, pelo qual sexo seria um termo biológico, algo dado pela natureza e caracterizado a partir de características anátomo-fisiológicas, notadamente os órgãos genitais, e gênero seria a construção social que se faz a respeito da nossa "naturalidade" sexual. Por mais técnica que seja a forma como a biologia e a medicina constroem saberes sobre os nossos corpos, a sua gramática é produzida socialmente. Consequentemente, a noção de sexo, e sua suposta vinculação ao que é o "natural", é também uma construção cultural. Em várias partes dos argumentos dos ministros, afirma-se a naturalidade do sexo e a culturalidade do gênero como algo inquestionável, o que não corresponde ao atual estado da discussão no âmbito dos estudos de gênero e de sexualidade, ao defender que o uso do termo *pessoas do mesmo gênero* seria menos problemático do que o de *pessoas do mesmo sexo*.

•

Essa reescrita da decisão sobre o reconhecimento da união estável homoafetiva é um exemplo das possibilidades que a crítica queer tem de enfrentar o direito e questioná-lo a respeito da execução das suas próprias promessas de pluralidade, liberdade e diversidade para todos. A função principal da crítica queer ao direito é a de provocá-lo para que ele seja coerente com os seus postulados. Acima de tudo, ela atua em nome dos sentidos de justiça mais profundos, aqueles representados nos corpos daquelas pessoas esquecidas, ignoradas ou abandonadas pelo direito. Por fim, agradeço a todas as pessoas que lutaram pela conquista do reconhecimento da união estável entre pessoas do mesmo gênero. Que os novos tempos nos tragam possibilidades ainda mais inclusivas no direito brasileiro.

57 Pau López Clavel intitulou essa situação de hegemonia setorizada de "homonormatividade". Ver Pau López Clavel, "Três debates sobre la homonormativización de las identidades gay y lesbiana", *Asparkía*, n. 26, 2015, p. 137-53.

PARTE 02

OS DIREITOS SOCIAIS: EDUCAÇÃO, SAÚDE E CULTURA

O DISPOSITIVO DOS DIREITOS HUMANOS NA CULTURA ESCOLAR: DIREITOS, AUTONOMIA DOS JOVENS E UMA NOVA GEOGRAFIA DOS PRAZERES

CARLOS EDUARDO BARZOTTO
FERNANDO SEFFNER

No final do meu sofrimento / havia uma saída.
Louise Glück, "A íris selvagem"

Pois eu não volto pra cozinha, nem o negro pra senzala, nem o gay pro armário.
O choro é livre, e nós também.
Pitty, em declaração feita em 16 de março de 2015

De quem e de onde falamos

A temática dos direitos humanos fortaleceu-se especialmente após o fim da Segunda Guerra Mundial e tem ocupado significativo espaço nos debates da sociedade civil. De acordo com Tássio Acosta e Sílvio Gallo, o Brasil se destaca nesse aspecto com a publicação da Constituição de 1988, a partir da qual os direitos humanos se tornam prerrogativa essencial para o exercício da cidadania[1]. Nesse cenário, desenvolveram-se também políticas voltadas para a população LGBTQIAP+ a partir da pressão de movimentos sociais que entendiam que suas pautas se encaixavam nessa temática.

As duas epígrafes escolhidas para este texto ajudam a delimitar a questão que queremos discutir e as pessoas de quem queremos tratar. Para nós, cada uma delas remete a uma cena da cultura escolar que etnografamos há alguns anos na rede pública. Quando a poeta afirma que havia uma saída no final do seu sofrimento, lembramos a fala de um aluno do Ensino Médio:

> Quando eu cheguei aqui na escola, eu já sabia que eu era gay, mas não falava nada para ninguém. Já tinha sofrido na outra escola, pensava em

1 Tássio Acosta e Sílvio Gallo, "A educação em disputa no Brasil contemporâneo: entre os estudos de gênero, a dita ideologia de gênero e a produção de uma 'ideologia de gênesis'", *Educação (UFSM)*, v. 45, p. 1-28, 2020. Disponível em: https://periodicos.ufsm.br/reveducacao/article/view/43607.

desistir de estudar. Aqui teve muito *bullying*, mas eu encontrei mais gente que nem eu, e agora venho todos os dias para a aula sabendo que vou encontrar minha turma, não desisto mais de estudar, e vou fazer minha faculdade, pode saber!

Ler a afirmação de emancipação de Pitty, relacionando a dimensão de gênero que lhe diz respeito às de raça e orientação sexual que envolvem tantos outros brasileiros, aciona uma cena anotada em nosso diário de campo. Em visita a uma das ocupações de escolas públicas paulistas no ano de 2016, cedo pela manhã, para tomar café com os alunos acampados, fomos levados a uma das salas de aula, transformadas em dormitório. Com orgulho, um grupo de meninas e mais três meninos gays e um menino negro nos mostraram a organização de seu "quarto". Afirmaram que tinham se juntado porque cada um sofria algum tipo de hostilidade na escola, e agora estavam unidos para não sofrer mais. "Na primeira noite, quando a gente apagou a luz e ficou conversando sobre coisas pessoais, a gente até chorou", disse uma das meninas.

Há nas escolas brasileiras, portanto, uma capilarização de discursos relacionados aos direitos humanos, com destaque ao que diz respeito ao gênero e à sexualidade, apesar da manutenção de uma série de violências LGBTfóbicas[2]. Da mesma forma, as políticas educacionais e curriculares e outras políticas sobre a escola também buscaram criar uma retórica de respeito e valorização aos direitos humanos. O Programa Nacional de Direitos Humanos de 2009 (PNDH-3), por exemplo, tem como um de seus objetivos estratégicos garantir o acesso à educação de qualidade, que é compreendido como um direito humano. O mesmo ocorre na Base Nacional Comum Curricular, de 2017, documento que baliza as principais competências e habilidades a serem desenvolvidas pelos estudantes da educação básica brasileira. Em várias delas, encontra-se a promoção dos direitos humanos. É perceptível, portanto, um avanço na educação *em* e *para* direitos humanos.

Na esteira de tal capilarização da retórica dos direitos humanos em um contexto que Acosta e Gallo chamam de governamentalidade democrática, as temáticas ligadas ao gênero e à sexualidade ganharam espaço. O Programa Brasil sem Homofobia, de 2004, ligado ao Ministério da Saúde e à Secretaria Especial de Direitos Humanos, compreendia

2 Bruna G. Benevides (org.), *Dossiê assassinatos e violências contra travestis e transexuais brasileiras*, Brasília: Distrito Drag/Antra, 2022; Lucas Chancel *et al.*, *World Inequality Report 2022*, World Inequality Lab, 2022. Disponível em: wir2022.wid.world.

a promoção da não discriminação como base para o exercício do direito à educação, entre outros, para pessoas que hoje chamamos de LGBTQIAP+. Ganharam força também, nesse contexto, os conceitos de "direito democrático da sexualidade" e de "cidadania sexual e de gênero"[3].

Diante da emergência da temática e da retórica dos direitos humanos, o pesquisador Sérgio Carrara propôs que os desejos e práticas corporais não são mais regulados *apenas* pelo que Michel Foucault batizara de dispositivo da sexualidade[4]. Em vez disso, o autor sugere que emergiu outro dispositivo, dos direitos humanos, que coexiste com o primeiro e propõe novas práticas, visões e discursos sobre os corpos, desejos e práticas sexuais. Em concordância com essa proposição, buscamos compreender, neste texto, como esse novo dispositivo se capilariza nas políticas e legislações educacionais e quais são os impactos disso para as relações de gênero e para as questões de sexualidade na educação.

Nossa posição política e pedagógica é de olhar para a cultura escolar como capaz de garantir e ampliar direitos conquistados pelas minorias, em particular a população LGBTQIAP+. Pensar a cultura escolar nessa dinâmica está em sintonia com o princípio constitucional que afirma a gestão democrática da escola. Podemos, a partir disso, fornecer um panorama e algumas questões em relação à fraca cobertura jurídica aos jovens LGBTQIAP+ em suas trajetórias de escolarização, oferecendo subsídios para que operadores do direito e movimentos sociais busquem sanar tal deficiência. Para tanto, iniciaremos diferenciando os dois dispositivos supracitados e caracterizando sua presença nas políticas e legislações educacionais. Em seguida, debateremos a influência de racionalidades neoliberais e neoconservadoras nesse contexto.

Sexualidade, direitos humanos e formas de governar corpos

No primeiro volume de *História da sexualidade*, de 1976, Michel Foucault propõe que a sexualidade não é um dado natural constantemente reprimido por normas puritanas. Ao contrário, o autor defende que a emergência

3 Ver, respectivamente: Roger Raupp Rios, "Para um direito democrático da sexualidade", *Horizontes Antropológicos*, v. 12, n. 26, p. 71-100, jul.-dez. 2006. Disponível em: https://doi.org/10.1590/S0104-71832006000200004; Paulo R. Iotti Vecchiatti, "Mobilização judicial pelos direitos da diversidade sexual e de gênero no Brasil", em James Naylor Green *et al.* (org.), *História do Movimento LGBT no Brasil*, São Paulo: Alameda, 2018, p. 449.

4 Sérgio Carrara, "Moralidades, racionalidades e políticas sexuais no Brasil contemporâneo", *Mana*, v. 21, n. 2, p. 323-45, 2015. Disponível em: https://www.scielo.br/j/mana/a/6D5zmtb3VK98rjtWTQhq8Gg/?lang=pt&format=pdf.

dos discursos sobre a sexualidade está localizada entre os séculos XVII e XVIII, juntamente com a ascensão da burguesia e de novas racionalidades que pensaram o mundo a partir de lógicas capitalistas. A partir do dispositivo da sexualidade, práticas corporais, sexuais e identitárias que conhecemos hoje passaram a ser nomeadas, catalogadas e controladas.

Em *Vocabulário de Foucault*, Edgardo Castro define o dispositivo como aquele que "estabelece a natureza do nexo que pode existir" entre elementos heterogêneos, como discursos, instituições, enunciados[5]. Ao referirmo-nos ao dispositivo da sexualidade, portanto, falamos daquilo que estabelece o nexo entre os diferentes saberes e poderes que falam sobre corpos e prazeres e sobre como governá-los. Trata-se, portanto, da emergência, entre os séculos XVII e XVIII, de uma forma de governar cuja figura central é a sexualidade como a conhecemos hoje. Nesse sentido, saberes médicos, demográficos e pedagógicos foram fundamentais para estudar e defender quais seriam os usos corretos e incorretos em relação aos corpos e aos desejos. Tais estudos foram exaustivamente detalhados, publicados e debatidos, e a racionalidade que os acompanhou, amplamente colocada em prática. Por isso, Foucault argumenta que a sexualidade não foi reprimida, e sim discursivamente estimulada[6].

A partir desse contexto, as diferentes formas de ser e agir como seres de desejo foram catalogadas e analisadas. Surgiram, então, categorias como "o homossexual" e, posteriormente, "o heterossexual"[7]. Anteriormente, havia *práticas* sexuais entre homens, entre mulheres ou entre homens e mulheres. Por meio dos saberes médicos e demográficos, emergem as identidades. Desse modo, "heterossexuais" foram considerados saudáveis e *normais*, devendo ter suas práticas estimuladas para o bom funcionamento da sociedade capitalista em emergência, que necessitava da reprodução para expandir-se. Da mesma forma, "homossexuais" foram considerados insalubres e *anormais*, devendo ser punidos e corrigidos.

Conforme aponta Carrara, é com tal dispositivo da sexualidade que o casal heterossexual – e, acrescentamos, cisgênero – entrona-se como exemplo de "normalidade". A partir de saberes biológicos, as figuras consideradas desviantes de tal normalidade, hoje englobadas pela

5 Edgardo Castro, *Vocabulário de Foucault: um percurso pelos seus temas, conceitos e autores*, trad. Ingrid Müller Xavier, Belo Horizonte: Autêntica, 2009, p. 124.

6 Michel Foucault, *História da sexualidade 1: a vontade de saber*, trad. Maria Thereza da Costa Albuquerque e J. A. Guilhon Albuquerque, São Paulo: Paz e Terra, 2014.

7 Jeffrey Weeks, "O corpo e a sexualidade", em Guacira Lopes Louro (org.), *O corpo educado: pedagogias da sexualidade*, 3. ed., Belo Horizonte: Autêntica, 2010, p. 35-82.

sigla LGBTQIAP+, foram legadas à anormalidade e enviadas a escolas, prisões e centros de correção. A partir de tal racionalidade,

> [...] o casal monogâmico heterossexual devia ser promovido [...] por ser a configuração mais "natural" para a produção de uma prole sadia e eugênica, ou seja, por servir aos interesses do Estado em relação à manutenção e à reprodução de determinada "população" ou "raça". Sobre tais fundamentos, a técnica de gestão da população através da valorização do sexo reprodutivo abriu espaço para a proposição de medidas que, em muitos aspectos, eram condenáveis do ponto de vista da moral cristã.[8]

Tais saberes e racionalidades foram utilizados de modo a organizar as sociedades ocidentais contemporâneas para que as noções de "normalidade"/"anormalidade" e sanidade"/"insalubridade" fossem promovidas ao mesmo tempo que guiassem as práticas de *governamento*, ou seja, das diferentes formas de governar a população. Não por acaso, há situações e marcas profundas de homofobia e transfobia na educação, que se estendem desde a forma como estudantes e docentes agem na instituição escolar até as legislações educacionais e as próprias estruturas arquitetônicas escolares[9]. Essas construções, ações, práticas e currículos são unidos pelo nexo do dispositivo da sexualidade, que separa os seres humanos, de forma binária, entre masculino e feminino (como nos banheiros escolares). Além disso, a promoção de uma educação sexual marcada pelo higienismo e pela manutenção do binarismo heteronormativo, segundo Maria Rita César, reforça a "naturalidade" do casal heterossexual[10].

Sérgio Carrara aponta, no entanto, para um deslocamento nos saberes e práticas que sustentam tal nexo. Estaríamos diante da emergência de uma nova forma de governar os corpos, marcada pelo dispositivo dos direitos humanos[11], ocorrida após a Segunda Guerra Mundial, sobretudo

8 Sérgio Carrara, "Moralidades, racionalidades e políticas sexuais no Brasil contemporâneo", *op. cit.*, p. 328.

9 Rogério Diniz Junqueira, *Diversidade sexual na educação: problematizações sobre homofobia nas escolas*, Brasília: MEC/Secad/Unesco, 2009. Disponível em: https://unesdoc.unesco.org/ark:/48223/pf0000187191; Guacira Lopes Louro, *Gênero, sexualidade e educação: uma perspectiva pós-estruturalista*, Petrópolis, RJ: Vozes, 1997.

10 Maria Rita de A. César, "Gênero, sexualidade e educação: notas para uma 'epistemologia'", *Educar em Revista*, v. 25, n. 35, p. 37-51, 2009. Disponível em: https://revistas.ufpr.br/educar/article/view/16692.

11 Exploramos de forma mais detalhada as diferenças entre os dois dispositivos e sua capilarização em políticas educacionais em Carlos E. Barzotto e Fernando Seffner, "Do governamento

após a década de 1960. Marcado pela ampliação do processo de cidadanização, o dispositivo dos direitos humanos engloba uma nova forma de governamento a partir da qual "a moralidade e as concepções políticas que sustentavam o regime anterior começam a ser questionadas"[12]. Os chamados "direitos sexuais" e "direitos reprodutivos" ganharam, então, novos significados na arena pública e passaram a ser entendidos como direitos humanos. Tal mudança ocorre pela própria transição do regime de verdade e de saberes no pós-guerra. Ao não mais enfatizar as questões biológicas e demográficas consideradas benéficas para o crescimento do Estado-nação, uma nova racionalidade marcada pelo dispositivo dos direitos humanos abrange saberes antropológicos e sociológicos a fim de promover o bem-estar individual e coletivo. Assim,

> Se para o dispositivo da sexualidade a obrigação moral está relacionada à "raça" ou à "nação" em termos reprodutivos, no dispositivo dos direitos humanos a obrigação moral relaciona-se com a promoção de uma sexualidade considerada sadia e baseada no consentimento.[13]

Ocorre, portanto, uma dispersão da retórica relacionada aos direitos humanos que compreende as demandas de movimentos hoje chamados de LGBTQIAP+ e de movimentos feministas. Com isso, configura-se uma expansão do processo de cidadanização que diz respeito tanto à consolidação do Estado nas sociedades contemporâneas quanto à promoção de políticas públicas destinadas à cidadania[14]. No entanto, a difusão da cidadania – ligada seja aos direitos políticos, seja aos direitos sexuais e de gênero – expande também a responsabilização dos sujeitos que a recebem.

Valendo-se de saberes diversos (antropologia, sociologia) daqueles que caracterizaram o dispositivo da sexualidade (biologia, demografia, pedagogia), "desenha-se uma nova geografia do mal e do perigo sexual"[15]. Assim, as noções de correto e incorreto, são e insalubre, moral e imoral

— via desejos ao governamento via valores: a capilarização do dispositivo dos direitos humanos na educação brasileira", *Prâksis*, v. 19, n. 2, 2022, p. 142. Disponível em: https://periodicos.feevale.br/seer/index.php/revistapraksis/article/view/2982.

12 Sérgio Carrara, "Moralidades, racionalidades e políticas sexuais no Brasil contemporâneo", *op. cit.*, p. 329.

13 Carlos E. Barzotto e Fernando Seffner, "Do governamento via desejos ao governamento via valores", *op. cit.*, p. 142.

14 Luiz F. Duarte *et al.*, "Vicissitudes e limites da conversão à cidadania nas classes populares brasileiras", *Revista Brasileira de Ciências Sociais*, n. 22, v.1, p. 5-19, 1993.

15 Sérgio Carrara, "Moralidades, racionalidades e políticas sexuais no Brasil contemporâneo", *op. cit.*, p. 332.

são ressignificadas, deixando-se de enfocar a correção dos corpos femininos chamados de histéricos ou a psiquiatrização do prazer considerado perverso, como ocorria nos séculos XVIII e XIX. Nesse sentido, por meio de uma nova racionalidade de governamento, o dispositivo dos direitos humanos promove algumas práticas que considera saudáveis, ao passo que desestimula outras. No caso das demandas da comunidade LGBTQIAP+, podemos citar a descriminalização das relações homoafetivas e a admissão do casamento entre pessoas do mesmo sexo. Se não há mais proibição ou punição para pessoas do mesmo gênero que se relacionem romântica e sexualmente, não são quaisquer formas de relação que são estimuladas. Mantém-se a lógica matrimonial centrada em um casal com condutas sexuais consideradas "saudáveis", na medida em que seus dois integrantes supostamente relacionam-se apenas entre si, utilizam preservativo, mantêm o cuidado dos filhos.

Cabe questionar, portanto, quais são as novas formas de governamento que emergem das políticas previstas no nexo do dispositivo em questão e que acionam a retórica dos direitos humanos. Nas políticas educacionais, quais são as responsabilidades atribuídas aos corpos e sujeitas atravessados por esses discursos? Como o (re)desenho do governamento dos corpos e dos prazeres produz novas posições de sujeitos a partir das políticas e legislações educacionais das últimas décadas? O que se verifica no cotidiano escolar é que pessoas LGBTQIAP+ se encontram em vulnerabilidade social e estão mais sujeitas ao abandono escolar – ou expulsão, como nos parece mais adequado definir. Já temos leis, diretrizes e normas que podem auxiliar na manutenção de jovens na escola, tal como as que progressivamente vêm assegurando o uso do nome social[16]. No entanto, tais disposições correm o risco de virar letra morta em grande parte das escolas, se não forem conjugadas com movimentos sociais, opinião pública favorável, participação dos jovens, controle efetivo por parte da comunidade e novas legislações.

Nesse sentido, apesar de a Constituição de 1988 ser o marco utilizado por Acosta e Gallo para pensar a extensão da cidadanização a partir da governamentalidade democrática[17], ela não traz mudanças em relação às temáticas de gênero e sexualidade na educação. O mesmo ocorre na Lei de Diretrizes e Bases da Educação (Lei n. 9.394/1996), conhecida

16 Dentre as quais podemos citar o Decreto n. 8.727, de 28 de abril de 2016. Disponível em: http://www.planalto.gov.br/ccivil_03/_ato2015-2018/2016/decreto/d8727.htm.

17 Tássio Acosta e Sílvio Gallo, "A educação em disputa no Brasil contemporâneo", *op. cit.*

como LDB. É apenas a partir da publicação dos Parâmetros Curriculares Nacionais (PCNs, de 1997) e, posteriormente, das Diretrizes Curriculares Nacionais (DCNs, de 1998) que a sexualidade aparece ora como temática transversal, ora como assunto em alguma disciplina. Juliana Rizza e Paula Ribeiro, ao analisar tais publicações, apontam para duas principais características das legislações e políticas educacionais sobre o tema: em primeiro lugar, um foco privilegiado no combate às infecções sexualmente transmissíveis (ISTs) e à gravidez na adolescência. Em segundo lugar, o destaque dado ao termo "diversidade" em detrimento de ações mais específicas, como o combate à homofobia, à transfobia, à LGBTfobia e a condições similares[18].

O primeiro ponto levantado diz respeito ao (re)desenho da geografia dos prazeres citada por Carrara. As relações homoafetivas e homossexuais são mais aceitas, contanto que sejam governadas a partir de determinados padrões cujo nexo reside no dispositivo dos direitos humanos. Desse modo, é promovida uma forma considerada saudável de relação com o próprio corpo e com o corpo do Outro, que por vezes se mantém alinhada à dicotomia criada pela monogamia heterossexual. No que diz respeito ao segundo ponto, podemos observar o uso de "diversidade" já na LDB. Essa lei prevê respeito às diversidades étnico-raciais e de pessoas surdas (Artigo 3º) e às diversidades culturais religiosas (Artigo 33). Conforme defendem Carlos Skliar e Silvia Duschatzky, a utilização da palavra "diversidade" nas políticas públicas educacionais, de modo geral, estabelece certa percepção de avanço ao mesmo tempo que se mantém o *status quo*[19].

Dessa forma, utiliza-se uma palavra advinda de movimentos sociais como o feminista e o LGBTQIAP+, mas suas pautas específicas não são citadas. Tal palavra é, com frequência, utilizada nas políticas educacionais como substituta de "gênero", "sexualidade" e "identidade de gênero". Seu uso compõe, portanto, um multiculturalismo conservador[20], que privilegia a *tolerância* com relação à diferença, e não a sua valorização. O mesmo processo ocorreu na Base Nacional Comum Curricular, em que o combate à desigualdade de gênero e de sexualidade foi substituído

18 Juliana Lapa Rizza e Paula R. C. Ribeiro, "Produzindo olhares sobre a sexualidade em políticas públicas educacionais", em Paula R. C. Ribeiro e Joanalira C. Magalhães (org.), *Debates contemporâneos sobre educação para a sexualidade*, Rio Grande: Ed. da Furg, 2017, p. 53-70.

19 Carlos Skliar e Silvia Duschatzky, "O nome dos outros: narrando a alteridade na cultura e na educação", em Jorge Larrosa e Carlos Skliar (org.), *Habitantes de Babel: políticas e poéticas da diferença*, Belo Horizonte: Autêntica, 2001, p. 119-38.

20 *Ibidem*.

pelo combate a todas as formas de discriminação e a palavra diversidade encontrou maior espaço[21].

Há, no entanto, políticas relacionadas às questões de gênero e de sexualidade no espaço escolar que não se restringem a tal lógica e que são exemplos da capilarização do dispositivo dos direitos humanos e, portanto, da ampliação da cidadania sexual e de gênero na educação. Além do já citado Programa Nacional de Direitos Humanos, o Decreto n. 8.727/2016, sancionado pela ex-presidenta Dilma Rousseff, reconhece "o uso do nome social e [...] da identidade de gênero de pessoas travestis e transexuais no âmbito da administração pública federal direta, autárquica e fundacional". Com tal decreto, o direito ao uso do nome social estende-se também às instituições de ensino federais.

Por sua vez, o Supremo Tribunal Federal (STF) declarou em 2020 a inconstitucionalidade da Lei n. 1.516/2015, do município de Novo Gama (GO), que proibia o uso de materiais didáticos que contivessem "ideologia de gênero". Com isso, o movimento antigênero, que se opõe à abordagem de temáticas relacionadas a gênero e sexualidades[22], não pôde mais pautar a proibição do que chama de "ideologia de gênero" no Brasil. Mantiveram-se, assim, os debates relacionados a gênero e à sexualidade nos currículos escolares, ainda que não sejam considerados obrigatórios na maioria das políticas curriculares.

De todo modo, tais debates são levantados por um número cada vez maior de professores e professoras no país, assim como algumas diretrizes estaduais obrigam que o assunto seja abordado, como no caso do Rio Grande do Sul. Nesse sentido, a análise feita por Rosemeiry Lima e Jorge Mariano sobre a aplicação da cultura dos Direitos Humanos na escola apontam "a escola como lugar potente para difundir uma cultura dos direitos e o convívio em direitos humanos, para perceber, conhecer e vivenciar as pluralidades inerentes aos sujeitos"[23]. Ainda, Amanda Mendonça, Fernanda Moura e Renata Aquino argumentam que a abordagem de questões em gênero e sexualidade compõe integralmente o

21 Carlos E. Barzotto e Fernando Seffner, "Do governamento via desejos ao governamento via valores", *op. cit.*

22 Rogério Diniz Junqueira, "A invenção da 'ideologia de gênero': a emergência de um cenário político-discursivo e a elaboração de uma retórica reacionária antigênero", *Psicologia Política*, v. 18, n. 43, p. 449-502, set.-dez. 2018. Disponível em: http://pepsic.bvsalud.org/pdf/rpp/v18n43/v18n43a04.pdf.

23 Rosemeiry A. A. Z. Lima e Jorge L. M. Mariano, "'Homem não rebola'; 'Essa menina contamina as colegas': reflexões sobre direitos humanos, gênero e escola", *Retratos da Escola*, v. 16, n. 36, 2022, p. 809. Disponível em: https://retratosdaescola.emnuvens.com.br/rde/article/view/1615.

princípio constitucional do direito à educação. Para dar suporte a essa afirmação, as autoras apresentam os mecanismos legais que existem no país para tratar dessas questões na cultura escolar e indicam que o silêncio ou a omissão no tratamento delas configura um conjunto de violações ao direito à educação[24]. Reiteramos que a escola é local adequado para valorizar e reconhecer as diferenças, e conhecer os mecanismos que as produzem.

Se tal ampliação da abordagem pode ser vista como uma capilarização do dispositivo dos direitos humanos, uma vez que a cidadania sexual e de gênero é entendida como um direito humano, ainda é necessário estudar a fundo as políticas educacionais e curriculares com objetivo de mapear os novos limites englobados pela geografia dos prazeres sexuais que guiam o governamento dos corpos na contemporaneidade.

Direitos humanos (res)significados como estratégia de governamento

Apesar da recente derrota jurídica sofrida pelo movimento antigênero, sua retórica segue presente e fomenta reações neoconservadoras na sociedade. Os atores desse movimento de atuação internacional seguem buscando produzir pânicos morais em temáticas relacionadas ao gênero e à sexualidade, sobretudo no ambiente escolar, de modo a avançar com sua pauta política[25]. Com isso, sugerimos que a dispersão discursiva do nexo do dispositivo dos direitos humanos não se relaciona apenas aos movimentos progressistas, sendo empregada pelos movimentos neoconservadores para seus próprios fins.

Trazemos o caso do Projeto de Lei n. 077/2021, recentemente aprovado na Câmara de Vereadores de Porto Alegre e sancionado pelo prefeito. Com ele, a utilização ou o debate sobre o emprego da linguagem neutra (considerada inclusiva sobretudo para pessoas travestis e transexuais) torna-se proibido em todas as escolas do município. De acordo com os redatores do projeto legislativo, a iniciativa busca estabelecer "medidas protetivas *ao direito dos estudantes* do Município de Porto Alegre serem alfabetizados e aprenderem conteúdos escolares com o uso correto da língua portuguesa"[26]. Percebe-se, nesse excerto, a aplicação da retórica dos direitos humanos a questões de gênero e sexualidade na escola, mesmo que de forma

24 Amanda de Mendonça, Fernanda Moura e Renata Aquino, "Educação em gênero e sexualidade: um direito constitucional", *Diversidade e Educação*, v. 9, n. 2, p. 642-67, 2021. Disponível em: https://periodicos.furg.br/divedu/article/view/12929.

25 Rogério Diniz Junqueira, "A invenção da 'ideologia de gênero'", *op. cit.*

26 Câmara de Vereadores de Porto Alegre, Projeto de Lei n. 077/21, 2021, p. 1. Disponível em: https://www.camarapoa.rs.gov.br/processos/136350 (grifo nosso).

conservadora. A partir do questionamento do (re)mapeamento da geografia dos desejos sexuais, podemos indagar: quais identidades têm sua presença legitimada nos espaços escolares a partir do emprego do dispositivo dos direitos humanos? Quais identidades têm sua presença negada ou então silenciada? Quais identidades são, portanto, produzidas pela instituição escolar?

Essa proposta insere-se em um contexto mais geral caracterizado por Juan Vaggione como uma releitura da retórica dos direitos humanos, que passa a ser utilizada pelos movimentos neoconservadores. Segundo o autor, é o caso da defesa "dos direitos humanos de pais, de nascituros ou de crianças e adolescentes como principais argumentos a favor da vida, contra a agenda feminista e LGBTQI"[27]. No caso de Porto Alegre, o direito à aprendizagem da língua portuguesa pelas crianças e adolescentes é instrumentalizado para frear o debate sobre a linguagem neutra em escolas.

O significado e o conteúdo de "direitos humanos", portanto, entra em disputa no cenário político atual, sobretudo no que diz respeito às questões relacionadas a gênero e sexualidade. Um dos exemplos trazidos por Vaggione é o da "cidadanização do feto", que busca estender o direito à vida ao momento da concepção, utilizando a retórica dos direitos humanos para combater o aborto legal. Exemplo disso no Brasil foi a criação do Ministério da Mulher, Família e Direitos Humanos no governo de Jair Bolsonaro, que aproximou a pauta de direitos humanos a visões conservadoras sobre o que é ser mulher e o que é uma família. A ação de Damares Alves, chefe do ministério, nas redes sociais é marcada. Gostaríamos de chamar atenção para uma delas.

Durante a pandemia de covid-19, o ministério publicou em seu canal do YouTube um programa chamado Minuto Direitos Humanos. Esse projeto consistiu em 13 vídeos de cerca de dois minutos de duração, nos quais Damares explica temáticas relacionadas aos direitos humanos. No episódio 13, cuja temática é o direito à vida, a ministra refere-se à Declaração Universal dos Direitos Humanos e à Constituição Federal de 1988 para afirmar que, no Brasil, "é garantida a vida intrauterina, ali, no ventre materno"[28]. Utiliza, portanto, mecanismos estatais para promover a "cidadanização do feto" proposta por Vaggione.

27 Juan M. Vaggione, "A restauração legal: o neoconservadorismo e o direito na América Latina", em Flávia BIROLI *et al.*, *Gênero, neoconservadorismo e democracia: disputas e retrocessos na América Latina*, São Paulo: Boitempo, 2020, p. 70.

28 Ministério da Mulher, da Família e dos Direitos Humanos, *Minuto Direitos Humanos*, episódio 13, 2021. Disponível em: https://www.youtube.com/watch?v=ciXayupFb94.

Outro exemplo da série, ainda mais potente para nossa análise, é o do episódio 10, sobre gravidez na adolescência. A ministra caracteriza a temática como um problema a ser resolvido e, para tanto, anuncia a criação do Plano Nacional de Prevenção Primária do Risco Sexual Precoce e Gravidez de Crianças e Adolescentes. Duas questões chamam nossa atenção. Em primeiro lugar, percebe-se que o combate à gravidez na adolescência é utilizado como justificativa para a criação de um plano de combate ao chamado "risco sexual precoce". Não se define, porém, o que seria tal risco, tampouco qual faixa etária ele abrange. Desse modo, emprega-se novamente a retórica relacionada aos direitos humanos (no caso, aos direitos reprodutivos) para avançar com outras pautas. Em segundo lugar, Damares não explicita as políticas, diretrizes e ações tomadas pelo Estado para o combate à gestação na adolescência. Em vez disso, afirma que é "importante chamar atenção para o diálogo entre os adolescentes e suas famílias em relação ao desenvolvimento afetivo, autonomia e responsabilidade"[29].

Desse modo, a família é colocada como o local preferencial para o debate sobre a questão, em detrimento do espaço escolar – ambiente privilegiado para conhecimento sobre sistema reprodutivo, sexualidade, gênero e identidades. Assim, a (re)leitura dos direitos humanos empregada pelos movimentos neoconservadores na questão escolar apresenta discursivamente o direito das famílias (e de seus chefes, que são frequentemente tidos como homens, heterossexuais e cisgêneros) como superior ao direito à educação de crianças e adolescentes[30]. O direito à educação – que engloba também o direito ao estudo, conhecimento e debate sobre questões de gênero, sexualidade e saúde sexual e reprodutiva – encontra-se, portanto, cerceado por narrativas reacionárias. Assim, um largo leque de temas que dizem respeito à missão pedagógica da escola, presentes de muitos modos nas culturas juvenis e que já habitam a cultura escolar, são interditados por movimentos sociais de caráter reacionário e anticientífico, que não valorizam a diversidade e criam obstáculos para o exercício da liberdade de debater e aprender novos modos de habitar o mundo.

29 *Idem*, *Minuto Direitos Humanos*, episódio 10, 2021. Disponível em: https://www.youtube.com/watch?v=PHJP9bRiApY.

30 Isabela Kalil, "Políticas antiderechos en Brasil: neoliberalismo y neoconservadurismo en el gobierno de Bolsonaro", em Ailynn T. Santana (org.), *Derechos en riesgo en América Latina: 11 estudios sobre grupos neoconservadores*, Quito: Fundación Rosa Luxemburg/Desde Abajo, 2020, p. 35-54.

Luis Felipe Miguel, ao analisar o avanço dos projetos Escola sem Partido e contrários à chamada "ideologia de gênero", demonstrou que eles apresentavam o direito à liberdade religiosa e/ou de expressão dos pais como superior ao direito republicano dos filhos e filhas à aprendizagem[31]. Tal construção discursiva só se tornou possível a partir da união de racionalidades neoliberais e neoconservadoras[32]. Conforme apontam Pierre Dardot e Christian Laval, a racionalidade neoliberal enfoca a empresa e a família como células-base da sociedade, uma vez que responsabiliza a família pelo desempenho dos indivíduos[33]. Tal foco na instituição familiar, de acordo com Wendy Brown, advém da diminuição das políticas públicas estatais[34]. Desse modo, a família como instituição central da sociedade é, ao mesmo tempo, privilegiada como base e culpabilizada pelo sucesso ou pelo fracasso de um indivíduo, isentando-se o Estado de responsabilidade por ele.

Esse conjunto de elementos se articula no discurso da extrema direita com a defesa de um modelo de família que desvaloriza a experiência da maioria do alunado, por pelo menos dois motivos: seus evidentes traços de supremacismo branco e elementos de patriarcado em geral muito explícitos. A cis-heteronormatividade da visão de família também é excludente. Essa combinação de fatores deixa um grupo, alunos, alunas e alunes LGBTQIAP+, em situação de vulnerabilidade social. Tivemos nos últimos anos uma dispersão de discursos falando em "família de verdade", "menino de verdade", "menina de verdade", e movimentos sociais com faixas em que se lia "eu não quero uma família democrática, eu quero uma família de verdade". Desse modo, alguns movimentos sociais, como o contrário à dita "ideologia de gênero", o da "escola sem partido" e o favorável ao *homeschooling*, buscaram maneiras de colonizar a instituição escola pelos valores familiares, comprometendo a autonomia da cultura escolar, assegurada em lei. Neste cenário, a apologia dos

31 Luis Felipe Miguel, "Da 'doutrinação marxista' à 'ideologia de gênero': Escola sem Partido e as leis da mordaça no Parlamento brasileiro", *Direito & Práxis*, v. 7, n. 15, p. 590-621, 2016. Disponível em: https://www.e-publicacoes.uerj.br/index.php/revistaceaju/article/view/25163.

32 Apontamos essa ideia em: Carlos E. Barzotto; Fernando Seffner. "Escola sem partido e sem gênero: redefinição das fronteiras público e privado na Educação". *Revista da FAEEBA: Educação e Contemporaneidade*, v. 29, n. 58, p. 150-167, 2022. Disponível em: https://www.revistas.uneb.br/index.php/faeeba/article/view/9043.

33 Pierre Dardot e Christian Laval, *A nova razão do mundo: ensaio sobre a sociedade neoliberal*, trad. Mariana Echalar, São Paulo: Boitempo, 2016.

34 Wendy Brown, *Undoing the Demos: Neoliberalism's Stealth Revolution*, New York: Zone, 2015.

valores familiares – em verdade, de um tipo de família monogâmica – se conecta com os processos atuais de desdemocratização[35].

As disputas em relação aos modos de viver gênero e sexualidade devem servir para ampliar o campo da educação democrática e da democracia, pensada como um regime do "direito a ter direitos". A politização das relações de gênero se combina com uma pressão pela ampliação de direitos e pela desnaturalização dos papéis e hierarquias tradicionais do casamento e das famílias, auxiliando na conquista de regimes de equidade. Seguindo o argumento de Miguel, há uma disputa em torno da titularidade legítima dos direitos humanos no ambiente escolar, na medida em que diferentes grupos da sociedade privilegiam os direitos dos familiares, ao passo que outros favorecem os direitos do estudante *independentemente das crenças familiares*[36].

Em consequência desse arranjo, a legislação educacional e as políticas curriculares vêm, nos últimos anos, retirando a obrigatoriedade e/ou a orientação de abordagem de determinados temáticas por considerar que se trata de assuntos destinados à família. Conforme lembram Acosta e Gallo, o processo de elaboração da Base Nacional Comum Curricular foi extenso, com o lançamento de uma série de versões diferentes[37]. Após a retirada de Dilma Rousseff da Presidência da República, o combate à discriminação baseada no gênero e na sexualidade foi suprimido em diversas partes dessa política curricular.

Apesar disso, há inegável avanço no que diz respeito às questões de gênero e sexualidade nas políticas educacionais. O movimento feminista e o movimento LGBTQIAP+, entre outros, conseguiram que o Estado, nas democracias liberais, se tornasse permeável às agendas de equidade. Com isso, foram enfrentadas questões como violência de gênero, estigma e discriminação, desigualdade no mundo do trabalho, desigualdade no acesso e permanência na escola, resultando na criação de políticas públicas e de legislações protetivas. Isso se deu, no caso brasileiro, em sintonia com avanços no âmbito das Nações Unidas, que incorporaram o conceito de gênero no campo dos direitos humanos e como eixo transversal em numerosas políticas públicas, como no caso da IV Conferência das Nações Unidas sobre a Mulher de 1995.

35 *Idem*, "American Nightmare: Neoliberalism, Neoconservatism and De-democratization", *Political Theory*, v. 34, n. 6, p. 690-714, 2016. Disponível em: https://sxpolitics.org/wp-content/uploads/2018/05/Wendy-Brown-American-Nightmare.pdf.

36 Luis Felipe Miguel, "Da 'doutrinação marxista' à 'ideologia de gênero'", *op. cit.*

37 Tássio Acosta e Sílvio Gallo, "A educação em disputa no Brasil contemporâneo", *op. cit.*

Esse conjunto de avanços, que implicou ampliação da democracia e de direitos para as identidades de gênero e sexualidade que ganhavam espaço, gerou também uma politização reativa. Encabeçada pelos movimentos sociais conservadores já citados, essa posição insiste em uma natureza dos sexos e na restrita complementariedade entre feminino e masculino, e se combina com o processo de retração das democracias liberais, que aqui denominamos desdemocratização. Assim, cresceu um movimento vigoroso para o qual as famílias, notadamente os pais e as mães, precisam retomar sua autoridade na educação dos filhos. Para tanto, seus partidários atacam a autonomia escolar, muitas vezes acusando a escola de estimular a homossexualidade das crianças e jovens, ou até mesmo de "trocar o sexo das crianças" em suas atividades pedagógicas. Tais discursos levaram até a ações antidemocráticas do governo Jair Bolsonaro, como a participação do Brasil na Cúpula Demográfica de Budapeste, cujo principal objetivo era estimular a família composta por um homem e uma mulher cisgênero[38].

No contexto atual, portanto, percebemos uma disputa em torno do significado dos direitos humanos e também de sua aplicação no campo da educação, sobretudo no que diz respeito às questões de gênero e sexualidade. Os discursos relacionados ao dispositivo dos direitos humanos se dispersaram, sendo mobilizados tanto por movimentos progressistas quanto pelos conservadores. Isso torna necessárias pesquisas que tematizem como ocorre a (res)significação dos direitos humanos nas legislações e políticas curriculares educacionais. Além disso, é preciso compreender como ocorre, nas escolas brasileiras, a tensão entre o dispositivo da sexualidade e o dispositivo dos direitos humanos.

Desafios, conquistas, novas regulações

Com a ampliação do acesso e da permanência na escola, garantidos e obrigatórios por legislação, crianças e jovens passam mais anos na escola – dos 4 aos 18 anos, de acordo com as exigências da lei – e também mais horas do dia nela – por exemplo, com a ampliação das escolas de turno integral, onde elas permanecem dois turnos por dia. Muito do que era vivido "fora da escola" em questões de gênero e sexualidade passa a ser vivido "na escola",

38 Felipe F. Soares e Arlene M. Ricoldi, "A escalada neoconservadora e a agenda antigênero: o caso da participação do Brasil na Cúpula Demográfica de Budapeste", *Revista Brasileira de Estudos Populares*, v. 39, p. 1-22, 2022. Disponível em: http://dx.doi.org/10.20947/S0102-3098a0183.

ou "na cultura escolar". Não há mais como, no Brasil, pensar a condição infantil e juvenil sem ser em estreita relação com a escola, e isso é uma conquista da democracia. O panorama aqui traçado do contexto da população LGBTQIAP+ na educação básica mostra uma mistura de conquistas e ameaças, expondo a fraca cobertura jurídica aos jovens LGBTQIAP+ em suas trajetórias de escolarização. Fornecemos, com isso, alguns subsídios para que operadores do direito e movimentos sociais pensem estratégias para sanar tal deficiência.

Observamos uma série de questões que exigem cuidado jurídico, em especial no Ensino Médio, nas interfaces família e escola e religião e escola. Parece-nos que há na cultura escolar, especificamente entre jovens de 15 a 18 anos, uma nova fronteira de práticas – em particular aquelas que ocorrem na vivência escolar ou a partir de relações que nela se dão – e de produção de identidades, envolvendo o uso intenso de mídias sociais, o ativismo político, o mercado de consumo em termos de músicas e adesão a ídolos culturais, e um forte componente de afirmação dos desejos em termos de orientação sexual e pertencimento de gênero. Tal processo está em sintonia com o ideal democrático e a ampliação do direito a ter direitos. Ao mesmo tempo, é impactado negativamente por um conjunto de movimentos sociais de corte reacionário e geradores de discriminação, como os já mencionados movimentos Escola Sem Partido e contra a "ideologia de gênero", o movimento Escola Sem Pornografia, além de políticas como a criação de escolas cívico-militares e da proposição de projetos legislativos com títulos como "Infância Sem Pedofilia", entre outros. Esses projetos buscam trazer para o interior da família todas as decisões acerca da educação dos jovens, alegando com isso protegê-los. No entanto, como apontam sucessivas pesquisas no Brasil e no mundo, a família pode ser também um local de abuso e de assédio sexual. Nossa posição é de que a criança e o jovem mais protegidos são os que circulam entre família, escola e outras instituições, como aquelas de pertencimento religioso, de lazer, dos cuidados de saúde. Nenhuma instituição é isenta de situações de abuso e assédio, e a circulação entre elas é o que permite melhor cuidado.

No caso da cultura escolar, o bem jurídico maior a ser protegido é o direito à educação, formalizado na Constituição Federal de 1988. Os estudos mostram que uma criança que na escola é chamada por um nome e tratada por um gênero com os quais não se identifica tende a abandonar os estudos. Desta forma, os cuidados para evitar a chamada evasão escolar – ou, em termos mais claros, verdadeira expulsão escolar – não devem perder de vista esse bem jurídico maior.

A diferença não é uma "coisa", é uma relação. Quando identifico o outro como diferente, posso pensar que ele também me toma como diferente. O que interessa, então, é analisar como se produz o jogo das diferenças. Esse é um trabalho profundamente pedagógico e político, e em total conexão com o alargamento da nossa democracia. Ao fazer isso, superam-se preconceitos e se reconhecem identidades que durante muito tempo foram invisibilizadas, vistas como vidas não viáveis. Carecemos ainda, porém, de garantias jurídicas efetivas para que o percurso escolar seja um direito efetivo e uma possibilidade de compreensão de si, dos outros e da vida no espaço público para a população jovem LGBTQIAP+.

O DIREITO À EDUCAÇÃO SEXUAL ANTI-LGBTFÓBICA: DA CONSTRUÇÃO PSICANALÍTICA DAS SEXUALIDADES À DESCONSTRUÇÃO PEDAGÓGICA DAS CATEGORIAS DISSIDENTES

ARTHUR ALBUQUERQUE DE ANDRADE

Neste trabalho, proponho a possibilidade de uma educação sexual que prescinda das categorias de gênero e de orientação sexual, desconstruídas pelas perspectivas histórico-filosóficas de Michel Foucault e Judith Butler. Não se trata, aqui, de rejeitar estratégias pedagógicas baseadas nessas categorias, mas de acrescentar novas estratégias para a compreensão e emancipação de todas as sexualidades, explicadas por vieses diferentes daqueles instituídos pretensiosamente como universais, a exemplo dos direitos humanos ou do complexo de Édipo.

O recurso a referências pós-estruturalistas também possibilita um diálogo efetivo entre o direito, a psicanálise e a pedagogia, ciências cujas fronteiras foram delimitadas pelo pensamento ocidental moderno e são cada vez mais repensadas na contemporaneidade. Tal perspectiva interdisciplinar é essencial para que as discriminações sofridas pelos grupos mais vulneráveis sejam mais bem explicadas e superadas.

As três frentes de atuação propostas para a educação sexual anti-LGBTfóbica

Antes de tratar da nova frente que sugiro, convém relatar as outras três propostas recorrentes na atualidade para a educação sexual anti-LGBTfóbica. A primeira trata da identificação das regras LGBTfóbicas "normalizadas" no ambiente escolar; a segunda propõe uma ementa anti-LGBTfóbica; e a terceira se refere à punição do *bullying* LGBTfóbico.

A identificação da LGBTfobia presente no ambiente escolar

Para Marco Antônio Torres, antes de se perguntar sobre os recursos educacionais cabíveis no combate à LGBTfobia, deve-se identificar como as próprias instituições de educação promovem a LGBTfobia[1]. Em *Gênero, sexualidade e educação,* Guacira Louro identifica práticas consideradas "naturais" em sala de aula, mas que são passíveis de reforçar o binarismo – a divisão do mundo em dois gêneros identificados pelo sexo biológico – e toda a estrutura construída a partir dele – a personalidade masculina e a feminina. Entre essas práticas que podem estimular fobias de orientação sexual e gênero, ela salienta: (a) a divisão dos grupos em meninas e meninos;

1 Marco Antônio Torres, *A diversidade sexual na educação e os direitos de cidadania LGBT na escola,* 2. ed., Belo Horizonte/Ouro Preto, MG: Autêntica/ Ed. UFOP, 2013, p. 75.

(b) as pressuposições de acordo com o sexo; (c) a linguagem androcêntrica; e (d) a omissão sobre a diversidade de identidades e orientações[2].

A autora revela a naturalização, no espaço escolar, de uma separação entre meninos e meninas, como se um grupo fosse necessariamente oposto ao outro, quando pesquisas realizadas com crianças pequenas já demonstraram que elas reconhecem a si mesmas e aos outros por critérios que não os de sexo ou gênero[3]. Essa constatação pode ser feita em diversos ambientes com crianças: nos condomínios e nos parques, por exemplo, a formação de grupos mistos é bem mais frequente, enquanto na escola parece haver uma vigilância maior para que isso não ocorra.

Em uma linha semelhante e complementar à divisão de grupos pelo sexo, está a pressuposição de características com base no sexo. Em estudo remetido por Louro, revelou-se a predisposição dos professores em creditar apenas aos meninos qualificações como "gênio", "brilhante" e "potencial"; às meninas, restaria ser "esforçadas", "trabalhadoras"[4]. Também há a pressuposição de uma maior facilidade dos meninos para a matemática, afinal, segundo outra pressuposição, é uma matéria de maior assimilação pelos gênios. Caso uma menina se mostre melhor nos cálculos, parece haver uma necessidade de justificação pelos docentes, como se ela estivesse invertendo a ordem natural.

Notam-se ainda, no ensino, a linguagem androcêntrica e a invisibilização de pessoas LGBTQIA+. As meninas aprendem logo nas primeiras lições a se sentirem incluídas quando se utiliza um termo masculino, adotado como "gênero neutro" na coletividade de mulheres e homens[5]. E os docentes podem até notar a existência de crianças LGBTQIA+, contudo, geralmente não conversam sobre determinada identidade ou orientação com a classe ou a família. Na realidade, há um silenciamento geral sobre o tema. Não se fala sobre transexualidade, homossexualidade, bissexualidade ou qualquer alternativa à heterossexualidade cisgênero pressuposta, pois ainda é muito presente a crença de que citar qualquer sexualidade distinta poderia servir de incentivo às crianças à subversão da norma. Ignorar os desviantes seria preservar a positiva "inocência" das crianças. Aos subversivos, sobram os espaços ilegítimos da escola[6].

2 Guacira Lopes Louro, *Gênero, sexualidade e educação: uma perspectiva pós-estruturalista*, Petrópolis, RJ: Vozes, 1997, p. 10-40.
3 *Ibidem.*
4 *Ibidem*, p. 28.
5 *Ibidem*, p. 30.
6 *Ibidem*, p. 10-40.

Há um pacto implícito entre os educadores e a família segundo o qual cabem a esta última as questões da sexualidade. As escolas não reclamam para si a promoção da educação sexual e as famílias não desejam essa possibilidade. O pressuposto desse pacto é o mito da separação entre sexualidade e escola, exposto por Foucault na própria preocupação em estabelecer tal separação, a partir do século XVIII[7]. Caso fossem naturalmente apartadas, não haveria tantos mecanismos de vigilância para evitar qualquer demonstração de vontades ou atos sexuais por parte das crianças. Na verdade, a própria escola reproduz normas vinculadas à sexualidade, seja na discriminação de gênero, seja no ocultamento de orientações reputadas subversivas. Em suma, muito antes de a educação sexual poder vir a ser um conteúdo ou uma disciplina independente, deve-se concebê-la como uma proposta para que se repensem normas androcêntricas e LGBTfóbicas "naturalizadas" no meio.

A proposição de uma ementa anti-LGBTfóbica

Se ações e sujeitos são ocultados com base no gênero e nas sexualidades, ainda que inconscientemente, a proposta da frente anterior é trazer à consciência os mecanismos desse processo e evitar as discriminações dele provenientes. Nessa lógica, o estabelecimento de um conteúdo voltado a combater essas discriminações parece inevitável. Além das lições possíveis dentro de sala de aula, também se sugerem diálogos com espaços exteriores "não formais de educação"[8]. Por exemplo, assim como se promovem excursões para cidades específicas com o objetivo de apresentar aos alunos conhecimentos de história ou geografia, ou visitas a feiras de ciências a fim de fomentar o interesse por biologia, química e física, o roteiro extraclasse pode incluir o contato com ONGs criadas para defender os direitos das mulheres e das pessoas LGBTQIA+.

A punição do *bullying* LGBTfóbico

Bullying é uma forma de violência e, assim sendo, não pode ficar impune. Pesquisa realizada no Brasil, em 2015, pela Associação Brasileira de Lésbicas,

7 Michel Foucault, *História da sexualidade I: a vontade de saber*, 13. ed., trad. Maria Thereza da Costa Albuquerque e J. A. Guilhon Albuquerque, Rio de Janeiro: Graal, 1988, p. 16.

8 Marco Antônio Torres, *A diversidade sexual na educação e os direitos de cidadania LGBT na escola*, *op. cit.*, p. 15-25.

Gays, Bissexuais, Travestis e Transexuais (ABLGT) levantou dados pertinentes sobre o assunto[9]. Participaram da pesquisa jovens entre 13 e 21 anos que se identificavam como lésbicas, gays, bissexuais, travestis ou transexuais, dos quais 73% revelaram ter sido agredidos verbalmente na escola em função do gênero ou da orientação sexual. Trata-se do maior índice entre os países que participaram da pesquisa, no caso, Argentina, Chile, Colômbia, Peru, México e Uruguai.

Para Sérgio Salomão Shecaira, os "*bulliers*" têm prazer em "desconcertar o outro", comumente por busca de afirmação de poder e status no grupo[10]. Pode-se encontrar raízes em alguma afirmação de gênero (masculino). De todo modo, o *bullying* ocorrido em sala de aula deve ser identificado, e os responsáveis, punidos de acordo com o grau de discernimento em relação à respectiva conduta.

Pressupostos de uma educação sexual para além das categorias de gênero

Carolina Ferraz, em artigo sobre a desconstrução da relevância jurídica do sexo biológico, considera a identidade de gênero um "verdadeiro direito fundamental" implícito, porque os atos de vontade e de reconhecimento individual devem estar à frente das sujeições supostamente naturais impostas – os rótulos ou categorias sexuais –, em um "verdadeiro" exercício emancipatório[11]. Desse modo, a estudiosa põe os direitos humanos a serviço da emancipação. Como direito humano, o direito à educação também deve ser capaz de emancipar o indivíduo a partir de um projeto capaz de incluir a sexualidade e não de reprimi-la. Nesse sentido, os rótulos ou categorias sexuais podem ser considerados formas dessa limitação ou repressão. Segundo Foucault, as sexualidades são utilizadas desde o século XIX, especificamente desde a Revolução Industrial e a Era Vitoriana, para reprimir corpos e não para emancipá-los em dignidade e respeito aos próprios prazeres e aos dos demais. Em razão disso, o direito à educação

9 Paulo Saldaña, "73% dos jovens LGBT dizem ter sido agredidos na escola, mostra pesquisa", *Folha de S.Paulo*, São Paulo, 21 nov. 2016. Disponível em: https://www1.folha.uol.com.br/educacao/2016/11/1834166-73-dos-jovens-lgbt-dizem-ter-sido-agredidos-na-escola-mostra-pesquisa.shtml.

10 Sérgio Salomão Shecaira, "Tolerância zero", *Revista Internacional de Direito e Cidadania*, v. 5, p. 165-76, 2009.

11 Carolina Valença Ferraz e Glauber Salomão Leite, "A desconstrução da relevância jurídica do sexo biológico em face da identidade de gênero na transexualidade: a tutela jurídica da mulher transgênero", *Conpedi Law Review*, v. 1, n. 1, p. 67-87, 2016. Disponível em: http://dx.doi.org/10.26668/2448-3931_conpedilawreview/2015.v1i1.3347.

deve ser repensado para não mais enxergar as sexualidades como controle, e sim como potência de prazer, em um sentido amplo, englobante da emoção e do amor. As sexualidades, pois, não são um ônus ao trabalho e à produtividade, e sim um ganho inerente à condição humana.

Um dos caminhos para essa emancipação, para além das três frentes já apresentadas, é compreender as sexualidades sem perquirir acerca das categorias de gênero. Isto porque, ainda segundo Foucault, as próprias denominações "homossexual", "bissexual", dentre outras, surgem e fazem parte do contexto da Revolução Industrial e da Era Vitoriana, quando os interesses da crescente produção capitalista levam à categorização dos corpos pela orientação sexual[12]. O corpo é "sujeitado" a um olhar dito "científico". Trata-se de um mecanismo recíproco: o corpo ganha legitimidade por ser um "sujeito" e, ao mesmo tempo, "sujeita-se" a um valor externo ("científico"). É aí que reside o poder: na busca pelo valor externo existente no outro.

Foucault faz uma ressalva importante: essas relações de poder pressupõem liberdade. Um corpo pode não se sujeitar a essa categorização nem a qualquer outra. Um corpo pode não atribuir a outrem a existência legítima. Caso não houvesse essa possibilidade, não se falaria sequer em "poder"; haveria, sim, uma violência real, uma imposição. Não é o que ocorre. As pessoas desejam a citada legitimidade ("científica") e, por esse desejo, submetem-se/ "sujeitam-se" às outras. Um indivíduo quer do outro o reconhecimento como sujeito. O poder se constitui por esse querer. Em consequência, é também possível o "não querer", o "não desejar" – em suma, resistir a esse exercício de legitimação. Sempre há forças revolucionárias nesse sentido, e esta pesquisa ambiciona fazer da educação uma dessas forças. Para tanto, ainda é preciso construir um arcabouço teórico consistente capaz de influir na prática educacional. A psicanálise e a pedagogia, por terem como objetos a psiquê e a educação, respectivamente, devem ser estudadas no processo de efetivação desse direito.

A educação escolar e a psicanálise infantil e sua relação com a sexualidade de crianças e adolescentes

A presente pesquisa tem foco na Educação Básica, mais especificamente na educação de crianças e adolescentes. Há, na sociedade, um forte questionamento sobre como abordar a sexualidade com esses indivíduos. Como

12 Michel Foucault, *História da sexualidade I, op. cit.*, p. 20-45.

vimos, a psicanálise e a pedagogia se dedicam a essa questão, atendendo ao esperado movimento interdisciplinar dos direitos humanos.

De pronto, convém fazer uma separação realizada pela maioria dos psicanalistas da área: a psicanálise não trabalha com infância – noção biológica de um corpo em desenvolvimento –, mas com o infantil, construção social acerca de uma determinada etapa da vida[13]. Essa diferença pode ser melhor compreendida historicamente. Por óbvio, do nascimento à formação do adulto, sempre houve uma "infância" biológica, uma fase de maturação dos órgãos; contudo, nem sempre houve a noção de um ser infantil, diferente do ser adulto. Na sociedade medieval, por exemplo, não se considerava que os indivíduos infantes fossem dotados de particularidades que os distinguissem, no trato social, do adulto. As crianças eram vistas como "miniadultos" e somente eram poupadas de algum trabalho ou atividade caso não conseguissem realizá-los pelo tamanho ou menor cognição, nunca por respeito ou deferência. A partir do século XVII, com o incremento da ciência, começa a se construir no Ocidente uma nova perspectiva sobre a criança e a se formar o "ser infantil" propriamente dito. Ela passa, então, a ser educada para se tornar um "homem" racional (ciência) e disciplinado (moral)[14]. Ou seja, a construção da própria ideia de criança vincula-se à necessidade de alguma forma de educação, ainda que não seja um ensino emancipador ou capaz de conferir legitimidade a todas as vivências. A família também vai atribuir à criança um novo papel – não mais o de um "miniadulto", e sim de um ser repleto de necessidades e carências em relação ao referencial de adulto almejado. Para preencher essas necessidades, a criança vai ser posta no centro das atividades familiares: o casal converte-se em pais da criança, e o trabalho, em uma atividade necessária ao sustento dela[15].

No século XVIII, a Igreja segue e participa dessa criação do ser infantil, caracterizando-o como frágil criatura de Deus, com uma necessidade permanente de disciplina e de preocupação, sobretudo com a saúde física e com a higiene. Pode-se fazer um paralelo com os ensinamentos de Foucault, pois este demonstra que sempre existiu uma educação sexual nos ambientes escolares, especialmente naqueles religiosos, a serviço, sobremodo, do controle dos corpos das crianças e dos respectivos parentes[16].

13 Teresinha Costa, *Psicanálise com crianças*, São Paulo: Zahar, 2007, p. 7-12.
14 *Ibidem*, p. 45-50.
15 *Ibidem*, p. 42-57.
16 Michel Foucault, *História da sexualidade I*, *op. cit.*, p. 20-45.

A junção da centralidade da criança e da fragilidade do ser infantil fará com que, no século XIX, se repensem os intensos castigos físicos e corporais usados pelos parentes para disciplinar a criança. Aos poucos, a ideia de humilhar a criança cede espaço à noção de instruí-la com recato e pudor, próprios da era vitoriana. A importância dessa educação recatada e pudorizada vai prolongar o tempo do ser infantil e, consequentemente, das instituições escolares para até o final da maturação corpórea[17]. Passa-se a identificar, assim, o infantil com a infância.

A necessidade de mão de obra qualificada trazida pelo processo de industrialização teve continuidade no século XX, bem como a forte moralização e o incremento dos pudores. Nesse período, os Estados ocidentais começam a adotar a obrigatoriedade da escolaridade primária. O Brasil, por exemplo, tem na década de 1930 o marco inicial da expansão da educação básica compulsória, em correspondência, justamente, com o início da industrialização brasileira[18].

Na contramão da educação – sexual ou não – repressiva, disciplinar e conservadora pensada para as crianças, no século XX Freud dá os primeiros passos para a criação da psicanálise e afirma tanto a existência de um inconsciente como a de uma sexualidade infantil desassociada das depravações a ela atribuídas. A refutação da inocência e da ausência de impulsos sexuais do ser infantil contesta os postulados responsáveis pela instituição e propagação desse ser "inocente"[19]. Em Freud, a sexualidade ganha um viés inovador e compatível com a existência do ser infantil. Inicialmente, ele a separa dos órgãos genitais e a entende como uma função de todo o corpo voltada ao prazer e independente da reprodução. Depois, e como desdobramento, identifica na sexualidade um conjunto de pulsões e excitações presentes desde o nascimento do indivíduo e sobrepostas ao atendimento das funções vitais de respirar, comer, excretar, dormir, entre outras. A teoria da psicanálise faz uma releitura do corpo, até então restrito na ciência ao paradigma médico-legal. Ele deixa de ser um objeto de estudo apenas da ciência biológica, pela qual era constituído meramente de conhecimentos sobre células, órgãos, tecidos e sistemas, e torna-se marcado também por compreensões psíquicas da linguagem e da sexualidade[20].

17 *Ibidem*.
18 *Ibidem*, p. 58-60.
19 *Ibidem*, p. 60-5.
20 *Ibidem*, p. 70-4.

Vimos que a psicanálise diferencia a infância – estudada pela medicina como fase específica de maturação biológica – do ser infantil, constituído por uma linguagem e uma sexualidade próprias a serem investigadas por essa ciência da psique. Sob essa perspectiva, a sexualidade surgiria nos corpos humanos através do prazer propiciado pelo afeto materno, desempenhado pela mãe ou por alguém que a substitua. Esse prazer seria sentido pelo bebê no corpo inteiro, com pulsões e excitações espalhadas por todos os órgãos de funcionamento vital, convertidos então em zonas erógenas. Por isso o infante é denominado por Freud "ser polimorfo". O desenvolvimento da psique e do inconsciente do indivíduo começaria com a vivência desses impulsos sexuais e sua recepção como prazer, ou com a falta deles e sua recepção como sofrimento e, até mesmo, trauma. Freud considera que alguns órgãos vitais são preponderantes, em diferentes momentos, para o prazer experienciado pela criança e, diante disso, divide a sexualidade infantil em estágios. Interessa, sobretudo, o estágio fálico, ocorrido dos 3 aos 6 anos, quando o prazer adviria do conhecimento e da percepção do falo e onde está situado o complexo de Édipo[21]. A criança desenvolveria o desejo de ter a mãe e de ser o desejo dela, pois o desejo funciona nesse caminho de mão dupla. Tende-se a desejar ser desejado pelo objeto de desejo. O complexo de Édipo ocorre quando, por esse duplo desejo, a criança passa a rivalizar inconscientemente com o pai, chegando a desejar a morte dele, por disputar o duplo papel de desejo pela mãe. Esse complexo seria resolvido quando a criança desiste desses desejos e os abandona, ao temer a possibilidade de vingança castrativa pelo pai e notar a mãe como um ser proibido. A partir desse temor e dessa proibição, o indivíduo instala um estado de vigília entre o ego (consciente) e o inconsciente: a origem do superego[22].

Ademais da importância do Édipo na formação do superego no indivíduo, essa narrativa também calca a construção de gênero e da orientação heterossexual. A mãe (parente e mulher) é proibida porque pertence ao pai (parente e homem) em uma relação heterossexual. A criança precisa tomar uma posição diante dos pais, os quais lhe são proibidos como objetos sexuais:

> O menino se tornará um menino ao reconhecer que não pode ter sua mãe, e que deve encontrar uma mulher para substituí-la; a menina se tornará uma

21 *Ibidem*, p. 74-85.
22 *Ibidem*.

> menina ao reconhecer que não pode ter sua mãe, substitui essa perda pela identificação com a mãe e então reconhece que não pode ter o pai e o substitui por um objeto masculino.[23]

O gênero seria adquirido através do desejo heterossexual (proibido) do menino pela mãe e da menina pelo pai. Nesse esquema, deve-se considerar não haver a necessidade da existência real de uma mãe e um pai. Bastam o feminino e o masculino para a criança atribuir as figuras materna e paterna em respectivo, e conseguir se constituir em gênero e orientação. Essas seriam a base da criança e da família – e, portanto, da sociedade. Diante dessa construção teórica, convém investigar como a psicanálise observa crianças e famílias cuja construção de gênero não seguiu esse modelo de amor heterossexual.

A construção psicanalítica das homossexualidades: o complexo de Édipo e o narcisismo

A visão de Freud sobre a homossexualidade tratada neste tópico é a presente, principalmente, na obra *Três ensaios sobre a teoria da sexualidade*, lançada em 1905[24]. No primeiro ensaio, ao introduzir a desbiologização da sexualidade com a hipótese do ser infantil polimorfo, cujas zonas erógenas estariam em todos os órgãos vitais da criança, desvincula-se a sexualidade dos órgãos genitais e, por conseguinte, da própria ideia de reprodução. Com isso, Freud deixa claro, como função precípua da sexualidade, o prazer, e não a reprodução. Se o destino da sexualidade não está nos órgãos genitais e a finalidade dela não é reprodutiva, não haveria sentido em perpetuar a ideia de complementariedade entre o "sexo masculino" e o "sexo feminino", tampouco em estabelecer hierarquias entre heterossexualidade e homossexualidade. Freud vai defender a descriminalização e a despatologização da homossexualidade. De modo inovador para a época, ele resgata e compara a medicina antiga com a contemporânea, notando na primeira o maior relevo à pulsão sexual em si, e não ao objeto da pulsão. A segunda – a contemporânea – menosprezaria a pulsão e até a repudiaria, considerando-a legítima apenas caso o

23 Judith Butler, *Corpos que importam: os limites discursivos do sexo*, trad. Veronica Daminelli e Daniel Yago Françoli, São Paulo: n-1 edições, 2020.

24 Sigmund Freud, *Três ensaios sobre a teoria da sexualidade*, trad. Ramiro da Fonseca, Lisboa: Livros do Brasil, 1997.

objeto dela tivesse o mérito da reprodução. Para o fundador da psicanálise, essa ciência não deveria se preocupar com esse objeto, mas com a pulsão em si, porque o desenvolvimento psicossexual é analisado a partir dela.

Posteriormente, no segundo e no terceiro ensaios, Freud segue um caminho diferente. Não chega a patologizar a homossexualidade, muito menos a criminalizá-la. No entanto, ele a considera problemática, assim como a heterossexualidade, embora em um grau menor. A lógica seria de como uma sexualidade problematiza a outra: a homossexualidade quebraria o paradigma heterossexual, bem como o paradigma heterossexual ambiciona romper a homossexualidade. Sendo assim, não haveria como adotar um marco hétero ou homossexual. Freud desenvolve então a ideia de uma bissexualidade preexistente nos seres humanos, pois todos – sejam eles "normais" (heterossexuais), sejam "invertidos" (homossexuais) – passariam pelos mesmos mecanismos psíquicos e por pulsações heterossexuais e homossexuais. A definição por uma ou outra sexualidade seria decorrente de alguma frustração experienciada em algum desses mecanismos e pulsações.

Essa equivalência de frustrações entre a homossexualidade e a heterossexualidade é mitigada quando Freud adota uma ótica evolucionista. Se inicialmente todos teriam predisposição para a bissexualidade, depois, na "maturidade" sexual, haveria uma unificação das pulsações para dar primazia à sexualidade adulta, cujo prazer serviria, sim, para a reprodução sob a ideia de uma única zona erógena. Para explicar a homossexualidade adulta, ele remete à infância, quando os "invertidos" homens teriam uma forte fixação pelas mulheres e, especialmente, pela mãe. No intuito de superar essa fixação, eles passam a se identificar com a própria mãe e a se ver a si próprios como objeto de desejo. A fim de satisfazer esse desejo de si mesmos, buscariam outros homens, em um movimento narcisista. Ou seja, a homossexualidade deveria ser explicada pelo narcisismo – além da suposta e problemática resolução do complexo de Édipo, pois o homossexual teria o desejo de ser a mãe, e não de tê-la, em uma má formação de gênero e orientação.

O equívoco das ilações de Freud sobre a "inversão" pelos homossexuais do complexo de Édipo ou na explicação pelo "Narciso" parte de uma concepção de gênero orientada biologicamente, pois identifica o gênero com o órgão genital. É curioso porque Freud já havia feito, no primeiro ensaio, uma desbiologização da sexualidade, bem como afirmara a coexistência do "masculino" e do "feminino" em todos os indivíduos – sendo o primeiro uma força "ativa" e o segundo, uma conduta "passiva" –, não os considerando mutuamente excludentes (ou seja, não binários).

Na realidade, a psicanálise como um todo sofre com o seguinte paradoxo quando tenta estabelecer teorias explicativas do comportamento humano: espera-se uma teoria científica universalizante, capaz de abarcar todos os contextos; no entanto, as peculiaridades da individualidade e das vivências locais vão em sentido oposto, de recusa a essas explicações totalizantes. De um modo geral, no que se refere à sexualidade, a pretendida universalização tende a ir contra o reconhecimento de gêneros e orientações sexuais diferentes do padrão heterocisnormativo.

O psicanalista Jean Bergeret e a filósofa Sylviane Agacinski podem servir de símbolo dessa tentativa de universalização contrária ao reconhecimento de identidades transgênero ou homossexuais[25]. Para ambos, a estrutura da personalidade advinda do Édipo é necessária para a constituição do indivíduo – tomado como um ser universal – em relação à igualmente necessária diferenciação entre os sexos e entre as gerações. Por essa lógica, o complexo seria responsável por gerar nos heterossexuais a alteridade e o antagonismo, em uma relação de complementariedade: a falta existente em um seria preenchida pelo outro e vice-versa. Isto só seria possível porque os dois são diferentes e estão dispostos a se ligar e a criar uma relação a partir desse laço. Os homossexuais, por sua vez, representariam uma imobilidade relacional, porque não seriam dois diferentes ("recusa da diferenciação"), mas semelhantes. Não haveria uma complementação em busca de um todo, necessário à pluralidade oriunda das relações (heterossexuais). Do exposto decorrem algumas das já mencionadas explicações patológicas para o "homossexualismo", como o narcisismo, a recusa da diferenciação sexual e o caráter antiedípico da sexualidade.

O ponto de fissura dessa tradição conservadora é pretender lançar as bases da psique individual como se ela já não estivesse posta. Ao invés de observar as vivências e de estabelecer uma teoria abrangente a partir delas, faz-se o inverso: cria-se a teoria e pede-se às vivências que se moldem a ela. Qualquer experiência social diferente da interpretação analítica é alvo de acusação, como se a experiência servisse à interpretação (teoria), e não o contrário. Acima de tudo, esse conservadorismo nega as diferenças e a alteridade. Afinal, é a homossexualidade a identidade capaz de antagonizar e revelar as faltas da heterossexualidade, inclusive

25 Judith Butler, *Corpos que importam*, *op. cit.*

nos laços sociais e na filiação. Mães e pais do mesmo "sexo" não são uma catástrofe para a psique dos filhos e da sociedade, e sim referências de pluralidade e possibilidades para novas vivências sociais[26]. Pedem o repensar constante das funções materna e paterna como símbolos atemporais, universais e isentos de subjetivação.

Outro ponto crítico nas teorizações expostas é o "Narciso" homossexual, como se pessoas do "mesmo sexo" fossem iguais. O primeiro equívoco é tomar o gênero a partir do órgão genital. O segundo equívoco é reputar duas pessoas como iguais por terem o mesmo órgão genital. Trata-se de uma concepção estreita e binária. Por óbvio, uma pessoa com determinado órgão genital e outra com um órgão "igual" compõem duas pessoas diferentes – porque de fato são – e não representam necessariamente apenas o amor a si mesmo.

A desconstrução histórico-filosófica das sexualidades dissidentes a partir de Foucault e Butler: por uma psicanálise da psicanálise

Após debater acerca das concepções psicanalíticas contemporâneas de quem patologiza a existência de lésbicas, gays, travestis, transexuais e outras identidades da "sopa de letrinhas", proponho recorrer a Foucault e a Butler para dar continuidade ao questionamento das teorias universais propostas pela psicanálise e sua relação com as sexualidades. É como se a própria ciência precisasse ir para o divã.

Em uma perspectiva foucaultiana, à primeira vista, pode-se criticar a psicanálise quando ela toma por objeto a ordem psíquica da sociedade, e não a do indivíduo singularmente analisado. Ao fazer isso, psicanalistas não estariam em um exercício psicanalítico, e sim em um labor próximo ao de juristas e legisladores. Como orienta o próprio Freud – com quem Foucault mantém uma relação dúbia –, a psicanálise deve tentar produzir nos sujeitos questionamentos sobre o processo da pulsão sexual, e não afirmações acerca do objeto da pulsão. Foucault, no entanto, vai além e questiona a própria existência da psicanálise como ciência quando ela tenta se colocar fora (e não dentro) dos símbolos políticos e sociais – por exemplo, ao teorizar o complexo de Édipo. Se os psicanalistas não se perceberem inseridos em determinada realidade histórica e geográfica, prescreverão, mais uma vez, modelos ideais,

26 *Ibidem.*

como fazem operadores do direito – usualmente os doutrinadores do Norte global em matéria de direitos humanos.

No cerne da questão, estaria a ambicionada construção da verdade psicanalítica. O método "arqueológico" foucaultiano, preocupado em revelar historicamente o poder presente naqueles detentores da verdade, teria a intenção de libertar as outras verdades encobertas por aquelas que a psicanálise propõe, a fim de emancipar os "sujeitos assujeitados" por elas. Ironicamente, Foucault lança a psicanálise para uma psicanálise. No final das contas, em relação à sexualidade, o filósofo francês desacredita de uma "*scientia sexualis*" (ciência da sexualidade) e defende uma "*ars erótica*" (arte erótica, em livre tradução)[27]. Em suma, propõe repensar a existência de uma natureza humana universal, almejada no ambiente científico (e jurídico), para criar uma nova forma de estudar as relações sociais e sexuais, capaz de considerar o contexto social, político, cultural e econômico, em uma dinâmica semelhante à das artes. As homossexualidades, bissexualidades, transexualidades ou mesmo as heterossexualidades deixariam de ser vistas como categorias específicas de um conhecimento psicanalítico. Até porque as sexualidades são construções categóricas históricas recentes (século XIX) e, portanto, não podem ser tratadas como inerentes à condição humana, tais qual uma célula ou um órgão. Qualquer tentativa de enquadrá-las em um estudo científico (universal) seria falha.

Butler soma à crítica de Foucault outras notas. Do mesmo modo como a psicanálise descontruiu a ilusão acerca de um "Eu" consciente, com a teorização do inconsciente, a filósofa estadunidense descontrói a percepção do gênero natural oriundo de uma essência (biológica), com a teorização sobre a identidade de gênero. Ela critica esse fetiche moderno pela identidade e revela como essas categorias identitárias nos limitam. Não haveria uma essência masculina ou feminina capaz de enquadrar a todas e todos (e todes)[28]. Com isso, Butler não está negando a materialidade do corpo, mas inserindo-o em uma realidade prévia, na qual os sujeitos teriam assumido performances baseadas no que se espera socialmente de seus corpos, identificados então como "masculinos" ou "femininos". Essa performance vai ser repetida por séculos, a ponto de criar a ilusão de que o binarismo é natural e originário[29].

27 Michel Foucault, *História da sexualidade I, op. cit.*
28 Judith Butler, *Problemas de gênero: feminismo e subversão da identidade*, trad. Renato Aguiar, Rio de Janeiro: Civilização Brasileira, 2019.
29 *Ibidem.*

Não à toa, o feminino é mulher e mãe, e o masculino, homem e pai[30]. Há de se atualizar essas categorias. Do contrário, a psicanálise deixaria de responder a questões atuais, como a fantasia de amor homossexual presente no inconsciente de uma criança adotada por uma família homoafetiva; a compreensão da origem em crianças deslocadas das famílias originais ou concebidas por inseminação artificial; e até mesmo as diferenciações de gênero para além das suposições do complexo de Édipo. Essas perguntas feitas por Butler só podem ser respondidas adequadamente pela psicanálise se esta fizer uma autocrítica quanto à necessidade (narcísica) de se construir preceitos universais sobre gêneros e sexualidades.

Outras perguntas podem ser feitas, mesmo para crianças originadas de uma relação heterossexual, monogâmica e matrimonial e de uma concepção "natural" (coito). Isto porque a teoria de gênero de Butler não se volta apenas para as "novas" realidades mencionadas – ela as descreve tão somente para comprovar o atraso da psicanálise vigente. Os adultos atribuem a toda criança, na realidade, uma posição social dicotomizada em masculino e feminino a partir do órgão genital dela. Não se espera qualquer tipo de expressão da criança em algum sentido, e espera-se dela que desempenhe desde o primeiro momento a performance correspondente[31]. A atribuição de gênero vem antes de tudo. A primeira informação recebida pelos pais sobre a criança é se é menina ou menino. Até crianças e adolescentes que se identificam como cisgênero e heterossexuais vão sofrer, porque terão reprimido (consciente e inconscientemente) qualquer desvio mínimo desse padrão, reduzindo infinitas possibilidades de vivência a uma única, determinada pelos órgãos genitais. Esse processo é chamado por Butler de "heterossexualidade melancólica".

O que busco apontar aqui é a possibilidade de que a categorização das sexualidades acabe por produzir, ainda que em um grau menor, uma homossexualidade, uma bissexualidade e uma transexualidade melancólicas. A contribuição a ser extraída da psicanálise está no primeiro ensaio de Freud, segundo o qual a sexualidade não pode ser reduzida ao objeto de desejo e deve focar na pulsão, conforme cada indivíduo a constrói e se posiciona em determinada sociedade, histórica e geograficamente localizada.

30 *Ibidem.*
31 *Ibidem.*

O trabalho pedagógico para emancipar estudantes a partir da reconstrução das sexualidades como pulsão de vida

A possibilidade de o discente explanar a sexualidade sem recorrer à categorização converge com algumas lições de duas grandes referências da pedagogia, Paulo Freire e bell hooks[32].

Em *Ensinando a transgredir: a educação como prática da liberdade*, hooks critica a objetificação do professor nas estruturas educacionais burguesas. Nelas, deprecia-se a noção de integridade humana e sustenta-se a ideia de uma cisão entre a mente e o corpo. O professor deixa de ser sujeito e torna-se um mero reprodutor de ideias, as quais devem parecer ser as mesmas, não importando o corpo do qual provenham. Alguns docentes gostam dessa cisão. O não "assujeitamento" do professor – para seguir na concepção foucaultiana – indicaria uma defesa contra o poder do aluno de "assujeitar". Ironicamente, hooks mostra como o próprio Foucault valia-se dessa cisão para a perpetuação do poder[33]. Embora na teoria – e também nas ruas e nos guetos – desafiasse as construções binárias de gênero e sexualidade, na prática profissional, quando assumia o papel de professor universitário, performava nas roupas, nos gestos e na linguagem o típico intelectual francês branco, sério e afastado da realidade.

O reconhecimento de um professor enquanto corpo, e não apenas intelecto, ocorre em dois sentidos. O primeiro é de assumir sua corporalidade, um exercício mais difícil para as mulheres negras, pois, como delas é exigido se provar intelectuais o tempo todo, torna-se mais conveniente acatar o protocolo da separação entre o pensamento respeitável e um sujeito comum, parte de um tempo e um local específico. A intelectualidade do homem branco (heterossexual) não é tão questionada, a ponto de ele ter uma grande dificuldade em se revelar como corpo. O segundo sentido refere-se não ao reconhecimento de um corpo específico pelos professores, mas aos limites expressivos desse corpo em sala de aula, isto é, às posições que esse corpo ocupa: se fica em pé ou sentado, atrás da ou em frente à escrivaninha, acima, abaixo ou no mesmo nível dos estudantes; com roupas formais ou casuais. Cada uma dessas posições

32 Paulo Freire, *Educação como prática da liberdade*, São Paulo: Paz e Terra, 2014; bell hooks, *Ensinando a transgredir: a educação como prática da liberdade*, trad. Marcelo Brandão Cipolla, São Paulo: WMF Martins Fontes, 2017.

33 *Ibidem*.

revela uma manifestação diferente de poder ou de não poder. Se o objetivo é partilhar com a turma, deve-se sair da escrivaninha e quebrar essa barreira física (e psíquica) entre quem detém o conhecimento e quem não detém; deve-se levantar e transitar em meio ao conjunto de estudantes; deve-se preferir o uso de roupas comuns, para lembrar a todos, e a si mesmo, da coexistência (e vivência) corpórea entre os envolvidos no processo pedagógico.

Quem trabalha com educação sexual em sala tampouco pode se esquecer do próprio gênero ou da própria orientação sexual. Isso pode trazer alguma equivalência no diálogo com estudantes. Para não haver sujeições, o professor também deve ser levado a se revelar (confessar), o que obviamente representa um desafio. Primeiro, porque representa uma perda do poder proveniente da capacidade de sujeitar alunos; depois, porque retira o docente de uma zona de conforto estabelecida historicamente para as instituições de ensino, cujas exigências profissionais tendem a se limitar ao conhecimento "bancário", desconsiderando as aptidões para as interações sociais, como bem assevera Paulo Freire[34].

Pois bem, e como os professores podem trazer, em complemento ao intelecto, os respectivos corpos marcados por cores, etnias, gêneros e orientações sexuais? hooks e Freire compartilham a mesma resposta: através das experiências pessoais. Há de se vincular o conhecimento enunciado em aula com as memórias a ele relacionadas. Se não há esse vínculo, o conhecimento é vazio e não vale ser conhecido. A narrativa pessoal segue na linha suscitada pela confissão foucaultiana. Ao se revelar para os estudantes, o professor abandona a autoridade – o poder de sujeição – e propõe um diálogo horizontal que pode democratizar a instituição educacional. Nesse sentido, hooks ressalta a importância de oportunizar o contato com professoras e professores negros, pois eles trariam uma experiência de cor singular em comparação com os brancos[35]. Os alunos precisam aprender como cada uma dessas pessoas lida com os preconceitos e desenvolve estratégias de sobrevivência, para que eles também criem mecanismos de defesa (e de ataque).

O reconhecimento de si mesmo, além de trazer autonomia e emancipação para o estudante, mitiga a competitividade existente no ambiente escolar. Primeiro, porque passam a ter voz os alunos com alguma memória

34 Paulo Freire, *Educação como prática da liberdade*, *op. cit.*
35 bell hooks, *Ensinando a transgredir*, *op. cit.*

ou experiência – ou seja, todos. Rompe-se a lógica de ouvir apenas aqueles com mais conhecimento técnico na matéria. Segundo, porque o aluno que se emancipa e ganha autonomia (humana e sexual) não precisa mais se afirmar sobre os outros. Terceiro, porque aguça a escuta sobre a alteridade. Ao ouvir o outro e sensibilizar-se por ele, não se deseja mais vencê-lo, e sim respeitá-lo. Quarto, volta-se à própria visão do professor. Se a "autoridade em sala" não faz questão de se impor (e concorrer) com os discentes, perde sentido que estes compitam entre si.

As ideias expostas até o momento pedem algumas balizas. Não se propõe tornar a sala de aula uma grande terapia em grupo – até porque, como Melanie Klein sustenta, não se pode ser professor e psicanalista (ou psicólogo) ao mesmo tempo[36]. Um cancela o outro. Diferentemente da sessão terapêutica, a instituição de ensino é espaço para prescrições e regras. Não se defende uma "livre associação" de ideias nem uma análise do inconsciente individual ou coletivo dos alunos. As ideias devem ser guiadas a todo tempo pelos docentes. Ultrapassada essa questão, outra é a possível desordem instaurada em classe com a abertura para o reconhecimento das subjetividades e das narrativas e memórias pessoais. Ora, o apelo à autoridade costuma silenciar e "docilizar" os estudantes. A crítica está implícita: não se quer silenciar nem tampouco docilizar. Nessa tarefa, o importante é conseguir diferenciar uma sala "liberta" – onde os alunos não tenham medo de se expor e não haja tanta formalidade – de uma sala de aula caótica, onde não haja seriedade. É possível alinhar seriedade com informalidade. O impossível é conseguir emancipar estudantes sem perturbar minimamente o ambiente da sala de aula.

Por fim, deve-se registrar: a libertação ou emancipação propiciada ao estudante não pode ficar "presa" a ele. Isto porque a emancipação não é real se não for coletiva. Enquanto houver corpos assujeitados, haverá sujeições. O estudante supostamente emancipado não está fora dessas relações de dominação. Tomar consciência disso e fazer algo a respeito é imprescindível. Do contrário, o processo de emancipação terá servido apenas para preencher alguma questão individual existencial, sem romper a lógica segregacionista de dominação dos corpos do capitalismo neoliberal. Para atender a essa finalidade, um dos caminhos é trazer os movimentos sociais para as salas de aulas. Isso pode ser feito dentro dos limites territoriais escolares, com a presença de líderes e membros de

36 Melanie Klein, *Selected Melanie Klein*, New York: Simon and Schuster, 1987.

associações, por exemplo, bem como fora desses limites, com visitas aos ambientes em que eles atuam. Essa prática também ajuda a arrefecer o anti-intelectualismo, ascendente nas últimas décadas no Brasil pela distância entre a educação formal e a vivência cotidiana.

Conclusões

A possibilidade de uma educação sexual sem firmar categorias de gênero ou orientação sexual emancipa na medida em que não prescreve modelos performativos para crianças e adolescentes, que devem ser ensinados a descobrir, pouco a pouco – em respeito a suas capacidades sexuais, físicas e cognitivas – quais manifestações identitárias lhes são próprias e quais não são. A escola ajuda ao zelar pela autonomia sexual do indivíduo e entendê-lo como um ser dotado de uma sexualidade única, cabível de identificação e de prazer apenas por ele mesmo. Os docentes devem ter em mente, ainda, que as informações e ideias de uma inexistente sexualidade infantil – com a contraditória e equivocada repressão sexual – tendem a prejudicar o intelecto dos infantes. A criança saudável demonstra interesse sobre si, inclusive com curiosidades de cunho sexual e vontade de satisfazê-las gradualmente, sem maiores inibições. Deixa-se assim a “sujeição” da performance – para usar termos, respectivamente, de Foucault e Butler – e passa-se a uma emancipação: objetivo dos direitos humanos, cuja inalienabilidade não permite nem aos próprios titulares que deles abdiquem.

A POLÍTICA DE MORTE DAS PESSOAS LGBTQIA+ NO SISTEMA CARCERÁRIO: UMA ANÁLISE A PARTIR DOS CASOS DE AUTOEXTERMÍNIO NO PRESÍDIO DE SÃO JOAQUIM DE BICAS/MG

BRUNO ROBERTO DE SOUZA SIQUEIRA
ALEXANDRE MELO FRANCO BAHIA

Analisar e compreender a violência contra pessoas LGBTQIA+ no Brasil é um processo complicado, tendo em vista as barreiras institucionais e dificuldades metodológicas na notificação e contabilização dos casos no país. Tais obstáculos não são casuais, e sim um produto da necropolítica, que se utiliza do poder da soberania para determinar quem importa e quem não importa, ou seja, quem é descartável e quem não é[1]. Essa política, que se estrutura também no que Mbembe chama de estado de exceção, é concretizada pelo reforço do medo na sociedade.

Faz parte, ainda, desse processo de identificação de vidas que importam a biopolítica, responsável pela tecnologia regulamentadora da vida e pela tecnologia disciplinar do corpo, a qual vai selecionar as vidas passíveis de viver e aquelas destinadas à morte[2].

A biopolítica e a necropolítica se tornam então modos de estruturação do Estado moderno em que se selecionam as vidas estipuladas para viver e as que devem morrer. É nesse espectro de corpos marginalizados e colocados como abjetos para a sociedade que se encontram as vidas das pessoas LGBTQIA+.

Nesse sentido, as práticas de segregação dos corpos marginalizados pelo Estado se refletem categoricamente no abandono e na ausência de proteção para a população LGBTQIA+. No Brasil, em especial, nos últimos anos, houve um esforço sistemático pelo desmantelamento das poucas agências governamentais que se propunham a fomentar políticas afirmativas[3].

A constituição de um poder hegemônico, fundado na crença moderna de superioridade do branco europeu cristão, que, ademais, é cisgênero e heterossexual, põe o "outro" em uma posição de inferioridade, visto como bárbaro, criando um padrão de ser humano a partir do qual tudo que não se encontra dentro é deixado à margem[4].

Neste cenário, é possível verificar a invisibilidade de pessoas LGBTQIA+ na promoção do direito à saúde e à vida digna, que se reflete direta e proporcionalmente no sistema carcerário: a vulnerabilidade do grupo

1 Achille Mbembe, "Necropolítica", trad. Renata Santini, *Arte & Ensaios*, n. 32, dez. 2016. Disponível em: https://revistas.ufrj.br/index.php/ae/article/view/8993/7169.

2 Michel Foucault, *Em defesa da sociedade*, trad. Maria Ermantina Galvão, São Paulo: Martins Fontes, 1999.

3 Luiz Mott e José M. Domingos de Oliveira, *Mortes violentas de LGBT+ no Brasil: relatório 2021*, Salvador: Editora Grupo Gay da Bahia, 2022.

4 Jéssica de P. Bueno da Silva, Rainer Bomfim e Alexandre G. Melo Franco de M. Bahia, "Decolonialidade e a perspectiva LGBTI: a exclusão das sexualidades e gênero pelas construções hegemônicas", *Revista da AGU*, v. 20, n. 1, 4 jan. 2021. Disponível em: https://seer.agu.gov.br/index.php/AGU/article/view/2460.

fora do presídio é potencializada pelo sistema carcerário (administrado pelo Poder Executivo) quando há a internação. No Legislativo, por sua vez, o que observamos é sua incapacidade em lidar com temas não hegemônicos, e que isso se dá porque os partidos políticos não "tomam partido" dessas pautas, assumindo posições conservadoras quanto aos direitos de pessoas LGBTQIA+[5].

Nesse contexto de negação de direitos fundamentais a pessoas LGBTQIA+, múltiplos casos de mortes e autoextermínio dessa população em presídios têm sido noticiados. No estado de Minas Gerais, a alta frequência de casos de autoextermínio no presídio de São Joaquim de Bicas resultou em ações judiciais para minimizar a gravidade dos fatos.

Este texto procura compreender, desde uma perspectiva do direito integral à saúde, por que esses casos de autoextermínio vêm ocorrendo com tanta frequência em um presídio específico e interpreta que essa omissão do Estado é intencional. Além disso, busca-se apontar o apagamento das informações sobre a população LGBTQIA+ e sua influência direta na política de morte exercida dentro dos presídios[6].

O apagamento de dados e a política de morte

Atualmente, não existe no país um canal oficial específico para a comunicação dos casos de homotransfobia, o que resulta, na prática, em um apagamento das notificações de casos de violências e violações de direitos das pessoas LGBQIA+. Essa ausência é extremamente prejudicial no real entendimento da violência e na interpretação dos seus números. Os estudos que se dedicam a analisar esses crimes se baseiam em fontes autônomas e secundárias de informação, em especial o Grupo Gay da Bahia (GGB), a Associação Nacional de Travestis e Transexuais (Antra) e o Disque 100 para denúncias de violações de direitos humanos. Mesmo não sendo fontes primárias de registro de violência, elas fornecem números alarmantes.

De acordo com os dados extraoficiais apurados pelo Grupo Gay da Bahia, no ano de 2021 foram registradas 300 mortes intencionais de pessoas LGBTQIA+ no país, sendo 276 homicídios (92%) e 24 suicídios (8%). O Brasil é, assim, o país no mundo que mais assassina pessoas LGBTQIA+: uma morte a cada 29 horas. Foram vitimados principalmente gays

5 *Ibidem*.
6 Para a metodologia adotada, ver José Guilherme Silva Vieira, *Metodologia de pesquisa científica na prática*, Curitiba: Fael, 2010.

e travestis: 153 gays (51%), 110 travestis e transexuais (36,67%), 12 lésbicas (4%), 4 bissexuais e homens trans (1,33%) e um homem heterossexual que foi confundido com um homem gay[7]. Por sua vez, o Atlas da Violência de 2021, com números obtidos no período de 2011 a 2019 através do Disque 100, registrou uma média anual de 1.666 denúncias de violência contra pessoas LGBTQIA+[8].

Embora esses dados sejam alarmantes, a subnotificação é um instrumento consolidado de invisibilização dos casos de violências contra LGBTQIA+ – omissão esta que não é fortuita, mas, sim, fruto do exercício da soberania do Estado brasileiro no controle da mortalidade[9]. Buscando suprir essas omissões intencionais, Mendes e Silva produziram um estudo estatístico que demonstrou, ainda de forma conservadora, que, para cada caso de violência registrado, outros dois não foram notificados[10]. Um dos dados alarmantes produzidos pelo estudo revela que os crimes, em sua maioria, eram praticados com brutalidade e em vias públicas.

A omissão do Estado em produzir dados acerca da violência contra corpos marginalizados se concretiza na ausência de registros oficiais específicos, por parte das burocracias das unidades da federação, dos crimes de homotransfobia. Além disso, diversas vezes não se respeita a subjetividade da vítima, com o registro incorreto de seu gênero e sua orientação sexual. Algumas pesquisas mostram que, apesar de normas demandarem da autoridade policial que identifique a orientação sexual e a identidade de gênero da vítima, isso é na prática totalmente ignorado, e os agentes deixam tal campo do formulário em branco ou com o genérico "não informado". É regra a reprodução da discriminação por parte das polícias, levando ou a uma revitimização do ofendido ou, simplesmente, a que ele não denuncie às autoridades públicas o crime que sofreu[11]. Aqui, mais uma vez, a necropolítica atua, pois a subnotificação dos crimes contribui para a ausência de dados oficiais.

7 Luiz Mott e José M. Domingos de Oliveira, *Mortes violentas de LGBT+ no Brasil*, *op. cit.*

8 Daniel Cerqueira (org.), *Atlas da Violência 2021*, São Paulo: FBSP, 2021.

9 Achille Mbembe, "Necropolítica", *op. cit.*, 2016.

10 Wallace G. Mendes e Cosme M. F. Passos da Silva, "Homicídios da população de lésbicas, gays, bissexuais, travestis, transexuais ou transgêneros (LGBT) no Brasil: uma análise espacial", *Ciência & Saúde Coletiva*, v. 25, n. 5, maio 2020. Disponível em: https://doi.org/10.1590/1413-81232020255.33672019.

11 Marco A. Máximo Prado *et al.*, "Segurança pública e população LGBT: formação, representações e homofobia", em Cristiane do Socorro Loureiro Lima, Gustavo Camilo Baptista e Isabel Seixas de Figueiredo (org.), *Segurança pública e direitos humanos: temas transversais*, v. 5. Brasília: Ministério da Justiça, Secretaria Nacional de Segurança Pública, 2014, p. 57-79. Disponível em: https://www.gov.br/mj/pt-br/assuntos/sua-seguranca/seguranca-publica/analise-e-pesquisa/download/pensando/pensando-a-seguranca-publica_vol-5.pdf.

A falta de registros de violências homotransfóbicas no país é fruto também da reiterada omissão do Poder Legislativo em pautar em sua agenda política leis que promovam o bem-estar e a proteção de pessoas LGBTQIA+ no país. E essa omissão, em especial do Congresso Nacional (Câmara dos Deputados e Senado Federal), é um dos principais obstáculos para o combate efetivo à homotransfobia[12]. De fato, podemos verificar que desde a promulgação da Constituição Federal (CF/88), em 1988, não houve a aprovação de nenhum projeto de lei federal voltado à garantia de direitos a pessoas LGBTQIA+.

De acordo com Howes, a partir dos relatos de João Antônio Mascarenhas, já desde a Assembleia Constituinte de 1987-1988 havia uma discussão sobre a necessidade de incluir a expressão "orientação sexual" no que viria a ser o art. 3º, inciso IV da Constituição Federal, para formalizar a proibição contra a discriminação de pessoas LGBTQIA+[13]. Embora a inclusão da expressão tenha sido aprovada por duas subcomissões, ela foi rejeitada pelo plenário em 28 de janeiro de 1988, contando com 130 votos a seu favor, 317 contra, 14 abstenções e 98 ausências.

Essa omissão do Legislativo tem continuidade com o arquivamento de diversos projetos de criminalização da homotransfobia, como o PLC n. 122/2006, que previa a alteração da lei de racismo para incluir como crime a discriminação por gênero, sexo, orientação sexual e identidade de gênero. Durante a sua tramitação, que durou sete anos no Senado Federal, o projeto sofreu diversos ataques tanto por grupos da sociedade – em especial, grupos religiosos – quanto pela bancada evangélica no Congresso Nacional[14]. O PLC n. 122/2006 no Congresso não teve sua continuidade interrompida por alguma limitação técnica ou burocrática, mas pela ação de grupos religiosos no Congresso Nacional que

12 Adriana G. M. Abílio, "Travestilidade e transexualidade: o reconhecimento jurídico das identidades sociais", *Libertas*, v. 3, n. 1, set.-out. 2017. Disponível em: https://periodicos.ufop.br/libertas/article/view/408.

13 Robert Howes, "João Antônio Mascarenhas (1927-1998): pioneiro do ativismo homossexual no Brasil". *Cadernos AEL*, v. 10, n. 18/19, p. 291-309, 2003. Disponível em: https://ojs.ifch.unicamp.br/index.php/ael/article/view/2516/1926. Ver também Alexandre G. Melo Franco Bahia e Daniel Moraes dos Santos, "O longo caminho contra a discriminação por orientação sexual no Brasil no constitucionalismo pós-88: igualdade e liberdade religiosa", *Libertas*, v. 1, n. 1, jan.-jun. 2013. Disponível em: https://periodicos.ufop.br/libertas/article/view/249.

14 O PLC n. 122/2006 iniciou seu protocolo no dia 12 de dezembro de 2006 e foi anexado ao Projeto de Lei do Senado n. 236/2012 (Reforma do Código Penal) no dia 17 de dezembro de 2013. Ver Leonardo da Silva Santana, *O Estado laico no confessionário: a atuação religiosa e a luta pela cidadania LGBT durante a tramitação do PLC 122/2006*, dissertação (Mestrado em Direito) – Faculdade de Direito, Universidade de Brasília, Brasília: 2016; Keila Deslandes (coord.) e Alexandre G. Melo Franco de M. Bahia (org.), *Homotransfobia e direitos sexuais: debates e embates contemporâneos*, Belo Horizonte: Autêntica, 2018.

tentam permanentemente restringir a cidadania de pessoas LGBTQIA+, contrariando o caráter supostamente laico do Estado brasileiro[15].

Outro projeto barrado por contrariar a bancada evangélica foi o PL n. 580/2007, que propunha o casamento civil entre pessoas do mesmo gênero. Mesmo após mais de dez anos que o STF legitimou a união estável homoafetiva, o Legislativo não pautou na agenda política, mais uma vez, um tema de interesse da população LGBTQIA+. Também não avançou o PL n. 612/2011, da então deputada Marta Suplicy, que tratava do reconhecimento legal da união estável entre pessoas do mesmo sexo, sendo arquivado em 2018.

Para Bahia e Vecchiatti, a não promoção de direitos às pessoas LGBTQIA+ na sociedade não é mera casualidade, e sim uma ação intencional do Estado. Há, assim, uma eficiência seletiva do legislador: é hiperativo diante de temas convenientes para si e intencionalmente omisso quando se trata de questões que lidam com a promoção de igualdade e diversidade[16].

A insistência recalcitrante do Legislativo federal em não aprovar – ou, em regra, sequer votar – projetos que digam respeito à minoria LGBTQIA+ é um indicativo de problemas muito sérios em nosso modelo de democracia representativa, quiçá de déficit de um *habitus* democrático pelo qual demandas da sociedade civil deveriam circular em sistemas de *input* e *output* no Legislativo: se este não funciona como órgão de representação de demandas que lhe são repetidamente apresentadas, então é de se questionar o que (ou quem) ele representa. Aliás, há de se questionar, até, se ele chega a representar a vontade da maioria, quando se considera que alguns dos temas aqui tratados têm aceitação pela maior parte da população e, mesmo assim, não encontram eco nele. Ainda, partidos políticos são chamados a "tomar partido" sobre temas fraturantes e não o fazem, sem com isso sofrer qualquer forma de sanção – nem política, menos ainda jurídica[17].

Podemos compreender assim que a omissão do poder público diante dos registros de violências contra pessoas LGBTQIA+ não é casual,

15 Leonardo da Silva Santana, *O Estado laico no confessionário*, *op. cit.*; Alexandre G. Melo Franco de M. Bahia e Diogo Bacha e Silva, "Necessidade de criminalizar a homofobia no Brasil: porvir democrático e inclusão de minorias", *Revista da Faculdade de Direito – UFPR*, v. 60, n. 2, maio/ago. 2015, p. 177-207. Disponível em: https://revistas.ufpr.br/direito/article/view/38641/26050.

16 Alexandre G. Melo Franco de M. Bahia e Paulo Roberto Iotti Vecchiatti, "ADI n. 4.277 – Constitucionalidade e relevância da decisão sobre união homoafetiva: o STF como instituição contramajoritária no reconhecimento de uma concepção plural de família", *Revista Direito GV*, v. 9, n. 1, p. 65-92, 2013. Disponível em: https://doi.org/10.1590/S1808-24322013000100004.

17 *Ibidem*, p. 70.

mas uma política de Estado que se estende por todas as suas estruturas, desde a burocracia e o Poder Executivo até os poderes Legislativo e Judiciário.

Direito à vida, à dignidade e à saúde de pessoas LGBTQIA+ encarceradas

Quando uma pessoa é condenada e encarcerada, ela tem suspensos, temporariamente, apenas os direitos à liberdade de ir e vir e de votar e ser votada. Todos os demais direitos e garantias constitucionais permanecem válidos e exigíveis, ainda que sua efetivação passe a ser responsabilidade da Administração Pública, a qual possui a custódia das pessoas encarceradas.

O direito à vida, bem como os direitos à preservação das integridades física e moral e à dignidade humana, são garantias constitucionais que permanecem válidas no cárcere[18]. Quanto à saúde, este é um direito de acesso universal, essencial para qualquer concepção de bem-estar social. O compromisso da Constituição, de normas internacionais de que o Brasil é signatário e de normas internas sobre a saúde mostram sua importância para o direito e a política nacional. Assim, a garantia de tratamento de pessoas, notadamente das que integram uma minoria desprivilegiada, é questão central no conceito de desenvolvimento e promoção de bem-estar e qualidade de vida[19]. Os casos de suicídio (tentado ou consumado) em um estabelecimento prisional, portanto, são resultado da violação de uma série de direitos fundamentais de pessoas LGBTQIA+ em situação de cárcere.

A questão da saúde se torna mais complexa quando são considerados marcadores de discriminação estrutural – no caso, orientação sexual/identidade de gênero e a condição de encarcerado, mas também, claro, questões de cor/raça, escolaridade, etc. Assim, apesar de formalmente reconhecidos como iguais, cidadãos e cidadãs são vitimizadas por

18 Art. 5º, XLVII e seguintes da Constituição Federal. No âmbito do direito internacional dos direitos humanos, vale lembrar as "Regras de Mandela", um documento da ONU que traz "princípios básicos para o tratamento de prisioneiros" e que faz muitas alusões às várias dimensões do direito à saúde. Cf. https://www.unodc.org/documents/justice-and-prison-reform/Nelson_Mandela_Rules-P-ebook.pdf.

19 Desenvolvimento tomado na acepção do direito internacional dos direitos humanos. Cf. Marcela F. Vieira e Renata Reis, "Litigância estratégica em direitos humanos: a atuação da sociedade civil no acesso a medicamentos no Brasil", em: Darci Frigo, Fernando Prioste e Antônio Sérgio Escrivão Filho (org.), *Justiça e direitos humanos: experiências de assessoria jurídica popular*, Curitiba: Terra de Direitos, 2010, p. 83. Disponível em: https://terradedireitos.org.br/uploads/arquivos/Miolo_PB_final.pdf; Georges Canguilhem, *O normal e o patológico*, 6. ed., trad. Maria Thereza Redig de C. Barrocas, Rio de Janeiro: Forense Universitária, 2009.

processos sistemáticos de violência estrutural baseados em diferentes expressões de discriminação quanto à orientação sexual e à identidade de gênero; um quadro agravado por enfermidades que, ainda que não sejam exclusividade de lésbicas, gays, bissexuais, pessoas transgênero, intersexuais e demais que se enquadrem na denominação LGBTQIA+, encontram nesse grupo uma proporção muito maior de acometidos em razão da discriminação estrutural[20]. Não à toa, fala-se em "determinantes sociais de saúde": a intersecção da realidade de vulnerabilidade dessa minoria com questões como classe, raça e, mais especificamente, com o status de encarcerado torna o problema muito maior[21].

O aumento descontrolado da população carcerária no Brasil, que faz dela a terceira maior entre as nações[22], por si só deveria estar entre os grandes desafios da agenda nacional. Tal crescimento não veio acompanhado de melhoria na infraestrutura prisional (ao contrário), o que apenas potencializou os graves problemas históricos relativos à superlotação: aumento da violência, de torturas e da presença de facções criminosas nos presídios, além da piora nas condições sanitárias como um todo. A política de aumento do encarceramento tem impactos sociais muito grandes, contudo, medidas efetivas para alterar essa realidade não são tomadas pelo direito.

No que toca à saúde, vista desde a perspectiva da vulnerabilidade, percebe-se que as populações LGBTQIA+ e de pessoas encarceradas são desigualmente afetadas por infecções sexualmente transmissíveis (IST) – como HIV, hepatite, HPV e sífilis – e enfermidades como tuberculose e mesmo a covid-19[23]. Dentro das prisões e penitenciárias, tem-se a presença contínua de doenças que já são controladas e tradadas corretamente na sociedade, como é o caso de tuberculose e pneumonia. Podem

20 Luís Paulo S. Souza *et al.*, "Direito à saúde das pessoas LGBTQ+ em privação de liberdade: o que dizem as políticas sociais de saúde no Brasil?", *Cadernos Ibero-americanos de Direito Sanitário*, v. 9, n. 2, p. 135-48, abr.-jun. 2020. Disponível em: http://dx.doi.org/10.17566/ciads.v9i2.582.

21 Paulo M. Buss e Alberto Pellegrini Filho, "A saúde e seus determinantes sociais", *Physis*, n. 17, v. 1, p. 77-93, 2007; Mariana D. de Andrade, Marina A. Cartaxo e Daniel C. Correia, "Representações sociais no sistema de justiça criminal: proteção normativa e políticas públicas para o apenado LGBT", *Revista Brasileira de Políticas Públicas*, v. 8, n. 1, p. 494-513, abr. 2018, p. 503; e Mariana P. M. Cappellari, "Gêneros encarcerados: LGBTs no sistema prisional brasileiro", *Revista Eletrônica da Faculdade de Direito da UFPel*, v. 4, n. 1, 2018, p. 99.

22 Infopen, *Atualização – junho de 2016*, org. Thandara Santos, colab. Marlene Inês da Rosa *et al.*, Brasília: Ministério da Justiça e Segurança Pública/Departamento Penitenciário Nacional, 2017.

23 Alexandre G. Melo Franco de M. Bahia e Emerson E. A. Ramos, "Pessoas trans na pandemia de covid-19: amparo social e condições de enfrentamento", em Heloísa H. Pinho Veloso e José M. Peixoto Caldas (org.), *Medicina social: direito, saúde e cidadania*, Teresina: Piauí Gráfica e Editora, 2021, p. 25-41. Disponível em: http://www.ccs.ufpb.br/iohc/contents/documentos/books/e-book-medicina-social.pdf.

ser apontadas várias causas, mas entre elas estão, certamente, as más condições do cumprimento da pena e a marginalização estrutural de tais grupos, relegados à obscuridade e expostos a situações de risco muito maiores: de um lado, porque durante anos não puderam expressar livremente sua sexualidade ou relações românticas de forma sadia e aberta[24]; de outro, pelo estigma social que recai sobre quem está preso – fora o dado de que, como estes últimos não podem votar, logo também estão esquecidos pelo sistema político-representativo. Esse último dado foi muito importante para a configuração do "estado de coisas inconstitucional" quando da decisão da medida cautelar na ADPF n. 347[25]. O ministro Marco Aurélio, à época, salientou que a situação dos presos é agravada por "dois bloqueios institucionais": a sub-representação parlamentar e a sua impopularidade junto à sociedade, o que os relega à inação política de gastos[26].

O grupo das pessoas LGBTQIA+ encarceradas, especificamente, sofre dupla discriminação, em razão de sua sexualidade/gênero e da situação de estar preso. Isso potencializa sua vulnerabilidade a várias doenças e/ou dificulta a continuidade de tratamentos realizados (de forma mais ou menos precária) antes do encarceramento, como o contra o HIV e a hormonização de pessoas trans/travestis[27]. Vê-se, portanto, que as especificidades das demandas da população LGBTQIA+ encarcerada não se resumem à criação de alas específicas para ela – que é algo importante e está longe de ser realidade para a maioria.

Vale ressaltar que, no caso da saúde, não faltam normas, sejam leis – como os itens da Lei de Execução Penal (LEP – Lei n. 7210/1984) relativos ao tema –, sejam políticas já estipuladas pelo Executivo. Dentre estas últimas, destacamos a Portaria n. 2.836/2011 do Ministério da Saúde, que "[i]nstitui, no âmbito do Sistema Único de Saúde (SUS), a Política Nacional de Saúde Integral de Lésbicas, Gays, Bissexuais, Travestis e Transexuais

24 Daniel Moraes dos Santos [Daniel Melo Franco de Moraes], *Eurocentrismo, estado nacional e "humanos direitos": por que o Brasil não tem sido capaz de garantir os direitos das pessoas LGBTTTI?*, dissertação (Mestrado em Direito) – Pontifícia Universidade Católica de Minas Gerais, Belo Horizonte: 2015. Disponível em: http://www.biblioteca.pucminas.br/teses/Direito_SantosDM_1.pdf.

25 O conceito do Estado de Coisas Inconstitucional teve sua origem na Colômbia em 1997, em decorrência da violação massiva de direitos fundamentais, no qual o Estado e os demais entes deveriam promover políticas públicas para a solução das demandas. No caso da ADPF 347, o STF reconheceu que há uma violação massiva de direitos humanos dentro dos presídios e que os entes federados deveriam promover um plano de melhoria das condições de superlotação e o excesso de presos provisórios, além da saúde física e mental dos encarcerados.

26 Supremo Tribunal Federal (Pleno), ADPF n. 347/DF, Brasília: STF, 2015.

27 Mariana D. de Andrade, Marina A. Cartaxo e Daniel C. Correia, "Representações sociais no sistema de justiça criminal", *op. cit.*

(Política Nacional de Saúde Integral LGBT)"[28], e o Plano Nacional de Saúde no Sistema Penitenciário, que integra a Política Nacional de Atenção Integral à Saúde das Pessoas Privadas de Liberdade no Sistema Prisional (PNAISP), instituída pela Portaria Interministerial n. 1/2014[29].

Tais normas abarcariam a maior parte das necessidades de saúde física e mental da população LGBTQIA+ encarcerada. Não obstante, sua efetivação em ações tem sido extremamente precária tanto para pessoas LGBTQIA+ quanto para pessoas em situação de cárcere[30].

Judicialização dos direitos de pessoas LGBTQIA+ diante da política de omissão dos poderes representativos

O papel contramajoritário das cortes constitucionais se mostra essencial na construção de uma democracia diversa, em especial para a proteção de grupos políticos com menor representação política. Considera-se contramajoritária a atuação dos tribunais quando, na defesa dos direitos fundamentais garantidos na Constituição e em outras normas (inclusive as do direito internacional dos direitos humanos), decidem em sentido contrário à vontade (ativa ou omissa) dos órgãos que funcionam sob o viés majoritário (o Executivo e, particularmente, o Legislativo). Essa é uma função básica na dinâmica de tensão entre democracia (princípio da maioria) e constitucionalismo (proteção à minoria)[31].

No Brasil, o Supremo Tribunal Federal (STF) vem realizando essa função diante de assuntos que não tinham sido seriamente considerados nas agendas políticas dos poderes Legislativo e Executivo. Este é um ponto importante: aqui se fala em judicialização da política, e não

28 Disponível em: http://bvsms.saude.gov.br/bvs/saudelegis/gm/2011/prt2836_01_12_2011.html. Ver também, do Ministério da Saúde, a Portaria n. 1.820/2009, disponível em: http://bvsms.saude.gov.br/bvs/saudelegis/gm/2009/prt1820_13_08_2009.html.

29 Disponíveis, respectivamente, em: https://bvsms.saude.gov.br/bvs/publicacoes/plano_nacional_saude_sistema_penitenciario_2ed.pdf e https://bvsms.saude.gov.br/bvs/saudelegis/gm/2014/pri0001_02_01_2014.html.

30 Ver, respectivamente, Marco A. Máximo Prado *et al.*, "Travestilidades, transexualidades e saúde: acessos, restrições e vulnerabilizações do cuidado integral", em Marcelo M. Ramos, Pedro A. G. Nicoli e Gabriela C. Alkmin (org.), *Gênero, sexualidade e direitos humanos: perspectivas multidisciplinares*, Belo Horizonte: Initia Via, 2017, p. 65; Luciana Simas *et al.*, "Análise crítica do modelo de atenção à saúde das pessoas privadas de liberdade no Brasil", *Cadernos Ibero-americanos de Direito Sanitário*, v. 10, n. 1, p. 39-55, 2021. Disponível em: https://doi.org/10.17566/ciads.v10i1.746.

31 Alexandre G. Melo Franco Bahia, "Fundamentos de teoria da Constituição: a dinâmica constitucional no Estado democrático de direito brasileiro", em: Eduardo H. Lopes Figueiredo, Gustavo F. de Campos Monaco e José Luiz Quadros Magalhães (org.), *Constitucionalismo e democracia*, Rio de Janeiro: Elsevier, 2012, p. 101-25. Disponível em: https://www.academia.edu/30682584/Fundamentos_de_Teoria_da_Constituic_a_o_a_Dina_mica_Constitucional_no_Estado_Democra_tico_de_Direito_brasileiro.

em ativismo judicial. No primeiro caso, quando os poderes democraticamente eleitos são chamados a agir, eles ou não o fazem ou o fazem de maneira deficitária; no segundo caso, o Judiciário toma a frente sem que antes os outros poderes tenham sido convocados a agir e/ou toma uma decisão que extrapola aquilo para o que foi solicitado. O primeiro caso é um fenômeno comum às democracias da Europa e aos Estados Unidos do pós-Segunda Guerra e ao Brasil pós-CF/88; o segundo caso é um problema e precisa ser tratado como tal[32].

O STF vem reconhecendo direitos que, apesar de terem sido reivindicados no Legislativo, ali não encontraram resposta afirmativa, como a permissão da interrupção voluntária de gravidez de feto anencefálico, a política de cotas em universidades e no funcionalismo público ou todos os direitos alguma vez conferidos à população LGBTQIA+ no Brasil em nível federal[33].

Assim, embora exista resistência da hegemonia heterocisnormativa na inclusão das pautas de diversidade e igualdade, em especial, direitos de pessoas LGBTQIA+, o STF os tem reconhecido e, para além disso, solidificado o texto constitucional e incluído na agenda política o respeito aos corpos. Ao exercer esse papel contramajoritário, a corte constitucional tensiona as relações entre os poderes e obtém maior visibilidade.

Uma agenda específica da população LGBTQIA+ que tramitava no STF era a ADPF n. 527, relatada pelo ministro Roberto Barroso, que versava sobre o local de cumprimento de pena por mulheres transexuais e travestis no sistema carcerário. Inexistindo atualmente qualquer lei federal que faculte a essas pessoas a escolha do tipo de cela em que irão cumprir sua pena.

Duas decisões foram tomadas em sede cautelar na ADPF n. 527: a primeira, quanto à determinação da transferência de mulheres trans para as alas femininas das instituições carcerárias; e a segunda, deferindo a opção de mulheres trans e travestis na escolha da cela em que desejam cumprir suas penas.

32 Humberto Theodoro Júnior, Dierle José Coelho Nunes e Alexandre G. Melo Franco Bahia, "Breves considerações sobre a politização do Judiciário e sobre o panorama de aplicação no direito brasileiro: análise da convergência entre o *civil law* e o *common law* e dos problemas da padronização decisória", *Revista de Processo*, v. 35, n. 189, p. 9-52, nov. 2010.

33 Alexandre G. Melo Franco Bahia *et al.*, *Processo e Constituição: estudos sobre a judicialização da saúde, da educação e dos direitos homoafetivos*. Florianópolis: Empório do Direito, 2015. Disponível em: https://www.researchgate.net/publication/295656871_Processo_e_constituicao_estudos_sobre_a_judicializacao_da_saude_da_educacao_e_dos_direitos_homoafetivos.

A primeira decisão cautelar proferida, embora fosse um avanço para a comunidade LGBTQIA+, representava também uma segregação dos corpos das travestis. Proferida no dia 27 de junho de 2019, ela reforçava a marginalização destas, vedando-lhes a transferência imediata para os presídios femininos "tendo em vista a situação de assimetria informacional quanto às travestis". Tal decisão revela a força da hegemonia heterocisnormativa também na instância judicial, já que existe uma hierarquização do gênero, subalternizando o corpo travesti em relação aos demais.

Acompanhando o posicionamento do STF na decisão cautelar, o CNJ editou a Resolução n. 348/2020, e posteriormente a Resolução n. 366/2021, que atualizaram os dispositivos sobre direitos de pessoas LGBTQIA+ encarceradas. Dentre as diretrizes estabelecidas, o art. 4º determina que a identificação da pessoa LGBTQIA+ será feita exclusivamente por meio de autodeclaração, ou seja, deixa de ser um poder discricionário do Estado e da burocracia, passando a ser um direito exclusivo da própria pessoa. Entretanto, o art. 7º deixa dúvidas quanto à decisão final sobre a escolha das celas para o cumprimento da pena, já que seu texto dispõe que "o local de privação de liberdade será definido pelo magistrado em decisão fundamentada". Já o art. 8º da mesma resolução obriga o magistrado a fornecer à pessoa acusada ou condenada, em linguagem acessível, informações sobre os locais de cumprimento de pena, explicando sobre as celas masculinas, femininas e LGBTQIA+ (se houver), bem como esclarecer sobre a possibilidade de escolha da ala e seus reflexos no convívio.

Dois anos após a primeira decisão cautelar da ADPF n. 527 e após a edição da Resolução do CNJ, o ministro Roberto Barroso ajustou sua decisão anterior para outorgar às transexuais e travestis com identidade de gênero feminina o direito de cumprir a pena em estabelecimento prisional feminino ou em área reservada do masculino, de modo a garantir sua segurança.

Entretanto, em agosto de 2023, o STF derrubou a medida cautelar proferida pelo ministro Roberto Barroso por 6 votos a 5, sob a alegação de que as Resoluções 348/2020 e 366/2021 do CNJ já atendiam às demandas de pessoas trans e travestis encarceradas. Gerando novamente a insegurança sobre a decisão final de escolher em qual cela pessoas LGBTQIA+ devem cumprir sua pena.

O que se percebe da análise das decisões proferidas sobre as temáticas concernentes à população LGBTQIA+ é que, diante da reiterada constituição de espaços de exclusão e marginalização desses corpos pela hegemonia heterocisnormativa, resta ao Poder Judiciário a promoção de seus direitos, ainda que de forma residual e, por vezes, excludente e precária.

Ação civil pública: Defensoria Pública de Minas Gerais *versus* Estado de Minas Gerais

Um dos resultados da política de morte promovida pelo Estado são as violações massivas de direitos fundamentais no país dentro dos presídios. A já citada ADPF. n. 347 traduz como o Estado promove reiteradamente práticas de segregação de indivíduos e ainda eleva a desumanização dentro do sistema carcerário.

Essa situação pode ser observada no tratamento dado a pessoas LGBTQIA+ na Penitenciária de São Joaquim de Bicas I – Professor Jason Soares Albergaria, localizada em São Joaquim de Bicas, no estado de Minas Gerais. Ao longo do ano de 2021, diversos casos e tentativas de suicídio foram noticiados nos jornais e órgãos de proteção de direitos humanos.

Em razão dessas ocorrências, a Defensoria Pública do Estado de Minas Gerais moveu contra o Estado de Minas Gerais, em junho de 2021, a Ação Civil Pública n. 5001703-76.2021.8.13.0301, que tramita na 1ª Vara Cível da Comarca de Igarapé. Com atribuições legais para exercer a defesa dos direitos e interesses individuais, difusos e coletivos, tal ação pretende destrinchar o que vem ocorrendo dentro do presídio e compensar o descaso do Estado de Minas Gerais com a população LGBTQIA+ encarcerada. A petição inicial traz fundamentos e provas contundentes da série de violações de direito à saúde e à vida de pessoas LGBTQIA+ recolhidas nessa penitenciária, muito embora ela possua uma ala para essa população.

De acordo com a petição da Defensoria Pública, a situação se encontra crítica, tendo em vista as condições das pessoas reclusas. Entre os meses de janeiro e julho de 2021, foram constatados seis casos de autoextermínio além de oito tentativas.

Os dados são alarmantes, pois, de acordo com a Secretaria Nacional de Políticas Penais, dos 13 casos noticiados e registrados de autoextermínio consumados no estado de Minas Gerais em 2021, 6 deles (46% do total) ocorreram na Penitenciária de São Joaquim de Bicas I – Professor Jason Soares Albergaria[34]. A gravidade da situação é ainda maior quando

34 Consultado no portal de Dados Estatísticos do Sistema Penitenciário. Disponível em: https://www.gov.br/depen/pt-br/servicos/sisdepen.

se considera que todos os registros dessa penitenciária se referem a pessoas LGBTQIA+.

De acordo com a Defensoria Pública, há evidências de que a administração do sistema penitenciário de São Joaquim de Bicas teve conhecimento das diversas tentativas que ocorreram dentro do presídio e não tomou as devidas providências. Apesar das notificações feitas pelos detentos, nada foi feito pelo órgão responsável, seja para o devido acompanhamento das pessoas, seja para o atendimento ambulatorial. De acordo com os relatos, não há acompanhamento devido às demandas de saúde, em especial os cuidados mínimos necessários de saúde mental.

Um dos casos de autoextermínio ocorreu pela ausência de acompanhamento de um detento. Diagnosticado com transtornos psiquiátricos desde março de 2020 e com histórico de tentativas de suicídio, ele teve acesso a altas doses de remédios sem o devido controle por parte da administração e da polícia penal, o que levou à consumação da morte.

Embora existam normas constitucionais para a proteção de pessoas encarceradas, a exemplo do art. 5º, inciso XLIX da CF/88, segundo o qual "é assegurado aos presos o respeito à integridade física e moral", o Estado de Minas Gerais não cumpre minimamente seu dever quanto à promoção da saúde e da vida das pessoas encarceradas, especialmente a população LGBTQIA+. Existem, ainda, normas infraconstitucionais que estabelecem diretrizes mínimas de saúde dentro dos presídios e que tampouco são cumpridas pelo Estado de Minas Gerais.

O Plano Nacional de Saúde no Sistema Penitenciário (PNSSP), instituído pelos ministérios da Saúde e da Justiça em 9 de setembro de 2003, através da Portaria Interministerial n. 1.777, estabelece diversas medidas com o intuito de prover atenção integral à saúde da população carcerária[35]. Dentre suas diretrizes, determina um efetivo mínimo para a atenção à saúde: em unidades com até 500 pessoas encarceradas, deve haver, ao menos, "médico, enfermeiro, dentista, psicólogo, assistente social, auxiliar de enfermagem e atendente de consultório dentário, com jornada de 20 horas semanais". Além disso, o PNSSP propõe a elaboração de ações complementares de promoção à saúde mental da pessoa encarcerada que atuem na prevenção de agravos psicossociais decorrentes do confinamento e na atenção aos casos de álcool e drogas.

35 Disponível em: https://bvsms.saude.gov.br/bvs/saudelegis/gm/2003/pri1777_09_09_2003.html.

Contrariando integralmente essas determinações mínimas, a unidade prisional em questão, com uma população carcerária de 600 pessoas, tem uma equipe de saúde efetiva composta de um assistente social, um auxiliar de consultório dentário, um dentista, um enfermeiro, um pedagogo, um psicólogo e um técnico de enfermagem. Ou seja, a precariedade na prestação de serviços básicos de saúde na penitenciária resulta da omissão reiterada do Estado na promoção de condições mínimas de dignidade a essas pessoas, não garantindo direitos básicos de saúde e vida.

Ressalta-se que o PNSSP garante incentivos financeiros às unidades da federação que implementarem as diretrizes estabelecidas. Ainda assim, o estado de Minas Gerais sequer disponibiliza médico efetivo para o atendimento da população carcerária de São Joaquim de Bicas, mesmo diante dos casos reiterados de autoextermínio dentro do presídio.

Com o objetivo de tentar minimizar a situação gravíssima dentro da ala LGBTQIA+ desse presídio, a Defensoria Pública requereu ao Estado de Minas Gerais, dentre diversos pedidos, que pague indenização pelas mortes ocorridas e, em caráter liminar, assegure uma equipe mínima de atenção básica prisional. Atuando na defesa do Estado de Minas Gerais, a Advocacia-Geral do Estado não apontou medidas que tenham sido efetivamente tomadas para tentar coibir o alto índice de suicídio registrado no presídio de São Joaquim de Bicas. Em vez disso, alegou que já há um acordo entre o Estado de Minas Gerais e o Ministério Público em um outro processo, para realizar melhorias no presídio desde o ano de 2019.

Após a Defensoria Pública apresentar a réplica às alegações do Estado de Minas Gerais, a juíza responsável pelo caso decidiu liminarmente no processo, obrigando o Estado a alocar profissionais conforme a determinação da PNAISP, bem como promover capacitação continuada dos servidores da unidade prisional, além de outras medidas de prevenção ao suicídio. Em resposta, o Estado de Minas Gerais interpôs agravo de instrumento contra a decisão, no qual foi negado provimento em agosto de 2023. Entretanto, o processo segue ainda pendente de julgamento.

Resta evidente a política de omissão (e de ação, ao se considerar a referida ação civil pública) do Estado de Minas Gerais em relação à população LGBTQIA+ no sistema carcerário. Afinal, mesmo tendo notícia e informações documentais das diversas tentativas de suicídio e dos casos que se consumaram, a administração pública estadual quedou-se inerte. A falta de qualquer política pública mínima para garantir a existência dessas pessoas reafirma o exercício da biopolítica e necropolítica pelo Estado dentro do presídio de São Joaquim de Bicas.

Conclusão

Podemos compreender, assim, que a omissão do poder público diante dos registros de violências contra pessoas LGBTQIA+ não é casual, e sim uma política de Estado que se estende por todas as suas estruturas, desde a burocracia e o Poder Executivo até os poderes Legislativo e Judiciário. A biopolítica e a necropolítica se tornam então modos de estruturação de um Estado em que se estipulam as vidas para viver e as que devem morrer. É neste último ponto do espectro que se encontram as vidas das pessoas LGBTQIA+, uma vez que seus corpos são marginalizados e apresentados como abjetos para a sociedade em seus locais de convívio em geral e, também, nos presídios, onde se reforça o ideal de violência como forma de punição. A perpetuação dessa lógica colonizadora dos corpos sobressai dentro do sistema carcerário, que ratifica a prática do Estado em promover a morte de corpos específicos.

Os poderes representativos da democracia, no nível federal, se mantêm omissos ou com atuação pífia quando se trata da promoção e da proteção dos direitos de pessoas LGBTQIA+ e de pessoas encarceradas. No caso do Executivo, as normativas aprovadas têm, no entanto, baixíssima aplicabilidade, e mesmo a Lei de Execução Penal – norma geral sobre o mínimo que o Estado tem de garantir ao gerenciar o sistema prisional – é largamente descumprida. No Legislativo, falta compromisso constitucional-democrático com a aprovação de leis. Todos os projetos de lei que tratam especificamente de direitos LGBTQIA+, sem exceção, foram arquivados ou há anos tramitam sem que tenha havido deliberação final.

Em nível estadual, mesmo diante da ação civil pública movida pela Defensoria Pública, o Estado de Minas Gerais reforça sua política de morte ao intencionalmente não atender a quaisquer pedidos de suporte à saúde e à vida de pessoas LGBTQIA+ encarceradas. Com isso, foi muito mais eficiente em agir para evitar cumprir a Constituição, a LEP, o PNAISP e outras normas similares, permitindo a consumação do autoextermínio de diversas pessoas.

Outro fator que consubstancia a política de morte praticada pelo Estado é a reiterada omissão de dados pela administração pública, em todos os níveis federativos. Os dados concretos e mais apurados sobre a violação de direitos de pessoas LGBTQIA+ são produzidos por organizações não governamentais, sendo que há um desencontro com os pouquíssimos dados publicados pelo Estado. Enquanto essa política permanecer sendo executada, diversas vidas de pessoas LGBTQIA+ continuarão em risco e sem qualquer amparo do Estado, cabendo sua sobrevivência à sorte, o que representa grave e direta violação de vários enunciados constitucionais.

Tem cabido ao Judiciário tomar a frente para minimizar as graves violações que acontecem dentro dos presídios e das cadeias públicas no país – desde ações mais gerais, no STF, até processos mais pontuais, como a citada ação civil pública. No entanto, tais casos pontuais não têm logrado resolver as graves violações. Logo, o que se pede é, em um primeiro momento, que se cumpra o que já está posto e que se reconheça a omissão inconstitucional diante de decisões que precisam ser tomadas, mas que nunca vêm. Em um segundo momento, o Estado brasileiro, em suas variadas instituições e "poderes", precisa dar uma solução integral e definitiva para pôr fim à política de morte de pessoas LGBTQIA+, dentro e fora dos presídios.

AS IMAGENS DE CONTROLE E OS BLOQUEIOS DE ACESSO NAS POLÍTICAS CULTURAIS DAS MANIFESTAÇÕES ARTÍSTICAS NEGRAS LGBTQIA+

SEMIRAMES KHATTAR
VANESSA BATISTA BERNER

O atual Plano Nacional de Cultura (PNC) é uma política de Estado que estabelece diretrizes, metas e estratégias para o desenvolvimento cultural do país, visando à valorização e difusão da diversidade cultural brasileira[1]. Ele estabelece diversas estratégias para buscar a ampliação e o fortalecimento dos mecanismos de financiamento cultural, como o Fundo Nacional de Cultura (FNC), os fundos estaduais e municipais de cultura, as leis de incentivo à cultura e os editais públicos, além da adoção de critérios mais justos e equitativos na distribuição dos recursos. Com essa política, replicada nas unidades federativas, busca-se garantir a democratização do acesso aos recursos e a promoção da diversidade cultural[2].

O efetivo acesso aos recursos, contudo, no momento da implementação dessa política pública cultural está sujeito a categorias jurídicas presentes nos processos editalícios. Tais categorias refletem marcadores raciais e de gênero instituídos por meio de imagens de controle que bloqueiam a possibilidade de acesso ao recurso público. As formas de desigualdade de acesso à atual política cultural, especificamente no que diz respeito ao financiamento de manifestações de artistas marginalizados negros e LGBTQIA+, serão o objeto de nossa análise neste texto.

O conceito de imagem de controle, cunhado pela socióloga Patricia Hill Collins, descreve as maneiras pelas quais a opressão é perpetuada através do uso de estereótipos e imagens negativas de grupos marginalizados. Essas imagens são usadas para justificar a desigualdade social e econômica, naturalizando-a, e para a manutenção dos membros desses grupos em posições subordinadas. Com isso, as desigualdades sociais são retratadas como inevitáveis, e não como resultado de escolhas políticas e econômicas.

No caso de implementação de políticas culturais, as imagens de controle recaem de forma intensa sobre grupos LGBTQIA+ e, em especial, negros, que são sistematicamente marginalizados. As categorias comuns usadas nos procedimentos para distribuição de recursos públicos são

1 O PNC é composto por 53 metas a serem alcançadas em um prazo de dez anos, entre elas: a ampliação da participação social na definição das políticas culturais e na gestão dos recursos públicos destinados à cultura, por meio de conselhos, conferências e fóruns; o estímulo à criação e ao fortalecimento de empresas culturais e ao empreendedorismo criativo, por meio de linhas de crédito e programas de capacitação; o fomento à cooperação internacional e à troca de experiências entre nações, por meio de acordos e convênios com outros países e organismos internacionais. O PNC também prevê o estabelecimento de um sistema nacional de informação e indicadores culturais que permita a avaliação e o monitoramento das políticas públicas culturais, bem como a implementação de ações de incentivo à pesquisa e à produção de conhecimento na área da cultura.

2 Raquel Moreira e Lia Calabre, "Financiamento da cultura sob a ótica dos direitos culturais: possibilidades e desafios do Plano Nacional de Cultura", *Políticas Culturais em Revista*, v. 5, n. 2, p. 97-114, 2012.

derivadas de um acúmulo técnico-político para filtrar, com suposta neutralidade, quem pode ser habilitado formalmente – ou seja, quem pode ter acesso a eles.

Juridicamente, tal seria um processo democrático, pois estabeleceria procedimentos abertos ao público. Uma análise mais detida de três critérios fundamentais – relevância cultural, trajetória profissional e habilidade técnica e artística – adotados para o acesso à oportunidade de contratação e a obtenção de recurso público para a realização de uma manifestação cultural, no entanto, revela que esse procedimento de financiamento está longe dos enunciados democráticos emitidos nas políticas culturais de distintas unidades federativas, em razão dos aspectos discriminatórios das imagens de controle.

É mais fácil culpar a vítima do que enfrentar a realidade de que o racismo e a discriminação continuam a ser problemas sistêmicos em nossa sociedade[3]. O fato é que pessoas de minorias raciais e sexuais são reduzidas a estereótipos simplificados e unidimensionais: retratadas como emocionais pela irracionalidade da revolta ou pelos traumas, são impedidas de atingir os requisitos adotados formalmente para receber o recurso. Rótulos estereotípicos associados aos artistas marginalizados são os de "agressivos", "exóticos" e "primitivos" para pessoas negras e "promíscuos" para as LGBTQIA+ – em suma, são vistos como contrários aos valores religiosos e familiares hegemônicos na sociedade. As minorias raciais e sexuais são, ainda, vistas como vitimistas. Ao serem percebidas socialmente como grupos que exageram seus problemas ou dificuldades com o objetivo de chamar a atenção ou obter vantagens desmedidas, são vistas como não assumindo responsabilidade por suas próprias vidas e escolhas, o que pode ser um obstáculo na busca por recursos que exigem autonomia, habilidade artística e modos de constituir sua carreira profissional.

É um processo de desumanização que acaba por justificar a opressão e exploração, pois tais artistas são retratados como desprovidos de competência técnica e artística, inviabilizando a aquisição de *status* jurídico requerido pela legislação e pelos editais, consequentemente, não sendo considerados *relevantes culturalmente*. Assim, esses três critérios (relevância cultural, habilidade e trajetória) associados à apresentação formal de um projeto cultural desconsideram as condições materiais e desigualdades sociais decorrentes da dinâmica histórica e estrutural

3 Silvio Almeida, *Racismo estrutural*, São Paulo: Pólen, 2019.

dos regimes políticos de dominação cis-heteropatriarcal combinada com os estereótipos mobilizados pela branquitude na área cultural[4].

Tal desconsideração nos permite afirmar a existência de discriminação dos grupos artísticos marginalizados LGBTQIA+, pois inviabiliza a igualdade de participação e acesso a recursos públicos, arcando com os riscos dos custos de produção das atividades artísticas desenvolvidas. Esse impacto negativo gera danos físicos e psíquicos a esses trabalhadores marginalizados na área da cultura, afetando-os cotidianamente.

Discriminação e desigualdades de gênero e raça no campo da cultura

Também no campo da cultura, desigualdades de gênero e raça se expressam em um conjunto de diferenciações quanto ao acesso ao mercado formal[5], no distanciamento do padrão de salários e de jornada de trabalho, na segregação e discriminação, e na divisão desigual e na multiplicidade de tarefas exercidas por mulheres e pessoas LGBTQIA+, em especial negras, para sua sobrevivência.

De acordo com Adilson Moreira, a discriminação pode ser entendida como um processo social em que certos grupos são tratados de maneira desigual e injusta em relação a outros. A discriminação não ocorre apenas de forma individual: é, muitas vezes, sistêmica, ou seja, está enraizada nas estruturas sociais, culturais e políticas da sociedade. Os processos discriminatórios podem ser classificados em diferentes dimensões, como institucional, estrutural, negativa, direta e indireta[6]. A discriminação institucional ocorre quando as políticas e práticas de instituições – como a avaliação de projetos culturais – favorecem um grupo em detrimento de outros, com a consequente exclusão social. Inclui-se, aí, a discriminação por estereótipos, em que as pessoas são julgadas com base em características que lhes são atribuídas por sua identidade

4 O conceito de branquitude é usado para destacar a forma como a raça branca é historicamente dominante em muitos países, e como isso resultou na concessão automática de privilégios e poder às pessoas brancas, muitas vezes sem que elas percebam ou reconheçam isso. A branquitude é um termo importante em discussões sobre racismo estrutural, pois ajuda a enfatizar que as desigualdades sociais e o racismo não se assentam apenas no preconceito individual, mas também na forma como as estruturas sociais e culturais favorecem automaticamente alguns grupos e desfavorecem outros. Ver Maria Aparecida Bento, *Branqueamento e branquitude no Brasil*, em Edith Pompeu Piza (org.), *Psicologia social do racismo: estudos sobre branquitude e branqueamento no Brasil*, Petrópolis, RJ: Vozes, 2002, p. 25-58.

5 O campo cultural ocupava no Brasil, em 2018, mais de 5 milhões de pessoas, entre empregos formais e informais, de acordo com dados da Pesquisa Nacional por Amostra de Domicílios Contínua (PNAD Contínua), representando 5,7% do total de ocupados no país.

6 Adilson José Moreira, *Tratado de direito antidiscriminatório*, São Paulo: Contracorrente, 2020.

social, como raça, gênero ou orientação sexual. Como resultado, nega-se a certos grupos acesso a recursos e oportunidades disponíveis para outros.

No Brasil, alguns dados produzidos sobre desigualdade de gênero na cultura – e sua imbricação com o marcador racial – confirmam o que os nossos olhos já veem. Um exemplo é a distinção quanto à distribuição de renda, já que em 2017, nas atividades culturais, as mulheres receberam um salário mensal médio de R$ 2.798,00, correspondente, em média, a 67,8% do valor do salário dos homens[7].

Produzido pela União Europeia, o relatório *Gender in Culture* [Gênero na cultura] analisa a representação de gênero e as dimensões da desigualdade nas indústrias culturais em todo o mundo a partir de um conjunto de dados específicos conforme as distintas áreas artísticas. O relatório destaca que as mulheres são sub-representadas em todas as áreas culturais, incluindo cinema, televisão, literatura, música e artes visuais[8]. Quase 60% das mulheres na área cultural trabalham no campo educacional e de capacitação cultural. Além disso, elas são mais propensas a trabalharem em tempo parcial: para quase um terço destas, a profissão na área da cultura não é a única atividade remunerada ou é repartida com outros afazeres domésticos[9].

Políticas culturais na prática: os critérios adotados nos editais de financiamento cultural

A administração pública na área cultural financia projetos em diferentes áreas ou linguagens (teatro, dança, música, circo etc.) através de incentivos econômicos diretos ou orçamentários (fomento, crédito subsidiado

7 No período de 2014 a 2018, o número de trabalhadores de raça preta ou parda nesse campo aumentou em 183 mil, um crescimento de 8% na participação. Já a de trabalhadores brancos foi reduzida em 217 mil, queda de 7%, segundo dados de 2019 do Sistema de Informações e Indicadores Culturais (SIIC), do IBGE. Ainda assim, brancos são a maioria dos ocupados no setor: em 2018, eram 52,6%, enquanto pretos ou pardos eram 45,7%.

8 Esse relatório faz uma série de recomendações para promover a igualdade de gênero nas indústrias culturais, incluindo o fortalecimento dos direitos autorais das mulheres, o aumento do acesso feminino a recursos e financiamento, a promoção de redes de apoio para mulheres em todas as áreas culturais e a criação de mais oportunidades para elas nas áreas de liderança e tomada de decisão. O relatório conclui que a igualdade de gênero nas indústrias culturais é essencial para promover a diversidade cultural e a democracia. Outro relatório, *Igualdade de gênero, patrimônio e criatividade*, também apresenta recomendações para promover a igualdade de gênero nessas áreas, incluindo a criação de programas de formação e mentoria para mulheres, o fortalecimento da participação feminina na preservação e gestão do patrimônio cultural e o desenvolvimento de políticas e práticas inclusivas que levem em conta as perspectivas de gênero.

9 Além disso, as mulheres são frequentemente representadas de maneira estereotipada ou sexualizada, enquanto os homens são retratados de forma mais diversa e complexa. As barreiras

ou não, microcrédito, empréstimos) ou de renúncias (incentivos fiscais). Aqui, vamos nos ater aos incentivos diretos e seus métodos de seleção, em especial os editais de financiamento da cultura. A constitucionalização, no art. 215 da CF/88, deste sistema de gestão cultural teria transformado uma política de governo em uma política de Estado:

> O Estado garantirá a todos o pleno exercício dos direitos culturais e acesso às fontes da cultura nacional, e apoiará e incentivará a valorização e a difusão das manifestações culturais. § 1º – O Estado protegerá as manifestações das culturas populares, indígenas e afro-brasileiras, e das de outros grupos participantes do processo civilizatório nacional. [...]

Desde as rodadas de deliberação e o direcionamento do texto-base da I Conferência Nacional de Cultura, realizada em 2005, os debates no âmbito das políticas culturais no Brasil foram modulados pela tensão constitutiva entre identidade, diversidade cultural e alteridade, com desdobramento na normatividade constitucional, com a Emenda Constitucional n. 48/2005. No capítulo de apresentação da publicação sobre o evento, de autoria do ministro da Cultura na época, Gilberto Gil, apresentam-se as "bacias culturais" como uma analogia para a administração dos recursos entre artistas, produtores, dirigentes, empresários diante do cenário da diversidade cultural do país.

Desde a construção do Plano Nacional de Política Cultural de 2010, termos e expressões como "autovalorização", "protagonismo", "reconhecimento" e "respeito à dignidade" pontuavam a estratégia de resistir à chamada "folclorização" da cultura brasileira pelas classes dominantes. Podemos destacar que a necessidade de apoio à promoção da diversidade foi encampada naquele momento pelo conjunto de instrumentos e protocolos internacionais, como a *Declaração universal sobre a diversidade cultural* publicada pela Unesco[10].

— que as mulheres enfrentam para entrar e progredir nas indústrias culturais incluem a discriminação de gênero, falta de acesso a financiamento e redes de apoio limitadas. Elas enfrentam, ainda, uma maior pressão para equilibrar suas carreiras com as responsabilidades familiares e são frequentemente penalizadas por ter filhos.

10 No documento, a defesa da diversidade cultural é definida como um imperativo ético, inseparável do respeito pela dignidade da pessoa humana. Assim, não seria possível invocar a "diversidade cultural para violar os direitos humanos garantidos pelo direito internacional". O documento identifica, ainda, a lógica do consumo de bens culturais, bem como a necessidade de parceria entre o setor privado, Estado e a sociedade civil, evitando a exclusividade mercadológica para garantir a promoção de diversidade. Ver Unesco, *Declaração universal sobre a diversidade cultural,* 2002. Disponível em: http://www.dominiopublico.gov.br/download/texto/ue000115.pdf.

Tais discussões nas conferências e políticas sobre cultura debruçam-se sobre a construção da dimensão simbólica acerca da formação nacional e o *"jogo entre identidades e alteridades"*, bem como a exigência de superação da negação "das tensões, dominações e discriminações que permearam e permeiam a trajetória do país", como descrito no capítulo II do Plano Nacional de Cultura de 2010. Dentre as estratégias e ações elencadas, identificou-se a necessidade de promoção de programas de reconhecimento daqueles sujeitos à discriminação e marginalização, derivada das demandas por reconhecimento de movimentos e lutas sociais[11].

As 53 metas estabelecidas por meio da Portaria n. 123/2011 seriam lidas a partir de uma "perspectiva ampliada da cultura", na qual se articulariam três dimensões. Verifica-se que há diretrizes voltadas para minorias sociais[12]. A primeira dimensão simbólica se refere ao reconhecimento da diversidade, contribuindo para a construção de autoestima das culturas em sua pluralidade. A segunda dimensão, dita cidadã, alude ao engajamento e à ampliação do acesso aos meios de produção, difusão e fruição dos bens e serviços de cultura e de mecanismos de participação social; e a terceira dimensão, econômica, vincula o potencial da cultura para gerar lucro, emprego e renda buscando ampliar *a formalização dos trabalhadores da cultura para o fortalecimento dos mecanismos de financiamento na área da cultura*[13].

11 A síntese do PNC, prorrogada para vigorar até 2023, foi instituída pela Lei n. 12.343, de 2 de dezembro de 2010, com a aprovação de 14 diretrizes, 36 estratégias e 275 ações. Dentre seus princípios, foi estabelecida a necessidade de proteção à diversidade cultural (art. 1º, inciso II) e de reconhecimento da multiplicidade de valores e formações brasileiras (art. 3º, inciso IV).

12 O item 2.1. da Lei n. 12.343, por sua vez, destaca "os indígenas, os afro-brasileiros, os quilombolas, outros povos e comunidades tradicionais e moradores de zonas rurais e áreas urbanas periféricas ou degradadas; aqueles que se encontram ameaçados devido a processos migratórios, modificações do ecossistema, transformações na dinâmica social, territorial, econômica, comunicacional e tecnológica; e aqueles discriminados por questões étnicas, etárias, religiosas, de gênero, orientação sexual, deficiência física ou intelectual e pessoas em sofrimento mental". Leia-se, ainda, os seguintes subitens: "2.1.12 Integrar as políticas públicas de cultura destinadas ao segmento LGBT, sobretudo no que diz respeito à valorização da temática do combate à homofobia, promoção da cidadania e afirmação de direitos. [...] 2.1.14 Fomentar políticas públicas de cultura voltadas aos direitos das mulheres e sua valorização, contribuindo para a redução das desigualdades de gênero".

13 Com o acúmulo político das políticas públicas culturais, da constitucionalização e das deliberações anteriores quanto às conferências nacionais de cultura, foram pautadas a proposta e a aprovação da Emenda Constitucional n. 71/2012, que acrescentou o art. 216-A à Constituição Federal de 1988 para instituir o Sistema Nacional de Cultura (SNC). O SNC tinha como objetivo a integração dos entes da Federação (União, unidades da federação e municípios) e da sociedade civil, em uma institucionalização da gestão das políticas públicas de cultura do país.

Discriminação e impedimentos: a realidade dos editais de financiamento cultural

Os modos de financiamento público da cultura podem variar de país para país, mas em geral envolvem a alocação de recursos financeiros por parte do Estado para projetos culturais e artísticos. Entre as principais formas de financiamento público da cultura, podemos citar leis de incentivo fiscal, fundos culturais, programas de fomento e editais. Os editais consistem em um processo seletivo que avalia projetos apresentados por artistas e produtores culturais. Os projetos aprovados pela comissão julgadora recebem recursos financeiros para serem realizados.

Os editais podem ser considerados discriminatórios em alguns casos, especialmente quando apresentam exigências muito restritivas, que favorecem apenas determinados grupos sociais ou artísticos ou criam um impacto desproporcional para artistas que já sofrem com desvantagens sociais. Por exemplo, se um edital exige que os projetos apresentados sejam realizados em determinada região ou que os proponentes tenham formação acadêmica específica, pode acabar excluindo artistas e produtores culturais de outras regiões ou sem essa formação. Contudo, a discriminação ou inferiorização não se reduz a restrições diretas como estas. Os aspectos discriminatórios advêm de uma prática institucionalizada de inferiorização das manifestações artísticas LGBTQIA+ e de minorias negras, que coloca como neutra a adoção de critérios de seleção dos projetos que levem em consideração a *qualidade artística*, a *trajetória profissional* e a *relevância cultural.*

Voltemos nosso olhar às etapas do processo de seleção de produtores e artistas inscritos no edital público, que pode variar de acordo com a instituição ou organização responsável pela elaboração[14]. De modo geral, a instituição define o objetivo do edital, a área ou tema a ser contemplado, o valor do investimento, os critérios de seleção e a data-limite para inscrição, bem como os meios de divulgação do

14 Após o encerramento das inscrições, a equipe responsável pelo edital faz a análise dos projetos inscritos e seleciona aqueles que atendem aos critérios estabelecidos. Em seguida, ocorre a divulgação pública dos resultados do edital, para que todos os participantes saibam se foram selecionados ou não. Os projetos selecionados devem ser executados de acordo com as orientações do edital e os prazos estabelecidos. Em alguns casos, pode haver uma prestação de contas posterior à execução. Ao final do processo, é importante fazer uma avaliação dos projetos selecionados e do próprio edital para identificar pontos positivos e negativos e, assim, aprimorar as próximas edições.

processo, que podem incluir o *site* da instituição, redes sociais, *e-mail marketing*, entre outros[15].

Durante o processo de seleção, as inscrições adotam um quadro de pontuação que aparenta objetividade e neutralidade quanto aos requisitos da comprovação da trajetória do grupo ou do artista. Para cumprir com este requisito, os coletivos compostos por minorias já saem em desvantagem, pela dificuldade ou impossibilidade de atender a um conjunto de atos necessários em função de uma dinâmica que é, na realidade, estruturalmente discriminatória. Para mulheres negras, por exemplo, o ingresso na carreira, nas cenas da cultura e em seus modos de produção é, em si, uma verdadeira batalha, pois há uma reiterada negação de seu lugar de imaginação e sensibilidade.

Para a comprovação da trajetória artística, geralmente se exige a organização de um portfólio, que é uma compilação de obras ou registros de apresentações, exposições e outros trabalhos anteriores do artista. Contudo, como muitos dos artistas negros e LGBTQIA+ são marginalizados e estão na informalidade, não possuem suporte econômico para realizar atividades de criação, comercialização e divulgação das obras e manifestações culturais que tenham uma durabilidade. Isso porque muitos deles se desdobram em múltiplas funções e ainda se dedicam de forma pontual a um projeto.

Assim, a demanda pela criação de um portfólio precisa ser relacionada com as reais condições de trabalho de um artista. Escrever uma biografia que destaque suas realizações e a prática artística é uma tarefa árdua para muitos trabalhadores na área da cultura, e quando se trata de grupos dissidentes de gênero e racializados, como negros, é necessário avaliar as limitações impostas a sua formação educacional, bem como as interrupções na trajetória pelo exercício de múltiplas funções e ainda violências, como assédios, que são constantes na experiência de trabalho.

Tais questões geram incerteza sobre o recebimento de recursos para que esses artistas minoritários realizem seu processo criativo, bem como tarefas de gestão cultural das suas manifestações culturais. O acesso deles a um conjunto de exposições, projetos colaborativos e à elaboração de um currículo artístico precisa considerar as dinâmicas de poder geradas pelas desigualdades estruturais de gênero e raça[16].

15 O acesso às informações sobre quando serão publicados editais públicos de fomento não é unificado, ou seja, em muitos locais não há uma previsibilidade sobre eles. Desse modo, as dificuldades de acesso começam na obtenção de informações sobre a circulação de um edital, pois não há uma regularidade temporal.

16 Flávia Biroli e Luís Felipe Miguel, "Gênero, raça, classe: opressões cruzadas e convergências na reprodução das desigualdades", *Mediações*, v. 20, n. 2, p. 27-55, jul.-dez. 2015.

Ademais, a apresentação da trajetória artística muitas das vezes depende de uma rede de contatos, quando se requer de artistas como curadores ou profissionais do setor artístico cartas de recomendação que destaquem suas realizações e contribuições para o campo. É uma negociação política, pois há uma construção de aproximação de artistas já estabelecidos, o que não pode ser realizado pelos minoritários, em consequência de um conjunto de estereótipos, tal como a percepção de que artistas negros não têm capacidade e habilidade artística e são os únicos responsáveis pela situação econômica e profissional em que se encontram.

O drama do desemprego na área cultural, bem como a sazonalidade[17], são deixados em segundo plano na avaliação desse critério. É uma injustiça culpabilizar os artistas marginalizados e ainda condicionar a demonstração de uma trajetória singularizada à quantidade de exposições ou obras, ou ainda, à apresentação dos seus trabalhos artísticos. Grande parte dos editais públicos exige uma composição de obras artísticas publicadas em meios de comunicação, como jornais, revistas, programas de TV ou rádio, com a comprovação por recortes ou *links* de acesso às publicações ou entrevistas referentes a elas. Essa exigência é discriminatória, pois se sabe que, para conseguir sustentar uma carreira ou um projeto individual, é necessário ter uma rede de suporte e dinheiro para realizar um investimento. Portanto, a falta de acesso igualitário de participação já se manifesta desde a habilitação para um processo de inscrição em editais públicos[18].

Sobre a relevância cultural, outro eixo de critérios adotados nos editais públicos, há um conjunto de condições que precisam ser analisadas de forma crítica e reflexiva. A primeira delas é uma ideia que reina nas cenas artísticas que associa a originalidade ou a criatividade à singularidade de cada artista, de forma individualizada[19]. Esse modo de criação de uma genialidade artística muitas das vezes impede a cooperação entre

17 Sobre o assunto, ver Liliana Segnini, "Relações de gênero nas profissões artísticas: comparação Brasil-França", em Albertina de Oliveira Costa *et al.*, *Mercado de trabalho e gênero: comparações internacionais*, São Paulo, Editora FGV, 2008, p. 337.

18 Uma das principais barreiras é a reduzida representatividade nos órgãos responsáveis pela distribuição de recursos de financiamento público na cultura. Muitas vezes, esses órgãos são compostos predominantemente por homens brancos e, como resultado, as demandas e necessidades das mulheres pretas acabam sendo ignoradas ou minimizadas. As minorias muitas vezes enfrentam barreiras sociais e econômicas que dificultam a construção de redes de contatos em áreas dominadas por homens brancos e pessoas com maior poder aquisitivo, limitando o acesso a oportunidades de financiamento e projetos.

19 Pierre-Michel Menger, *Retrato do artista enquanto trabalhador: metamorfoses do capitalismo*, trad. Vera Borges, Danielle Place e Isabel Gomes, Lisboa: Roma, 2005.

coletivos e artistas marginalizados, pois incita uma competitividade pelo mercado da cultura. Como apenas poucos podem receber verba pública, a competição se acirra e os modos de cooperação diminuem.

Essa máxima de uma economia política da cultura revela que os artistas que devem desenvolver seu modo criativo e produzir manifestações originais são mais propensos a chamar a atenção e se destacar na multidão. Contudo, esse mérito individual, baseado na crença do aspecto da originalidade, impede o reconhecimento de muitos artistas marginalizados que trabalham na área cultural, pois estes não possuem uma rede de suporte econômico nem incentivos para que possam realizar suas manifestações com vozes próprias.

A cultura e as formas de manifestação cultural se individualizaram, orientadas por valores liberais de autonomia e liberdade de manifestação artística sem a consideração de que é necessário ter condições de produção dignas, associadas ao direito social de produção coletiva, para além de um mero produto. Como aborda Joaquim Herrera Flores, a cadeia de produção das manifestações artísticas está monopolizada pelo individualismo[20], não sendo vista como um processo que atravessa as gerações, que é construído historicamente por movimentos de um conjunto de artistas, pela oralidade, pelo reconhecimento da ancestralidade.

Para além da obrigatoriedade de criação de um portfólio e da individualização das manifestações artísticas associadas a produtos comerciais ou projetos diferenciados, há a construção de demandas de que os artistas elaborem, além da sua criação intelectual, meios de estabelecer uma conexão emocional com o público. O *marketing* cultural é um requisito na avaliação do processo de seleção de recursos e financiamento de atividades culturais: ele está no centro da economia da cultura pela afirmação de que os artistas são mais propensos a serem lembrados e terem uma grande relevância cultural por serem capazes de evocar emoções fortes nos espectadores ou ouvintes, ampliando a probabilidade de que essas pessoas compartilhem e discutam o trabalho com outras pessoas.

A relevância cultural inscrita como requisito para um edital de financiamento cultural tem correlação com a dinâmica do mercado de distribuição e comercialização das manifestações e obras culturais e a criação de uma marca. A precificação dos trabalhos, a identificação

20 Joaquín Herrera Flores, "Direitos humanos, interculturalidade e racionalidade da resistência", trad. Carol Proner, *Direito e Democracia*, v. 4, n. 2, p. 287-304, 2003.

do público-alvo e a construção de um plano de *marketing* e de negócios não é uma tarefa simples para quem – à parte o processo criativo em si – precisa se repartir em muitas funções para conseguir uma renda mínima para o sustento.

Tendo em vista as diversas dificuldades que artistas e coletivos LGBTQIA+ pretos marginalizados enfrentam para comercializar suas obras e construir uma reputação, pelo acesso limitado a canais de distribuição, eles geralmente não têm à disposição os mesmos recursos que coletivos localizados em áreas mais centrais e ricas. Isso pode dificultar a construção de uma reputação sólida e de um público que valorize e compre seus trabalhos. A falta de recursos financeiros para investir na produção de suas obras e em sua comercialização também limita a quantidade das obras produzidas, bem como a capacidade de investir em estratégias de *marketing*. A colaboração com outros artistas pode ajudar a expandir o alcance e a relevância cultural, mas estes dependem de um trabalho de mobilização que nem sempre é remunerado.

Assim, podemos verificar que, nos processos seletivos para editais públicos na área da cultura, a exigência de comprovação da trajetória artística por meio de um portfólio e qualidade técnica coloca em desvantagem os coletivos compostos por minorias e os artistas informais que não possuem suporte econômico para concretizar suas atividades culturais. Além disso, é questionável o critério de relevância cultural adotado nos editais, por se basear em uma ideia de originalidade e singularidade que reforça a competitividade entre artistas e dificulta a cooperação entre coletivos e artistas marginalizados. Por isso, destacamos a importância de se considerar as dinâmicas de poder e desigualdades estruturais de gênero e raça na seleção de projetos culturais, bem como as condições reais de trabalho dos artistas ao exigir a comprovação de sua trajetória artística.

O peso das imagens de controle para mulheres, negros e pessoas LGBTQIA+

As formas processuais que operam para a criação de hierarquias sociais e que impactam diretamente o campo cultural e artístico advêm dos rótulos ou estereótipos que tornam contínuas a exclusão e a situação de desvantagem de coletivos artísticos mediante a reprodução da inferiorização de seus *status*. Esses estereótipos podem ser explicados pelo conceito de imagens de controle. De acordo com Patricia Hill Collins, imagens de controle são construídas e manipuladas pelos grupos de poder como justificativas ideológicas a opressões interseccionais de raça, classe, gênero e sexualidade[21]. Segundo a autora, as imagens de controle seriam estereótipos que desumanizam, manipulam significados sobre a vivência e símbolos das mulheres negras, restringem a autonomia e negam a subjetividade delas, e, principalmente, as culpabilizam pela situação socioeconômica inferior em que se encontram.

A criação de hierarquias sociais é um processo no qual uma sociedade estabelece uma ordem de importância, poder ou *status* entre os indivíduos e grupos que a compõem, conforme fatores como gênero, sexualidade e raça. No caso aqui tratado, essa construção de hierarquia ocorre mediante a desconsideração das condições de vida e trabalho de minorias artísticas, bem como a limitação de seus modos de produzir, tendo em vista que, para poder ter acesso a recursos, frequentemente precisam adaptar seus projetos a um mercado consumidor, de modo que sua obra ou *performance* artística agrade pela possibilidade de venda de um produto.

As hierarquias sociais podem ter implicações significativas para os indivíduos que ocupam diferentes posições nessa ordem; aqui, uma delas é o bloqueio de acesso aos recursos públicos disponibilizados por editais culturais. Assim, os projetos habilitados a participar do processo de seleção são em sua maioria os inscritos por empresas e produtores culturais brancos e homens cis-heterossexuais.

Os artistas LGBTQIA+, rotulados como "promíscuos" ou "degenerados" em razão de sua orientação sexual ou identidade de gênero, vistos como "inapropriados" para crianças ou famílias, são impactados nesse processo de inferiorização, por não serem considerados relevantes culturalmente nem mesmo vendáveis para um amplo mercado. Muitos dos artistas marginalizados também por sua classe social podem ser socialmente considerados menos talentosos ou comprometidos em função de sua orientação sexual.

Quando recorremos à racialização para observar as formas de hierarquização entre brancos e negros, estes últimos são rotulados como "agressivos" ou "violentos", ou menos talentosos do que artistas brancos quando enquadrados na categoria de "exóticos" ou "primitivos". Dentro do

21 Patricia Hill Collins, *Black Feminist Thought: Knowledge, Consciousness and the Politics of Empowerment*, Boston: Unwin Hyman, 1990, p. 135.

campo de manifestações artísticas, diversas formas de *performance*, quando realizadas por negros, e em especial mulheres negras, são vistas como mera exposição de revolta, dores e traumas pessoais como se não houvesse um componente estilístico na forma de produção. Como resultado desse procedimento de distinção, os negros, sem uma formação necessária para legitimar seu processo de inclusão, não possuiriam o mesmo valor pelos parâmetros estilísticos de uma cultura hegemonicamente branca.

Para ser mercadorizadas, as manifestações artísticas de mulheres negras são condicionadas a estereótipos: devem ser ao mesmo tempo fortes e agressivas, cumprindo um roteiro de superação de dores como forma de redenção – algo muito recorrente em programas sociais, pelo uso utilitário dos traumas nas trajetórias de vida. Os relatos de vida podem ser escritos como biografias, memórias, autobiografias ou como parte de projetos de pesquisa e fornecem uma visão única e pessoal da vida de alguém, contribuindo para a preservação de uma versão de sua história. Tais percepções geram um menor respeito e consideração em comparação a outros tipos de trabalho, saberes sem uma funcionalidade previamente identificada, lidos como inúteis, sem uma competência artística valorada e, por isso, socialmente irrelevantes.

As manifestações artísticas com um conteúdo de revolta expressam uma camada de indignação ou ressentimento em relação a conflitos políticos, sociais ou culturais. Elas são uma forma de protesto que busca denunciar as injustiças e opressões da sociedade. Esses trabalhos são usados como uma forma de "erguer a voz dos oprimidos" e podem ser vistos como uma ferramenta de mobilização para a mudança social. Estas manifestações artísticas são fontes políticas de conexão com outras pessoas que compreendem suas experiências de modo coletivo. No entanto, os estereótipos, que possuem uma face política de legitimação da subordinação de minorias, partem da caracterização de que essas pessoas têm força, determinação, mas não se esforçam o suficiente para atingir determinada habilidade artística estipulada por um parâmetro universalizável branco e cis-heteronormativo. Observa-se que não há um entendimento de que as capacidades e habilidades artísticas são construídas historicamente por gerações, não se vinculando exclusivamente, mas apenas de modo complementar, a talentos inatos.

Some-se a isso que a percepção comum para a marginalização de artistas negros e LGBTQIA+ é de que são vitimistas, desconsiderando a dor e os traumas sofridos por um sistema de discriminação estrutural que inferioriza esses coletivos marginalizados. Diferentemente da leitura sociojurídica da vítima, posição em que a pessoa seria afetada negativamente por algo que não é de sua responsabilidade, o vitimismo é uma atitude na qual uma pessoa ou grupo constantemente se vê como vítima, não importando as circunstâncias. Seria como uma forma de enxergar o mundo e as situações de maneira negativa, colocando a culpa pelos próprios problemas e fracassos nas circunstâncias ou nas ações dos outros.

Classificar manifestações artísticas como vitimistas relaciona-se à leitura de que as artistas estariam se eximindo da responsabilidade de cumprir com qualidade técnica ou habilidade artística – e, ainda, a de que seriam culpadas pelas reduzidas oportunidades e acessos ao direito de receber financiamento para produção de uma manifestação artística.

Conclusão

Neste ensaio, analisamos as desigualdades de acesso na implementação das políticas culturais no Brasil, com foco no financiamento de manifestações artísticas de coletivos marginalizados negros e LGBTQIA+. Embora o Plano Nacional de Cultura estabeleça estratégias para garantir o acesso democrático aos recursos, na prática, a utilização de critérios como a relevância cultural, habilidade técnica e artística e trajetória profissional excluem esses grupos.

A criação de hierarquias sociais tem implicações significativas na vida dos indivíduos e grupos que compõem a sociedade, especialmente quando se trata de acesso aos recursos públicos, como no caso do financiamento por meio de editais culturais. Abordamos alguns dos fatores que contribuem para essa hierarquização, como gênero, sexualidade e raça, e como artistas marginalizados muitas vezes são vistos como menos talentosos ou comprometidos em razão de sua orientação sexual ou classe social. Além disso, destacamos como a arte produzida por minorias é muitas vezes rotulada como agressiva, violenta ou inapropriada, e como esses estereótipos reforçam a marginalização desses artistas. Essas imagens de controle naturalizam as desigualdades sociais e perpetuam a opressão e a exclusão desses grupos. Vimos, ainda, que a percepção social de que artistas de minorias raciais e sexuais são vitimistas e não assumem responsabilidade por suas próprias vidas e escolhas pode ser uma forma de desconsiderar a dor e os traumas sofridos por esses grupos devido à discriminação estrutural.

Tal fato não seria um problema jurídico se não tivesse uma relação direta com a condição material desses artistas e poetas e a ocultação da exploração do trabalho realizado por eles. Isso porque o bloqueio de acesso às oportunidades no campo das manifestações artísticas cria desvantagens à sobrevivência e permanência do conjunto de movimentos artísticos marginalizados ao impedir o reconhecimento de sua trajetória artística, relevância cultural, habilidades artísticas e competência técnica.

Podemos dizer que o Estado é conivente com a branquitude e o regime político cis-heteronormativo ao adotar os critérios de relevância, habilidade e trajetória como únicos a serem considerados para a concessão de verba pública. Um regime político cis-heteronormativo é aquele que valoriza e privilegia a heterossexualidade e a cisgeneridade, marginalizando e discriminando pessoas que não se encaixam nessas categorias. Esse regime pode se manifestar em políticas e leis que reforçam a discriminação e a violência contra pessoas LGBTQIA+, negando-lhes direitos. Neste caso, adotar critérios abstratos, aparentemente universais e neutros no processo de seleção de editais no financiamento de projetos culturais é a manutenção do privilégio concentrado nas mãos de homens héteros e brancos para a definição de quais projetos poderão ou não concorrer.

Esse poder de definição das regras do jogo se estende do estabelecimento de critérios para o processo de contratação pública à legitimação que garante o poder de distribuição sobre os julgamentos da pontuação e, por consequência, de recursos. Essa posição de privilégio, central na reprodução de discriminação institucional e estrutural no campo cultural, não está restrita a escolhas individuais arbitrárias, seletivas, baseadas na escolha individual racional, mas em uma reprodução intergeracional e juridicamente naturalizada, pois as instituições deixam de reconhecer as dinâmicas de poder[22]. Os critérios adotados nos modos de financiamento público na área cultural não são imunes a percepções subjetivas e arbitrárias, bem como as relacionadas a estereótipos que possam favorecer alguns grupos em detrimento de outros e reduzir a possibilidade material de que estes últimos concorram ou tenham acesso aos recursos públicos.

Podemos concluir que os critérios associados à apresentação formal de um projeto cultural desconsideram as condições materiais e as desigualdades sociais, o que é discriminatório e cria um impacto desproporcional aos grupos marginalizados LGBTQIA+.

22 Moreira, *op. cit.*, p. 493.

PARTE 03

USOS E LIMITES DO DIREITO PENAL PARA O ENFRENTAMENTO DA LGBTI+FOBIA

HOMOTRANSFOBIA COMO CRIME DE RACISMO: DIRETRIZES PARA UMA JUSTA TUTELA PENAL DA DIVERSIDADE SEXUAL E DE GÊNERO

EMERSON RAMOS
PAULO IOTTI

Neste texto, buscamos apresentar a questão da repressão penal à homotransfobia no Brasil tanto a não juristas quanto a pessoas que operam o direito e estão em busca de um primeiro contato com as possibilidades de uso do sistema penal nesse sentido.

Abordamos o significado do reconhecimento da homotransfobia como crime de racismo, o trajeto jurídico adotado no país para a criminalização (via interpretação do Supremo Tribunal Federal), a opção político-criminal no combate à homotransfobia e as condutas que passam a ser consideradas delituosas a partir do reconhecimento da discriminação homotransfóbica como discriminação racial. Ao fim, apresentamos alguns passos a serem dados na política criminal antidiscriminatória, especificamente no caso do combate à homotransfobia.

O que significa criminalizar a homotransfobia?

Para explicar claramente o que é a criminalização da homotransfobia, é preciso esclarecer antes: 1) o que é homotransfobia; 2) o que significa criminalizar algo; e 3) quais as intenções ao se criminalizar uma conduta, especificamente a homotransfobia.

Por homotransfobia, entende-se a discriminação contra pessoas LGBTI+, que tem por fundamento a ideologia de que a cisgeneridade e a heterossexualidade são as únicas identidades legítimas no que diz respeito a gênero e sexualidade, pois são qualidades naturais, que antecedem o nascimento. Alguns pontos desse conceito, entretanto, necessitam de maiores esclarecimentos, pois podem causar alguma confusão.

Isso porque o prefixo *homo* não significa "homossexual", muito menos "homem", mas "mesmo", donde *homofobia* se refere à violência moral e/ou física e à discriminação contra quem se relaciona com pessoa do mesmo sexo. No mesmo sentido, *transfobia* se refere à violência (moral e/ou física) ou discriminação contra pessoas transgênero, que são aquelas que não se identificam com o gênero que lhes foi atribuído ao nascer (tais como as travestis, as mulheres transexuais e os homens trans). Por isso, *homotransfobia* se refere à violência e à discriminação motivada pela orientação sexual não heteroafetiva ou pela identidade de gênero não cisgênero (transgênero).

O primeiro ponto a ser justificado neste conceito é a própria sigla que agrupa as pessoas que divergem das identidades sexual e de gênero hegemônicas. Optamos aqui por adotar a forma LGBTI+ (Lésbicas, Gays, Bissexuais, Travestis, Transgênero e Intersexuais +), ainda que uma diversidade de outras siglas circulem nos espaços acadêmicos e na militância extramuros das instituições de ensino. O que outrora já foi MHB (Movimento Homossexual Brasileiro), GLS (Gays, Lésbicas e Simpatizantes), GLBT e LGBT (Lésbicas, Gays, Bissexuais e Travestis) tornou-se hoje uma sigla mais extensa e que incorpora um sinal de adição (+) para indicar a possibilidade de inclusão de outras letras que designem expressões sexuais e de gênero ainda não presentes nela. Hoje em dia, além de LGBTI+, ouve-se falar em LGBTQIA+ (incluindo as pessoas queer e assexuais), LGBTQIAP+ (incluindo as pessoas pansexuais) e LGBTQIAPNb+ (incluindo as pessoas não binárias).

A ausência de uma instância oficial que estabilize esse e outros conflitos internos do movimento possibilita a emergência dessas diferentes siglas, o que expressa a capilaridade e a força que alcançaram as pautas de gênero e sexualidade nos dias de hoje[1]. Optamos pela sigla LGBTI+ por ser a utilizada pela Organização dos Estados Americanos (OEA), pela jurisprudência da Corte Interamericana de Direitos Humanos, pela Organização das Nações Unidas (ONU), por órgãos da Justiça Europeia e pela International Lesbian, Gay, Bissexual, Trans and Intersex Association (ILGA – Associação Internacional de Lésbicas, Gays, Bissexuais, Pessoas Trans e Intersexuais). A escolha também se justifica pela maior recorrência entre os espaços acadêmicos e de militância, ainda que haja uma notória expansão do uso da sigla LGBTQIA+. Em um texto que discorre sobre a utilização estratégica do direito penal como instrumento de combate à homotransfobia, bem como pela conveniência didático-analítica de discorrer sobre a utilização estratégica do direito penal como instrumento de combate à homotransfobia. Isso porque, como veremos, o exercício da punição penal pelo Estado só é autorizado

1 A vivacidade do movimento de diversidade sexual e gênero e as disputas em torno da organização desse campo se devem, em parte, ao fato de ser o mais recente entre os movimentos identitários organizados que emergem na segunda metade do século passado. Os movimentos sociais estão em diferentes momentos de luta política e avançam em suas pautas lidando com a realidade do tempo presente, mas, também, a partir do acúmulo de suas conquistas e de sua força como organização. Desse modo, são esperadas as tensões em torno da nomenclatura a ser atribuída ao movimento de diversidade sexual e de gênero, uma vez que o ato de nomear não é um simples ato discursivo. Mais que isso, atribuir um nome significa tornar visíveis algo ou alguém. Para saber mais sobre as estratégias de nomeação como parte da luta travada contra o poder cis-heterossexista, sugerimos a leitura (de caráter mais acadêmico) dos seguintes artigos de um dos coautores deste texto: Emerson Ramos, "Epistemologia transfeminista: uma nova política dos conceitos para os estudos de gênero", em Emerson Ramos, Francisco Jomário Pereira e Adriano Azevedo Gomes de León (org.), *Gênero e sexualidade em perspectiva social*, v. 1. João Pessoa: Ed. UFPB, 2020, p. 225-41; *idem*, "Transfeminicídio: genealogia e potencialidades de um conceito", *Direito e Práxis*, v. 13, n. 2, p. 1.074-96, 2022.

mediante condições que permitam uma rígida delimitação de quais condutas são consideradas crime (teoria constitucional do direito penal mínimo ou teoria constitucional do bem jurídico-penal).

Uma segunda questão de destaque é que o conceito de homotransfobia é fundado em uma ideologia[2]. Mais precisamente, a ideologia do essencialismo biológico fundamentalista: a ideia falsa de que a cisgeneridade e a heterossexualidade têm razões biológicas assentadas na reprodução para perpetuação da espécie e, portanto, são uma manifestação lógica de uma ordem natural, ou seja, pré-social. Trata-se da *ideologia de gênero heteronormativa, cisnormativa e machista*, que defende a superioridade da heterossexualidade sobre as demais orientações sexuais, da cisgeneridade sobre as demais identidades de gênero e do homem sobre a mulher; que defende um suposto caráter "inato" da identidade cis-hétero, de sorte que as identidades LGBTI+ decorreriam de uma "opção sexual" [sic] da pessoa. Algo sem nenhum lastro empírico, pois ninguém escolhe ser cis-hétero ou LGBTI+: as pessoas simplesmente se descobrem de uma forma ou de outra.

A homotransfobia é, portanto, uma forma de discriminação porque produz o decaimento da humanidade das pessoas em consequência de suas identidades sexuais e de gênero, estigmatizando-as, negando-lhes o acesso a espaços importantes de proteção e perpetuação da vida digna ou privando-as de bens necessários para a manutenção dos sujeitos. Quando essas pessoas conseguem acessar esses espaços ou alcançar esses bens, são-lhes exigidos esforços muito maiores do que aqueles empregados pela parte da população cujas identidades sexual e de gênero são hegemônicas, exclusivamente em razão do decaimento da proteção social, por parte da família, do Estado e das demais instituições sociais.

2 O termo *ideologia* já teve muitas e distintas definições, tendo ganhado uma maior densidade analítica desde que Karl Marx e Friedrich Engels escreveram, em meados da década de 1840, o conjunto de textos que se tornaria conhecido como *A ideologia alemã* – publicado pela primeira vez postumamente, em 1933. Aqui, nos referimos ao essencialismo biológico como uma ideologia porque ele se afirma não a partir de um dado da natureza, mas de um arcabouço maior de poder e dominação, no qual as noções de gênero e sexualidade têm sido formadas. Em outras palavras, o que afirmamos é que o essencialismo biológico (motor da homotransfobia) não é uma constatação científica, mas o mecanismo ideológico (uma engrenagem útil) para fazer funcionar as relações de poder que constroem hierarquia entre as identidades sexuais e de gênero. Por esse motivo, pessoas não cis-heterossexuais costumam ser tratadas como aberrações, anormais, abjetas ou doentes, o que reduz ou retira delas a qualidade de pessoas humanas.

Gênero e sexualidade não são manifestações da natureza (ou têm pouquíssima relação com isso), mas, antes, são verdadeiros regimes de poder que estabelecem hierarquias sociais entre os indivíduos[3]. Pôr fim à assimetria demanda um projeto de engenharia social que perpassa o direito, ainda que ele próprio, por vezes, seja parte dessa estrutura de opressão. Isso se deve ao fato de que as instituições e as normas jurídicas possuem, no tempo presente, uma relação de mão dupla com os grupos socialmente vulneráveis. Em um primeiro momento, o direito é uma forma de exercício de poder que reforça a dominação dos grupos hegemônicos e, em um segundo momento, é também um instrumento reivindicado pelos movimentos sociais para lutar contra essas opressões, tornando-se instrumento de transformação social. Esse paradoxo atravessa parte significativa da recente história do direito e está presente também no debate sobre o reconhecimento da homotransfobia como crime.

De toda sorte, a emergência ainda incipiente de um direito antidiscriminatório no Brasil forma um microssistema jurídico que tem por finalidade combater essas desigualdades sociais. Buscando mobilizar o direito de modo contra-hegemônico, o direito antidiscriminatório ganha espaço à medida que os movimentos sociais ditos "identitários", de luta por reconhecimento, ganham força na agenda pública, a ponto de se tornarem empreendedores morais nas demandas por repressão dos comportamentos discriminatórios. No Brasil, a área tem ganhado força e sistematicidade principalmente com as produções de Roger Raupp Rios e Adilson Moreira, autores que vêm elaborando categorias úteis para articular as demandas por justiça de reconhecimento no interior do direito, em um projeto político-jurídico de alta carga interdisciplinar voltado para a realização do princípio da igualdade – princípio fundante do direito antidiscriminatório[4].

As políticas antidiscriminatórias podem ser divididas em dois modelos, que se distinguem pela forma de intervenção social que adotam. É possível uma *política antidiscriminatória promocional* (fundada

3 Ochy Curiel, *La nación heterosexual: análisis del discurso jurídico y el régimen heterosexual desde la antropología de la dominación*, Bogotá: En la Frontera, 2013.

4 Roger Raupp Rios, *Direito da antidiscriminação: discriminação direta, indireta e ações afirmativas*, Porto Alegre: Livraria do Advogado, 2008; Adilson José Moreira, *Cidadania sexual: estratégia para ações inclusivas*, São Paulo: Arraes, 2017; *idem*, *Tratado de direito antidiscriminatório*, São Paulo: Contracorrente, 2020, p. 112-115, por exemplo, neste trecho: "demonstraremos neste capítulo que a evolução desse princípio está relacionada com o surgimento de novas dimensões articuladas com aquelas já existentes, o que permite um nível maior de proteção das pessoas. Verificaremos que processos discriminatórios *implicam* a desconsideração ou negação dessas dimensões e das formas como elas se articulam para estruturar um sistema protético" (*Ibidem*, p. 114).

em políticas públicas inclusivas de ação afirmativa) ou uma *repressiva* (fundada no desestímulo às práticas discriminatórias pela adoção de um conjunto de sanções). No Brasil, há uma aposta na sobreposição desses modelos[5], o que pode ser extraído da interpretação do conjunto de normas antidiscriminatórias presentes na própria Constituição.

Embora as ações afirmativas sejam especialmente importantes e eficazes como instrumentos de combate às formas estruturais de opressão, as *políticas antidiscriminatórias de combate à opressão sexual e de gênero* não se limitam a esse tipo. Uma vez que a própria Constituição Federal aponta a diversidade como valor e imperativo de tutela, instituindo que "a lei punirá qualquer discriminação atentatória dos direitos e liberdades fundamentais" e determinando a punição especificamente criminal de todas as formas de racismo[6], é possível interpretar que há uma autorização constitucional para o uso do sistema punitivo na proteção da igualdade também no âmbito da antidiscriminação. Desse modo, a diversidade sexual e de gênero ascende ao *status* de bem jurídico penalmente tutelado, requisito primeiro para o reconhecimento da legitimidade da tutela penal[7], no mínimo à luz do bem jurídico-penal da *tolerância* (e mesmo do respeito) à livre orientação sexual e à livre identidade de gênero das pessoas LGBTI+.

Resta-nos falar, nesta seção, sobre os sentidos do reconhecimento da homotransfobia como crime. Criminalizar uma conduta por lei ou afirmar que uma interpretação evolutiva do direito (que respeite o princípio da legalidade penal estrita) demanda reconhecê-la como crime significa dizer que essa conduta é tão grave que merece ser punida com a arma mais forte do Estado – a sanção penal. Atribuir o caráter de crime a um comportamento significa agregar-lhe um desvalor que merece ser reprimido com uma pena ou, em determinadas circunstâncias, com uma medida de segurança. Assim, reconhecer a homotransfobia como crime de racismo significou reconhecer que a discriminação contra pessoas LGBTI+ é de tal forma repreensível que quem a cometer estará sujeito a uma pena. Mas, o que se pretende ao se reconhecer a homotransfobia como crime?

A resposta mais rápida a ser dada, neste caso, é a de que se pretende combater a discriminação e promover a diversidade sexual e de gênero,

5 José Claudio Monteiro de Brito Filho, "Comentário ao art. 5º, XLI", em J. J. Gomes Canotilho *et al.* (org.), *Comentários à Constituição do Brasil*, São Paulo: Saraiva/Almedina, 2018, p. 416-8.

6 No art. 5º, respectivamente nos incisos XLI e XLII.

7 Nós, autores, enxergamos na existência do bem jurídico o requisito legitimador da intervenção penal, ainda que outras epistemologias penais descartem o uso funcional do bem jurídico, especialmente no âmbito do funcionalismo sistêmico.

especialmente levando em consideração os altos índices de violência (física ou não) por motivação homotransfóbica no país. Entretanto, a pergunta remonta a uma questão anterior e mais abrangente, que é: de que serve a pena?

Embora haja inúmeros debates sobre o assunto, não existe um consenso. De modo geral, pode-se dizer que há duas respostas possíveis para essa pergunta: a de que a pena é uma punição que serve para retribuir o mal que alguém causou; e a de que é uma técnica jurídica que serve para prevenir o crime, gerando como consequência a proteção social (teoria da prevenção geral negativa). A forma pela qual a pena serve para prevenir delitos também é objeto de discussão. Para parte de quem a defende, a sanção penal protege a sociedade porque a previsão legal da aplicação da pena desestimula uma conduta; para outra parte, a punição por determinada conduta acaba por gerar também pacificação social e reforçar na consciência dos indivíduos a ideia de que tal ato não pode ser praticado; há ainda quem acredite que a prevenção ao crime advém da possibilidade de ressocialização decorrente da aplicação da pena; e, por último, outro grupo acredita que a prevenção ao crime ocorre simplesmente pela neutralização da pessoa que praticou alguma conduta delituosa, retirando-a do convívio social e passando-a para uma instituição de controle (no caso, a prisão). Seja qual for o motivo (ou a soma deles) que faz alguém acreditar na eficácia da sanção penal, o certo é que o que se pretende com o reconhecimento da homotransfobia como crime é utilizar o direito penal como mais um (porém, não o único) instrumento de combate à homotransfobia.

Logo, o reconhecimento da homotransfobia como crime de racismo segue a perspectiva garantista de um *programa de direito penal mínimo* focado na *proteção dos direitos fundamentais*. Ele possibilita efetivar os deveres de proteção inerentes ao Estado social e democrático de direito, que devem ser prestados para evitar inconstitucionalidade por proteção insuficiente[8]. Dessa forma, a punição criminal é um mecanismo de proteção dos direitos fundamentais de integrantes de grupos sociais estigmatizados por opressões estruturais enquanto prerrogativa da sua cidadania, a saber, a cidadania sexual e de gênero das pessoas LGBTI+[9]. Nesse sentido,

8 Soraia da Rosa Mendes, *Criminologia feminista: novos paradigmas*, São Paulo: Saraiva, 2014, p. 181-5; Luciano Feldens, *Direitos fundamentais e direito penal: a Constituição penal*, 2. ed., Porto Alegre: Livraria do Advogado, 2012, p. 87; Maria Luiza Schäfer Streck, *Direito penal e Constituição: a face oculta da proteção dos direitos fundamentais*, Porto Alegre: Livraria do Advogado, 2009, p. 46-106.

9 Luiz Carlos dos Santos Gonçalves, *Mandados expressos de criminalização e a proteção dos direitos fundamentais na Constituição brasileira de 1988*, Belo Horizonte: Fórum, 2007, p. 58, 158-60, 170-1,

> Inicialmente, cabe estabelecer o que significa *Direito Penal Mínimo*. O minimalismo penal não é algo *quantitativamente* dependente de um baixo número de leis penais, mas *qualitativo*. Ou seja, a teoria penal minimalista prega que uma conduta só pode ser criminalizada *se* houver um *bem jurídico-penal*, ou seja, um valor social cuja proteção é indispensável para a vida em sociedade, *bem como se* os demais ramos do Direito não forem suficientes para proteger tal bem (por intermédio de multas administrativas, indenizações civis etc.). Nesse sentido, considerando que a *tolerância* é algo basilar à vida em sociedade, constituindo a conduta *mínima* que as pessoas devem ter para com terceiros cujas condutas desaprovem, mas não lhes prejudiquem, então, à toda evidência, ela se enquadra como *bem jurídico-penal* – e a intolerância às orientações sexuais não heteroafetivas e às identidades de gênero transgêneras assolam cotidianamente a população LGBTI. Ao passo que mesmo lugares que punem administrativamente a discriminação por orientação sexual e por identidade de gênero, como o Estado de São Paulo (Lei Estadual n. 10.948/2001), não têm conseguido coibir a homotransfobia, donde o outro requisito, do Direito Penal como última alternativa (*ultima ratio*), também resta atendido. Entenda-se bem: não defendo o Direito Penal como panaceia a resolver, magicamente, todos os males. Estou apenas exigindo de defensores da tese do "Estado Penal Mínimo" coerência com a teoria do *Direito Penal Mínimo*, que prega que, atendidos os requisitos citados, a criminalização é necessária (e, para pelo menos parte da doutrina jurídico-penal, criminalização obrigatória – tese dos *mandados de criminalização implícitos*, que não cabe, aqui, desenvolver).[10]

Essa posição é coerente com a jurisprudência da Corte Interamericana de Direitos Humanos, que afirma que o dever convencional de investigar e punir graves violações de direitos humanos (art. 1.1 da CADH) demanda a punição criminal de tal conduta. Não se trata de uma "jurisprudência punitivista" [sic], como parte da doutrina afirma[11], porque a Corte não diz que as graves violações de direitos humanos devem ser punidas *apenas* pelo direito penal, mas *também* por ele, ao lado da garantia e promoção de direitos individuais e sociais diversos.

— 299-300; Paulo Iotti, *Manual da homoafetividade: da possibilidade jurídica do casamento civil, da união estável e da adoção por casais homoafetivos*, 4. ed. Bauru: Spessotto, 2022, p. 241-55, inspirado em Adilson José Moreira, *Cidadania sexual*, *op. cit.*

10 Paulo Iotti, "Criminalização da homotransfobia e o direito penal mínimo", em Leonardo Schmitt De Bem (org.), *Estudos de direito público: aspectos penais e processuais*, v. 1, Belo Horizonte: D'Plácido, 2018, p. 350.

11 Por exemplo, Raquel da Cruz Lima, *O direito penal dos direitos humanos: paradoxos do discurso punitivo da Corte Interamericana de Direitos Humanos*, Belo Horizonte: CEI, 2018, p. 158-61.

O que significa dizer que a homotransfobia é uma forma de racismo social?

No Brasil, não há uma lei específica de combate à homotransfobia, de modo que o que consideramos crime por discriminação sexual e de gênero é aquilo que se enquadra na Lei do Racismo (Lei n. 7.716/1989). Essa lei, no seu art. 1º, *caput*, afirma: "Serão punidos, na forma desta Lei, os crimes resultantes de discriminação ou preconceito de raça, cor, etnia, religião ou procedência nacional" – e foram os crimes "por raça", no sentido político-social de raça e racismo, que o STF corretamente entendeu abarcarem a homotransfobia.

Percebe-se, desse modo, que a Lei n. 7.716/1989 ultrapassou há muito o combate ao racismo apenas contra pessoas negras (pretas ou pardas), reconhecendo como formas de racismo opressões contra outros grupos socialmente vulneráveis. Desde o Caso Ellwanger, debatido em 2003 pelo Supremo Tribunal Federal no *Habeas Corpus* 82.424/RS, o próprio conceito de racismo deixou de corresponder exclusivamente à discriminação contra pessoas negras e indígenas e passou a ser compreendido como uma categoria mais ampla, cujo significado jurídico (isto é, para além do uso cotidiano do termo) remete também à discriminação contra outros grupos sociais. Para tanto, o STF o denominou "racismo social", ou seja, a conduta de inferiorizar determinado grupo social relativamente a outros, em uma compreensão do conceito baseada, portanto, em critérios históricos, sociológicos e antropológicos, e não mais estritamente biológicos.

Na oportunidade, o STF julgou se o antissemitismo poderia ser configurado como racismo (crime de discriminação "por raça") nos termos da Lei n. 7.716/1989. O tribunal enquadrou o antissemitismo como forma de racismo social, cujo efeito primeiro seria a imprescritibilidade da conduta delituosa, por imposição do art. 5º, XLII, da Constituição Federal, segundo o qual "a prática do racismo constitui crime inafiançável e imprescritível, sujeito à pena de reclusão, nos termos da lei". A justificativa para a decisão, de fundo constitucional, distingue juridicamente discriminação por cor de discriminação racial, em um raciocínio sintetizado no voto do então ministro Maurício Corrêa:

> Veja-se que a Constituição rejeita de antemão a definição isolada e tradicional de raça como sendo distinta pela cor da pele (branca, amarela e negra), tendo em vista que ao designar como preceito fundamental o inciso IV do artigo 3º da Constituição, trata cor e raça com conceitos diferentes,

> ao estimular a promoção do "bem de todos, sem preconceitos de origem, raça, sexo, cor e quaisquer outras formas de discriminação". A referência a raça deve ter conteúdo mais amplo, sob pena de inaceitável inocuidade no que tange a cor. [...] Registro que após a promulgação da Constituição Federal cuidou o legislador ordinário de disciplinar o tema, ao editar a Lei 7.716/89, que definiu "os crimes resultantes de raça ou de cor". Explicitamente, estabeleceu o alcance de raça não limitada à cor da pele. A simples alusão à raça, considerada, como deve ser, uma realidade sociopolítica, já exige suficiente base jurídico-constitucional para incluir o antissemitismo na extensão de seu verdadeiro conceito.

Distinguindo discriminação por "cor" de discriminação por "raça"[12], Corrêa realiza um exercício hermenêutico para chegar a um conceito jurídico do racismo como uma discriminação genérica que pode ser subdividida em diferentes manifestações, incluindo o racismo por cor. Nesse mesmo voto, o ministro considera que

> Racismo, longe de basear-se no conceito simplista de raça [de acepção puramente biológica], reflete, na verdade, reprovável comportamento que decorre da convicção de que há hierarquia entre os grupos humanos, suficiente para justificar atos de segregação, inferiorização, e até de eliminação de pessoas. Sua relação com o termo raça, até pela etimologia, tem a perspectiva da raça enquanto manifestação social, tanto mais que agora, como visto, em virtude de conquistas científicas acerca do genoma humano, a subdivisão racial da espécie humana não encontra qualquer sustentação antropológica, tendo origem em teorias racistas que se desenvolveram ao longo da história, hoje condenadas pela legislação criminal.

12 "Com efeito, a divisão dos seres humanos em *raças* decorre de um processo político-social originado da intolerância dos homens. Disso resultou o *preconceito racial*. [...] 36. Assim esboçado o quadro, indiscutível que o *racismo* traduz a valoração negativa de certo grupo humano, tendo como substrato características socialmente semelhantes, de modo a configurar uma *raça distinta*, à qual se deve dispensar tratamento desigual da dominante. [...] 38. Afigura-se relevante o conceito antropológico atual de *raça social*. Conforme salienta a professora Sonia Bloomfield Ramagem, '*raças sociais* podem ser caracterizadas por um indicador preferencial, tanto em termos físicos quanto em termos culturais', possuindo o termo um 'poderoso significado político-social, sendo um *construto social* baseado em valores e crenças criados a partir de uma visão-de-mundo de determinados grupos sociais, prevendo uma percepção cognitiva classificatória, o racismo, que hierarquiza grupos diferentes, podendo justificar a subjugação ou destruição do grupo X pelo Y, ou vice-versa'. 39. Embora hoje não se reconheça mais, sob o prisma científico, qualquer subdivisão da raça humana, *o racismo persiste enquanto fenômeno social*, o que quer dizer que a existência das diversas *raças* decorre de mera *concepção* histórica, política e social, e é ela que deve ser considerada na aplicação do direito" (STF, HC 82.424/RS, voto do relator para acórdão, min. Maurício Corrêa. Grifos nossos).

O precedente do Caso Ellwanger serviu de base para que fossem apresentadas a Ação Direta de Inconstitucionalidade por Omissão (ADO) n. 26 e o Mandado de Injunção (MI) n. 4.733. Julgados em 2019, resultaram no reconhecimento da homotransfobia como espécie do gênero racismo social. No acórdão da ADO n. 26, o STF reforçou o conceito de racismo social nos seguintes termos:

> O conceito de racismo, compreendido em sua dimensão social, projeta-se para além de aspectos estritamente biológicos ou fenotípicos, pois resulta, enquanto manifestação de poder, de uma construção de índole histórico-cultural motivada pelo objetivo de justificar a desigualdade e destinada ao controle ideológico, à dominação política, à subjugação social e à negação da alteridade, da dignidade e da humanidade daqueles que, por integrarem grupo vulnerável (LGBTI+) e por não pertencerem ao estamento que detém posição de hegemonia em uma dada estrutura social, são considerados estranhos e diferentes, degradados à condição de marginais do ordenamento jurídico, expostos, em consequência de odiosa inferiorização e de perversa estigmatização, a uma injusta e lesiva situação de exclusão do sistema geral de proteção do direito.[13]

Como a homofobia decorre do heterossexismo e a transfobia, do cissexismo (ideologias que, como vimos, consideram legítimas apenas a heterossexualidade e a cisgeneridade ou, no mínimo, as consideram superiores às identidades LGBTI+), elas também podem ser interpretadas como forma de racismo social. O mesmo ocorre com a xenofobia e

13 Item 3 da Tese aprovada pelo STF após o julgamento da ADO 26 e do MI 4733. Ademais, como bem explicou o Ministro Celso de Mello nas páginas 97 a 100 de seu voto, o STF não fez uma decisão "aditiva", aplicando a lei a uma hipótese não prevista por "analogia", mas proferiu uma decisão "interpretativa" que respeitou o princípio da legalidade penal estrita, já que enquadrou a homotransfobia nos crimes "por raça", já previstos na lei. Isso por interpretação conforme a Constituição. Trata-se de técnica de controle de constitucionalidade pela qual a Corte, entre duas acepções possíveis (no caso, os termos "raça" e "racismo" sendo passíveis de serem interpretados na acepção biológica ou político-social), impõe o uso de uma destas interpretações, por ser a que corresponde ao sentido constitucional. Isso foi possível porque o STF afirmou que a Constituição, ao separar "raça" e "cor" em palavras diferentes (art. 3º, IV), partiu da premissa de que tais conceitos não são idênticos ("raça" é um conceito mais amplo que o de "cor" – e "etnia", termo este também usado pela Lei 7.716/89 ao lado de "raça" e "cor") – e isso a partir do princípio de hermenêutica pelo qual "a lei não tem palavras inúteis", donde "raça" não pode significar apenas "cor" e "etnia", sendo um conceito mais amplo que eles. E na literatura antirracismo afirma-se que o sentido político-social de racismo é hegemônico sobre o sentido biológico – ao menos, acrescentamos, após o Projeto Genoma, que acabou com a crença de que haveriam "raças biologicamente distintas entre si". E o Projeto Genoma foi determinante para tal entendimento do STF, pois afirmou (no HC 82.424/RS) que, para o racismo não se tornar "crime impossível" pela unicidade biológica da raça humana, o sentido jurídico de raça e racismo é o sentido político-social e não o biológico.

o antissemitismo, pois todos se sustentam em estruturas de poder que estabelecem hierarquias sociais (no caso da homotransfobia, em razão do gênero e da sexualidade).

O efeito direto desse reconhecimento é a criminalização da homotransfobia, mas não somente. Os crimes por motivação homotransfóbica estão sujeitos às mesmas singularidades jurídicas das demais espécies de racismo social, o que inclui outras repercussões penais (como o reconhecimento da qualificadora e da agravante por motivo torpe) e processuais (como a imprescritibilidade da conduta).

Quais condutas configuram racismo homotransfóbico?

Uma vez esclarecido o motivo do enquadramento da homotransfobia como forma de discriminação racial contra pessoas LGBTI+ – porquanto "cor", "etnia" e "raça", juridicamente, não sejam categorias idênticas –, cabe questionar quais condutas podem ser consideradas crime de racismo homotransfóbico.

No Brasil, a Lei n. 7.716/89 define "os crimes de preconceito de raça ou de cor", a que chamamos de crimes raciais. Ao longo dos anos, a lei foi substancialmente alterada, incluindo como formas de racismo as discriminações por etnia, religião e procedência nacional, entre outras alterações. A mais recente mudança legal ocorreu através da Lei n. 14.532 de 11 de janeiro de 2023, que insere a chamada injúria racial (melhor dizendo, a *injúria racista*) na Lei Antirracismo – formalmente retirando-a do Código Penal. O art. 2º-A da Lei Antirracismo estabelece como crime de racismo a conduta de "injuriar alguém, ofendendo-lhe a dignidade ou o decoro, em razão de raça, cor, etnia ou procedência nacional"[14]. A nova lei previu, ainda, pena de suspensão de direito, em caso de racismo praticado no contexto de atividade esportiva ou artística, e também penas para o racismo religioso ou recreativo e para o praticado por funcionário público.

A maior parte das condutas criminalizadas na Lei n. 7.716/89 diz respeito a práticas de segregação como objeto de discriminação direta, necessariamente dolosa, por não haver previsão de crime de racismo culposo. Daí ser essa uma lei insuficiente para combater o racismo estrutural e institucional, que normalmente se manifestam em práticas não

14 Como mostram pareceres dos debates parlamentares, a lei seguiu no ponto a jurisprudência do STJ e do STF, que já havia reconhecido a chamada "injúria racial" como forma de racismo e, assim, crime imprescritível e inafiançável (cf. STF, HC 154.248/DF, de 2021).

intencionais, mas partem de estereótipos desumanizantes de integrantes de grupos raciais minoritários. Em síntese, não contratar, não promover, demitir, tratar de forma arbitrariamente distinta nos âmbitos trabalhistas e das relações de consumo, além de (e este é o *coração* da Lei Antirracismo) *praticar, induzir ou incitar o preconceito e a discriminação* por critério racial, que é o tipo penal que criminaliza discursos de ódio racistas no Brasil[15].

Além da descrição das condutas criminalizadas, é importante levantar outros pontos relevantes dessa lei. O primeiro é uma importante inovação legislativa: o aumento de pena em um terço até a metade, quando as condutas descritas ocorrerem em contexto ou com intuito de descontração, diversão ou recreação (art. 20-A), tornando mais reprovável o que Adilson José Moreira chama de racismo recreativo – afastando, assim, a possibilidade de que o "intuito de brincar", ou *animus jocandi*, isente a pessoa de punição. Do mesmo modo, as penas pelos crimes de injúria racista (art. 2º-A) e de prática, indução ou incitação ao racismo (art. 20) também são aumentadas de um terço até metade quando praticados por funcionário público no exercício de suas funções ou a pretexto de exercê-las (art. 20-B). Os servidores públicos estão, ainda, sujeitos à

15 Assim, a Lei n. 7716/89 estabelece como crimes raciais: impedir ou obstar o acesso de alguém, devidamente habilitado, a qualquer cargo da administração direta ou indireta, incluindo concessionárias de serviços públicos (art. 3º, *caput*); obstar promoção funcional (art. 3º, § único); negar ou obstar emprego em empresa privada (art. 4º, *caput*); deixar de conceder os equipamentos necessários ao empregado em igualdade de condições com os demais trabalhadores (art. 4º, I); impedir a ascensão funcional do empregado ou obstar outra forma de benefício profissional (art. 4º, II); proporcionar ao empregado tratamento diferenciado ao ambiente de trabalho, especialmente quanto ao trabalho (art. 4º, III); recrutar trabalhadores através de exigência de aparência própria de raça ou etnia para emprego cujas atividades não a justifiquem (art. 4º, § 2º); recusar ou impedir acesso a estabelecimento comercial, negando-se a servir, atender ou receber cliente ou comprador (art. 5º); recusar, negar ou impedir a inscrição ou ingresso em estabelecimento de ensino público ou privado de qualquer grau (art. 6º); impedir o acesso ou recusar hospedagem em hotel, pensão, estalagem ou qualquer estabelecimento similar (art. 7º); impedir o acesso ou recusar atendimento em restaurantes, bares, confeitarias ou locais semelhantes abertos ao público (art. 8º); impedir o acesso ou recusar atendimento em estabelecimentos esportivos, casas de diversão ou clubes sociais abertos ao público (art. 9º); impedir o acesso ou recusar atendimento em salões de cabeleireiros, barbearias, termas ou casas de massagem ou estabelecimento com as mesmas finalidades (art. 10); impedir o acesso às entradas sociais em edifícios públicos ou residenciais e seus elevadores ou escadas de acesso (art. 11); impedir o acesso ou uso de transportes públicos, como aviões, navios barcas, barcos, ônibus, trens, metrô ou qualquer outro meio de transporte concedido (art. 12); impedir ou obstar o acesso de alguém ao serviço em qualquer ramo das Forças Armadas (art. 13); impedir ou obstar o casamento ou a convivência familiar (art. 14); e, por fim, obstar, impedir ou empregar violência contra quaisquer manifestações ou práticas religiosas (art. 20, § 2º-B). Ademais, constituem também crime as práticas de estímulo à discriminação, a saber: *praticar, induzir ou incitar a discriminação ou preconceito de raça, cor, etnia, religião ou procedência nacional* (art. 20, *caput*); e fabricar, comercializar, distribuir ou veicular símbolos, emblemas, ornamentos, distintivos ou propaganda que utilizem a cruz suástica ou gamada, para fins de divulgação do nazismo (art. 20, § 1º).

perda do cargo ou função pública em caso de condenação por crime de discriminação racial; tal crime pode levar, ainda, à suspensão do funcionamento de estabelecimentos particulares por prazo não superior a três meses (art. 16), contanto que o magistrado fundamente essa decisão (art. 18). Além disso, os limites mínimo e máximo da pena em abstrato aumentarão caso a indução ou incitação seja cometida através dos meios de comunicação social, de publicação em redes sociais, da rede mundial de computadores ou de publicação de qualquer natureza (art. 20, § 2º).

O mandado de criminalização previsto no art. 5º, inciso XLII da Constituição Federal traz, ainda, importantes implicações processuais ao estabelecer que "a prática do racismo constitui crime inafiançável e imprescritível, sujeito à pena de reclusão, nos termos da lei", atribuindo tratamento penal mais rigoroso a esses delitos.

Por fim, salientamos que a política criminal antidiscriminatória brasileira adota uma postura de duplo enfrentamento através do direito penal, reprimindo tanto as condutas que ofendem bens jurídicos individuais quanto as que ofendem bens jurídicos supraindividuais (isto é, que ultrapassam a esfera de um único indivíduo), como no caso do discurso de ódio, punido nos termos do art. 20 da Lei 7.716/89.

Considerações finais

As demandas jurídicas do movimento LGBTI+ são variadas e não se resumem ao reconhecimento da discriminação homotransfóbica como crime. Quem acompanha esse movimento social organizado sabe que a cidadanização das pessoas não cis-heterossexuais depende da garantia de uma multiplicidade de direitos e da democratização da vida social. Esses aspectos são demandados desde o início da institucionalização desse movimento, como provam as propostas das três Conferências Nacionais LGBT, realizadas em 2008, 2011 e 2016. A tutela penal da diversidade sexual e de gênero não pode ser eficaz sem investimento em mudanças culturais e na reforma moral da sociedade, combatendo as velhas formas de discriminação e a politização reativa do gênero.

Contra a crítica de que a criminalização da homotransfobia significaria a "expansão do Estado Penal", o direito penal antidiscriminatório tem a complexa missão de elaborar uma teoria que demonstre a importância dessa medida, mesmo que neste momento o grande esforço dos penalistas seja de criar "artifícios" de contenção do surpreendente expansionismo penal que marca as últimas décadas[16]. *Artifícios* esses que devem guiar o retorno da sanção penal à posição de *ultima ratio*, ou seja, como exceção a ser aplicada quando nenhum dos outros ramos do direito for capaz de sancionar eficazmente.

Enquanto o Estado não adotar uma lógica de justiça restaurativa (que apoiamos) ou mesmo abolicionista (explicando o que fazer com as graves violações de direitos humanos que mesmo as teorias minimalistas entendem que devem ser criminalizadas), a homotransfobia deve ser criminalizada como se criminaliza tudo neste país. Do contrário, teremos uma *hierarquização de opressões*, pois o uso do direito penal para punir algumas opressões e não outras passa a incontestável mensagem de que aquelas seriam "mais graves" do que estas e, por isso, apenas elas receberiam a proteção da arma mais dura do Estado[17]. É igualmente um erro negar a existência de uma *prevenção geral negativa* mediante o reconhecimento de uma conduta como crime: a criminalização, *sozinha*, não é uma panaceia para todos os problemas sociais, mas é fato notório que muitas pessoas não praticam determinadas condutas por estas serem reconhecidas como crime. A elevada *cifra oculta* relativa a casos não investigados, que não geram denúncias ou queixas-crime ou que não são punidos pelo Judiciário decorre mais de problemas estruturais de falta de pessoas, equipamentos e condições (inclusive salariais) para investigação, processo e punição. Ela não justifica, portanto, que se menosprezeze a prevenção geral negativa existente.

Obviamente também os crimes de homotransfobia (tecnicamente, de *racismo homotransfóbico*) demandam pleno respeito a garantias penais e processuais que constituem direitos individuais de cidadania em qualquer hipótese de aplicação da sanção penal pelo Estado[18]. Nesse sentido, a garantia penal da legalidade penal estrita foi respeitada por meio da subsunção da homotransfobia nos crimes *por raça*, bem como o (sub)princípio da taxatividade, que admite a criminalização por conceitos valorativos que não sejam intoleravelmente vagos[19]. E não se pode considerar a sério

16 Jesús-María Silva Sánchez, *A expansão do direito penal: aspectos da política criminal nas sociedades pós-industriais*, trad. Luiz Otavio de Oliveira Rocha, São Paulo: Revista dos Tribunais, 2011.

17 Paulo Iotti, "Criminalização da homotransfobia e o direito penal mínimo", *op. cit.*, p. 353-6.

18 Segundo Ferrajoli, que é um minimalista (e não um abolicionista), a punição criminal do Estado se legitima apenas quando tais garantias penais e processuais são respeitadas. Ver Luigi Ferrajoli, *Direito e razão: teoria do garantismo penal*, trad. Ana Paula Zomer Sica, Fauzi Hassan Choukr, Juarez Tavares e Luiz Flávio Gomes, 3. ed., São Paulo: Revista dos Tribunais, 2010, p. 785-6, 789-91 e 794.

19 Claus Roxin, *Derecho penal: parte general – fundamentos – la estructura de la teoria general del delito*, t. I, Madrid: Civitas, 1997, p. 169-71; Cezar Roberto Bittencourt, *Tratado de direito penal*, v. 1, 17. ed., São Paulo: Saraiva, 2012, p. 91-2.

"intoleravelmente vagos" os conceitos de "raça social" e de "racismo social", consolidados na literatura especializada antirracista.

Entendemos, por fim, que o reconhecimento da homotransfobia como crime racial pelo STF não impede o Congresso Nacional de aprovar lei específica para os crimes de homotransfobia – pelo contrário, isso é desejável. Contudo, crimes continuarão sendo entendidos como forma de racismo social mesmo que uma nova lei não o diga, pois a corte constitucional reconheceu a homotransfobia como forma ontológica de racismo social (o mesmo aconteceria, por exemplo, se "crimes contra indígenas" fossem positivados em lei específica que não os declarasse como formas de racismo).

Se é certo que os avanços em direitos e liberdades individuais ("pautas de costumes", para o senso comum) das últimas décadas advieram de conquistas no STF, enquanto o Congresso Nacional se mostrou conservador e reativo, também o é que a forte erosão constitucional gerada pelo avanço da extrema direita ao redor do mundo gera insegurança para as conquistas jurídicas da população LGBTI+. Neste momento de crise da democracia liberal, houve especial fragilização do sistema de freios e contrapesos e das regras democráticas de separação de poderes. Tal como ocorreu nos Estados Unidos com a queda do precedente Roe *versus* Wade em 2022, que reconhecia o direito ao aborto legal em todo o país, basta uma mudança conservadora na composição dos membros da corte constitucional brasileira para que os direitos das pessoas LGBTI+ estejam em risco, caso não encontrem descrição minuciosa em lei ordinária. Daí a contínua luta do movimento LGBTI+ pela aprovação de leis que deixem expresso aquilo que já foi reconhecido como constitucionalmente obrigatório pela jurisprudência do Supremo Tribunal Federal, garantindo maior segurança jurídica.

Essa aposta no manejo do direito penal foi também a de outros movimentos identitários, criando diretrizes gerais para uma política criminal antidiscriminatória. Quem quer que questione o uso do direito penal como estratégia de combate ao cis-heterossexismo deve também questionar sua mobilização (já realizada) por outros movimentos sociais, como os movimentos negro e feminista.

ALÉM DA CRIMINALIZAÇÃO: LEITURA QUEER SOBRE LEGALISMO PROGRESSISTA

FERNANDA PEREIRA
THIAGO AMPARO

LGBTfobia é crime no Brasil desde 2019, após decisão do Supremo Tribunal Federal (STF) que equiparou a homofobia e a transfobia a crimes de racismo. Essa decisão gerou uma onda de comemorações por parte de movimentos sociais, negros, LGBTQIA+, feministas e partidos políticos defensores da causa, que viram esse momento como um marco na luta por direitos no Brasil[1] – e de fato o é, em termos de reconhecimento de violências históricas e como reivindicação simbólica diante do sistema legal. A questão chegou ao STF após uma grande mobilização por parte de diversos grupos de ativistas que tinham como uma de suas pautas e objetivo a criminalização da homofobia no Brasil.

Sem diminuir a importância desse acontecimento, este breve texto o coloca em contexto com base numa leitura radical progressista. A questão não é apenas criminalizar ou não, e sim o que a criminalização representa diante da radicalidade das reivindicações contemporâneas LGBTQIA+. Apesar do avanço legal, em 2022, o Brasil continua a ser o país que mais mata a população travesti e transexual, segundo dados do *Dossiê: Assassinatos e violências contra travestis e transexuais brasileiras*, da Associação Nacional de Travestis e Transexuais (Antra)[2]. Uma leitura queer progressista enfatiza que, para além da declaração jurídica de reconhecimento de igualdade LGBTQIA+ por meio do mandato de criminalização, é necessário associar essa demanda à criação de espaços públicos seguros para a população LGBTQIA+, o que vai além do reconhecimento legal.

O que o direito faz com reivindicações sociais?

Qual a relação entre direito e reivindicações sociais? Se considerarmos o direito como uma linguagem e estrutura de poder, o que ele *faz* com as reinvindicações sociais ao traduzi-las para o dever-ser? Um ponto de debate é o papel da lei em possibilitar mobilização social. Segundo McCann, o papel da lei em relação aos movimentos sociais pode ser definido como "aumento da consciência de direitos". Com isso, o autor se refere

1 Alexandre Nogueira Martins, *Caminhos da criminalização da LGBTfobia: racionalidade criminalizante, neoliberalismo e democratização*, dissertação (Mestrado em Sociologia) – Faculdade de Filosofia, Letras e Ciências Humanas, Universidade de São Paulo, São Paulo: 2020. Disponível em: doi.org/10.11606/D.8.2020.tde-19022021-174812.

2 Ver Caê Vasconcelos, "Pelo 14º ano, Brasil é país que mais mata pessoas trans; foram 131 em 2022", *UOL*, 26 jan. 2023. Disponível em: https://noticias.uol.com.br/cotidiano/ultimas-noticias/2023/01/26/mortes-pessoas-trans-brasil-2022.htm.

a dois aspectos do papel do direito em relação à mobilização social. Em primeiro lugar, *o direito constrói identidade*, principalmente como resultado do "processo de definição de agenda pelo qual os atores do movimento se valem de discursos jurídicos para nomear e desafiar erros ou injustiças sociais existentes"[3]. Em segundo lugar, *o direito abre oportunidades estratégicas*, ao explorar os pontos de vantagem nos quais, do ponto de vista jurídico, há uma "sensação de vulnerabilidade" dos alvos do movimento social.

Assim, o direito pode servir como um "catalisador" para os movimentos sociais. Por outro lado, muito se tem falado sobre o "mito dos direitos". Parte da literatura argumenta que os tribunais não podem entregar uma reforma legal que leve à mudança social esperada pelos movimentos sociais (a ideia de Rosenberg de esperança vazia)[4]. Além disso, a literatura enfatiza que muitas histórias de sucesso de litígios liderados por movimentos impactantes são um resultado apenas indireto das ações dos tribunais.

No Brasil, os movimentos sociais LGBTQIA+ participaram dos processos de construção constitucional – finalizados há apenas algumas décadas – e, mesmo antes disso, vinham lutando contra os regimes opressores que precederam a Carta atual. No contexto brasileiro contemporâneo, a literatura sociojurídica tem enfocado particularmente o papel dos movimentos sociais e ONGs como *amicus curiae* do tribunal superior, fornecendo-lhe subsídios para a decisão, ou como participantes em audiências públicas para fazerem suas reivindicações serem ouvidas. Também tem se voltado para o papel de advogados públicos na promoção do contencioso estratégico por conta própria ou em parceria com organizações da sociedade civil[5].

No contexto brasileiro, a generosa declaração de direitos – consagrada em uma Constituição detalhada – motiva movimentos sociais e ONGs a trazer a política para a esfera judicial, defendendo um Judiciário aberto, particularmente no nível da corte constitucional. Além disso, no que diz respeito à contestação fora dos tribunais, a produção acadêmica brasileira explorou a relação entre partidos políticos e o movimento

3 Michael McCann. "Law and social movements: Contemporary perspectives". *Annu. Rev. Law Soc. Sci.*, v. 2, p. 25, 2006.

4 Gerald N. Rosenberg, *The Hollow Hope: Can Courts Bring about Social Change*, 2. ed., Chicago/London: The University of Chicago Press, 2008.

5 Carolina Alves Vestena, *Participação ou formalismo?: o impacto das audiências públicas no Supremo Tribunal Federal brasileiro*, dissertação (Mestrado Profissional em Poder Judiciário) – FGV Direito, Fundação Getúlio Vargas, Rio de Janeiro: 2010.

LGBTQIA+, bem como a agenda proativa de contramovimentos no Legislativo buscando a adoção de leis que restrinjam o conceito jurídico de família, excluindo diferentes tipos de união sexual[6].

Posto isso, pergunta-se: qual é o espaço reservado à radicalidade, quando a reivindicação social primordial é a conquista de uma declaração jurídica de direitos que, uma vez alcançada (como no caso da criminalização da LGBTfobia), é inerentemente incompleta em trazer, por si só, mudança social, dados os próprios limites do direito? Em outras palavras, quando se defende e concretiza a reivindicação social do mandato constitucional de criminalizar a violência, e não o fim dela em si – aos olhos do legalismo, parecem objetivos similares, mas não o são –, a crítica ao *status quo* violento perde força, enfraquecendo na prática a própria criminalização. A falha está em confundir mudança social com reconhecimento formal de direitos – uma falha que custa a radicalidade.

Neoliberalismo e legalismo de esquerda

O debate político contemporâneo, sob o jugo do neoliberalismo, limita muitas vezes as disputas em jogo entre, de um lado, aqueles que buscam uma transformação da realidade e, de outro, os partidários de uma pequena reforma ou da manutenção de um *status quo* que os favorece. Wendy Brown e Janet Halley, no livro *Left Legalism / Left Critique* [Legalismo de Esquerda / Crítica de Esquerda], apontam para a centralidade que o debate público muitas vezes dá a essa disputa política entre reformismo e radicalismo, inclusive dentro de movimentos sociais e em suas pautas e ações[7]. A junção entre neoliberalismo e liberalismo de esquerda, aqui, significa a satisfação por meio do reconhecimento formal de direitos, sem que se discuta o papel da vida econômica capitalista na reprodução das desigualdades nem se reflita sobre a construção de formas coletivas, radicais e solidárias de resistência a todo tipo de violência contra LGBTQIA+, equiparando (o importante) reconhecimento formal e mudança social.

Após a Guerra Fria, com o estabelecimento do neoliberalismo como novo regime político e econômico, o campo de atuação e disputa dos

6 Gustavo Gomes da Costa Santos, "Movimento LGBT e partidos políticos no Brasil". *Contemporânea: Revista de Sociologia da UFSCar*, v. 6, n. 1, p. 179-179, 2016.

7 Wendy Brown e Janet Halley (org.), *Left Legalism/Left Critique*, Durham: Duke University Press, 2002.

movimentos sociais se modificou. Um alerta e uma crítica presentes nos escritos da literatura queer são direcionados à mudança de atuação dos movimentos sociais, entre eles o LGBTQIA+, após a década de 1980. Além de Brown e Halley, Dean Spade aponta, em seu livro *Normal Life: Administrative Violence, Critical Trans Politics, and the Limits of Law* [Vida normal: violência administrativa, política trans crítica e os limites da lei], para a mudança ocorrida nas pautas e ações do movimento LGBTQIA+ no final do século XX[8].

Nas décadas de 1960 a 1980, principalmente nos Estados Unidos, os movimentos sociais fizeram uma grande mobilização em torno dos direitos civis. Naquele período, os movimentos de reivindicação (como movimentos negros, feministas e LGBTQIA+) ganharam força e espaço para fazer avançar suas pautas e realizar as mudanças que buscavam. Estas se voltavam para uma verdadeira transformação da realidade que essas pessoas viviam em consequência de suas identidades, fossem elas de gênero, de sexualidade ou racial. A radicalidade, no sentido próprio da palavra, de muitos desses movimentos por vezes resta dissolvida quando sua história é lida a partir de lentes liberais. Um exemplo evidente é o do reverendo Martin Luther King e a suavização de seu radicalismo[9].

Um dos acontecimentos mais emblemáticos desse período foi a revolta de Stonewall, que hoje serve como exemplo e inspiração na luta pelos direitos das pessoas LGBTQIA+ ao redor do mundo, embora outros eventos já tivessem ocorrido nos Estados Unidos e em países do Sul Global[10]. No ano de 1969, em um bar na cidade de Nova York, a polícia local, em uma ação já corriqueira, entrou no bar Stonewall, verificou a identidade de todas as pessoas presentes e constrangeu pessoas trans e não conformes ao gênero, levando-as ao banheiro para verificar se tinham três peças de roupas "apropriadas" ao gênero[11]. Depois de algumas pessoas serem detidas e encaminhadas para fora do bar, um confronto começou entre elas, a polícia e quem estava fora do bar, levando os agentes policiais a recuar e mudar sua atitude. Foi ali, segundo Eric Stanley, que o movimento LGBTQIA+ nos Estados Unidos nasceu. A revolta de

8 Dean Spade, *Normal Life: Administrative Violence, Critical Trans Politics, and the Limits of Law*, Durham: Duke University Press, 2015.

9 Peniel E. Joseph, "Reconstructing the Dream: Martin Luther King Jr., Black Radicalism, and African-American Political Thought", *The CLR James Journal*, v. 8, n. 2, p. 178-86, 2001.

10 Renan Quinalha, "O mito fundador de Stonewall", *CULT*, São Paulo: 3 jun. 2019. Disponível em: https://revistacult.uol.com.br/home/o-mito-fundador-de-stonewall/.

11 Eric A. Stanley, "Introduction: Fugitive Flesh: Gender Self-Determination, Queer Abolition, and Trans Resistance", em Eric A. Stanley e Nat Smith (org.), *Captive Genders: Trans Embodiment and the Prison Industrial Complex*, Oakland: Ak Press, 2011.

pessoas que cotidiana e constantemente sofriam violências do Estado deu vida e voz às décadas e gerações seguintes.

No Brasil, no ano de 1980, sob os gritos de "Libertem nossas bichas! Libertem as travestis!" e "Amor, tesão, abaixo o camburão", aconteceu na porta do Teatro Municipal de São Paulo uma reunião de centenas de pessoas convocadas por homossexuais, feministas, negros, movimentos estudantis e profissionais do sexo para se opor à repressão generalizada desses grupos pelo aparato estatal. Havia nesse período constantes operações policiais, chamadas de "Operações Rondão" ou "Operações Limpeza", que buscavam expulsar essas pessoas do centro da cidade[12]. O protesto tinha pautas claras contra a violência policial, a discriminação racial e sexual e o desemprego e pelo direito de ir e vir[13].

Não cabe aqui refazer a trajetória inicial dos movimentos LGBTQIA+ no Brasil. No entanto, é possível e urgente recontar a radicalidade de demandas sociais como a universalização do acesso à saúde sexual e reprodutiva – enfim, à saúde integral –, o fim da violência policial, o combate ao complexo industrial-militar, o questionamento da binaridade, o enfrentamento da desigualdade econômica diante da expansão do capitalismo, entre outras demandas para além das mais conhecidas, como a por igualdade de benefícios financeiros em planos de saúde e de arranjos matrimoniais e previdenciários (não que estas não tenham importância, tanto jurídica quanto social). Vale repensar em que medida tais demandas radicais são parte central, e não apenas marginal, da história de movimentos LGBTQIA+ no Brasil e em outros contextos nacionais e transnacionais.

Desradicalização de pautas

Mesmo com esse início emblemático da luta LGBTQIA+, ao longo dos anos foi havendo uma transformação nas pautas, ações e metas dos movimentos que partiram dali. Se formou uma dissonância, devida à disputa de discursos, na luta contra a homofobia e a transfobia: um lado busca transformações significativas na vida desses indivíduos, enquanto outros seguem um discurso comum mais ligado a pautas liberais – de reconhecimento formal de direitos –, sem metas realmente transformadoras,

12 Alexandre Nogueira Martins, *Caminhos da criminalização da LGBTfobia, op. cit.*
13 *Ibidem.*

que coloquem tais declarações de direito na realidade dos LGBTQIA+ que mais precisam delas.

Nesta seara de disputa de pautas dentro dos movimentos, a diferença entre o discurso liberal e o discurso de esquerda sobressai. Brown e Halley enfatizam que a pauta de identidades é importante e crucial para a mobilização política transformadora, mas ao mesmo tempo pode ser cooptada como veículo de dominação e regulação[14]. No momento em que o movimento LGBTQIA+ nasceu e tomou corpo em busca de transformar a vida de pessoas que passam por violências constantes, organizações sem fins lucrativos lideradas por advogados brancos e outras pessoas de classes altas e grau de escolaridade elevado surgiram nos Estados Unidos[15]. O mesmo ocorreu no Brasil, com a criação de organizações e coletivos feministas e trans que pudessem questionar a masculinidade e a cisgeneridade prevalentes nos movimentos LGBTQIA+[16].

Tal mudança de liderança e expressividade no movimento aproximou as pautas levantadas dos ideais daqueles que encabeçavam o debate público: se inicialmente pessoas trans, negras e marginalizadas socialmente encabeçavam movimentos, estes passaram a ser cooptados por pautas neoliberais, em termos de reconhecimento simbólico legal de direitos, sem mudar as estruturas, inclusive econômicas, que contribuem para a desigualdade[17]. Spade aponta que nesse período as organizações estadunidenses que antes eram encabeçadas e compostas principalmente por pessoas marginalizadas e sem diplomas foram substituídas por organizações de pessoas com diplomas – não por ter havido uma ampliação ou diversificação no acesso a oportunidades de obter diploma, mas porque o perfil socioeconômico da liderança havia mudado.

Com isso, houve uma mudança significativa nas pautas levantadas pelos movimentos. Após e como consequência do levante de Stonewall, uma das principais pautas encampadas pelo movimento LGBTQIA+ se referia à constante violência de Estado sofrida por esses indivíduos em diferentes frentes: policial (via encarceramento), negação de acesso à saúde, entre outras. Um dos focos era justamente a violência de Estado como detentora do poder sobre o gênero[18]. Pessoas transexuais, transgênero e travestis

14 Wendy Brown e Janet Halley (org.), *Left Legalism / Left Critique*, *op. cit.*
15 Dean Spade, *Normal Life*, *op. cit.*, p. 30.
16 Regina Facchini, Íris Nery do Carmo e Stephanie Pereira Lima, "Movimentos feminista, negro e LGBTI no Brasil: sujeitos, teias e enquadramentos", *Educação & Sociedade*, v. 41, 2020. Disponível em: https://www.scielo.br/j/es/a/KkBXLLPzyYtPn5FHgk3kMLC#.
17 Dean Spade, *Normal Life*, *op. cit.*, p. 30.
18 Eric A. Stanley, "Introduction", *op. cit.*

são violentadas desde o início de sua vida, colocadas sob um panóptico mesmo antes de estar em uma prisão, como menciona Stanley[19]. A imposição da binaridade de gênero expõe essas pessoas ao isolamento, à violência parental, física e psicológica, além da detenção. As poucas oportunidades de emprego para pessoas trans e travestis acaba por isolá-las no mercado informal, tendo que se submeter a trabalhos sexuais, tráfico e furtos. Vigiadas pelo sistema penal, essas pessoas acabam sendo jogadas de um lado a outro, sem possibilidades de sair dessa realidade violenta, como se estivessem trancadas para sempre[20].

Criminalização: do simbólico a outros caminhos

Mesmo sendo essa a realidade da comunidade trans no Brasil e em outros países, o debate público após os anos 1990 desvirtua as problemáticas LGBTQIA+ ao priorizar outras pautas do movimento. Entre elas está a criminalização da homofobia e transfobia, como no Brasil em 2019. Cenário similar ocorreu nos Estados Unidos no ano de 2009, quando o presidente Obama sancionou a Lei de Prevenção de Crimes de Ódio Matthew Shepard e James Byrd, Jr., incluindo entre os crimes de ódio aqueles baseados em "gênero e sexualidade". Nesse período, não houve objeção dos movimentos LGBTQIA+ no geral, mas uma comemoração da decisão. Stanley aponta que essa postura não se atenta aos reais problemas enfrentados principalmente pela comunidade trans[21].

Como dito anteriormente, pessoas transexuais, transgênero e travestis crescem em um mundo de vigia ao seu corpo, incessantemente sujeitas à arbitrariedade do Estado. Questionar a binaridade de gênero e transitar sobre essa linha binária deixa esses indivíduos vulneráveis à violência de Estado, policial e ao encarceramento. Ao pensarmos sobre os efeitos da política de criminalização da homofobia e transfobia sobre a realidade de pessoas trans e travestis, a resposta é cética. Dado que a raiz do problema está na violência de Estado e do mercado sofrida por essas pessoas cotidianamente – na dificuldade de acesso a saúde, a emprego e direitos humanos básicos –, a criminalização da transfobia não incide diretamente sobre ela, mas cria uma cortina de fumaça sobre um problema grave que exige soluções mais incisivas e radicais. De novo,

19 *Ibidem.*
20 *Ibidem*, p. 7.
21 *Ibidem, loc. cit.*

isto não significa recusar a criminalização, mas chamar a atenção para que a radicalidade de movimentos antiviolência não seja cooptada pela satisfação simbólica e ilusória dada pela conquista formal de direitos.

Dean Spade salienta que, com a criminalização da LBGTI+fobia, o foco das pautas e problemáticas do movimento recai em pautas levadas pelas organizações oficiais de lésbicas e gays, como aumento de penalidades, punições a agressores, fortalecimento da lei e das instâncias penais do Estado[22]. Enquanto isso, as pautas levantadas pela crítica queer e trans (e defendidas por esse autor) se direcionam a fortalecer as comunidades para que respondam à violência de forma a responsabilizar agressores e cuidar dos danos, além de se juntarem a movimentos que buscam abordar as causas da alta mortalidade trans e queer, como questões relacionadas a violência policial, pobreza, encarceramento e acesso restrito à saúde[23].

As disputas entre o discurso *mainstream* e uma abordagem crítica mais à esquerda estiveram presentes no governo do único presidente negro dos Estados Unidos, Barack Obama. Devido a um imaginário social e midiático de que a chegada de um negro à Presidência traria ao debate público e ao campo político pautas mais progressistas e transformações sociais, havia grandes expectativas sobre o governo Obama. O que se percebeu ao longo de seu mandato, porém, foi a continuação de um movimento iniciado na década de 1990, em que pautas críticas foram tomadas por um discurso liberal. A incorporação desse discurso liberal pelo legalismo de esquerda transforma pautas políticas de movimentos sociais em questões regulatórias, sendo utilizadas como uma forma de poder e controle por parte de organizações e do Estado[24].

O governo de Obama foi um exemplo disso. As pautas trans tiveram pouco espaço nas políticas de governo desse período, enquanto o casamento entre pessoas do mesmo sexo estava no foco das discussões públicas e políticas. Em que pese a importância legal da igualdade de casamento, essa pauta foi usada como *pinkwashing*, termo utilizado para se referir à apropriação de pautas de gênero e sexualidade para realização de *marketing* e promoção de uma boa aparência, com requintes de inclusão e diversidade[25]. Tomar pautas do movimento LGBTQIA+ com

22 Dean Spade, *Normal Life*, *op. cit.*
23 *Ibidem*, p. 32.
24 Wendy Brown e Janet Halley (org.), *Left Legalism / Left Critique*, *op. cit.*
25 "*Pinkwashing*: quando a comunidade LGBT é apoiada só da porta para fora", *InovaSocial*, 14 maio 2019. Disponível em: https://inovasocial.com.br/empoderamento/pinkwashing-comunidade-lgbt/.

um viés liberal gera uma falsa ideia de avanço rumo à equidade e de conquistas significativas dessa comunidade. Todavia, muitas das medidas vistas como progressistas são um desvio dos reais problemas que atingem esses indivíduos. Temas caros à comunidade trans e queer nos Estados Unidos, como pobreza, desemprego, encarceramento e violência, foram deixados de lado no governo Obama, ao mesmo tempo que havia uma grande mobilização sobre temáticas que cabiam no discurso liberal.

O curso da história do movimento LGBTQIA+ a partir da década de 1990 é de aproximação com o Estado e inserção de sua pauta tanto no debate público quanto em políticas públicas, dado o ativismo institucional à época[26]. Esse movimento, como vimos, pode aproximar de um discurso liberal as pautas anteriormente radicais, findando em ações rasas para problemas complexos. Na década de 1980, iniciou-se uma investida de movimentos de homossexuais sobre a pauta jurídica para tratar de suas questões institucionalmente. Coletivos e organizações de juristas dissidentes sexuais e de gênero surgiram para reivindicar direitos sexuais, como união estável, reconhecimento de herança de parceiros etc.[27].

A partir dos anos 2010, os objetivos desse movimento se modificaram: houve uma judicialização em torno do estabelecimento de direitos sexuais LGBTQIA+ justificada pela omissão legislativa. Isso gerou uma divergência entre ativistas entusiastas dessa estratégia e aqueles descrentes de que ela geraria grandes mudanças. O setor hegemônico do movimento LGBTQIA+ brasileiro adotou a litigância estratégica como recurso para pautar a criminalização da homofobia e transfobia. Esse processo contou com grande apoio e mobilização popular, por meio das hashtags #ÉCrimeSim e #CriminalizaSTF[28]. Embora movimentações críticas à criminalização apontassem sua pouca efetividade no enfrentamento cotidiano à violência contra pessoas LGBTQIA+, para além do fortalecimento do Estado Penal, a hegemonia era de claro apoio à pauta.

Vemos, portanto, que a mudança discursiva no debate público sobre gênero e sexualidade – de um momento de reivindicações que buscam atingir o problema pela raiz para outro com pautas liberais – também ocorreu no Brasil. No ano de 1978, formaram-se o primeiro grupo organizado de homossexuais na cidade de São Paulo, o Somos – Grupo de

26 Regina Facchini, "Entre compassos e descompassos: um olhar para o 'campo' e para a 'arena' do movimento LGBT brasileiro", *Bagoas*, v. 3, n. 4, p. 131-58, 2009.

27 Alexandre Nogueira Martins, *Caminhos da criminalização da LGBTfobia*, *op. cit.*, p. 153.

28 *Ibidem*, p. 158.

Afirmação Homossexual, e o jornal *Lampião da Esquina*. Em uma de suas primeiras ações como um movimento organizado, o Somos lançou luz sobre o absurdo do discurso midiático que criminalizava homossexuais, retratando-os como criminosos e traficantes. As pautas nesse momento eram voltadas para o combate da violência de Estado. As "Operações Rondão" no centro de São Paulo detinham em média 700 pessoas em uma noite, tendo como alvos lésbicas, gays, transexuais e travestis. Naquele cenário, as atitudes dos movimentos e organizações emergentes eram de crítica e enfrentamento das violências e criminalizações a que pessoas LGBTQIA+ eram submetidas constantemente. O primeiro movimento negro homossexual do Brasil surgiu nesse período, e um de seus discursos e ações era a crítica à perseguição de negros, "bichas" e pobres pela polícia. Por isso, seus integrantes acreditavam que a forma de enfrentamento da violência cotidiana que os afetava não era recorrer à polícia, mas se fortalecer em comunidade e levar o debate para o âmbito público e político em busca de alternativas. Recorrer ao próprio sistema penal que os criminalizava, violentava e encarcerava não era uma opção para os homens que compunham esse movimento[29].

29 *Ibidem.*

A LGBTFOBIA ENTRE A AUSÊNCIA E O RECONHECIMENTO: UMA ANÁLISE EMPÍRICA A PARTIR DOS CASOS CRIMINAIS JULGADOS PELO TRIBUNAL DE JUSTIÇA DO ESTADO DO PARANÁ ENTRE 2010 E 2020

VICTOR SUGAMOSTO ROMFELD

Segundo a pesquisa realizada entre 2008 e 2015 pela organização não governamental europeia Transgender Europe, que apoia os direitos da população trans, o Brasil é o país onde mais se matam travestis e transexuais no mundo[1]. É notória a escassez de dados oficiais a respeito das violências praticadas contra a população de lésbicas, gays, bissexuais e transexuais no país, tanto que a última sistematização de dados de violência homotransfóbica na esfera nacional foi feita em 2013[2].

Diante dessa omissão estatal, o Grupo Gay da Bahia (GGB), o Núcleo de Inclusão Social da Universidade Federal do Rio de Janeiro (NIS/UFRJ) e a Associação Nacional de Travestis e Transexuais do Brasil (Antra) têm sistematizado dados recentes a respeito de mortes violentas de pessoas LGBT, alguns com enfoque específico nos assassinatos de mulheres lésbicas e de travestis e transexuais[3]. Essas informações indicam que o registro de violências homotransfóbicas como um todo cresce a cada ano, apontando a necessidade de o Estado brasileiro estabelecer uma política de enfrentamento do fenômeno da LGBTfobia. No âmbito internacional, a Comissão Interamericana de Direitos Humanos (CIDH), ao publicar um relatório específico sobre violência contra pessoas LGBT em 12 de novembro de 2015, apontou que recebeu informações preocupantes sobre o número de homicídios de pessoas LGBT no Brasil, superando consideravelmente as estatísticas de qualquer outro Estado-membro da Organização dos Estados Americanos (OEA)[4]. Sob o ponto de vista social, trata-se de uma relevante questão de direitos humanos, especialmente considerando a obrigação estatal de investigar, julgar e punir crimes homotransfóbicos. Esse cenário reforça, ainda, a importância de pesquisas sobre o papel do sistema de justiça no combate à LGBTfobia[5].

1 TvT Research Project, "Trans Murder Monitoring Results: TMM TDV 2016 Update", Transrespect versus Transphobia Worldwide, 2016. Disponível em: https://transrespect.org/wp-content/uploads/2016/03/TvT_TMM_TDoV2016_Tables_EN.pdf.

2 Secretaria Especial de Direitos Humanos do Ministério das Mulheres, da Igualdade Racial e dos Direitos Humanos. *Relatório de violência homofóbica no Brasil: ano 2013*. Brasília: MMIRDH. Disponível em: https://direito.mppr.mp.br/arquivos/File/RelatorioViolenciaHomofobicaBR2013.pdf.

3 Ver, respectivamente: Luiz Mott e José Marcelo Domingos de Oliveira, *Mortes violentas de LGBT+ no Brasil – 2019: Relatório do Grupo Gay da Bahia*, Salvador: Editora Grupo Gay da Bahia, 2020; Milena Cristina Carneiro Peres, Suane Felippe Soares e Maria Clara Dias, *Dossiê sobre lesbocídio no Brasil: de 2014 até 2017*, Rio de Janeiro: Livros Ilimitados, 2018; Bruna G. Benevides e Sayonara Naider Bonfim Nogueira, *Dossiê Assassinatos e violência contra travestis e transexuais brasileiras em 2020*. São Paulo: Expressão Popular/Antra/IBTE, 2021.

4 Comissão Interamericana de Direitos Humanos, *Violência contra pessoas lésbicas, gays, bissexuais, trans e intersexo nas Américas*. OEA, Documentos oficiais, 2015, p. 96. Disponível em: http://www.oas.org/pt/cidh/docs/pdf/violenciapessoaslgbti.pdf.

5 Apesar de não ignorar discussões recentes sobre a ampliação da sigla, opto aqui pelos termos "comunidade LGBT" e "LGBTfobia" – este como conceito guarda-chuva (bem como seu sinônimo, "homotransfobia", utilizado no julgamento da ADO n. 26 e do MI n. 4733) –, hegemônicos tanto na literatura brasileira quanto no ativismo, conforme definido na III Conferência Nacional LGBT, ocorrida em 2016.

Os debates jurídico-criminológicos sobre a criminalização dessa forma de discriminação no Brasil foram forjados a partir do conceito de "esquerda punitiva", cunhado por Maria Lúcia Karam na década de 1990, a partir do qual se estabeleceu uma dicotomia entre os críticos das criminalizações reivindicadas por movimentos sociais progressistas (vinculados à criminologia crítica e ao abolicionismo penal) e os defensores das pautas criminalizantes (rotulados como integrantes de uma "esquerda punitiva")[6]. Esse embate ficou evidente no julgamento das ações constitucionais do Supremo Tribunal Federal que reconheceram a homotransfobia como forma de racismo: parcela expressiva de juristas criticou a decisão a partir de argumentos como o da ofensa ao princípio da reserva de lei[7] no direito penal e o da desnecessidade de criminalizar a LGBTfobia, por existir legislação criminal para enquadramento de condutas discriminatórias[8].

Essas disputas foram o ponto de partida para as pesquisas que culminaram na publicação de minha tese de doutoramento[9], na qual exploro não somente as contradições das críticas à criminalização da homotransfobia como também os argumentos mobilizados nesse sentido, em especial a suficiência da legislação vigente para criminalizar condutas LGBTfóbicas. Aqui, tomo como objeto as decisões colegiadas do Tribunal de Justiça do Estado do Paraná (TJPR) publicadas entre 2010 e 2020 versando sobre crimes praticados por ou contra pessoas LGBT para investigar se o Poder Judiciário paranaense, na apreciação de casos criminais, reconhece condutas discriminatórias praticadas contra pessoas LGBT, sejam elas autoras ou vítimas de delitos.

6 Maria Lúcia Karam, "A esquerda punitiva", *Discursos Sediciosos: Crime, Direito e Sociedade*, v. 1, n. 1, p. 79-92, 1996. Critico o conceito de "esquerda punitiva" no seguinte artigo: Victor Sugamosto Romfeld, "O conceito de 'esquerda punitiva' e sua utilização como 'tutoria arrogante': tensões a partir da criminalização da LGBTfobia", *Revista Brasileira de Ciências Criminais*, v. 30, n. 190, p. 309-43, maio/jun. 2022.

7 Por este princípio, entende-se que crimes podem ser criados apenas a partir de lei aprovada pelo Poder Legislativo. Considerando que, até a decisão do STF, o Poder Legislativo não aprovou nenhuma lei criminalizando a LGBTfobia, há uma corrente no Direito defendendo que o STF não poderia ter suprido a omissão do legislativo, pois isto representaria um poder (Judiciário) exercendo a função de outro (Legislativo), abrindo um caminho para suposta criação de crimes pela via judicial

8 Conferir o "estado da arte" deste debate em Victor Sugamosto Romfeld, "Criminalização da LGBTfobia: narrativas jurídicas em disputa no julgamento da ADO 26 e do MI 4.733", em Larissa Ribeiro Tomazoni, Marcela Prata e Paula Yurie Abiko (org.), *Mulheres e o direito: um chamado real à visibilidade*, v. 2. Curitiba: Sala de Aula Criminal, 2021, p. 825-53.

9 Este artigo abrange os resultados parciais de minha tese. Na banca de qualificação, por sugestão de Renan Quinalha, o recorte temporal da pesquisa foi ampliado para decisões julgadas entre 1988 até 2021, fazendo com que os números constantes na versão final da tese sejam distintos daqueles aqui apresentados. Para o trabalho completo, ver Victor Sugamosto Romfeld, *"Viado bom é viado morto"? LGBTfobia no Brasil e possibilidades de instrumentalização do direito penal*, Rio de Janeiro: Lumen Juris, 2022.

No julgamento da ADO n. 26 e do MI n. 4.733, em 2019, o Supremo Tribunal Federal (STF) entendeu que houve omissão inconstitucional do Congresso Nacional por não editar lei que criminalize atos de homofobia e de transfobia, os quais devem ser enquadrados como espécies de racismo (Lei n. 7.716/1989) até que se edite lei sobre a matéria. Parto, neste texto, do seguinte questionamento: a previsão de qualificadoras e circunstâncias agravantes de caráter genérico (a exemplo do "motivo torpe") é suficiente para que o Poder Judiciário paranaense reconheça discriminações praticadas contra pessoas LGBT? Minha hipótese é de que as normas do Código Penal são insuficientes para caracterizar a violência LGBTfóbica. Para investigar essa hipótese, procedi a uma análise de jurisprudência baseada na pesquisa de palavras-chave relacionadas à LGBTfobia na instância e no período já mencionados.

O que é LGBTfobia?

As interações humanas estão envoltas em relações de poder que hierarquizam grupos do ponto de vista social, dividindo-os em majoritários e minoritários e legitimando arranjos sociais que permitem a criação e manutenção de vantagens materiais para os membros dos primeiros[10]. Quando um grupo pode representar ameaças ao status do hegemônico, formam-se os preconceitos, que são "[...] avaliações sobre os membros de um segmento social baseadas em generalizações que podem ser verdadeiras em relação a alguns deles, mas que certamente não podem ser estendidas a todos [os] seus membros por causa da variedade existente entre os seres humanos"[11].

No que diz respeito à sexualidade, o preconceito levou à estigmatização de pessoas divergentes da heterossexualidade (atração afetivo-sexual por pessoas do gênero oposto) e da cisgeneridade (identificação entre o sexo biológico de nascença e os papéis de gênero usualmente associados a ele), legitimando inferiorizações sociais das pessoas LGBT. Historicamente, a moral, a religião e a ciência produziram o que determinados autores chamam de "hierarquia sexual", tendo como base um conjunto de valores e práticas sociais constitutivas da heteronormatividade. Essa norma que regula as relações humanas em nossa sociedade delimita comportamentos, identidades e sexualidades adequadas/inadequadas,

10 Adilson José Moreira, *O que é discriminação?*, Belo Horizonte: Letramento/Casa do Direito/Justificando, 2017, p. 34.

11 *Ibidem*, p. 40.

normais/anormais, aceitas/não aceitas tomando como ponto de referência a heterossexualidade e a cisgeneridade[12].

É a partir da hierarquia sexual que se fala em LGBTfobia, conceito explicado com precisão por Ramos e Nicoli:

> LGBTfobia é o sentimento, a convicção ou a atitude dirigida contra lésbicas, gays, bissexuais, pessoas trans e travestis que inferioriza, hostiliza, discrimina ou violenta esses grupos em razão de sua sexualidade e/ou identidade de gênero. É o termo utilizado para reunir vários tipos mais específicos de discriminação e violência contra pessoas LGBT (sigla usada para se referir a lésbicas, gays, bissexuais, transexuais e travestis). Deste modo, a LGBTfobia compreende a lesbofobia, a homofobia, a bifobia e a transfobia. A lesbofobia é a discriminação e violência contra mulheres lésbicas. A homofobia é a discriminação e violência contra homens gays (ou homossexuais). A bifobia dirige-se contra homens e mulheres bissexuais e a transfobia contra pessoas trans e travestis.[13]

A LGBTfobia é, portanto, um conceito guarda-chuva que aglutina diversas modalidades de discriminação, fundadas em um suposto desvio de orientação sexual e/ou identidade de gênero dos indivíduos. Apesar de estarem reunidas nesse termo, as discriminações se decompõem em formas específicas, cada uma delas com nuances relacionadas a outros preconceitos (a exemplo do sexismo).

A LGBTfobia também pode ser compreendida a partir dos níveis nos quais opera, de acordo com a classificação em dois eixos sugerida por Daniel Borrillo: i) irracional (manifestação emotiva, psíquica, do tipo fóbico) e cognitiva (social, na qual a aparente tolerância convive com a indiferença da sociedade para o fato de que o grupo discriminado não usufrui dos mesmos direitos reconhecidos aos cis-heterossexuais); ii) geral (vigilância de gênero em sociedades marcadas pela dominação masculina, denunciando os deslizes do masculino em direção ao feminino e vice-versa) e específica (na esfera individual, nas formas de gayfobia, lesbofobia etc.)[14].

12 Marco Aurélio Máximo Prado, Frederico Viana Machado, *Preconceito contra homossexualidades: a hierarquia da invisibilidade*, 2. ed., São Paulo: Cortez, 2012, p. 70.

13 Marcelo Maciel Ramos e Pedro Augusto Gravatá Nicoli, "O que é LGBTfobia?", em Marcelo Maciel Ramos, Pedro Augusto Gravatá Nicoli e Paula Rocha Gouvêa Brener (org.), *Gênero, sexualidade e direito: uma introdução*. Belo Horizonte: Initia Via, 2016, p. 183.

14 Daniel Borrillo, *Homofobia: história e crítica de um preconceito*, trad. Guilherme João de Freitas Teixeira, Belo Horizonte: Autêntica, 2015, p. 24-7.

A LGBTfobia também pode ser destrinchada em diálogo com a teoria crítica racial, que costuma explicar o racismo a partir de três categorias: estrutural, institucional e individual[15]. Nesse sentido, a LGBTfobia estrutural significa que a discriminação contra esse grupo vulnerável não apenas é naturalizada, mas também integra a ordem social, ou seja, o funcionamento da sociedade em suas relações assimétricas de poder[16]. A LGBTfobia institucional, por sua vez, se expressa no funcionamento das instituições, hegemonizadas por grupos que, direta ou indiretamente, reproduzem as discriminações impostas por uma hierarquia sexual cis-heteronormativa. A LGBTfobia individual, por fim, é aquela exercida individualmente ou em grupos que, a partir de preconceitos referentes à orientação sexual e à identidade de gênero, atuariam de forma discriminatória.

As discussões em torno do conceito guarda-chuva de LGBTfobia e suas classificações não se limitam a questões teóricas, pois estão estritamente vinculadas à compreensão de um fenômeno complexo que envolve preconceitos, discriminações e desigualdades que perpassam a sociedade.

A LGBTfobia no judiciário estadual paranaense: metodologia da pesquisa

Por se tratar de um conceito fundado na discriminação social, a LGBTfobia deve ser abordada pelo campo do direito antidiscriminatório. Nesse sentido, uma análise de jurisprudência possibilita compreender como o direito está repercutindo na sociedade e quais interpretações da lei estão sendo feitas, principalmente no que diz respeito às normas penais e aos casos de LGBTfobia perante o Poder Judiciário[17]. Há, para o criminólogo Salo de Carvalho, ao menos duas modalidades de investigação das decisões judiciais: a exploração de temas a partir de correntes jurisprudenciais ou o estudo de casos jurisprudenciais de referência. Na primeira, é preciso estabelecer critérios (definir a corte, delimitar o período temporal e criar

15 Dora Lucia de Lima Bertúlio, *Direito e relações raciais: uma introdução crítica ao racismo*. Rio de Janeiro: Lumen Juris, 2019, p. 90-93.

16 Caio Benevides Pedra, *Direitos LGBT: a LGBTfobia estrutural e a diversidade sexual e de gênero no direito brasileiro*, Curitiba: Appris, 2020, p. 27.

17 Gustavo Silveira Siqueira, *Pequeno manual de metodologia da pesquisa jurídica: ou roteiro de pesquisa para estudantes de direito*. Belo Horizonte: Instituto Pazes, 2020, p. 96. Para uma análise da importância da descrição dos caminhos metodológicos adotados em pesquisas sobre jurisprudência, para evitar argumentos de autoridade, ver: Salo de Carvalho, *Como (não) se faz um trabalho de conclusão: provocações úteis para orientadores e estudantes de Direito*, 3. ed., São Paulo: Saraiva, 2015, p. 37.

marcadores que permitam selecionar os julgados), a partir dos quais se forma um banco de dados que será objeto de análise[18].

A análise da jurisprudência do TJPR que resultou no presente artigo, abarcando casos de violência contra pessoas LGBT julgados entre 2010 e 2020, partiu da seleção das doze palavras-chave apresentadas na tabela 1. Os marcadores foram introduzidos na ferramenta de busca de jurisprudência disponibilizada no endereço eletrônico do tribunal estadual paranaense, no campo referente à "pesquisa livre", entre os dias 3 e 5 de junho de 2021. Os filtros utilizados consistiram em: i) inteiro teor, por localizar palavras tanto nas ementas das decisões como em suas fundamentações, possibilitando maior abrangência na pesquisa; ii) todas as bases de consulta, englobando casos apreciados tanto pelo TJPR como por suas Turmas Recursais, para a hipótese de casos oriundos do Juizado Especial Criminal; iii) acórdãos, por expressarem decisões colegiadas, diferentemente das decisões monocráticas, que podem conter entendimentos individuais; iv) excluir os processos em segredo de justiça, pela dificuldade de acesso livre.

Aplicando as palavras-chave mencionadas, foram obtidos 524 processos. Foi necessário, então, afunilar o banco de dados formado para chegar ao campo de análise da pesquisa. Para tanto, o resultado foi submetido a três etapas de filtragem. A primeira etapa teve como objetivo selecionar apenas casos criminais, através de filtros oferecidos pela própria ferramenta de busca virtual do TJPR, que possibilitaram refinar o resultado da pesquisa por: i) classe; ii) relator; iii) comarca; iv) órgão julgador; e v) assunto. Foram selecionados apenas os 344 processos das cinco Câmaras Criminais e da 4ª Turma Recursal, que detém competência para julgar processos dos Juizados Especiais Criminais[19].

A segunda etapa pretendeu filtrar, mediante apreciação individual, os casos a partir da pertinência temática (conter alguma referência à violência homotransfóbica) e da data do julgamento (entre 2010 e 2020). Com isso, i) 222 processos foram excluídos por falta de pertinência temática, ou seja, apesar de conterem uma ou mais palavras-chave usadas para a busca, não possuíam relação com o tema da pesquisa; ii) 62 processos foram excluídos por terem sido julgados antes de 2010 ou depois de

18 Salo de Carvalho, *Como (não) se faz um trabalho de conclusão*, *op. cit.*, p. 38.

19 Nos termos do art. 6º, IV, 'a', da Resolução n. 02/2019 do Conselho de Supervisão dos Juizados Especiais/CSJE.

2020. A segunda filtragem resultou em 60 processos selecionados. Observe-se a seguinte tabela:

Tabela 1
Síntese das etapas de pesquisa

Palavra-chave	Quantidade de julgados encontrados	Resultado da 1ª etapa (seleção de casos criminais)	Resultado da 2ª etapa (pertinência temática e data de julgamento)
Lésbica	37	15	9
Gay	124	73	9
Bissexual	11	5	0
Transexual	47	19	9
Travesti	181	158	26
Transexualismo	13	0	0
Homossexualismo	34	19	1
Homofobia	74	55	6
Lesbofobia	0	0	0
Bifobia	0	0	0
Transfobia	1	0	0
LGBTfobia	2	0	0
Total	**524**	**344**	**60**

Fonte: Elaborado pelo autor, com dados da busca jurisprudencial, 2021.

Na terceira etapa, verificou-se a existência ou não de processos em duplicidade, diante da possibilidade de que mais de uma palavra-chave estivesse presente na mesma decisão. Dos 60 resultados obtidos na segunda etapa, constatou-se que 6 eram redundantes. Desse modo, 54 processos constituíram o espaço amostral de análise da pesquisa.

Análise de resultados

Uma vez obtidas as decisões pertinentes para a pesquisa, o conteúdo delas foi analisado para verificar se houve reconhecimento da homotransfobia na dosimetria da pena. Das 54 decisões, apenas 9 reconheceram a LGBTfobia na fixação da pena, o que corresponde a aproximadamente 17% dos julgados.

Gráfico 1
Reconhecimento da LGBTfobia na fixação da pena pelas decisões analisadas

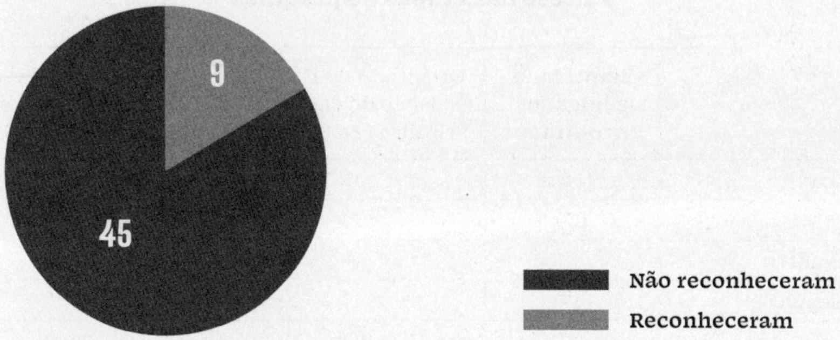

Fonte: Elaborado pelo autor, com dados da busca jurisprudencial, 2021.

Dentre as decisões que reconheceram a violência homotransfóbica, seis o fizeram a partir da qualificadora do crime de homicídio, por motivo torpe, e três a identificaram como circunstância judicial de fixação da pena[20].

Gráfico 2
Motivo de reconhecimento das condutas homotransfóbicas nas decisões analisadas

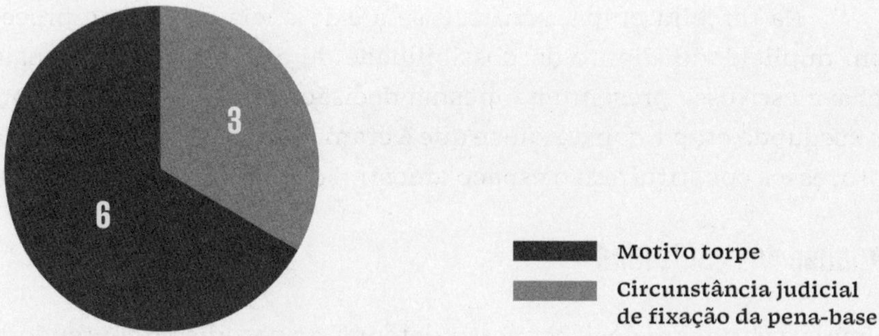

Fonte: Elaborado pelo autor, com dados da busca jurisprudencial, 2021.

20 Nos termos, respectivamente, do art. 121, inciso I, e do art. 59, *caput*, do Código Penal.

Para além do reconhecimento da violência LGBTfóbica, mostrou-se relevante examinar o conjunto das decisões, incluindo aquelas que por alguma razão não tipificaram a homotransfobia. Sendo assim, os 54 julgados foram divididos em três grupos (homofobia, lesbofobia e transfobia), em consonância com as teorizações sobre o conceito guarda-chuva expostas no início deste texto. Em cada uma dessas categorias, as decisões foram separadas de acordo com o crime cometido, destacando um grupo específico para questões relacionadas à execução penal.

Homofobia

Tabela 2

Julgados relacionados à homofobia (discriminação contra homens gays)

Crimes patrimoniais	6
Execução penal	2
Homicídio (tentado ou consumado)	4
Injúria	1

Fonte: Elaborado pelo autor, com dados da busca jurisprudencial, 2021.

Nos casos envolvendo homofobia (discriminação contra homens gays), os crimes patrimoniais chamaram atenção por seguirem um padrão aparentemente comum: as vítimas levam o autor do crime até sua própria residência, pensando se tratar de um encontro sexual, e lá são surpreendidas em situações que culminam em roubo ou latrocínio. Casos que se assemelham àquele recentemente ocorrido em Curitiba, que adquiriu proporções nacionais por envolver suposto *serial killer*[21].

Dentre os casos envolvendo crimes patrimoniais, apenas duas decisões reconheceram a homofobia nas circunstâncias judiciais, seja exasperando a culpabilidade pelo sentimento homofóbico do réu no cometimento do crime, seja considerando a personalidade homofóbica[22].

21 Pedro Diniz, "Na mente de um *serial killer*: entenda como agiu o homem que matava gays em Curitiba", *Folha de S.Paulo*, São Paulo, 18 jun. 2021. Disponível em: https://www1.folha.uol.com.br/ilustrada/2021/06/na-mente-de-um-serial-killer-entenda-como-agiu-o-homem-que-matava-gays-em-curitiba.shtml.

22 Respectivamente: Tribunal de Justiça do Estado do Paraná (3ª Câmara Criminal), *Apelação Criminal 0002971-03.2019.8.16.0088*. Relator Antonio Carlos Choma, 8 maio 2020; Tribunal de Justiça do Estado do Paraná (4ª Câmara Criminal), *Apelação Crime 1.525.052-1*, Relator Desembargador Renato Naves Barcellos, 29 set. 2016.

Em outras duas decisões, embora sejam mencionadas as circunstâncias discriminatórias de cometimento do crime, não há repercussões no aumento da pena nem na nomeação da conduta como homofóbica: i) em uma, a menção de que a vítima, segundo seu depoimento, teria ouvido dos réus no momento do roubo: "Seu viado, você vai morrer!" não implicou o reconhecimento de uma violência específica; ii) na outra, envolvendo delito de latrocínio, embora as circunstâncias narradas na decisão apontem a motivação homofóbica do crime (encontro com a vítima em boate LGBT, seguido de ingresso em seu apartamento para um encontro sexual), essa violência também não é reconhecida[23].

Ainda entre os crimes patrimoniais, destaca-se um acórdão que versa sobre o roubo cometido por cinco indivíduos contra duas vítimas, as quais haviam contratado os réus para um programa sexual. A contratação desse serviço, utilizada pelos réus como pretexto para roubar as vítimas, acabou tornando-se motivo para atenuar a pena-base deles, a partir do critério "comportamento da vítima", previsto no art. 59, *caput*, do Código Penal). Segundo o magistrado que fixou a pena (mantida pelo Tribunal), as vítimas teriam se deixado seduzir facilmente pelos acusados em circunstâncias anormais, concordando com a participação de mais de uma pessoa no suposto encontro, conduta que teria contribuído para a prática do crime[24]. Se o caso penal já envolvia, a princípio, homofobia individual, a decisão do Poder Judiciário mencionada se caracteriza como homofobia institucional. Afirmar que o comportamento das vítimas contribuiu para a ocorrência do roubo significa ignorar a motivação homofóbica do crime, revitimizando pessoas LGBT ao considerar anormal sua sexualidade. Além disso, a colocação de que não houve procura imediata do auxílio policial desconsidera os relatos das vítimas, que costumam ser atendidas de forma discriminatória pelos órgãos policiais[25].

Já os casos relacionados à execução penal dizem respeito: i) à fuga de um apenado homossexual por temer ameaça de morte de presos ligados ao Primeiro Comando da Capital (PCC), questão ignorada na decisão,

23 Respectivamente: Tribunal de Justiça do Estado do Paraná (5ª Câmara Criminal). *Apelação Crime 0008488-97.2018.8.16.0031*. Relator Desembargador Renato Naves Barcellos, 29 nov. 2018; Tribunal de Justiça do Estado do Paraná (3ª Câmara Criminal), *Revisão Criminal 689.842-0*, Relator Rogério Kanayama, 11 nov. 2010.

24 Tribunal de Justiça do Estado do Paraná (3ª Câmara Criminal), *Apelação Criminal 680.862-6*, Relator Rogério Kanayama, 26 ago. 2010.

25 Weber Fonseca, *Lgbtfobia: Casos de violência por discriminação de gêneros, identidades e orientações sexuais na Grande São Paulo*, São Bernardo do Campo: Lamparina Luminosa, 2015, p. 77.

que se limitou a autorizar a regressão de regime diante do cometimento de falta grave; ii) a um pedido de concessão de prisão domiciliar veiculado em *habeas corpus,* no qual o paciente alegou ter sido vítima de estupro dentro do cárcere, mas teve ordem denegada pela impossibilidade de supressão de instância do juízo da execução[26]. Não obstante o caráter singular dessas decisões, é importante recordar que as situações de que elas tratam dialogam com as discussões acadêmicas sobre as condições de encarceramento da população LGBT no Brasil e o consequente agravamento da violência por ela sofrida em um ambiente de dominação masculina[27]. Ademais, pesquisa recente conduzida pelo Ministério dos Direitos Humanos expõe o cenário nacional de absoluta precariedade das pessoas LGBT encarceradas, as quais, não raro, devem permanecer em galerias isoladas dos demais detentos para preservar sua integridade[28].

O terceiro grupo de decisões é relacionado aos casos de homicídio. Em dois deles, a homofobia foi reconhecida como motivo torpe: i) um grupo de *skinheads* em Curitiba agrediu, com chutes, socos e uso de arma branca, uma vítima (homem gay) que estava em um banco aguardando o ônibus; ii) a vítima, ao receber uma proposta de carona para se deslocar a uma festa, prestes a ingressar no veículo onde estavam os seus três algozes, foi alvejada por disparos de armas de fogo[29]. A despeito do enquadramento da homofobia como motivo torpe do homicídio nesses casos, é importante recordar que menos da metade das decisões analisadas neste tópico reconheceram as condutas dos réus como resultantes de discriminação homofóbica.

26 Respectivamente: Tribunal de Justiça do Estado do Paraná (1ª Câmara Criminal), *Recurso de Agravo 934.795-7,* Relator Marcos S. Galliano Daros, 22 fev. 2013; Tribunal de Justiça do Estado do Paraná (3ª Câmara Criminal), *Habeas Corpus 0061666-83.2020.8.16.0000,* Relator Desembargador Gamaliel Seme Scaff, 19 nov. 2020.

27 Mariana Py Muniz Cappellari, "Gêneros encarcerados: LGBTs no sistema prisional brasileiro", *Revista Eletrônica da Faculdade de Direito da UfPel,* v. 4, n. 1, p. 91-112, 2018.

28 Ministério da Mulher, da Família e dos Direitos Humanos. LGBT nas prisões do Brasil: diagnóstico dos procedimentos institucionais e experiências de encarceramento. Brasília: MMFDH, 2020. Disponível em: https://www.gov.br/mdh/pt-br/assuntos/noticias/2020-2/fevereiro/TratamentopenaldepessoasLGBT.pdf.

29 Respectivamente: Tribunal de Justiça do Estado do Paraná (1ª Câmara Criminal). *Apelação Crime 0007414-38.2013.8.16.0013.* Relator Macedo Pacheco, 17 dez. 2020; Tribunal de Justiça do Estado do Paraná (1ª Câmara Criminal). *Apelação Crime 1409217-0,* Relator Desembargador Miguel Kfouri Neto, 5 nov. 2015.

Lesbofobia

Tabela 3

Julgados relacionados à lesbofobia

Homicídio (tentado ou consumado)	3
Vias de fato e lesão corporal	3
Violência doméstica	6

Fonte: Elaborado pelo autor, com dados da busca jurisprudencial, 2021.

Diferentemente de homens gays que são alvo da homofobia, as mulheres lésbicas vítimas de lesbofobia encontram-se em uma situação de dupla discriminação, qual seja, contra o gênero e contra a sexualidade[30]. O fato de terem sido menos perseguidas historicamente se comparadas aos homens gays não significa uma maior tolerância, mas a instrumentalização da sexualidade feminina em prol do desejo masculino, a tal ponto que, para muitos, se tornam impensáveis as relações erótico-afetivas entre mulheres[31]. É à luz dessa discriminação singular que as decisões foram examinadas.

Nos casos envolvendo violência doméstica, a lesbofobia, apesar de não mencionada explicitamente, se sobressai como forma de dominação dos réus (homens) sobre suas companheiras ou familiares nas relações afetivas. O uso de "lésbica" como xingamento se mostra uma constante nos relatos de agressões físicas presentes nos acórdãos[32], inclusive como elemento para acusar as vítimas de traição[33]. Parte desses crimes de violência doméstica indica que os réus não se conformaram com o término de relacionamentos com suas antigas companheiras ou esposas, agredindo-as diante da suspeita de homossexualidade delas[34]. O conteúdo das decisões relativas a esses casos não permite inferir, com segurança, qual seria a sexualidade das vítimas (heterossexual, bissexual ou homossexual), mas, mesmo que fossem todas heterossexuais,

30 Daniel Borrillo, *Homofobia*, *op. cit.*, p. 27.

31 *Ibidem*, p. 28-9.

32 Tribunal de Justiça do Estado do Paraná (1ª Câmara Criminal), *Apelação Criminal 0002969-85.2017.8.16.0158*, Relator Desembargador Miguel Kfouri Neto, 29 ago. 2019.

33 Tribunal de Justiça do Estado do Paraná (1ª Câmara Criminal), *Apelação Crime 1.266.4670-2*, Relator Macedo Pacheco, 23 abr. 2015.

34 Tribunal de Justiça do Estado do Paraná (1ª Câmara Criminal), *Apelação Crime 1387178-2*, Relator Miguel Kfouri Neto, 6 agosto 2015; Tribunal de Justiça do Estado do Paraná (1ª Câmara Criminal), *Apelação Crime 1677651-9*, Relator Naor R. de Macedo Neto, 26 out. 2017.

isso não significa que não pudessem ser vítimas de lesbofobia. A ausência desse conceito nas decisões apreciadas aponta que esta violência não é reconhecida pelos órgãos do sistema de justiça criminal.

Dentre os casos de lesão corporal e vias de fato ocorridos fora do ambiente doméstico, destaca-se um ocorrido em um bar, portanto, um espaço de acesso ao público. No boletim de ocorrência citado na decisão, consta que, após uma discussão, a vítima teria sido seguida pelo agressor conduzindo uma motocicleta, forçando-a a parar. Ao agredi-la com chutes e socos, este disse a seguinte frase: "Já que você quer ser sapatão, você vai apanhar como homem"[35]. Esse caso parece confirmar as teorizações de Borrillo, no sentido de que, quando a vítima rejeita a condição atribuída ao "ser mulher" (no estereótipo de mãe, esposa, heterossexual, recatada, passiva), o menosprezo dos homens cissexuais pela sexualidade feminina se converte em violência. A lógica inerente à violência praticada nesse caso é explicada pelo seguinte raciocínio perverso: já que "escolheu" ser lésbica, subvertendo o que se espera de uma mulher "normal", apanhará "como um homem". É como se, numa compreensão bastante limitada e discriminatória, ser lésbica significasse uma renúncia absoluta ao sexo e ao gênero, que deslocaria a vítima automaticamente para o outro termo do binarismo (ou seja, o masculino), o que justificaria a violência sofrida.

Se no primeiro grupo de decisões (casos envolvendo violência doméstica) as suspeitas que os réus nutriam sobre a sexualidade de suas companheiras motivaram agressões acompanhadas de xingamentos, o terceiro grupo de decisões é aquele em que fica nítida a ocorrência de lesbocídio – ainda que a LGBTfobia não esteja expressamente incluída no Código Penal como qualificadora do crime de homicídio. Os casos referentes a esse grupo expressam um *modus operandi* similar por parte dos acusados: mais que não aceitar o fim do relacionamento, repudiam o fato de terem sido preteridos por uma mulher[36]. Aqui, as discriminações de gênero e de sexualidade se entrecruzam, numa relação de menosprezo e ódio às mulheres lésbicas. O segundo caso evidencia esse aspecto, uma vez que, de acordo com a denúncia apresentada pelo Ministério Público (e replicada no acórdão), o réu comentava que "perder para homem ainda

35 Tribunal de Justiça do Estado do Paraná (2ª Câmara Criminal), *Habeas Corpus 0006611-16.2021.8.16.0000*, Relator Desembargador Luís Carlos Xavier, 12 mar. 2021.

36 Tribunal de Justiça do Estado do Paraná (1ª Câmara Criminal), *Recurso em Sentido Estrito 0084049-81.2018.8.16.0014*, Relator Sérgio Luiz Patitucci, 15 maio 2020.

vai, mas perder para mulher não dá!"[37]. Em ambos, foi reconhecido o motivo torpe do crime, com alusão expressa à homofobia, a despeito de o conceito mais preciso para esta forma de violência ser o de lesbofobia.

Transfobia

Tabela 4
Julgados relacionados à transfobia

Crimes patrimoniais	5
Desacato e resistência	1
Execução penal	1
Homicídio (tentado ou consumado)	22

Fonte: Elaborado pelo autor, com dados da busca jurisprudencial, 2021.

O primeiro aspecto que chama a atenção na terceira categoria de julgados é quantitativo. Dos 54 acórdãos analisados nesta pesquisa, mais da metade (29, o que corresponde a cerca de 53%) se relaciona a crimes envolvendo transfobia. O segundo refere-se ao lugar ocupado por travestis e transexuais nas decisões: se os casos de homofobia e lesbofobia abordavam situações nas quais homens gays e mulheres lésbicas figuravam como vítimas, nos casos de transfobia as pessoas trans ora ocupam o lugar processual de rés, ora o de vítimas. Porém, é notável a quantidade de julgados relativos a transfeminicídios, ou seja, o homicídio de travestis e mulheres transexuais. O terceiro aspecto é que, à exceção de uma decisão[38], todas utilizam o nome (masculino) de registro de nascimento da pessoa trans, com eventuais menções secundárias do nome social.

Essas constatações não são meros detalhes: vistas em conjunto, são sintomáticas da transfobia em seus diversos níveis de violência (individual, institucional e estrutural). Nesse sentido, o único caso versando sobre execução penal diz respeito a uma mulher transexual presa, condenada pela prática de extorsão, cujo advogado impetrou a ação constitucional diante das condições inseguras e precárias de cumprimento da pena, buscando a transferência dela para estabelecimento prisional

37 Tribunal de Justiça do Estado do Paraná (1ª Câmara Criminal), *Recurso em Sentido Estrito e Apelação Crime 1528790-8*, Relator Naor R. de Macedo Neto, 9 fev. 2017.

38 Tribunal de Justiça do Estado do Paraná (3ª Câmara Criminal), *Habeas Corpus 0027978-04.2018.8.16.0000*, Relator Desembargador José Cichoki Neto, 4 out.2018.

adequado à população LGBT[39]. O pedido foi apresentado ao Poder Judiciário em razão das ameaças à integridade física da paciente, recebidas tanto da ala feminina da penitenciária quanto da masculina. O relato contido nessa decisão explicita uma realidade presente em todo o cenário nacional, no qual travestis e mulheres transexuais sofrem inúmeras violências nas prisões[40].

As situações envolvendo crimes patrimoniais também estão nitidamente caracterizadas por transfobia, ainda que esse termo não seja utilizado nas decisões. Consta, em uma delas, que duas travestis foram vítimas de roubo em uma praça de Ponta Grossa onde exerciam trabalho sexual. Segundo o relato de uma delas, era comum que o acusado transitasse pelo local fazendo provocações às travestis ali presentes, circunstância que foi utilizada para fixação da pena diante da motivação "homofóbica" do crime[41]. Caso semelhante ocorreu na cidade de Guarapuava: oito travestis que trabalhavam em via pública foram vítimas de extorsão por parte do réu, que exigia de cada uma das profissionais do sexo o pagamento de quantias diárias para que pudessem permanecer na avenida em que angariavam clientes, sob pena de agressões físicas e ameaças de morte[42]. Apesar de os depoimentos das vítimas – todas citadas no acórdão com os nomes masculinos que lhes foram atribuídos no nascimento – explicitarem a motivação transfóbica do crime, esse aspecto não foi reconhecido nem na sentença nem na decisão colegiada referente ao caso.

No terceiro julgado envolvendo crimes patrimoniais, uma travesti contratada para realização de um programa sexual foi condenada por extorsão. O cliente, ao supostamente descobrir no motel que se tratava de uma travesti, teria se negado a iniciar o programa e efetuar o pagamento, o que teria levado a acusada a ameaçar o cliente com uma faca para transferência de dinheiro, filmando simultaneamente o ocorrido sob a alegação de que espalharia o vídeo, caso não recebesse o valor do programa[43].

39 Tribunal de Justiça do Estado do Paraná (3ª Câmara Criminal), *Habeas Corpus 0015339-17.2019.8.16.0000*, Relator Desembargador Eugênio Achille Grandinetti, 16 maio 2019.

40 Guilherme Gomes Ferreira, *Travestis e prisões: experiência social e mecanismos particulares de encarceramento no Brasil*, Curitiba: Multideia, 2015, p. 109-13.

41 Tribunal de Justiça do Estado do Paraná (5ª Câmara Criminal), *Apelação Crime 0000313-87.2017.8.16.0019*, Relator Ruy Alves Henriques Filho, 2 ago. 2018.

42 Tribunal de Justiça do Estado do Paraná (4ª Câmara Criminal), *Apelação Criminal 0016446-76.2014.8.16.0031*, Relator Desembargador Celso Jair Mainardi, 7 mar. 2019.

43 Tribunal de Justiça do Estado do Paraná (3ª Câmara Criminal), *Apelação Criminal 0010662-79.2018.8.16.0031*, Relator Desembargador Sérgio Roberto Nóbrega Rolanski, 5 dez. 2019.

A denúncia do Ministério Público contém uma narrativa fática integralmente acolhida pelo Poder Judiciário paranaense, que compreende "o travesti", por um lado, a partir do estereótipo de pessoa violenta e, por outro, o cliente como vítima. Parece inconcebível aos atores do sistema de justiça criminal analisar esse caso por outra perspectiva, na qual a cobrança pelo programa seria legítima – a acusada seria punível, no máximo, pelo crime de exercício arbitrário das próprias razões (art. 345 do Código Penal). Aparentemente, o imaginário dos julgadores a respeito das travestis está voltado a um perfil discriminatório, no qual elas, ao figurarem como "sujeito ativo" de crimes, são rotuladas como dissimuladas (ao supostamente enganarem os seus clientes sobre quem são) e perigosas. Tais reflexões foram feitas pelo criminólogo Victor Siqueira Serra, ao se debruçar sobre os discursos do Tribunal de Justiça de São Paulo (TJSP) acerca da criminalização de travestis:

> Os discursos presentes nos acórdãos, tanto de desembargadores e outros agentes do sistema de justiça criminal, quanto das pessoas envolvidas nos conflitos e consequentes partes do processo, reconhecem a travestilidade segundo interesses processuais e variam, portanto, pelo contexto. Muitos homens apresentados como clientes de trabalhos sexuais remunerados afirmam em suas narrativas que *descobriram* se tratar de travestis somente após a contratação. Na maior parte dos casos, é uma tentativa de negar o programa sexual e qualquer possibilidade de que o conflito fosse uma cobrança justa.
> [...]
> Ao ressaltar que só soube se tratar de uma travesti depois de deixá-la entrar no carro ou chegar no motel, traz-se implícita uma ideia de farsa, de enganação, que ao mesmo tempo deslegitima a identidade travesti como um todo e a narrativa daquelas travestis especificamente implicadas no conflito.
> O sistema de justiça criminal, desde as polícias até o Tribunal de Justiça, parece ressaltar seletivamente a travestilidade. Reconhece o desvio, a marca da ambiguidade, da androginia, da feminilidade, construída com esparsos recursos sobre corpos tidos como masculinos e que, por isso, é tida como falsa ou incompleta. Reconhece que se trata de uma travesti, torna visível a marca, mas trata-se de um reconhecimento bastante enviesado sobre o que ser travesti significa e carrega.[44]

44 Victor Siqueira Serra, *"Pessoa afeita ao crime": criminalização de travestis e os discursos do Tribunal de Justiça do Estado de São Paulo*, São Paulo: IBCCRIM, 2019, p. 81-2.

Essa lógica de discriminação e invisibilidade da identidade travesti prevalece mesmo quando estas ocupam o lugar processual de vítima. Nas 22 decisões relacionadas a homicídios, nenhuma delas cita o conceito de transfobia, muito menos respeita o nome social das travestis. Este conjunto de decisões segue um padrão no qual a vítima é citada pelo nome (masculino) de registro de nascimento, e apenas em parte delas menciona-se o nome social – de forma secundária, por vezes até pejorativa ("conhecido como", "que usava o nome de", "travesti de alcunha", "que atendia pelo nome", "vulgo"). Fica, assim, a impressão de que as instituições que compõem o sistema de justiça criminal apreendem a identidade travesti como se se tratasse de uma *performance* meramente artística. O conjunto das decisões também demonstra que grande parte dos homicídios (consumados ou tentados) ocorre no contexto laboral das vítimas, que são prostitutas (em 16 decisões). Os estigmas de travesti e de prostituta se intersectam de tal forma que essas mortes traduzem a vulnerabilidade do "ser travesti", que as condena a uma vida precária, sem o direito de existirem de acordo com suas identidades.

Da totalidade dos acórdãos referentes ao grupo "transfobia", apenas um reconheceu o motivo torpe como qualificador do homicídio. Porém, consta na denúncia ministerial citada no acórdão que "[a] denunciada agiu mediante motivo torpe na medida em que tentou ceifar a vida da vítima por discriminá-la em razão de sua opção sexual"[45]. Este trecho é exemplificativo do descompasso entre os estudos LGBT e as práticas do Poder Judiciário em casos criminais envolvendo LGBTfobia. Ainda que a caracterização de motivo torpe como qualificadora de um homicídio contra uma travesti seja considerada um avanço, esse reconhecimento é precário e tem limitações. Primeiramente, porque a decisão analisada confunde conceitos de orientação sexual e identidade de gênero. Em segundo lugar, porque parte do pressuposto de que ser travesti consiste em uma "opção", equívoco há muito superado pelos estudos LGBT.

O problema do reconhecimento das violências LGBTfóbicas (em especial, da transfobia), no entanto, vai muito além da imprecisão conceitual ou da utilização de termos equivocados pelo Poder Judiciário. Os casos criminais analisados referentes ao homicídio de travestis são ilustrativos do funcionamento das instituições que compõem o sistema

45 Tribunal de Justiça do Estado do Paraná (1ª Câmara Criminal), *Apelação Criminal 0002887-13.2011.8.16.0175*, Relator Desembargador Antonio Loyola Vieira, 20 fev. 2020.

de justiça criminal. A ausência de reconhecimento do motivo dessas mortes ignora o padrão dos crimes de ódio que se verifica no assassinato dessas pessoas, reforçando a transfobia estrutural e a abjeção com que transexuais e travestis são tratadas no Brasil[46].

Conclusões

Os resultados da pesquisa jurisprudencial confirmam a hipótese da investigação, qual seja, de que as normas de caráter genérico contidas no Código Penal são insuficientes para tipificar condutas LGBTfóbicas. Como bem alertam determinados pesquisadores da área[47], os homicídios de pessoas LGBT acabam sendo tratados como homicídios comuns, sem que se qualifique a motivação do crime cometido. Em outras palavras, a pesquisa contraria a argumentação utilizada para criticar a criminalização específica da homotransfobia, uma vez que o espaço amostral coloca em dúvida a suficiência da legislação criminal existente para enquadrar condutas LGBTfóbicas. Nesse sentido, a investigação aponta que alguns casos são equivocadamente qualificados como homicídios cometidos por motivo fútil, quando, a rigor, a futilidade não se mostra compatível com o viés antidiscriminatório.

Os resultados atingidos com a análise de correntes jurisprudenciais também dialogam estreitamente com uma recente pesquisa conduzida pela ONG All Out e pelo Instituto Matizes – Pesquisa e Educação para a Equidade. Esse estudo elencou 34 barreiras para o reconhecimento institucional da criminalização da LGBTfobia no Brasil, sendo uma delas (a de número 22) justamente a falta de reconhecimento jurídico da motivação homotransfóbica pelo sistema de justiça. De acordo com o relatório, "Embora a decisão do STF tenha conferido visibilidade à LGBTfobia, isso não significou uma alteração significativa nas rotinas, práticas, formação e capacitação dos agentes de justiça. Pelo contrário, ainda é possível detectar a existência de uma resistência institucional perpetuada pelo próprio sistema de justiça. Em larga medida, ainda é minoritário o reconhecimento de gravidade da ofensa LGBTfóbica entre operadores do direito"[48]. Esse cenário reforça a dificuldade de produção de dados estatísticos, os

46 Jaqueline Gomes de Jesus, "Transfobia e crimes de ódio: assassinatos de pessoas transgênero como genocídio", *História Agora*, v. 16, n. 2, 2013, p. 113.

47 Weber Fonseca, *Lgbtfobia, op. cit.*, p. 10.

48 Lucas Bulgarelli *et al.*, *LGBTIfobia no Brasil: barreiras para o reconhecimento institucional da criminalização*. São Paulo: All Out/Instituto Matizes, 2021, p. 56. Disponível em: https://s3.amazonaws.com/s3.allout.org/images/LGBTIfobia_no_Brasil_-_All_Out_e_Instituto_Matizes.pdf.

quais poderiam auxiliar na formulação e na execução de políticas públicas de enfrentamento da LGBTfobia.

Os casos criminais examinados, a princípio, demonstram a prática dessa violência entre indivíduos, numa perspectiva meramente individual. Todavia, uma análise detida das decisões que compuseram o espaço amostral da pesquisa – em especial, aquelas que não reconheceram a violência LGBTfóbica como circunstância judicial da pena ou como motivo torpe dos homicídios – revela outras camadas da homotransfobia presente na atuação do Poder Judiciário.

O desrespeito aos nomes sociais das travestis vítimas de homicídio implica a reprodução da transfobia institucional por parte do Poder Judiciário paranaense, que não reconhece a identidade de gênero dessas pessoas, enclausurado em narrativas que insistem na prevalência do gênero masculino de nascença e registro. A lesbofobia institucional também se evidencia nos casos de violência doméstica, uma vez que as agressões à sexualidade feminina praticamente não são reconhecidas nas decisões. Em outros casos, quando o comportamento das vítimas (homens gays) é considerado atenuante da pena dos réus (por terem sido atraídos a um "encontro anormal", em referência à contratação de programa sexual), é possível apontar a homofobia estrutural, pois esse entendimento dos julgadores parte da premissa (não declarada) de que a homossexualidade é um comportamento desviante. Mesmo nas decisões que de alguma forma reconheceram a violência praticada contra as vítimas LGBT, o uso genérico do termo "homofobia" acaba se mostrando impreciso diante das peculiaridades de cada discriminação[49].

O conjunto de decisões avaliadas também expõe os atuais limites do Poder Judiciário ao lidar com casos envolvendo LGBTfobia. Os obstáculos certamente extrapolam a falta de tipificação criminal de condutas discriminatórias (homotransfóbicas) ou o uso inadequado de conceitos, pois o reconhecimento dessas violências (ou a falta dele) depende da capacitação dos atores que integram as instituições do sistema de justiça criminal, especialmente no que diz respeito à formação de magistradas e magistrados.

Nesse sentido, uma das possibilidades para superação da abordagem insuficiente (e, por vezes, discriminatória) do Poder Judiciário nos referidos casos seria investir na formação continuada dos membros dessa instituição sobre temáticas vinculadas à população LGBT. Tal proposta

49 Jaqueline Gomes de Jesus, *Homofobia: identificar e prevenir*, 2. ed. rev. e ampl., Rio de Janeiro: Metanoia, 2015, p. 46.

pode ser concretizada através dos cursos de aperfeiçoamento oferecidos pela Escola Nacional de Formação e Aperfeiçoamento de Magistrados (Enfam), pelo Conselho Nacional de Justiça (CNJ) ou, ainda, pelas escolas estaduais de preparação de juízas e juízes. A formação especializada para juízes, promotores e defensores públicos sobre grupos que requerem tratamento específico, com ênfase em capacitações de direitos humanos e diversidade sexual, foi uma recomendação expressa do relatório produzido pela CIDH em 2015[50]. Essa medida tem como finalidade evitar ações ou omissões de operadores do sistema de justiça que possam resultar em descumprimento das obrigações internacionais de direitos humanos. Outra possibilidade diz respeito ao enfrentamento dos obstáculos que impedem o reconhecimento da LGBTfobia como crime, circunstância agravante ou qualificadora. Com o objetivo de adotar procedimentos voltados a diminuir a violência homotransfóbica perpetrada pelo sistema de justiça, recentemente o CNJ lançou o formulário de registro de ocorrência geral e de emergência e risco iminente à comunidade LGBTQIA+, a ser aplicado por delegacias, pelo Ministério Público e pela Defensoria Pública[51].

Embora as violências de caráter multidimensional (estrutural, institucional e individual) como a LGBTfobia sejam complexas e exijam atuação conjunta do poder público, das demais instituições que compõem o sistema de justiça e da sociedade civil, é essencial que o Poder Judiciário atue no sentido de combater discriminações fundadas em orientações sexuais e identidades de gênero estigmatizadas. Principalmente, se considerarmos o objetivo constitucional de formar uma sociedade sem preconceitos de origem, raça, sexo, cor, idade e quaisquer outras formas de discriminação.

Importante destacar, por fim, as limitações nos dados obtidos a partir da análise de correntes jurisprudenciais. Eles dizem respeito ao conteúdo das decisões colegiadas, ou seja, sem adentrar as decisões proferidas em primeiro grau de jurisdição. Se, por um lado, somente 13 das 62 decisões que compõem o espaço amostral da pesquisa reconheceram a LGBTfobia – seja como qualificadora, seja como agravante de crimes imputados aos réus –, por outro, o exame das decisões de primeira instância pode, em tese,

50 Comissão Interamericana de Direitos Humanos, *Violência contra pessoas lésbicas, gays, bissexuais, trans e intersexo nas Américas*, *op. cit.*

51 Conselho Nacional de Justiça, "CNJ divulga pesquisa e formulário para subsidiar combate à LGBTfobia", 8 ago. 2022. Disponível em: https://www.cnj.jus.br/cnj-divulga-pesquisa-e-formulario-para-subsidiar-combate-a-lgbtfobia/.

modificar esses resultados. Reitero, portanto, que os dados obtidos devem ser analisados de acordo com a metodologia adotada, pois se restringem ao conteúdo das decisões proferidas em segundo grau de jurisdição.

PARTE 04

PARA ALÉM DA CISGENERIDADE E DA ENDOSSEXUALIDADE: OS DIREITOS DAS PESSOAS TRANS E INTERSEXO

AUTODETERMINAÇÃO DA IDENTIDADE DE GÊNERO COMO DIREITO FUNDAMENTAL DAS PESSOAS TRANS: UMA LEITURA A PARTIR DO DIREITO ANTIDISCRIMINATÓRIO

ANTONELLA GALINDO

Um dia, vivi a ilusão de que ser homem bastaria
Que o mundo masculino tudo me daria
Do que eu quisesse ter
Que nada
Minha porção mulher que até então se resguardara
É a porção melhor que trago em mim agora
É a que me faz viver
Gilberto Gil, "Super Homem (a canção)"

"'Insignificante, é claro, eu quis dizer', o rei se apressou a falar, e prosseguiu, falando consigo mesmo: 'Importante – insignificante – importante', como se estivesse testando que palavra soava melhor."

A frase da famosa obra de Lewis Carroll, *Alice no País das Maravilhas,* possivelmente é um exemplo das convenções sociais que guiam o uso das palavras na linguagem concreta, não poucas vezes dissociadas de suas etimologias ou sentidos considerados originários. Importante, insignificante, importante. Paramos nesta última como aquilo que é característico quando diz respeito ao nome (ou, em termos técnico-jurídicos, o prenome) de um ser humano. O nome é a forma de identificação social de cada pessoa. É a nossa própria identidade pessoal que está expressa naquela identificação que consta de nossa documentação oficial. É o Estado reconhecendo o indivíduo em sua singularidade a partir de seu nome completo, constituído de prenomes e sobrenomes.

É deveras gratificante a qualquer pessoa ser chamada pelo seu nome, na medida em que este denota sua existência e identificação como ser humano em nossa sociedade. Expõe nossa singularidade como indivíduos e a autoafirmação correspondente, sinal do primeiro dos empoderamentos pessoais possíveis.

No entanto, há um segmento social ao qual é historicamente negado esse direito à identificação condizente com sua singularidade. Em razão da incongruência entre o gênero atribuído a elas ao nascer, com base no sexo biológico, e aquele ao qual sentem pertencer, as pessoas transgênero tiveram e ainda têm muitas dificuldades em serem socialmente chamadas por um prenome congruente com sua identidade de gênero. E isso se deve em boa medida ao não reconhecimento jurídico do direito à alteração do prenome para esse tipo de adaptação, realidade que só começou a mudar em tempos muito recentes – muito especialmente após a importante decisão do Supremo Tribunal Federal na ADI n. 4.275.

Este texto pretende abordar essa ação e seu desdobramento decisório, que resultou no reconhecimento do que chamo aqui de um direito fundamental à autodeterminação da identidade de gênero. Para tanto, lanço mão dos fundamentos do direito antidiscriminatório, base para a compreensão material de direitos como este objeto de análise, bem como da tese que já esbocei em outro artigo acerca da legalidade oblíqua e contramajoritária construída pelo STF no Brasil na edificação judicial de alguns desses direitos, mais especialmente aqueles das pessoas LGBTI+[1].

Direito antidiscriminatório como fundamento teórico dos direitos LGBTI+

Os direitos da população LGBTI+ podem ser lidos e interpretados a partir do denominado direito antidiscriminatório, que, na percepção de Adilson Moreira, é um subsistema do direito constitucional, pois tem como base os princípios fundantes da cultura jurídica moderna, especialmente a concepção democrática de Estado de direito, que, por sua vez, pressupõe uma relação estrutural entre direito e democracia[2].

Tal como outros segmentos vulneráveis da população, como negros, indígenas, mulheres, pessoas com deficiência, pobres etc., os indivíduos

1 Adilson José Moreira, *Tratado de direito antidiscriminatório*, São Paulo: Contracorrente, 2020; Bruno Galindo, "O Estado laico segundo o Supremo Tribunal Federal: aspectos da legalidade oblíqua e contramajoritária no Brasil", *Revista Acadêmica da Faculdade de Direito do Recife*, Edição Comemorativa dos 130 anos da *Revista Acadêmica*, 2021, p. 59-60. Disponível em: https://periodicos.ufpe.br/revistas/ACADEMICA/article/view252585. Optei aqui por utilizar a sigla LGBTI+, considerando as reflexões trazidas por Renan Quinalha, assim como o fato de ser o termo aparentemente mais utilizado nas decisões do STF (ex.: ADO n. 26 e ADI n. 4.275) e da Corte Interamericana de Direitos Humanos (Parecer Consultivo OC n. 24/2017), mesmo sabendo que não é uniforme o seu uso. Já tivemos no passado a sigla GLS (gays, lésbicas e simpatizantes), passando por LGBT (lésbicas, gays, bissexuais e transexuais/transgênero), até o uso contemporâneo e inclusivo do sinal de adição (+), que propicia variações delas, tais como LGBT+, LGBTI+ (incluindo as pessoas intersexo), LGBTQIA+ (com a inclusão das pessoas queer, intersexo e assexuais) ou ainda LGBTQIAPN+ (com a inclusão, ainda, de pansexuais e pessoas não binárias). Como essas possibilidades são amplas, penso que o sinal + em uma sigla curta já pode configurar a inclusão de todas essas possibilidades de identidade de gênero e de orientação sexual e outras mais, propiciando uma comunicação mais efetiva e funcional. Cf. Renan Quinalha, *Movimento LGBTI+: uma breve história do século XIX aos nossos dias*. Belo Horizonte: Autêntica, 2022.

2 Adílson José Moreira, *Tratado de direito antidiscriminatório*, *op. cit.*, p. 53.

LGBTI+ sofrem discriminação pejorativa em razão de sua condição – discriminação esta que resulta em negar-lhes direitos fundamentais que alcançam outros segmentos populacionais. Esse tipo de discriminação tem vários desdobramentos no que diz respeito a violações da dignidade humana, da liberdade, da segurança e do acesso a direitos de um modo geral.

Penso que o princípio estruturante do direito antidiscriminatório é o princípio da igualdade. A igualdade traduz em larga medida a ideia fundamental do Estado democrático de direito. Contudo, sua dimensão interpretativa é problemática, já que, como destacado por Marcelo Neves, trata-se de expressão vaga, ambígua e de forte conotação retórica[3]. Apesar disso, é razoavelmente consensual que a interpretação desse princípio não pode almejar homogeneidades socioculturais que venham a suprimir a diversidade social humana; ao contrário, espera-se que sua concretização constitucional possibilite evitar discriminações arbitrárias e/ou calcadas em distinções largamente vistas pela cultura democrática como injustas, tais como as baseadas em raça, gênero, religião, ascendência e situação econômica.

Pode-se afirmar com razoável segurança que essas concepções começam a adquirir contornos mais próximos dos atuais a partir do Iluminismo europeu, no século XVIII. Rousseau com a ideia do "bom selvagem", Kant com propostas como as de "hospitalidade universal" e de "imperativo categórico", e até mesmo a famosa trilogia ideológica da Revolução Francesa – liberdade, igualdade, fraternidade – reforçam uma percepção mais universalista do princípio em questão, não obstante as contradições terem permanecido na realidade vivida ao longo dos séculos XIX e XX. Esse aspecto se destaca especialmente em situações como a do voto censitário na França e da escravidão nos Estados Unidos, mesmo com previsões constitucionais apontando em direção diversa. No caso dos norte-americanos, políticas de segregação racial amparadas em leis e até na jurisprudência da Suprema Corte ainda subsistiram durante um século após o fim oficial da escravidão[4].

As lutas sociais antirracistas dos movimentos em defesa dos direitos da população negra deram seguramente o impulso inicial às discussões sobre o princípio da igualdade na construção de um direito antidiscriminatório,

3 Marcelo Neves, *Entre Têmis e Leviatã: Uma relação difícil*, São Paulo: Martins Fontes, 2006, p. 166.

4 Bruno Galindo, "O direito antidiscriminatório entre a forma e a substância: igualdade material e proteção de grupos vulneráveis pelo reconhecimento da diferença", em Carolina Valença Ferraz e Glauber Salomão Leite (org.), *Direito à diversidade*, São Paulo: Atlas, 2015, p. 46-7.

em especial nos Estados Unidos. O fim da segregação racial formal ainda existente naquele país em plenos anos 60 do século passado possibilitou a formulação de teorias da justiça mais sofisticadas, com destaque para a do jusfilósofo John Rawls, que propõe a igualdade e a diferença como princípios de justiça. O princípio da igualdade é, para Rawls, o definidor das liberdades individuais fundamentais, contanto que calibrado pelo princípio da diferença, com a defesa de uma equitativa igualdade de oportunidades combinada com desigualdades sociais e econômicas socialmente vantajosas (ainda que isso viesse a suscitar desvantagens pontuais). Tais teorias e formulações filosóficas, que nos limites de uma razoabilidade levam a sociedade como um todo a ser beneficiada[5], inspiraram teses como a das ações afirmativas, engendradas inicialmente no sistema constitucional estadunidense, mas com repercussões em políticas públicas e formulações normativas em diversos outros países, incluindo o Brasil.

O princípio da igualdade assim interpretado permite pensar essas ações como "discriminação positiva" ou "discriminação reversa", em contraposição às discriminações pejorativas. A diferença fundamental entre ambas seria o caráter política e socialmente inclusivo de segmentos vulneráveis da sociedade das primeiras e o caráter excludente e perpetrador de desigualdades injustificáveis à luz das teorias da justiça contemporâneas das segundas.

Nessa perspectiva, os direitos fundamentais dos segmentos vulneráveis da população exigem do Estado um tratamento específico através de diversos meios, desde as políticas públicas de ações afirmativas e estruturais de promoção da igualdade material e do combate à discriminação pejorativa até a construção de um arcabouço normativo constitucional e infraconstitucional que vincule a atuação dos poderes do Estado nessa direção. E isso inclui, é claro, o Poder Judiciário, especialmente quando se considera sua frequente atuação contramajoritária em virtude da proteção constitucional aos direitos fundamentais de minorias vulneráveis.

A tentativa de minimizar as vulnerabilidades sociais em questão tem conduzido a uma gradativa criação e sedimentação do chamado

5 John Rawls, *Uma teoria da justiça*, trad. Almiro Pisetta e. Lenita M. R. Esteves, São Paulo: Martins Fontes, 1997, p. 64ss.; Michael Walzer, *Esferas da justiça: uma defesa do pluralismo e da igualdade*, São Paulo: Martins Fontes, 2003, p. 17; Simone Goyard-Fabre, *Os princípios filosóficos do direito político moderno*, trad. Irene A. Paternot, São Paulo: Martins Fontes, 2002, p. 309ss.

direito antidiscriminatório. Adilson Moreira, com base em Koppelman e McColgan, define direito antidiscriminatório como

> um campo jurídico composto por uma série de normas que pretendem reduzir ou eliminar disparidades significativas entre grupos, um dos objetivos centrais dos textos constitucionais das sociedades democráticas. Essa meta pode ser alcançada por meio da criação de um sistema protetivo composto por normas legais e iniciativas governamentais destinadas a impedir a discriminação negativa, forma de tratamento desvantajoso intencional e arbitrário, e também por iniciativas públicas ou privadas destinadas a promover a discriminação positiva, ações voltadas para a integração social de minorias.[6]

Em outro texto, busquei oferecer uma definição de direito antidiscriminatório que penso servir também para tratar do direito fundamental à autodeterminação da identidade de gênero das pessoas trans, objeto deste ensaio. Na ocasião, defini o direito antidiscriminatório como

> um conjunto de medidas jurídicas em âmbito constitucional e infraconstitucional que almeja reduzir a situação de vulnerabilidade de cidadãos e grupos sociais específicos através da proibição de condutas discriminatórias pejorativas, a exemplo da criação e manutenção de privilégios injustificáveis à luz das contemporâneas teorias da justiça, e, por outro lado, da implementação, quando necessário, de políticas públicas de discriminação reversa ou positiva, sempre no sentido de promover tais grupos e cidadãos a uma situação de potencial igualdade substancial/material, políticas estas normalmente transitórias até que se atinja uma redução significativa ou mesmo extinção da vulnerabilidade em questão.[7]

Em tal dimensão geral, o direito antidiscriminatório abrange, como já dito, vários segmentos sociais vulneráveis. Os direitos da população

6 Adilson José Moreira, *Tratado de direito antidiscriminatório*, *op. cit.*, p. 50.

7 Bruno Galindo, "O direito antidiscriminatório entre a forma e a substância", *op. cit.*, p. 51. Uma definição um pouco mais sucinta está em Dimitri Dimoulis, *Direitos de igualdade: antidiscriminação, minorias sociais, remédios constitucionais*, São Paulo: Almedina, 2021, p. 161-2: "O direito antidiscriminatório é o conjunto de normas jurídicas que a) impedem o tratamento desfavorável de grupos historicamente inferiorizados (oprimidos e/ou explorados) ou b) impõem o tratamento compensatório em favor desses grupos, independentemente da relação jurídica subjacente e da origem dessas normas".

LGBTI+, de visibilização mais recente, têm sido edificados de modo mais efetivo no Brasil por meio da atuação do Poder Judiciário e, em parte, pelo Poder Executivo nos diversos níveis da Federação, quando estão à frente desses governos dirigentes ideologicamente mais próximos da defesa de tais direitos. Há uma profunda lacuna normativa por parte dos poderes legislativos, notadamente do Congresso Nacional, o que torna quase imperativa, como veremos, a construção de uma legalidade oblíqua e contramajoritária para a concretização desses direitos através da jurisprudência do Supremo Tribunal Federal.

Sobre a legalidade oblíqua e contramajoritária e o papel do STF na construção desses direitos

Como destacado, há uma lacuna absoluta na legislação nacional acerca dos direitos da população LGBTI+, notadamente, os da população transgênero. É bem verdade que há propostas protocoladas por parlamentares comprometidos com esses direitos, a exemplo do Projeto de Estatuto da Diversidade Sexual e de Gênero (PLS n. 134/2018), apresentado pelo senador Paulo Rocha (PT/PA), e de uma série de outros mais específicos[8]. No entanto, o Congresso Nacional, de composição bastante heterogênea e com uma grande bancada de parlamentares contrários a esses direitos, especialmente por razões de natureza religiosa (a denominada "Bancada da Bíblia"), até hoje não deliberou sobre as questões presentes nesses projetos, fazendo com que a concretização constitucional da igualdade de direitos para esse segmento dependesse da atuação do STF. E é essa atuação que denominei anteriormente legalidade oblíqua e contramajoritária[9].

A legalidade oblíqua e contramajoritária resulta da aceitação de um *rule of law* em nosso contexto, que seria construído pela atuação do Poder Legislativo, mas não apenas dele. A ideia de um *rule of law* pode ser aproximada ao ideário do Estado de direito no âmbito do sistema jurídico romanista. Nos estudos em que debati as novas possibilidades e limites do princípio da legalidade, defendi a aproximação entre a ideia principiológica de legalidade no Estado de direito do sistema romanista com a

8 Cf. Acórdão de inteiro teor da decisão na ADO n. 26, rel. min. Celso de Mello, DJe 06 out. 2020, p. 5-9.

9 Bruno Galindo, "O Estado laico segundo o Supremo Tribunal Federal", *op. cit.*, p. 59-60; *idem*, "Princípio da legalidade oblíqua e súmula vinculante: a atuação legislativa da jurisdição constitucional nos 20 anos da Constituição de 1988", em Cláudio Brandão, Francisco Cavalcanti e João Maurício Adeodato (org.), *Princípio da legalidade: da dogmática jurídica à teoria do direito*, Rio de Janeiro: Forense, 2009, p. 178-9.

prevalência do *rule of law* no sistema jurídico anglo-americano (*common law*). Ainda no primeiro ensaio, quando discutia os reflexos dessa percepção no debate sobre a súmula vinculante, então incipiente em nosso constitucionalismo, destaquei que o considerável aumento da importância da atuação da jurisdição constitucional no Brasil, em especial do STF, poderia ensejar o advento de uma legalidade oblíqua como uma espécie de *rule of law* brasileiro. Afastando-se do princípio da estrita legalidade (exigência de lei formal ou ato legislativo do Poder Legislativo), esse *rule of law* se constituiria de atos de natureza legislativa provenientes tanto do próprio Legislativo como dos demais poderes do Estado.

Direcionando o argumento da legalidade oblíqua ao tema deste ensaio, pode-se afirmar que essa percepção do princípio da legalidade depende da compreensão do papel contramajoritário que pode ser exercido pelas cortes supremas e/ou tribunais constitucionais, em especial a partir de posturas muitas vezes consideradas ativistas, embora não haja uma relação necessária entre ativismo e contramajoritariedade. Em princípio, a legalidade oblíqua seria associada a uma perspectiva ativista da atuação da jurisdição constitucional, no sentido de uma postura judicial invasiva da esfera de competência dos outros poderes estatais, independentemente da percepção axiológica em torno dos benefícios e dos malefícios disso.

De plano, desejo afastar qualquer percepção entusiasta ou pejorativa do termo "ativismo", priorizando seu aspecto analítico. Sendo assim, uma corte ativista pode ser progressista ou conservadora, de "direita" ou de "esquerda", liberal ou social, muito embora a expressão "ativismo judicial" seja mais comumente associada às cortes estadunidenses de viés liberal. Na história da Suprema Corte estadunidense, alternaram-se colegiados de posturas ativistas e de autolimitação (*self restraint*)[10].

O termo "ativismo" surgiu em um artigo do jornalista estadunidense Arthur Schlesinger Jr. que analisava o perfil dos juízes da Suprema Corte de seu país em 1947, constatando que, dos nove, quatro seriam ativistas, três seriam defensores da autolimitação e dois estariam em uma postura intermediária. Posteriormente, foram descritas como

10 Larry D. Kramer, *The People Themselves: Popular Constitutionalism and Judicial Review*, New York: Oxford University Press, 2004, p. 219ss.; Flávia Santiago Lima, *Jurisdição constitucional e política (ativismo e autocontenção no STF)*, Curitiba: Juruá, 2014.

ativistas tanto a liberal e paradigmática Corte Warren dos anos 1950-1960 como a conservadora Corte Rehnquist dos anos 1980-1990[11].

Se nos Estados Unidos pode-se falar em uma Suprema Corte ativista pelo menos desde o *leading case* Marbury *versus* Madison (1803), no qual a atuação do *Chief Justice* John Marshall se tornou emblemática[12], no Brasil tal fenômeno só vem a ocorrer com algum destaque pós-Carta de 1988, especialmente no controle concentrado de constitucionalidade exercido pelo STF.

Mais próxima do *self restraint* nos primeiros anos de vigência da Constituição de 1988, a corte suprema brasileira passa a uma postura bem mais ativista a partir da primeira década deste século, tendo enfrentado temas polêmicos e de alcance social bastante abrangente[13]. Exercendo um papel de legislador negativo e até positivo, o STF tem decidido tais questões sem considerar de maneira estrita a clássica "separação de poderes", construindo a legalidade oblíqua à qual me referi. Esta poderia ser compreendida como a construção de um *rule of law* brasileiro a partir de diversas fontes do direito, não somente aquelas produzidas pelo poder legislativo.

Assim, o Congresso Nacional seria a fonte do direito por excelência, levando em consideração o princípio democrático, mas isso não obstaculizaria a atuação dos poderes Executivo e Judiciário como *locus* de construção desse *rule of law* quando a atuação legislativa propriamente dita falhar em concretizar direitos fundamentais como os que ora são objeto de debate.

Transexualidade e o direito ao próprio nome como fundamento do exercício social da identidade de gênero

A identidade pessoal se expressa das mais variadas formas. A maneira como uma pessoa se veste, por exemplo, pode dizer muito de como ela deseja ser vista pela sociedade, em alguns momentos se adequando a padrões usuais, noutros se afastando ou rompendo com estes. O modo de falar, com uma linguagem mais ou menos formal, recorrendo a expressões idiomáticas e gírias ou evitando-as, também pode dizer muito sobre a pessoa em sociedade.

11 Vanice Regina Lírio do Valle (org.), *Ativismo jurisdicional e o Supremo Tribunal Federal (laboratório de análise jurisprudencial do STF)*, Curitiba: Juruá, 2009, p. 20; Flávia Santiago Lima, *Jurisdição constitucional e política*, *op. cit.*, p. 164ss.

12 Randy E. Barnett, *Restoring the Lost Constitution: the Presumption of Liberty*, Princeton: University Press, 2004, p. 143-7; Laurence H. Tribe, *American Constitutional Law*, v. 1, 13. ed., New York: Foundation Press, 2000, p. 207-13.

13 Gilmar Mendes, *Estado de direito e jurisdição constitucional, 2002-2010*. São Paulo: Saraiva, 2011, p. 67.

Todavia, nada é mais significativo para a identidade pessoal de alguém que o próprio nome. Ainda que haja casos de homonímia, o nome dado a alguém torna essa mesma pessoa identificável de modo personalíssimo e único, inclusive pelo Estado, que associa esse nome a um número único de registro identitário oficial, tais como o registro geral de identidade (RG), o cadastro de pessoas físicas (CPF) ou a identificação profissional (OAB, CREA, CRM etc.).

Embora a Constituição não consagre expressamente o direito ao próprio nome, este decorre do sistema e dos princípios constitucionais elencados, bem como da legislação internacional da qual o Brasil é signatário. Esta adentra o ordenamento jurídico nacional na condição de normas supralegais, inferiores à Constituição, porém, hierarquicamente superiores a todas as demais. Destaca-se nesse sentido um artigo da Convenção Americana sobre Direitos Humanos:

> **Artigo 18 - Direito ao nome**
>
> Toda pessoa tem direito a um prenome e aos nomes de seus pais ou ao de um destes. A lei deve regular a forma de assegurar a todos esse direito, mediante nomes fictícios, se for necessário.

O nome também faz parte dos direitos da personalidade estabelecidos no Código Civil brasileiro. A identidade pessoal se associa ao nome de modo socialmente indelével. Daí não ser possível se falar em direito à autodeterminação da identidade de gênero sem que se garanta a todas as pessoas esse direito ao próprio nome, incluindo aí as pessoas transgênero.

A título de definição, entende-se como pessoa transgênero aquela que não se sente em conformidade com o gênero atribuído no momento do nascimento, quando essa atribuição é baseada na observação da genitália da pessoa nascida. Ou seja, alguém que nasceu com pênis e testículos, mas tem identidade de gênero feminina, é uma mulher trans, ao passo que alguém que nasceu com vagina e útero, mas se identifica com o gênero masculino, é um homem trans. A seu turno, pessoas cisgênero são aquelas que se sentem em conformidade com o gênero atribuído ao nascerem[14].

Portanto, a identidade de gênero diz respeito ao entendimento que a pessoa tem em relação ao gênero com o qual se identifica. Como

14 Escritório do Alto-Comissariado das Nações Unidas – Direitos Humanos. "Pessoas transgênero", Nota Informativa, 2017. Disponível em: https://www.unfe.org/wp-content/uploads/2017/05/Transgender-PT.pdf.

destaca Paulo Iotti Vecchiatti, o termo "gênero" significa tradicionalmente o conjunto de atitudes e posturas que se presumiria serem inerentes ao homem ou à mulher com base no sexo biológico, criando-se conceitos de masculinidade e feminilidade a partir das expectativas sociais sobre tais comportamentos[15]. Em uma perspectiva ainda um tanto binária, poderíamos dizer, para os limites deste ensaio, que a pessoa transgênero não se identifica com essas presunções, tendendo a rejeitá-las em profundidade para assumir a maior parte dos comportamentos usualmente associados ao seu gênero psíquico, e não ao atribuído com base na genitália.

No entanto, ao decidirem se expressar socialmente no gênero com o qual se identificam, as pessoas transgênero sofrem um sem-número de problemas ante a discriminação e o preconceito ainda existentes na vida social, mas o maior deles, e provavelmente o que mais gera constrangimentos, é aquele relativo à sua identificação pelo prenome. Quando atendidas em consultórios médicos, repartições públicas, ou até mesmo ao fazer um cadastro de cliente em lojas ou abrir uma conta bancária, precisam apresentar documentos com prenome de um gênero que não corresponde à sua expressão pessoal, ocasionando-lhes frequentes constrangimentos e transtornos na vida em sociedade. Uma pessoa de aparência completamente feminina chamada em alta voz por um prenome masculino, ou o inverso, não raras vezes é observada pelas demais com algum espanto; pior, considerando os altos índices de violência transfóbica existentes em um país como o Brasil, é exposta a reais riscos quanto à sua integridade física e até à sua vida[16].

Em razão disso, foi e é necessário repensar uma série de práticas jurídicas relativas ao tradicional uso do nome como forma de identificação pessoal, atendendo a essas novas demandas da identidade de gênero a partir não do sexo biológico, mas do reconhecimento da autoidentificação de pessoas transgênero. A ciência reconhece atualmente até mesmo bases biológicas da transexualidade, para além das já conhecidas características psíquicas, a ponto de a condição de pessoa transgênero ter deixado de ser considerada transtorno/doença segundo

15 Paulo Roberto Iotti Vecchiatti, "Tutela jurídica de travestis e transexuais que não se submeteram à cirurgia de transgenitalização", em Carolina Valença Ferraz e Glauber Salomão Leite (org.), *Direito à diversidade*, *op. cit.*, p. 282.

16 Ver Nações Unidas, "Brasil é o país que mais mata travestis e pessoas trans no mundo, alerta relatório da sociedade civil entregue ao UNFPA", 3 fev. 2021. Disponível em: https://brasil.un.org/pt-br/110425-brasil-e-o-pais-que-mais-mata-travestis-e-pessoas-trans-no-mundo-alerta-relatorio-da.

a lista da Organização Mundial de Saúde (OMS) conhecida como Classificação Internacional de Doenças (CID)[17].

Em termos de finalidade, a legislação em vigor a respeito do nome como direito da personalidade tem a ver com a necessidade de identificação pessoal e diferenciação dos indivíduos em uma sociedade na qual o entendimento generalizado do sexo biológico como fator definitório dessa identidade era inversamente proporcional ao esparso conhecimento sobre o fenômeno da transexualidade. Em consequência da definição das identidades a partir do sexo biológico, tradicionalmente confundido com gênero, a Lei de Registro Públicos, de 1973 (Lei n. 6.015/1973), confere tal importância ao sexo na identificação registral que ele chega a anteceder o próprio prenome no texto do dispositivo:

> **Art. 54. O assento do nascimento deverá conter: (Renumerado do art. 55, pela Lei nº 6.216, de 1975).**
> 1º) o dia, mês, ano e lugar do nascimento e a hora certa, sendo possível determiná-la, ou aproximada;
> 2º) o sexo do registrando; (Redação dada pela Lei nº 6.216, de 1975).
> 3º) o fato de ser gêmeo, quando assim tiver acontecido;
> 4º) o nome e o prenome, que forem postos à criança.

Não obstante, o uso do sexo como fator de identificação civil não tem mais a mesma relevância de outrora. Tal como destaca Patrícia Sanches,

> A noção de que o gênero sexual seja um fator de identificação civil das pessoas está ultrapassada, pois modernas técnicas vêm sendo cada vez mais utilizadas, como a biometria, a impressão digital e a identificação pela íris. Portanto, a necessidade de a sociedade identificar um indivíduo buscando, principalmente, proteção, está cada vez mais segura e

17 Ver Rafael Barifouse, "Como ser transgênero foi de 'aberração' e 'doença' a questão de identidade", *BBC Brasil*, 30 set. 2018, Disponível em: https://www.bbc.com/portuguese/geral-44651428. Lale Say, coordenadora do Departamento de Saúde Reprodutiva e Pesquisas da OMS, explica que na classificação atualizada da CID as pessoas transgênero são incluídas na categoria de sexualidade e não na de transtornos ou doenças, com a denominação "incongruência de gênero". Com base em pesquisas médicas e científicas, chegou-se à conclusão de que não se trata de uma questão de saúde mental, mas de uma condição do indivíduo. A mudança na classificação visa trazer, dentre outras coisas, a redução da estigmatização e da discriminação, bem como o acesso a políticas públicas de saúde voltadas especificamente a essa população. Ver também Nações Unidas, "OMS retira a transexualidade da lista de doenças mentais", 6 jun. 2019. Disponível em: https://brasil.un.org/pt-br/83343-oms-retira-transexualidade-da-lista-de-doencas-mentais.

aprimorada através da tecnologia, não sendo mais imprescindível a identificação através do gênero.[18]

É nesse cenário social e jurídico que se fez necessária a rediscussão desse direito da personalidade na perspectiva de um direito fundamental à autodeterminação da identidade de gênero, culminando na decisão do STF quando do julgamento da ADI n. 4.275.

A importância da ADI n. 4.275 para o direito fundamental à autodeterminação da identidade de gênero

Embora o prenome não se confunda com a identidade de gênero em si, que é mais ampla, ele é sem dúvida um de seus componentes sociais e jurídicos mais relevantes. Para as pessoas trans, como mencionei, é um significativo fator de dificuldade e tormentos, pois quase sempre o prenome em seu registro documental de identidade corresponde ao gênero atribuído no nascimento, baseado na genitália. Como essa atribuição no nascimento não está em conformidade com o gênero com o qual elas se identificam e passam a se apresentar socialmente, começa a haver uma incongruência não somente físico-social, mas também documental. Nos documentos de identificação de homens trans, permanece inicialmente o prenome feminino, o mesmo acontecendo com as mulheres trans em relação ao prenome masculino. Essa circunstância acarreta constrangimentos sociais cotidianos, pois a pessoa com aparência masculina é identificada pelo nome feminino e a pessoa com aparência feminina, pelo nome masculino.

Embora já existam iniciativas normativas diversas para que as pessoas transgênero sejam tratadas pelos seus nomes sociais, associados ao gênero com o qual se identificam, os constrangimentos surgem toda vez que apresentam seus documentos com outro prenome. É imperativa a alteração documental para que esse direito fundamental seja exercido de fato e de direito no âmbito social. No entanto, o Congresso Nacional ainda não procedeu a qualquer alteração da Lei de Registros Públicos que contemple expressamente a possibilidade de mudança de

18 Patrícia Sanches, "A pessoa transgênera e a promoção do direito à identidade de gênero no nome e no sexo civil", em Carolina Valença Ferraz e Glauber Salomão Leite (org.), *Direito à diversidade*, *op. cit.*, p. 274.

prenomes de pessoas trans, o que gerou frequentes judicializações para a obtenção desse direito a partir de decisões do Poder Judiciário.

Essa questão vem sendo debatida e contemplada já há algum tempo em outros países, bem como pela comunidade internacional, tanto em termos de legislação como de jurisprudência. No âmbito internacional, cabe destacar os Princípios de Yogyakarta, que tratam da aplicação da legislação internacional dos direitos humanos em relação à orientação sexual e à identidade de gênero. Eles estão contemplados em um documento encomendado pelo Alto Comissariado das Nações Unidas para os Direitos Humanos (ACNUDH), publicado em março de 2007. Mais especificamente, o Princípio 3 (direito ao reconhecimento perante a lei) aponta na direção da autodeterminação da identidade de gênero[19].

Esse princípio inspira em grande medida o posicionamento da Corte Interamericana de Direitos Humanos no Parecer Consultivo OC-24/2017, quando ela estabeleceu sobre essa questão específica, por unanimidade de votos, que

> 2. A mudança de nome e, em geral, a adequação dos registros públicos e dos documentos de identidade para que estes sejam conforme a identidade de gênero autopercebida constitui um direito protegido pelos artigos 3°, 7.1, 11.2 e 18 da Convenção Americana, em relação com o 1.1 e 24 do mesmo instrumento, pelo que os Estados estão obrigados a reconhecer, regular e estabelecer os procedimentos adequados para tais fins, nos termos estabelecidos nos pars. 85 a 116.
>
> [...]
>
> 3. Os Estados devem garantir que as pessoas interessadas na retificação da anotação do gênero ou, se este for o caso, às menções do sexo, em mudar seu nome, adequar sua imagem nos registros e/ou nos documentos de identidade, em conformidade com a sua identidade de gênero

19 "Princípio 3: Direito ao reconhecimento perante a lei. Toda pessoa tem o direito de ser reconhecida, em qualquer lugar, como pessoa perante a lei. As pessoas de orientações sexuais e identidades de gênero diversas devem gozar de capacidade jurídica em todos os aspectos da vida. A orientação sexual e identidade de gênero autodefinidas por cada pessoa constituem parte essencial de sua personalidade e um dos aspectos mais básicos de sua autodeterminação, dignidade e liberdade. Nenhuma pessoa deverá ser forçada a se submeter a procedimentos médicos, inclusive cirurgia de mudança de sexo, esterilização ou terapia hormonal, como requisito para o reconhecimento legal de sua identidade de gênero. Nenhum status, como casamento ou status parental, pode ser invocado para evitar o reconhecimento legal da identidade de gênero de uma pessoa. Nenhuma pessoa deve ser submetida a pressões para esconder, reprimir ou negar sua orientação sexual ou identidade de gênero." Disponível em: https://www.clam.org.br/uploads/conteudo/principios_de_yogyakarta.pdf.

autopercebida, possam recorrer a um procedimento ou um trâmite: a) enfocado na adequação integral da identidade de gênero autopercebida; b) baseado unicamente no consentimento livre e informado do requerente, sem exigir requisitos como certificações médicas e/ou psicológicas ou outras que possam ser irrazoáveis ou patológicas; c) deve ser confidencial. Além disso, mudanças, correções ou adequações nos registros e nos documentos de identidade não devem refletir mudanças de acordo com a identidade de gênero; d) deve ser expedito e, na medida do possível, deve ser gratuito, e e) não deve exigir a acreditação de operações cirúrgicas e/ou hormonais. O procedimento que melhor se adapta a estes elementos é o procedimento ou trâmite materialmente administrativo ou cartorial. Os Estados podem fornecer, ao mesmo tempo, um canal administrativo que permita a eleição da pessoa, nos termos estabelecidos nos pars. 117 a 161.[20]

Ao contrário do que ocorre no Brasil, inúmeros países já contemplam a autodeterminação da identidade de gênero em sua legislação nacional.

Na Alemanha, por exemplo, já havia lei formal desde 1981 (*Transsexuellengesetz*) que, entretanto, condicionava a definição de novo nome e gênero à realização de cirurgias de transgenitalização. Em 2011, o Tribunal Constitucional Federal declarou inconstitucional tal exigência, entendendo que esta violava os direitos fundamentais à autodeterminação sexual, à integridade física e à privacidade[21].

Em Portugal, a Lei n. 38/2018, não obstante sofrer muitas críticas de juristas que veem nela a consagração de uma "ideologia de gênero", concretiza no art. 26, § 1 da Constituição portuguesa o direito à identidade pessoal. Aliás, essa lei já revoga legislação pretérita sobre o tema (Lei n. 7/2011), inovando, dentre outras coisas, ao passar a dispensar qualquer diagnóstico clínico de "transtorno de identidade de gênero", bastando a autodeterminação para a alteração documental devida em relação ao nome e ao gênero[22].

Na Argentina, por sua vez, desde 2012, com a Lei n. 26.743, foi estabelecida a possibilidade de alteração do nome e do gênero de pessoas trans a partir da autodeterminação. A lei, em seu art. 4º, também dispensa

20 Corte Interamericana de Direitos Humanos, Parecer Consultivo OC-24/2017, 24 nov. 2017, p. 81.

21 Por meio da decisão referente ao caso 1BvR 3295/07, citado em Supremo Tribunal Federal, Ação Direta de Inconstitucionalidade n. 4.275, Rel. Min. Edson Fachin, DJe 07 mar. 2019 – voto do Min. Alexandre de Moraes, p. 4.

22 Inês Espinhaço Gomes, "Direitos fundamentais e identidade de género", em Anabela Costa Leão, Jorge Gracia Ibañez e Luisa Neto (org.), *Vulnerabilidade e direitos: género e diversidade*, Porto: Universidade do Porto, 2021, p. 73, 76.

expressamente laudos médicos ou psicológicos ou cirurgias e tratamentos hormonais, bastando a maioridade legal da pessoa interessada e o cumprimento das requisições formais devidas para que esse direito fundamental seja efetivado[23].

No Brasil, ao contrário desses e de outros países e não obstante seu vínculo à jurisdição da Corte Interamericana, lamentavelmente o Congresso Nacional permanece omisso em legislar a respeito do tema. A ausência de previsão legal acerca do direito de uma pessoa transgênero alterar seu prenome gerou uma série de dificuldades e empecilhos burocráticos para que essa informação constasse de sua documentação oficial, sendo a mais comum delas a exigência de realização da cirurgia de transgenitalização para que a mudança de nome fosse deferida – e, ainda assim, após uma batalha judicial nem sempre exitosa, por depender da interpretação pessoal do julgador.

Em razão disso, o procurador-geral da República propôs em julho de 2009 uma Ação Direta de Inconstitucionalidade (ADI n. 4.275) junto à Suprema Corte, pleiteando que se desse ao art. 58 da Lei n. 6.015/1973 (Lei de Registros Públicos) interpretação conforme à Constituição para que as pessoas transgênero pudessem ter direito à alteração do prenome e do sexo no registro civil, independentemente da realização de cirurgia de transgenitalização[24].

A relatoria coube ao ministro Marco Aurélio. Foram aceitas na condição de *amici curiae* as seguintes entidades: Instituto Brasileiro de Direito de Família (IBDFAM), Grupo de Advogados pela Diversidade Sexual (GADVS), Associação Brasileira de Gays, Lésbicas e Transgêneros (ABGLT), Grupo Dignidade – Pela Cidadania de Gays, Lésbicas e Transgêneros, Laboratório Integrado em Diversidade Sexual e de Gênero, Políticas e Direitos (LIDIS), Centro Latino-Americano em Sexualidade e Direitos Humanos (CLAM) e Conselho Federal de Psicologia (CFP). Também foi admitido nessa condição o defensor público-geral federal.

O único no processo que se insurgiu de modo totalmente contrário ao pleito foi o presidente do Senado Federal, representando essa casa. Alegou que o poder público promove de modo eficiente os direitos das pessoas trans e que assegura na rede pública a cirurgia de transgenitalização[25],

23 Argentina, Ley n. 26.743 de mayo de 2012. Disponível em: http://www.infoleg.gov.ar/infolegInternet/anexos/195000-199999/197860/norma.htm.

24 Supremo Tribunal Federal. Ação Direta de Inconstitucionalidade n. 4.275, *op. cit.*

25 Isso precisa ser devidamente contextualizado, pois, embora alguns hospitais públicos de fato realizem a referida cirurgia, a espera por ela pode chegar a 18 anos... Ver "Cirurgias de readequação sexual desabam e espera da população trans se prolonga", *O Tempo*, Belo Horizonte,

considerando inviável a alteração no registro sem a intervenção cirúrgica porque seria imprescindível que o registro correspondesse à realidade física. Ademais, afirma que, se o Judiciário avançasse nessa seara, estaria fazendo o papel de legislador positivo.

Na decisão, nenhum dos ministros levou tais alegações em consideração. Em relação à exigência da cirurgia de transgenitalização, a Corte entendeu por unanimidade ser esta desnecessária. Nem mesmo tratamentos hormonais e congêneres são exigíveis, pois a identidade de gênero foi considerada direito fundamental ao livre desenvolvimento da personalidade, cabendo ao Estado apenas reconhecê-la, sendo a autodeclaração de vontade oficialmente firmada elemento suficiente para tanto.

Embora o julgamento não tenha sido unânime, a divergência se deveu basicamente a uma questão secundária, em relação à necessidade de submeter a alteração de prenome e sexo à jurisdição voluntária – portanto, a uma atuação do Estado-juiz – ou à possibilidade de fazê-la diretamente nos cartórios de registro civil. Essa última tese foi vencedora, a partir da divergência aberta no julgamento pelo ministro Edson Fachin[26].

Em outro aspecto, ao menos em termos de colmatação de lacunas legislativas, é possível observar aqui a legalidade oblíqua, não obstante não haver na norma dos registros públicos de 1973 qualquer empecilho literal a uma ampliação de hipóteses a partir da interpretação conforme à Constituição feita no julgado em questão. A partir disso, foi possível incluir essa hipótese como juridicamente válida, tal como se fez no caso das interrupções de gravidez por anencefalia, garantindo o direito fundamental à identidade de gênero das pessoas trans através da referida legalidade oblíqua via decisão com efeito *erga omnes* e vinculantes do STF[27].

O acórdão, pelas razões referidas, se tornou um marco relevantíssimo do direito antidiscriminatório em relação ao tema, facilitando o acesso das pessoas trans à alteração formal de seu prenome e sexo no registro civil e, consequentemente, no restante de sua documentação. A partir dele, tal procedimento passou a depender essencialmente da própria vontade da

— 26 jan. 2021. Disponível em: https://www.otempo.com.br/brasil/cirurgias-de-readequacao-sexual-desabam-e-espera-da-populacao-trans-se-prolonga-1.2438783.

26 Seguiram o voto divergente Cármen Lúcia, Celso de Mello, Luiz Fux, Roberto Barroso e Rosa Weber. Foram vencidos nesse particular o relator Marco Aurélio e os ministros Alexandre de Moraes, Gilmar Mendes e Ricardo Lewandowski. Não votou o ministro Dias Toffoli, por impedimento. Ver Supremo Tribunal Federal, Ação Direta de Inconstitucionalidade n. 4.275, *op. cit.*

27 Bruno Galindo, "O Estado laico segundo o Supremo Tribunal Federal", *op. cit.*, p. 66-9.

pessoa (autodeterminação) – certamente a mais apta a identificar a incongruência de gênero –, sem depender da avaliação de terceiros.

Conclusões

A autodeterminação da identidade de gênero através do direito ao próprio nome é um marco relevante do direito antidiscriminatório no Brasil, em especial por consagrar um direito fundamental de um segmento da população que costuma ser bastante discriminado nas próprias casas parlamentares. Tal discriminação se acirrou notavelmente com a assunção, por parte de muitos de seus integrantes, do discurso da "ideologia de gênero"[28], que, mesmo sem bases científicas ou teóricas, possuem um significativo apelo popular, explorando preconceitos ancestrais e temores de que pessoas seriam obrigadas a terem comportamentos homoafetivos e outros espantalhos do tipo.

A decisão, como visto, não obstante utilizar-se daquilo que denomino legalidade oblíqua, dá contornos concretos a esse direito fundamental, permitindo que a pessoa trans possa alterar seu nome e sexo nos registros públicos sem a necessidade de quaisquer intervenções cirúrgicas nem tratamentos hormonais, dispensando-se até mesmo a intervenção jurisdicional, já que a alteração registral poderá ocorrer diretamente nos cartórios de registro civil.

Para além de garantir esse direito específico da população trans, a decisão em questão consolida a perspectiva de igualdade como não discriminação, fundamental para o direito antidiscriminatório. Ao igualar pessoas transgênero e cisgênero no tratamento de sua identidade pessoal perante o sistema brasileiro de registros públicos, a Corte Suprema nacional atuou pela concretização de um direito fundamental. A importância disso não pode ser negligenciada ante o impacto positivo

28 A respeito desse debate sobre "ideologia de gênero", vale a pena a leitura das considerações de Inês Espinhaço Gomes, especialmente a seguinte passagem: "não temos dúvidas de que estas perceções, pelo receio de ver desvanecer aqueles ideais cristalizados e seculares, procuram desvirtuar os discursos da diversidade, da inclusão e da igualdade, conotando-os de 'ideológicos', quando, elas próprias, não são mais do que, precisamente, uma outra 'ideologia', pelo menos no que ao 'campo das ideias' diz respeito – curiosamente, Michel Freeden aponta precisamente para a ideia de que alguns grupos de pessoas, especialmente de uma corrente mais conservadora, conotam de ideológicas todas as outras ideias de movimentos que fomentam mudanças totais e radicais, estando, no entanto, munidos da sua própria ideologia, a qual negam, considerando-se pragmáticos quanto às suas visões". Inês Espinhaço Gomes, "Direitos fundamentais e identidade de gênero", *op. cit.*, p. 78-81.

inestimável na vida das pessoas trans, como se pode perceber do depoimento de Yascarah Silva, mulher trans que somente em 2018, aos 36 anos, teve reconhecida oficialmente sua identidade de gênero. Afirma ela:

> Foi como se tivesse acabado de nascer. Sim, eu renasci. Entendi naquele momento que a minha identidade seria reconhecida. Afinal, o que nos reconhece primeiramente é o nome. Portanto, comecei em 2018 a viver com a dignidade que a mim, até então, nunca tinha sido dada. Nesta data passei a experimentar ser chamada de Yascarah sem temer que meu nome não fosse respeitado. A luta não foi em vão.[29]

Não deixa, porém, de ser relevante a percepção do débito que o Congresso Nacional brasileiro tem com o direito antidiscriminatório em relação à população LGBTI+, em contraste com o que se vê em outros países. Caso assegurasse esses direitos a partir de uma legalidade direta e estrita e não oblíqua, sem a necessidade de intervenções jurisdicionais, cumpriria a tarefa de concretização constitucional que lhe diz respeito no campo da atividade legiferante.

29 "'Renasci', diz primeira mulher trans de Divinópolis a conseguir retificação de nome e gênero", *G1*, 29 jan. 2023. Disponível em: https://g1.globo.com/mg/centro-oeste/noticia/2023/01/29/renasci-diz-primeira-mulher-trans-de-divinopolis-a-conquistar-nome-social.ghtml.

ENTRE A INCLUSÃO CONSERVADORA E O RECONHECIMENTO AFIRMATIVO: DISCURSOS QUE CONSTITUEM AS DECISÕES DO STF SOBRE TRAVESTIS E PESSOAS TRANS

ALICE HERTZOG RESADORI

Diferentemente do que ocorre em outros países da América Latina, como a Argentina (2012), a Bolívia (2016), o Chile (2018) e o Uruguai (2009), não há no Brasil uma legislação específica voltada à proteção e promoção de direitos de pessoas trans e travestis. Pelo contrário, apesar de vivermos no país que, há quatorze anos, mais mata travestis e pessoas trans no mundo[1], as parcas tentativas de legislar sobre os direitos dessa população não obtiveram sucesso.

A iniciativa que ganhou mais repercussão foi a proposição pelo então deputado federal Jean Wyllys, em 2013, do Projeto de Lei n. 5.002, chamado de Lei João Nery, em referência ao pioneiro em se identificar publicamente como homem transexual no Brasil. O projeto previa a alteração da Lei de Registros Públicos para garantir o direito ao reconhecimento da identidade de gênero em documentos públicos e a retificação administrativa do registro civil. Contudo, foi arquivado em janeiro de 2019. Diante do cenário político vivido nos últimos anos, marcado pelo crescimento do conservadorismo e do espaço ocupado por figuras políticas ligadas a religiões neopentecostais, especialmente no Legislativo, esta esfera passou a ser uma "arena inóspita e bloqueada"[2] para o avanço da pauta LGBTQIA+. Assim, a judicialização das demandas dessa população se tornou a via possível para garantia de seus direitos[3].

Nesse contexto, diversas demandas relacionadas a travestis e pessoas trans foram levadas ao Supremo Tribunal Federal (STF), como é o caso da mudança de nome e de sexo no registro civil (ADI n. 4.275 e RE n. 670.422), da possibilidade de uso de banheiros públicos conforme a sua identidade de gênero (RE n. 845.779), da criminalização da homotransfobia (ADO n. 26 e MI n. 4.733), do cumprimento de pena por travestis e transexuais em áreas de estabelecimentos prisionais adequadas ao seu gênero (ADPF n. 527) e do acesso a especialidades médicas pelo Sistema Único de Saúde (SUS) por pessoas que tiveram seu registro civil retificado (ADPF n. 787).

Partindo da compreensão de que as decisões proferidas pelo STF se constituem como discursos, ou seja, como práticas sociais que produzem realidade[4], esses julgados definem o que o campo do Direito diz sobre as travestis e pessoas trans. A fim de compreender os avanços no

1 TvT, *Trans Murder Monitoring Update 2022*. Disponível em: https://transrespect.org/en/tmm-update-tdor-2022/.

2 Daniel Carvalho Cardinali, "Direitos LGBT e cortes constitucionais latino-americanas: uma análise da jurisprudência da Colômbia, Peru, Chile e Brasil", *Revista da Faculdade de Direito-RFD-UERJ*, Rio de Janeiro, n. 31, p. 25-68, jun. 2017.

3 *Ibidem*.

4 Michel Foucault, *A arqueologia do saber*, 8. ed., trad. Luiz Felipe Baeta Neves, Rio de Janeiro: Forense, 2017.

reconhecimento de direitos dessa população e também os desafios que ainda se colocam para a concretização deles, interessa saber que discursos são movimentados nas decisões do STF sobre travestis e pessoas trans e como eles operam para o reconhecimento ou não de seus direitos.

A partir da leitura e análise das decisões, pude agrupá-las em dois tipos de formações discursivas que as constituem: a inclusão conservadora e o reconhecimento afirmativo. Na primeira parte do texto, apresento a formação discursiva da inclusão conservadora e as decisões do STF sobre travestis e pessoas trans constituídas por ela. Na segunda, trato da formação discursiva do reconhecimento afirmativo, expondo as decisões da nossa corte constitucional por ela produzidas[5].

Inclusão conservadora

As decisões produzidas pela formação discursiva denominada inclusão conservadora são constituídas por enunciados que colocam em funcionamento discursos e estratégias binárias de sexo e gênero – se é ou homem ou mulher; ou feminino ou masculino. Tais enunciados tomam o sexo biológico como centro para definição dos sujeitos e patologizam e estigmatizam quem não se encaixa nos binarismos e na cis-heteronorma.

Chamei esses enunciados de conservadores pois, na medida em que produzem as travestis e as pessoas trans como "as outras", "as diferentes", "as abjetas", já que não podem ser lidas pelas lentes binárias, contribuem para conservá-las nesse lugar. Isso porque naturalizam e reforçam o código binário de sexo, gênero e sexualidade e produzem a fixação de sujeitos nessas categorias, criando barreiras para que outras narrativas sobre seus corpos e suas existências possam ser produzidas[6]. Ao assumir esse discurso binário, o direito acaba por torná-lo a referência "legal" a ser seguida pelo campo jurídico, que é reproduzida sem sequer dialogar com as pessoas diretamente interessadas e sem levar em conta aspectos importantes que se relacionam às suas existências[7].

5 Realizo aqui um recorte da pesquisa que originou a tese *Dando close nas cortes: discursos sobre travestis nos tribunais constitucionais da América Latina*, defendida em 2021, no Programa de Pós-Graduação em Direito da Universidade Federal do Rio Grande do Sul (PPGD-UFRGS).

6 Sérgio Gardenghi Suiama, "Um modelo autodeterminativo para o direito de transgêneros", *Boletim Científico Esmpu*, v. 37, p. 101-39, 2012.

7 Melissa Barbieri de Oliveira, *Trans tornando o campo do direito: uma análise da construção da categoria transexual na doutrina jurídica brasileira e seus efeitos no reconhecimento das pessoas trans como sujeito de direitos*, tese (Doutorado em Ciências Humanas) – Centro de Filosofia e Ciências Humanas, Universidade Federal de Santa Catarina, Florianópolis, 2017.

Ou seja, são enunciados que subordinam os direitos à igualdade, à liberdade e à não discriminação, fundamentais para o desenvolvimento da identidade de gênero e da sexualidade de travestis e de pessoas trans, a uma lógica que busca "encaixar" essas sujeitas em identidades normalizadas, binárias[8]. As decisões que se constituem por essa formação discursiva, embora avancem no reconhecimento de direitos a travestis e transexuais, o fazem de forma assimilacionista. Ou seja, como o reconhecimento de direitos relacionados à identidade de gênero de travestis e pessoas trans é feito por meio da mobilização de enunciados conservadores, ele subordina essas sujeitas a uma maior ou menor adequação aos mesmos discursos que as produzem como abjetas.

As decisões constituídas pela formação discursiva da inclusão conservadora são as proferidas no Recurso Extraordinário (RE) n. 845.779, sobre uso de banheiros públicos conforme identidade de gênero, no Mandado de Injunção (MI) n. 4.733 e na Ação Direta de Inconstitucionalidade por Omissão (ADO) n. 26, ambos sobre criminalização da homotransfobia, além da primeira decisão da Arguição de Descumprimento de Preceito Fundamental (ADPF) n. 527, que trata sobre o local de cumprimento de pena de travestis e transexuais.

Uso de banheiros públicos

A discussão sobre o uso de banheiros públicos conforme a identidade de gênero chegou ao STF por meio de um Recurso Extraordinário impetrado por uma mulher trans de Santa Catarina, que foi impedida de usar o banheiro feminino de um *shopping*. Em novembro de 2014, o Supremo reconheceu que o caso (RE n. 845.779) trata de uma questão constitucional, pois o impedimento de utilização do banheiro conforme a identidade de gênero (ou, nos termos do acórdão, conforme a identidade sexual) pode configurar afronta aos direitos à dignidade humana e a direitos de personalidade. Ainda, entendeu tratar-se de um caso de repercussão geral, que ultrapassa o interesse das partes diretamente envolvidas na ação. Isso significa que a decisão do STF repercutirá na vida de todas as pessoas que desejarem usar o banheiro conforme sua identidade de gênero.

8 Roger Raupp Rios, "Notas para o desenvolvimento de um direito democrático da sexualidade", em Roger Raupp Rios (org.), *Em defesa dos direitos sexuais*, Porto Alegre: Livraria do Advogado, 2007.

Essa não é uma decisão que analisa o mérito do recurso, mas o fato de a corte registrar que a "identidade sexual" diz respeito ao exercício de direitos constitucionais já demonstra que o STF reconhece a identidade de gênero das pessoas. O que é curioso é que esse reconhecimento se dá ao mesmo tempo que o Supremo coloca o sexo como o elemento central da definição. Ou seja, reconhece uma identidade de gênero que é exercida a partir de ou em contraponto a um sexo biológico, o que a limita aos binarismos homem/mulher e masculino/feminino. Isso se pode perceber em dois momentos da decisão. O primeiro, quando o Supremo caracteriza o "transexualismo" como o desejo de viver e de ser aceito como o "sexo oposto", acompanhado pela vontade de corrigir essa inadequação, por meio da alteração dos corpos para que correspondam ao "sexo preferido"[9]. O outro, quando registra se tratar de uma "questão constitucional saber se uma pessoa pode ou não ser tratada socialmente como se pertencesse a sexo diverso do qual se identifica e se apresenta publicamente"[10].

Essa decisão, portanto, avança ao reconhecer o respeito à identidade de gênero como uma questão constitucional, mas o faz sem romper com as normas binárias que dão centralidade à concepção do sexo biológico como elemento neutro e inquestionável, como se não fosse, a todo tempo, construído e reafirmado, num movimento performativo[11]. Mesmo que as narrativas sobre "o sexo oposto" sejam utilizadas, neste caso, para conceder direitos às pessoas que "nasceram com um sexo diverso do que se identificam", elas produzem como efeito de verdade que é o sexo o elemento determinante para a definição dos sujeitos. Por consequência, as pessoas que se identificam com "o sexo oposto" permanecem no lugar do outro, do estranho, do abjeto.

Em novembro de 2015, foi iniciado o julgamento do mérito do recurso. Na ocasião, votaram apenas o relator, ministro Roberto Barroso, e o ministro Edson Fachin, ambos pelo seu provimento. O ministro Luiz Fux pediu vistas do processo, por entender que o Supremo não deve decidir sobre o tema sem antes consultar a sociedade. Para ele, mulheres e crianças podem se sentir constrangidas e ficar inseguras, caso encontrem travestis e transexuais no banheiro feminino. O que o ministro parece não perceber é que, "a pretexto de proteger a privacidade de

9 Supremo Tribunal Federal, Recurso Extraordinário n. 845.779 - SC. Relator: Ministro Roberto Barroso. Brasília, 31 jan. 2014, Diário da Justiça Eletrônico. 10 mar. 2015, p. 7.

10 *Ibidem*, p. 8.

11 Judith Butler, *Problemas de gênero: feminismo e subversão da identidade*, trad. Renato Aguiar, Rio de Janeiro: Civilização Brasileira, 2003.

certas usuárias, expõe transexuais femininas à ameaça de lesão e danos graves, concretos e comprovados de violência"[12], seja ela física, moral e/ou sexual, praticada no interior dos banheiros masculinos, em razão da transfobia. Ainda, a falta de acesso a banheiros conforme a identidade de gênero tem sido responsável pelo aumento de risco de infecção urinária por essa população. É importante salientar que não há nenhuma evidência de que travestis e mulheres trans ponham em risco a segurança de mulheres e crianças em banheiros públicos, mas há dados bastante conhecidos de que essa população é recorrentemente submetida à violência[13]. Vemos operar, nesse pedido de vistas, a narrativa da hipersexualização e da objetificação das travestis e das pessoas trans para restringir seus direitos, como se elas fossem "uma ameaça de estupro ambulante a mulheres e crianças"[14]. Segundo essa perspectiva, "por serem designadas com o sexo masculino no nascimento, guardam em si um impulso, um descontrole, um corpo que expressa uma verdade de violência e de agressividade. Seriam apenas corpo. Seriam natureza. Seriam não humanas"[15].

Passados mais de sete anos do pedido de vistas, o julgamento dessa ação ainda não foi retomado. Ou seja, ainda não há como antecipar qual será ou quais serão as formações discursivas que constituirão a decisão final do STF nesse caso. O que categorizei como "inclusão conservadora", por enquanto, foi apenas o uso de enunciados conservadores para o reconhecimento da constitucionalidade da discussão apresentada e a repercussão geral do caso, na medida em que operam a partir de binarismos e da centralidade do sexo para a definição dos sujeitos.

Criminalização da homotransfobia

Nas duas últimas décadas, para além de lutar contra a estigmatização e a criminalização das pessoas LGBTQIA+, alguns movimentos sociais no Brasil passaram a se mobilizar em torno da construção de um novo sujeito

12 Roger Raupp Rios e Alice Hertzog Resadori, "Direitos humanos, transexualidade e 'direito dos banheiros'", *Direito e Práxis*, v. 6, 2015, p. 216.

13 Bruna G. Benevides, *Dossiê: Assassinatos e violências contra travestis e transexuais brasileiras em 2021*, Brasília: Distrito Drag/Antra, 2022.

14 Yolanda Arceno, "A hipersexualização da mulher trans: entre o radfem e o conservadorismo", *Transfeminismo*, 21 set. 2019.

15 Camilla de Magalhães Gomes, *Têmis Travesti: as relações entre gênero, raça e direito na busca de uma hermenêutica expansiva do "humano" no direito*, Rio de Janeiro: Lumen Juris, 2019, p. 112.

a ser criminalizado: os "LGBTfóbicos"[16]. Diversos projetos de lei foram propostos no Congresso Nacional, e o tema da criminalização da LGBTfobia foi pauta de três Conferências Nacionais (2008, 2011 e 2016), além de ser o mote de Paradas do Orgulho LGBT e de Marchas Nacionais contra a Homofobia (2010 a 2013). A criminalização, nesse momento, tornou-se a grande estratégia de combate e de "cura" da homofobia, junto com as políticas de educação[17]. Apesar da grande adesão a essa pauta, alguns ativistas e pesquisadores problematizaram a escolha das vias oficiais e hegemônicas, como o direito penal e o encarceramento, para combater a LGBTfobia, afinal, elas estão ligadas às mesmas instituições que reproduzem e enraízam desigualdades estruturais contra a população LGBTQIA+. Seriam, nesse sentido, o outro lado da mesma moeda.

Em que pesem as críticas, a estratégia da criminalização foi levada adiante e se concentrou em torno do PLC n. 122/2006, que pretendia incluir a proibição de discriminação por motivo de orientação sexual e de identidade de gênero na Lei n. 7.716, de 1989, conhecida como Lei do Racismo. A sua tramitação iniciou em 2001, na Câmara dos Deputados, como PL 5.003/2001, onde foi aprovado. No Senado, o projeto encontrou resistência para avançar, especialmente por parte de setores religiosos e conservadores, e, após mais de uma década de discussão no Congresso Nacional, foi arquivado.

Assim, se antes os esforços pela criminalização da transfobia se concentravam no Legislativo, foi preciso passar a apostar também na via judicial. Em 2012, a Associação Brasileira de Gays, Lésbicas e Transgêneros (ABGLT) impetrou, no STF, o MI n. 4.733, requerendo a criminalização da homofobia e da transfobia, dada a omissão injustificada do Congresso Nacional em legislar sobre o tema. No ano seguinte, o Partido Popular Socialista (PPS), representado pelo mesmo advogado que impetrou o MI, apresentou no Supremo a ADO n. 26, alegando a inconstitucionalidade da mora legislativa em criminalizar a homotransfobia. As duas demandas foram julgadas no primeiro semestre de 2019, quando o STF reconheceu a mora inconstitucional do Congresso e determinou a extensão da Lei n. 7.716/1989 para os casos de discriminação por orientação sexual e por identidade de gênero, até que o parlamento legisle sobre o tema.

16 Alexandre Nogueira Martins, *Caminhos da criminalização da LGBTfobia: racionalidade criminalizante, neoliberalismo e democratização*, dissertação (Mestrado em Sociologia) – Faculdade de Filosofia, Letras e Ciências Humanas, Universidade de São Paulo, São Paulo: 2020.

17 *Ibidem.*

A partir desses julgados, a homofobia e a transfobia foram equiparadas ao crime de racismo, entendendo o STF que

> [...] as práticas homotransfóbicas qualificam-se como espécies do gênero racismo, na dimensão de racismo social consagrada pelo Supremo Tribunal Federal no julgamento plenário do HC 82.424/RS (caso Ellwanger), na medida em que tais condutas importam em atos de segregação que inferiorizam membros integrantes do grupo LGBT, em razão de sua orientação sexual ou de sua identidade de gênero, seja, ainda, porque tais comportamentos de homotransfobia ajustam-se ao conceito de atos de discriminação e de ofensa a direitos e liberdades fundamentais daqueles que compõem o grupo vulnerável em questão.[18]

Essa decisão foi comemorada por setores dos movimentos sociais LGBTQIA+, mas também sofreu duras críticas, agora relacionadas menos à política da criminalização e mais à técnica jurídica empregada. Em respeito ao princípio da legalidade, para que uma conduta seja crime, ela primeiro deve ser tipificada, ou seja, deve ser prevista por lei. Nesse caso, é justamente pela falta de uma lei que tipifique a homotransfobia que as demandas judiciais foram levadas ao STF sob o argumento de omissão do Legislativo. Ao equiparar a homotransfobia ao crime de racismo – este, sim, previsto em lei –, o STF admitiu que condutas não tipificadas sejam punidas, sob o argumento de que elas seriam equivalentes àquelas previstas na Lei do Racismo, pois compartilham as mesmas bases discriminatórias, proibidas pela Constituição Federal. Isso significa, na prática, que o Supremo usurpou a competência do Legislativo e criou um novo crime por analogia, estendendo o alcance das condutas previstas na Lei do Racismo, em nítida violação ao princípio da legalidade[19].

Para além dessas críticas, o que chama atenção nessa decisão é que o STF reconheceu que a transfobia é uma forma de discriminação, uma conduta que não deve ser tolerada e, por isso, merecedora da mais dura proteção que o nosso ordenamento jurídico pode dar, que é a do direito penal. Essa decisão produz efeitos importantes na medida em

18 Supremo Tribunal Federal. Ação Direta de Inconstitucionalidade por Omissão n. 26. Relator: Ministro Celso de Mello. Brasília, 13 jun. 2019, *Diário de Justiça Eletrônico*, 6 out. 2020, p. 10.

19 Maria Lúcia Karam, "A pretendida criminalização da homofobia e da transfobia e a destruição das normas garantidoras de direitos humanos e fundamentais", *Empório do Direito*, 27 fev. 2019. Disponível em: https://emporiododireito.com.br/leitura/a-pretendida-criminalizacao-da-homofobia-e-da-transfobia-e-a-destruicao-das-normas-garantidoras-de-direitos-humanos-fundamentais.

que promove "um impacto cultural positivo no sentido de desestabilizar a cultura homofóbica enraizada no tecido social"[20]. Também contribui para a urdidura da narrativa jurídica de reconhecimento da população LGBTQIA+, que vem sendo constituída pelo Supremo nas últimas décadas, em resposta às demandas antidiscriminatórias propostas pelos movimentos sociais.

A decisão do STF produz efeitos também sobre o Congresso Nacional, seja porque reconhece a omissão do Legislativo em tratar do tema, seja porque estabelece os parâmetros constitucionais a ser atendidos quando da propositura de um projeto de lei. Ou seja, a decisão do STF que equipara a homotransfobia ao racismo pressiona o Congresso a cuidar de que modo tratará este tema, em um contexto em que pautas conservadoras são movimentadas em reação aos direitos LGBTQIA+.

Ao mesmo tempo que produz esses efeitos importantes para o reconhecimento de direitos LGBTQIA+, a decisão do STF também constitui os cultos religiosos como espaços em que é permitido ser homotransfóbico. Isso porque a corte admitiu que, em respeito à liberdade de crença, as pessoas possam externar suas convicções teológicas, "[...] desde que tais manifestações não configurem discurso de ódio, assim entendidas aquelas exteriorizações que incitem a discriminação, a hostilidade ou a violência contra pessoas em razão de sua orientação sexual ou de sua identidade de gênero"[21]. Ou seja, é possível que um pastor diga aos seus fiéis que condutas tidas como próprias de pessoas LGBTQIA+ são pecado, são "antinaturais", desde que não os incite a discriminar essas pessoas. Como se atribuir um caráter negativo, mesmo que religioso, para a orientação sexual ou para a identidade de gênero não fosse, por si só, uma forma de discriminação, de hostilidade e de violência.

Essa brecha concedida pelo STF na ADO n. 26 motivou a interposição de embargos declaratórios, em fevereiro de 2022, pela Advocacia-Geral da União (AGU), então vinculada aos interesses do governo conversador de Bolsonaro, e pela Frente Parlamentar Mista em Defesa da Família e Apoio à Vida do Congresso, para pleitear que a ressalva seja aplicada também à liberdade religiosa, artística, científica e profissional. Os embargos ainda abordam a possibilidade de se controlar o acesso de pessoas trans a espaços de convivência pública com eventuais separações por gênero, como

20 Salo de Carvalho, "Sobre a criminalização da homofobia: perspectivas desde a criminologia queer", *Revista Brasileira de Ciências Criminais*, v. 20, n. 99, 2012, p. 208.

21 Supremo Tribunal Federal, Ação Direta de Inconstitucionalidade por Omissão n. 26. Relator: Ministro Celso de Mello. Brasília, 13 jun. 2019, *Diário de Justiça Eletrônico*, 6 out. 2020. p. 11.

banheiros, vestiários e transporte público. Na prática, se os embargos declaratórios forem julgados procedentes, será concedida uma permissão à discriminação, com o consequente esvaziamento da decisão que criminaliza a homotransfobia.

A decisão do STF que criminalizou a homotransfobia constituiu as travestis e pessoas trans como sujeitas de direitos que merecem a proteção do Estado. Contudo, ao ressalvar os cultos religiosos, manteve aberto o espaço para a disseminação de narrativas essencialistas que apresentam a travestilidade e a transexualidade como pecado e como anormalidade, sob a blindagem da liberdade religiosa, conservando-as no local da abjeção.

Cumprimento de pena

A última decisão do STF constituída por essa mesma formação discursiva diz respeito à ADPF n. 527, protocolada pela Associação Brasileira de Gays, Lésbicas e Transgêneros (ABGLT) para questionar a existência de decisões judiciais contraditórias na aplicação da Resolução Conjunta n. 1, de 2014. Esse instrumento normativo estabelece os parâmetros para o acolhimento da população LGBT em estabelecimentos prisionais. Para além da garantia do uso do nome social, prevê a possibilidade de travestis e transexuais utilizarem roupas conformes ao gênero com que se identificam e manterem seus tratamentos hormonais e acompanhamento de saúde específicos, garantindo seus caracteres secundários de acordo com o seu gênero. Ainda, prevê o tratamento isonômico entre mulheres trans e as demais mulheres encarceradas e a sua reclusão em estabelecimentos prisionais femininos. Por questões de segurança, os homens trans também devem cumprir pena em presídios femininos. Já com relação às travestis e aos gays, a resolução prevê que os estabelecimentos prisionais masculinos devem ofertar espaços de convivência específicos.

Inicialmente, a ABGLT requereu ao STF uma interpretação conforme à Constituição, no sentido de que travestis e transexuais cumprissem pena em estabelecimentos femininos. Posteriormente, um aditamento à petição inicial reformulou o pedido no que se refere às travestis: foi requerido que o STF declarasse que elas poderiam optar pelo cumprimento de pena em estabelecimento prisional feminino ou masculino. Em junho de 2019, o relator do caso, o ministro Luís Roberto Barroso, julgou parcialmente procedente a medida cautelar requerida pela ABGLT. Lançando mão de definições acerca de sexo, gênero, transexualidade e travestilidade, decidiu que se deve garantir a pessoas trans[22] que sejam recolhidas em presídios femininos. Já com relação às travestis, entendeu que apresentam uma "identidade de gênero mais fluida"[23], o que torna sua situação diversa. Frisou, ainda, que indeferiu a cautelar nesse ponto por haver nos autos informações divergentes sobre qual seria o melhor tratamento a ser-lhes oferecido no âmbito prisional. O ministro não chegou a bloquear o reconhecimento de direitos de travestis; afinal, deixou para depois a decisão sobre elas. Mas também não deu conta de reconhecer que, diante da insuficiência dos binarismos que separam os locais de cumprimento de pena, as vozes dessas sujeitas poderiam e deveriam ser ouvidas.

Os conceitos de sexo e gênero trazidos pela decisão do ministro são focados em binarismos – ou se é homem ou mulher; ou feminino ou masculino. Eles são formulados a partir de perspectivas essencialistas, que colocam o sexo biológico como elemento central do sujeito, como uma característica natural, e não como uma categoria construída e hierarquizada a partir de padrões cisnormativos e heteronormativos. Essa lógica, adotada como se fosse neutra, é nutrida por percepções simplistas e superficiais sobre sexo e sexualidade, que criam uma terceira e estigmatizada classe de usuários, desviados da "normalidade". Nesse sentido, as pessoas trans são caracterizadas nessa decisão como aquelas "[...] que se identificam com o gênero oposto ao seu sexo biológico" e que "[...] têm uma percepção de que seu corpo é inadequado à forma como se sentem, e buscam ajustá-lo à imagem de gênero que têm de si"[24]. Já as travestis são aquelas que se identificam com um gênero diverso do que lhes foi atribuído por seu sexo biológico, mas que não rejeitam nem desejam alterar o seu órgão sexual. Apesar do esforço do ministro em tratar a transexualidade e a travestilidade como condições pessoais, e não como patologias, acabou reproduzindo a compreensão de que as identidades são fixas e imutáveis. Ainda, reforçou uma hierarquia entre travestis e transexuais, baseada na possibilidade ou não de "cura" e de normalização das sujeitas.

É interessante pontuar que o ministro referiu os julgamentos da ADI n. 4.275 e do RE n. 670.422, que reconheceram a identidade de gênero

22 O objeto da ADPF foi especificamente com relação às travestis e mulheres trans, e essa foi também a decisão do Relator.

23 Supremo Tribunal Federal. Arguição de Descumprimento de Preceito Fundamental n. 527. Relator: Ministro Roberto Barroso. Brasília, 26 jun. 2019, *Diário de Justiça Eletrônico*, 1 jul. 2019, p. 13.

24 *Ibidem*, p. 6-7.

de transgêneros, viabilizando a alteração administrativa do seu registro civil, para corroborar sua decisão de que transexuais devem cumprir pena em estabelecimentos femininos. Ele parece ter esquecido, contudo, que esses julgados também garantem o direito à identidade de gênero para travestis. Ou seja, o mesmo tribunal que reconheceu a autonomia de transexuais e travestis para decidirem sobre a retificação do nome e do gênero no registro civil pôs em dúvida, nesta decisão, a possibilidade de travestis decidirem sobre o estabelecimento prisional em que preferem cumprir pena, como requerido pela ABGLT.

Em março de 2021, uma nova decisão liminar proferida pelo relator da ADPF n. 527 reconheceu o direito de travestis e de mulheres trans decidirem em que estabelecimento prisional desejam cumprir pena, se no feminino ou no masculino, devendo, nesse último caso, ser garantida sua reclusão em alas específicas, como medida de segurança. Essa decisão se constitui por enunciados que reconhecem direitos a travestis e afirmam sua autonomia para dizer de si; por isso, será apresentada no próximo tópico, com as demais decisões categorizadas como de reconhecimento afirmativo.

Em agosto de 2023, foi revogada a referida liminar, tendo o STF extinguido a ADPF 527, por entender que a Resolução 348/20202, do CNJ, que estabelece diretrizes e procedimentos a serem observados pelo Poder Judiciário, com relação ao tratamento da população lésbica, gay, bissexual, transexual, travesti ou intersexo, no âmbito criminal, regulou o tema de forma completa, tendo a demanda, portanto, perdido o seu objeto. Essa resolução estabelece que o juízo de execução deve ouvir as travestis e mulheres trans e considerar a vontade delas para definição do local de cumprimento da pena. Contudo, não prevê a obrigatoriedade de que esta vontade seja acatada como previa a decisão liminar do Ministro Barroso, o que pode dar margem, novamente, a interpretações diversas pelo Judiciário.

Reconhecimento afirmativo

A formação discursiva que chamei de reconhecimento afirmativo se constitui por enunciados e estratégias que afirmam a autonomia das travestis e pessoas trans para desenvolverem livremente suas personalidades, o que implica, muitas vezes, desafiar as normas binárias de gênero. Acionando discursos produzidos pelas ciências sociais, pelos estudos de gênero e sexualidade e pelos movimentos sociais, esses enunciados rejeitam as definições unívocas e fixas sobre os sujeitos e compreendem que a identidade de gênero não é o destino cultural do sexo, mas, sim, um elemento constituído pela história e pela cultura, que vai ganhando significados sociais diversos ao longo do tempo[25].

Contrapondo-se aos argumentos essencialistas que justificam as desigualdades pelas diferenças biológicas entre os sexos, esses enunciados afirmam que o que constrói o feminino e o masculino não são as características sexuais, mas a forma como essas características são representadas e valorizadas socialmente[26]. Também admitem que as identidades não são fixas: elas podem ser culturalmente forjadas pelos sujeitos de acordo com o contexto social e histórico em que se inserem, sofrendo alterações até mesmo no decorrer da vida de uma mesma pessoa. Assim, reconhecem que cabe aos sujeitos, e não à medicina, à ciência ou mesmo ao Judiciário, dizer como eles mesmos se identificam e como constituem suas existências. Os enunciados do reconhecimento afirmativo dão centralidade, portanto, às experiências travesti e trans e à sua autonomia para desenvolver sua personalidade para, a partir disso, reconhecer os direitos pleiteados pelas demandantes.

Seguem neste sentido as decisões do STF sobre alteração do registro civil (ADI n. 4.275 e RE n. 670.422), a segunda decisão sobre cumprimento de pena por travestis e pessoas trans (ADPF n. 527) e a recente decisão proferida na ADPF n. 787, que trata do acesso a especialidades médicas ofertadas pelo SUS.

Alteração do registro civil

Duas decisões do STF constituídas pela formação discursiva do reconhecimento afirmativo tratam sobre mudança de nome e de sexo no registro civil e são marcos importantes para a proteção de direitos de travestis e de transexuais. A primeira foi proferida em 2018, na Ação Direta de Inconstitucionalidade (ADI) n. 4.275-DF, ajuizada uma década antes pela Procuradoria-Geral da República. Essa ADI buscava a interpretação constitucional do art. 58 da Lei de Registros Públicos (Lei n. 6.015, de 1973), de modo a reconhecer o direito de pessoas trans a alterarem o nome e o gênero no

25 Chris Beasley, *Gender & Sexuality: Critical Theories*, Critical Thinkers, London: Sage, 2006.

26 Guacira Lopes Louro, *Gênero, sexualidade e educação: uma perspectiva pós-estruturalista*, 11. ed., Rio de Janeiro: Vozes, 2010.

registro civil, independentemente de terem realizado a cirurgia de transgenitalização. O texto desse artigo determina que o prenome das pessoas é definitivo, mas pode ser substituído por apelidos públicos notórios, o que, para o Ministério Público Federal (MPF), abrangeria o nome pelo qual pessoas trans se identificam e são reconhecidas. Tal medida respeitaria ao direito à identidade de gênero, que pode ser inferido dos princípios constitucionais da dignidade humana, da igualdade, da proibição de discriminação, da liberdade e da privacidade. Na época da propositura da ação, o MPF estabeleceu alguns requisitos para a retificação dos registros de pessoas não operadas: ter 18 anos de idade ou mais, estar há pelo menos três anos convicta de se identificar com o gênero oposto ao associado ao sexo biológico e ter sua condição aferida por um grupo de especialistas.

Durante os anos de tramitação dessa ação, foi promovida ampla discussão sobre o tema, especialmente pela sociedade civil organizada, que participou como *amicus curiae* (amigo da corte), apresentando suas posições e vivências. Após quase uma década de debates, a ADI n. 4.275-DF foi votada, levando ao reconhecimento do direito à retificação do gênero e do nome no registro civil de pessoas transgênero – nomenclatura utilizada pelo STF para abranger tanto pessoas trans como travestis –, independentemente da realização de cirurgia de transgenitalização ou de quaisquer tratamentos hormonais ou patologizantes, em respeito aos direitos ao nome, ao reconhecimento da personalidade jurídica, da liberdade pessoal, da honra, da dignidade e da proibição de discriminação. Tal alteração pode se dar administrativamente ou pela via judicial, como a pessoa preferir. Em ambos os casos, é dispensada a apresentação de laudos de terceiros e de outras provas sobre a identidade de gênero da requerente, bastando a sua autodeclaração. Afinal, "a identidade de gênero é manifestação da própria personalidade da pessoa humana e, como tal, cabe ao Estado apenas o papel de reconhecê-la, nunca de constituí-la"[27].

A discussão sobre a terminologia a ser empregada é um ponto interessante desse julgado. Foram as entidades civis que atuaram como *amici curiae* que pleitearam a ampliação da decisão para além da transexualidade, como estava na redação inicial dada pelo MPF, e o fizeram lançando mão da categoria "guarda-chuva" transgênero. É curioso que, para garantir a retificação registral a todas as pessoas que não se identificam com

27 Supremo Tribunal Federal. Ação Direta de Inconstitucionalidade n. 4275. Relator: Ministro Marco Aurélio. Brasília, 1 mar. 2018, *Diário de Justiça Eletrônico*, 7 mar. 2019.

o sexo atribuído no nascimento, os movimentos sociais tenham adotado um termo importado, que não é representativo das categorias do Brasil e pode invisibilizar as identidades forjadas aqui, como é o caso das travestis.

O fato é que a decisão da ADI n. 4.275-DF inaugurou, no Brasil, um novo paradigma jurídico para a mudança de nome e gênero não só de pessoas trans, mas também de travestis (mesmo que não as nomeando). Por isso, foi amplamente comemorada pelos movimentos sociais LGBTQIA+. A partir desse julgamento, todos os cartórios de registro civil de pessoas naturais têm a obrigação de proceder à retificação do registro, não podendo exigir quaisquer documentos comprobatórios da identidade de gênero para além da autodeclaração da requerente. Esse procedimento foi, aliás, regulado por meio do Provimento n. 73, do Conselho Nacional de Justiça. Da mesma forma, caso a alteração de nome e gênero seja requerida judicialmente, a demanda deve ser decidida conforme a decisão do STF, bastando a autodeclaração como prova da identidade de gênero vivenciada.

Meses após o julgamento da ADI 4.275-DF, o STF reprisou o entendimento sobre o tema ao analisar o Recurso Extraordinário n. 670.422-RS, que tratava de um homem trans que desejava mudar o nome e o gênero no registro civil. O STF reconheceu o caráter constitucional das questões discutidas no caso e conheceu sua repercussão geral, o que significa que a decisão proferida nesse caso gera efeitos para todas as pessoas que buscam a retificação do registro civil. O julgamento desse recurso seguiu as mesmas linha argumentativa e fundamentação jurídica da ADI e foi julgado procedente por maioria, sendo vencido o ministro Marco Aurélio. O STF reconheceu, portanto, que pessoas transgênero têm direito fundamental à alteração do nome e do gênero no registro civil, bastando manifestar sua vontade mediante via administrativa ou judicial. Decidiu, ainda, que na alteração do registro civil não deve constar menção à transgeneridade nem observações sobre a origem do ato de retificação, como a averbação da condição de transexual ou sua realização por ordem judicial, se for o caso. Isso produz, para essas pessoas, um sentimento de confiança em si como sujeitas de direitos.

Cumprimento de pena

Em julho de 2020, a ABGLT, entidade que propôs a ADPF n. 527, requereu a extensão da medida cautelar deferida em 2019, para que permitisse às travestis e mulheres trans escolher se cumpririam pena em estabelecimento prisional masculino ou feminino. Naquela ocasião, a requerente juntou aos autos o relatório *LGBT nas prisões do Brasil: diagnóstico dos procedimentos institucionais e experiências de encarceramento*, produzido em 2020 pelo Ministério da Mulher, da Família e dos Direitos Humanos, e a Nota Técnica n. 7/2020, do Ministério da Justiça e Segurança Pública, que versava sobre o tema. Os dois documentos apontam que o tratamento mais adequado a ser dado a travestis e transexuais encarceradas é a permissão da escolha de onde desejam cumprir pena, se em estabelecimento prisional feminino ou em ala especial localizada em estabelecimento prisional masculino.

Ao analisar esse novo requerimento da ABGLT, o ministro Roberto Barroso pontuou que a proteção das pessoas LGBTI em situação de encarceramento envolve o respeito à identidade sexual e de gênero dessa população, que decorre dos direitos à vida, à liberdade e à segurança, da vedação à tortura e ao tratamento desumano e cruel e da proibição de tratamento discriminatório. Além disso, referiu que os Princípios de Yogyakarta preveem uma série de medidas a serem adotadas pelos Estados signatários para garantir esses direitos no ambiente carcerário. Uma delas é a de assegurar, na medida do possível, que detentas e detentos participem de decisões relacionadas ao local de detenção adequado à sua orientação sexual e identidade de gênero (Princípio 9).

Para além de estabelecer o marco normativo relacionado, o ministro analisou os documentos juntados pela ABGLT, em especial o relatório *LGBT nas prisões do Brasil*. Este foi produzido após uma pesquisa de campo realizada em diversas unidades prisionais do Brasil, que envolveu a escuta da população LGBT encarcerada e o diálogo tanto com instituições do sistema de justiça e segurança quanto com entidades de proteção aos direitos dessa população. Uma das observações é de que as travestis e mulheres trans no sistema prisional se preocupam, de um lado, com o respeito à identidade de gênero e, de outro, com suas condições materiais e de afeto, que, muitas vezes, são mais asseguradas em estabelecimentos masculinos. Assim, algumas travestis e mulheres trans veem o cumprimento de pena em presídios femininos como a garantia de que vão receber um tratamento mais humanizado, enquanto outras preferem estar em alas especiais de presídios masculinos, onde podem estabelecer vínculos afetivos com parceiros ao mesmo tempo que exercem atividades tidas como femininas para obter rendimentos. Já que as sujeitas têm visões distintas sobre o local mais adequado para cumprirem pena, o relatório conclui que o único posicionamento possível é a consulta individual a cada uma. A Nota Técnica do Ministério da Justiça e Segurança Pública também defende que as pessoas sejam ouvidas antes de serem transferidas para uma ou outra unidade prisional.

Considerando esses documentos, o ministro Roberto Barroso entendeu que houve uma

> [...] notável evolução no tratamento a ser dado à matéria no âmbito do Poder Executivo, evolução decorrente de diálogo institucional ensejado pela judicialização da matéria, que permitiu uma saudável interlocução entre tal poder, associações representativas de interesses de grupos vulneráveis e o Judiciário.[28]

É justamente com base na harmonia entre as instituições mencionadas, o quadro normativo desenhado pelo ministro e o Princípio 9 de Yogyakarta que o relator defendeu ajustar a decisão proferida em 2019, de modo a reconhecer a autonomia de travestis e de pessoas trans para escolher se desejam cumprir pena em estabelecimentos femininos ou em celas especiais localizadas em estabelecimentos masculinos. Nessa decisão, diferentemente do que ocorreu na de 2019, o ministro não distinguiu travestis de transexuais a partir de discursos binários nem hierarquizou essas identidades. Sua decisão foi a mesma para os dois grupos e deu centralidade à autonomia das sujeitas. De outro lado, tal autonomia só foi reconhecida a partir desse "diálogo institucional", que envolveu o Poder Executivo, as ONGs e o Judiciário. Ou seja, foi preciso a produção de um consenso institucional para que o STF finalmente reconhecesse a autonomia de travestis e transexuais no que tange à escolha do local de encarceramento. Ao mesmo tempo, contudo, o conteúdo de tal diálogo institucional foi construído a partir da interação com e da escuta das próprias pessoas trans e travestis encarceradas. Ou seja, foi a partir do respeito à autonomia dessas sujeitas quando da elaboração dos estudos sobre o tema que se pôde garantir o respeito à sua autonomia quando da decisão judicial.

Acesso a especialidades médicas pelo Sistema Único de Saúde

A mais recente decisão do STF sobre direitos de travestis e de pessoas trans foi proferida monocraticamente, em junho de 2021, pelo ministro relator

28 *Ibidem*, p. 9.

Gilmar Mendes, na ADPF n. 787. A ação foi proposta pelo Partido dos Trabalhadores (PT), em razão da omissão da União em adequar os sistemas do SUS às necessidades das pessoas trans. Até então, pessoas trans que tiveram o registro civil retificado para refletir a sua identidade de gênero não conseguiam acessar determinadas especialidades médicas, atreladas às concepções cisnormativas de mulher e homem. Assim, homens trans cujo gênero foi adequado no registro civil e que conservavam o aparelho reprodutor tido como feminino não conseguiam marcar consultas nem realizar tratamentos ginecológicos e obstetrícios. Da mesma forma, mulheres trans e travestis tinham negado o acesso a especialidades médicas como urologia e proctologia. Apontou-se, ainda, que a Declaração de Nascido Vivo (DNV) – documento de preenchimento obrigatório quando do nascimento de uma criança – vinculava as categorias "pai" e "mãe" ao sexo atribuído aos genitores ao nascer, mesmo quando retificado o registro civil de um deles ou de ambos.

Ao analisar o caso, o relator reafirmou o direito à autodeclaração de gênero já reconhecido pelo STF, devendo ser eliminados quaisquer obstáculos burocráticos ao seu exercício e que possam causar constrangimento à pessoa e atraso no acesso à prestação de saúde. Assim, concedeu a medida cautelar requerida, determinando que o Ministério da Saúde, em trinta dias, alterasse o sistema do SUS de modo que todas as especialidades médicas sejam realizadas independentemente do registro do sexo biológico, conforme a autodeclaração da pessoa a ser atendida. Também determinou que fosse alterado o *layout* da DNV para que faça constar da declaração as categorias "parturiente" e "responsável legal", em vez de "mãe e pai", sem que se exija o preenchimento de qualquer informação sobre o gênero de ambos.

Considerações finais

Olhar pelas lentes do discurso para as decisões do STF que tratam de direitos de travestis e de pessoas trans permite compreender o que o campo do direito pode dizer sobre elas em determinado momento. Também permite identificar como esses discursos operam para o maior ou menor reconhecimento de direitos dessa população, bem como os desafios que se apresentam para efetivá-los.

A partir das decisões analisadas, identifiquei duas formações discursivas que constituem as decisões do STF sobre travestis e pessoas trans: a inclusão conservadora e o reconhecimento afirmativo. A primeira aciona enunciados que mobilizam discursos binários, estigmatizantes e abjetificantes, encaixando travestis e pessoas trans em identidades binárias e conservando-as no lugar da não normalidade mesmo quando utilizados para reconhecer direitos. Assim são as decisões da ADO n. 26 e do MI n. 4.733, que reconhecem a homotransfobia como crime, mas ressalvam os cultos religiosos como locais em que discursos homotransfóbicos podem ser proferidos; do RE n. 845.779, em que o STF reconhece a constitucionalidade da discussão sobre o uso de banheiros públicos conforme a identidade de gênero, mas em termos binários e que dão centralidade ao sexo biológico; e da primeira decisão da ADPF n. 527, que questionou a possibilidade de as travestis decidirem se querem cumprir pena em estabelecimentos prisionais femininos ou masculinos, partindo de compreensões binárias de gênero.

Já as decisões constituídas pela formação discursiva do reconhecimento afirmativo são marcadas por enunciados que afirmam a autonomia das travestis e pessoas trans para desenvolverem livremente suas personalidades, o que implica, muitas vezes, o desafio às normas binárias de gênero. Assim são as decisões da ADI n. 4.275 e do RE n. 670.422, que reconhecem o direito à alteração administrativa do registro civil com base na autodeclaração e compreendem que ao Estado cabe apenas reconhecer a identidade de gênero, e não a constituir. Da mesma forma foram enunciadas a segunda decisão da ADPF n. 527, que reconhece a autonomia das travestis e das pessoas trans para decidir onde vão cumprir pena, e da ADPF n. 787, que reafirma a autodeclaração de gênero e determina a eliminação de obstáculos burocráticos aos direitos das travestis e pessoas trans no âmbito do Sistema Único de Saúde.

Apesar de não terem sido superados os discursos binários que conservam travestis e transexuais no lugar da abjeção, como se percebe pelas decisões inclusivo-conservadoras, todos os julgados do STF sobre o tema apontam no sentido do reconhecimento de direitos de travestis e de pessoas trans, mesmo que com limites. A afirmação da autonomia dessas sujeitas em desenvolver sua identidade de gênero parece ser, a partir da análise das decisões, a chave para a consolidação de discursos afirmativos capazes de superar os limites colocados pelos binarismos e reconhecer as travestis e transexuais como plenas sujeitas de direitos. Nesse sentido, acionar a gramática da autonomia e da autodeclaração de gênero na formulação das ações judiciais, nas exposições dos movimentos sociais que atuam como amigos da corte, nas sustentações orais e nas demais manifestações realizadas no curso do processo é oportuno para provocar o STF a também adotar essa gramática como fundamentação de suas decisões.

OS CARTÓRIOS EXTRAJUDICIAIS E SEU PARADIGMA JURÍDICO: A LUTA DAS PESSOAS TRANS

CARLA WATANABE

Introdução ao paradigma do cartório

"Cartório" é um termo genérico que designa o local em que são prestados determinados serviços públicos por uma pessoa natural[1]. É ela, não o Estado, um concessionário ou um permissionário, a responsável direta tanto pela prestação desses serviços quanto pela sua manutenção, com a contratação de meios e empregados para esse fim. A maioria dos serviços prestados pelo cartório são remunerados pelos próprios usuários, que os paga diretamente por meio de emolumentos, e o particular que recebeu a titularidade do serviço tem interesse no lucro.

Suas origens se encontram na Idade Média portuguesa, e seu paradigma sofreu poucas alterações desde então. É representativo do modelo da administração pública lusitana da Idade Moderna, no qual todos os cargos auxiliares da justiça eram considerados propriedade de quem recebera a delegação diretamente do soberano, com a possibilidade de transferência ou por compra e venda, ou por meio de herança. Funções como as de fiscal de sisa, meirinho, tabelião de notas e do judicial, porteiro (leiloeiro), entre outras, eram exercidas pelo escolhido do rei, em uma administração da justiça totalmente delegada à responsabilidade de particulares, à exceção do cargo de magistrado[2]. Havia confusão entre os limites do público e do privado, pois a renda auferida com a prestação desses serviços públicos era utilizada, juntamente com recursos próprios do particular, em uma atividade econômica especulativa.

Esse modelo de administração pública foi trazido ao Brasil durante o período da Colônia e permaneceu mesmo após a independência política do país. Todavia, enquanto diversas outras funções foram estatizadas, em um processo de formação de uma burocracia de Estado finalizado pela Constituição Federal de 1988, o paradigma da função de tabelião de notas seguiu intacto. A partir dela nasceram ainda, notadamente na segunda metade do século XIX, os tabelionatos de protesto e os registros públicos, tais como o registro de imóveis, o registro civil de pessoas naturais e o registro civil de pessoas jurídicas e de títulos e documentos.

Os "cartórios" e seus titulares hoje recebem inúmeras críticas por serem representativos de um modelo teoricamente ultrapassado, uma

1 Neste texto, é estudada apenas a serventia extrajudicial. O cartório judicial se originou desse mesmo modelo, no Medievo português, mas foi posteriormente estatizado.

2 Henrique da Gama Barros, *História da administração pública em Portugal: séculos XII a XV*, v. III, 1. ed., Lisboa: Typographia Castro Irmão, 1922.

vez que, a partir do primeiro Governo Vargas (1930-1945), a administração pública brasileira procurou adotar um modelo burocrático e impessoal. Por destoar desse processo de modernização, os cartórios tornaram-se, no imaginário popular, um típico exemplo de "patrimonialismo", por representarem um modelo de apropriação privada da coisa pública. Os métodos de nomeação de seus titulares permaneciam opacos, sendo associada a eles a alcunha de "donos de cartório", diante da persistência dos mesmos métodos da Idade Média portuguesa.

Para que esse modelo continuasse a existir, os representantes da categoria realizaram concessões que o aproximaram da forma burocrática de administração. A Constituição de 1988 determinou que o provimento dessas funções apenas poderia ocorrer mediante concurso público de provas e títulos e que sua fiscalização fosse realizada pelo Poder Judiciário. Isso atenderia, ao menos parcialmente, o princípio da impessoalidade da administração pública. Em contrapartida, o modelo foi consagrado no art. 236 da Constituição, com a denominação "serviços notariais e de registro".

Essa pretensa modernização veio acompanhada de muita resistência. Os tribunais passaram a ser palco de batalhas jurídicas nas quais aquele que ocupava, em caráter precário, a titularidade em determinado cartório tentava impedir a realização do concurso público. Esse segmento de titulares "precários" impediu por diversos anos o provimento de serventias em inúmeras unidades da federação, a ponto de estados como Alagoas, após quase 35 anos da obrigatoriedade constitucional de realização de concurso, nunca terem finalizado certames.

A convivência entre elementos estatais e privados refletiu-se no estatuto jurídico dos titulares de cartório. Estes não são considerados servidores públicos nem ocupam qualquer cargo na administração pública. A Lei n. 8.935/1994, conhecida como Lei dos Notários e Registradores, apenas estabeleceu linhas gerais sobre concurso, responsabilidade civil e fiscalização da atividade. As características funcionais desses profissionais foram delineadas por meio da jurisprudência do Supremo Tribunal Federal (STF), segundo a qual eles não estão sujeitos à aposentadoria por idade, não ocupam cargo público e se sujeitam à responsabilidade subjetiva por seus atos, além de estabelecer que o montante pago pelos usuários pelo serviço tem a natureza jurídica de tributo, na modalidade taxa.

O tabelião de notas e seu paradigma, o mercado e o liberalismo

O tabelião de notas, desde sua origem, no século XIII, tinha como função redigir "escrituras", ou seja, contratos pertinentes a direitos de propriedade. A designação pelo monarca português para exercer a atividade implicava ainda a concessão de uma parcela de seu poder ao tabelião: a denominada "fé pública". Esta permitia a inversão do ônus da prova contra aquele que pleiteasse eventual inverdade, ou nulidade, da escritura, pois tudo que o tabelião escrevesse tinha presunção de verdade[3]. Apesar de tal presunção ser relativa, essa característica, própria de documento público, foi extremamente útil em Portugal medieval, que começava a formar núcleos urbanos. Seus agricultores geravam excedentes para comercialização e necessitavam de financiamento para a outra safra, nos primórdios do mercantilismo[4].

Ademais, como praticamente toda a população do país era analfabeta, o contrato verbal era a regra. Daí por que o surgimento do tabelião, que confeccionava documentos escritos por designação pessoal do rei, dava segurança às transações negociais. Nas palavras de Sá Nogueira: "A segurança e estabilidade desta teia de compromissos crescentemente mais duradouros e complexos requeria o primado absoluto da escrita. Se possível, da formulação por escrito de todos os negócios com implicações de curto, médio e longo prazo sobre a propriedade e as pessoas"[5].

Passados quase 800 anos, o paradigma do tabelião perdurou quase intacto e se espraiou para as demais modalidades de cartório. O discurso que justifica sua existência, lastreado em uma pretensa "segurança jurídica" emprestada aos atos nos quais intervém, permanece o mesmo.

A estreita ligação do tabelião com a classe mercantil lusitana também é uma marca duradoura. Sua posição, típica do "Antigo Regime", sobreviveu ao colapso daquele modelo, e seu discurso foi adaptado ao modelo capitalista de produção. Com isso, o titular de cartório busca atualmente ressignificar sua atuação a partir da suposta aderência de seu ofício ao pensamento neoliberal dominante das elites brasileiras e sua lógica economicista, a despeito das contradições apresentadas pelo próprio modo de exploração dos cartórios. Nesse sentido, passou a se

3 *Ibidem.*

4 Bernardo de Sá Nogueira, *Tabelionado e instrumento público em Portugal: gênese e implantação (1212-1279)*, 1. ed., Lisboa: Imprensa Nacional/Casa da Moeda, 2008.

5 *Ibidem*, p. 514.

apresentar como agente de modernização e eficiência que produziria resultados positivos para a administração pública, sem que esta necessite despender recursos para a manutenção desse sistema[6]. Esse discurso, que se restringe à perspectiva financeira, é lastreado nas quantias repassadas pelos titulares ao Estado, normalmente taxas e outros tributos incidentes sobre os emolumentos, pagos pelos usuários por seus serviços.

De acordo com a ótica neoliberal abraçada pelos titulares de cartório, seu paradigma representaria um modelo antigo, porém, bem-sucedido de privatização de função pública. A racionalidade neoliberal do "Estado mínimo" está claramente expressa na publicação *Cartório em números*, capitaneada pela Associação dos Notários e Registradores do Brasil (Anoreg/BR)[7]. Nela, destaca-se a incorporação, pelos cartórios, de serviços anteriormente prestados pelo poder público, seguindo uma pretensa tendência autodenominada "extrajudicialização". A ideologia de que a iniciativa privada presta um serviço de melhor qualidade que o setor público permeia toda a argumentação, e há uma ênfase praticamente exclusiva em aspectos financeiros. Desprezam-se, assim, outros parâmetros palpáveis de alcance de metas em políticas públicas, como métricas relacionadas ao respeito da pessoa humana.

Esse modo reducionista de pensamento é típico do pensamento neoliberal, que reduz a complexidade humana à dimensão do mercado, única forma possível de definição, gestão e realização. De acordo com Christian Laval, o neoliberalismo é uma racionalidade nova que visa não apenas modificar o Estado mas também criar um novo sujeito. O "homem econômico", ou "homem calculador", é a subjetividade presente em um mundo concorrencial, que replica em todos os cenários apenas a racionalidade do mercado: "se o sujeito é posto nesses termos, como integralmente econômico em todas as suas escolhas, então se tem o direito de estender o mercado a múltiplos domínios, tais como os da educação, da droga, da justiça etc."[8].

6 Há um equívoco lógico nesse raciocínio. Mesmo que se considere haver efetiva necessidade de cartórios (o que foge aos objetivos deste texto), essa função poderia ser exercida diretamente pelo Estado e gerar resultados positivos. Um claro exemplo pode ser encontrado no antigo fiscal de sisa lusitano, pois sua tarefa de arrecadar tributos era superavitária para a Coroa em qualquer condição. A estrutura do Fisco, em qualquer esfera da federação, sempre gerará mais receitas do que despesas, pois dela depende a arrecadação que custeará a máquina pública. A opção de o serviço ser prestado pelo Estado ou objeto de delegação a particular passa por escolhas legislativas, norteadas por questões de fundo ideológico, as quais são influenciadas atualmente pelo modelo neoliberal de economia.

7 ANOREGBR, *Cartório em números 2021*. Anoreg, 2022. Disponível em: https://www.anoreg.org.br/site/wp-content/uploads/2021/12/Anoreg_BR-Cartórios-em-Números-2021-3ª-Edição.pdf.

8 Christian Laval, *Foucault, Bourdieu e a questão neoliberal*, 1. ed., trad. Márcia Pereira Cunha e Nilson Ken Ota, São Paulo: Elefante, 2020, p. 80-1.

Esse ideário é coerente com a concepção econômica do pensamento liberal, que dominou o universo jurídico brasileiro no século XIX e deixou marcas indeléveis no direito privado. Ao atuar em negócios jurídicos travados entre particulares, o tabelião age de acordo com os dogmas contratuais clássicos, herdados do pensamento jurídico da Modernidade. Assim, ele considera que, embora tenham interesses opostos, os polos contratantes são sempre indivíduos abstratos e formalmente iguais. É apagado dessa representação qualquer sinal de vulnerabilidade, ou de pertença, que pudesse influir nas respectivas manifestações de vontade. Não é relevante para a escritura, de acordo com os princípios contratuais clássicos, se de um lado está uma grande construtora e, do outro, uma mulher negra grávida de baixa renda, um homem branco empresário bem-sucedido, uma pessoa trans que ainda não retificou seu nome ou um idoso com dificuldades de locomoção causadas por uma doença degenerativa.

A racionalidade liberal e o registro civil das pessoas naturais

Os registros públicos nasceram no Brasil a partir do modelo funcional do tabelião de notas, no final do século XIX, em um período de aproximadamente meio século caracterizado pela adesão das elites dominantes ao pensamento liberal. Era, entretanto, uma adesão seletiva a essa ideologia, pois abarcava apenas seu viés econômico. Nesse sentido, a grande contradição no discurso liberal brasileiro da época foi a de que, ao mesmo tempo que consagrava valores tipicamente burgueses, como a liberdade formal, o direito à propriedade e à segurança, mantinha intocada a escravidão. Essa corrente adotava a perspectiva do mercado, da propriedade e da segurança para orientar a ação do Estado e de seus agentes, e privilegiava o discurso da liberdade em detrimento da igualdade. Dessa forma, adotada isoladamente, era uma ideologia que se prestava a alianças com pensamentos conservadores. Essa limitação do discurso liberal à sua vertente econômica se repetiu mais recentemente na história mundial, principalmente com o advento do neoliberalismo e sua ligação ao discurso autoritário e à ascensão contemporânea da extrema direita populista.

De forma coerente com o pensamento da época, a implantação do registro civil das pessoas naturais oficialmente fazia parte do projeto de o Governo Imperial realizar os recenseamentos decenais, a partir de 1870 (Lei n. 1.829, de 9 de setembro daquele ano). A regulamentação, realizada pelo Decreto n. 5.604, de 25 de abril de 1874, porém, não previa sua obrigatoriedade.

Embora facultativo, o registro civil teve grande relevância no contexto mais amplo. No Brasil, até seu surgimento, era a Igreja Católica quem detinha o monopólio dessas atribuições, por meio dos registros paroquiais. Os assentos de batismos, casamentos e mortes eram alimentados e mantidos por vigários e outros clérigos em livros de suas paróquias – não apenas como obrigação sacerdotal, por serem sacramentos católicos, mas em decorrência do regime de padroado. Por meio dele, os padres recebiam um pagamento do Estado, denominado *côngrua*, para exercer essas funções. Por consequência, os documentos por eles emitidos tinham efeitos legais e serviam para diversas outras finalidades, como as de conceder alforria na ocasião do batismo de recém-nascidos filhos de escravizados[9], provar parentesco em inventário ou simplesmente comprovar o estado civil. Evidentemente, aqueles que não eram católicos estavam excluídos desse sistema, o que implicava também a impossibilidade de exercício de diversos direitos. Assim, o florescimento de um registro civil laico teve como fundo um intenso embate com as autoridades eclesiásticas, que perdurou durante boa parte do século XIX.

A laicização do registro civil também tinha o propósito de conhecer a população, sua quantidade e movimentação. Afinal, argumentava-se, sem conhecer o número de habitantes, que não era possível prever o orçamento de obras públicas, a quantidade de eleitores ou a força militar que poderia ser recrutada pelo Exército[10]. Como se percebe, o nascimento do registro civil estava também ligado a razões utilitaristas, de interesse do Estado: estava centrado no controle do indivíduo e das populações[11].

Foi com esse fundamento, de controle das populações para finalidades utilitaristas, que o Poder Executivo Federal publicou o Decreto n. 18.542, de 24 de dezembro de 1928, para regulamentar os registros públicos. Esse texto introduziu no ordenamento a impossibilidade de modificação do

9 Afonso de Alencastro Graça Filho e Douglas Cole Libby, "As diversas fontes documentais das alforrias: as alforrias batismais, as alforrias notariais, as alforrias em sisas e as testamentais em São João del Rey, séculos XVIII e XIX", em Roberto Guedes e José Fragoso, *História social em registros paroquiais (Sul-Sudeste do Brasil, séculos XVIII e XIX)*, 1. ed., Rio de Janeiro: Mauad X, 2016, p. 11-37.

10 Senado Imperial, *Annaes do Senado do Império do Brasil*, v. 3, 1870, 1. ed. Brasília: Secretaria Especial de Editoração e Publicações, s.d.

11 O surgimento do registro civil brasileiro pode ser visto, portanto, como representativo de uma mudança na forma de controle social. Michel Foucault analisou essa mudança no contexto europeu: um primeiro sistema surgiu a partir do século XVII, centrado no corpo e exercido por meio das disciplinas, nas escolas, colégios, casernas; o outro, que apareceu no início da Idade Moderna, é exercido por intermédio de uma biopolítica da população, caracterizada pela gestão calculista da vida, por meio de índices como duração da vida, nascimentos, mortalidade, com o objetivo de sujeitar os corpos e de controlar populações. Michel Foucault, *História da sexualidade I: a vontade de saber*, 12. ed., trad. Maria Thereza da Costa Albuquerque e J. A. Guilhon Albuquerque, Rio de Janeiro: Graal, 1997

nome da pessoa natural[12], motivada pela suposta preocupação de garantir a segurança das relações jurídicas entre os particulares. Esse axioma permaneceu em todas as legislações relativas a registros públicos até quase os dias atuais[13]. Apesar de a norma sempre indicar a impossibilidade da mudança do prenome, a jurisprudência e a literatura jurídica logo se inclinaram para uma interpretação ampliativa que abarcava todos os elementos do registro público, tais como o nome, o sobrenome e o sexo[14].

O dogma da imutabilidade do nome não fazia parte da tradição jurídica nacional até então. Anteriormente a ele, era perfeitamente lícito uma pessoa mudar seu nome. Com efeito, Botelho aponta que são grandes as dificuldades quando da realização de pesquisas históricas em livros paroquiais datados do período da Colônia e do Império – épocas em que os registros civis eram controlados pela Igreja Católica –, pois "até mesmo o nome de uma única pessoa podia variar ao longo de sua vida"[15].

Spencer Vampré, jurista que escreveu livro sobre o nome da pessoa natural em seguida à vigência desse decreto, tinha visão totalmente diversa acerca da alterabilidade do nome[16]. Para ele, a função do nome da pessoa natural seria tão somente a de identificar a quem se refere. Deveria, dessa forma, ter respaldo na realidade social, não em uma pretensa verdade inscrita nos registros públicos, mas divorciada das interações humanas.

Essa leitura tradicional do conceito jurídico do nome da pessoa natural, contudo, perdeu espaço na legislação e na literatura dos registros públicos. A imutabilidade do nome passou a ser justificada pela segurança que deveria proporcionar às relações jurídicas. Seu fundamento seria um denominado "aspecto público do direito ao nome"[17]:

> O aspecto público do Direito ao Nome promana, fundamentalmente, do grande interesse que tem a sociedade em distinguir os seus diversos componentes, para deles poder exigir com eficácia as obrigações que

12 Art. 72 do Decreto n. 18.542/1928: "O prenome será imutável".
13 Nesse sentido, vide art. 72 do Decreto n. 4.857/1937; art. 62 do Decreto-Lei n. 1.000/1969; e art. 58 da Lei n. 6.015/1973.
14 Entre os inúmeros acórdãos: Apelação 19.893, 2a. Câmara do TJSP, julgada em 24 ago. 1943; e os atuais REsp n. 1.323.677-MA – 3a. Turma, relatora: ministra Nancy Andrighi, julgado em 5 fev. 2013; e REsp n. 1.304.718-SP – 3a. Turma, relator: ministro Paulo de Tarso Sanseverino, julgado em 18 dez. 2014.
15 Tarcísio R. Botelho, "Registro de batismos, casamentos e óbitos", em Elione Guimarães e Marcia Motta, *Propriedades e disputas: fontes para a história do oitocentos*, 1. ed., Niterói: Eduff, 2011, p. 243.
16 Spencer Vampré, *Do nome civil (sua origem e significação sociológica; teorias que o explicam; suas alterações; direitos e deveres correlativos)*, 1. ed., Rio de Janeiro: F. Briguiet & Cia, 1935.
17 Rubens Limongi França, *Do nome civil da pessoa natural*, 2. ed., São Paulo: Revista dos Tribunais, 1964, p. 174.

respeitam a cada um, como tributo ordenado ao Bem Social. Por outro lado, a falsa identidade e a confusão de identidade estão geralmente tão ligadas às mais variadas modalidades de delitos, que a salvaguarda da fixidez do nome se erige em fator impostergável de ordem e de insegurança.

A consideração desse viés representava a inversão do antigo princípio de que o nome antecedia ao registro. Este teria, segundo essa perspectiva, função meramente instrumental e estaria subordinado à realidade vivenciada pela pessoa[18]. Com a imutabilidade, optou-se pela prevalência do que está no registro, que independe da vida concreta da pessoa. Adotou-se o discurso, típico da linguagem liberal, da necessidade de evitar pleitos "ilegítimos" ou "fraudulentos", privilegiando-se o "princípio da imutabilidade do nome e o princípio da segurança jurídica. Tais princípios são de ordem pública, pois é de interesse da sociedade que o nome seja definitivo, isto é, permaneça imutável, para a segurança das relações jurídicas"[19].

Perceba-se que o discurso da "segurança jurídica" é o que fundamenta a imutabilidade do nome. Sua utilidade seria essencial para uma perfeita identificação do indivíduo que contrata, que contrai obrigações e que toma crédito em uma sociedade regida pelos valores liberais, centrados no mercado. A partir dessa noção, os pedidos de alteração de nome mereceriam ser sempre classificados como "ilegítimos" ou mesmo "fraudulentos". Afinal, a ótica em concreto mais relevante não será necessariamente a daquele que pleiteia a alteração, mas a do credor, para quem a "verdade" encontrada nos registros públicos deve prevalecer como a única disponível, pois o devedor seria mais facilmente encontrado.

Restringir a "verdade" do nome apenas àquela constante nos livros de registro civil é uma típica aplicação do pensamento jurídico da modernidade. É uma demonstração do apego extremo do direito ao formalismo, à abstração, o que leva à conclusão de que "todo o direito (e a política) modernos assentam neste sofisma originário – destinam-se a regular a vida concreta de cidadãos concretos, mas com base em uma imagem abstrata de cidadãos abstratos"[20].

18 Spencer Vampré, *Do nome civil*, *op. cit.*

19 Martha El Debs, Izaías G. Ferro Junior e Márcia Rosália Schwarzer, *O registro civil das pessoas naturais: temas aprofundados*, 1. ed., Salvador: Juspodivm, 2019, p. 50.

20 António Manuel Hespanha, *Cultura jurídica europeia: síntese de um milênio*, 1. ed., Coimbra: Almedina, 2019, p. 345.

A imagem do indivíduo abstrato, apartado do mundo real, é a que prepondera nessas normas jurídicas. Afinal, com sua razão e com sua vontade, o sujeito abstrato é considerado apto para querer, para contrair obrigações, como na escritura do tabelião, ao mesmo tempo que não é avaliado nas suas fragilidades reais, ocasionadas pelas hierarquias existentes nas sociedades. Acima delas, existe apenas o patrimônio do indivíduo como garantia dos créditos de terceiros que com ele contratam. Nas palavras de Fachin, "O real, nesse direito, é elevado a uma abstração que sombreia a pessoa e produz dois vultos conceituais, o do próprio titular (como categoria de sujeito de direito) e o da sua respectiva titularidade. Precede à pessoa o patrimônio"[21]. É esta a submissão essencial, a que se oculta sob o discurso da "segurança jurídica" objetivada pela imutabilidade do nome da pessoa natural nos registros públicos.

A imutabilidade do nome foi relativizada por recente alteração da Lei de Registros Públicos pela Lei n. 14.382/2022. Reconheceu-se o direito de qualquer pessoa requerer, diretamente ao cartório de registro civil, uma única vez, a alteração imotivada de seu prenome. Apesar do avanço, a própria lei estabeleceu limitações a um direito que deveria ser puramente potestativo. Na nova redação do art. 56 da Lei de Registros Públicos, foi estabelecido, no § 4º, que o oficial de registro tem o poder de recusar a retificação "se suspeitar de fraude, falsidade, má-fé, vício de vontade ou simulação".

Preliminarmente, destaca-se a permanência, na nova redação da lei, da mesma lógica historicamente patrimonialista que perpassa o pensamento dos operadores de registros públicos e tabelionato. Afinal, um pleito puramente existencial, que é o da alteração de prenome, ficará submetido à racionalidade neoliberal economicista, que reduz toda a autonomia do requerente à eventual intenção de fraudar credores ou contratantes. Esse cenário ganha ares piores porque será o oficial do cartório, não um juiz togado, quem avaliará, por meio de seus critérios pessoais, a legitimidade desse pleito. É de se questionar, assim, qual padrão de avaliação o titular do registro civil seguirá para recusar um pedido de averbação desse tipo.

Ademais, a nova redação daquele artigo não condiciona a retificação do prenome à extensa lista de documentos exigidos pelo Provimento n. 73/2018, do Conselho Nacional de Justiça (CNJ)[22], o qual será analisado

21 Luiz Edson Fachin, *Direito civil: sentidos, transformações e fim*, 1. ed., Rio de Janeiro: Renovar, 2015, p. 15.

22 Atualmente, as normas do extrajudicial foram consolidadas pelo Provimento CNJ 149, de 30 de agosto de 2023.

a seguir. Trata-se de um tratamento flagrantemente não isonômico que ratifica a estigmatização de pessoas trans. Afinal, por que somente elas devem permanecer sob a égide de um tratamento mais gravoso, diferente do emprestado à população em geral?[23]

As pessoas trans e a luta por serem chamadas de acordo com sua identidade de gênero

Durante muito tempo, a transexualidade foi vista como um transtorno mental. Deixou de sê-lo oficialmente apenas em junho de 2018, quando do lançamento do manual da Classificação Internacional de Doenças – 11 (CID), da Organização Mundial de Saúde (OMS). Ela passou a ser chamada de "incongruência de gênero", não mais alocada em capítulo relativo a transtorno relacionado à saúde mental, mas em outro, que trata da medicina sexual e de gênero. Hoje se "entende a transexualidade como mais uma apresentação da diversidade humana, não sendo e não devendo ser considerada como uma doença mental"[24]. A ideia de incongruência refere-se à divergência entre o sexo biológico, atribuído quando do nascimento, e a identidade de gênero, que é autopercebida. Esta, segundo definição constante na Introdução aos Princípios de Yogyakarta, pode ser considerada

> a profundamente sentida experiência interna e individual do gênero de cada pessoa, que pode ou não corresponder ao sexo atribuído no nascimento, incluindo o senso pessoal do corpo (que pode envolver, por livre escolha, modificação da aparência ou função corporal por meios médicos, cirúrgicos ou outros) e outras expressões de gênero, inclusive vestimenta, modo de falar e maneirismos.[25]

A identidade de gênero da pessoa transexual, aliada ao papel de gênero que ela vivencia em sociedade, é totalmente discrepante da sua identificação civil, na qual constam indicados o prenome e o sexo atribuído no nascimento. A dissonância entre a aparência física e os dados

23 O Provimento CNJ 153 de 26/09/2023, restringiu os efeitos da Lei 14.382/2022 e impôs o mesmo rol de documentos para todas as alterações imotivadas de prenome.

24 Alexandre Saadeh, *Como lidar com a disforia de gênero (transexualidade): guia prático para pacientes, familiares e profissionais de saúde*, 2. ed. São Paulo: Hogrefe, 2019, p. 38.

25 *Princípios sobre a aplicação da legislação internacional de direitos humanos em relação à orientação sexual e identidade de gênero* (Princípios de Yogyakarta), jul. 2007. Disponível em: http://www.clam.org.br/uploads/conteudo/principios_de_yogyakarta.pdf.

constantes nos documentos pessoais gera, além de constrangimentos diários, discriminações no acesso a serviços públicos e privados. Nesse sentido, ao comentar as informações constantes no processo de retificação de prenome e sexo da transexual Bruna, que faleceu antes do provimento de seu recurso pelo Superior Tribunal de Justiça (STJ), Carvalho afirma que

> Apesar de aparentemente ser mulher e de se considerar mulher, Bruna enfrentava o fato de em seu registro ainda constar o nome de homem que lhe havia sido dado no nascimento e seu sexo como masculino. Tal fato causava constrangimento, humilhação e dor quando ela precisava realizar os atos mais básicos da vida civil em que é necessário a apresentação de documento de identidade, como a abertura de conta bancária, viagens de avião ou a apresentação da carteira de trabalho, dentre outros.[26]

Relatos como este, mas em primeira pessoa, repetem-se no cotidiano de pessoas transexuais cujos documentos ainda não foram alterados. Seus reflexos são mais densos quando a disparidade documental respalda atitudes discriminatórias que negam direitos fundamentais básicos, como o direito à saúde:

> De uma forma grosseira e em tom áspero, ele dirigiu sua fala à minha pessoa. "Quem é este aqui?" Apontando para meu nome masculino no prontuário médico. Eu disse: "Sou eu". Ele disse: "e quem é esse aqui?" apontando para o nome [feminino] no papelzinho, e eu disse: "sou eu". O médico apontando para o nome no prontuário e em seguida para o nome no papelzinho, nessa ordem, disse: "Eu atendo este aqui, mas não este aqui". Mesmo percebendo a agressividade e a falta de respeito do médico para comigo, eu mantive o bom senso e disse a ele: "Doutor, tudo o que for documental, receitas, exames etc., o senhor faz como se deve, ou seja, usa o nome que está registrado no prontuário médico, mas por respeito à minha pessoa, o senhor, por favor, me trate no feminino". O doutor me deu a seguinte resposta: "Você não entendeu! Eu atendo o XXXX, mas você eu não te atendo".[27]

26 Newton Teixeira Carvalho, *Redesignação de sexo e a desnecessidade de judicialização para retificação do registro de nascimento*, 1. ed., Belo Horizonte: Conhecimento, 2019, p. 58.

27 Flavia de Bomsucesso Teixeira, *Dispositivos de dor: saberes-poderes que (con)formam as transexualidades*, 1. ed., São Paulo: Annablume, 2013, p. 162.

Percebe-se que a verificação da divergência entre documento e o gênero vivenciado tem o efeito imediato de criar uma não-pessoa, alguém cuja humanidade não é reconhecida pelo outro. Sobre o tema dos limites da cognoscibilidade de alguém diante das normas de gênero, Butler afirma que, "[s]e não formos reconhecíveis, se não houver normas de reconhecimento pelas quais somos reconhecíveis, então não é possível persistir no próprio ser e não somos seres possíveis; fomos excluídos de qualquer possibilidade"[28].

A negação de reconhecimento como humano implica a retirada dessa pessoa de todas as hierarquias sociais. Ainda que alguém incorpore as normas de gênero, reitere-as e adquira o "efeito da passabilidade" (ou da "autenticidade"), essa pessoa se torna vulnerável à violência se houver dissonância "entre aquilo que se mostra e aquilo que significa", como no caso da documentação pessoal. Judith Butler, ao discorrer sobre o desempenho de uma personagem transgênero em um filme, relata que qualquer falha a torna "vulnerável à violência homofóbica; em última instância, sua vida é supostamente tirada por um cliente que, após a descoberta do que ela chama de 'pequeno segredo', a mutila por ela tê-lo seduzido"[29].

Assim, o processo de transição de gênero da pessoa transexual não depende apenas de tratamentos médicos, cirúrgicos e hormonais. Há uma etapa jurídica, que é a adequação documental à realidade fática do gênero vivenciado. A nova identidade civil, porém, dependerá inicialmente da averbação da mudança de prenome e de sexo no registro civil. Somente a partir desta será possível confeccionar outros documentos – como carteira de identidade, título de eleitor, passaporte e carteira de motorista – que reflitam para a sociedade a identidade de gênero daquela pessoa.

Porém, nunca existiu no Brasil uma norma que tratasse especificamente dessas alterações. Esse vácuo jurídico fazia com que as pessoas trans tivessem de recorrer ao Judiciário para alterar seus registros. Como grande obstáculo, havia o mencionado dogma da inalterabilidade do nome, além de leituras essencialistas do texto da Lei de Registros Públicos.

Colaborou para esse cenário a dificuldade de alterar a legislação que trata do assunto. Afinal, o ativismo contra a agenda de direitos reprodutivos e das minorias sexuais e de gênero no Poder Legislativo Federal segue

28 Judith Butler, *Desfazendo gênero*, trad. Victor Galdino, Ana Luiza Gussen, Gabriel Lisboa Ponciano, Carla Rodrigues, Luis Felipe Teixeira, Nathan Teixcira e Beatriz Zampieri, São Paulo: Ed. Unesp, 2022, p. 59.

29 *Idem*, *Corpos que importam: os limites discursivos do "sexo"*, trad. Veronica Daminelli e Daniel Yago Françoli, São Paulo: n-1 edições/Crocodilo, 2020, p. 222.

desde a época da Assembleia Nacional Constituinte de 1988. Esse trabalho dos setores conservadores da sociedade bloqueou a aprovação de iniciativas ligadas a essas pautas e também fez serem barrados projetos do Poder Executivo, como o Programa Escola sem Homofobia, em 2011[30].

Tal viés se repetiria em diversos acórdãos proferidos por tribunais. Os pleitos de retificação eram recusados com base em dois argumentos básicos: o determinismo biológico, expresso em um chamado "princípio da veracidade" dos registros públicos, e o dogma da inalterabilidade do nome. Paradigmático nesse sentido é o acórdão do Tribunal de Justiça do Paraná transcrito a seguir. A argumentação nele desenvolvida, sob a lógica da "redução ao absurdo", consideraria pertencentes ao sexo masculino mesmo mulheres cisgênero histerectomizadas ou simplesmente inférteis:

> Retificação no registro civil – Conversão de sexo masculino para feminino – Inadmissibilidade – *Transexualismo* – Cirurgia para mudança de sexo – *Procriação – Impossibilidade* – Estado civil – Capacidade – Casamento – Requisitos diferença de sexo – Ausência – *Lei de Registros Públicos* – Vedação. Apelação provida.
>
> Ação que visa retificação no registro civil e conversão de sexo masculino para o feminino. Mesmo tendo o apelado se submetido a cirurgia de mudança de sexo, o pedido de retificação no assento de nascimento não pode prosperar. Caracteriza-se o transexualismo quando os genitais afiguram-se como de um sexo, mas a personalidade atende a outro. Porém os transexuais, mesmo após a intervenção cirúrgica, não se enquadram perfeitamente neste ou naquele sexo, acarretando-se problemas graves com tal intervenção. *Não se constitui, ademais o apelado como sendo do sexo feminino uma vez que há impossibilidade de procriação porquanto não possui o mesmo os órgãos internos femininos.* Ao se deferir o pedido do apelado estar-se-ia outorgando a este uma capacidade que efetivamente não possui. Por outro lado, ao permitir-se a retificação do nome e sexo do apelado em possível casamento que venha a realizar, estaria contrariando frontalmente o ordenamento jurídico vigente,

30 Em sua tese de doutorado, Marina Basso Lacerda realizou levantamento sobre a crescente mobilização dos deputados conservadores, no período de 2002 a 2016, contra a agenda dos direitos sexuais e reprodutivos, que englobam os direitos feministas e os das minorias sexuais e de gênero. Ela constatou que, a partir de 2014, no início da 55a Legislatura, houve um aumento de iniciativas legislativas contrárias a esses direitos superior a 600%. o que indica uma mudança na dinâmica do funcionamento do Legislativo. Ver Marina Basso Lacerda, *O novo conservadorismo brasileiro: de Reagan a Bolsonaro*, 1. ed., Porto Alegre: Zouk, 2019.

ademais ausente um dos requisitos para o casamento, qual seja, a diferença de sexos. *A Lei de Registros Públicos veda a alteração pretendida, tutelando interesses de ordem pública.*[31]

Essa linha argumentativa existiu desde as primeiras manifestações colegiadas do Judiciário. Seu fundamento recorre a uma ideologia essencialista, que faz da biologia a única modalidade de ciência merecedora de crédito, portadora de uma "verdade absoluta". Tudo a despeito do fato de que, desde a década de 1960, já eram predominantes nas ciências sociais as teorias que afastavam a ligação simbiótica entre sexo e gênero[32]. Porém, o diálogo interdisciplinar não era considerado nessas decisões; e essas interpretações da Lei de Registros Públicos, além de não oferecerem respostas dignas, eram usadas como pretexto para negar pedidos de alteração de sexo e de prenome de transexuais.

O "princípio da veracidade" dos registros públicos tem como interpretação uma verdade constatada, imposta a partir da observação do recém-nascido. Ele afirma que os registros devem sempre espelhar a "verdade", a qual é restrita a uma constatação biológica realizada quando do nascimento da pessoa. Ao combinar-se com o "princípio da imutabilidade", eles se tornam instrumentos para a manutenção de uma realidade ficta – no caso do transexual, presente apenas nos assentos dos cartórios de registro civil.

A manutenção, no registro civil, de informações que não mais condizem com a realidade daquela pessoa é fundamentada nesses princípios da Lei de Registros Públicos, que buscariam a "segurança jurídica" das relações intersubjetivas. A primazia de tais princípios – ou seja, da imutabilidade e da veracidade – no discurso dos operadores do extrajudicial reflete o mesmo ideário liberal, centrado em valores do mercado, presente desde o nascimento dos registros públicos. Como resultado, pouco importa a realidade material da pessoa. Relevante seria apenas a imutabilidade do registro, para que o credor sempre pudesse encontrar o devedor. É uma clara subordinação do princípio da dignidade da pessoa humana a um formalismo que caracterizou o direito do século XIX, com efeitos que perduram até os dias atuais.

Mais adequada seria uma interpretação sistemática do direito, para que os registros públicos possam ser alterados quando não mais condisserem

31 TJPR, Apelação Cível - AC 300198 PR. Relator: Osiris Fontoura. DJ: 08 nov. 1994. Disponível em: https://tj-pr.jusbrasil.com.br/jurisprudencia/4044876/apelacao-civel-ac-300198 (grifos meus).

32 Simone de Beauvoir, *O segundo sexo*, v. 2, 5. ed., trad. Sérgio Milliet, Rio de Janeiro: Nova Fronteira, 2019.

com a realidade, impedindo o pleno desenvolvimento da personalidade e trazendo dores e constrangimentos ao titular dos dados. Longe de sua pretensa imutabilidade, nome e sexo deveriam estar consagrados como espaços de autodeterminação do titular do registro. Eles não pertencem ao oficial do cartório nem ao Estado, e sim àquela pessoa identificada nos assentos.

Afinal, desde 2002, foi autorizada pelo Conselho Federal de Medicina (CFM), não mais em caráter experimental, a realização de cirurgia de transgenitalização no Brasil[33]. Ainda que sob um viés patologizante, como um tratamento para o "transexualismo", é uma intervenção permitida pelo ordenamento jurídico[34]. Todavia, a licitude desse tratamento tinha seus efeitos concretos negados em muitos tribunais sob o argumento formalista de obediência a "princípios da Lei de Registros Públicos". Nesses casos, sequer era considerada a norma positivada no art. 55 da Lei de Registros Públicos, que vedava a "exposição ao ridículo" causada à pessoa transexual pelo nome de registro.

O apego excessivo a formalidades no sistema de registros públicos, em uma interpretação fetichista que privilegia apenas uma afirmada "verdade imutável", acaba por desvirtuar seus objetivos. O distanciamento proposital da realidade, materializada no direito à plena autonomia pessoal, faz com que ele perca o sentido:

> A função do registro civil é dar segurança à vida em sociedade. Um registro civil que atribua a uma pessoa um sexo que ela não ostenta na vida social é um registro "falso", "errado", que exige retificação. Tal qual o nome, o sexo deve ser visto não como um estado registral imutável ou como uma verdade superior ao seu titular, mas como um espaço essencial de realização da pessoa humana.[35]

O STF apenas se pronunciou definitivamente sobre o tema da alteração do registro civil de pessoas transexuais na ADI n. 4.275-DF, em 2018[36]. Naquela decisão, deu-se interpretação conforme à Constituição e ao Pacto de San José de Costa Rica ao art. 58 da Lei de Registros Públicos. Foi

33 Por meio da Resolução CFM 1.652/2002. Atualmente é vigente a Resolução CFM 2.265, de 20 de setembro de 2019, que trata a transexualidade como "incongruência de gênero".

34 "Art. 13. Salvo por exigência médica, é defeso o ato de disposição do próprio corpo, quando importar diminuição permanente da integridade física, ou contrariar os bons costumes."

35 Anderson Schreiber, *Direitos da personalidade*, 3. ed. São Paulo: Atlas, 2014, p. 210.

36 Supremo Tribunal Federal. Ação Direta de Inconstitucionalidade: ADI 4.275 DF. Relator: Ministro Marco Aurélio. Relator para o Acórdão: Ministro Edson Fachin. DJ: 1 mar. 2018. Disponível em: https://redir.stf.jus.br/paginadorpub/paginador.jsp?docTP=TP&docID=749297200.

reconhecida à população transgênero[37] a possibilidade de modificar, por simples declaração, nome e sexo diretamente no registro civil, por via administrativa ou judicial.

Abriu-se, para a realidade jurídica brasileira, a perspectiva da "despatologização das identidades trans", já adotada de maneira mais ampla na Argentina, por meio da Lei n. 26.743, de 23 de maio de 2012[38]. Conhecida como "Lei de Identidade de Gênero", foi aprovada por ampla maioria nas duas casas legislativas daquele país. No Senado, tradicionalmente tido como mais conservador, os parlamentares trataram o tema como uma questão de direitos humanos de uma minoria estigmatizada, e a aprovação foi praticamente unânime[39]. Sobre esse tema, é visível o contraste entre a Argentina e o Brasil, que são países em tese muito parecidos, vizinhos e submetidos a décadas de crises econômicas e regimes autoritários. É fato que a Igreja católica ainda tem grande poder na Argentina e por vezes influencia as decisões do Governo; no Brasil, porém, o ativismo conservador do Congresso Nacional promove um combate incessante à pauta de direitos reprodutivos e das minorias sexuais e de gênero desde a Assembleia Nacional Constituinte.

A regulamentação do decidido no acórdão do STF veio por intermédio do Provimento n. 73, editado pelo CNJ em 28 de junho de 2018, com o intuito de uniformizar os procedimentos de alteração do prenome e do sexo nos registros de nascimento de pessoa transgênero no Registro Civil das Pessoas Naturais[40]. Essa norma exigiu uma série de documentos que não estavam previstos na decisão do Supremo. Entre eles se destacam certidões de distribuidores federal e estadual cíveis, criminais e de protestos, além de certidões da justiça eleitoral, do trabalho e militar, de todos os domicílios da pessoa transgênero nos últimos cinco anos antes do requerimento. Alerta ainda que a ausência de qualquer desses documentos "impede a alteração indicada no requerimento apresentado". Faculta ainda à pessoa transgênero arquivar no registro civil o laudo médico e o parecer psicológico que

37 O acórdão inovou em relação ao pedido original, que abarcava apenas transexuais, cuja identidade de gênero coincide com a do sexo oposto ao registrado no momento do nascimento (a partir da perspectiva de binarismo de gênero). Transgênero é um termo mais abrangente, que também compreende toda e qualquer identificação de gênero não binária, como travestis ou *crossdressers*.

38 Argentina, Ley 26.743. Buenos Aires, 2012. Disponível em: https://servicios.infoleg.gob.ar/infolegInternet/anexos/195000-199999/197860/norma.htm

39 Daniel Carvalho Cardinali, *A judicialização dos direitos LGBT no STF: limites, possibilidades e consequências*, 1. ed., Belo Horizonte: Arraes, 2018.

40 Conselho Nacional de Justiça, Provimento 73, de 28 de junho de 2018, Brasília: CNJ, 2018. Disponível em: https://atos.cnj.jus.br/atos/detalhar/2623.

atestarem a transexualidade/travestilidade, bem como o laudo médico que atesta a realização de cirurgia de redesignação de sexo[41].

Essas exigências afrontam o princípio da isonomia, pois são solicitadas apenas para as pessoas trans. Afinal, como vimos, qualquer requerente que deseje alterar seu prenome pode fazê-lo sem a apresentação desses inúmeros documentos[42]. Assim, um procedimento que deveria ser realizado por simples declaração do transgênero, em obediência à decisão do STF, foi obstaculizado pela obrigatoriedade de apresentação de diversos documentos. Dada a extensão do rol de certidões de distribuidores das mais variadas justiças especializadas exigidas, pode-se concluir que o objetivo da norma é assegurar que as averbações não teriam o dolo de fraudar interesses de terceiros. Deve ser lembrado ainda que o total delas pode ser multiplicado de acordo com o número de residências que o transgênero possuiu nos cinco anos anteriores ao seu requerimento. Por fim, a própria razão da exigência dessas comprovações merece questionamento, uma vez que o mesmo provimento prevê, no § 9º do art. 4º, que eventual existência de ações em andamento ou de débitos pendentes não impede a alteração requerida.

A exigência de todos esses documentos está certamente ligada à mentalidade exclusivamente patrimonialista dos operadores de registros públicos e tabelionato. Presume-se que, até prova em contrário, todo aquele que pleiteia essa modalidade de retificação o faz com o intuito de fraudar interesses de terceiros. Nessa visão, são completamente ignorados eventuais argumentos que respaldariam no princípio da dignidade humana a motivação para alterações tão extremas como o são as de prenome e de sexo. Esse tipo de pensamento inverte a lógica de um princípio jurídico basilar: o da boa-fé objetiva, que se espraia por todo o ordenamento. Ele não é mera expectativa, mas uma conduta da qual se espera do outro lealdade, coerência e correção[43]. A má-fé, portanto, jamais pode ser presumida. Antes, sua comprovação é um ônus de quem a alega. Como recorda Carvalho:

> [...] é comum no Direito a inversão do princípio da boa-fé. Pensa-se, primeiramente, na utilização indevida das novas conquistas jurídicas e sociais. É necessário afastar esse pensamento, e entender que a regra

41 *Ibidem*, Art. 4º, §§ 6º-8º.

42 O Provimento CNJ 153 de 26/09/2023, restringiu os efeitos da Lei 14.382/2022 e impôs o mesmo rol de documentos para todas as alterações imotivadas de prenome.

43 Judith Martins-Costa, *A boa-fé no direito privado*, 2. ed., São Paulo: Saraiva Educação, 2018.

> é a boa-fé e, que se um instituto jurídico não for utilizado devidamente, há meios de correção do equívoco.
>
> Assim, quanto aos argumentos de que alguém poderia pretender a mudança do nome para, por exemplo, fugir de uma condenação criminal ou também para não pagar uma dívida, a questão pode ser facilmente resolvida pelo cadastro de pessoa física (CPF/MF) e da carteira de identidade que permanecerão inalterados. Pelo CPF/MF e pelo registro geral, independentemente do nome e da identidade sexual [a pessoa] poderá ser localizada.[44]

Enfatize-se ainda, em reforço à tese desse autor, que os demais dados constantes do registro de nascimento permanecerão inalterados. São os itens previstos no art. 54 da Lei de Registros Públicos, tais como filiação, local de nascimento, nomes dos avós, entre outros dados.

As pessoas transgênero pertencem majoritariamente às camadas economicamente menos favorecidas da população. Segundo o censo da população trans realizado no Município de São Paulo, 95% das pessoas transgênero residentes no município mais rico do país receberam até três salários mínimos no mês anterior ao da pesquisa[45]. Essa constatação é coerente com a cis-heteronormatividade predominante na sociedade brasileira, que trata como anormais as pessoas que não se enquadram nessa ordem e lhes nega o trabalho digno. Decorrem a partir daí a marginalização e a segregação social dessas pessoas, redundando, não raras vezes, em episódios de transfobia, caracterizados pelo uso de violência física ou psicológica[46].

Deve ser lembrado que pessoas transgênero vivenciam de várias maneiras sua identidade de gênero em sociedade. Apesar de este não ser um objetivo unânime, algumas delas desejam desempenhar papéis de gênero de forma mais aderente a um dos polos do padrão binário feminino/masculino. Buscam a chamada "*passabilidade*", que seria a capacidade de se fazer inteligível, dentro das normas de gênero dominantes, como alguém que vivencia o gênero oposto ao que lhe foi atribuído no

44 Newton Teixeira Carvalho, *Redesignação de sexo e a desnecessidade de judicialização para retificação do registro de nascimento, op. cit.*, p. 106.

45 Centro de Estudo de Cultura Contemporânea, *Mapeamento das pessoas trans no Município de São Paulo*, São Paulo: Cedec, jan. 2021. Disponível em: https://www.prefeitura.sp.gov.br/cidade/secretarias/upload/direitos_humanos/LGBT/AnexoB_Relatorio_Final_Mapeamento_Pessoas_Trans_Fase1.pdf.

46 Anderson Cavichioli, *Uma história de extermínio transfóbico no Brasil: a disputa de nomeação do assassinato da travesti Dandara Katheryn*. Tese (Mestrado em Direitos Humanos e Cidadania) – Centro de Estudos Avançados e Multidisciplinares, Universidade de Brasília, Brasília: 2019.

nascimento. A adequação da documentação pessoal, indubitavelmente, é parte essencial do processo de "passabilidade", não só por respeito à sua identidade de gênero, mas também para evitar episódios de constrangimento ou atos discriminatórios. De outra sorte, a exclusão de processos seletivos de emprego, ou até mesmo de um atendimento decente em lojas de varejo, é automática, como mostra este relato:

> Um dos maiores momentos de alegria para Rafaela foi quando entrou em uma loja de sapatos para comprar um presente para o pai. Na ocasião, estava acompanhada da mãe. Segundo ela, foi lindo as duas lá, sendo atendidas como duas mulheres, "tudo tão natural, até nos ofereceram sapatos femininos também". O problema foi quando teve que efetuar o pagamento com o cartão de crédito. Ela foi obrigada a mostrar o documento de identidade (RG) e sofrer com a recusa da compra em um primeiro momento até tudo ser compreendido pela atendente, que não iria vender para quem não era o proprietário do cartão.[47]

A transfobia estrutural da sociedade, aliada à falta de "passabilidade" individual, acarreta dificuldades de as pessoas transgênero conseguirem espaço no mercado de trabalho formal. Assim, além de não se verem albergadas pelo sistema da Previdência Social, que apenas privilegia o emprego formal, sua renda média é baixa, o que inevitavelmente posiciona essa população entre as camadas menos favorecidas da sociedade. As entrevistas realizadas por Duque explicitam os efeitos da inadequação às convenções cis-heteronormativas na trajetória profissional dessas pessoas:

> Os relatos de discriminação ou até mesmo de violência via os processos de *passabilidade* são inúmeros. Eles apareceram nas entrevistas mesmo não havendo nenhuma pergunta sobre esse tema. Durante o trabalho de campo, também pude ouvir sobre vários acontecimentos violentos ou vexatórios. Eles sempre estavam relacionados com a não passabilidade, ou com aqueles passáveis, mas que não deixaram, propositalmente, sob segredo os processos que os tornaram "tão femininos" ou tão masculinos".[48]

47 Tiago Duque, *Gêneros incríveis: um estudo sócio-antropólogico sobre as experiências de (não) passar por homem e/ou mulher*, 1. ed. Simões Filho: Devires, 2019, p. 136.
48 *Ibidem*, p. 154, grifos do original.

A situação socioeconômica dessas pessoas obstaculiza ainda mais seu processo de alteração de prenome e de sexo no registro civil. De fato, o Provimento CNJ n. 73/2018 não estabeleceu a gratuidade desse procedimento[49]. Em vez disso, mandou seguir as tabelas de emolumentos estaduais. Não que ele estivesse impedido de conceder gratuidade: a Resolução CNJ n. 35/2007[50], que trata da lavratura dos atos notariais relacionados a inventário, partilha, separação consensual, divórcio consensual e extinção consensual de união estável, o faz de forma expressa.

Tampouco é do interesse do titular de cartório a concessão de gratuidades. Afinal, deve-se recordar que o exercício de suas funções, a despeito de serem públicas, tem intuito de obtenção de lucro. Verifica-se, assim, que a contraposição do interesse privado do titular ao próprio interesse público dificulta o acesso ao direito fundamental à identidade de gênero, conforme decidido pelo STF na ADI n. 4.275/DF.

Ao custo do procedimento registrário de retificação de prenome e de sexo, é somado o das certidões[51]. A despeito de alguns desses documentos poderem ser emitidos gratuitamente on-line, deve-se recordar que o acesso à rede não é democrático no Brasil. Nesse sentido, levantamento realizado pela Pesquisa TIC Domicílios 2020 demonstrou que, enquanto a totalidade dos domicílios de renda alta tem acesso à Internet, 36% dos lares de pessoas das classes D e E não o possuem, ressalvando-se, para estes, que a conexão via celular é a mais relevante[52]. Essa circunstância dificulta a emissão das certidões para as pessoas trans, principalmente porque ela depende de acesso a computador e impressora.

Dada a multiplicidade das tabelas de emolumentos estaduais, cumulada à exigência de que o requente apresente certidões de todos os locais onde teve domicílio nos cinco anos anteriores ao requerimento, é impossível estabelecer um valor final máximo para cada solicitação. Exceto nos raros casos de gratuidade previstos em leis estaduais, o montante a ser

49 "Art. 9º. Enquanto não editadas, no âmbito dos Estados e do Distrito Federal, normas específicas relativas aos emolumentos, observadas as diretrizes previstas pela Lei n. 10.169, de 29 de dezembro de 2000, aplicar-se-á às averbações a tabela referente ao valor cobrado na averbação de atos do registro civil.

50 Parágrafo único. O registrador do RCPN, para os fins do presente provimento, deverá observar as normas legais referentes à gratuidade de atos."

51 "Art. 7º. Para a obtenção da gratuidade pontuada nesta norma, basta a simples declaração dos interessados de que não possuem condições de arcar com os emolumentos, ainda que as partes estejam assistidas por advogado constituído (Redação dada pela Resolução n. 326, de 26.6.2020)."

52 CETIC.BR, *Pesquisa TIC Domicílios 2020*, 2021. Disponível em: https://cetic.br/pt/pesquisa/domicilios/.

despendido é efetivamente expressivo para essas pessoas, as quais, frise-se, encontram-se entre as camadas menos favorecidas do país.

A esses obstáculos, soma-se a constatação de que os registradores civis realizam com o requerente uma entrevista prévia, não prevista no provimento do CNJ[53]. Esse diálogo, cujo objetivo declarado é de verificar a existência de dolo, fraude ou simulação, em conformidade com o art. 6º do provimento, submete à avaliação subjetiva do oficial a legitimidade do pedido da pessoa transgênero para alterar seu prenome e sexo[54]. Em última análise, teria o efeito de impedir o procedimento se for verificada, na avaliação do titular do registro civil, eventual "má-fé" do requerente. A valoração do oficial do cartório, porém, pode se dar de acordo com os princípios constitucionais que privilegiam a dignidade da pessoa humana ou, ao contrário, dar vazão a entendimentos semelhantes aos apresentados nos primeiros acórdãos que negavam o direito à averbação de prenome e sexo.

Outra ilegalidade praticada pelos titulares de cartório é o controle prévio do novo prenome escolhido pela pessoa trans. Com fundamento no art. 55, § 1º, muitos deles negam a retificação sob a alegação de que o novo nome exporia o requerente "ao ridículo"[55]. Ora, qualquer hermenêutica jurídica não teria como fugir da constatação de que esse controle deve ser realizado apenas com nomes de recém-nascidos. A pessoa transgênero que requer a retificação de seu registro civil é maior de idade e não necessita da tutela de um oficial. Pensar o contrário apenas daria vazão a critérios subjetivos, ou mesmo religiosos, do titular do cartório, com o objetivo de dificultar um pleito existencial da pessoa trans.

Considerações finais

Procurei demonstrar ao longo deste texto que a racionalidade jurídica dos operadores de registros públicos e tabelionato ainda é centrada no patrimônio de um indivíduo abstrato, não na pessoa humana em concreto. Com isso, pleitos existenciais de usuários desses serviços são submetidos à lógica de mercado, neoliberal, pois seus pedidos são analisados sob uma

53 Câmara Municipal de São Paulo, *CPI da Violência Contra Pessoas Trans e Travestis*, São Paulo, 10 mar. 2022. Disponível em: https://youtu.be/WJlLLKNPOlY.

54 Perceba-se novamente o predomínio do pensamento jurídico dos operadores de registros públicos e tabelionato, com ênfase na exclusiva patrimonialidade das relações jurídicas e na inversão do princípio da boa-fé objetiva.

55 Câmara Municipal de São Paulo, *CPI da Violência Contra Pessoas Trans e Travestis*, *op. cit.*

ótica estritamente patrimonial, com o intuito declarado de evitar fraudes ou simulações que eventualmente prejudiquem credores e contratantes.

Esse tipo de pensamento teve origem no paradigma medieval do tabelião de notas e sua autoatribuída missão de garantir a "segurança jurídica" das relações patrimoniais entre particulares. Seu modelo de exploração econômica, derivado de um padrão de dominação patrimonialista, de apropriação particular da coisa pública, é centrado na obtenção de lucro na sua atividade. Tal paradigma não parece ser adequado ao da administração pública contemporânea, cujo objetivo maior é o de facilitar a concretização de direitos fundamentais pelos cidadãos.

No caso das pessoas trans, são inúmeros os indícios de que o modelo de tabelionato de notas e de registro dificulta o acesso à cidadania, mais especificamente ao direito à livre identidade de gênero, reconhecido pelo STF. A falta de gratuidade, dada a intenção de lucro na exploração do serviço; a grande quantidade de documentos exigida para o procedimento; a hipossuficiência dessa população; e a racionalidade centrada em aspectos patrimoniais da vida tornam praticamente inacessível um direito fundamental expressamente reconhecido pelo ordenamento jurídico brasileiro por meio de sua mais alta corte.

Com este texto, busquei desmontar o discurso de que os registros públicos e o tabelionato poderiam ser lugares de realização da cidadania. Longe disso, tendem a atuar em sentido contrário, uma vez que seu modelo de custeio e a racionalidade neoliberal de seus titulares tornam-se os principais obstáculos para materialização de direitos como a retificação de prenome e de sexo de pessoas transgênero.

Se cartórios forem eventualmente imaginados como espaço de cidadania, trata-se de uma cidadania paga em dinheiro, característica que, por si só, é garantia de exclusão de boa parte da população brasileira.

O DIREITO AO NOME DA CRIANÇA INTERSEXO: NOMEAÇÃO E REGISTRO CIVIL

LUANA LEMOS DE ALMEIDA
SUMAIA MIDLEJ PIMENTEL SÁ

"É menino ou menina?" Essa é uma pergunta comum para quem espera a chegada de um bebê ao mundo; por vezes, a resposta determina os preparativos, define a cor do quarto, o enxoval e, por conseguinte, o nome dessa criança. O diagnóstico da condição intersexo, entretanto, suspende a resposta a esse questionamento até que o sexo seja designado pela equipe médica, o que pode influenciar na escolha do nome e no registro de tais crianças ou até mesmo retardar a efetivação desses procedimentos[1].

Indivíduos intersexo são aqueles cujos corpos, já no nascimento, não se enquadram no padrão binário estabelecido culturalmente para o masculino ou o feminino com base em premissas biológicas, tais como cromossomos, órgãos genitais e gonodais[2]. Tais pessoas "possuem anatomias sexuais ou reprodutivas que não correspondem à expectativa social sobre os corpos 'tipicamente' masculinos ou femininos"[3].

O entrelaçamento entre sexo e prenome é condição cultural objetiva que, aliada à exigência legal de designação de sexo nos documentos de identificação, constitui-se como um empecilho para o reconhecimento do direito à identidade de crianças intersexo no Brasil, visto que elas não se encaixam no padrão binário de sexo estabelecido socialmente e reconhecido pelo direito e pela ciência[4].

A primeira norma em âmbito nacional a abordar a especificidade do registro de recém-nascidos intersexo foi instituída apenas em 13 de agosto de 2021, quando o Conselho Nacional de Justiça (CNJ) autorizou o registro de bebês que tenham tido a opção "ignorado" assinalada no campo referente a sexo da Declaração de Nascido Vivo (DNV)[5]. O provimento n. 122, de 13 de agosto de 2021, permite, ainda, a posterior retificação do sexo e do

1 Mauro Cabral, "Pensar la intersexualidad, hoy: dedicado a Mario Perelstein", em Diana Maffia (org.), *Sexualidades migrantes, género y transgénero*, Buenos Aires: Editorial Feminaria, 2003, p. 117-26. Disponível em: https://flacsoandes.edu.ec/web/imagesFTP/1246657539.Pensar_la_intersexualidad.pdf; Judith Butler, *Problemas de gênero: feminismo e subversão da identidade*, trad. Renato Aguiar, 18. ed., Rio de Janeiro: Civilização Brasileira, 2019.

2 Jaqueline Gomes de Jesus, *Orientações sobre a população transgênero: conceitos e termos*, Brasília: Edição da Autora, 2012. Disponível em: https://files.cercomp.ufg.br/weby/up/16/o/ORIENTA%C3%87%C3%95ES_POPULA%C3%87%C3%83O_TRANS.pdf?1334065989.

3 Ana Karina Canguçú-Campinho e Isabel Maria Sampaio Oliveira Lima, "O nascimento do bebê intersexo e as metáforas sociomédicas sobre corpo, sexo e gênero", em Ana Cecília Bastos e Vivian Volkmer Pontes (org.), *Nascer não é igual para todas as pessoas*, Salvador: Edufba, 2020, p. 417.

4 Roberta Tourinho Dantas Fraser e Isabel Maria Sampaio Oliveira Lima, "Intersexualidade e direito à identidade: uma discussão sobre o assentamento civil de crianças intersexuadas", *Journal of Human Growth and Development*, São Paulo, v. 22, n. 3, p. 358-66, 2012. Disponível em: http://pepsic.bvsalud.org/pdf/rbcdh/v22n3/pt_12.pdf.

5 Até então, em razão da ausência de previsão legal que considerasse essa especificidade, alguns tribunais estaduais editaram provimentos visando facilitar o registro civil de crianças intersexo. São eles: Tribunal de Justiça do Rio Grande do Sul (provimento n. 016/2019-CGJ), Tribunal de Justiça do Paraná (provimento n. 292/2019) e Tribunal de Justiça de São Paulo (provimento n. 56/2019).

prenome na documentação, independentemente de autorização judicial, comprovação de realização de cirurgia de designação sexual, tratamento hormonal ou apresentação de laudo médico ou psicológico.

Este texto se propõe a discutir o diálogo entre a construção do nome da criança intersexo e o provimento n. 122. Nossa posição está ancorada no princípio da proteção integral da criança, assim como no reconhecimento do nome como direito humano fundamental e elemento constitutivo da personalidade e da identidade, na medida em que o prenome individualiza o ser na sua família e o sobrenome representa o seu pertencimento a esta[6]. Ademais, vemos a nomeação como um ato de amor que insere a criança na família e na sociedade[7].

Família e o ato de nomear

A parentalidade é construída pelos genitores ao longo da espera pelo nascimento do novo integrante da família. A chegada do bebê traz, ainda, novos sentimentos, tal como o encantamento revelado pelo reconhecimento de parte de si em outrem[8].

Entre as tarefas atribuídas aos pais na transição para parentalidade, está a escolha do nome. Zittoun entende que a designação do primeiro nome de uma criança por seus genitores tem quatro funções simbólicas: sinalizar pertencimento a um grupo ou identidade; designar espaços imaginários; manifestar a sua característica de objeto simbólico por meio do seu som e ritmo; corporificar projetos e representações futuras da criança e de quem a nomeia, como o pai ou a mãe[9]. Sendo

6 Josiane Rose Petry Veronese e Mayra Silveira, *Estatuto da Criança e do Adolescente comentado*, São Paulo: Conceito, 2011; Elsita Collor Elesbão, "Os direitos da personalidade no novo Código Civil brasileiro", em: Adriana Mendes Oliveira de Castro *et al.*, *Pessoa, gênero e família: uma visão integrada do direito*, Porto Alegre: Livraria do Advogado, 2002, p. 9-34; Ana Karina Figueira Canguçú-Campinho, *A construção dialógica da identidade em pessoas intersexuais: o X e o Y da questão*, tese (Doutorado em Saúde Pública) – Instituto de Saúde Coletiva, Universidade Federal da Bahia, Salvador, 2012; Andréa Santana Leone de Souza, *Protagonismo e dignidade das crianças intersex diante de um protocolo biomédico de designação sexual*, tese (Doutorado em Relações Sociais e Novos Direitos) – Faculdade de Direito, Universidade Federal da Bahia, Salvador: 2019.

7 Elaine Pedreira Rabinovich, "Nomes, famílias e poética", em Elaine Pedreira Rabinovich *et al.* (org.), *Nomes de família: nomeação, pertencimento e identidades*, Salvador: Fabec-Ucsal, 2011, p. 8-23.; Ana Karina Figueira Canguçú-Campinho, *A construção dialógica da identidade em pessoas intersexuais*, *op. cit.*

8 Miriã Alves Ramos Alcântara, "Nascimento e morte na família: originalidade e evidência da existência humana", em Miriã Alves Ramos Alcântara, Elaine Pedreira Rabinovich e Giancarlo Petrini (org.), *Família, natureza e cultura: cenários de uma transição*, Salvador: Edufba, 2013, p. 57-77.

9 Tania Zittoun, "Symbolic Competencies for Developmental Transitions: the Case of the Choice of First Names", *Culture & Psychology*, v. 10, n. 2, p. 131-61, 2004. Disponível em: http://doc.rero.ch/record/12838/files/Zittoun_Tania_-_Symbolic_Competencies_for_Developmental_Transitions_20091026.pdf.

assim, ao escolher o nome de seus filhos, os pais externam simbolicamente sua identidade e o tipo de filho que desejam ter:

> Os futuros pais geralmente estão cientes das dimensões sociais e culturais dos primeiros nomes em definir de que "tipo" de filho eles querem ser pais. Além disso, mobilizando princípios e repertórios de nomenclatura familiar, eles examinam suas próprias raízes de identidade. Escolher um nome é, portanto, um momento de mobilização da representação de si mesmo no passado, como tendo carregado uma determinada identidade, e de si mesmo no futuro, como pai da criança que está crescendo. Pode ser o momento de decidir se as ancoragens de determinadas identidades serão mantidas, modificadas ou recusadas.[10]

A eleição do nome, de acordo com a autora, parte de um repertório conhecido pelos pais, podendo ser composto a partir de tradições culturais (como o entendimento, em algumas delas, de que o nome do primeiro filho do sexo masculino deve homenagear os pais), mediação cultural (quando a família ou amigos sugerem nomes para o bebê esperado), consulta a artefatos como *sites* ou livros especializados em primeiros nomes e seus significados, filmes ou, ainda, critérios estéticos (como a sonoridade do nome). Esse processo de escolha do nome se constitui em rito de transição para a parentalidade, sendo o ato de nomear comparado por Rabinovich a uma segunda gestação:

> Nomear é gerar uma segunda vez na medida em que o nome atribuído ao bebê o insere em uma ordem social: o registro civil, onde a criança inicia a sua existência legal e social. Pelo nome, instaura-se uma tripla inscrição: a pessoa em relação à sociedade, a pessoa em relação à sua família e a pessoa em relação a si própria. Todas essas inscrições têm a ver com a autoimagem, seja esta um espelho que reflete ou uma vitrine que expõe.[11]

Assim, a nomeação é uma gestação porque revela o nascimento da criança pela segunda vez: por meio de um "parto psicossocial", a criança

10 *Ibidem*, p. 13, tradução nossa.
11 Elaine Pedreira Rabinovich, "Nomes, famílias e poética", *op. cit.*, 2011, p. 8.

nasce para si e para a sociedade, além de carregar desejos conscientes e inconscientes de quem a nomeia:

> Não há como fugir desta origem, ao mesmo tempo universal no que se refere à própria humanidade, sociofamiliar no que se refere ao tempo médio, à historicidade particular daquele grupo familiar inserido em seu espaço-tempo, e ao tempo psicológico da criança que nasce e que, pelo nome, nasce pela segunda vez dado o fato de o nome poder ser visto como o parto psicossocial. Pelo nome, a pessoa nasce para si, para os outros, para a sociedade: acontece o "aparecimento" de um sujeito articulado em uma genealogia e num discurso que o sustenta. Ele é mensagem e mensageiro de mitos que são transmitidos de geração a geração. Ele é também pura virtualidade, articulando desejos que nem sempre são conscientes tanto para quem nomeia quanto para quem é nomeado.[12]

Rabinovich chama a atenção para o fato de, no Brasil, as pessoas serem reconhecidas usualmente por seus nomes próprios, e não pelo nome de família, como ocorre em outros países. De acordo com a autora, uma possível explicação para tal fato pode ser a ausência de sobrenomes no Brasil, consequência de sua construção histórica com sua população formada por descendentes de colonizadores, indígenas e escravizados. Isso acarretou o batismo em massa com sobrenomes como "Silva", em referência à selva.

Na tradição brasileira, o nome pode ser dado como proteção, amuleto, destino. Existiria, ainda, uma relação entre a situação econômica da família e os nomes atribuídos: "[...] quanto menor a plasticidade econômica, maior a plasticidade na nomeação, e mais, os filhos são vistos como 'riquezas', neles projetado um futuro melhor"[13].

Os genitores de recém-nascidos, além de lidar com as transformações decorrentes do acolhimento de um novo ser, assumem a função de representantes dos direitos dessa criança e, por consequência, de parte da responsabilidade acerca da integralização dos direitos da criança e do adolescente dela, conforme o disposto no art. 227 da Constituição Federal[14]. Tal artigo foi responsável pela revogação do Código de Menores de 1979 e pela elevação constitucional do princípio da proteção integral. Segundo

12 *Ibidem*, p. 18.

13 *Ibidem*, p. 14.

14 Constituição da República Federativa do Brasil de 1988. Brasília: Presidência da República, 1988. Disponível em: http://www.planalto.gov.br/ccivil_03/constituicao/constituicao.htm.

esse princípio, as medidas protetivas devem contemplar todas as crianças (em contraponto com a anterior doutrina da situação irregular), que passam a ser titulares de direito (e não mais objeto de direitos), assim como passam a ter direito ao desenvolvimento integral[15].

Ao comentar o art. 4º do Estatuto da Criança e do Adolescente, Dallari já ressaltava a responsabilidade da família como uma decorrência da solidariedade humana, um dever moral e uma necessidade natural, em razão da vulnerabilidade das crianças:

> A responsabilidade da família, universalmente reconhecida como um dever moral, decorre da consanguinidade e do fato de ser o primeiro ambiente em que a criança toma contato com a vida social. Além disso, pela proximidade física, que geralmente se mantém, é a família quem, em primeiro lugar, pode conhecer as necessidades, deficiências e possibilidades da criança, estando, assim, apta a dar a primeira proteção.[16]

A família, portanto, constitui-se numa rede de solidariedade que oferece cuidados aos membros que não conseguem prover suas próprias necessidades, como ocorre com a criança; ao mesmo tempo, a família também constitui um recurso para a sociedade, já que a proximidade com seus membros facilita a resposta aos seus problemas e necessidades[17].

O cuidado com a criança passa pelo seu reconhecimento como sujeito de direito, decorrente da adoção da doutrina de proteção integral a partir da aprovação do Estatuto da Criança e do Adolescente (ECA). A doutrina da proteção integral, também chamada de doutrina das Nações Unidas para proteção dos direitos da infância, rompe com a doutrina da situação irregular, que transformava determinadas crianças em objeto da intervenção do Estado[18]. Esse movimento da legislação interna reflete o consenso internacional formado por quatro documentos: Convenção Internacional das Nações Unidas sobre os Direitos da Criança; Regras Mínimas das Nações Unidas para a Administração da Justiça de Menores; Diretrizes

15 Luis Fernando da França Romão, *Microssistema dos direitos da criança e do adolescente*, Rio de Janeiro: Lumen Juris, 2017, p. 48-50.

16 Dalmo de Abreu Dallari, "Art. 4º", em Munir Cury *et al.* (org), *Estatuto da Criança e do Adolescente comentado*, São Paulo: Malheiros, 2002, p. 21-9., p. 23.

17 Giancarlo Petrini e Marcelo Couto Dias, "A família e os seus desafios na contemporaneidade", em Lúcia Vaz de Campos Moreira (org.), *Psicologia, família e direito: interfaces e conexões*, Curitiba: Juruá, 2013, p. 275-88.

18 Antônio Carlos Gomes da Costa e Emílio Garcia Méndez, *Das necessidades aos direitos*, São Paulo: Malheiros, 1994; Paolo Vercelone, "Art. 3º", em Munir Cury *et al.* (org.), *Estatuto da Criança e do Adolescente comentado*, São Paulo: Malheiros, 2002, p. 17-20.

das Nações Unidas para a Prevenção da Delinquência Juvenil; e Regras Mínimas das Nações Unidas para a Proteção dos Jovens Privados de Liberdade[19].

Dentre os documentos internacionais, a Convenção sobre os Direitos da Criança é responsável por levar a doutrina da proteção integral para o universo jurídico. Com isso, a criança deixa o *status* de objeto para adquirir o de sujeito de direitos[20]. A proteção integral se justifica pela ausência de espaço na estrutura de poder para fracos e desprotegidos[21]. Vercelone conceitua a doutrina da proteção integral da seguinte maneira:

> [...] conjunto de Direitos que são próprios apenas dos cidadãos imaturos; estes direitos, diferentemente daqueles fundamentais reconhecidos a todos os cidadãos, concretizam-se em pretensões nem tanto em relação a um comportamento negativo (abster-se da violação daqueles direitos) quanto a um comportamento positivo por parte da autoridade pública e dos outros cidadãos, de regra dos adultos encarregados de assegurar esta posição especial. Em força da proteção integral, crianças e adolescentes têm o direito de que os adultos façam coisas em favor deles.[22]

Essa doutrina, portanto, torna a sociedade, a família e o estado corresponsáveis pela integração do direito da criança e adolescente; o Estado deve apoiar a família, que deve ter um comportamento ativo, limitado pelo interesse superior do menor[23].

Ao defender a existência de um microssistema dos direitos da criança e do adolescente, Romão aponta princípios gerais com eficácia em todo o microssistema; são eles o princípio da proteção integral e o princípio do superior interesse da criança[24]. Esse autor explica o uso da expressão "doutrina da proteção integral":

> Este princípio fundamental do microssistema dos direitos da criança e do adolescente é comumente denominado de "doutrina", por possuir as

19 Antônio Carlos Gomes da Costa e Emílio Garcia Méndez, *Das necessidades aos direitos*, *op. cit.*

20 Josiane Rose Petry Veronese e Mayra Silveira, *Estatuto da Criança e do Adolescente comentado*, *op. cit.*

21 Edson Sêda, *A criança e o direito alternativo*. Campinas: Adês, 1995.

22 Paolo Vercelone, "Art. 3º", *op. cit.*, p. 18.

23 Miguel Cillero Bruñol, "El interés superior del niño en marco de la Convención Internacional sobre Derechos del Niño", em Emílio Garcia Méndez e Mary Belloff (org.), *Infancia, ley y democracia en América Latina*, t. 1, Bogotá/Buenos Aires: Temis/Depalma, 1999.

24 O primeiro princípio é garantido pelo art. 227 da Constituição Federal de 1988 e pelo art. 1 do Estatuto da Criança e do Adolescente; o segundo, pelo ECA e pelos art. 3.1 e 9.1 da Convenção sobre os Direitos da Criança (CDC). Ver Luis Fernando da França Romão, *Microssistema dos direitos da criança e do adolescente*, *op. cit.*, p. 56.

ideias básicas, fundamentais, determinantes para o conteúdo de todas as ações envolvendo os novos direitos infantojuvenis. A noção de doutrina geralmente cumpre a função de contrastar com a legislação menorista fundamentada no Código de Menores de 1979, baseada na doutrina da situação irregular.[25]

Dessa forma, o reconhecimento da criança como sujeito de direito (incluindo direitos humanos) não significa que se deve ignorar sua condição especial de vulnerabilidade[26], pois essa seria o fundamento dos dois princípios essenciais da Convenção sobre os Direitos da Criança, quais sejam: a autonomia (art. 12) e o melhor interesse da criança (art. 3).

A construção do nome da criança intersexo: registro e existência

A gestação é um período em que mães e pais desenvolvem expectativas e fantasias em relação à criança que está sendo gerada, inclusive em relação à aparência, ao comportamento, ao sexo e aos papéis de gênero que ela irá desempenhar. O conhecimento do sexo do bebê torna a idealização parental mais concreta, e é comum que a nomeação desse sujeito se baseie no sexo designado[27]. O nome concedido por quem nomeia é um legado que identifica a pessoa, em princípio, por toda a vida[28] – mas isso nem sempre é o que ocorre para pessoas intersexo.

Para o presente estudo, foram entrevistados, em 2021, quatro pais de crianças intersexo, caracterizados na Tabela 1: duas mães que souberam do diagnóstico após o nascimento e o registro de seus respectivos filhos, e um casal (mãe e pai) que foi informado da condição intersexo de seu filho ainda na gravidez[29].

25 *Ibidem*, p. 57.

26 Michael Freeman, "Children's Rights as Human Rights: Reading the UNCRC", em Jens Qvortrup, William A. Corsaro e Michael-Sebastian Honig (org.), *The Palgrave Handbook of Childhood Studies*, London: Palgrave Macmillan, 2009. Disponível em: https://doi.org/10.1007/978-0-230-27468-6_26.

27 Ana Karina Figueira Canguçú-Campinho, *A construção dialógica da identidade em pessoas intersexuais*, *op. cit.*

28 Carmedite Moreira Santos Silva, Daniela Maria Ladeira Reis e Hannah Pedreira Fiterman, "'Dar nome'... Caminhos para construção de identidades", em Elaine Pedreira Rabinovich *et al.* (org.), *Nomes de família: nomeação, pertencimento e identidades*, Salvador: Fabec-Ucsal, 2011, p. 24-33.

29 O estudo, de natureza qualitativa, utilizou-se de entrevistas semiestruturadas como instrumento de coleta de dados. Os participantes foram selecionados por meio da amostragem por acessibilidade, e os dados levantados foram analisados a partir da análise de conteúdo. Ver Maria Cecília de Souza Minayo (org.), *Pesquisa social: teoria, método e criatividade*, 21. ed., Petrópolis, RJ: Vozes, 2002; Tatiana Engel Gerhardt *et al.*, "Estrutura do projeto de pesquisa", em Tatiana Engel Gerhardt e Denise Tolfo Silveira (org.), *Métodos de pesquisa*, Porto Alegre: Editora da Ufrgs, 2009. p. 65-95; Antonio Carlos Gil, *Métodos e técnicas de pesquisa social*, 6. ed. São Paulo: Atlas, 2008.

Tabela 1
Caracterização dos informantes da pesquisa

	Mãe 1	Mãe 2	Mãe 3	Pai 1
Idade	30 anos	43 anos	49 anos	39 anos
Escolaridade	Quinta série do ensino fundamental	Doutora em Educação	Quarta série do ensino fundamental	Segundo grau completo
Ocupação	Dona de casa	Presidente de associação de defesa de direitos intersexo, psicopedagoga e psicanalista	Dona de casa	Barbeiro
Estado civil	Em união estável	Casada (com Pai 1)	Solteira	Casado (com Mãe 2)
Residência	Remanso, BA	São Paulo, SP	Rio Branco, AC	São Paulo, SP
Religião	Não possui	Afinidade com espiritismo	Evangélica	Cristão

Fonte: Elaborada pelas autoras.

Após a análise das entrevistas com essas mães e pai, foi identificada a categoria da existência, que dialoga com a construção do nome da criança intersexo. Por razões éticas, os nomes dos filhos dos entrevistados foram substituídos por nomes fictícios.

A designação nominativa da criança e o seu registro integram o direito de ter sua identidade reconhecida legalmente e vinculam sua existência à perspectiva da cidadania civil[30]. O não registro da criança, assim como o registro inadequado, nega sua existência jurídica, o que dificulta que seus direitos sejam assegurados[31]. Em sentido semelhante, Silva relaciona o nome com existência:

> E é tão comum se ouvir alguém falar "Eu tenho nome". E aqui se trata do nome da família, porque toda família exige um nome, porque é o nome que, digamos, dá essência à pessoa. O nome é a representação social, é o

30 Ana Karina Figueira Canguçú-Campinho, *A construção dialógica da identidade em pessoas intersexuais, op. cit.*

31 Andréa Santana Leone de Souza, *Protagonismo e dignidade das crianças intersex diante de um protocolo biomédico de designação sexual*, tese (Doutorado em Relações Sociais e Novos Direitos) – Faculdade de Direito, Universidade Federal da Bahia, Salvador: 2019.

> que faz a certidão de nascimento. Ela existe para mostrar que a pessoa existe. Ou quantas vezes se sabe de alguém que fala: "Aquilo é um indivíduo sem nome. Não tem origem. Não tem nada. É um João-ninguém". Mas até mesmo o João-ninguém é João-ninguém porque tem seu nome. Sem nome ninguém jamais existirá [...].[32]

Duas mães entrevistadas nesta pesquisa precisaram passar pela ação judicial, uma vez que a ambiguidade genital de seus filhos foi identificada, por investigação médica, após o registro civil, de modo que o sexo designado divergia do que constava nos documentos das crianças. Já o casal entrevistado (Mãe 2 e Pai 1) não sofreu o desgaste da ação judicial, mas enfrentou, na ausência de registro de seu filho, sua inexistência jurídica.

Na perspectiva da Mãe 1, o processo de retificação do nome de sua filha "foi um pouco demorado. Foi difícil porque foi demorado, porque passou um ano para conseguir mudar o nome dela". A inconsistência entre o gênero que sua filha apresentava socialmente (feminino) e o prenome e sexo designados em seu documento (masculino) gerou desconforto na relação social:

> Ficou chato porque sempre quando eu precisava levar ela ao médico para fazer exame, aí tinha que sempre mostrar aquele registro, aí tinha gente que ficava sempre perguntando: "Se ela é uma menina, por que tinha aquele registro de menino?". Aí umas pessoas eu explicava, aí quando a pessoa queria explicação demais, aí eu mandava pesquisar [parte inaudível], não dava muita explicação, não (Mãe 1).

A Mãe 3 precisou entrar com um processo judicial para ter acesso ao exame de cariótipo que designaria se sua criança pertencia ao sexo cromossômico masculino ou ao feminino. Ela afirma que, após o exame, o "[...] advogado conseguiu para mim rapidinho o nome dele, como o erro foi na maternidade, não foi meu, porque o médico falou para mim que achou o sexo dele muito estranho, mas deixou para lá [...]". Assim que o registro de nascimento retificado chegou às mãos da Mãe 3, ela começou a tratar seu filho como menino. O documento, portanto, marcou a

32 Anílson Rodrigues Silva, "A literatura e os nomes 2: Aluísio Azevedo", em Elaine Pedreira Rabinovich *et al.* (org.), *Nomes de família: nomeação, pertencimento e identidades*, Salvador: Fabec-Ucsal, 2011, p. 61.

transição de gênero social, assim como o início da existência de seu filho como indivíduo do sexo masculino:

> Então, eu troquei o registro do meu filho de Uyara Débora, ele foi criado como Uyara Débora todo de rosa, todo de vestido, cabelão, até dois anos e seis meses. No dia que chegou o registro dele com o nome de Isaias Luca eu peguei, fui logo e levei no salão de beleza logo e raspei a cabeça dele, raspei a cabeça dele, botei uma roupa nele, comprei quatro conjuntinhos pra ele de roupinha masculina, coloquei nele uma blusinha e uma bermudinha e pronto. E ele ficou feliz da vida, o Luca desde bebê que ele tinha, o instinto dele era masculino, ele nunca teve instinto de menina (Mãe 3).

A atitude da mãe revela "a vida simbólica" do documento, que identifica o indivíduo, permite a concessão de direitos e a exigência do cumprimento de deveres, prova seu pertencimento a uma comunidade e, assim, "[...] faz o cidadão em termos performativos e obrigatórios", e o indivíduo que não possui o documento tem seu reconhecimento social esvaziado[33].

> O documento possui uma força (ilocucionária) que transforma o indivíduo em cidadão de um determinado estado nacional e o qualifica para determinadas atividades. O vínculo entre o indivíduo e o documento que o identifica, portanto, não é apenas de representação, mas também de contiguidade e/ou extensão. Quando o indivíduo perde sua "identidade", essa experiência é verdadeira em vários sentidos. Há um elemento de magia nessa associação: o indivíduo torna-se cidadão por sua carteira de identidade, mas, ao se descobrir sem a carteira, ele de fato não possui mais a identidade (que é civil e pública).[34]

O casal (Mãe 2 e o Pai 1) teve negado o direito de registrar seu bebê em razão da ambiguidade genital dele. Ainda na maternidade, os médicos se recusaram a preencher a Declaração de Nascido Vivo (DNV), uma vez que não conseguiam assinalar o campo do sexo de maneira que considerassem adequada. Isso foi motivo de preocupação para os genitores; o Pai 1 sentia que "podiam roubar o nosso bebê, podia pegar ele, né, sumir

33 Mariza G. S. Peirano, "'This Horrible Time of Papers': Documents and National Values", Brasília: Universidade de Brasília, 2002, p. 37. Disponível em: http://www.dan2.unb.br/images/doc/Serie312empdf.pdf. Sobre a ideia de vida simbólica do documento, ver, no mesmo artigo, p. 46.
34 *Ibidem*, 2002, p. 46.

com ele, e a gente não tem registro, não tem nada". Sendo assim, a Mãe 2 exigiu um documento que comprovasse que aquele bebê era seu filho; entretanto, esse documento não possuía validade jurídica para a realização do registro civil do bebê, assim como não foi aceito nem pelo Instituto Nacional do Seguro Social (INSS) para dar entrada no auxílio-maternidade, nem pelo Sistema Único de Saúde (SUS) ou pelo plano de saúde para garantir o atendimento à criança.

A questão era grave, diante do fato de os documentos serem obtidos de forma sequenciada: a emissão da DNV é indispensável para a elaboração do registro civil da criança, que, por sua vez, é obrigatório para a emissão da Certidão de Nascimento. Do mesmo modo, esta última é exigida para a emissão dos demais documentos da vida civil. A DNV só foi preenchida dois meses após o nascimento da criança, quando o resultado de cariótipo a identificou como homem segundo o sexo cromossômico. Para a mãe, a ausência de documento até então representou uma negativa da existência de seu filho:

> Nossa, eu achei um absurdo muito grande, que eu pensava: "ele tava no meu colo e ele não existe perante a lei, porque ele não tem um saco". Vamos, se pensar assim, é uma coisa muito louca, mas [se] ele não tem o corpo caloso no cérebro, ele pode existir, então um órgão muito mais importante de transmissão de informação no cérebro do que os testículos, mas uma criança não tem testículo ela não pode existir, então é bem complicado, sabe? Então, uma criança que nasce sem os rins, ela pode ser registrada, mas uma criança que nasce sem testículo, ela não podia ser registrada. Qual que [é] a importância? Testículo? É bem complexo (Mãe 2).

Ao passo que, para o pai, a obtenção do documento foi vista como a concretização da existência do seu filho perante a sociedade:

> O sentimento foi, assim, uma coisa assim, algo assim inacreditável, assim, eu fiquei muito feliz, assim, vendo assim que ele foi registrado, né? E que ali tava o nomezinho dele, que ele tava, que ele existia, né? Que ali eu tava vendo que ele tava existindo, que ele tava ali no papel. Que ele não só existia para nós, mas existia para, para, como se diz? nos documentos, foi muito, muito emocionante, eu fiquei muito feliz! (Pai 1).

O registro civil da criança intersexo

A proteção ao nome concedida pelo ordenamento jurídico decorre da dignidade da pessoa humana, valor máximo da ordem jurídica brasileira, ao redor do qual orbitam as demais regras jurídicas[35]. Sendo assim, partindo de uma perspectiva de constitucionalização do direito civil, os direitos relativos à personalidade jurídica devem assegurar a dignidade humana.

O direito ao nome goza de proteção internacional, segundo diversas convenções de que o Brasil é signatário. Tem o *status* de direito humano expressamente conferido pelo art. 18 da Convenção Americana sobre Direitos Humanos, assinada em 22 de novembro de 1969. O direto ao registro imediatamente após o nascimento é assegurado pelo art. 24, inciso II do Pacto Internacional sobre Direitos Civis e Políticos, assim como pelo art. 7º da Convenção Internacional dos Direitos da Criança, promulgada em 21 de novembro de 1990. Já o art. 8º da Convenção Internacional dos Direitos da Criança reconhece os direitos à nacionalidade, ao nome e às relações familiares como elementos do direito à identidade.

Em âmbito nacional, o direito ao nome está assegurado a toda pessoa no art. 16 do Código Civil de 2002, consolidado como um direito da personalidade. O Estatuto da Criança e do Adolescente, apesar de não fazer menção expressa à proteção do nome, o faz ao prever a inviolabilidade do direito à identidade.

Por sua natureza de direito da personalidade, o direito ao nome não pode ser renunciado nem alienado, e a rigidez dessa proteção relaciona-se com a salvaguarda de interesses, geralmente econômicos, de terceiros. A esse respeito, Borges critica a imutabilidade do nome, que estaria mais próxima à proteção do interesse de terceiros do que à proteção dos direitos da personalidade em si[36].

A Declaração de Nascido Vivo é o primeiro documento do cidadão brasileiro e tem validade em todo o território nacional até que seja lavrado o registro de nascimento, mas não substitui este último[37]. Sendo

35 Cristiano Chaves de Farias e Nelson Rosenvald, *Direito civil: teoria geral*, 8. ed., Rio de Janeiro: Lumen Juris, 2010; Ingo Wolfgang Sarlet, *Dignidade da pessoa humana e direitos fundamentais na Constituição Federal de 1988*, Porto Alegre: Livraria do Advogado, 2012.

36 Roxana Cardoso Brasileiro Borges. *Disponibilidade dos direitos de personalidade e autonomia privada*. São Paulo: Saraiva, 2005.

37 Constituição (2012). Lei nº 12.662, de 05 de junho de 2012. Assegura validade nacional à Declaração de Nascido Vivo - DNV, regula sua expedição, altera a Lei nº 6.015, de 31 de dezembro de 1973, e dá outras providências. Brasília, Disponível em: https://www.planalto.gov.br/ccivil_03/_ato2011-2014/2012/lei/l12662.htm.

assim, a certidão de nascimento que decorre do registro em cartório é necessária para o exercício da cidadania e a consequente garantia de alguns direitos, tais como os direitos à saúde e à educação.

A DNV deve ser preenchida pelo profissional de saúde, pela parteira tradicional ou pelo próprio responsável pelo cartório de registro civil; dentre as informações, devem constar o nome e o sexo da criança. No que se refere ao sexo, o responsável pelo preenchimento deverá indicar uma das três opções disponíveis: masculino, feminino ou ignorado. O manual para o preenchimento da DNV elaborado pelo Ministério da Saúde em 2011 indica que a opção "sexo ignorado" deve ser assinalada nos casos de "genitália indefinida ou hermafroditismo"[38]; entretanto, é comum a queixa de pais de crianças intersexo sobre a recusa do preenchimento adequado da DNV.

O provimento do CNJ publicado em 13 de agosto de 2021 inspirou-se na solução encontrada por países como Argentina (2012), Malta (2015) e Portugal (2018), que estabeleceram, por meio de lei, procedimentos simplificados para requerer a alteração do prenome e a retificação do sexo/gênero (de feminino para masculino, ou o contrário) no registro civil, independentemente de processo judicial, de tratamento cirúrgico ou hormonal ou de apresentação de laudos. Ocorre que o ato normativo brasileiro se restringe aos casos em que se tenha assinalado a opção "ignorado" na Declaração de Nascido Vivo ou na Declaração de Óbito (DO).

Ademais, cumpre ressaltar a crítica à necessidade de designação de sexo nos documentos, já que tal informação pode gerar discriminação e nem sempre é necessária. Em 2013, a Austrália assumiu o compromisso de coletar informações sobre sexo e gênero apenas quando necessário, facultando ao indivíduo que não se identificar com a categoria binária (masculino e feminino) uma terceira opção, a categoria "X". Em sentido semelhante, no mesmo ano, a Alemanha passou a permitir o registro negativo (sem especificar gênero) para crianças intersexo. E, em 13 de dezembro de 2018, o parlamento alemão aprovou a inserção do sexo "diverso" em seu ordenamento para aqueles indivíduos que possam comprovar a condição intersexo por laudo médico.[39]

38 Ministério da Saúde, Secretaria de Vigilância em Saúde, Departamento de Análise de Situação de Saúde, *Manual de Instruções para o preenchimento da Declaração de Nascido Vivo*, Brasília: Ministério da Saúde, 2011.

39 A Alemanha alterou, em 2013, sua Lei do Estado Civil (*Personenstandsgesetz*), sendo incluído o § 22, inc. III. Tal alteração permitia deixar em branco, na certidão de nascimento, o campo referente ao gênero, quando a criança não pudesse ser qualificada como pertencente ao

O mérito do provimento n. 122 consiste em ser a primeira norma em âmbito nacional a abordar a especificidade do registro do recém-nascido intersexo, tornando-o menos burocrático para a família. Todavia, ele não reconhece nem a possibilidade de a condição intersexo ser diagnosticada após o registro civil, como ocorreu com a Mãe 1 e a Mãe 3, nem de a opção "ignorado" não ser assinalada na DNV, como ocorreu com o casal Mãe 2 e Pai 1.

Considerações finais

O nascimento de uma criança, seja ela intersexo ou não, também representa a transição para a parentalidade. Esses novos mães e pais são chamados a compor a tríade responsável pela garantia dos direitos dessa criança, ao lado do Estado e da sociedade. Entretanto, a família possui uma posição de maior responsabilidade, pois é quem detém a guarda da criança e, por isso, está diretamente implicada em seu cuidado, sua nomeação e sua representação jurídica na busca por seus direitos, inclusive o direito ao nome.

A construção do nome da criança intersexo dialoga com conceitos de sexo e gênero, pois os prenomes, usualmente, designam o pertencimento a determinado lado do binário socialmente instituído: o feminino ou o masculino. Nesses casos, a escolha do nome, que costuma ser prerrogativa exclusiva da família, passa a ser compartilhada com a medicina e o direito, que reforçam a existência de apenas dois sexos (macho e fêmea) e seus respectivos gêneros correlatos (feminino e masculino). A influência

— gênero feminino ou masculino. Entretanto, chegou ao Tribunal Constitucional Alemão o caso de uma pessoa intersexo que foi criada como mulher, mas não se identificava como sendo do gênero feminino nem do gênero masculino. A parte autora requereu que, em seu registro, constasse o gênero intermediário ou diverso, argumentando que deixar o campo em branco poderia aparentar desenvolvimento sexual inconcluso ou simplesmente descuido no registro. O Tribunal Constitucional reconheceu a ofensa ao direito da personalidade da parte autora e admitiu o direito a um terceiro gênero. Em sua decisão, suspendeu a aplicação da norma até então vigente e determinou o prazo de 31 de dezembro de 2018 para que o Legislativo elaborasse uma nova regra regulando a matéria. Em 13 de dezembro, o parlamento alemão aprovou a inserção do sexo "diverso" em seu ordenamento para aqueles indivíduos que possam comprovar a condição intersexo por laudo médico. Ver, a respeito do caso alemão, Karina Nunes Fritz, "Tribunal Constitucional Alemão admite a existência de um terceiro gênero (comentário e tradução)", *Civilistica.com*, v. 6, n. 2, 2017. Disponível em: http://civilistica.com/tribunal-constitucional-alemao-admite/; Vanete Santana Dezmann, "O registro civil como 'terceiro sexo' na Alemanha: uma questão de interpretação, tradução ou ideologia?", *Observatório da Imprensa*. São Paulo, n. 1.020, p. 1-5, 15 jan. 2019. Disponível em: http://www.observatoriodaimprensa.com.br/genero-e-inclusao/generos/o-registro-civil-como-terceiro-sexo-na-alemanha-uma-questao-de-interpretacao-traducao-ou-ideologia/.

do direito é tamanha que as famílias relacionam o ato do registro como marco da existência de seus filhos perante a sociedade.

Questionamos, assim, se assinalar a opção "ignorado" na DNV ou defender a retificação simplificada não seria apenas uma forma de reproduzir a normalização e conceder uma permissão de ser diferente, sem reconhecer a diversidade inerente a todos. Em que pese o avanço no debate nacional e internacional sobre o direito à identidade de crianças intersexo, fica evidente a complexidade do tema, que envolve os aspectos da subjetividade no nomear e sua ordem simbólica.

COTAS PARA PESSOAS TRAVESTIS E TRANSEXUAIS: UM DEBATE NECESSÁRIO NO CAMPO DOS DIREITOS DA POPULAÇÃO LGBTI+

DYEGO DE OLIVEIRA ARRUDA
CAROLINE OLIVEIRA SANTOS

Aspectos introdutórios

As cotas – ou reserva de vagas – são um tipo de política de ação afirmativa cujo propósito é permitir o acesso efetivo de grupos socialmente subalternizados a espaços que historicamente lhes foram negados, em função da persistência de desigualdades estruturais da sociedade brasileira[1]. As políticas de cotas proporcionam elementos para o devido combate às variadas formas de discriminação existentes no tecido social contemporâneo, sejam elas motivadas por pertencimento racial, identidade de gênero, orientação sexual, classe socioeconômica e/ou mesmo pela condição física dos indivíduos.

No campo do direito, as políticas de cotas encontram abrigo no princípio constitucional da igualdade entre os indivíduos, conforme consta no art. 5º da Constituição Federal[2]. Nesse sentido, entende-se que é dever do Estado a definição de medidas (tais como as cotas) que promovam a efetiva igualdade material entre os cidadãos, ressignificando formas estruturais e históricas de exclusão de sujeitos específicos. As pessoas que performam identidades de gênero dissidentes da cisnormatividade certamente se enquadrariam nesse recorte[3].

No entender do ex-ministro do Supremo Tribunal Federal Joaquim Barbosa Gomes, a política de cotas faz uma interpretação moderna do princípio da igualdade, conclamando a estrutura de Estado "[...] a deixar de lado a passividade, a renunciar à sua suposta neutralidade e a adotar um comportamento ativo, positivo, afirmativo, quase militante, na busca da concretização da igualdade substancial"[4].

Após históricos e continuados processos de luta e reivindicação dos movimentos sociais, o arcabouço jurídico-normativo brasileiro passou a contemplar, depois da promulgação da Constituição Federal de 1988, um conjunto de políticas de cotas para grupos específicos, dentre os quais estão: (i) as pessoas com deficiência, que legalmente dispõem de um mínimo de 5% das vagas em concursos públicos da administração

1 João Feres Júnior *et al. Ação afirmativa: conceito, história e debates*. Rio de Janeiro: Eduerj, 2018.

2 Constituição da República Federativa do Brasil, Brasília: Presidência da República, 1988.

3 Chamamos de cisnormatividade o padrão binário que determina que a pessoa que nasce com pênis deve se reconhecer como homem, ao passo que o corpo com vagina deve reconhecer-se como mulher. A transgeneridade rompe com essa lógica, entendendo gênero como uma construção social com múltiplas possibilidades de expressão, que independem tanto do sexo atribuído no nascimento quanto da genitália dos indivíduos.

4 Joaquim Benedito Barbosa Gomes, "A recepção do instituto da ação afirmativa pelo direito constitucional brasileiro", em Sales Augusto dos Santos (org.), *Ações afirmativas e combate ao racismo nas Américas*, Brasília: Ministério da Educação/Unesco, 2005, p. 64.

federal; (ii) as pessoas em condição de vulnerabilidade socioeconômica e egressas de escolas públicas – incluindo pessoas negras e indígenas –, que, juntas, dispõem de ao menos 50% das vagas em cursos técnicos e de graduação das instituições federais de ensino; e (iii) as pessoas negras, às quais são asseguradas 20% das vagas oferecidas em concursos públicos nos mais diferentes cargos/áreas da administração federal[5].

Kabengele Munanga lembra que as políticas de cotas se justificam sempre que o grupo potencialmente beneficiário estiver submetido a processos sistemáticos e históricos de subalternização, discriminação e exclusão dos espaços de poder e de agência na sociedade[6]. Podemos dizer que foi exatamente esse o pano de fundo usado para justificar, especialmente em termos ético-políticos, a criação de políticas de cotas voltadas às pessoas com deficiência, negras ou em condição de vulnerabilidade socioeconômica no Brasil.

Nesse sentido, seria a população de travestis e transexuais também alvo das políticas de cotas, tamanho o quadro de subalternização e violência a que essas pessoas são submetidas no Brasil[7]?

Segundo o último dossiê da Associação Nacional de Travestis e Transexuais (Antra), organizado por Bruna Benevides e publicado logo nas primeiras semanas de 2023, o Brasil é um dos países no mundo que mais mata pessoas travestis e transexuais: somente ao longo do ano de 2022 foram 131 assassinatos, valor 8% maior que a média de assassinatos de pessoas desse grupo no período entre 2008 e 2022[8].

Vale ainda ponderar que as pessoas travestis e transexuais são continuamente excluídas das oportunidades de trabalho formal e estudo, o que faz com que mais de 90% das mulheres travestis e transexuais brasileiras tenham a prostituição como principal fonte de renda e subsistência[9]. Ademais, de acordo com dados sistematizados por Poema Eurístenes Portela e João Feres Júnior, do Grupo de Estudos Multidisciplinares da

5 Essas medidas afirmativas estão previstas, respectivamente, nos seguintes textos: Decreto n. 9.508, de 24 de setembro de 2018; Lei n. 12.711, de 29 de agosto de 2012; Lei n. 12.990, de 9 de junho de 2014.

6 Kabengele Munanga, "Políticas de ação afirmativa em benefício da população negra no Brasil: um ponto de vista em defesa de cotas", *Sociedade e Cultura*, v. 4, n. 2, p. 31-43, 2001.

7 Ao mencionar recorrentemente, neste texto, as travestis, enfatizamos a necessidade de visibilizar a condição de (re)existência dessas mulheres tão estigmatizadas e subalternizadas, inclusive na própria comunidade LGBTI+.

8 Bruna G. Benevides, *Dossiê: Assassinatos e violências contra travestis e transexuais brasileiras em 2022*. Brasília: Distrito Drag/Antra, 2023.

9 Gabriel Luis Pereira Nolasco, Zaira de Andrade Lopes e Dyego de Oliveira Arruda, "'Ela é boa de cuspir, maldita Geni!': reflexões sobre violências contra os corpos dissidentes de travestis em Campo Grande/MS". *Ártemis*, v. 29, n. 1, p. 205-21, 2020.

Ação Afirmativa da Universidade do Estado do Rio de Janeiro (Uerj-Gemaa), as pessoas travestis e transexuais correspondem a apenas 0,3% da comunidade universitária no Brasil[10]. Por sua vez, José Jorge de Carvalho lembra que, para além do esforço por viabilizar o acesso de grupos socialmente marginalizados à universidade, é importante que essas pessoas estejam nos demais espaços de poder na vida social, incluindo o serviço público e os postos de representação política, bem como o universo das organizações empresariais[11].

Tendo como pano de fundo os aspectos apresentados até aqui, este capítulo busca problematizar os caminhos trilhados pelo debate sobre as cotas voltadas às pessoas travestis e transexuais no Brasil, desnudando a potência e importância desse tipo de medida para o combate aos quadros estruturais e históricos de subalternização de seus corpos no país. Com isso, trazemos à baila as ações já mobilizadas, bem como as direções promissoras a partir das quais, por intermédio da política de cotas, seria possível garantir direitos e dignidade à população de pessoas travestis e transexuais, hoje sujeita à invisibilização inclusive nas próprias agendas de lutas e defesas dos direitos voltados à população LGBTI+.

As ações afirmativas e as políticas de cotas em debate

As ações afirmativas perfazem medidas – protagonizadas seja pelo Estado seja pela iniciativa privada – que têm como objetivo conferir direitos e ressignificar situações estruturais de subalternização de grupos sociais específicos[12]. Em suma, as ações afirmativas se enquadram em distintas modalidades, entre as quais é possível citar a definição de sistemas de cotas (reservas de vagas) e a concessão de bolsas de estudos para esses grupos, bem como a institucionalização de programas de incentivo à cultura, história e identidade deles e a destinação de recursos financeiros para a plena e efetiva garantia de direitos e dignidade aos sujeitos vulnerabilizados[13].

10 Poema Eurístenes Portela e João Feres Júnior, *Pessoas trans nas universidades federais do Brasil*, GEMAA, 24 fev. 2021. Disponível em: http://gemaa.iesp.uerj.br/infografico/pessoas-trans-na-universidades-federais-do-brasil/.

11 José Jorge de Carvalho, "Encontro de Saberes e descolonização: para uma refundação étnica, racial e epistêmica das universidades brasileiras", em Joaze Bernardino-Costa, Nelson Maldonado-Torres e Ramón Grosfoguel (org.), *Decolonialidade e pensamento afrodiaspórico*, 2. ed., Belo Horizonte: Autêntica, 2020, p. 79-106.

12 Antonádia Borges e Joaze Bernardino-Costa, "Dessenhorizar a academia: ações afirmativas na pós-graduação". *Mana*, v. 28, n. 3, p. 1-30, 2022.

13 João Feres Júnior *et al.*, *Ação afirmativa*, *op. cit.*

Quando consideramos, em particular, as políticas de cotas, percebemos que esse mecanismo tem como meta possibilitar, em curto espaço de tempo, o acesso de grupos sociais vulnerabilizados aos espaços da universidade, do serviço público ou mesmo das oportunidades laborais na iniciativa privada[14]. As cotas, portanto, são uma medida de promoção de justiça social, tendo como resultado a quebra do padrão hegemônico – majoritariamente embranquecido e cisgênero – que historicamente monopolizou os espaços de poder e de agência na sociedade brasileira.

Nas últimas décadas, no arcabouço jurídico-normativo brasileiro, podemos afirmar que as iniciativas paradigmáticas para a criação de políticas de cotas se deram a partir da vigência da Lei n. 12.711/2012, que institucionalizou as cotas sociorraciais para acesso aos cursos técnicos e de graduação, e da Lei n. 12.990/2014, que determinou cotas raciais no acesso aos cargos efetivos na administração pública federal.

Muito embora sejam constantes os discursos e iniciativas que almejam deslegitimar a potência das políticas de cotas, o Supremo Tribunal Federal (STF) já sinalizou, mais de uma vez, o caráter constitucional da reserva de vagas. Foram duas as principais oportunidades em que essa sinalização ocorreu: em 2012, quando da análise da Ação de Descumprimento de Preceito Fundamental (ADPF) n. 186, impetrada pelo extinto Partido Democratas (DEM), que questionava a constitucionalidade das cotas para o acesso aos cursos de graduação das universidades federais; e em 2017, quando do julgamento da Ação Declaratória de Constitucionalidade (ADC) n. 41, que pacificou o entendimento acerca dos procedimentos previstos pela Lei n. 12.990/2014 na operacionalização da reserva de vagas a pessoas negras em concursos públicos.

Dessa maneira, a despeito dos questionamentos provenientes de setores da sociedade que temem pela perda de seus privilégios, as políticas de cotas são instrumentos normativos constitucionais, encarados como uma medida indispensável para o combate às múltiplas desigualdades no contexto da sociedade brasileira e que deve ser empreendida principalmente – mas não exclusivamente – pelo Estado.

Passada a primeira década desde a implementação das cotas sociorraciais no acesso às instituições federais de ensino, são vários os estudos que apontam a importância desse tipo de medida. Muitos deles

14 Kabengele Munanga, "Políticas de ação afirmativa em benefício da população negra no Brasil", *op. cit.*

sinalizam que as cotas sociorraciais foram cruciais para a entrada de mais pessoas negras nos cursos de graduação das universidades públicas, tornando um pouco menos embranquecida e elitista a comunidade universitária no Brasil[15]. Se no começo da década de 1990 as pessoas que se autodeclaravam negras sequer chegavam a 20% dos discentes nos cursos de graduação das universidades públicas, esse número saltou, em 2019, para 40% do total de pessoas matriculadas no ensino superior público. Muito embora esse percentual ainda esteja aquém da participação relativa da população negra na composição da sociedade brasileira, ainda assim é uma ampliação significativa, na qual certamente influíram as cotas sociorraciais determinadas pela Lei n. 12.711/2012[16].

Outros estudos, após avaliar o desempenho dos estudantes concluintes de cursos de graduação de diversas áreas do conhecimento em universidades públicas federais, não constataram diferenças estatisticamente significativas entre o desempenho de cotistas e não cotistas[17]. Cabe ressaltar, ainda, que as pessoas que se beneficiaram das cotas tendem a abandonar menos os cursos, a despeito de todo o contexto de dificuldades e desafios que atravessam a formação dessas pessoas na universidade.

É potente e transformadora a entrada e permanência, na universidade, de cada vez mais pessoas provenientes dos estratos mais invisibilizados da sociedade. Esse movimento, além de tornar o espaço acadêmico mais diverso e plural, é certamente catalisador de um conjunto de forças para que o saber dito "científico" seja transformado e ressignificado, de modo que outras formas de ser, estar e conhecer o mundo estejam também representadas nas pesquisas e produções acadêmicas[18].

Igualmente potente e transformadora é a presença, nos quadros do serviço público e das organizações privadas, de pessoas provenientes

15 Citamos aqui dois: Jefferson Freitas *et al.*, *Políticas de ação afirmativa nas universidades federais e estaduais (2013-2018): levantamento das políticas de ação afirmativa (GEMAA)*, Rio de Janeiro: Iesp-Uerj, 2020, p. 1-33; Adriano Souza Senkevics e Ursula Mattioli Mello, "Balanço dos dez anos da política federal de cotas na educação superior (Lei n. 12.711/2012)", *Cadernos de Estudos e Pesquisas em Políticas Educacionais*, v. 6, p. 209-32, 2022.

16 Segundo estimativa do IBGE, 56% da população brasileira se reconhecia como preta ou parda em 2021, conforme dados da PNAD-Contínua. Ver IBGE, *"Conheça o Brasil – Cor ou Raça – Dados da PNAD Contínua"*, IBGE Educa, 2021. Disponível em: https://educa.ibge.gov.br/jovens/conheca-o-brasil/populacao/18319-cor-ou-raca.html.

17 Laís Müller Braz *et al.* "Ações afirmativas e desempenho acadêmico: uma análise da Universidade Federal do Piauí", *Textos para discussão GEMAA*, n. 20, p. 1-22, 2019; Thiago Rodrigues Silame, Hernani Martins Júnior e Agnaldo Henrique Silva Fonseca, "O efeito das cotas: desempenho acadêmico dos estudantes cotistas da Universidade Federal de Viçosa – Campus Rio Paranaíba", *Revista Brasileira de Ciência Política*, n. 33, p. 1-36, 2020.

18 Nilma Lino Gomes, *O movimento negro educador: saberes construídos nas lutas por emancipação, Petrópolis*, RJ: Vozes, 2017.

de estratos sociais invisibilizados. Além de conferirem maior representatividade às organizações públicas e privadas, elas também dão a essas instituições oportunidades para que sejam mais criativas e assumam, definitivamente, um compromisso ético-político em prol da diversidade e da inclusão, espelhando, de maneira mais fidedigna, os anseios mais genuínos do conjunto da sociedade brasileira.

Neste particular, Silva e Lopez consideram que, embora a Lei n. 12.990/2014 tenha de fato possibilitado o acesso de um maior contingente de pessoas negras aos quadros do funcionalismo público federal, esse acesso ainda está aquém do desejado[19]. Portanto, devem se intensificar ações voltadas principalmente aos cargos e áreas considerados mais elitizados – a exemplo dos cargos no Judiciário e no Legislativo, das carreiras de Estado ou mesmo dos quadros da docência universitária –, de modo a amplificar o conjunto de transformações positivas que as políticas de cotas podem representar para o serviço público e para a sociedade brasileira.

Outra fronteira importante das políticas de cotas, conforme lembram Teixeira e colegas, é a ampliação dos programas de reservas de vagas em empresas privadas[20]. Ainda que tenham se difundido iniciativas nesse sentido nos últimos anos, principalmente sob a forma de programas de *trainee*[21] voltados a pessoas negras, mulheres, pessoas com deficiência e outros públicos específicos, é necessário um compromisso mais contundente, por parte das empresas, em prol da inclusão de pessoas dos estratos mais invisibilizados da sociedade – cenário em que se incluem pessoas travestis e transexuais.

A condição da população travesti e transexual no Brasil: por que esse público deve ser atendido por políticas de cotas?

É estarrecedora a condição de violência, precariedade e invisibilidade a que pessoas travestis e transexuais são submetidas no Brasil. Segundo a organização Transgender Europe, no período compreendido entre 2008 e setembro de 2022, foram brutalmente exterminadas quase 1,8 mil

19 Tatiana Dias Silva e Felix Garcia Lopez, *Cor ou raça do serviço civil ativo do Executivo Federal (1999-2020) – publicação preliminar*, Rio de Janeiro: Ipea, 2021. Disponível em: https://repositorio.ipea.gov.br/bitstream/11058/10673/2/NT_Diest_Cor_ou_raca_servid_civil_ativo_Public_Preliminar.pdf.

20 Juliana Cristina Teixeira *et al.*, "Inclusão e diversidade na administração: manifesta para o futuro-presente", *Revista de Administração de Empresas*, v. 61, n. 3, p. 1-11, 2021.

21 Os programas de *trainee* são processos seletivos por meio dos quais as empresas recrutam pessoas para o desempenho de funções especializadas, com boas possibilidades de rápida ascensão em seus quadros.

vidas travestis e transexuais em todo o território brasileiro. Com isso, o país se encontra no conjunto de nações que deliberadamente violam os direitos mais elementares das populações travestis e transexuais[22]. No contexto geral das Américas, infelizmente, esse panorama de violações de direitos não é muito diferente, embora o Brasil seja, em termos absolutos, o país que mais mata pessoas travestis e transexuais no mundo. O mesmo mapeamento aponta que, depois do Brasil, o México e os Estados Unidos são os países que mais registraram assassinatos de pessoas travestis e transexuais nesse período – foram 649 mortes em território mexicano e 375 no estadunidense.

Os números de assassinatos, embora sejam chocantes, nem de longe ilustram por completo o conjunto de violências contra travestis e transexuais no contexto da sociedade brasileira. Dia após dia, essas pessoas são sistematicamente estigmatizadas, expulsas dos seus próprios lares, das escolas e das universidades, e não encontram acolhimento no sistema público de saúde. Em função desse cenário perverso, são quase obrigadas a viver nas ruas e esquinas, desempenhando atividades precárias e absolutamente desumanas[23]. Dessa maneira, percebe-se, todos os dias, a evidência de um conjunto de mortes simbólicas, que persistentemente invisibilizam e tornam precárias as vidas travestis e transexuais.

É notório que o quadro de violências a que estão sujeitas as pessoas travestis e transexuais decorre dos múltiplos estigmas e preconceitos entranhados na sociedade brasileira sobre as identidades de gênero que transgridem o padrão cis-heteronormativo. Nesse sentido, todos os corpos que performam estéticas, identidades e expressões de gênero que rompem com esse padrão tido como "normal" são considerados sujeitos abjetos, desviantes e que devem ser eliminados do convívio social. São essas visões simplistas, preconceituosas e perversas que alimentam as múltiplas violências contra pessoas travestis e transexuais no Brasil e em vários outros países.

Embora a prática de transfobia, que é a manifestação de aversão e intolerância contra pessoas travestis e transexuais, seja considerada crime no Brasil, deparamo-nos com um sistema de justiça absolutamente leniente com esse tipo de ocorrência. Mário Gomes, Sara Wagner York e

22 TvT, *Trans Murder Monitoring – Absolute Numbers*, 2023. Disponível em: https://transrespect.org/en/map/trans-murder-monitoring/.

23 João Paulo Zerbinati e Maria Alves de Toledo Bruns, "Transfobia: contextos de negatividade, violência e resistência", *Periódicus*, v. 2, n. 11, p. 195-216, 2019.

Leandro Colling ressaltam que o *cistema* de justiça brasileiro é eminentemente masculino, cisgênero, branco e heterossexual, em um arranjo de coisas no qual as violações dos direitos mais elementares de pessoas travestis e transexuais (sobretudo quando são negras e pobres) são vistos como coisas "menores" e "sem importância"[24]. Isso não raro provoca uma série de interpretações jurídicas controversas que, a despeito de alegadamente combater as práticas de transfobia, acabam por alimentá-las, ainda que de maneira simbólica.

É imperioso sublinhar o quadro de exclusão de pessoas travestis e transexuais dos equipamentos públicos de saúde. Elas sistematicamente não encontram, nas unidades do Sistema Único de Saúde (SUS), condições para o acesso a tratamentos básicos, muito menos o acompanhamento em tratamentos específicos por elas reivindicados – notadamente a terapia hormonal e, em alguns casos, intervenções cirúrgicas – para que possam expressar a identidade de gênero que desejam para si e com a qual preferem se identificar[25].

No campo da educação, o quadro de violações de direitos das pessoas travestis e transexuais também é muito evidente e grave. Segundo dados da Antra, cerca de 70% das pessoas trans não concluíram o ensino médio no Brasil[26]. Esse cenário de verdadeira expulsão das travestis e transexuais dos bancos escolares decorre, em boa medida, da construção e sistemática perpetuação de um ambiente escolar em que essas pessoas não têm respeitado seu direito ao uso do nome social, são vítimas de piadas e agressões físicas e sequer se veem minimamente representadas no currículo, na forma como os conteúdos são ministrados e na própria constituição da comunidade escolar. É inegável que as escolas não dispõem de estratégias de acolhimento às pessoas travestis e transexuais.

Como consequência desse arranjo de coisas, observa-se a ausência de corpos trans nos cursos superiores (como vimos, ínfimos 0,3% do total de matriculados), na pós-graduação, nos cargos públicos mais

24 Mário Soares Caymmi Gomes, Sara Wagner York e Leandro Colling, "Sistema ou CIS-tema de justiça: quando a ideia de unicidade dos corpos trans dita as regras para o acesso aos direitos fundamentais", *Direito e Práxis*, v. 13, n. 2, p. 1.097-135, 2022. A grafia *cistema*, com a letra "c", demarca a dimensão cisnormativa do judiciário brasileiro, conforme apontam Gomes, York e Colling.

25 Mônica Angonese e Mara C. S. Lago, "Direitos e saúde reprodutiva para a população de travestis e transexuais: abjeção e esterilidade simbólica", *Saúde e Sociedade*, v. 26, n. 1, p. 256-70, 2017.

26 Associação Nacional de Travestis e Transexuais (Antra). *Nota pública da ANTRA sobre cotas e reservas de vagas em universidades destinadas às pessoas trans.* Brasil, 17 dez. 2020. Disponível em: https://antrabrasil.files.wordpress.com/2020/12/nota-sobre-cotas-trans-antra.pdf.

prestigiados, nos bons empregos e nos demais espaços de poder e de agência da sociedade brasileira, incluindo os postos de representação política.

Em suma, todo o cotidiano das pessoas travestis e transexuais no Brasil é perpassado por evidências de uma necropolítica contra seus corpos e identidades. Na perspectiva proposta por Achille Mbembe, a necropolítica é um sistema que confina determinados sujeitos a conviver com verdadeiras políticas de morte, não raro organizadas e administradas pelo próprio aparato do Estado com a finalidade de exterminar essas vidas consideradas abjetas e, portanto, descartáveis[27]. Todo o quadro de sistemáticas violações dos direitos mais elementares da população de travestis e transexuais no Brasil é uma evidência inequívoca da necropolítica que deliberadamente (re)produz a morte e a precariedade entre essas pessoas.

E como fazer frente à necropolítica que interrompe tantas vidas de pessoas travestis e transexuais no Brasil? Entendemos que é crucial um compromisso firme da sociedade e de todo o aparato do Estado brasileiro com o planejamento e a efetivação de políticas públicas voltadas ao respeito e promoção dos direitos dessa população, garantindo-lhe dignidade. Dentre essas medidas, certamente devem estar as políticas de cotas, por serem instrumentos potentes e indispensáveis para que essas pessoas alcancem os mais variados espaços decisórios da sociedade, ressignificando, com suas presenças e ações, todo o conjunto de violências e estigmas por que passam.

Cotas para travestis e transexuais: quais caminhos já foram trilhados?

Muito embora inexistam, no arcabouço jurídico-normativo brasileiro, estratégias amplas e legislações de reserva de vagas para pessoas travestis e transexuais em concursos públicos e em processos de organizações privadas, ainda assim há um histórico de intensa mobilização e luta da comunidade trans e travesti na defesa dessa demanda.

Em outubro de 2017 foi apresentado, na Câmara Municipal de São Paulo, o Projeto de Lei n. 225/2017, de autoria da vereadora Isa Penna (PSOL) e dos vereadores Toninho Vespoli (PSOL) e Eduardo Suplicy (PT), que objetivava institucionalizar a reserva às pessoas travestis e transexuais de 2% das vagas nos concursos para cargos nas autarquias públicas

27 Achille Mbembe, *Necropolítica: biopoder, soberania, estado de exceção, política de morte*, trad. Renata Santini, São Paulo: n-1 edições, 2018.

municipais. Para concorrer às vagas reservadas, bastaria uma autodeclaração em que a pessoa se reconhecesse como travesti ou transexual, conforme disposto no art. 3º da proposta em questão.

Pouco tempo depois, no início de 2018, o PL n. 225/2017 obteve parecer contrário na Comissão de Constituição e Justiça (CCJ) da Câmara de São Paulo. Chama a atenção que, apesar de a Comissão reconhecer no parecer o caráter constitucional das cotas para pessoas trans e travestis, inclusive as situando no âmbito da jurisprudência determinada pelas cotas sociorraciais para o acesso às universidades públicas federais, ainda assim votou-se de maneira contrária ao prosseguimento da matéria, sob a alegação de que a apresentação da proposta era prerrogativa do Executivo e não do Legislativo municipal. Ou seja: a despeito do reconhecimento da constitucionalidade da matéria, uma mera tecnicalidade foi usada como pretexto para interditar o debate e, dessa maneira, não encarar a urgência de garantir direitos e dignidade à população trans e travesti.

Em março de 2021 a vereadora Erika Hilton (PSOL) e os vereadores Eduardo Suplicy (PT) e Toninho Vespoli (PSOL) apresentaram à Câmara Municipal de São Paulo um novo Projeto de Lei, de teor muito parecido. O PL n. 119/2021 previa a criação de uma reserva às pessoas travestis e transexuais de no mínimo 2% das vagas em cargos efetivos e em comissão, bem como nas oportunidades de estágio profissional em autarquias da administração direta e indireta do município de São Paulo. Assim como o projeto anterior, este foi também rechaçado pela CCJ da Câmara Municipal, agora sob a alegação de que não havia lei federal que disciplinasse esse tema de maneira mais ampla.

No contexto do município de Niterói (RJ), a vereadora Benny Briolly (PSOL) protocolou na Câmara Municipal, logo nos primeiros meses de 2021, o Projeto de Lei n. 29/2021, que almejava institucionalizar a reserva de 2% das vagas às pessoas travestis e transexuais nos concursos públicos do município. Embora a proposta tenha obtido parecer favorável na Comissão de Constituição, Justiça e Redação da Câmara, o PL foi rechaçado na votação em plenário, em uma circunstância na qual a vereadora Benny Briolly, no pleno exercício de suas prerrogativas enquanto parlamentar, foi vítima de ataques transfóbicos de opositores à matéria que estava sob debate e deliberação.

No mesmo ano, o deputado federal Alexandre Padilha (PT-SP) apresentou, na Câmara dos Deputados, o PL n. 144/2021, que estabelecia a reserva às pessoas travestis e transexuais de ao menos 3% das vagas em empresas que usufruam de incentivos fiscais, participem de licitação e/

ou possuam qualquer tipo de convênio ou contrato com o governo federal. Logo nos primeiros movimentos de tramitação desse projeto, ele foi apensado ao PL n. 5.593/2020, que visa instituir a reserva de ao menos metade das vagas de aprendizes em empresas privadas a pessoas negras, mulheres e LGBTI+. Ainda não houve deliberações a respeito dessas matérias na Câmara dos Deputados.

Na seara das ações afirmativas e das políticas de cotas nas organizações privadas, também no ano de 2021 a vereadora Erika Hilton protocolou, na Câmara de São Paulo, o PL n. 422/2021, que almejava a criação do Selo Igualdade Trans, a ser concedido a empresas que tivessem ao menos 2% de pessoas trans e travestis no seu quadro total de funcionários. Em linhas gerais, a proposta estabelecia a concessão de incentivos fiscais a essas empresas, sob a forma de descontos no valor do Imposto Predial e Territorial Urbano (IPTU) dos imóveis ocupados por essas organizações. O projeto ainda está em tramitação no legislativo paulistano, sem qualquer tipo de decisão, favorável ou não.

Em Niterói, no mesmo ano, a vereadora Benny Briolly foi a autora do Projeto de Lei n. 30/2021, que previa que as empresas privadas que mantivessem contratos e/ou convênios com o poder público municipal fossem obrigadas a destinar 2% do seu quadro total de vagas às pessoas travestis e transexuais. Ainda em 2021 a matéria obteve parecer contrário da Comissão de Constituição, Justiça e Redação da Câmara de Niterói, que entendeu que a prerrogativa de criar legislações nesse sentido compete ao governo federal, e não aos estados e municípios.

É importante pontuar que a demanda pela criação de políticas de cotas voltadas às pessoas travestis e transexuais nas empresas e nos concursos públicos já foi encampada, em fins do ano de 2020, pela Associação Nacional de Travestis e Transexuais em uma contundente nota pública[28]. Em fins de 2022, a entidade divulgou uma carta aberta destinada ao presidente recém-eleito Luiz Inácio Lula da Silva com um conjunto de reivindicações prioritárias para a população trans e travesti. Dentre as principais demandas estava a urgência da criação de marcos legais – incluindo uma legislação que reserve vagas em processos seletivos e concursos públicos – para favorecer a empregabilidade formal de pessoas trans e travestis[29].

28 Antra, *Nota pública da Antra sobre cotas e reservas de vagas em universidades destinadas às pessoas trans, op. cit.*

29 *Idem, Carta da Antra ao presidente Lula e à equipe de transição de governo.* 10 nov. 2022. Disponível em: https://antrabrasil.org/2022/11/11/carta-da-antra-ao-presidente-lula-e-a-equipe-de-transicao-de-governo/.

Vale ressaltar que tais marcos legais não são novidades no contexto da América do Sul. Na Argentina, por exemplo, aprovou-se, em 2021, a lei federal n. 27.636, denominada *Ley Diana Sacayán y Lohana Berkins*, em homenagem a duas ativistas travestis muito importantes na luta por direitos humanos na Argentina. Estabeleceu-se, por intermédio dela, a reserva de no mínimo 1% das vagas no setor público nacional às pessoas travestis e transexuais[30]. Essa lei também sistematizou um conjunto de isenções fiscais voltadas às empresas que contratassem travestis e transexuais em seus processos de admissão de funcionários.

O caso da Argentina é ilustrativo de que é plenamente possível institucionalizar marcos legais amplos que prevejam cotas para as pessoas trans e travestis. No Brasil, a despeito de toda a luta já travada pelos movimentos sociais, ainda não houve coragem, por parte da imensa maioria da classe política nacional, de assumir um compromisso inequívoco em prol da ressignificação da condição de violência e de invisibilidade sob a qual vive essa população no país.

Vale frisar que algumas universidades públicas brasileiras, valendo-se de sua autonomia institucional, criaram nos últimos anos políticas de cotas para o acesso de pessoas travestis e transexuais aos seus cursos de graduação. Foram elas: a Universidade Federal do ABC (UFABC), que reservou 1,6% das vagas às pessoas transexuais e travestis; a Universidade Federal da Bahia (UFBA), que criou vagas suplementares em seus cursos, voltadas às pessoas travestis e transexuais, aldeados, quilombolas e refugiados; a Universidade Federal do Sul da Bahia (UFSB) que instituiu a reserva de vagas no mesmo escopo da operacionalização das cotas para pessoas negras, indígenas, quilombolas, pessoas com deficiência e ciganos; e a Universidade da Integração Internacional da Lusofonia Afro-Brasileira (Unilab) que criou processos seletivos específicos para pessoas travestis, transexuais e intersexo. Portanto, no Brasil, são apenas quatro as universidades federais que adotam políticas institucionais de reserva de vagas para pessoas travestis e transexuais em seus processos seletivos para cursos de graduação.

No que tange à pós-graduação, em uma consulta nas páginas da internet das 69 universidades federais existentes no Brasil em 2023, percebemos que em 23 delas (33% do total) estabeleceu-se em seu processo

30 *Ley n. 27.636 – Ley de promoción del acceso al empleo formal para personas travestis, transexuales y transgénero "Diana Sacayán – Lohana Berkins"*, Buenos Aires, 2021. Disponível em: https://www.argentina.gob.ar/normativa/nacional/ley-27636-351815/texto.

seletivo algum tipo de normativa de reserva de vagas para pessoas travestis e transexuais – quando não na instituição como um todo, ao menos em alguma unidade acadêmica e/ou programa de pós-graduação.

Fica evidente que as iniciativas que resultaram na criação de cotas para pessoas trans e travestis nas universidades são muito pontuais, não raro com critérios muito particulares. Há, portanto, a necessidade e a urgência de um aprofundamento das medidas voltadas a viabilizar o acesso e a permanência de pessoas trans e travestis na universidade e nos demais espaços de poder e de agência da sociedade.

Que caminhos precisam ser pavimentados para a institucionalização de políticas de cotas para travestis e transexuais no Brasil?

Um primeiro movimento necessário e urgente para a ampliação dos instrumentos de reserva de vagas a pessoas travestis e transexuais é, evidentemente, a criação de uma legislação, em nível federal, que discipline esse tipo de iniciativa. Isso conferirá segurança jurídica para que as autarquias públicas, inclusive sob competência dos demais entes federativos (Municípios, Estados e Distrito Federal), sejam impelidas a adotar estratégias nessa direção.

Na seção anterior, vimos os percursos difíceis e as barreiras para que as legislações sobre cotas para pessoas travestis e transexuais prosperassem no Brasil. Em síntese, quando olhamos para a história dos Projetos de Lei protocolados e discutidos nas Câmaras Municipais de São Paulo e de Niterói, bem como na própria Câmara Federal, percebemos que boa parte da classe política brasileira se recusa a dar a devida atenção, protagonismo e celeridade que esse tipo de tema merece. Além disso, é evidente um cenário de transfobia e violência, em que argumentos, posturas e gestos dos mais absurdos e condenáveis são mobilizados para interditar a pauta da luta por direitos da população trans e travesti no Brasil.

De todo modo, ao considerarmos o caminho já percorrido no debate sobre cotas para a população travesti e transexual no Brasil, é evidente também um quadro de mobilização e luta por parte da comunidade trans e travesti. Nos legislativos municipais de São Paulo e de Niterói, foram discutidos Projetos de Lei sobre a temática graças aos notórios protagonismo e liderança da ex-vereadora Erika Hilton (deputada federal desde 2023) e de Benny Briolly, duas mulheres travestis que encampam, com coragem e afinco, a luta por direitos da população LGBTI+ no país. Além disso, percebe-se um tensionamento cada vez maior por parte de relevantes grupos da sociedade civil, tais como a Antra e a Associação Brasileira de Estudos da Trans-Homocultura (Abeth), engajados na defesa de direitos e, particularmente, na luta por políticas de cotas às pessoas trans e travestis.

Ressaltamos que é a partir de constantes reivindicações, tensionamentos e luta por direitos que será possível engajar cada vez mais a sociedade civil e a classe política brasileira para que os direitos da população LGBTI+ e o mecanismo das cotas para pessoas trans e travestis estejam materializados em uma lei federal e em uma série de outros instrumentos jurídico-normativos nos Estados e Municípios. O próprio resultado do trabalho e das lutas mobilizadas por Erika Hilton e Benny Briolly nos espaços políticos é revelador da potência e importância dessas políticas de cotas. A multiplicação das presenças trans e travestis nas Câmaras, nas Assembleias Legislativas, no Judiciário, nas universidades, na mídia, nas empresas privadas e em tantos outros espaços catalisariam os esforços e incentivos para que os direitos e a dignidade da população LGBTI+ sejam, finalmente, garantidos na sua plenitude.

Uma questão reiteradamente surge no debate sobre a definição de políticas de cotas voltadas às pessoas trans e travestis: afinal, como definir os dispositivos dessa potencial legislação, sobretudo o percentual de vagas a serem reservadas e os mecanismos de controle para que a norma seja devidamente implementada e alcance os efeitos desejados? Tentaremos, a seguir, lançar luz sobre algumas questões que circundam essa problemática, com o propósito de contribuir com o aprofundamento dos debates e a potencial definição de caminhos acerca da instrumentalização de políticas de cotas voltadas às pessoas travestis e transexuais no contexto brasileiro.

Que percentual de vagas deve ser reservado?

Essa é uma questão paradigmática e, ao mesmo tempo, crucial para a instrumentalização de políticas de reserva de vagas. O ideal seria que o percentual de vagas reservadas nos concursos públicos e processos seletivos respeitasse ao menos a proporção de pessoas que se reconhecem como travestis e transexuais em todo o território brasileiro e em cada uma das unidades da federação, até que o quadro efetivo de pessoal das organizações públicas e privadas refletisse esse percentual. Porém, como saber essas proporções, se não existem estatísticas oficiais a respeito da população trans e travesti no país?

Ao longo dos anos de 2021 e 2022, houve um debate intenso acerca da inclusão de questões relacionadas à identidade de gênero e à orientação sexual no questionário do Censo Demográfico. Depois de um processo de judicialização, o Instituto Brasileiro de Geografia e Estatística (IBGE) optou por não incluir essa temática na pesquisa censitária, sob a alegação de que encareceria a operação do Censo a ponto de torná-la inviável para o ano de 2022. Esse verdadeiro "apagão" de estatísticas oficiais de pessoas trans e travestis, além de contribuir para a permanência do quadro de invisibilização dessa população, também impede a elaboração e implementação adequada de políticas públicas, a exemplo das políticas de cotas voltadas a essas pessoas.

Entendemos, de toda maneira, que essa ausência de estatísticas censitárias não deve ser pretexto para adiar o debate e a implementação de políticas de cotas voltadas às pessoas trans e travestis. Uma das possibilidades seria adaptar os instrumentos de coleta de informações da Pesquisa Nacional por Amostra de Domicílios (Pnad), pesquisa amostral realizada em intervalos menores de tempo que possibilitaria levantar os percentuais de pessoas trans e travestis no país e em cada uma das unidades da federação.

Outra possibilidade factível seria valer-se das associações da sociedade civil – a exemplo da Antra – para estimar esses dados a partir dos mapeamentos realizados pelos movimentos sociais e pelas instâncias de acolhimento a esse público, sobretudo nos municípios. Neste caso, as próprias organizações da sociedade civil poderiam servir de instâncias de apoio ao poder público para a criação de mecanismos de controle e fiscalização da acurácia dessas informações.

Mesmo nas localidades em que a população trans e travesti não é tão numerosa relativamente à população absoluta, é importante o compromisso ético-político de reservar ao menos uma vaga exclusivamente às pessoas trans e travestis. Esse movimento, além de conferir maior representatividade às organizações e espaços públicos, também contribui para a garantia e defesa de direitos que, em última análise, vão beneficiar todas as pessoas que integram grupos socialmente marginalizados. Vale ainda frisar que a presença de corpos trans e travestis em espaços de poder e de agência é fundamental para que outras pessoas encontrem apoio e assumam, de maneira plena e sem temor de violências, a identidade de gênero com a qual genuinamente se identificam.

Uma última questão que merece vir à baila é a urgência de que a sociedade civil se mobilize para demandar a inclusão, na pesquisa censitária prevista para 2030, de questões que permitam aferir a quantidade e as características das pessoas que compõem a comunidade LGBTI+. Essas informações são cruciais para a elaboração, implementação e monitoramento de políticas públicas que garantam direitos e cidadania a essa população.

As cotas devem permanecer em vigência por quanto tempo?

O tempo de vigência das políticas de cotas é uma questão recorrente, em especial entre as pessoas que temem a perda dos privilégios de que desde sempre usufruíram. Não à toa, tanto a lei que instituiu cotas sociorraciais para acesso à graduação quanto a que definiu cotas raciais em concursos públicos foram sancionadas com efeitos para um período inicial de dez anos, prevendo uma avaliação, passado esse intervalo de tempo, para que se delibere acerca da continuidade (ou não) dos mecanismos previstos nelas. Porém, será que dez anos são suficientes para reparar um passado de séculos de subalternização de pessoas negras, indígenas e da própria comunidade travesti e transexual?

É natural que toda política pública seja submetida a processos sistemáticos de monitoramento e avaliação. No entanto, a definição de um período de vigência no próprio texto da legislação confere precariedade ao dispositivo legal, que pode ser automaticamente descontinuado quando atingido esse tempo-limite, ainda que os efeitos almejados pela legislação não tenham sido plenamente alcançados.

Dessa forma, entendemos que as políticas de cotas voltadas às pessoas trans e travestis devem constituir-se como iniciativas permanentes, tal como deveria ocorrer com toda política pública voltada à garantia de direitos das populações historicamente marginalizadas. A ausência de especificação de um período de vigência da legislação que estabelecerá cotas para pessoas trans e travestis não significa que essa medida não deva passar por processos sistemáticos de monitoramento e avaliação. Todavia, a potencial descontinuidade desse tipo de iniciativa precisa estar condicionada à plena consecução dos seus principais objetivos, notadamente relacionados à presença de pessoas travestis e transexuais nos diversos espaços de poder e de agência na vida social brasileira.

As cotas devem estar circunscritas ao acesso à universidade?

É de fundamental importância a institucionalização de um marco legal, no nível federal, que direcione a implementação de políticas de reserva de vagas às pessoas travestis e transexuais nas universidades públicas brasileiras. Sabemos do peso da formação universitária para as trajetórias de ascensão socioeconômica e profissional dos indivíduos, aspecto que, por si só, corrobora a necessidade da reserva de vagas para que mais pessoas travestis e transexuais ingressem na universidade. Mas será o acesso à graduação suficiente para que as pessoas trans e travestis ocupem lugares de destaque, de poder e de agência na sociedade?

Sabemos que o acesso ao ensino universitário é, sim, um passo importante para a garantia de cidadania às pessoas trans e travestis. Mas também é crucial que sejam criadas políticas de permanência estudantil para que esse público tenha plenas condições de concluir os cursos. Essas políticas de permanência, em apertada síntese, devem passar pela: (i) criação de normativas institucionais que garantam respeito e dignidade às pessoas trans e travestis (a garantia do direito ao uso do nome social é um aspecto elementar nesse sentido); (ii) destinação de bolsas de estudo às pessoas trans e travestis em condição de maior vulnerabilidade socioeconômica; (iii) idealização e fortalecimento de espaços e coletivos de acolhimento às pessoas trans e travestis na universidade; (iv) adoção de um compromisso decisivo com o combate a quaisquer formas de preconceito e, particularmente, de transfobia que eventualmente ocorram no espaço universitário; e (v) transformação dos currículos dos cursos de graduação, nas diversas áreas do conhecimento, para que temas e práticas didático-pedagógicas que interessam diretamente à comunidade de estudantes trans e travestis estejam contempladas em disciplinas, projetos de pesquisa, extensão e demais atividades do curso.

São cruciais, ainda, políticas públicas que estimulem a inclusão de pessoas trans e travestis com formação universitária em outros espaços. Caso essas políticas públicas complementares não sejam instituídas e implementadas, corremos o risco de ter uma geração de pessoas travestis e transexuais com formação universitária, mas que continuam ocupando os lugares mais invisibilizados, em atividades precárias e com baixas remunerações.

Portanto, o arcabouço das políticas públicas nacionais precisa incluir um conjunto de medidas que reservem vagas às pessoas travestis e transexuais na pós-graduação, no serviço público, nas empresas privadas, bem como nos espaços de representação política (notadamente, os cargos eletivos). Tal demanda pela inclusão de pessoas trans e travestis no universo do trabalho – inclusive em empresas privadas – é uma luta histórica dessa comunidade, como vimos com os Projetos de Lei apresentados com esse tipo de objetivo. Nesse particular, entendemos que o uso de instrumentos fiscais (tais como as isenções tributárias) pode ser muito promissor para que as empresas se sintam impelidas, de maneira afirmativa, a criar condições para a contratação e o acolhimento de pessoas trans e travestis.

E como garantir que não ocorram fraudes na implementação das cotas?

As fraudes são um dos aspectos superdimensionados pelos detratores das políticas de cotas. Essas fraudes, quando ocorrem em função de fragilidades e assimetria de informações (aspectos que, aliás, atravessam o processo de implementação de toda e qualquer política pública), são publicizadas como se fossem culpa e responsabilidade dos próprios sujeitos de direito das políticas de reserva de vagas. Percebemos que isso tem acontecido nos casos que envolvem a implementação das leis n. 12.711/2012 e 12.990/2014.

De todo modo, o que não raro é deixado de lado pelos detratores das políticas de cotas é que as fraudes, quando ocorrem, normalmente são perpetradas por sujeitos que não compõem o público-alvo da política pública, mas que, de maneira criminosa e mal-intencionada, tentam valer-se das vagas legalmente reservadas. Os casos clássicos de fraudes normalmente ocorrem quando pessoas brancas tentam valer-se das vagas legalmente reservadas para pessoas negras em concursos públicos e processos seletivos em geral. Nessas circunstâncias, vale sempre reiterar: a ilegalidade é culpa, única e exclusivamente, das pessoas que tentam burlar as cotas, e não dos indivíduos que delas podem fazer uso de maneira legítima.

Como tentativa de coibir fraudes no âmbito da implementação das leis mencionadas, foram institucionalizadas as chamadas "comissões de heteroidentificação" ou "comissões de aferição fenotípica". Em síntese, essas comissões devem ter uma composição plural, com pessoas de diversos pertencimentos étnico-raciais, e a finalidade última de verificar os traços fenotípicos das pessoas postulantes às vagas reservadas, de modo a se evitar fraudes flagrantes, respeitando o direito à ampla defesa e ao contraditório.

No caso específico das políticas de cotas voltadas às pessoas travestis e transexuais, como evitar que ocorram fraudes? Seriam as comissões de heteroidentificação mecanismos de controle pertinentes também para a implementação da reserva de vagas às pessoas trans e travestis?

Neste particular, Jonas Maria aponta para a importância da autodeterminação – ou seja, do autorreconhecimento da pessoa como trans/travesti – na implementação de políticas públicas voltadas a esse público[31]. A operacionalização das políticas de cotas voltadas às pessoas trans e travestis deve respeitar a identidade de gênero manifestada e performada pela pessoa, sob pena de que a própria implementação da política, ao invés de coibir violências e preconceitos, acabe por fomentá-los.

De toda maneira, ainda segundo esse autor, é indispensável que haja mecanismos de controle para que as cotas voltadas às pessoas travestis e transexuais efetivamente atendam o seu público-alvo. Esse processo de verificação e controle, todavia, deve manter estreita conexão com os movimentos sociais, com os coletivos de estudantes travestis e transexuais, com as associações da sociedade civil – tais como a Antra –, de modo que sejam preservados, a todo custo, o direito e a dignidade dessas pessoas.

Parece-nos que a ideia de heteroidentificação associada à compleição fenotípica – portanto, física – de uma pessoa, se é pertinente no caso das cotas sociorraciais, talvez seja violenta e, sob certo ponto de vista, transfóbica no caso das pessoas trans e travestis. Ainda que outras pesquisas sejam fundamentais para se problematizar esse aspecto, entendemos que o processo de controle das cotas voltadas às pessoas trans e travestis poderia ser eminentemente sensível, no sentido de considerar histórias, memórias, laços, lutas e pertencimentos manifestados pela própria pessoa, além de contar, obviamente, com o conjunto de documentações – em especial o registro civil condizente com a identidade de gênero manifestada pelo indivíduo.

Considerações finais

Ao longo deste capítulo, buscamos trazer à baila a importância das políticas de cotas para o combate à situação de precariedade e violência sob a qual vivem as pessoas travestis e transexuais no Brasil. Ainda que, por si só,

31 Jonas Maria, "Cotas trans: breves reflexões sobre fraudes", *Notícias – Revista Docência e Cibercultura*, 1 jan. 2023. Disponível em: https://www.e-publicacoes.uerj.br/index.php/re-doc/announcement/view/1573.

não bastem para reparar as desigualdades que afligem as pessoas trans e travestis no país, certamente elas são um mecanismo fundamental para que transformações positivas se desdobrem no tecido social brasileiro, de modo que as presenças de travestis e transexuais sejam cada vez mais naturalizadas nos mais diversos espaços da vida social.

Deve-se reiterar que são (trans)formadoras, inventivas e potentes as presenças trans e travestis nas universidades, na política, na mídia, nas artes, nas empresas e nos demais espaços de protagonismo que se queira imaginar. Essas presenças trazem novas questões e fazem emergir práticas que são, em sua essência, diversas, inclusivas, acolhedoras e fraternas. Nesse sentido, é um inegável ganho, em termos sociais, que as políticas de cotas voltadas às pessoas travestis e transexuais se tornem uma prática naturalizada e, obviamente, consagrada pelo arcabouço das políticas públicas e do direito brasileiro.

É urgente a criação de uma legislação, em nível federal, que discipline as políticas de cotas voltadas às pessoas trans e travestis para acesso e permanência na universidade, no serviço público e nas organizações privadas. Muito embora existam iniciativas isoladas no acesso à universidade, apenas uma legislação mais ampla permitiria trazer um conjunto maior de estímulos e diretrizes para que esse tipo de prática possa se difundir.

A julgar pela jurisprudência decorrente das leis n. 12.711/2012 e n. 12.990/2014, é constitucional a possibilidade de uma legislação ampla que discipline as cotas para pessoas travestis e transexuais em concursos públicos e processos seletivos. É necessário, porém, haver vontade da classe política e compromisso social para que essa possibilidade se materialize.

Este texto, ainda que simbolicamente, é uma manifestação da potência e da urgência da ampliação das presenças trans e travestis em espaços de protagonismo. Essas presenças podem, sim, sinalizar caminhos que (trans)formam mundos menos desiguais e, portanto, mais justos, fraternos e plurais.

INCLUSÃO DAS PESSOAS TRANS NO PROCESSO ELEITORAL BRASILEIRO: IMPACTO DO RECONHECIMENTO JUDICIAL DO DIREITO À IDENTIDADE DE GÊNERO NO EXERCÍCIO DA CIDADANIA

LEANDRO REINALDO DA CUNHA
NICOLE GONDIM PORCARO

O Brasil é mundialmente conhecido como um país cordial e alegre, com praias paradisíacas e inúmeras belezas naturais, no qual as pessoas vivem uma condição de ampla liberdade sexual, a ponto de nele ocorrer, anualmente, a maior Parada do Orgulho LGBT+ do mundo, na cidade de São Paulo. A imagem de um lugar exaltado pela extrema inclusão acaba sendo atingida frontalmente quando se aprofunda um pouco na realidade da comunidade LGBTQIA+ como um todo e se constatam dados aterradores, como o do país que mais mata pessoas trans no mundo ou onde a expectativa de vida desse grupo de pessoas é inferior à metade da verificada entre as pessoas cisgênero.

Muitos são, em verdade, os problemas que permeiam a vivência de quem não se insere nos parâmetros da sexualidade impostos por uma sociedade baseada em preceitos extremamente retrógrados e ultrapassados. Revela-se uma considerável gama de situações que podem se manifestar em lados opostos do espectro, da exposição vexatória à invisibilidade social.

As múltiplas faces dos indivíduos que compõem a sociedade brasileira deveriam se fazer presentes em todos os espaços de participação e representação social. Todavia, como é mais do que sabido, nossa realidade diverge bastante desse ideal de representatividade, revelando diversos e distintos graus de invisibilidade e segregação. Exatamente no polo da invisibilidade se constata que a presença de pessoas transgênero na esfera política – no âmbito nacional, estadual ou municipal – ainda é incipiente. Esse fator é especialmente preocupante, uma vez que a falta de representatividade produz efeitos nefastos a uma democracia, e a participação nas instituições eletivas é um meio efetivo de influenciar as decisões políticas e a gestão da coisa pública. "Se não tem voz, quem falará por você?"[1].

No caso das pessoas trans, a luta por inclusão política não se limita à esfera da participação ativa: também na condição de eleitoras há empecilhos, devidos às questões de registro no cadastro eleitoral de acordo com a identidade de gênero. O quadro se agrava no contexto político que o Brasil tem enfrentado nos últimos anos. Além da invisibilidade e das omissões, o governo derrotado nas eleições de 2022 se esforçou, nos quatro anos de seu mandato, para desmantelar os ganhos conquistados pelos movimentos sociais – dentre eles o movimento trans – desde a redemocratização. Aliado a um Congresso Nacional marcado pelo conservadorismo, a gestão anterior teve uma atuação coordenada

1 Robert A. Dahl, *Sobre a democracia*, trad. Beatriz Sidou, Brasília: Editora da UNB, 2001, p. 91.

contra os direitos das pessoas trans, inclusive com tentativa de "inserção da transfobia no arcabouço legal"[2].

Segundo pesquisas recentes, tramitam no Parlamento ao menos 247 projetos de lei contra direitos LGBTQIA+, e desde 2019 foram apresentados mais de 120 PLs anti-LGBTI+ nos estados[3]. Nesse cenário, a presença de pessoas LGBTQIA+ em espaços de poder se faz essencial para que a pauta da defesa dos direitos desse grupo se torne prioridade. Este texto pretende colaborar com a causa da ampliação da representação política dos grupos vulnerabilizados ao apresentar a trajetória e o impacto da inclusão das pessoas trans no processo eleitoral brasileiro, além de identificar problemas e deficiências da regulamentação e discutir soluções.

Democracia, cidadania e sexualidade

As teorias democráticas contemporâneas têm como eixo fundamental a participação política livre e igualitária dos cidadãos como instrumento de legitimação e fortalecimento das instituições democráticas e de ampliação dos direitos de cidadania[4]. A inclusividade do sistema político, isto é, a extensão com que os direitos civis e políticos são garantidos ao povo em sua pluralidade, aparece como condição da qualidade dos regimes democráticos contemporâneos[5].

A participação política é um direito fundamental dos governados de participarem das decisões que regem suas vidas e de controlarem os atos de governo. Este é um direito especialmente caro aos grupos historicamente marginalizados, mais vulneráveis e que mais carecem da representação política de seus interesses. Como alerta Walzer, sem mecanismos que busquem garantir a igualdade de acesso dos grupos à política institucional, a tendência é que as desigualdades sociais se reproduzam nesses espaços, com a instrumentalização do aparelho estatal pelas forças dominantes[6]. De fato, vemos que a participação de grupos politicamente minorizados nos

2 ANTRA, *Carta da Antra sobre as eleições 2022*, Brasil, 25 ago. 2022. Disponível em: https://antrabrasil.org/2022/08/28/carta-da-antra-sobre-as-eleicoes-2022/.

3 Dados presentes, respectivamente, em Escola de Gêneros, 2022 e Agência Diadorim, 2022.

4 Lúcia Avelar e Antônio Octávio Cintra (org.), *Sistema político brasileiro: uma introdução*, 2. ed., Rio de Janeiro/São Paulo: Konrad-Adenauer-Stiftung/Editora ad Unesp, 2007.

5 Pippa Norris, "The Impact of Electoral Reform on Women's Representation", *Acta Politica*, n. 41, p. 197-213, 2006.

6 Michael Walzer, *Política e paixão: rumo a um liberalismo mais igualitário*, trad. Patrícia de Freitas Ribeiro, São Paulo: WMF Martins Fontes, 2008, p. 118.

espaços de decisão encontra enormes barreiras, dado o domínio deles por homens brancos, cis e héteros.

No universo da sexualidade humana, quem não se enquadra no padrão cis-heteronormativo é marginalizado de forma geral, fato esse que se replica, por óbvio, nos espaços de poder político-partidário. Assim, estão praticamente apartados do cenário político-partidário nacional todos aqueles que não forem cisgênero (ou seja, que se entendem pertencentes ao gênero socialmente esperado em decorrência do sexo que lhe foi designado no nascimento) e não se enquadrarem no padrão da heterossexualidade (quem apresenta atração romântico-afetivo-sexual por pessoas do gênero dito oposto)[7].

Com isso, as pessoas transgênero (ou pessoas trans), compreendidas como aquelas que se reconhecem como de gênero diverso daquele esperado em razão do sexo que lhe foi atribuído ao nascer, encontram especial dificuldade na efetivação dos seus direitos fundamentais. Os severos impactos disso na realidade desse grupo nos permite afirmar que estamos diante de uma situação estabelecida de genocídio trans[8].

As agruras enfrentadas pelas pessoas trans perpassam toda a sua vivência em sociedade, desde o reconhecimento de seus direitos humanos, direitos fundamentais e da personalidade até o simples acesso à utilização de banheiros públicos[9]. Exemplo dessas limitações é que mesmo a possibilidade de adequação do nome e do sexo/gênero em seus documentos de identificação pessoal, embora reconhecida por decisões dos Tribunais Superiores, ainda não está positivada.

Não haveria de ser diferente no âmbito político-partidário, em que as expressões do poder constituído se mostram bastante evidentes e o

7 Leandro Reinaldo da Cunha, *Identidade e redesignação de gênero: aspectos da personalidade, da família e da responsabilidade civil*, 2. ed. rev. e ampl., Rio de Janeiro: Lumen Juris, 2018, p. 16; *idem*, "Transgêneros: conquistas e perspectivas", em Roberto Senise Lisboa (org.), *Direito na Sociedade da Informação V*, São Paulo: Almedina, 2020, p. 162.

8 Para mais informações sobre definições de transgeneridade e as consequências de sua privação de direitos fundamentais, ver estes textos de um dos autores deste capítulo: Leandro Reinaldo da Cunha, "A proteção constitucional da identidade de gênero", em Dirley da Cunha Júnior, Lázaro Alves Borges e Yago da Costa Nunes dos Santos (org.), *Os 30 anos da Constituição Federal de 1988*, Salvador: Paginae, 2018; "A atual situação jurídica dos transgêneros no Brasil", *Interfaces Científicas – Direito*, v. 7, n. 2, jul. 2019, p. 154; "Pluralismo jurídico e movimentos LGBTQIA+: do reconhecimento jurídico da liberdade de expressão sexual minoritária enquanto uma necessidade básica humana", *Revista Jurídica –Unicuritiba*, v. 1, n. 68, mar. 2022 p. 504; "Genocídio trans: a culpa é de quem?", *Direito e Sexualidade*, v.3, n.1, 2022. Disponível em: https://periodicos.ufba.br/index.php/revdirsex/article/view/49892/27021.

9 *Idem*, "Do dever de especial proteção dos dados de transgêneros", *Direito e Sexualidade*, v. 2, n. 2, jul.-dez. 2021, p. 218; *idem*, "Identidade de gênero e a responsabilidade civil do Estado pela leniência legislativa", *Revista dos Tribunais*, v. 104, n. 962, dez. 2015, p. 167.

conservadorismo revela suas garras, aprofundando ainda mais os efeitos da estrutura segregatória que acompanha as pessoas trans. Numa sociedade em que mulheres trans são vítimas preferenciais da violência de gênero, tal conduta se mostra de maneira explícita na esfera política, exercida com o "intuito de limitar ou até impedir a participação da mulher na vida política e partidária"[10]. Segundo a Associação Nacional de Travestis e Transexuais (Antra), instituição que atua há três décadas na defesa dos direitos da população de travestis e transexuais, "80% das pessoas trans eleitas relataram não se sentirem seguras para o exercício do seu cargo"[11].

Uma leitura superficial da composição social e da forma como o Estado, com sua manifesta leniência, tem segregado as pessoas trans já é suficiente para constatar a necessidade de adoção de políticas públicas para atender aos anseios e necessidades desse grupo, o qual, até o momento, apenas consegue acesso a direitos básicos no Brasil por meio do Poder Judiciário[12].

Uso do nome social e a situação jurídica das pessoas trans no processo eleitoral

Assim como as mulheres e as pessoas racializadas, aquelas discriminadas por não se enquadrarem no padrão compulsório da cis-heteronormatividade são marginalizadas no campo político, refletindo a marginalização sofrida nos demais espaços da sociedade. Apenas nos anos 1980 sua participação política se inseriu no debate eleitoral[13].

Quanto à identidade de gênero, a questão do nome e do gênero se mostra bastante relevante para a participação política desse indivíduo, pois se refere a aspectos da vida social que envolvem seu reconhecimento como pessoa e como sujeito, seja por dispositivos sociais seja pelos legais, inclusive pelos documentos oficiais[14]. Quando se considera

10 Nepem, *Violência política contra as mulheres*, coord. Marlise Matos, Belo Horizonte: Nepem, 2020. Disponível em: https://abmcj.ong.br/cartilha-nepem-violencia-politica-contra-as-mulheres/.

11 Antra, *Nota pública da ANTRA em apoio a vereadora Lins Robalo*, 25 maio 2021. Disponível em: https://antrabrasil.org/author/brunabenevides/page/2/. Esse receio não é à toa. Em um levantamento mais amplo sobre a situação das mulheres trans no Brasil, a associação identificou ao "menos 175 assassinatos de travestis e mulheres transexuais" em 2020, o que põe o país no topo de casos registrados no mundo.

12 Leandro Reinaldo da Cunha, "Identidade de gênero e a responsabilidade civil do Estado pela leniência legislativa", *op. cit.*, p. 48.

13 João Silvério Trevisan, *Devassos no paraíso: a homossexualidade no Brasil, da colônia à atualidade*, 6. ed., Rio de Janeiro: Record, 2004.

14 Luiza Cotta Pimenta e Marion Francisco da Silva, "Nome e gênero", em Marcelo Maciel Ramos, Márcia F. Ribeiro da C. Valentin e Pedro Augusto Gravatá Nicoli (org.), *Dicionário jurídico do gênero e da sexualidade*, 1. ed., Salvador: Devires, 2022, p. 531.

o efetivo exercício da cidadania, as pessoas trans acabam sendo vitimadas por um sofrimento que transcende a esfera pessoal e se instala também na perspectiva social. Se, em tese, sua autodeterminação e autodeclaração permitem o exercício do direito à identidade, tanto a partir das legislações atinentes ao nome social como pela via da retificação do registro civil, na prática existe toda sorte de obstáculo dificultando o respeito e o reconhecimento oficial de sua identidade de gênero, o que atenta contra seus direitos fundamentais.

Em 2017, a Corte Interamericana de Direitos Humanos (Corte IDH) decidiu no Parecer Consultivo OC n. 24/17 que os Estados devem reconhecer, facilitar e garantir às pessoas a possibilidade de retificação de nome e/ou gênero nos registros civis, de modo que elas exerçam seu direito potestativo à identidade autopercebida. Esse fato teve forte influência na decisão proferida pelo STF na ADI n. 4.275, que garantiu a possibilidade de que pessoas trans, mediante autodeterminação e independentemente de qualquer tipo de intervenção médica ou apresentação de laudos, alterassem seu nome e sexo/gênero nos documentos de identificação pessoal, pela via administrativa, decisão essa dotada de efeitos *erga omnes* e força vinculante.

Diante de um Congresso extremamente conservador, as Cortes Superiores têm atuado para efetivar os direitos fundamentais de parcelas marginalizadas da população, garantindo o cumprimento do dever de resguardo da sua dignidade, previsto na Constituição Federal, mas sem efetividade garantida pela legislação infraconstitucional. Dentre os atos relevantes sobre o tema, destacamos a Resolução n. 270/2018 do Conselho Nacional de Justiça (CNJ), que dispõe "sobre o uso do nome social pelas pessoas trans, travestis e transexuais usuárias dos serviços judiciários, membros, servidores, estagiários e trabalhadores terceirizados dos tribunais brasileiros" e destaca o papel do Estado em

> assegurar o pleno respeito às pessoas, independentemente da identidade de gênero, respeitando a igualdade, a liberdade e a autonomia individual, que deve constituir a base do Estado Democrático de Direitos e nortear a realização de políticas públicas destinadas à promoção da cidadania e respeito às diferenças humanas.

Essa mesma resolução garante o direito ao tratamento digno e o respeito à intimidade, estabelecendo em seu art. 2º que todos os "sistemas de processos eletrônicos deverão conter campo especificamente destinado ao registro do nome social", sendo que este "deve aparecer na tela do sistema de informática em espaço que possibilite a sua imediata identificação, devendo ter destaque em relação ao respectivo nome constante do registro civil".

As determinações instituídas por essa resolução contrastam com a realidade enfrentada até então pelas pessoas trans que chegavam ao mundo político – fenômeno este também consideravelmente recente. Apesar de a primeira travesti a ocupar um cargo eletivo no Brasil, Kátia Tapety, ter sido eleita vereadora de Colônia do Piauí em 1992, até 2018 não havia qualquer regulamentação sobre o preenchimento do cadastro eleitoral que atentasse à situação específica das pessoas trans. Como observam Raquel Ramos Machado e Jessica Teles de Almeida, isso "gerava tanto constrangimentos ao eleitor e ao candidato 'trans' durante o processo eleitoral, como também problemas legais e burocráticos relacionados ao preenchimento das formalidades inerentes ao pedido de registro, principalmente para os cargos proporcionais"[15].

O tema começa a ganhar contornos mais delimitados com a manifestação do Tribunal Superior Eleitoral (TSE) ante a Consulta n. 0604054-58.2017.6.00.0000, apresentada em março de 2018 pela então senadora Maria de Fátima Bezerra (PT-RN), mulher cissexual lésbica, sobre a Lei das Eleições. Em resposta, o tribunal esclareceu que, apesar de a norma que estabelece as cotas utilizar a expressão "cada sexo", deve-se entendê-la como referente ao gênero, e não ao sexo biológico. Ao incluir mulheres cis e trans na interpretação, esse entendimento revela inquestionavelmente o indispensável respeito à identidade de gênero e representa um avanço nos direitos das pessoas trans em geral. O tribunal definiu também que a autodeclaração de gênero deve ser manifestada no alistamento eleitoral ou na atualização dos dados do cadastro eleitoral, assim como a indicação do nome social. Como resposta mais satisfatória, propôs ainda a "edição de regras específicas sobre o tema que disponham, igualmente, sobre a adoção de um novo modelo de título eleitoral no qual possa constar o nome social, sem prejuízo do nome civil do eleitor".

A proposta foi concretizada na Resolução n. 23.562/2018 do TSE, aplicada às eleições daquele ano. Ela regulamentou a inserção e o uso de

15 Raquel C. Ramos Machado e Jessica Teles de Almeida, "O Tribunal Superior Eleitoral na vanguarda da concretização do direito à participação das pessoas 'trans' no processo eleitoral", *Populus*, n. 4, p. 333-47, jun. 2018.

nome social e identidade de gênero no processo eleitoral, que passaram a constar no título de eleitor e no cadastro eleitoral, sendo preservados dados dissonantes do registro civil[16]. Ainda que alguns pontos sejam passíveis de crítica, como a passagem que afirma que o "nome social não poderá ser ridículo ou atentar contra o pudor", a resolução representou um grande avanço. Aliada ao ativismo do movimento LGBTI+, talvez tenha sido determinante para o aumento expressivo no número de candidatas trans e travestis já naquelas eleições.

Outra novidade foi a possibilidade de mudar o prenome no cadastro eleitoral. A Lei n. 14.832/2022 alterou a legislação sobre registros públicos e permitiu a qualquer pessoa maior de idade pedir a mudança do prenome, independentemente de decisão judicial, na esteira do que já fora consolidado pela decisão no STF na ADI n. 4.275. A norma previu ainda que tal alteração fosse comunicada ao Tribunal Superior Eleitoral.

Tais mudanças, que atingiram diretamente a vida das pessoas trans, foram impactantes nas eleições gerais de 2022, com 37.646 eleitoras e eleitores tendo realizado a alteração do nome social ou solicitado esse registro pela primeira vez, segundo relatório da Corregedoria-Geral Eleitoral. Esse órgão atendeu a 462 comunicações recebidas até a data das eleições reportando alterações de prenome às Corregedorias Regionais Eleitorais, o que permitiu que as mesas de votação identificassem o público eleitor por seu nome, mesmo que o prenome fosse diverso daquele constante do caderno de votação.

Após as eleições, com a reabertura do cadastro eleitoral, em 8 de novembro de 2022, foram incluídos mediante a Resolução n. 23.659/2021 do TSE novos campos biográficos no formulário do Requerimento de Alistamento Eleitoral (RAE), passando a contemplar a identidade de gênero (art. 42, inciso IV). Esse levantamento atende a reivindicações

16 "Art. 9-A. A pessoa travesti ou transexual poderá, por ocasião do alistamento ou de atualização de seus dados no Cadastro Eleitoral, se registrar com seu nome social e respectiva identidade de gênero.
§ 1º Considera-se nome social a designação pela qual a pessoa travesti ou transexual se identifica e é socialmente reconhecida.
§ 2º Considera-se identidade de gênero a dimensão da identidade de uma pessoa que diz respeito à forma como se relaciona com as representações de masculinidade e feminilidade e como isso se traduz em sua prática social, sem guardar necessária relação com o sexo biológico atribuído no nascimento.
§ 3º O nome social não poderá ser ridículo ou atentar contra o pudor.
Art. 9-B. O nome social constará do título de eleitor impresso ou digital.
Art. 9-C. O nome social e a identidade de gênero constarão do Cadastro Eleitoral em campos próprios, preservados os dados do registro civil.
Art. 9-D. A Justiça Eleitoral restringirá a divulgação de nome civil dissonante da identidade de gênero declarada no alistamento ou na atualização do Cadastro Eleitoral."

do movimento LGBTQIA+ e é um importante passo dado em direção à concretização do princípio da dignidade da pessoa humana, do direito à autodeclaração e das finalidades de adequada identificação "da pessoa eleitora" e de coleta de informações necessárias para o aperfeiçoamento e a especialização dos serviços eleitorais – pilares fundamentais preconizados na chamada Resolução Cidadã.

A progressiva participação política de pessoas trans e travesti

Vejamos, agora, alguns dos elementos que envolvem a cidadania da população trans sob o viés de sua participação política, seja na condição de eleitores, seja na de postulantes a um cargo eletivo. Nas últimas eleições gerais e municipais, em uma conjuntura de ascensão da extrema direita e de lideranças políticas conservadoras e religiosas, eleitas com bandeiras de combate ao reconhecimento e à garantia de direitos de pessoas LGBTQIA+, também se observou, em contrapartida, um aumento progressivo na participação de pessoas autoidentificadas na sigla[17]: nas eleições gerais de 2018, foram 157 candidaturas LGBTQIA+ e 11 eleitas; nas eleições municipais de 2020, 556 candidaturas e 97 eleitas; e nas eleições gerais de 2022, 325 candidaturas e 18 eleitas.

É interessante observar que, apesar de somarem apenas 1% das candidaturas nas eleições de 2022, as LGBTQIA+ receberam mais de 5% dos votos. As candidaturas de mulheres trans ou transfemininas se destacam: 1 em cada 3 votos em candidaturas da sigla foram para uma mulher trans/travesti. Levantamento feito pela Antra desde as eleições de 2014 demonstra como as candidaturas trans têm sido progressivamente bem-sucedidas, com um enorme avanço a cada eleição, de em média 150% no número de eleitas, como se observa na tabela a seguir:

17 Dados coletados pelo instituto #VoteLGBT em colaboração com ABGLT, ANTRA, Aliança Nacional LGBTI e #MeRepresenta. Disponível em: https://votelgbt.org/pesquisas. A autodeclaração é o meio mais adequado para levantamento demográfico da população LGBTQIA+. No entanto, não existia, até novembro de 2022, esse tipo de coleta de dados oficiais junto à Justiça Eleitoral, o que revela o cenário de invisibilização dessas candidaturas.

Tabela 1

Pessoas trans e travestis candidatas e eleitas (2014-2020)

Ano	Candidaturas	Eleitas
2022	79	5
2020	294	30
2018	53	2
2016	89	11
2014	5	0

Fonte: Elaborada pelos autores, com dados da Antra.

Em relação ao sucesso eleitoral das candidaturas, os dados são reveladores. Em 2018, a ativista negra, educadora e artista Érica Malunguinho (PSOL-SP) foi a primeira mulher trans eleita deputada estadual no país, com 55 mil votos. No mesmo pleito, a ativista transexual negra Erika Hilton (PSOL-SP) e a advogada travesti Robeyoncé Lima (PSOL-PE) foram eleitas codeputadas em mandatos coletivos em assembleias estaduais – no entanto, nenhuma delas era a titular da chapa.

Em 2020, 27 mulheres trans e travestis foram eleitas no pleito municipal. Em sete municípios, elas obtiveram o maior número de votos para a vereança, sendo duas em capitais – a ativista Linda Brasil (PSOL-SE) em Aracaju e a professora Duda Salabert (PDT-MG) em Belo Horizonte – esta última tornou-se a pessoa mais votada da história para o cargo na capital mineira. Já a capital paulistana elegeu duas pessoas trans: Thammy Miranda (PL-SP), primeiro homem trans a conquistar um cargo eletivo no país, e Erika Hilton, que passou de codeputada estadual a vereadora mais votada no município.

Já em 2022, várias das vereadoras eleitas no pleito anterior se tornaram deputadas. Erika Hilton e Duda Salabert se tornaram as primeiras deputadas federais trans/travestis da história brasileira. Ambas tiveram uma votação extraordinária, com mais de 200 mil votos. Linda Brasil foi a primeira mulher trans eleita deputada estadual em Sergipe. Entre as que conquistaram o primeiro mandato, a professora, roteirista, dramaturga e militante Dani Balbi (PSOL-RJ) foi a primeira mulher trans eleita deputada estadual no Rio de Janeiro. Na Assembleia Legislativa de São Paulo, Carolina Iara se destaca como a primeira codeputada intersexo do país, compondo a Bancada Feminista (PSOL-SP).

É possível observar que a mobilização da sociedade civil organizada e de movimentos sociais, aliada às regulamentações implementadas pela Justiça Eleitoral, têm colaborado para a ocupação dos espaços de poder institucionais por pessoas trans e travestis. Mas, apesar dos avanços, ainda há muito que se buscar. As mulheres trans e travestis são vítimas de diversas dificuldades que prejudicam a participação política das minorias políticas em geral, agravadas pelo "ranço de preconceito e desconhecimento, geradores de segregação e discriminação a todo aquele que não se insere no preceito de normalidade posto e que se faz presente na cis-heteronormatividade vigente em nosso país"[18]. Tal condição de hipossuficiência e vulnerabilidade justifica a adoção de políticas públicas e ações afirmativas para equacionar sua situação; no entanto, o que se verifica é a completa negligência de atividade legislativa que atenda aos anseios e necessidades desse grupo[19].

Violência política de gênero contra pessoas trans

Um dos aspectos mais delicados da participação político-partidária de pessoas trans no Brasil está na absurda situação de violência política constatada contra elas, particularmente as mulheres trans, que em razão da interseccionalidade acabam sendo vítimas tanto pela condição de sua identidade de gênero quanto pelo gênero em si. Considerada uma das principais causas da exclusão de mulheres nos espaços de poder, a violência política de gênero consiste em uma dinâmica estrutural e institucionalizada formada por comportamentos que visam desestimular, impedir ou restringir seu acesso à política institucional[20]. As mulheres são agredidas, ameaçadas, assediadas, perseguidas, constrangidas e silenciadas em função do seu gênero dentro dos espaços partidários, durante a campanha eleitoral e no exercício do mandato.

A violência política de gênero silencia as mulheres de duas formas diferentes: prejudicando as condições para sua ação política e anulando a agenda e os debates de gênero, e tem se agravado com a ascensão da extrema direita e a hostilidade política crescente[21]. Suas vítimas preferenciais são

18 Leandro Reinaldo da Cunha, "A atual situação jurídica dos transgêneros no Brasil", *op. cit.*, p. 155.

19 *Ibidem.*

20 IPU, *Sexism, harassment and violence against women parliamentarians*, Genève: IPU, out. 2016. Disponível em: https://www.ipu.org/resources/publications/issue-briefs/2016-10/sexism-harassment-and-violence-against-women-parliamentarians.

21 Flávia Biroli, "Political Violence against Women in Brazil: Expressions and Definitions". *Direito & Práxis*, v. 7, n. 15, p. 557-89, 2016.

mulheres do campo progressista e que também pertençam a outros grupos políticos minorizados – negras, LGBTQIA+, indígenas –, mas ela atinge mulheres de todo o espectro ideológico. Em sua faceta mais dilacerante, entre 1998 e 2016 foram mortas 79 candidatas em campanha no Brasil[22].

O relatório *Violência política e eleitoral no Brasil: panorama das violações de direitos humanos de 2016 a 2020*, publicado em setembro de 2020 pelas organizações da sociedade civil Terra de Direitos e Justiça Global, descreve bem os danos causados pelo fenômeno:

> O custo democrático da violência política é muito alto. A exclusão violenta de outros corpos e perspectivas do ambiente político reforça estereótipos prejudiciais e processos de estigmatização que silenciam e inviabilizam a participação e o exercício de direitos políticos por parte de grupos historicamente discriminados. A violência como força, dominação e controle robustece barreiras estruturais que excluem os grupos "menos fortes" da política. A violência é utilizada para garantir o controle de um grupo hegemônico sobre o sistema político – no caso brasileiro, homens, brancos, cristãos, de classe alta, que se identificam como heterossexuais. O controle do poder por atores masculinos que pertencem ao grupo cultural, étnico, religioso e econômico dominante implica que a violência seja peça fundamental para garantir que o poder político não seja exercido por grupos e indivíduos não hegemônicos (mulheres, pessoas de identidade LGBTQIA+, indígenas, afrodescendentes, quilombolas, povos tradicionais, trabalhadoras/es, especialmente os mais pobres, etc.).[23]

Essa violência é, portanto, um recurso para a manutenção da política como um espaço masculino cis-heteronormativo. Ela pode ocorrer em muitos contextos, mas tem consequências especialmente graves para as mulheres durante o período eleitoral e no exercício de mandatos, impedindo-as de realizar campanhas livremente ou de expressar opinião política sem medo de represálias ou de ataques em sua própria casa, na comunidade, no ambiente virtual e nos diferentes âmbitos públicos.

22 Agência Câmara de Notícias, "Câmara lança campanha contra violência política de gênero com foco nas eleições municipais", 7 out. 2020. Disponível em: https://www.camara.leg.br/noticias/698624-camara-lanca-campanha-contra-violencia-politica-de-genero-

23 Élida Lauris e Maurício Hashizume, *Violência política e eleitoral no Brasil: panorama das violações de direitos humanos de 2016 a 2020*, Curitiba: Terra de Direitos/Justiça Global, 2020. Disponível em: https://terradedireitos.org.br/uploads/arquivos/24-09_DIAGRAMACAO_Violencia-Politica_FN.pdf.

De fato, até mesmo antes da posse, a representante e outras mulheres trans sofrem esse tipo de violência. Em 2020, a pesquisa *A violência política contra as mulheres negras*, feita pelo Instituto Marielle Franco, pela Justiça Global e pela Terra de Direitos, identificou um ataque coordenado contra diversas parlamentares negras e trans, após as eleições municipais que as elegeram:

> Ainda na primeira semana de dezembro, um ataque coordenado contra diversas parlamentares negras e trans chamou atenção para o tema da violência política e os perigos que mulheres negras estão expostas. O *e-mail*, enviado pelo mesmo remetente para as eleitas[,] apresenta ameaça de morte, xingamentos racistas, transfóbicos e misóginos, além de constar o endereço residencial das vítimas e uma exigência de renúncia aos seus mandatos. O episódio alerta para a violência e o perigo eminente que essas mulheres estão expostas na vida política pública. Algumas delas, já mencionadas aqui, se pronunciaram publicamente e estão tomando as medidas necessárias. Até agora, as vítimas desse ataque são as vereadoras eleitas Benny Brioli [Briolly], do PSOL de Niterói - RJ, Duda Salabert, do PDT de Belo Horizonte – MG, Carol Dartora, do PT de Curitiba - PR e Ana Lúcia do PT de Joinville – SC, além da prefeita eleita Suéllen Rosim do Patriota de Bauru-SP, e a deputada federal Talíria Petrone do PSOL-RJ. O caso está sendo investigado por autoridades competentes e a princípio possui associação com um dos maiores grupos de ódio do Brasil, conhecido como Dogolachan, existente na *deep web*.[24]

Parlamentares trans e travestis eleitas vêm sofrendo, individual e coletivamente, desde a sua eleição, o mesmo tipo de ataque sistemático de grupos de ódio de extrema direita: ameaças de conteúdo transfóbico e misógino atacando sua identidade de gênero e exigindo que abandonem sua função parlamentar e atuação política.

A negligência do Estado brasileiro em adotar com urgência medidas de proteção às parlamentares brasileiras obrigou vereadoras negras – cis e transexuais – vítimas da violência política e eleitoral no Brasil a fazer uma denúncia contra o Estado brasileiro à Comissão Interamericana de Direitos Humanos.

24 Instituto Marielle Franco, *Ações de pesquisa e incidência sobre violência política de gênero e raça no Brasil*, 2020 e 2021. Disponíveis em: www.violenciapolitica.org.

Um caso emblemático é o da vereadora Benny Briolly (PSOL-RJ), que, após ser eleita a primeira vereadora trans de Niterói, chegou a ter que deixar o Brasil diante da quantidade e intensidade de ameaças e agressões que vinha sofrendo. Em suas palavras, "hoje tenho que andar em um carro blindado, sou privada da minha liberdade só por ser uma parlamentar trans, que luta pela construção de uma sociedade mais justa e igualitária"[25]. Com a parlamentar de volta ao Brasil e sem a proteção necessária, a Comissão Interamericana de Direitos Humanos reconheceu em 11 de julho de 2022 a "situação de grave risco à vida e à integridade pessoal da Sra. Benny Briolly", bem como a urgência e a "situação máxima de irreparabilidade"[26]. Solicitou ao Estado brasileiro que adote as medidas necessárias para proteger seus direitos à vida e integridade pessoal e de três integrantes de sua equipe de trabalho, levando em consideração as perspectivas étnico-raciais e de gênero. A resolução é considerada um marco para a proteção dos direitos das pessoas trans no sistema interamericano e deve servir de inspiração e orientação para a proteção das candidatas.

A sub-representação na política é uma causa, mas também uma consequência da violência política de gênero. E os partidos políticos têm papel nisso. Se os ataques sexistas, lesbofóbicos e transfóbicos são até hoje práticas comuns e "aceitáveis" como "parte do jogo" na disputa eleitoral, é porque há incentivo, ou ao menos conivência, das agremiações, especialmente daquelas que sofrem interferência de grupos político-religiosos. A interferência de fundamentalistas religiosos, contaminados pela narrativa disseminada da suposta "ideologia de gênero", tem potencializado a incidência de discursos de ódio e a organização de ataques em nome de uma verdadeira ideologia religiosa dominante.

No âmbito legislativo, recentemente houve um importante avanço com o sancionamento da Lei n. 14.192/2021, que inaugura uma definição normativa da violência política de gênero como "toda ação, conduta ou omissão com a finalidade de impedir, obstaculizar ou restringir os direitos políticos da mulher", assim como "qualquer distinção, exclusão ou restrição no reconhecimento, gozo ou exercício de seus direitos e de

25 Lívia Muniz. "Benny Briolly afirma que deixou o Brasil após ser ameaçada de morte", *Híbrida*, 2021. Disponível em: https://revistahibrida.com.br/brasil/benny-briolly-afirma-que-deixou-o-brasil-apos-ser-ameacada-de-morte/.

26 Por meio da Resolução n. 34/2022, publicou a Medida Cautelar n. 408-22. Ver CIDH – Comissão Interamericana de Direitos Humanos, Resolução n. 34/2022, de 11 de julho de 2022. Disponível em: https://www.oas.org/pt/cidh/decisiones/mc/2022/res_34-22%20_mc_408-22_br_pt.pdf.

suas liberdades políticas fundamentais, em virtude do sexo". Ela tipifica como crime no art. 326-B do Código Eleitoral as ações de "assediar, constranger, humilhar, perseguir ou ameaçar, por qualquer meio, candidata a cargo eletivo ou detentora de mandato eletivo", embora a violência política de gênero também ocorra em outros contextos.

A lei representa um avanço, mas há defeitos muito graves, como o uso do termo "sexo" ao invés de "gênero", que afeta diretamente a garantia dos direitos das pessoas trans. Além disso, o conceito adotado é mais restrito do que o da Lei Modelo Interamericana, que tem sido replicado em documentos internacionais, mencionando expressamente, por exemplo, a possibilidade de a violência ser praticada direta ou indiretamente, além de dispor sobre as formas de manifestação: violência física, sexual, psicológica, moral, econômica ou simbólica. Outro problema é a restrição da aplicação da lei ao processo eleitoral, sendo que a violência, como vimos, ocorre em múltiplos espaços e momentos, antes, durante e depois do pleito, nas esferas intra e extrapartidárias, públicas ou privadas.

Há ainda que se observar se haverá uma aplicação efetiva da lei, com a criação de um sistema forte de prevenção, combate e erradicação da violência política contra as mulheres no Brasil. É imprescindível uma transformação profunda da cultura jurídica e político-partidária, com a adoção de medidas apropriadas ao combate à discriminação para a inserção igualitária das mulheres na política.

A primeira decisão sobre o crime previsto no art. 326-B foi tomada no dia 23 de agosto de 2022, relativa a uma denúncia contra parlamentar que proferiu discurso transfóbico com a vereadora Benny Briolly (PSOL-RJ)[27]. A decisão foi importante por declarar que a norma "contempla a mulher transgênero como vítima", conforme a jurisprudência do Superior Tribunal de Justiça (STJ) a respeito do princípio da igualdade, "sob os prismas do reconhecimento e da não discriminação". Houve também uma indicação de que, no caso, ocorreu a propagação de discurso de ódio e ofensas voltadas a ferir a identidade da vítima como uma mulher trans, se amoldando ao tipo penal de violência política de gênero.

A violência política afeta de forma vil as liberdades fundamentais, a dignidade e a integridade de todas as mulheres que ousam participar da política brasileira, mas algumas sofrem uma violência ainda mais

27 No âmbito de processo julgado pelo Tribunal Regional Eleitoral do Rio de Janeiro (TRE-RJ). Ver TRE-RJ, Petição Criminal n. 0600472-46.2022.6.19.0000. Rel. Kátia Valverde Junqueira – julgado em 23 ago. 2022.

intensa por pertencerem a outro grupo vulnerabilizado, como é o caso das mulheres trans e travestis. O exercício igualitário da cidadania passa necessariamente pela existência de condições efetivas que assegurem a inclusão, a promoção e a segurança das pessoas trans que se dispõem a participar ativamente da arena política. A questão da violência política não só dificulta o acesso aos espaços de poder mas também compromete a permanência neles.

A Antra, no dossiê *Assassinatos e violência contra travestis e transexuais brasileiras em 2020*, reforçou a importância de acompanhar os mandatos e fortalecer a luta cotidiana das eleitas, "a fim de garantir um cenário de enfrentamento efetivo contra as forças obscurantistas que têm ocupado a nossa política e ameaçado a vida das parlamentares democraticamente eleitas". Entre as recomendações e ações emergenciais propostas no documento, estão: i) a organização pelas Câmaras Municipais de planos de segurança das parlamentares, com a destinação de recursos pessoais, financeiros e institucionais; ii) a conscientização sobre os impactos de discursos político-religiosos que incentivam a discriminação motivadas por gênero, identidade de gênero, raça ou etnia dentro das casas legislativas; iii) a formação de equipes de segurança devidamente preparadas para lidar com questões relacionadas à população trans; iv) a mobilização dos partidos para que as ações de proteção às parlamentares cis sejam estendidas e garantidas às travestis e mulheres trans; entre outras.

Propostas para avanço na inclusão das pessoas trans no processo eleitoral

Além de um sistema mais efetivo de segurança às candidatas e eleitas e de combate à violência política de gênero, há outras reivindicações para a inclusão das pessoas trans no processo eleitoral e o aperfeiçoamento das condições para sua participação política.

Primeiramente, deve-se pontuar a absoluta omissão da legislação eleitoral em relação à população LGBTQIA+ em geral, não constando um único dispositivo que faça referência a ela, apesar de sua ampla presença na sociedade e inegável sub-representação. Apenas as resoluções do TSE apontadas aqui se referem ao uso do nome social, e os tímidos avanços de proteção decorrem de decisões paradigmáticas do Judiciário.

O TSE organizou o projeto Sistematização das Normas Eleitorais (SNE), com o objetivo de colher contribuições de juristas, da comunidade acadêmica e da sociedade civil para aprimoramento da legislação eleitoral. Dentro do projeto, o eixo temático VII, Participação das Minorias no Processo Eleitoral, identificou na sua primeira fase questões a serem tratadas para avançar na inclusão das pessoas trans, entre as quais: a necessidade de regulamentação específica relacionada ao alistamento militar delas; a adoção de terminologia de gênero adequada nas próximas resoluções, para que não haja dúvidas sobre a contemplação das mulheres trans; a previsão expressa de adoção do nome social na urna eleitoral; a inclusão, nas capacitações periódicas de magistrados, servidores, mesários e colaboradores da Justiça Eleitoral, da formação em direitos das pessoas trans.

A partir dos relatórios finais elaborados na primeira fase, o TSE iniciou a segunda fase do projeto. Dentre as propostas, destacam-se: (a) realização de eventos pelo TSE para debater o tema e articular propostas; (b) instituição de cota mínima de recursos de campanha para pessoas LGBTI+; (c) combate às *fake news* e aos discursos de ódio disseminados contra a população LGBTI+; (d) aplicação, com rigor, das terminologias das categorias identidade de gênero, orientação sexual, gênero e sexo na legislação eleitoral; (e) fiscalização da distribuição de recursos de financiamento para pessoas trans; (f) criação de *endomarketing* como formação para a diversidade em todas as instâncias da Justiça Eleitoral – magistradxs, servidorxs, colaboradorxs e mesárixs; (g) instituição de canais de denúncia e acompanhamento interinstitucional (Justiça Eleitoral, MPE e forças policiais) das candidaturas da população LGBTI+; (h) regulamentação das candidaturas coletivas, com a realização pelo TSE de seminário nacional sobre o tema; (i) inclusão, no registro de candidaturas, de opção para autodeclaração de orientação sexual e identidade de gênero; (j) adoção de política rigorosa de segurança da informação dos dados de pessoas candidatas, cuja exposição facilita a prática de violências; (k) efetiva fiscalização do cumprimento dos estatutos partidários, especialmente no que diz respeito aos compromissos firmados para garantir a participação das pessoas LGBTI+; (l) evolução dos sistemas da Justiça Eleitoral para agilizar o encaminhamento de denúncias de violência contra a população LGBTI+; e (m) treinamento adequado das pessoas que atuam como mesárias e no atendimento da Justiça Eleitoral, para evitar os casos de preconceito identificados pelas entidades.

Em documento intitulado "Proposta de resolução para fomento à participação de candidaturas de pessoas transgênero no processo eleitoral", endereçado ao Tribunal Superior Eleitoral, a Clínica de Políticas de Diversidade da Fundação Getúlio Vargas (FGV Direito-SP) e a Antra apontam possíveis soluções jurídicas para as lacunas na regulamentação do direito eleitoral no Brasil. Visando a ampla participação política das pessoas trans, a proposta prevê que os recursos públicos do Fundo Partidário (FP) e do Fundo Especial de Financiamento de Campanha (FEFC) sejam divididos observando a proporção de gênero estabelecida em lei, afirmando que "devem ser repartidos entre mulheres transexuais, travestis e mulheres não transexuais e homens trans e não trans na exata proporção das candidaturas apresentadas pelos partidos políticos".

O documento também prevê que os partidos políticos fomentem a conscientização de seus integrantes sobre a diversidade sexual e de gênero, coletem dados de seus filiados quanto a identidade de gênero e promovam a participação de pessoas trans na política, combatendo a discriminação e a violência. Há ainda uma sugestão de que a Justiça Eleitoral sancione os partidos que descumprirem essas propostas e atuarem como obstáculo à efetivação dos direitos políticos das pessoas trans.

Todas as propostas mencionadas neste tópico devem orientar a ação dos poderes do Estado brasileiro, uma vez que, ao não garantir o acesso da população trans à cidadania, este a condena "à marginalidade e desrespeita a dignidade da pessoa humana, um dos preceitos mais basilares de um Estado democrático de direito"[28]. Está claro que o Poder Judiciário tem tomado a dianteira nas demandas das pessoas trans e travestis, com iniciativas importantes do TSE; contudo, essas atitudes não bastam.

Conclusão

Não há como pensar em uma sociedade que atenda aos preceitos nucleares de um Estado democrático de direito, tal como solidamente definido na Constituição Federal, sem que a representatividade em todas as esferas seja seu arrimo mais sólido. A falta de representatividade da população trans no âmbito político, além de espelhar uma invisibilidade que se espraia nos mais diversos universos sociais, tem o poder de aprofundar ainda mais a condição de vulnerabilidade desse grupo social. A sua quase total ausência no mundo político faz com que suas demandas

28 Caio Benevides Pedra, *Direitos LGBT: a LGBTfobia estrutural e a diversidade sexual e de gênero no direito brasileiro*, Curitiba: Appris, 2020, p. 108.

sejam desconsideradas ou entendidas como necessidades de poucos, o que, no Brasil, tem sido suficiente para se ignorar as prerrogativas mais básicas garantidas pela Constituição Federal.

É fundamental que o Estado tome atitudes rígidas e efetivas no sentido de garantir a real inclusão das pessoas trans. O exercício da cidadania e da participação política depende de políticas públicas estatais que garantam a igualdade de oportunidades a todas as pessoas, incluídos os grupos vulnerabilizados em razão de sua sexualidade. É preciso reivindicar uma perspectiva não hegemônica de direitos fundamentais e democracia que, superando a ficção de um "Estado neutro" e admitindo suas estruturas patriarcais, raciais e cis-heteronormativas, reconheça as diferenças em favor da igualdade. Essa reflexão deve ser pautada por uma perspectiva inclusiva, que expresse verdadeiramente o pluralismo político e garanta a participação efetiva e paritária de grupos minorizados na política brasileira como forças capazes de disputar e ocupar todos os espaços de poder, e que essa presença seja, de fato, livre da violência política de gênero, transfóbica, lesbofóbica e étnico-racial.

Enfrentamos recentemente tempos sombrios, marcados pela descontinuidade de políticas públicas voltadas para a população LGBTQIA+. Espera-se que, com a mudança de governo ocorrida em 2023, que nomeou a travesti paraense Symmy Larrat como secretária Nacional dos Direitos das Pessoas LGBTQIA+ do Ministério dos Direitos Humanos e Cidadania, as demandas do movimento trans sejam mais visibilizadas. O tempo é de esperançar e TRANSformar.

PARTE 05

(RE)PENSANDO UM DIREITO INTERNACIONAL PARA A DIVERSIDADE SEXUAL E DE GÊNERO

A PROTEÇÃO DOS DIREITOS DAS PESSOAS LGBTI+: DIÁLOGOS ENTRE O SISTEMA INTERAMERICANO DE PROTEÇÃO DOS DIREITOS HUMANOS E O SUPREMO TRIBUNAL FEDERAL

FLÁVIA PIOVESAN
NATHÉRCIA MAGNANI

Apresentando o debate

O que são "minorias" para você? Não há consenso sobre a definição desse conceito, uma vez que o termo é manejado por distintos ramos das Ciências Sociais. Para a Teoria Geral dos Direitos Humanos, uma minoria é qualquer comunidade de pessoas que esteja subjugada, em razão de um atributo específico, por um grupo dominante – o que, em outras palavras, significa estar em situação de vulnerabilidade social. Portanto, o termo minoria, quando empregado nessa disciplina, não tem nada a ver com estar em menor quantidade numérica diante de um grupo maior, e sim com alguma maneira de suscetibilidade e fragilidade frente a uma força preponderante e estigmatizante, como resultado de uma relação assimétrica de poder.

É difundida a máxima de que todos são iguais perante a lei. A Declaração Universal dos Direitos Humanos (DUDH), por exemplo, proclama que todos somos livres e iguais em dignidade, direitos e respeito. Mas, como o direito à igualdade tem duas faces (igualdade formal e igualdade material), a concepção aristotélica de que se deve tratar igualmente os iguais e desigualmente os desiguais (na exata medida de sua desigualdade) se tornou um dos pilares dos ordenamentos jurídicos ocidentais contemporâneos. Assim sendo, hoje em dia há o entendimento de que os grupos minoritários devem receber proteção especial da lei e dos que a aplicam para que as suas situações de vulnerabilidade sejam atenuadas. Infere-se disso que diversos grupos podem ser considerados minoritários. São exemplos (não exaustivos): os povos indígenas, as mulheres, os afrodescendentes, as pessoas em situação de rua, as pessoas privadas de liberdade, as pessoas idosas, as crianças, os refugiados, a comunidade LGBTI+[1] etc.

Neste artigo, enfocamos uma minoria em específico, qual seja, a comunidade de lésbicas, gays, bissexuais, transexuais, intersexuais e demais pessoas com identidade de gênero ou orientação sexual diversos do binarismo e da heteronormatividade. O estudo tem dois escopos: i) primeiro, valendo-se da atuação de uma das autoras como membro da Comissão Interamericana de Direitos Humanos (CIDH) e responsável pela

1 O trabalho optou por utilizar a sigla LGBTI+ por ser a sigla utilizada no nome da Relatoria específica sobre a matéria na Comissão Interamericana de Direitos Humanos. As formas de sexualidade ou identidade de gênero não representadas por letras na sigla são abarcadas pelo sinal +. A Organização das Nações Unidas (ONU) também utiliza essa nomenclatura, mas sem esse sinal. Não há um consenso sobre a sigla que melhor define a comunidade. Mais recentemente, tem-se falado em LGBTQIAP+, com o "Q" fazendo referência a queer (pessoas que não se encaixam na heterocisnormatividade), o "A" a assexuais e o "P" a pansexuais.

Relatoria sobre os Direitos de Pessoas Lésbicas, Gays, Bissexuais, Trans e Intersexo do mesmo órgão durante o mandato de 2018 a 2021[2], o de demonstrar os avanços na agenda da proteção dos direitos das pessoas LGBTI+ promovidos pelos dois órgãos que compõem o Sistema Interamericano de Direitos Humanos (SIDH) – a referida CIDH e a Corte Interamericana de Direitos Humanos (Corte IDH); ii) em segundo lugar, demonstrar como o Supremo Tribunal Federal (STF), órgão de cúpula do Judiciário brasileiro e guardião da nossa Constituição Federal, tem dialogado com as decisões emancipatórias geradas pelo sistema regional de proteção.

Importa pontuar que a comunidade LGBTI+ não é homogênea. Não se pode, por exemplo, comparar o grau de vulnerabilidade a que estão expostos uma mulher transexual que more em uma área rural do interior da Bolívia e um homem de classe alta, branco e gay residente em um apartamento localizado em frente ao Central Park, em Nova York. Ambos habitam o mesmo continente e, por isso, são regidos pelo mesmo sistema de proteção dos direitos humanos, mas o grau de fragilidade a que suas existências estão expostas é diverso. Quando há uma sobreposição de vulnerabilidades, a vulnerabilidade resultante é extremamente potencializada.

O exemplo dado é caricato por didatismo: dentro desse grupo plural, as mulheres transexuais são as que mais sofrem, e sua expectativa de vida chega a ser quarenta anos menor que a média da população[3]. Guardadas as diferenças, o que todas as pessoas da comunidade LGBTI+ têm em comum é o direito mais essencial: o direito de ser, o direito à identidade, o direito de exercer a personalidade humana de forma livre, autônoma e plena – não ser mais nem menos, apenas ser tal qual se é. E, por isso, todos devemos lutar.

Outro ponto a comentar é a complexidade do enfrentamento da violência e da discriminação contra a comunidade LGBTI+, que não se resolve apenas com avanços jurisprudenciais e legais. O SIDH certamente não é uma panaceia para todos os problemas enfrentados por esse (ou qualquer outro) grupo. Entendemos, contudo, que a ineficácia judicial (em qualquer esfera) frente a casos de violência (de qualquer

2 A Relatoria sobre os Direitos das Pessoas Lésbicas, Gays, Bissexuais, Trans e Intersexo foi criada em 2014 e, atualmente, se junta a outras doze relatorias temáticas. Para saber mais: https://www.oas.org/pt/cidh/jsForm/?File=/pt/cidh/r/default.asp.

3 Diversos relatórios especializados apontam essa estatística e, também, que o Brasil é o país mais violento do mundo para as mulheres trans. Sobre o assunto, consultar, por exemplo: Bruna G. Benevides e Sayonara Naider Bonfim Nogueira, *Dossiê: Assassinatos e violência contra travestis e transexuais brasileiras em 2020*, São Paulo: Expressão Popular/Antra/IBTE, 2021. Disponível em: https://antrabrasil.files.wordpress.com/2021/01/dossie-trans-2021-29jan2021.pdf.

ordem) propicia um ambiente de impunidade que facilita essa violência e até mesmo a torna socialmente tolerada[4].

A proposta deste artigo de enfocar os avanços trazidos pelo sistema regional de proteção tampouco serve para idolatrar essa via em detrimento de outros palcos de combate para a causa. A perspectiva de direitos humanos adotada pelas autoras é a multinível, ou seja, a de que os sistemas global, regional e local de proteção dos direitos humanos devem atuar juntos de maneira a proibir retrocessos e promover avanços nas temáticas relacionadas.

As reflexões aqui propostas possuem base conceitual e, ao mesmo tempo, recorrem a diversos casos do SIDH (e, depois, do STF) para exemplificar o debate proposto. Não se trata, no entanto, de uma abordagem exaustiva dos casos envolvendo a comunidade LGBTI+ já julgados nos dois sistemas, mas apenas dos *leading cases* sobre o assunto.

O impacto do Sistema Interamericano de Direitos Humanos na proteção dos direitos humanos das pessoas LGBTI+ na região

Defendemos que o Sistema Interamericano de Direitos Humanos tem sido capaz de semear e estabelecer padrões protetivos mínimos em diversas matérias, incluindo a temática LGBTI+. Esses estândares podem fomentar a compensação de déficits nacionais e empoderar atores locais na luta por direitos e por justiça.

O mantra do SIDH é proteger direitos, mas também mudar realidades, contribuir ativamente para transformações sociais. Para isso, os mandatos dos comissários que compõem a Comissão Interamericana de Direitos Humanos e dos juízes que compõem a Corte Interamericana de Direitos têm três principais dimensões:

a) *A proteção e a promoção dos direitos humanos tendo por centralidade as vítimas*: as vítimas são a razão de ser do SIDH. Dar centralidade a elas também significa agir de maneira contramajoritária, não aguardando o consenso dos Estados, mas se valendo justamente das matérias com dissenso na região para avançar na proteção dos direitos humanos.

4 Tal argumentação está presente, por exemplo, na sentença do caso Barbosa de Souza e outros *versus* Brasil, em que o Estado brasileiro foi condenado por não investigar e punir adequadamente o feminicídio cometido contra Márcia Barbosa de Souza, bem como por estruturalmente ser um país discriminatório para mulheres.

b) O corpus *iuris interamericano*: como vimos, existe uma ordem pública interamericana que pode ativar transformações domésticas, seja mitigando lacunas de proteção, seja fortalecendo quem atua na defesa dos direitos humanos nas esferas internas[5].

c) *O instituto da reparação integral com base nas garantias de não repetição*: a reparação integral é a "joia da coroa", é a grande ousadia do SIDH, que entende que violações estruturais têm causas estruturais e devem ser objeto de ações para desmantelar essas raízes. A reparação integral tem embasamento nas garantias de não repetição, que implicam a existência de um dever estatal absoluto de prevenção. Em outras palavras, os Estados devem agir com todas as suas ferramentas para evitar que mais pessoas se tornem vítimas em situações que já chegaram ao SIDH (evitar, por exemplo, futuras Marias da Penha)[6].

O SIDH trabalha com a lente da universalidade dos direitos humanos (o que significa que todos têm direitos e, para tê-los, basta o requisito único da condição humana), com a lente da indivisibilidade, interdependência e interrelação dos direitos humanos (o que significa adotar uma visão holística dos direitos humanos, congregando os direitos civis e políticos com os direitos econômicos, sociais, culturais e ambientais) e, ainda, com a lente interseccional (o que significa considerar fundamental a ruptura com a indiferença às diferenças e, também, trabalhar com dados desagregados).

Para compreender o alcance do mandato transformador do Sistema Interamericano de Direitos Humanos, destacam-se, também, as três prioridades da relatoria dedicada às pessoas LGBTI+: a) combate à violência baseada em orientação sexual e identidade de gênero; b) combate

5 A "caixa de ferramentas" da qual a Comissão Interamericana pode se valer inclui a análise de casos, as medidas cautelares, as audiências públicas, as soluções amistosas, os relatórios temáticos, os relatórios sobre países específicos e as visitas e investigações *in loco*. Por sua vez, a Corte Interamericana de Direitos Humanos, por ser o órgão jurisdicional do Sistema Interamericano de Direitos Humanos, pode se valer de medidas provisórias, opiniões consultivas, resoluções sobre provas e audiências, fundos de assistência à vítima, sentenças e supervisões de cumprimento das sentenças.

6 Maria da Penha Maia Fernandes é uma cidadã brasileira que foi vítima de violência doméstica e se tornou figura importante para a ampliação do debate sobre o tema. Depois de sofrer uma tentativa de homicídio por parte de seu ex-marido que a deixou paraplégica, a cearense lutou por um devido processo legal na justiça brasileira, que não se concretizou. O caso foi levado à CIDH, que, por meio do Relatório n. 54/2001, responsabilizou o Brasil por negligência, omissão e tolerância em relação à violência perpetrada contra as mulheres. A Lei n. 11.340/2006, popularmente conhecida como "Lei Maria da Penha", foi um desdobramento direto das recomendações feitas pela CIDH ao Brasil e tem como objeto central criar mecanismos para coibir a violência doméstica e familiar contra as mulheres.

à discriminação baseada em orientação sexual e identidade de gênero; c) fomento a uma nova cultura de respeito e promoção aos direitos humanos.

Combate à violência baseada em orientação sexual e identidade de gênero

O direito a uma vida livre de violência se estende, evidentemente, a todas as pessoas que compõem a comunidade LGBTI+. Dado que todo direito gera um dever, esse direito tem como consequência o dever estatal de devida diligência, isto é, de prevenir, investigar, processar, punir e reparar toda e qualquer violência baseada em orientação sexual e identidade de gênero.

O trabalho na Relatoria sobre os Direitos das Pessoas Lésbicas, Gays, Bissexuais, Trans e Intersexo fez com que uma das autoras deste texto pudesse perceber em seu dia a dia que as identidades não binárias normalmente são castigadas com um grau de requinte acentuado no campo da crueldade (via de regra, há a dimensão do *hate crime*, ou seja, além de existir uma violação atroz, ainda há um castigo, uma violência adicional baseada em preconceito).

Sobre esse ponto, merecem um estudo mais apurado dois casos sentenciados recentemente pela Corte Interamericana de Direitos Humanos: o caso Azul Rojas Marín e outra *versus* Peru, e o caso Vicky Hernández e outras *versus* Honduras.

O caso Azul Rojas Marín *versus* Peru foi sentenciado pela Corte IDH em 12 de março de 2020[7]. A vítima, identificada como mulher transgênero no momento da sentença e como homem gay no momento de sua detenção, foi detida ilegal e arbitrariamente por funcionários judiciais e, na prisão, torturada, violentada e humilhada em razão de sua orientação sexual – sem que os fatos ocorridos tivessem uma investigação posterior decente.

Azul nasceu em 30 de novembro de 1981 e foi presa em 25 de fevereiro de 2008 simplesmente porque caminhava de volta a sua casa, sozinha, às 00h30. Tal fato, embora totalmente legal, desagradou aos policiais, que a carregaram na viatura entoando xingamentos homofóbicos, a aprisionaram, a desnudaram forçosamente e a violentaram.

A Corte IDH constatou que na sociedade peruana existiam (e ainda existe) fortes preconceito e discriminação estrutural contra as pessoas

7 As informações sobre o caso foram retiradas da sentença original, disponível em português e espanhol no *site* da Corte IDH. Disponível em: https://www.corteidh.or.cr/docs/casos/articulos/seriec_402_esp.pdf.

que integram a comunidade LGBTI+, muitas vezes manifestos por meio de violência, inclusive por agentes estatais. O Peru foi condenado por violação do direito à liberdade pessoal, do direito à integridade pessoal, do direito à vida privada, do direito a não ser submetido a tortura, do direito às garantias judiciais e do direito à proteção judicial.

No campo da reparação integral e das garantias de não repetição, a Corte IDH ordenou ao Estado peruano que: i) promovesse e continuasse as investigações para punir os responsáveis pela violência; ii) publicasse a sentença e seu resumo oficial; iii) realizasse um ato público de reconhecimento da responsabilidade internacional; iv) bancasse tratamento médico e psicológico/psiquiátrico à vítima; v) adotasse um protocolo de investigação e administração da justiça durante os processos penais para casos de pessoas LGBTI+ vítimas de violência; vi) criasse e implementasse um plano de capacitação e sensibilização sobre violência contra as pessoas LGBTI+; vii) desenhasse um sistema de produção estatística em relação às pessoas LGBTI+ vítimas de violência; viii) eliminasse a menção à erradicação de homossexuais e travestis dos Planos de Segurança Pública das diversas regiões e distritos do país; ix) pagasse à vítima a quantia determinada na sentença, para fins indenizatórios.

Por sua vez, o caso Vicky Hernández e outras *versus* Honduras foi sentenciado pela Corte IDH em 26 de março de 2021[8]. Trata-se de um caso paradigmático para as pessoas trans, uma vez que a Comissão Interamericana, para admissão do caso, invocou pela primeira vez a ofensa à Convenção de Belém do Pará[9], entendendo que ela se aplica a todas as mulheres, inclusive as trans.

Vicky Hernández era uma mulher trans que atuava como trabalhadora sexual e também era reconhecida ativista de direitos humanos no país, atrelada ao Coletivo Unidade Cor-de-Rosa. Foi vítima de execução sumária com disparos frontais, nunca esclarecida, por estar na rua à noite com uma colega de trabalho durante o toque de recolher instituído após um golpe de Estado no país. A responsabilidade do Estado

8 As informações sobre o caso foram retiradas da sentença original, disponível em português e espanhol no *site* da Corte IDH. Disponível em: https://www.corteidh.or.cr/docs/casos/articulos/seriec_422_esp.pdf.

9 Convenção de Belém do Pará é como é conhecida a Convenção Interamericana para Prevenir, Punir e Erradicar a Violência contra a Mulher. Esse documento foi adotado em 9 de junho de 1994, durante o 24° período ordinário de sessões da Assembleia Geral. Em seu art. 7°, invocado no caso em questão, a Convenção trata dos deveres dos Estados para condenar toda e qualquer forma de violência contra as mulheres, listando oito políticas em que devem se empenhar para concretizar. No caso mencionado, não houve entendimento unânime sobre a aplicação da dita Convenção às mulheres trans, havendo um voto dissidente.

hondurenho se configurou por existirem indícios suficientes de que agentes estatais foram os responsáveis pelos fatos.

Por entender que o crime ocorreu em razão da identidade de gênero da vítima, a Corte IDH condenou Honduras pela violação dos direitos à vida, à integridade pessoal, ao reconhecimento da personalidade jurídica, à liberdade pessoal, à privacidade, à liberdade de expressão, ao nome, à proteção judicial e às garantias judiciais, além de desobedecer ao disposto na Convenção de Belém do Pará. O direito à igualdade e a não discriminação também aparecem na sentença, com a observação de que a violência contra as pessoas LGBTI+ tem o objetivo simbólico de comunicar uma mensagem de exclusão ou subordinação.

No campo da reparação integral e das garantias de não repetição, a Corte IDH ordenou ao Estado hondurenho que: i) promovesse e continuasse as investigações para punir os responsáveis pela violência; ii) publicasse a sentença e seu resumo oficial; iii) realizasse um ato público de reconhecimento da responsabilidade internacional; iv) concedesse uma bolsa de estudos à sobrinha da vítima; v) produzisse um documentário audiovisual sobre a situação das mulheres trans no país; vi) criasse uma bolsa educativa para mulheres trans homenageando a vítima; vii) criasse e implementasse um plano permanente de capacitação dos agentes de segurança pública do Estado; viii) facilitasse a mudança de dados pessoais na documentação às pessoas de acordo com o gênero autodeclarado por elas; ix) adotasse um protocolo de investigação e administração da justiça durante os processos penais para casos de pessoas LGBTI+ vítimas de violência; x) desenhasse um sistema de produção estatística em relação às pessoas LGBTI+ vítimas de violência; xi) pagasse a quantia determinada na sentença, para fins indenizatórios.

Combate à discriminação baseada em orientação sexual e identidade de gênero

Conforme a segunda prioridade da relatoria, o direito à igualdade tem como consequência o dever estatal de prevenir, investigar, processar, punir e reparar discriminações motivadas por orientação sexual e identidade de gênero, além da adoção de leis que proíbam a discriminação e protejam a identidade de gênero.

Sobre esse ponto, merecem um estudo mais detido três casos sentenciados pela Corte Interamericana de Direitos Humanos: o caso

Atala Riffo *versus* Chile, o caso Duque *versus* Colômbia e o caso Flor Freire *versus* Equador.

O caso Atala Riffo *versus* Chile foi sentenciado pela Corte IDH em 24 de fevereiro de 2012[10]. Popularmente conhecido como Caso Karen Atala, é emblemático na determinação da obrigação estatal de desarticular e desmantelar preconceitos e padrões discriminatórios.

Karen Atala foi casada com um homem durante vários anos, com quem teve três filhas. Após divorciar-se, ficou com a guarda das crianças e passou a ter uma união estável com uma mulher. Um ano depois do divórcio, seu ex-marido interpôs um pedido de guarda e tutela perante o Juizado de Menores, alegando que a nova orientação sexual de Karen era biológica e psicologicamente perigosa para o desenvolvimento das crianças. Apesar de carregado de preconceitos contra a comunidade lésbica, o pedido paterno, depois de muitas idas e vindas jurídicas, foi deferido. Inconformada, a vítima levou o caso ao SIDH.

A Corte IDH entendeu que houve tratamento discriminatório e interferência arbitrária na vida privada e familiar da senhora Atala, o que ensejou a responsabilização internacional do Estado chileno. A análise de fundo da Corte IDH foi toda feita com base no princípio da igualdade e da não discriminação, e foram tidos como violados os seguintes direitos: obrigação de respeitar direitos, direito à honra e à dignidade, proteção à família, direito das crianças, direito à igualdade perante a lei, proteção judicial e garantias judiciais.

No campo da reparação integral e das garantias de não repetição, a Corte IDH ordenou ao Estado chileno que: i) oferecesse tratamento psicológico ou psiquiátrico às vítimas que o desejassem; ii) publicasse a sentença e seu resumo em meios oficiais e de ampla circulação; iii) realizasse um ato público de reconhecimento de sua responsabilidade internacional pelos fatos estampados no caso; iv) implementasse programas e cursos de capacitação sobre a temática LGBTI+ dirigidos aos funcionários públicos do país, especialmente aos funcionários do Judiciário; v) pagasse as indenizações devidas; vi) comunicasse à Corte IDH, no prazo de um ano, sobre o andamento das medidas devidas.

O caso Duque *versus* Colômbia foi sentenciado pela Corte IDH em 26 de fevereiro de 2016[11]. A decisão trata da responsabilização estatal pela

10 As informações sobre o caso foram retiradas da sentença original, disponível em português e espanhol no *site* da Corte IDH. Disponível em: https://www.corteidh.or.cr/docs/casos/articulos/seriec_239_por.pdf.

11 As informações sobre o caso foram retiradas da sentença original, disponível em português e

negação à vítima da possibilidade de obter uma "pensão de sobrevivência" depois da morte de seu companheiro, o que se deveu ao fato de este ser do mesmo sexo do pleiteante – um homem gay, pobre e portador do vírus HIV (o mesmo que vitimou seu companheiro). Nesse caso, portanto, a Corte IDH manejou o princípio da igualdade e da não discriminação para demandar a sensibilização das decisões judiciais colombianas no que tange à diferença de tratamento concedido para casais formados por pessoas do mesmo sexo e aqueles formados por pessoas de sexos distintos.

A Comissão Interamericana entendeu que o conceito de família não é estereotipado e limitado, o que torna inidônea a diferença de tratamento recebida pelo senhor Duque. Assinalou que a discriminação, além de ter ocorrido em sede administrativa, foi ratificada pelo órgão judicial do país, o que seria inadmissível diante de seu papel ser justamente o de promover o acesso à justiça. Ainda, entendeu que a vítima, por ser portadora de uma doença crônica, teve sua integridade física afetada.

Já para a Corte IDH, o principal argumento do caso girou ao redor de o Estado colombiano não ter fornecido nenhuma explicação sobre o motivo da aplicação do tratamento distinto. O Estado foi condenado pela violação do princípio da igualdade perante a lei e do dever estatal de adotar disposições de direito interno. Entendeu-se, no entanto, que não houve violação das garantias judiciais e da proteção judicial, tampouco do direito à vida e à integridade pessoal.

No campo da reparação integral e das garantias de não repetição, a Corte, entre outras determinações, recomendou: i) a publicação da sentença em meios oficiais e de grande visualização do público; ii) prioridade no trâmite burocrático para garantir a pensão ao senhor Duque; iii) o pagamento de indenização pelos danos sofridos.

O terceiro e último caso que merece destaque no combate à discriminação às pessoas LGBTI+ pela Relatoria específica existente na CIDH é o caso Flor Freire *versus* Equador[12]. A vítima, Homero Flor Freire, sofreu discriminação por parte do Exército do Equador (a chamada *Fuerza Terrestre*). Acusado de ter realizado atos sexuais homossexuais nas instalações militares, o senhor Freire sofreu processo disciplinar e acabou sendo desligado de suas funções – o desfecho do processo disciplinar teria sido

— espanhol no *site* da Corte IDH. Disponível em: https://www.corteidh.or.cr/docs/casos/articulos/seriec_310_esp.pdf.

12 As informações sobre o caso foram retiradas da sentença original, disponível em português e espanhol no *site* da Corte IDH. Disponível em: https://www.corteidh.or.cr/docs/casos/articulos/resumen_315_esp.pdf.

outro se os atos sexuais fossem heterossexuais, considerados de "ordem legítima" pela legislação aplicada ao caso.

Na versão da vítima, o soldado encontrado em seu quarto estava bêbado e tinha sido recolhido por ele em uma festa. A ideia de mantê-lo ali foi justamente para que não retornasse às festividades. Quando os fatos aconteceram, a vítima já ocupava o posto de tenente e integrava a instituição fazia vários anos.

No campo do princípio da igualdade e não discriminação, a Corte IDH relembrou que a orientação sexual de cada pessoa cabe apenas a ela mesma, devendo prevalecer a regra da autodeterminação. Entendeu, ainda, que houve ofensa ao princípio da legalidade e proteção da honra e da dignidade do tenente, uma vez que a história acabou sendo difundida e comentada entre seus pares. Finalmente, o Estado equatoriano foi condenado pela violação da proteção judicial devida e das garantias judiciais, pois o processo disciplinar não seguiu o disposto na Convenção Americana sobre Direitos Humanos (CADH).

No campo da reparação integral e das garantias de não repetição, a Corte IDH ordenou ao Estado equatoriano, entre outras coisas, que: i) restabelecesse o senhor Flor Freire ao cargo que ocupava, inclusive respeitando as promoções que seus colegas tenham tido durante o período do afastamento; ii) colocasse em prática programas de capacitação de caráter contínuo e permanente voltados aos membros das Forças Armadas sobre proibição da discriminação por orientação sexual; iii) pagasse as quantidades fixadas na sentença, a título de indenização.

Fomento a uma nova cultura de respeito e promoção aos direitos humanos

Entende-se, nesta prioridade, que é pelo direito à cultura e à educação que novas realidades podem ser fomentadas. Nesse sentido, a Comissão Interamericana lançou em 2018 o relatório *Reconhecimento dos direitos das pessoas lésbicas, gays, bissexuais, trans e intersexo nas Américas*[13].

O relatório considera que "a efetiva proteção e garantia de direitos das pessoas LGBTI+ só podem ser alcançadas mediante a participação efetiva destas pessoas nos espaços e instâncias de decisão sobre as legislações e políticas públicas dos Estados, assegurando que suas expectativas e

13 Disponível em: https://cidhoea.wixsite.com/avances-lgbti/portugues.

necessidades estejam refletidas nessas". Sobre o preconceito e a discriminação contra pessoas LGBTI+, a CIDH entende que se trata de um problema estrutural, e "reconhece que a educação inclusiva com um enfoque de gênero e de diversidade sexual possui um papel fundamental na promoção dos direitos das pessoas LGBTI+ e na prevenção da violência"[14].

Também nesse sentido a Relatoria adotou como medida de especial importância fomentar a difusão da Opinião Consultiva (OC) n. 24 da Corte Interamericana, emitida em 24 de novembro de 2017. Nesta Opinião Consultiva que trata do direito à identidade de gênero e ao matrimônio igualitário, a Corte Interamericana realça que os direitos à intimidade e à privacidade não são suscetíveis à ingerência estatal, resguardando a vivência interna de cada indivíduo – o que e como cada pessoa sente, como se vê e como se projeta na sociedade. Para a Corte IDH, cabe a cada pessoa conferir sentido e significado à sua própria existência, a partir de escolhas e convicções.

Ecos interamericanos reverberando no Brasil: a agenda dos direitos das pessoas LGBTI+ no STF

Na salvaguarda dos direitos das pessoas LGBTI+ em território brasileiro, o STF tem guardado muitas convergências com as decisões do SIDH, concretizando o diálogo jurisdicional e exercendo controle de convencionalidade.

No Brasil, na proteção dos direitos das pessoas LGBTI+, merece destaque a Ação Direta de Inconstitucionalidade por Omissão (ADO) n. 26 e o Mandado de Injunção (MI) n. 4.733, julgados em 13 de junho de 2019[15]. Com relatoria do ministro Celso de Mello na ADO, o plenário concluiu que, até que o Congresso Nacional edite lei específica, as condutas homofóbicas e transfóbicas devem ser enquadradas como crime, seguindo a tipificação da Lei de Racismo (Lei n. 7.716/89) e, em caso de homicídio, qualificadas como por motivo torpe.

Assim sendo, por maioria, o STF reconheceu que a letargia do Congresso Nacional em legislar penalmente sobre atos atentatórios aos direitos

14 "CIDH publica relatório sobre avanços e desafios no reconhecimento dos direitos de pessoas lésbicas, gays, bissexuais, trans e intersexo nas Américas", OEA, 29 maio 2019. Disponível em: https://www.oas.org/pt/cidh/prensa/notas/2019/126.asp.

15 As informações sobre os casos foram retiradas diretamente dos acórdãos disponíveis no *site* do STF. A ADO n. 26 está disponível em: https://jurisprudencia.stf.jus.br/pages/search/sjur433180/false. O MI n. 4.733 está disponível em: https://redir.stf.jus.br/paginadorpub/paginador.jsp?docTP=TP&docID=753957476.

fundamentais das pessoas que integram a comunidade LGBTI+ é uma omissão inconstitucional – e, por isso, sanável via controle de constitucionalidade. O enquadramento na Lei do Racismo decorre do entendimento do tribunal de que o racismo ultrapassa aspectos meramente biológicos ou relativos ao fenótipo, também englobando a negação da humanidade e da dignidade de grupos vulneráveis. O STF pontuou, ainda, que a repressão da homotransfobia por meio do Direito Penal não afronta o livre exercício da liberdade religiosa, a não ser que a manifestação de crença implique discurso de ódio, caso em que passa a ser indevida.

Afora a criminalização da homotransfobia, o STF chegou a diversas decisões paradigmáticas sobre os direitos das pessoas LGBTI+. São exemplos não exaustivos[16]: o reconhecimento da união entre pessoas do mesmo sexo como entidade familiar, atribuindo-lhe as mesmas regras e possibilidades jurídicas referentes à união estável heterossexual (na Ação de Descumprimento de Preceito Fundamental – ADPF n. 132 e na Ação Direta de Inconstitucionalidade – ADI n. 4.277, julgadas procedentes); a equiparação de regime sucessório entre cônjuges e companheiros em união estável homoafetiva, em adequação do Código Civil à Constituição Federal/88 (Recurso Extraordinário – RE n. 646.721); a possibilidade de alteração do nome e sexo no registro civil de pessoas transexuais mesmo sem intervenção cirúrgica (RE n. 670.422); e a possibilidade de ensino e divulgação de material sobre gênero e orientação sexual nas escolas, com base na doutrina da proteção integral e do princípio da liberdade de aprender e de ensinar (ADPFs n. 5.543 e n. 461). Ainda, em sede de medida cautelar (MC na ADPF n. 527), merece destaque a determinação que abriu a possibilidade de pessoas transexuais e travestis com identificação de gênero feminino decidirem sobre cumprimento de suas penas em presídio masculino ou feminino[17].

Observe-se que a maioria significativa das decisões proferidas pelo STF na proteção dos direitos das pessoas LGBTI+ tem como respaldo e fundamento a OC n. 4/2017 da Corte IDH. Não há na Convenção Americana sobre os Direitos Humanos uma norma especificamente voltada à

16 Exemplos retirados de: Conselho Nacional de Justiça, Supremo Tribunal Federal e Max Planck Institute for Comparative Public Law and International Law, *Cadernos de jurisprudência do Supremo Tribunal Federal: concretizando direitos humanos – Direito das Pessoas LGBTQIAP+*, Brasília: CNJ/STF/Max Planck Institute, 2022. Disponível em: https://www.cnj.jus.br/wp-content/uploads/2022/12/cadernos-stf-lgbtqia-3.pdf.

17 A informação sobre o caso foi retirada do acórdão disponível no *site* do STF. Disponível em: https://portal.stf.jus.br/processos/downloadPeca.asp?id=15345975525&ext=.pdf.

proteção dos direitos humanos das pessoas LGBTI+, o que se repete com a Constituição Federal brasileira de 1988. Não obstante, tanto o STF quanto os órgãos do SIDH têm se valido da interpretação teleológica e de uma visão ampliativa da cláusula de igualdade e proibição da discriminação para proteger os direitos das pessoas que integram a comunidade. Isso foi determinante para que o STF, cada vez mais, consolidasse uma jurisprudência farta e emancipatória sobre a temática dos direitos das pessoas LGBTI+.

Conclusão: Os grandes desafios e as perspectivas para avançar na proteção dos direitos das pessoas LGBTI+

O primeiro dos grandes desafios que restam, sem dúvida, é o combate à criminalização das pessoas LGBTI+. Há ainda nove países do Caribe anglófono que, ao não alterar legislação herdada da época colonial, criminalizam práticas consensuais entre adultos do mesmo sexo[18]. E quando há leis que criminalizam, a sociedade recebe a impressão de que aquilo é o certo, o que acaba por gerar hostilidades, violência e ataques à comunidade em questão.

O segundo é o crescimento do populismo autoritário na região, uma vez que, via de regra, os populistas autoritários disseminam narrativas homofóbicas e transfóbicas que se sustentam na intolerância.

O terceiro desafio é a existência de grupos religiosos conservadores que, em nome da liberdade religiosa, atacam os direitos da população LGBTI+. A cláusula da igualdade e de proibição da discriminação é sempre frisada pela CIDH como ponto de partida para superar esses desafios, inclusive em relação ao exercício da liberdade religiosa.

Por outro lado, apesar desses desafios, também vemos razões empíricas para ter esperança. Um exemplo disso é o fato de que, até 2001, a Holanda era o único país no mundo que previa a proteção ao casamento igualitário. Hoje, são mais de trinta países[19] – incluindo o Brasil, como já visto.

Outro exemplo é que a Irlanda foi o primeiro país condenado na Corte Europeia de Direitos Humanos por criminalizar práticas homossexuais (caso

18 Antígua e Barbuda, Barbados, Dominica, Granada, Guiana, Jamaica, São Cristóvão e Neves, Santa Lúcia e São Vicente e Granadinas.

19 Holanda, Áustria, Bélgica, Reino Unido, Dinamarca, Finlândia, França, Irlanda do Norte, Alemanha, Islândia, Irlanda, Luxemburgo, Malta, Noruega, Portugal, Espanha, Suécia, Eslovênia, Suíça, Canadá, Estados Unidos, Argentina (pioneira na América do Sul), Brasil, Colômbia, Equador, Uruguai, Costa Rica, Chile, Cuba, Taiwan (pioneiro na Ásia), Austrália, Nova Zelândia, Israel e África do Sul (único país do continente africano, até o presente momento, a reconhecer a prática).

David Norris *versus* Irlanda, 1988) – o que contrariaria o art. 8º da Convenção Europeia dos Direitos Humanos. O caso recebeu o nome do político e ativista da causa responsável pelo processo, e que ficou conhecido nacionalmente como o responsável por descriminalizar o casamento homoafetivo no país. Menos de 30 anos depois, em 2015, a Irlanda se tornou o primeiro país do mundo a aprovar por referendo popular o casamento igualitário, com 62% de sua população votando pelo "sim".

Para finalizar, apesar dos inúmeros desafios à garantia da proteção das pessoas LGBTI+, temos que nos inspirar na equação lembrada por Kathryn Sikkink, quando busca compreender a fonte dos avanços em direitos humanos: indignação, combinada com esperança, a impulsionar ações emancipatórias, com base na capacidade dos seres humanos para transformar realidades[20].

20 Kathryn Sikkink, *Evidence for Hope: Making Human Rights Work in the 21st Century*, Princeton: Princeton University Press, 2019.

DESCOLONIZAR/ DESLOCALIZAR E DESBINARIZAR/ DESBARATINAR O DIREITO INTERNACIONAL

GABRIEL MANTELLI
ISABELA SOARES BICALHO
JOÃO VICENTE F. PEREIRA

Vivemos num mundo confuso e confusamente percebido.

Milton Santos

Este artigo, de certa forma, não pede uma introdução, a apresentação e o enquadramento do problema com que vamos trabalhar. Se você buscou ou se interessou pelo trabalho, já sabe ou tem uma ideia boa daquilo que o move. Há problemas profundos em nossa realidade, construídos e mantidos por longas histórias de opressão, desigualdade e poder, e nós vivemos um momento de transformação, com o potencial de desfazer essas realidades problemáticas em toda sua profundidade. É deste ponto que partimos para trabalhar, aqui, com uma área específica da prática e do saber – o direito internacional – a partir de duas perspectivas críticas que consideramos chave nesse processo – a da descolonização e a queer. O que exatamente essas diferentes perspectivas propõem? Em que medida elas se aproximam? Como cada uma delas percebe e atua sobre o direito internacional? Como essa crítica conjunta emerge da prática, em casos específicos? E o que isso significa para a transformação social?

Essas são as perguntas que nos guiam neste texto. Nas próximas páginas, revisamos literaturas para introduzi-las e aproximá-las e analisamos três casos a partir de uma visão crítica que derivamos delas, refletindo sobre potenciais e limitações atuais do descolonizar e desbinarizar o direito internacional.

Descolonizar o direito internacional

O que significa descolonizar?

Para pensar e articular o direito sob uma ótica diversa da dominante, é necessário entender e significar os diferentes conceitos que permeiam os estudos pós-coloniais e decoloniais. Começaremos pela apresentação da teoria a partir de noções específicas: colonialismo e colonização; colonização, capitalismo e patriarcado; colonialidade e pós-colonial; e, é claro, descolonização. Com isso, buscamos introduzir a perspectiva decolonial e aproximá-la, de uma forma geral, do saber e da prática do direito.

Apesar de muitas vezes serem utilizados como sinônimos, *colonialismo* e *colonização* têm significados diferentes. Em linhas gerais, colonialismo se refere a "práticas, teorias e atitudes envolvidas no estabelecimento e na manutenção de um império", a partir de "uma relação na qual um Estado mantém efetiva soberania política sobre território tipicamente distante"[1]. A colonização, por sua vez, se refere especificamente à prática dominadora que subjuga (ou busca subjugar) um povo às vontades de outro[2].

Neste artigo, e nas perspectivas da descolonização como um todo, enfocamos o *colonialismo moderno*, efetuado por nações europeias. Isso porque, apesar de a colonização ter sido praticada por outros povos e em outros momentos históricos, a empresa colonial de países como Espanha, Portugal, Holanda e Reino Unido desde o século XV resultou em um conjunto específico de práticas, teorias e atitudes que configurou de forma profunda e duradoura estruturas de poder ainda vigentes[3]. Enquanto a colonização moderna pela Europa se desenvolveu em duas fases – inicialmente em territórios da América, depois na Ásia e na África[4] –, o colonialismo resultante dessas práticas pode e deve ser lido como um todo. Com a imposição de estruturas de controle direto específicas em cada território, ele resultou em um sistema global de apropriação e controle de recursos, da produção e da economia, bem como do conhecimento e da identidade dos povos, submetidos aos interesses de um colonizador específico: o europeu[5].

Esse colonialismo amplo moldou o mundo que conhecemos. Práticas modernas de colonização estiveram presentes em diferentes partes do planeta durante quase 500 anos – do "descobrimento" das Américas, em 1492, até a última onda de descolonização formal de territórios ocupados por nações europeias, na década de 1960, tendo deixado sua marca em práticas e teorias que formam o mundo moderno. O desenvolvimento do *capitalismo* global, por exemplo, só pode ser entendido considerando o papel das colônias e dos povos atingidos pela colonização, as lógicas de apropriação estabelecidas pelas metrópoles e a conexão mundial do comércio transcontinental estabelecido e mantido pela Europa[6]. Além disso, as relações de gênero, as lógicas racistas e patriarcais persistentes e

1 Ellis Cashmore, "Colonialismo", em *Dicionário das relações étnicas e raciais*, 2. ed., trad. Dinah Kleve. São Paulo: Selo Negro, 2000, p. 130.

2 *Ibidem*.

3 Aníbal Quijano, "Coloniality of Power and Eurocentrism in Latin America", *International Sociology*, v. 15, n. 2, p. 215-32, 2000.

4 Thomas E. Skidmore e Peter H. Smith, Modern Latin America, 6. ed., New York/Oxford: Oxford University Press, 2005, p. 13-26.

5 Aníbal Quijano, "Colonialidade do poder e classificação social", em Boaventura de Sousa Santos e Maria Paula Meneses (org.), *Epistemologias do Sul*, São Paulo:Cortez, 2010, p. 84-130.

6 *Idem*, "Coloniality of Power and Eurocentrism in Latin America", *op. cit.*; Robert Miles, "Capitalismo", em Ellis Cashmore, *Dicionário das relações étnicas e raciais*, *op. cit.*, p. 114.

as posições tão contrastantes de figuras como a mulher negra e o homem branco em nossa sociedade também devem ser entendidas a partir do colonialismo moderno e da história colonial[7]. Apesar de diferentes sociedades ao redor do mundo e ao longo da história apresentarem traços patriarcais[8], não há dúvida de que a fixidez e o binarismo são características marcantes das relações de gênero modernas e se relacionam com práticas e histórias de violência machista e colonial[9].

Essa estruturação e continuidade de padrões do colonialismo após o término das práticas diretas de colonização é o que chamamos de *colonialidade*. De forma sintética, tomamos a colonialidade como a rearticulação da matriz de poder político, econômico, de conhecimento e subjetividade que se forma no colonialismo moderno a partir das lutas de independência no continente americano no século XIX, e que naturaliza a sujeição de povos não brancos e não europeus a padrões de poder racial, cultural, territorial e epistêmico até os dias de hoje[10]. A colonialidade ultrapassa a dominação do colonialismo e representa um padrão hegemônico de controle da subjetividade, da cultura e do conhecimento[11]. Ela é um fenômeno mais persistente e profundo, que se perpetua como a face indissociável e obscura da modernidade, incorporada pelos países colonizadores para o desenvolvimento da economia capitalista que define o mundo moderno/colonial, bem como suas violências e dinâmicas de raça e gênero[12].

Nesse sentido, os significados de *pós-colonialismo* não são restritos à temporalidade do período posterior às práticas de colonização e ao

7 Ver Lélia Gonzalez, "Racismo e sexismo na cultura brasileira, 1983", em *Por um feminismo afrolatinoamericano – Lélia Gonzalez*, Org. Flávia Rios e Márcia Lima, Rio de Janeiro: Zahar, 2020; *idem*,"Discurso na Constituinte, 1987", em *Por um feminismo afrolatinoamericano – Lélia Gonzalez, op. cit.*

8 Julieta Paredes, *Hilando fino desde el feminismo comunitario*, La Paz: Comunidad Mujeres Creando Comunidad/Cedec/Asociación Centro de Defensa de la Cultura, 2008; Rita Laura Segato, "Patriarchy from Margin to Center: Discipline, Territoriality, and Cruelty in the Apocalyptic Phase of Capital", *South Atlantic Quarterly*, v. 115, n. 3, 2016, p. 615-24.

9 Breny Mendoza, "Coloniality of Gender and Power: From Postcoloniality to Decoloniality", em Lisa Disch e Mary Hawkesworth (org.), *The Oxford Handbook of Feminist Theory*, v. 1, Oxford: Oxford University Press, 2016; Maria Lugones, "Toward a Decolonial Feminism", *Hypatia*, v. 25, n. 4, p. 742-59, 2010.

10 Eduardo Restrepo e Axel Rojas, *Inflexión decolonial: fuentes, conceptos y cuestionamientos*, 1. ed., Popayán: Editorial Universidad del Cauca, 2010.

11 Aníbal Quijano, "Colonialidad del poder, eurocentrismo y América Latina", em Edgardo Lander (org.), *La colonialidad del saber: eurocentrismo y ciencias sociales. Perspectivas latinoamericanas*, Buenos Aires: Clacso/Unesco, 2000, p. 201-46.

12 Eduardo Restrepo e Axel Rojas, *Inflexión decolonial, op cit.*; Walter Mignolo, *Historias locales/diseños globales: colonialidad, conocimientos subalternos y pensamiento fronterizo*, 1 ed., Madrid: Akal, 2003; Nelson Maldonado-Torres, "On the Coloniality of Being: Contributions to the Development of a Concept", *Cultural Studies*, v. 21, p. 240-70, 2007; Breny Mendoza, "Coloniality of Gender and Power", *op. cit.*

período que chamamos de colonialismo moderno; referem-se, antes, às maneiras de pensar criticamente as heranças materiais e discursivas do sistema colonial[13]. Há dois significados fundamentais para essa expressão. Primeiro, um significado histórico, que sucede à independência das colônias[14]. Ele contém uma dimensão estrita, do período posterior aos processos de descolonização do Terceiro Mundo (nesse caso, particularmente o dos países asiáticos e africanos), depois da Segunda Guerra Mundial[15]. Apesar disso, apresenta também uma dimensão mais ampla, quando é considerado o conjunto de análises econômicas, sociológicas e políticas a respeito da construção de novos Estados, das rupturas e continuidades do sistema colonial e de alianças regionais[16].

O segundo significado do termo pós-colonialismo se refere a um campo acadêmico, isto é, a um conjunto de contribuições teóricas que se voltam aos impactos do colonialismo no saber. Esse campo se origina principalmente de estudos culturais e literários colocados em evidência na academia estadunidense e inglesa após a década de 1980[17] e busca demonstrar as limitações do conhecimento ocidental sobre os impactos do colonialismo e sobre sua própria participação nas teorias do colonialismo moderno e em sua continuidade estrutural. Os estudos pós-coloniais foram organizados e promovidos por intelectuais do Sul Global, de países como a Índia e os do Oriente Médio, a exemplo de Homi Bhabha, Edward Said e Gayatri Chakravorty Spivak, mas também da diáspora negra, como Stuart Hall e Paul Gilroy[18]. A perspectiva pós-colonial pode ser resumida nesta apresentação de Julian Go:

> [...] a teoria pós-colonial/estudos pós-coloniais, tais como ela emergiu nas humanidades, pode ser definida como um corpo de escrita e pensamento vagamente coerente entre si, que critica e busca transcender as estruturas basilares do colonialismo ocidental e seus legados. As estruturas almejadas pela teoria pós-colonial compartilham bases com teorias marxistas de dependência e do sistema-mundo. Mas uma das contribuições distintivas

13 Cheryl McEwan, "Postcolonialism", em Vandana Desai e Robert B. Potter (org.), *The Companion to Development Studies*, 3. ed., New York: Routledge, 2014, p. 213.

14 Boaventura de Sousa Santos, "Entre Próspero e Caliban: colonialismo, pós-colonialismo e interidentidade", *Novos Estudos Cebrap*, n. 66, 2003, p. 26.

15 Luciana Ballestrin, "América Latina e o giro decolonial", *Revista Brasileira de Ciência Política*, n. 11, 2013, p. 90.

16 Boaventura de Sousa Santos, "Entre Próspero e Caliban", *op. cit.*

17 Luciana Ballestrin, "América Latina e o giro decolonial", *op. cit.*

18 Sérgio Costa, "Desprovincializando a sociologia: a contribuição pós-colonial", *Revista Brasileira de Ciências Sociais*, v. 21, n. 60, 2006, p. 117.

da teoria pós-colonial é a ênfase em estruturas culturais, ideológicas, epistêmicas e mesmo psicológicas.[19]

Há algumas diferenças entre essa perspectiva e a da colonialidade. Estudos pós-coloniais são de alguma forma anteriores, ao menos em relação à sua popularização na academia. A partir de pesquisadores anglófonos, eles se expandem nos anos 1990 com perspectivas teóricas hoje consolidadas nas ciências sociais. Os estudos pós-coloniais mantêm um diálogo pronunciado com a teoria pós-estruturalista e promovem um estudo da dimensão discursiva do colonialismo, em perspectivas relacionadas ao pós-modernismo, sujeitos e narrativas contemporâneas, com focos em temas como racismo, etnicidades e identidade[20]. A perspectiva decolonial, por sua vez, surge de debates latino-americanos, como teorias da dependência e a filosofia da liberação, e se insere no circuito dominante da pesquisa acadêmica internacional (Estados Unidos, Reino Unido e Europa) a partir da década de 2000, e de forma crescente desde então[21]. Essa diferença genealógica também reflete um ponto central de diferença entre essas teorias: enquanto estudos pós-coloniais muitas vezes são vistos como deterministas e silenciadores de atores sociais subalternizados, a perspectiva decolonial vislumbra que a capacidade de mudança reside exatamente na subalterna, em seus conhecimentos, práticas e ação, que oferecem a possibilidade de um fazer não moderno[22].

De qualquer forma, o que queremos ressaltar é que nessas perspectivas críticas aos impactos estruturais e efeitos continuados do colonialismo moderno há um esforço e estratégias de *descolonização*. A descolonização pode ser conceituada de duas maneiras. De um lado, pode se referir ao desmantelamento jurídico e institucional do colonialismo e das práticas de colonização, por meio da emancipação política. Em sentido estrito, essa descolonização se relaciona ao estabelecimento de Estados-nação independentes desde o século XIX e pode ser vista como um processo

19 Julian Go, "For a Postcolonial Sociology", *Theory and Society*, v. 42, n. 1, 2013, p. 29. Tradução nossa.

20 Sérgio Costa, "Desprovincializando a sociologia", *op. cit.*, p. 118.

21 Arturo Escobar, "The Latin American Modernity/Coloniality Research Program: Worlds and Knowledges Otherwise", *Cuadernos del CEDLA*, v. 16, p. 31-67, 2002.

22 Breny Mendoza. "Coloniality of Gender and Power", *op. cit.* Aqui, cabe ressaltar que alguns autores decoloniais, especialmente aqueles com mais visibilidade, também são criticados por práticas coloniais de silenciamento e apropriação, havendo tendências teóricas e de luta social que se articulam a partir dessas críticas A esse respeito, ver: Silvia Rivera Cusicanqui, "Ch'ixinakax utxiwa: A Reflection on the Practices and Discourses of Decolonization", *South Atlantic Quarterly*, v. 111, n. 1, p. 95-109, 2012; Antônio Bispo dos Santos, *Quilombos, modos e significados*, Teresina: Comepi, 2007.

histórico relacionado ao fim do colonialismo moderno como sistema formal. A segunda acepção do termo, que envolve as perspectivas críticas pós e decoloniais, se refere ao desfazimento dos padrões de poder colonial que ainda permeiam o conhecimento e a sociedade[23]. É essa acepção que, neste momento histórico, nos interessa mais. A nosso ver, ela necessariamente passa pela e leva à expansão dos movimentos antirracista, feminista e dos povos originários, na construção de um mundo diferente.

Para finalizar esta apresentação, sintetizaremos algumas das ações de descolonização ressaltadas nas perspectivas pós e decoloniais, em suas diferentes vertentes. Seguindo sua origem e história, a descolonização nos estudos pós-coloniais se relaciona principalmente com a dimensão dos discursos. Ela busca forçar "um repensar radical do conhecimento e de identidades sociais de autoria do colonialismo e autorizadas por ele e pela dominação ocidental"[24]. Seguindo Cheryl McEwan, podemos articulá-la em quatro principais pontos. Primeiro, a subversão de discursos dominantes da produção intelectual do Norte Global, problematizando "a própria forma com que o mundo é conhecido" pelas disciplinas europeias e estadunidenses, na medida em que são "insensíveis a significados, valores e práticas de outras culturas"[25]. Segundo, o desafio das experiências de fala e escrita por meio da qual discursos dominantes emergem, incluindo o uso de termos generalizantes para descrever grandes extensões do planeta, como "Terceiro Mundo" ou "países subdesenvolvidos", ou a forma de apresentação de conhecimento, que também funcionam como instrumentos de poder. Em terceiro lugar, a descolonização, no pós-colonialismo, "tenta reescrever o relato hegemônico do tempo (história) e a distribuição espacial de conhecimento (poder) que constroem o Terceiro Mundo" e estruturam realidades sociais[26]. Por fim, também buscam, por meio da reconstrução radical da história e da produção de conhecimento, recuperar as narrativas e vozes históricas

23 Thais Luzia Colaço e Eloise da Silveira Petter Damázio, *Novas perspectivas para a antropologia jurídica na América Latina: o direito e o pensamento decolonial*, v. IV. Florianópolis: Funjab, 2012, p. 118.

24 Gyan Prakash, "Subaltern studies as postcolonial criticism", *The American Historical Review*, v. 99, n. 5, 1994, p. 1.475. Tradução livre. No original, em inglês: "*a radical rethinking of knowledge and social identities authored and authorized by colonialism and Western domination*".

25 Cheryl McEwan, "Postcolonialism", *op. cit.*, p. 213. Tradução livre. No original, em inglês: "*problematize the very ways in which the world is known, challenging the unacknowledged [...] assumptions at the heart of European and American disciplines that are [...] insensitive to the meanings, values and practices of other cultures*".

26 *Ibidem*, p. 214. Tradução livre. No original, em inglês: "*attempts to rewrite the hegemonic account of time (history) and the spatial distribution of knowledge (power) that constructs the Third World*".

que se perderam, e as perspectivas contemporâneas que são marginalizadas, oprimidas e dominadas.

De maneira similar, a perspectiva decolonial entende que a descolonização passa pelo desfazimento dos padrões da colonialidade, o que inclui ideais, narrativas e discursos coloniais. Contudo, a descolonização aqui depende, sobretudo, do fazer diferente. Isso pode ser sintetizado no giro decolonial proposto pelo Grupo Modernidade/Colonialidade, que incentiva uma tendência política e epistemológica centrada no conhecimento produzido em outros lugares, com outras perspectivas e formas de conhecer[27]. Isto é, podemos não apenas identificar e protestar contra visões e formas dominantes mas também nos desligar delas para descolonizar[28]. Para isso, podemos desenvolver instrumentos para pôr em diálogo diferentes visões de mundo e indagar e promover mudanças nas nossas formas de conhecer, inclusive a partir da integração de teoria, prática, sentimento e do pensar em conjunto, de forma engajada[29]. Nesse processo, ressaltamos mais uma vez que a tarefa de descolonização passa pela prática, pelo fazer diferente, pelo atuar, e não pode se limitar a críticas ou mudanças nos saberes (acadêmicos), por mais radicais que estas possam ser ou parecer[30].

O que significa descolonizar o direito internacional?

Com essa perspectiva sobre os significados de descolonizar, podemos nos debruçar sobre a questão que propusemos neste texto: o descolonizar do direito e, mais especificamente, do direito internacional. Nesse ponto, apresentaremos uma breve história da crítica pós-colonial ao direito internacional e integraremos suas tarefas com a visão de descolonização ampla já apresentada, buscando um entendimento sintético e aplicado do que é descolonizar o direito internacional.

27 Ver, por exemplo, Santiago Castro-Gómez e Ramón Grosfoguel (org.), *El giro decolonial: reflexiones para una diversidad epistémica más allá del capitalismo global*, Bogotá: Siglo del Hombre, 2007; Catherine Walsh, "Shifting the Geopolitics of Critical Knowledge: Decolonial Thought and Cultural Studies 'Others' in the Andes", *Cultural Studies*, v. 21, n. 2-3, p. 224-39, 2007.

28 Walter Mignolo, "Sylvia Wynter: What does it mean to be human", em Katherine McKrittick (org.), *Sylvia Wynter – On Being Human as Praxis*, Durham: Duke University Press, 2015, p. 106-123, especificamente p. 106-7.

29 Linda Alcoff, "Decolonizing Feminist Theory", em Andrea Pitts, Mariana Ortega e José Medina, *Theories of the Flesh*, Oxford: Oxford University Press, 2020, p. 18; Catherine Walsh, "(Decolonial) Notes to Paulo Freire: Walking and Asking", em Robert Aman e Timothy Ireland (org.), *Educational Alternatives in Latin America, New Modes of Counter-Hegemonic Learning*, Cham, Palgrave Macmillan, 2019.

30 Silvia Rivera Cusicanqui, *Ch'ixinakax utxiwa*, *op. cit.*

A perspectiva do direito internacional que adotamos deriva da noção de que "o direito internacional público se baseou e se originou da criação dos Estados, governando suas relações e garantindo reconhecimento mútuo". O papel central desse direito, nessa perspectiva, seria garantir a regulação jurídica às trocas internacionais dos Estados[31]. Escolhemos esse enquadramento não tanto por se alinhar a nossas visões sobre direito internacional ou, de forma mais ampla, sobre as relações entre sujeitos de direito internacional em ou de diferentes territórios com autonomia e soberania, e sim pela aderência dele à teoria e prática do direito internacional, inclusive em seu lado crítico. Como veremos, as críticas pós-coloniais em realidade se opõem a essa noção clássica de direito internacional, mas também buscam complementá-la com uma visão do Sul Global.

A crítica pós-colonial ao direito internacional integra uma agenda crítica ampla na filosofia e nas ciências sociais, fundamentada em trabalhos da teoria crítica, do marxismo e do construtivismo. Entre as principais vertentes que observam o direito internacional nesse sentido estão as *Third World Approaches to International Law* (TWAIL) [abordagens do Terceiro Mundo ao direito internacional], que representam a produção de conhecimento sob uma perspectiva do Sul Global e denunciam a hegemonia eurocêntrica que silencia o conhecimento e as identidades subalternas no sistema-mundo colonial[32]. Lizarazo-Rodríguez considera as TWAIL um grupo de abordagens alternativas ao direito e ao desenvolvimento[33]. Segundo Mickelson, elas podem ser descritas assim:

> As abordagens do Terceiro Mundo ao direito internacional (TWAIL), uma perspectiva crítica sobre políticas (*policy*) e direito internacional que foi posta em evidência nos últimos anos, representa um pensamento acadêmico do engajamento complexo e multifacetado do Terceiro Mundo com o direito internacional. A partir dos trabalhos de acadêmicos em diversos países diferentes, as TWAIL problematizam e contestam as visões dominantes e historicamente eurocêntricas da origem do direito internacional

31 Gregory Shaffer, "Transnational Legal Ordering and State Change", em Gregory Shaffer (org.), *Transnational Legal Ordering and State Change*, Cambridge: Cambridge University Press, 2013, p. 1-22.

32 Gabriel Mantelli e Michelle Ratton Sanchez Badin, "Repensando o direito internacional a partir dos estudos pós-coloniais e decoloniais", *Prim@ Facie*, v. 17, n. 34, p. 1-33, 2018. Ver também: Fernanda Frizo Bragato e Karina Macedo Fernandes, "Da Colonialidade do Poder à descolonialidade como horizonte de afirmação dos direitos humanos no âmbito do constitucionalismo latino-americano", *Revista Culturas Jurídicas*, v. 2, n. 4, p. 15-41, 2015. Disponível em: www.culturasjuridicas.uff.br/index.php/rcj/article/view/157.

33 Liliana Lizarazo-Rodríguez, "Mapping Law and Development". *Indonesian Journal of International & Comparative Law*, v. 4, n. 4, p. 824-31, 2017.

e sua reivindicação de universalidade, justiça e equidade. Os acadêmicos das TWAIL extraem de algumas diferentes disciplinas e representam uma gama diversa de inclinações teóricas – pós-coloniais, marxistas, pós-estruturalistas e feministas, para citar algumas. O que esses pensadores compartilham é o compromisso político, ético e acadêmico de olhar a história, a estrutura e os processos de instituições e direito internacional de um ponto de vista particular: aquele dos povos do Terceiro Mundo.[34]

Usualmente, considera-se que há duas gerações nas TWAIL, uma divisão sintetizada por Arnulf Becker Lorca e James Thuo Gathii. A primeira se fundamenta na noção de um "modelo de participação intercivilizacional no processo de produção de normas genuinamente universais"[35]. Essa vertente surgiu no período pós-Segunda Guerra e encarou o desafio da especialização no direito internacional em um momento em que a autodeterminação e a soberania eram vitórias a serem almejadas após um processo árduo[36]. A segunda geração TWAIL – a abordagem contemporânea –, por outro lado, buscou expandir espaços conceituais para a doutrina e a prática de direito internacional, por meio de um direito internacional novo e pós-imperial[37]. Isso significa que ela não busca apenas um reconhecimento e a participação em processos do direito internacional, mas especificamente questiona seu passado colonial para repensar os fenômenos jurídicos relacionados às relações entre entes e pessoas de diferentes territórios, bem como entes e organismos internacionais[38]. De uma forma geral, as TWAIL foram bastante difundidas entre os pesquisadores

34 Karin Mickelson, Ibironke Odumosu e Pooja Parmar, "Situating Third World Approaches to International Law (TWAIL): inspirations, challenges and possibilities", *International Community Law Review*, v. 10, n. 4, 2008, p. 351. Tradução livre. No original, em inglês: "*Third World Approaches to International Law (TWAIL), a critical perspective on international law and policy that has gained prominence in recent years, represents a scholarly account of the multifaceted and complex Third World engagement with international law. Through the work of scholars in a number of different countries, TWAIL problematises and contests the dominant, historically Eurocentric accounts of the origin of international law and its claims of universality, justice and equity. TWAIL scholars draw from a number of different disciplines and represent a diverse range of theoretical leanings - postcolonial, Marxist, post-structuralist and feminist, to name only a few. What these scholars share is the political, ethical and academic commitment to look at the history, structure and processes of international law and institutions from a particular standpoint: that of the peoples of the Third World*".

35 James Thuo Gathii, "TWAIL: a Brief History of its Origins, its Decentralized Network, and a Tentative Bibliography", *Trade, Law and Development*, v. 3, n. 1, p. 39-40, 2011. Tradução livre. No original, em inglês: "*[...] a model of inter-civilizational participation in the process of crafting genuinely universal norms [...]*".

36 Arnulf Becker Lorca, "Eurocentrism in the History of International Law", em Bardo Fassbender e Anne Peters (org.), *The Oxford Handbook of the History of International Law*, Oxford: Oxford University Press, 2012, p. 1.050.

37 James Thuo Gathii, "TWAIL", *op. cit.*, p. 39-40.

38 Ver, por exemplo, Karin Mickelson, "Rhetoric and Rage: Third World Voices in International

do Sul Global, mas também em outras correntes críticas do direito internacional, como os *critical legal studies*, as teorias feministas, de raça e queer[39].

O principal foco das TWAIL reflete a busca por desafiar a hegemonia dominante do direito internacional e também se articula em pontos específicos de atuação. De uma forma geral, seus pesquisadores procuram identificar as construções imperialistas e coloniais na origem do direito internacional, que promoveram o silenciamento e a subalternização do conhecimento do Terceiro Mundo. Ao mesmo tempo, objetivam viabilizar caminhos epistemológicos de desconstrução da colonialidade e construção de conhecimentos que tenham como ponto central a história terceiro-mundista, processo chamado de "guinada epistêmica"[40]. Isso inclui provocar "encontros de diferença em diferentes eixos – raça, classe, gênero, sexo, etnia, economia e comércio – e de formas interdisciplinares"[41]. Mais especificamente, busca-se realizar três principais objetivos: promover uma desconstrução do direito internacional pautado na dominação do Sul Global pelo Norte Global; elaborar alternativas ao direito internacional na seara jurídica; e desmantelar o subdesenvolvimento e a subalternização do Sul Global[42].

Ao aproximarmos as TWAIL da teoria pós-colonial, podemos encontrar uma certa tensão. Afinal, o direito internacional como o conhecemos hoje se estrutura no período pós-colonial e interage com o colonialismo de formas contraditórias: de um lado, representa emancipação; de outro, confere uma cobertura de legalidade à continuidade de teorias, narrativas e elementos práticos da colonização que perduram após o fim do

— Legal Discourse", *Wisconsin International Law Journal*, v. 16, n. 2, p. 353-420, 1997; Antony Anghie, "The Evolution of International Law: Colonial and Postcolonial Realities", Third World *Quarterly*, v. 27, n. 5, p. 739-753, 2006; Liliana Obregón, "Between Civilisation and Barbarism: Creole Interventions in International Law, *Third World Quarterly*, v. 27, n. 5, p. 815-32, 2006; Luis Eslava e Sundhya Pahuja, "Between Resistance and Reform: TWAIL and the Universality of International Law", *Trade, Law and Development*, v. 3, n. 1, p. 103-30, 2011; Fernanda Cristina de Oliveira Franco, "Oportunidades e desafios das TWAIL no contexto latino-americano a partir de perspectivas dos povos indígenas ao direito internacional", *Revista de Direito Internacional*, v. 12, n. 2, p. 226-44, 2015; Gabriel Mantelli e Michelle Ratton Sanchez Badin, "Repensando o direito internacional a partir dos estudos pós-coloniais e decoloniais", *op. cit.*

39 George Rodrigo Bandeira Galindo, "A volta do terceiro mundo ao direito internacional", *Boletim da Sociedade Brasileira de Direito Internacional*, n. 119-124, v. 1, p. 47-8, 2013; Richard Delgado e Jean Stefancic, *Critical Race Theory: An Introduction*. New York: New York University Press, 2017.

40 José Luiz Quadros de Magalhães e Henrique Weil Afonso, "Para contar as outras estórias: direito internacional e resistência contra hegemônica no Terceiro Mundo", *Revista da Faculdade de Direito do Sul de Minas*, v. 29, n. 1, p. 155-82, 2013.

41 James Thuo Gathii, "TWAIL", *op. cit.* Tradução livre. No original, em inglês: "*[...] a central project of TWAIL is to challenge the hegemony of the dominant narratives of international law, in large part by teasing out encounters of difference along many axes – race, class, gender, sex, ethnicity, economics, trade, etc. – and in inter-disciplinary ways [...]*".

42 Makau Mutua, "What is TWAIL?", *Proceedings of the ASIL Annual Meeting*, v. 94, p. 31-2, 2000.

colonialismo direto. Sundhya Pahuja apresenta esse paradoxo, ressaltando que o direito internacional é instrumento do imperialismo e estrutura de poder, mas também a oposição imposta a este, no cenário histórico de transfiguração do colonialismo moderno em uma escala global[43].

Como Pahuja, consideramos que o direito internacional é um filho do imperialismo. É dizer, a pós-colonialidade do direito internacional tanto se opõe às relações de poder desse direito, inclusive as suscetíveis a influências do colonialismo interno, como perpetua, ou pode perpetuar, a exclusão dos *outros* (países, pessoas, culturas etc.), de forma colonial e imperialista[44]. Essa é uma situação impossível de superar, de forma teórica, no momento histórico que nos encontramos, pelo menos sem que caiamos em idealismos que podem esconder os mecanismos e padrões nefastos que perpetuam desigualdades, violências e poder. Nesse contexto, a tarefa de descolonizar o direito internacional – que é de contínua execução – ainda passa em grande medida pelas tarefas marcadas pelos estudos pós-coloniais: o desvelamento de problemas de conhecimento-poder em discursos e a elaboração de alternativas nessas estruturas, engajando seu potencial de resistência para transformação com inovações.

Desbinarizar o direito internacional

Como relacionar queer com decolonial?

Comentamos anteriormente que tanto a perspectiva decolonial como a perspectiva queer lidam com problemas profundos da realidade em que vivemos – construídos e mantidos por longas histórias de opressão, desigualdade e poder – e engajam potenciais de transformação. Se, no caso decolonial, isto decorre da história de colonização e do colonialismo, a perspectiva queer foca especialmente em questões de gênero e sexualidade, na produção de identidades relacionadas ao corpo e nas estruturas de poder relacionadas à binaridade. Ela promove críticas a conceitos universais, patriarcais e compulsórios que pautam a

43 Sundhya Pahuja, "The Postcoloniality of International Law", *Harvard International Law Journal*, v. 46, n. 2, p. 459-70, 2005. Ver também: Gabriel Mantelli, "Quem tem medo do pós-colonial no direito internacional? Uma resenha de 'Decolonising international law: development, economic growth and the politics of universality' de Sundhya Pahuja", *Revista de Direito Internacional*, v. 15, n. 2, p. 484-8, 2018.

44 Texto retirado do livro *Direito, desenvolvimento e descolonização*, escrito por um dos autores deste artigo, com previsão de publicação para o segundo semestre de 2024.

heterossexualidade e excluem qualquer possibilidade de surgimento de conceitos alheios à herança binária de gênero[45].

A teoria queer se constitui sobre os fundamentos dos estudos críticos norte-americanos da década de 1990 e apresenta como objetivo central a crítica à heteronormatividade, à binaridade, às identidades predeterminadas e à diferenciação de gênero entre masculino e feminino. Ela se coloca como oposição à normatização conceitual, ao adotar a posição de *transgressora*[46]. Para Maria Rita César e Jamil Sierra, essa teoria:

> [...] representa um acervo importante de novas perguntas, pois não é prescritiva, questionando principalmente as condições de possibilidade do conhecimento. Contra as abordagens da sexualidade marcadas pelo sistema heteronormativo de correspondência entre sexo-gênero, a teoria queer traz à tona a discussão não somente sobre a constituição dos sujeitos da sexualidade, como também sobre os próprios limites daquele modelo de construção de conhecimento e o quanto cada sujeito ou grupo suporta (des)conhecer. Nesse sentido, a teoria queer demonstra que o sexo, o corpo e o próprio gênero são construções culturais, linguísticas e institucionais, geradas no interior das relações saber-poder-prazer. A teoria queer recusa a incorporação da alteridade no modelo hegemônico da norma sexual e social, argumentando que esta seria uma ação originária das "políticas de tolerância", que assumem a existência do binômio normal/anormal e, portanto, tendem a pacificar e normatizar, na medida do possível, a alteridade. Ao contrário disso, a teoria queer questiona as condições de possibilidade do conhecimento que produz a norma sexual e social.[47]

De acordo com uma das principais pensadoras queer, Judith Butler, o termo e a *performance* queer surgem como "um lugar de contestação coletiva, o ponto de partida para uma série de reflexões históricas e imaginações de futuro" que deve "se manter como aquilo que, no presente, nunca é completamente possuído"[48]. Ela explica que "queer", nos Estados Unidos, historicamente constituiu um marcador de

45 Raewyn Connell e Rebecca Pearse, *Gênero: uma perspectiva global*, 3. ed., trad. Marília Moschkovich, São Paulo: nVersos, 2015.

46 Guacira Lopes Louro, *Um corpo estranho: ensaios sobre sexualidade e teoria queer*, 3. ed., Belo Horizonte: Autêntica, 2018.

47 Maria Rita de Assis César e Jamil Cabral Sierra, "Políticas queer e educação", em Ana Paula Vosne Martins e María de los A. Guevara (org.), *Políticas de gênero na América Latina: aproximações, diálogos e desafios*, Jundiaí: Paco, 2015.

48 Judith Butler, "Critically Queer", *GLQ*, v. 1, p. 17-32, 1993.

diferença e incompatibilidade com sistemas dominantes, particularmente estruturas masculinistas ou masculinizadas de poder. Seguindo o enquadramento pós-estruturalista de que relações de poder trazem em si a própria resistência a elas[49], Butler identifica que a mobilização queer também implica a reprodução do desafio à imposição de identidades e práticas relacionadas a sexualidade e gênero promovidas pelos sistemas dominantes. Por isso, queer e as *performances* ou formas de vida ligadas a ela, por definição, não podem ser definitivas; pelo contrário, são necessariamente abertas como espaço de resistência e transformação: para serem "reimplementadas, torcidas, [ou simplesmente] tornadas queer [...] na direção de propósitos políticos urgentes e em expansão"[50].

Deste ponto, podemos aproximar a perspectiva queer das críticas pós-coloniais, incluindo os estudos pós-coloniais e a perspectiva decolonial. De um lado, ela está intimamente relacionada a estudos pós-coloniais, não apenas pela origem acadêmica de ambas no pós-estruturalismo francês mas também por lidar com questões antidominantes que se inter-relacionam. Se, para Butler, por exemplo, o movimento de política queer só pode se manter crítico e democrático na medida em que for entendido de forma interligada (ou seja, interseccional) com outras dimensões da opressão (racista e misógina, por exemplo), essas dimensões também são centrais na crítica pós-colonial e surgem, no mundo real, com interligações de gênero e sexualidade bastante práticas[51].

De outro lado, a perspectiva queer também reflete paradoxos, elementos e atitudes da perspectiva decolonial. Queer, e seu arcabouço acadêmico, de certa forma viajam desde o Norte ao Sul Global, e sua simples assunção pode envolver uma dissonância com a vida prática e configurações específicas de estruturas de poder do Sul[52]. Por mais que a abertura democrática da teoria e da prática queer, como postura política, possam promover a ressignificação de identidades e da resistência contra-hegemônica como forma *diferente* de fazer, esse trânsito Norte-Sul também pode promover padrões coloniais. Isso pode ocorrer, por exemplo, mediante o apagamento de significados e trabalhos

49 Michel Foucault, "The Subject and Power'", em *Power: Essential Works of Foucault*, 1954-1984, New York: The New Press, 2000, p. 326-48.

50 Judith Butler, "Critically Queer", *op. cit.*

51 Murat Aydemir, "Introduction: Indiscretions at the Sex/Culture Divide", em Murat Aydemir (org.), *Indiscretions: at the Intersection of Queer and Postcolonial Theory*, Amsterdam: Rodopi, 2011, p. 9-30.

52 Pedro Paulo Gomes Pereira, "Decolonial Queer", em *Queer in the Tropics: Gender and Sexuality in the Global South*, Cham: Springer, 2019.

específicos numa mesma direção queer/decolonial que não provenham da teorização hegemônica da resistência.

Nesse sentido, ressaltamos a relevância da feminista chicana Gloria Anzaldúa na ressignificação do termo queer nos anos 1980 e 1990, em trabalhos que são, também, parte do núcleo genealógico inicial da teoria decolonial[53]. Em *Borderlands/La Frontera*, Anzaldúa reflete sobre a posição inevitavelmente não hegemônica de pessoas lésbicas e gays em contextos de imigração: nas linguagens, elas tomam tanto elementos e estruturas de diferentes grupos quanto estruturas dominantes para formar pensamentos e ações fronteiriços, que se entendem como tais e ressignificam o não hegemônico em seus potenciais de transformação e atravessamento de fronteiras. Esse movimento desfaz vivências unitárias e homogeneizantes de identidades de gênero e relacionadas à sexualidade, sem deixar de lado a perspectiva interseccional, ao mesmo tempo que promove meios de descolonização, na medida em que busca conhecer o mundo moderno/colonial desde fora, indo além da mera crítica para de fato partir e praticar formas de pensar, sentir e agir diferentes[54].

A conexão dessas perspectivas - queer e decolonial - não deveria surpreender. Afinal, as configurações de gênero e as lógicas binárias ligadas às estruturas heterossexistas e à imposição de identidades estão diretamente relacionadas à colonialidade e à lógica desta de controle e apropriação, incorporada e simbolizada na colonização[55]. Por mais que hierarquias de gênero não sejam exclusivas da modernidade, as configurações de gênero hegemônicas do mundo moderno são, efetivamente, marcadas por binarismos hierarquizados relacionados a estruturas de poder coloniais, heterossexistas e patriarcais[56]. Assim, as estratégias de desmonte dessas estruturas - a descolonização e a desbinarização - se movem no mesmo sentido, de resistir, vivenciar e agir diferente.

O que significa desbinarizar o direito internacional?

A perspectiva queer chega ao direito internacional, em grande parte, em ligação com as perspectivas da descolonização, mais especificamente

53 Ian Barnard, "Gloria Anzaldúa's Queer Mestizaje", *Melus*, v. 22, n. 1, p. 35-53, 1997. Sobre a genealogia da teoria decolonial, ver Arturo Escobar, "The Latin American Modernity/Coloniality Research Program", *op. cit.*

54 Walter Mignolo, *Historias locales/diseños globales*, *op. cit.*, p. 5-6, por exemplo.

55 Maria Lugones, "Toward a Decolonial Feminism", *op. cit.*

56 Breny Mendoza, "Coloniality of Gender and Power", *op. cit.*

com as TWAIL. Neste último ponto teórico, apresentamos o desbinarizar do direito internacional também a partir dessas aproximações.

A leitura da teoria queer sobre o direito internacional desvela como ele constrói suas interações e teorias através de um Estado historicamente fundamentado na imagem do homem cristão, branco e europeu[57]. Em linha com estudos decoloniais, demonstra como os entendimentos de humanidade e do sujeito de direitos que estrutura normas e reflete padrões de poder partem de uma perspectiva limitada, que perpetua lógicas heterossexistas e coloniais[58]. Na leitura de Rohini Sem, a teoria queer promove uma maneira de existir diferente de noções de masculinidade e nacionalismo, com suas imaginações e restrições identitárias binárias pautadas em gênero e sexualidade[59]. Com isso, não busca apenas reconhecimento, mas questiona o direito internacional, na medida em que o próprio direito e suas categorias reproduzem a heteronormatividade e levam ao apagamento de outras governanças sexuais[60]. Refletindo visões binárias impressas à biologia, essa compreensão pauta narrativas sintetizadas em leis e repetidas no direito internacional, afirmando perspectivas específicas de sexo e sexualidade[61]. A lei de conflitos armados do Estatuto de Roma, por exemplo, reflete toda uma história de divisão sexual do trabalho em guerras, advinda principalmente da experiência histórica europeia[62].

Essa perspectiva crítica se relaciona intimamente com as TWAIL e oferece críticas históricas e generificadas sobre padrões coloniais na formação do direito internacional. Nesse sentido, se autores como Pahuja e Eslava salientam que o direito internacional se desenvolveu sob uma noção que observa a Europa como um Estado-nação final, a qual todos os demais Estados devem seguir e se conformar[63], também ressaltam como o Estado reproduz hierarquias de gênero por meio de diversas ferramentas legais e sociais que perpetuam a centralidade do sujeito masculino na criação de

57 Rohini Sen, "A Queer Reading of International Law and its Anxieties", *GNLU Law & Society Review*, v. 3, 2021, p. 35.

58 Ver por exemplo Sylvia Wynter, "Unsettling the Coloniality of Being/Power/Truth/Freedom: Towards the Human, After Man, Its Overrepresentation – An Argument", *The New Centennial Review*, v. 3, n. 3, 2003, p. 257-337.

59 Rohini Sen, "A Queer Reading of International Law and its anxieties", *op. cit.*, p. 36.

60 *Ibidem*, p. 42.

61 *Ibidem*, p. 43.

62 David Eichbert, "Decolonizing the Corpus: a Queer Decolonial Re-Examination of Gender in International Law's Origins", *Michigan Journal of International Law*, v. 43, n. 3. p. 557-93, 2022.

63 Luis Eslava e Sundhya Pahuja, "The State and International Law: A Reading from the Global South", *Humanity*, v. 11, n. 1, p. 118-38, maio 2020.

leis e no controle social de todos os sujeitos-objetos não masculinos. Os ideários de binaridade dos gêneros e a normatividade heterossexual trabalham igualmente para a construção do "outro", com o intuito de torná-lo "acessível, subordinado e inteligível" ao Ocidente e ao homem ocidental[64].

A convergência dessas perspectivas é trabalhada por Dianne Otto, que evidencia como o gênero, a teoria queer, o direito internacional e o imperialismo se relacionam e quais os produtos sociais dessas interações. Otto argumenta que as hierarquias e estruturas de poder mundial, que se refletem e se fundamentam em normas de direito internacional, promovem um processo de exclusão de corpos com características e vivências de arquétipos não hegemônicos[65]. Na regulamentação da vida do poder biopolítico, esses corpos de pessoas da população LGBTQIA+ não são parte do núcleo conceitual aceitável do direito e, por isso, são diretamente afetados em perpetuações de violência e estruturas de exclusão e poder, por exemplo. Se uma teoria queer do direito deve perseguir a desconstrução da norma jurídica para construir um universo jurídico que objetive proteger sujeitos sem que haja o levantamento de sexo, gênero ou sexualidade, o direito internacional também deve se "queerificar" (se "enviadar", se desbaratinar), para possibilitar novas saídas e perspectivas para contendas jurídicas[66]. De forma convergente, David Eichbert sugere caminhos para queerificar ainda mais as próprias perspectivas TWAIL, a partir do reconhecimento de estruturas hierárquicas de gênero para além das configurações específicas da modernidade colonial[67].

Ademais, Dianna Otto busca abordar diversas situações e perspectivas em que a caracterização heteronormativa impositiva foi utilizada para excluir a comunidade LGBTQI+ de direitos e dificultar que populações fossem protegidas pelo sistema internacional. Exemplo disso é que o percurso migratório para a comunidade LGBTQI+ sempre foi repleto de barreiras e empecilhos. Outra situação levantada pela autora é o fato de que, apenas em 2010, a Organização das Nações Unidas passou a tomar medidas para proteção e reconhecimento da violação de direitos em função do gênero. Otto elabora um campo relacional entre o direito internacional, os

64 Rohini Sen, "A Queer Reading of International Law and its Anxieties", *op. cit.*, p. 35, 42.

65 Dianne Otto, *Queering International Law: Possibilities, Alliances, Complicities and Risks*, New York: Routledge, 2017.

66 Daniel Borrillo, "Por uma teoria queer do direito das pessoas e das famílias", em Daniel Borrillo, Roger Raupp Rios e Fernando Seffner (org.), *Direitos sexuais e direito de família em perspectiva queer*, Porto Alegre: Editora da UFCSPA, 2018. p. 45-77; Dianne Otto, *Queering International Law*, *op. cit.*

67 David Eichbert, "Decolonizing the corpus", *op. cit.*

direitos humanos e a teoria queer para propor uma ótica que considere e viva o prazer, a fluidez e a multiplicidade de sexualidades e gêneros[68]. Nesse sentido, busca desbinarizar não apenas o avanço do reconhecimento jurídico de corpos e subjetividades específicas, mas a própria transformação do direito internacional para permitir sua abertura e vivência como espaço de desfazimento de hegemonias.

De uma forma geral, portanto, a teoria queer do direito internacional objetiva a construção de um entendimento renovado, que supere as noções históricas de sexualidade e gênero, possibilitando uma análise multicultural dos direitos humanos em detrimento do modelo de categorização hegemônica, que se fundamenta na igualdade e na liberdade. Entretanto, as críticas oriundas da teoria queer não se voltam apenas às noções de identidade e binaridade, mas também às concepções basilares do direito internacional, visto que as ideias de Estado, nação, território e cidadania são construídas a partir de ideais específicos de perspectivas generificadas e heteronormativas, que também servem para regular a atividade sexual e assegurar a "reprodução biológica e social"[69]. É nesse sentido que pensamos o *desbaratinar*: estratégias de ocupar e promover espaços contra-hegemônicos que permitam o fluxo e a fluidez de identidades, cidadanias e governanças de gênero e sexualidade, cruzando fronteiras e ideais rígidos da ordem internacional.

Deslocalizar e desbaratinar o direito internacional: reflexões sobre três casos

Para finalizar este artigo, propomos uma análise sintética de três casos para refletir sobre as perspectivas apresentadas, na prática, bem como seus potenciais e limitações atuais, no sentido de *deslocalizar* e *desbaratinar* o direito internacional. As considerações sobre cada caso servem, em conjunto, como nossas conclusões.

O caso George Floyd: antirracismo transnacional

O primeiro caso sobre o qual nos debruçamos é um marco nas lutas antirracistas, principalmente pelo momento histórico em que ocorreu, no início

68 Dianne Otto. *Queering International Law*, *op. cit.*

69 Diego Santos Vieira de Jesus, "O mundo fora do armário: teoria queer e relações internacionais", *Universitas: Relações Internacionais*, v. 12, n. 1, 2014, p. 52.

da pandemia de covid-19, e pela dimensão da reação social e midiática a ele. Também reflete e incorpora um elemento-chave das críticas com que trabalhamos, em um deslocalizar do direito internacional que pode promover o cruzamento de fronteiras com ideias e lutas anti-hegemônicas.

Em 25 de maio de 2020, George Floyd, um homem negro, foi morto em Minneapolis (Estados Unidos) por asfixia decorrente da brutalidade da polícia, após um policial branco se ajoelhar em seu pescoço por vários minutos. Em resposta, o mundo foi tomado por movimentações e protestos que tinham como mote a denúncia da violência policial e do racismo não só contra Floyd mas também contra toda a população negra. As mobilizações decorrentes do caso ultrapassaram as fronteiras dos Estados Unidos e se colocaram na linha de frente de uma demanda transnacional. Ou seja, as violações contra George Floyd superaram a noção individual e, para além de ser encaradas como violações à coletividade, movimentaram uma coletividade não agregável em fronteiras nacionais – a diáspora negra.

Um mês depois da morte de Floyd e diante das intensas movimentações sociais ao redor do caso, o Conselho de Direitos Humanos da ONU estabeleceu a necessidade de um debate urgente sobre o assunto, em resposta aos pedidos de investigação sobre a atividade policial estadunidense. Entre as determinações decorrentes do debate, houve a responsabilização inédita de um país ocidental por violações ocorridas dentro de seu território e a criação de um órgão independente de justiça racial. A deslocalização, nesse caso, promove a disrupção e inverte o estado de coisas, de modo a dar visibilidade a violências racializadas e, portanto, de fundo colonial, e torná-las alvo de ação para transformação efetiva da vida. Nesse sentido, Thiago Amparo e Andressa Vieira e Silva argumentam:

> O debate de George Floyd nas Nações Unidas faz mais do que mover a conversa do individual para o estrutural. Argumentamos que o debate sobre a violência policial após o assassinato de George Floyd não foi um momento transformador *per se*, mas sim um momento disruptivo. Ele interrompeu a brancura do projeto de direito internacional ao forçar os Estados-membros do Conselho de Direitos Humanos da ONU a enfrentar a brutalidade da violência policial, o fracasso do direito internacional em enfrentá-la, a mobilização em torno do caso e sua notoriedade nas mídias sociais, e a pura brutalidade do evento capturada na câmera. Até Floyd e a mobilização em torno dele, os Estados poderiam facilmente

discutir o racismo estrutural e o policiamento, ou, em outras palavras: apagar completamente o problema. Com a mobilização pós-Floyd, o apagamento foi interrompido.[70]

Por outro lado, podemos ver aí algumas limitações. O fato de que o caso surgiu nos Estados Unidos, por si só, levou a discussões sobre a importância de vidas negras norte-americanas e brasileiras em mídias sociais. À época, movimentos lembraram a comoção hegemônica que partiu do caso George Floyd para a realidade brasileira – do genocídio negro em curso no Brasil, em casos como a chacina da Rocinha em janeiro daquele ano e o de um adolescente morto com mais de 70 tiros no Rio de Janeiro apenas uma semana antes de Floyd. Apesar de os Estados Unidos, como Norte Global, continuarem sendo mais valorizados na opinião pública hegemônica, foi também essa valorização que possibilitou o avanço do debate antirracista brasileiro nesses espaços, levantando empatias que promovem visões contra-hegemônicas que tendem a um caráter transnacional. Em paradoxo, refletiu padrões da colonialidade, mas também fez avançar ações do descolonizar, inclusive no desfazer de fronteiras políticas do Estado-nação.

Especificamente ao direito internacional, outra limitação abordada por Amparo e Vieira e Silva está no fato de que o mecanismo formulado pelas Nações Unidas se definiu como uma política de cooperação de *todos os Estados*. Apesar da internacionalização, essa escolha não necessariamente inclui movimentos contra-hegemônicos, que poderiam ter sido envolvidos na transnacionalização e deslocalização acatada e promovida pelas Nações Unidas. Além disso, o mecanismo criado como resultado do debate gerado pelo caso George Floyd também deixa de responsabilizar diretamente os Estados Unidos, o que em certa medida impede o verdadeiro reconhecimento da violência e de seu aspecto estrutural e reflete,

70 Thiago Amparo e Andressa Vieira e Silva, "George Floyd at the UN: Whiteness, International Law, and Police Violence", *UC Irvine Journal of International, Transnational, and Comparative Law*, v. 7, p. 92-121, 27 set. 2022. Disponível em: https://scholarship.law.uci.edu/ucijil/vol7/iss1/5/. Tradução livre. No original em inglês: "*George Floyd's debate at the United Nations does more than move the conversation from individual to structural. We argue that the debate on police violence after George Floyd's assassination was not a transformative moment* per se *but rather a disrupting moment. It disrupted the whiteness of the international law project by forcing UNHRC member states to face the brutality of police violence, the failure of international law in addressing it, the mobilization around the case and its notoriety on social media, 46 and the sheer brutality of the event caught on camera. Until Floyd and the mobilization around it, states could easily get away with discussing structural racism and policing, or in other words: erasing the issue altogether. With the post-Floyd mobilization, the erasure was disrupted*".

novamente, padrões imperialistas e coloniais de legitimação e suporte de determinados Estados[71].

Ainda assim, o caso George Floyd reflete potenciais do descolonizar do direito internacional. A mobilização transnacional pode ser vista como um cruzar de fronteiras, que promove mudanças em espaços não hegemônicos e até mesmo não formais, além das estruturas de Estado, incluindo territórios e representação. Além disso, o debate e o movimento da ONU podem ser lidos como uma consequência e busca direta de que os Estados visualizem seus próprios erros e de que se rompam o pacto da branquitude e padrões coloniais na arena internacional. Como consequência, a tentativa do sistema ONU de superar uma atuação individual e personalíssima e passar a atuar de maneira mais estrutural e ampla é um bom exemplo de *deslocalização*, por mais que responsabilidades específicas de agentes e Estados tampouco possam ser ignoradas.

O caso Atala Riffo: homofobia colonial

O segundo caso, por sua vez, foi o primeiro sobre violência de gênero contra a comunidade LGBTQIA+ a ser julgado na Corte Interamericana de Direitos Humanos, e se volta mais ao *desbaratinar* do direito internacional. Ele exemplifica como o direito internacional pode dar respaldo jurídico a vivências de gênero e sexualidade não hegemônicas, cruzando binarismos e normativismos. Por outro lado, também traz reflexões sobre as limitações do direito internacional binarizado e centrado no Estado-nação, que deve se desbaratinar.

Referimo-nos ao caso Atala Riffo e suas filhas *versus* Chile, julgado pela Corte Interamericana de Direitos Humanos em 24 de fevereiro de 2012[72]. Karen Atala Riffo teve a guarda de suas filhas retirada em decorrência de uma ação ajuizada pelo ex-marido na justiça chilena. O tribunal nacional havia acatado o pedido do ex-marido sob a fundamentação de que o relacionamento homoafetivo de Karen seria prejudicial para o desenvolvimento educacional das filhas. O caso foi submetido à Comissão Interamericana, sob o argumento de que o Estado havia agido de maneira discriminatória. A sentença acatou os pedidos de Karen e condenou o Estado chileno, sob fundamento de que a discriminação

71 *Ibidem*.

72 Corte Interamericana de Direitos Humanos, Demanda ante à Corte Interamericana de Direitos Humanos, *Caso 12.502*. Karen Atala e filhas. Chile. 17 set. 2010.

homofóbica exemplificada no caso era exercida de maneira tradicional e institucional, inclusive pelo Poder Judiciário[73].

O entendimento da Corte é um passo no desbaratinar do direito internacional porque firmou uma posição contrária à hegemonia histórica da binaridade heterossexista das estruturas de poder jurídico. Ele reconheceu que gênero e sexualidade decorrem de autodeterminação livre de cada ser humano, de modo que os Estados-parte da Convenção Interamericana de Direitos Humanos têm como obrigação a prevenção da discriminação de gênero e sexualidade contra sua população. Partindo de um caso individual, a Corte tratou da homofobia como algo estrutural e histórico na América, e utilizou de suas competências para firmar um entendimento não hegemônico no direito nacional. Com isso, reconheceu um problema para além das noções tradicionais de fronteira e competência estatal, e passou a interpretar a LGBTfobia como um problema a ser resolvido de maneira difusa e extensa, também a partir de órgãos e movimentos internacionais e transnacionais. Dessa forma, o caso de Karen é igualmente um exemplo da mobilização de estruturas, em sua origem, coloniais para a transformação delas mesmas e do mundo.

As limitações que vemos nesse caso partem da reflexão mais ampla sobre tensões das Américas conhecidas no cenário brasileiro. Antes de tudo, se referem à forma de promover mudanças, que por sua vez refletem as limitações intrínsecas do direito (internacional). Após o fim de regimes ditatoriais no centro-sul do continente, movimentos e governos de viés progressista não apenas foram eleitos como ocuparam parcelas importantes do Estado e da cultura e guiaram a opinião pública, levando à implementação de uma série de políticas públicas relacionadas, por exemplo, a gênero[74]. Esse movimento, contudo, baseou-se em grande medida no direito e levou a uma reação social conservadora, com um levante autoritário que também tem cruzado fronteiras nacionais e institucionais[75]. O Brasil é um símbolo internacional dessa reação, expressa na eleição e no governo de Jair Bolsonaro[76]. E, como sabemos, esse processo também trouxe à tona problemas relacionados ao ativismo

73 *Idem, Sentença.* Atala Riffo e filhas. Chile. 24 fev. 2012.

74 Javier Corrales, *The Politics of LGBTQ Rights Expansion in Latin America*, Cambridge: Cambridge University Press, 2022.

75 *Ibidem.*

76 Gisela Zaremberg, Constanza Tabush e Elisabeth J. Friedman, "Feminism(s) and Anti-Gender Backlash: Lessons from Latin America", *International Feminist Journal of Politics*, v. 23, n. 4, p. 527-34, 2021.

judicial no país[77]. Se, de um lado, pautas de extrema relevância, como a legalização do casamento entre pessoas do mesmo sexo, foram estabelecidas pelo Judiciário diante da inação de um Legislativo conservador, esse mesmo Judiciário participou do processo eleitoral indevidamente em 2018, retirando o primeiro colocado da corrida presidencial no contexto da subida conservadora. Apesar de novas movimentações políticas, nossa própria experiência mostra como o direito não é suficiente para a transformação social e pode levar a reações conservadoras e reacionárias que também podem ocupar e se utilizar das estruturas de poder.

Isso não quer dizer, a nosso ver, que medidas como a da Corte Interamericana não possam ou não devam ser tomadas – ao contrário. Elas são importantes para garantir direitos básicos negados a corpos específicos que resistem a violências por parte de entendimentos sociais e jurídicos hegemônicos. O que buscamos ressaltar é exatamente que o *desbaratinar* do direito internacional deve ir além do importante reconhecimento e proteção, incluindo espaços e movimentos de diálogo que ajudem a transformar a lógica jurídica da imposição, integrando transformações do direito e da sociedade.

O genocídio brasileiro: mobilizações críticas

O terceiro e último caso se insere exatamente nesse espaço de des-hegemonização, na intersecção do *desbaratinar* e do *descolonizar* o direito internacional. Entre 2018 e 2022, o Brasil passou por seu período autoritário mais recente, que evidenciou os traços masculinistas, heterossexistas e de continuação colonial da sociedade brasileira[78]. A gestão da pandemia acentuou essa evidência e seu impacto, porque foi instrumentalizada pelo governo Bolsonaro para avançar agendas de traços coloniais de ocupação territorial e genocídio indígena e negro no país[79]. Além das centenas de milhares de mortes por covid-19, violências diretas anteriores foram reforçadas no avanço do garimpo ilegal e da brutalidade policial e de

77 Lênio Luiz Streck, Clarissa Tassinari e Adriano O. Lepper, "O problema do ativismo judicial: uma análise do caso MS3326", *Revista Brasileira de Políticas Públicas*, v. 5, número especial, p. 23-50, 2015.

78 Sonia Correa e Isabela Kalil, *Políticas antigénero en América Latina: Brasil, ¿la catástrofe perfecta?*, Rio de Janeiro, ABIA/SPW, 2021.

79 Articulação dos Povos Indígenas do Brasil, "Unprecedented: Apib denounces Bolsonaro before the ICC, in The Hague, for indigenous genocide", APIB, 2021; Raimundo C. Barreto Jr., "The COVID-19 Pandemic and the Ongoing Genocide of Black and Indigenous Peoples in Brazil", *International Journal of Latin American Religions*, v. 4, n. 2, p. 417-39, 2020; Vanessa Boanada Fuchs, "The Case of Brazil: Coloniality and Pandemic Misgovernance as Necropolitical Tools in the Amazon", *The International Journal of Social Quality*, v. 11, n. 1-2, p. 111-42, 2021.

grupos paramilitares, por exemplo. Nesse contexto, partes relevantes da sociedade civil se articularam, movimentos sociais se fortaleceram e avançaram discursos críticos anti-hegemônicos, especialmente o antirracista e decolonial.

Essas ações também tocaram e acionaram o direito internacional, com o ajuizamento de ações específicas contra pessoas públicas e o Estado brasileiro, mas também na articulação transnacional e na participação popular em esferas como as Conferências do Clima das Nações Unidas (as COPs). Nesse sentido, a internacionalização acentuada de movimentos amplos como a Articulação dos Povos Indígenas do Brasil (Apib) reflete o cruzar fronteiras na construção de espaços contra-hegemônicos de articulação e atuação para transformação do mundo[80]. O reconhecimento, como porta-vozes e representantes do Brasil, de lideranças oriundas desses movimentos em conferências internacionais e espaços de decisão com possível impacto em acordos internacionais também desbaratina lógicas de representação centradas no Estado-nação, implicando um fazer diferente e transfronteiriço que inverte realidades e oferece o potencial de desfazer estruturas de poder[81].

Esse movimento, é verdade, não é em si inovador, e se insere em movimentos amplos e anteriores que resultaram em iniciativas transnacionais desestatizadas específicas, como o REDD+ Indígena Amazônico[82]. O Brasil e a América Latina, em realidade, têm uma longa história de criação de espaços contra-hegemônicos de onde partem transformações sociais, muitas vezes apropriadas e reconfiguradas pelo Norte Global para a continuidade de padrões coloniais. O próprio movimento feminista, como avanço de contrapúblicos contra hegemonias patriarcais, parte de experiências da América Latina[83]. Ainda assim, e até por isso, existe um grande potencial de desbaratinar/descolonizar o direito internacional a partir da reação e resistência à experiência dura do genocídio concretizado no Brasil.

80 Articulação dos Povos Indígenas do Brasil, "Fim de intermediários: povos indígenas do mundo emitem comunicado exigindo que financiamento para proteção das florestas chegue às comunidades tradicionais", Apib, 2 nov. 2021. Disponível em: https://apiboficial.org/2021/11/02/fim-de-intermediarios-povos-indigenas-do-mundo-emitem-comunicado-exigindo-que-financiamento-para-protecao-das-florestas-chegue-as-comunidades-tradicionais/.

81 Emma Emls, "Why Indigenous Peoples Are The Most Important Delegates At COP2", *#TogetherBand*, 8 nov. 2021. Disponível em: https://togetherband.org/blogs/news/indigenous-peoples-cop26.

82 Kevin Unkuch *et al.*, *REDD+ Indígena Amazónico – RIA. Gestión Holística de Território de Vida Plena*, COICA, 2014. Disponível em: coica.org.ec/images/pdf/REDD+RIA.pdf

83 Elizabeth Jay Friedman, "Conceiving Latin American Feminist Counterpublics", em *Interpreting the Internet: Feminist and Queer Counterpublics in Latin America*, Oakland, CA: University of California Press, 2017, p. 27-56.

Afinal, assim como no caso George Floyd, há uma mobilização transnacional razoavelmente hegemônica a respeito do genocídio brasileiro, que ressoa as desigualdades, opressões e poder do mundo moderno/heterossexista/colonial. Cabe às pessoas, movimentos e atores do direito internacional discutir e se engajar com esses problemas, em toda sua profundidade, atentos a continuidades, mas buscando e efetivando transformação social.

PARTE 06

HORIZONTES E DESAFIOS PARA A RECONSTRUÇÃO DA CIDADANIA LGBTI+ NO BRASIL

ENTRE DESMONTES E EXPECTATIVAS DE RECONSTRUÇÃO: OS EFEITOS DA AGENDA ANTI-LGBTI+ NO BRASIL

LUCAS BULGARELLI
ARTHUR FONTGALAND

O período entre 2019 e 2022 marcou no Brasil o ápice de uma radical transformação na tutela do Estado sobre os direitos humanos. De modo mais específico, uma agenda de combate e de desconstituição dos direitos LGBTI+ foi fortalecida ao longo do governo Bolsonaro, passando a ganhar amparo institucional em pastas ministeriais e em posicionamentos oficiais do Governo Federal. A entrada na cena política de articulações voltadas a impedir a implementação de políticas LGBTI+, no entanto, tem raízes mais profundas, que antecedem a ascensão de governos de extrema direita no Brasil e no mundo ao longo da última década.

Em nível global, essas raízes remetem, por exemplo, aos esforços empenhados por diferentes instituições religiosas, sobretudo por meio de lideranças conservadoras, na produção conceitual de categorias políticas orientadas a questionar a legitimidade dos argumentos teóricos mobilizados pelos estudos de gênero e sexualidade. Neste contexto se insere a fabricação da categoria "ideologia de gênero", que passa a figurar em discursos e livros de ativistas católicos já nos anos 1990. Autores como Rogério Junqueira e Sônia Corrêa reconstituem algumas tramas de acontecimentos que ajudam a entender como se deu a proliferação da ideia de "ideologia de gênero" no Brasil[1]. Um desses acontecimentos foi a publicação do livro *The Gender Agenda* [A agenda do gênero], escrito em 1997 pela ativista católica e jornalista estadunidense Dale O'Leary. No livro, a autora denunciava a atuação de feministas e defensores de direitos humanos em fóruns internacionais da Organização das Nações Unidas, como as conferências do Cairo (1994) e de Pequim (1995), que, segundo ela, supostamente tinham o objetivo de implementar uma ideologia centrada na destruição da família.

Outras raízes se entrelaçam à teia de eventos que possibilitaram, no Brasil, a conformação de alianças programáticas entre setores conservadores, religiosos, liberais, de direita e de extrema direita, baseadas em algumas agendas em comum, como o confronto aos direitos LGBTI+ sob o pretexto da valorização da família e da proteção de crianças e jovens.

1 Rogério Diniz Junqueira, "A invenção da 'ideologia de gênero': a emergência de um cenário político-discursivo e a elaboração de uma retórica reacionária antigênero", *Psicologia Política*, v. 18, n. 43, p. 449-502, set.-dez. 2018; *idem*, *A invenção da "ideologia de gênero": um projeto reacionário de poder*, Brasília: Letras Livres, 2022; Sônia Corrêa, "A 'política do gênero': um comentário genealógico", *Cadernos Pagu*, n. 53, 2018. Disponível em: https://www.scielo.br/j/cpa/a/vwdzHh6pHS6ZBVskqfLrqrg/?lang=pt#ModalHowcite; *idem*, "Ideología de género: rastreando sus orígenes y significados en la política de género actual", *Observatorio de Sexualidad y Política (SPW)*, Rio de Janeiro, 16 fev. 2018. Disponível em: https://sxpolitics.org/es/ideologia-de-genero-rastreando-sus-origenes-y-significados-en-la-politica-de-genero-actual/3858.

A recusa do governo Dilma Rousseff, em 2011, de prosseguir com a distribuição de um material didático voltado ao combate à violência sexual e de gênero entre crianças e adolescentes, apelidado de "kit gay" pelo então deputado Jair Bolsonaro; a promoção de campanhas de combate ao ensino de educação sexual e de gênero nas escolas e a produção legislativa desenvolvida em torno do Escola Sem Partido[2], encabeçado especialmente pelo Movimento Brasil Livre, bem como as pressões que resultaram na retirada do termo "gênero" do Plano Nacional de Educação em 2014, são alguns dos antecedentes mais ilustrativos deste processo.

Esses eventos oferecem um contexto preliminar para compreender não apenas a vitória de Bolsonaro em 2018, mas o estabelecimento do "bolsonarismo" como um campo polissêmico de ação política e de produção de sentido e de distinções que atrai e congrega ideologias, crenças, visões de mundo e práticas distintas em torno de inimigos comuns, como os defensores dos direitos LGBTI+, dos direitos das mulheres e dos direitos humanos. A conformação do que identificamos aqui como uma agenda anti-LGBTI+, sobretudo ao longo do governo Bolsonaro, não é, portanto, fruto do acaso, e desempenha papel central na própria conformação da ideia de "bolsonarismo".

A análise e compreensão de fenômenos como o "bolsonarismo" ou da atuação do Ministério da Mulher, Família e Direitos Humanos (MMFDH) entre 2018 e 2022 e seus efeitos na garantia dos direitos e na proteção das pessoas LGBTI+ tem sido a tarefa de pesquisadores e pesquisadoras de diferentes áreas do conhecimento, como as ciências sociais, a psicologia, a educação, a saúde e o direito. Neste texto, buscamos contribuir com esse debate por meio de duas perspectivas: os efeitos da supressão ou do bloqueio de políticas LGBTI+ e os efeitos das políticas anti LGBTI+ implementadas recentemente.

Na primeira parte do texto, retomamos pontos apresentados em 2022 pelo Instituto Matizes em nota técnica acerca do desmonte dos direitos LGBTI+ durante o governo Bolsonaro. Com isso buscamos evidenciar alguns eventos que colaboram para a identificação do fortalecimento de uma agenda anti-LGBTI+ nos últimos anos. Na sequência, apresentamos parte das mudanças ocorridas em nível federal no tratamento dos direitos LGBTI+ nos primeiros dois meses após o fim do governo Bolsonaro,

2 Luis Felipe Miguel, "Da 'doutrinação marxista' à 'ideologia de gênero': Escola sem Partido e as leis da mordaça no Parlamento brasileiro", *Direito & Práxis*, v. 7, n. 15, p. 590-621, 2016.

bem como alguns dos efeitos da agenda anti-LGBTI+ que permanecem após a mudança de governo. Para isso, recorremos aos resultados de uma pesquisa realizada em 2022 pelo Instituto Matizes e pela All Out acerca das terapias de conversão e tentativas de cura da orientação sexual, identidade e expressão de gênero de pessoas LGBTI+, sobretudo jovens. Desse modo, buscamos analisar procedimentos e mecanismos utilizados por defensores de uma agenda anti-LGBTI+ para a difusão de uma gramática política e para a construção de lógicas e interpretações que buscam negar e recriminar o gênero e a sexualidade de pessoas LGBTI+.

Panorama do desmonte das políticas LGBTI+ entre 2019 e 2022

Movimentos sociais e estudos de gênero e sexualidade convencionaram chamar de políticas LGBTI+ um conjunto de planos, ações e programas governamentais que foram instituídos, sobretudo no âmbito do Executivo, por meio de decretos, portarias, resoluções e instruções. Também se inserem nesse conjunto as conquistas obtidas no Judiciário, via Supremo Tribunal Federal, a respeito da adoção de filhos, casamento igualitário e união estável, retificação de registro civil para pessoas trans, criminalização da LGBTI+fobia, entre outros[3].

Nas duas primeiras décadas dos anos 2000, a literatura apontava que a população LGBTI+ experimentava um processo de cidadanização no qual a conquista de direitos estava em plena construção[4]. Com o decorrer dos anos, foi possível compreender que mecanismos de participação, conselhos, grupos de trabalho, conferências e outros arranjos que permitiam esse avanço e haviam se multiplicado no país passavam a enfrentar limitações em sua capacidade de incidência na formulação e execução de políticas públicas. Entre o início dos anos 2000 e meados dos anos 2010, tal perspectiva revelava a preocupação do movimento LGBTI+ e de defensores da diversidade sexual e de gênero em lutar pela efetivação da agenda de direitos dessa população. O que ocorreu nos anos seguintes, porém, foi o aprofundamento de alianças e a multiplicação de posicionamentos em torno de uma agenda contrária aos direitos LGBTI+. Em certa medida, essas transformações nas correlações de forças em

3 Silvia Aguião, "O processo contínuo de (re)fazer-se no Estado: leitura de um ciclo da constituição da população LGBT(I)+", em Regina Facchini e Isadora Lins França (org.), *Direitos em disputa: LGBTI+: poder e diferença no Brasil contemporâneo*, Campinas: Editora Unicamp, 2020, p. 149.

4 Regina Facchini e Isadora Lins França (org.), "Apresentação", em *Direitos em disputa: LGBTI+. poder e diferença no Brasil contemporâneo*, Campinas: Editora Unicamp, 2020, p. 17-27.

torno dos direitos sexuais e de gênero acabou por deslocar o debate sobre a efetividade da agenda de direitos LGBTI+ para um debate sobre a legitimidade desses direitos.

Alguns fatores auxiliam a compreender os motivos dessa virada. Para além do enfraquecimento e da descontinuação das bases para a construção de diálogos de atores do movimento LGBTI+ e da sociedade civil com o Governo Federal, o país passou a conviver, a partir de 2019, com uma nova orientação política, expressa pelas palavras da ministra da Mulher, Família e Direitos Humanos, em sua posse, de que "o Estado é laico, mas essa ministra é terrivelmente cristã"[5]. A afirmação, em certa medida, prenunciava o fim das tentativas ainda incipientes de extensão da cidadania a diferentes sujeitos por parte do Governo Federal. No lugar, passa a figurar uma política que, quando não se opunha aos direitos humanos sumariamente, escolhia os sujeitos dignos de direitos, entre os quais não estariam as pessoas LGBTI+, assim como tantos outros grupos minorizados.

Considerando apenas os atos normativos expedidos pelo Executivo Federal entre 2019 e 2022, a agenda contrária aos direitos LGBTI+ posta em prática pelo governo Bolsonaro avançou em ao menos dois sentidos: i) a partir da desconstituição dos direitos que haviam sido conquistados e ii) por meio da construção de uma agenda anti-LGBTI+. A respeito desta última, nos deteremos na segunda parte desse texto, apresentando evidências de que os temas abarcados no fortalecimento de uma agenda anti-LGBTI+ não assumem necessariamente esse nome e podem ser identificados no campo da defesa da família, das crianças e dos adolescentes, das escolas, dos esportes e da saúde.

Na análise que fazemos a seguir dos resultados do fortalecimento de uma agenda voltada para a desconstituição dos direitos LGBTI+ e para o avanço de uma agenda de políticas anti-LGBTI+, recorremos a informações da nota técnica que redigimos em 2022 no Instituto Matizes, a convite do Grupo de Trabalho de Direitos Humanos do Gabinete de Transição da nova gestão do Governo Federal (2023-2026), que mapeou um amplo conjunto de ações do Executivo Federal realizadas pelo governo Bolsonaro[6].

5 Fernanda Vivas, "'Estado é laico, mas esta ministra é terrivelmente cristã', diz Damares ao assumir Direitos Humanos". *G1*, Brasília, jan. 2019. Disponível em: https://g1.globo.com/politica/noticia/2019/01/02/estado-e-laico-mas-esta-ministra-e-terrivelmente-crista-diz-damares-ao-assumir-direitos-humanos.ghtml.

6 Anelise Fróes, Arthur Fontgaland e Lucas Bulgarelli, *Pontos de destaque sobre o desmonte de políticas LGBTI+ para o relatório do grupo técnico de direitos humanos do gabinete de transição do novo Governo Federal (2023-2026)*, São Paulo: Instituto Matizes, 2022. Disponível em: https://institutomatizes.com.br/biblioteca/. Os dados reeditados e reformulados para compor esta seção são parte desse relatório mais amplo, que traz outros pontos não explorados aqui sobre o desmonte das políticas LGBTI+ no governo Bolsonaro.

Ações de desmonte dos direitos que haviam sido conquistados via Executivo Federal

A noção de direitos LGBTI+ surge em um contexto marcado pela atuação e pela incidência política de movimentos sociais e setores da sociedade civil nas últimas décadas. O estabelecimento e a manutenção dessas políticas ao longo dos anos dependeram, em grande medida, da disposição do poder público em se responsabilizar pela efetivação do acesso à plena cidadania de pessoas LGBTI+. Essa tomada de responsabilização do poder público federal é marcada tanto por avanços como por limitações. Se, por um lado, foi elaborada uma série de programas e planos de amplo alcance para a efetivação dos direitos LGBTI+, por outro, uma parte significativa das ações tomadas por diferentes administrações federais consistiu na edição de atos secundários, como decretos, portarias, recomendações e resoluções, bem como em políticas e planos mais amplos e de natureza programática. Essas medidas apresentavam, em alguns casos, força normativa limitada, dificultando sua eficácia e execução.

Mesmo as ações empenhadas durante os dois primeiros governos Lula, período marcado pela elaboração de uma série de planos, programas e políticas voltadas à efetivação dos direitos LGBTI+, enfrentaram dificuldades para serem assumidas pelas administrações seguintes. Em certa medida, é possível dizer que a efetivação dos direitos LGBTI+ nas últimas décadas assumiu um caráter de política de governo e não de política de Estado[7]. Isso significa que a política para essa população esteve à mercê das prioridades, dos posicionamentos e das demandas de apoiadores do governo de ocasião, e não como um compromisso assumido pelo Estado brasileiro, independentemente das vontades e escolhas de seu mandatário.

Esses fatores ajudam a entender, ao menos em parte, a cadeia de eventos que resultou nas mudanças ocorridas na conjuntura política a partir de 2019, sobretudo com a descontinuação de uma série de ações, programas, mecanismos de participação e produção de documentos que haviam ampliado, ainda que de maneira limitada, a cidadania LGBTI+. Elencamos, na sequência, algumas das políticas LGBTI+ desmontadas, descontinuadas ou reposicionadas pela gestão Bolsonaro.

7 Luiz Mello, Walderes Brito e Daniela Maroja, "Políticas públicas para a população LGBT no Brasil: notas sobre alcances e possibilidades", *Cadernos Pagu*, n. 39, p. 403-29, 2012.

Descontinuação das Conferências Nacionais LGBT

Em 2018, no governo Michel Temer, houve a convocação para que se iniciasse a organização da IV Conferência Nacional LGBT por meio do Decreto n. 9.453, de 31 de julho de 2018. Dois anos depois, no entanto, o Executivo Federal editou outro Decreto (n. 10.346, de 11 de maio de 2020) para revogar a convocação anterior e, assim, descontinuar a execução das conferências nacionais realizadas por essa população. A redução das possibilidades de apresentar as demandas de movimentos e ativistas LGBTI+ ao Governo Federal marcou toda a gestão de Bolsonaro.

As Conferências Nacionais LGBT formam um mecanismo de participação social com vistas a entender os anseios e reivindicações das pessoas LGBTI+ e dos movimentos sociais. Trata-se de um formato bastante explorado no Brasil, especialmente do início dos anos 2000 até meados da década seguinte, para fomentar a participação social com o objetivo de discutir propostas e elaborar políticas públicas específicas para alguns grupos populacionais[8].

Sob a nomenclatura GLBT – utilizada à época –, a primeira conferência foi realizada em 2008 a partir de um decreto assinado pelo então presidente Lula em 20 de novembro de 2007. Nos governos de Dilma Rousseff, ocorreram a segunda e a terceira conferência, em 2011 e 2016, respectivamente, já com o acrônimo LGBT consolidado.

Uma série de avanços importantes para o reconhecimento dos direitos LGBTI+ pelo Estado emergiram dos encontros. A partir da I Conferência, por exemplo, emplacou-se: o I Plano Nacional de Promoção da Cidadania e Direitos Humanos de Lésbicas, Gays, Bissexuais, Travestis e Transexuais; a Coordenação Geral de Promoção dos Direitos LGBT; o Conselho Nacional de Combate à Discriminação e Promoção dos Direitos LGBT; além da celebração do Dia Nacional de Combate à Homofobia.

Na III Conferência, foram evidenciadas maiores críticas à efetividade daquele espaço e demandou-se o compromisso mais nítido com os direitos LGBTI+ por parte das autoridades. Também resultaram da conferência medidas como a edição do Decreto n. 8.727, em 28 de abril de 2016,

8 Sobre as Conferências LGBTI+ e o processo de "fazer-se no Estado", ver as pesquisas de Silvia Aguião, "Não somos um simples conjunto de letrinhas: disputas internas e (re)arranjos da política LGBT", *Cadernos Pagu*, n. 46, p. 279-310, abr. 2016; *Fazer-se no "Estado": uma etnografia sobre o processo de constituição dos "LGBT" como sujeitos de direitos no Brasil contemporâneo*, Rio de Janeiro: Eduerj, 2018.

que permitiu o uso do nome social e o reconhecimento da identidade de gênero de trans e travestis na administração pública federal.

Extinção de conselhos e mecanismos de participação social

Por meio do Decreto Presidencial n. 9.759, editado em 11 de abril de 2019, o Executivo Federal extinguiu diversos conselhos voltados à elaboração de políticas públicas, como o Conselho Nacional de Combate à Discriminação (CNCD/LGBT). A ação tomada pelo governo foi alvo de julgamento pelo Supremo Tribunal Federal, que considerou que o decreto não poderia extinguir conselhos de participação social. O governo ofereceu como alternativa, por meio da edição de um decreto, uma estrutura de participação mais genérica e enxuta, que não mencionava explicitamente a população LGBTI+ como um dos públicos-alvo.

Retirada de previsão orçamentária exclusiva para políticas LGBTI+ no MMFDH

Em 2020, o governo Bolsonaro apresentou ao Congresso sua primeira Lei Orçamentária Anual, na qual não constava menção a previsão orçamentária específica destinada a políticas LGBTI+ no âmbito do MMFDH. Na realidade, a previsão para a pasta de direitos humanos não continha a descrição de quaisquer políticas específicas, dificultando a identificação das características do investimento do poder público federal com políticas e ações voltadas para a garantia de direitos da população LGBTI+.

Extinção de organismo do MMFDH a cargo do desenvolvimento de políticas LGBTI+

Até 2021, o governo Bolsonaro havia mantido na estrutura do MMFDH o Departamento de Promoção dos Direitos de LGBT (DPLGBT), com formato herdado do governo Michel Temer, que já havia reduzido o escopo do órgão existente no governo Dilma. O DPLGBT foi por fim extinto, passando a integrar o recém-criado Departamento de Proteção de Direitos de Minorias Sociais e Populações em Situações de Risco, por meio do Decreto n. 10.883, de 6 de dezembro de 2021. Embora constasse, dentre as atribuições do novo organismo, o desenvolvimento de políticas para LGBTI+, o ministério deixou de contar com uma estrutura específica para tratar do tema.

Enfraquecimento das medidas federais para prevenção ao HIV/Aids e outras ISTs

Ainda em 2019, o governo federal extinguiu o Departamento de Infecções Sexualmente Transmissíveis (ISTs), AIDS e Hepatites Virais. As atribuições do organismo foram absorvidas por uma nova estrutura que passou a lidar com ISTs e doenças e condições crônicas de forma integrada. O novo arranjo acabou por extinguir uma estrutura própria para desenvolvimento de ações e medidas voltadas à prevenção e ao cuidado com o HIV e com a AIDS, descontinuando políticas e protocolos que serviam como referência para o tratamento de ISTs.

Ações de construção de políticas anti-LGBTI+ promovidas no âmbito federal entre 2019 e 2022

Além das medidas direcionadas a retirar garantias e direitos conquistados para pessoas LGBTI+, os últimos anos também foram marcados pelo crescimento e o fortalecimento de uma agenda anti-LGBTI+, acolhida e executada pelo governo Bolsonaro. Seja em tentativas de aparelhamento de canais de denúncia, no apagamento de informações ou por meio da manipulação de dados oficiais entre 2019 e 2022, o governo federal realizou um conjunto de investidas para implementar marcos jurídicos e técnico-conceituais relacionados a temas como a família, a criança e o adolescente e a educação. Ainda que não contivessem menção expressa à retirada de direitos das pessoas LGBTI+, essas investidas absorviam em seus objetivos uma série de empecilhos para a garantia da integridade e dignidade dessa população, como veremos posteriormente. A seguir, selecionamos algumas evidências do estabelecimento de uma agenda anti-LGBTI pelo governo Bolsonaro.

Investimento em políticas voltadas para uma concepção limitada e pouco inclusiva de família e que promovem a privatização de demandas públicas

Com a criação da Secretaria Nacional da Família, em 2019, as políticas públicas para a promoção dos direitos humanos passaram a destinar recursos a projetos e programas dotados de noções excludentes de famílias. Permeadas de valores cristãos, desconsiderando outras orientações religiosas, tais ações entendiam que, no desempenho dos papéis familiares, a mulher estaria relegada ao cuidado das crianças e o homem, destinado a prover os recursos financeiros para o lar. Entre os programas implementados estão a Estratégia Nacional de Fortalecimento dos Vínculos Familiares, instituída pelo Decreto n. 10.570, de 9 de dezembro de 2020, e o Projeto Famílias Fortes, voltado para educar crianças e famílias a partir de valores cristãos, estratégia bastante presente no modelo posto em prática pelo MMFDH.

Aparelhamento de canais como o Disque 100

Criado em 1997, o Disque 100 é um serviço público disponível para receber e apurar denúncias de violações de direitos humanos no Brasil. As informações coletadas por ele ajudam gestores e sociedade civil a monitorar e avaliar o estado dos direitos humanos. Contudo, o instrumento foi reformulado pela pasta da então ministra Damares Alves, com a subversão de algumas noções de direitos humanos que não só colaborou no apagamento de violências de gênero e contra LGBTI+ como também viabilizou a perseguição e discriminação nos setores da saúde e da educação.

Na versão do Disque 100 oferecida pelo MMFDH, cujos dados eram apresentados na plataforma Disque Direitos Humanos, a categoria "gênero" foi excluída das classificações que orientavam o processamento das denúncias que chegavam ao canal. Essa decisão classificatória impactou negativamente na mensuração das violências de gênero denunciadas e coletadas. Algo parecido ocorreu com a categoria "LGBTI+fobia", também ausente do manual de taxonomia organizado pela Ouvidoria Nacional de Direitos Humanos, lançado em abril de 2021 pelo MMFDH, ainda que o canal captasse e disponibilizasse dados sobre orientação sexual e considerasse a população LGBTI+ como alvo de algumas violências denunciadas.

Nos painéis de apresentação dos dados do canal, observou-se que, no campo "motivação" da violação denunciada, houve a inclusão da categoria "ideologia de gênero" junto a tantas outras, como "orientação sexual", por exemplo. Isso indica que as denúncias motivadas por LGBTI+fobia poderiam ser agregadas, por exemplo, a denúncias contra professores que, ao lecionar sobre diversidade ou sexualidade nas escolas, são acusados de promover "ideologia de gênero", de modo a supostamente violar os direitos das crianças e famílias. Isso gerou preocupação sobre a possibilidade de acionamento de órgãos policiais contra profissionais de educação a partir das informações recebidas pelo Disque 100[9].

9 Entidades do campo da educação, como Confederação Nacional dos Trabalhadores em Educação

Supressão de dados históricos sobre a violência LGBTI+fóbica disponibilizados em páginas oficiais do governo federal

Entre 2013 e 2014, o governo federal produziu relatórios anuais sobre violências contra LGBTI+ com base em dados de organizações da sociedade civil e dos canais de denúncia oficiais. As pesquisas foram descontinuadas, agravando o apagão de dados oficiais sobre a população LGBTI+, mas ainda constavam em acervo nas páginas oficiais. Contudo, o MMFDH deixou de disponibilizar cartilhas, documentos e materiais de campanha voltados para a população LGBTI+ e empenhados pelas gestões federais anteriores, bem como os relatórios sobre violência LGBTfóbica.

Os efeitos das políticas anti-LGBTI+

A vitória do governo Lula nas eleições de 2022 foi recebida com entusiasmo por amplas parcelas da militância LGBTI+ e de grupos em defesa da diversidade sexual e de gênero. A participação direta e indireta de organizações LGBTI+ na construção da campanha e os compromissos assumidos pela chapa durante a corrida eleitoral sinalizaram uma possibilidade de mudança de rumo na abordagem do Estado brasileiro em relação aos direitos LGBTI+.

Os primeiros sinais de mudança surgiram logo após o fim das eleições, com a formação de um Gabinete de Transição Governamental composto por diferentes especialistas e contendo um grupo de trabalho (GT) específico para direitos humanos. As reuniões organizadas pelo GT para tratar dos direitos LGBTI+ reuniram militantes e organizações que auxiliaram a compor um panorama do desmonte ocorrido nessa esfera nos últimos anos, bem como as prioridades para o próximo período. Embora as recomendações reunidas no GT não tenham sido incluídas no Relatório Final do Gabinete de Transição Governamental – o que gerou críticas por parte da militância –, os encontros permitiram restaurar a confiança de setores do movimento LGBTI+ na possibilidade de retomar o diálogo com o Governo Federal.

— (CNTE), e da saúde, como a Confederação Nacional dos Trabalhadores em Saúde (CNTS), protocolaram ação no Supremo Tribunal Federal em fevereiro de 2022 sobre a instrumentalização do Disque 100 pelo governo Bolsonaro; ver Ação Educativa, "Ação no STF questiona uso do Disque 100 para perseguição política", *Notícias Ação Educativa*, São Paulo, 9 fev. 2022. Disponível em: https://acaoeducativa.org.br/acao-no-stf-questiona-uso-do-disque-100-para-perseguicao-politica/.

Além disso, já nos primeiros meses de 2023, o novo governo anunciou a criação de uma Secretaria Nacional LGBTI+ no âmbito do Ministério dos Direitos Humanos, que retomou o nome que tinha antes do governo Bolsonaro. Ao promover uma revogação coletiva de atos e decretos federais que impunham barreiras ao exercício de direitos sociais e coletivos, o governo recém-empossado também revogou as normativas que haviam descontinuado diversos conselhos de participação social. A seguir, novos decretos foram editados criando o Conselho de Participação Social e o Sistema de Participação Social Interministerial[10].

De modo mais específico, a aprovação pelo Congresso e a sanção presidencial da Lei n. 14.532/2023, que tipificou a injúria racial como crime de racismo, gerou impacto no arranjo jurídico que viabilizou o reconhecimento judicial da criminalização da LGBTI+fobia no Brasil. Votada pelo STF em 2019, a Ação Direta de Inconstitucionalidade por Omissão (ADO) n. 26 e o Mandado de Injunção (MI) n. 4.733 permitiram que a LGBTI+fobia fosse enquadrada como crime de racismo. A demora do Congresso em apreciar a regulamentação da criminalização da LGBTI+fobia por meio da promulgação de uma lei fez com que os esforços para efetivar a decisão do Supremo passassem a compartilhar das mesmas dificuldades enfrentadas para a efetivação das denúncias de racismo. Uma dessas dificuldades estava justamente no fato de que as ocorrências de racismo denunciadas às autoridades eram com frequência reconhecidas pela Justiça como crime de injúria racial, com pena menor à do crime de racismo e, diferentemente deste, passível de prescrever. Com a edição da nova lei e a decisão anterior do Supremo, enquanto não houver regulamentação da matéria pelo Congresso, o crime de LGBTI+fobia, mesmo quando considerado injúria, passa também a ser enquadrado como racismo.

Embora esses eventos sejam recentes à escrita deste texto, reduzindo nossa capacidade de analisar seus efeitos, é possível afirmar que as primeiras medidas tomadas pelo terceiro governo Lula sinalizaram uma disposição para reconstruir a agenda de direitos LGBTI+. Para além de restaurar garantias que haviam sido efetivamente retiradas, essa reconstrução também precisará criar e fortalecer mecanismos de participação social que sejam capazes de absorver o acúmulo crítico de lutas e reivindicações sociais recentes, como as jornadas de junho de 2013 e a

10 A revogação dos decretos anteriores decorreu do Decreto n. 11.371, de 1º de janeiro de 2023. O Decreto n. 11.406, de 31 de janeiro de 2023, instituiu o Conselho de Participação Social e o Decreto n. 11.407, de 31 de janeiro de 2023, o Sistema de Participação Social Interministerial.

mobilização estudantil de secundaristas em 2016[11], sobretudo no sentido da efetividade da participação social nas tomadas de decisões do governo.

A reconstrução das políticas LGBTI+ após o fim do governo Bolsonaro, no entanto, é apenas uma parte dos desafios a serem enfrentados. Paralelamente à retirada de garantias e ao descumprimento de políticas e acordos estabelecidos, os últimos anos marcaram a consolidação de uma agenda anti-LGBTI+ no Brasil. Promovida por grupos e setores distintos com objetivos em comum[12], essa agenda ganhou um novo *status* de legitimidade ao ser adotada pelo governo Bolsonaro e por diferentes ministros, bem como por políticos aliados e apoiadores.

O fortalecimento da legitimidade institucional da agenda anti-LGBTI empenhada nos últimos anos pode ser compreendido por ao menos dois prismas. O primeiro se refere ao direcionamento, em um primeiro momento, de associações religiosas, grupos conservadores e movimentos liberais em emplacar mudanças legislativas e jurisprudenciais, como ocorreu com a propagação do Escola sem Partido pelo país e com a aprovação do Plano Nacional de Educação (PNE) 2014-2024 sem menção à palavra "gênero". Ao longo dos quatro anos do governo Bolsonaro, como vimos, houve novas investidas para o avanço dessa agenda.

O segundo prisma por meio do qual é possível compreender a institucionalização de uma agenda anti-LGBTI+ nos últimos anos se relaciona com a utilização instrumental do Estado para amplificação de interpretações religiosas rígidas e excludentes, para a massificação de teorias conspiratórias e para a divulgação de visões de mundo que questionam ou negam a existência de identidades de gênero que não sejam cisgênero e de orientações sexuais que não sejam heterossexuais. Sobre este aspecto, a defesa da família e, em especial, da criança e do adolescente propiciaram uma gramática para que os grupos e setores vinculados que tenham afinidade na adesão a uma agenda anti-LGBTI+ atuem por meio de uma agenda propositiva de direito[13], e não apenas do cerceamento ou da desconstituição de direitos.

11 Para uma análise sobre algumas das transformações ocorridas no Brasil, registradas em estudos relacionados aos movimentos sociais contemporâneos, ver Paula Alegria Bento, Lucas Bulgarelli e Rosana Pinheiro-Machado, "Movimentos sociais contemporâneos: um balanço da produção de teses e dissertações em antropologia (2008-2018)", em Igor José de Renó Machado *et al.* (org.), *Ciências Sociais Hoje: Antropologia*, 1. ed. São Paulo: Anpocs/Zepellini, 2020, v. 1, p. 191-217.

12 Uma descrição sobre alguns eventos relacionados a esses grupos pode ser acessada em Lucas Bulgarelli, "Das políticas de gênero e sexualidade às políticas antigênero e antissexualidade no Brasil", em Regina Facchini e Isadora Lins França (org.) *Direitos em disputa: LGBTI+: poder e diferença no Brasil contemporâneo*, Campinas: Editora Unicamp, 2020, p. 393-411.

13 Ver mais sobre a defesa da família e demais pautas em Tatiana Lionço, "'Ideologia de gênero' como elemento da retórica conspiratória do 'globalismo'", em Regina Facchini e Isadora Lins França (org.),

Desde o nome do Ministério da Mulher, Família e Direitos Humanos instituído pelo governo Bolsonaro até a composição das coordenações e secretarias da pasta, a mobilização da ideia de "família" serviu como conectivo para a composição de forças e interesses em torno da agenda anti-LGBTI+. Muitos dos atores e grupos próximos a essa agenda, aliás, não a descreveriam como uma agenda anti-LGBTI+, e sim como algo mais próximo de uma agenda "pró-família", de "defesa da família" ou de "defesa da criança".

Antes mesmo da vitória de Bolsonaro em 2018, esses atores e grupos já exerciam influência em associações, federações e confederações religiosas, em igrejas e templos, em entidades profissionais e de classe e na atuação profissional, sobretudo em áreas como a psicologia e a medicina. Em certo sentido, essa atuação não apenas foi fortalecida durante o governo Bolsonaro como também ajudou a fortalecer a correlação de forças que propiciou sua vitória eleitoral. A circulação de ideias como a da suposta existência de uma "ideologia de gênero" defendida por movimentos feministas e LGBTI+ e partidos de esquerda é um dos principais aspectos que definem a atuação desses atores e grupos durante as últimas décadas. Outro aspecto fundamental, e sobre o qual deteremos nossa atenção a seguir, é a promoção de práticas de conversão e tentativas de cura da identidade de gênero, orientação sexual e expressão de gênero de pessoas LGBTI+, sobretudo jovens.

Para os propósitos deste texto, selecionamos alguns dos dados da pesquisa que realizamos em 2022 no Instituto Matizes, em parceria com a All Out, e que identificou 26 formas com que se apresentam as terapias de cura e conversão sexual e de gênero no Brasil[14]. A pesquisa ouviu 365 pessoas LGBTI+ que responderam a um chamado realizado *por e-mail* pela All Out contendo um questionário sobre práticas relacionadas a tentativas de cura ou conversão sexual e de gênero que haviam sido cometidas contra elas. Destas, 52,8% "passaram por esforços de 'correção' da sexualidade e identidade de gênero quando tinham entre 6 e 17 anos de idade"[15].

— *Direitos em disputa: LGBTI+, poder e diferença no Brasil contemporâneo*, Campinas: Editora Unicamp, 2020, p. 373-93. Em entrevista concedida ao portal *Agência Pública*, o professor da Universidade Federal de Minas Gerais (UFMG) Marco Aurélio Máximo Prado chamou a atenção para o risco de generalizar a atuação desses grupos ao identificá-los por meio da ideia de serem "antigênero", posto que se trataria de uma noção de gênero bastante específica. Ver mais em Andrea Dip, "'Ideologia de gênero' no Disque 100 pode criminalizar professores, diz pesquisador", *Agência Pública*, 14 dez. 2021. Disponível em: https://apublica.org/2021/12/ideologia-de-genero-no-disque-100-pode-criminalizar-professores-diz-pesquisador/.

14 A pesquisa completa pode ser acessada em: https://institutomatizes.com.br/biblioteca/.

15 Anelise Fróes, Arthur Fontgaland e Lucas Bulgarelli, *Entre curas e terapias: práticas de conversão sexual e de gênero no Brasil*, São Paulo: All Out/Instituto Matizes, 2022, p. 17.

Entre os 26 tipos de esforço de correção da sexualidade, expressão ou identidade de gênero de pessoas LGBTI+ analisados pela pesquisa, a maior parte se relaciona a contextos religiosos, como ameaças e profecias, rituais e tarefas espirituais. As pessoas sobreviventes também relataram um conjunto de esforços de conversão e cura contra pessoas LGBTI+ relacionados a contextos familiares. Nesse sentido, há relatos de coação, ameaças de internação, atividades e tratamentos forçados. O estudo também identificou ações ocorridas em contextos de saúde, como o oferecimento de serviços de conversão sexual e de gênero a pais de jovens LGBTI+ em sessões de aconselhamento e a prescrição de cirurgias e hormonioterapias por psiquiatras, pediatras e psicólogos com o objetivo de evitar que o jovem assumisse sua identidade de gênero ou orientação sexual. Há, ainda, menções a tentativas de cura e conversão sexual e de gênero em ambientes escolares, por meio da atuação de diretores e professores em reuniões com pais de jovens LGBTI+ e mesmo durante a aula.

Essas tentativas de cura e de conversão descritas na pesquisa, sobretudo contra jovens LGBTI+, em muitos casos contaram com o apoio e a participação ativa de familiares e responsáveis. Além disso, é recorrente entre os entrevistados o relato de traumas[16] e de adoecimentos psíquicos que os acompanham e que foram causados por suas experiências em processos de cura e conversão da orientação sexual, expressão ou identidade de gênero. Nesses casos, é frequente que familiares e responsáveis atribuam os prejuízos à saúde mental de pessoas LGBTI+ ao fato de elas serem LGBTI+, e não à submissão delas, sobretudo as jovens, a procedimentos violentos, quando não a práticas de tortura.

A este respeito, o Especialista Independente das Nações Unidas em Proteção contra a Violência e Discriminação com Base na Orientação Sexual e Identidade de Gênero (Iesogi, na sigla em inglês), Victor Madragal-Borloz, afirmou em relatório sobre o tema que:

> essas práticas também violam as normas de proibição à tortura e maus-tratos, uma vez que partem do princípio de que pessoas com identidade de gênero ou sexualidade diversas são de alguma forma inferiores – moral, espiritual ou

16 Um conjunto vasto de relatos desse tipo foi reunido pelo Conselho Federal de Psicologia no importante relatório *Tentativas de aniquilamento de subjetividades LGBTIs*, Brasília: CFP, 2019.

fisicamente – a pessoas heterossexuais e cisgêneras e, por isso, devem modificar sua orientação ou identidade para remediar essa inferioridade.[17]

Enquadrar como tortura algumas das práticas que envolvem as tentativas de cura e conversão reflete não apenas a necessidade de reconhecer a gravidade das violências cometidas nesses procedimentos mas também a de identificar similaridades entre essas práticas nos diferentes países e contextos em que têm ocorrido[18]. Ao redor do mundo, esses episódios frequentemente estão ligados à atuação de organizações locais e de entidades internacionais, muitas delas de caráter religioso, mas também com orientação secular, que promovem ou realizam as supostas terapias e curas de conversão de pessoas LGBTI+.

Embora os atores e contextos variem em cada país ou região, um ponto que parece ser comum a essas práticas é o uso do convencimento, da persuasão e da manipulação. Para que a vítima se submeta a esse tipo de processo, é necessário que ela já esteja suficientemente convencida de que sua orientação sexual, identidade ou expressão de gênero é um "problema" que pode ser traduzido nos termos de uma "doença", um "pecado" ou um "defeito". Em seguida, a cura ou terapia é ofertada como a saída para a resolução desse "problema"[19].

No Brasil, essas práticas eram recorrentes muito antes do início do governo Bolsonaro, chegando a tomar a atenção da opinião pública nos últimos anos. Já nos anos 2000 houve episódios envolvendo psicólogos defensores das práticas de cura de pessoas LGBTI+ que protagonizaram debates em conselhos profissionais e na mídia, alguns dos quais tiveram sua licença para exercício da atividade profissional cassada. A pesquisa realizada pelo Instituto Matizes chegou também a identificar relatos de sobreviventes que teriam passado por procedimentos de terapia ou cura de suas sexualidades nos anos 1980.

17 Victor Madrigal-Borloz, *Practices of so-called "conversion therapy": report of the Independent Expert on Protection against Violence and Discrimination based on Sexual Orientation and Gender Identity*. Genève: Conselho de Direitos Humanos das Nações Unidas, 2020, p. 1. Disponível em: https://digitallibrary.un.org/record/3870697.

18 Além do mapeamento reportado por Madrigal-Borloz, outras pesquisas apontam para recorrências dessas práticas em diferentes lugares do mundo e os esforços legais de alguns Estados para contê-las. Ver, por exemplo, David de Groot, *Bans on conversion "therapies": the situation in selected EU Member States*, Bruxelles: European Parliamentary Research Service, European Union, 2022; ILGA Mundo e Lucas Ramón Mendos, *Poniéndole límites al engaño: un estudio jurídico mundial sobre la regulación legal de las mal llamadas "terapias de conversión"*, Genève: ILGA Mundo, 2020.

19 Anelise Fróes, Arthur Fontgaland e Lucas Bulgarelli, *Entre curas e terapias*, *op. cit.*, p. 51.

No entanto, ao longo dos últimos anos é possível observar uma tendência de ampliação desses procedimentos. Um dos reflexos da expansão dessas práticas é o fortalecimento do papel das comunidades terapêuticas promovido pelo poder público. Regulamentadas no governo Rousseff, as comunidades terapêuticas passaram a incorporar os serviços de atenção e cuidado com pessoas com histórico de dependência química. De acordo com o *Relatório de inspeção nacional em comunidades terapêuticas*, apresentado em 2018 pelo Conselho Federal de Psicologia, pelo Mecanismo Nacional de Combate à Tortura e pelo Ministério Público Federal, "em ao menos 14 das 28 instituições visitadas, não há respeito à diversidade de orientação sexual e de identidade de gênero"[20]. O documento aponta que os relatos colhidos revelam uma tendência de repressão da orientação sexual, identidade ou expressão de gênero das pessoas atendidas nessas instituições. Outra informação relevante é a de que "por vezes, em geral em instituições de orientação religiosa, a identidade sexual foi associada ao 'pecado'"[21].

Entre 2017 e 2020, foram investidos R$ 560 milhões de reais no custeio de entidades privadas que atuam como comunidades terapêuticas. Os dados são do relatório *Financiamento público de comunidades terapêuticas brasileiras entre 2017 e 2020*, apresentado em 2022 pelo Centro Brasileiro de Análise e Planejamento (Cebrap) e pela Conectas Direitos Humanos. A pesquisa revela que, deste montante, R$ 300 milhões foram provenientes de verba federal. Em 2019, com o início do governo Bolsonaro, o investimento federal nas comunidades terapêuticas, ainda de acordo com o levantamento, teria sofrido um salto de 169%. A priorização das comunidades terapêuticas no tratamento de pessoas com histórico de uso ou abuso de substâncias e entorpecentes passou a ser criticada por entidades, especialistas e organizações[22]. Entre os principais argumentos contrários a esse modelo, estão a ausência de regulamentação sobre a competência e os procedimentos adotados por essas entidades e a falta de comprovação sobre a eficácia desses procedimentos.

O fortalecimento das comunidades terapêuticas também aprofunda a falta de compromisso do poder público com a tutela desses serviços,

20 Conselho Federal de Psicologia, Mecanismo Nacional de Combate à Tortura e Procuradoria Federal dos Direitos do Cidadão do Ministério Público Federal, *Relatório da inspeção nacional em comunidades terapêuticas – 2017*, Brasília: CFP/MNPCT/MPF, 2018, p. 15.

21 *Ibidem*, p. 16.

22 Leandro Machado, "Sob Bolsonaro, comunidades religiosas viram principal terapia de dependentes químicos mesmo sem controle e resultados atestados", *BBC Brasil*, São Paulo, 25 abr. 2022. Disponível em: https://www.bbc.com/portuguese/brasil-61184132.

que passam a ser executados por entidades privadas. Essa privatização de demandas públicas não se limita às comunidades terapêuticas. A própria difusão da noção de "ideologia de gênero", em muitas situações, tende a ser direcionada para a responsabilidade que pais e responsáveis deveriam ter em identificar situações nas quais seus filhos pudessem entrar em contato com a "ideologia de gênero", como na escola, na televisão, nas redes sociais ou com os amigos.

A possibilidade de que pessoas LGBTI+, sobretudo jovens, se tornem LGBTI+ por terem entrado em contato com conteúdos relacionados à ideia de "ideologia de gênero" busca gerar um dever de patrulha e vigilância em pais e responsáveis. Estes, por sua vez, passam a se voltar contra professores e profissionais da educação suspeitos de supostamente professar a "ideologia de gênero". Este contexto ajuda a entender as motivações do governo Bolsonaro, particularmente por meio do MMFDH e do Ministério da Educação (MEC), em promover a educação domiciliar (*homeschooling*) nos últimos anos. Aprovado pela Câmara em maio de 2022, o Projeto de Lei n. 1.338, de 2022, que regulamenta o ensino domiciliar até o ensino médio, ainda aguardava pela aprovação do Senado no início de 2023. A diminuição da responsabilidade do Estado e o consequente aumento da tutela da família sobre a educação de crianças e adolescentes – em um contexto no qual a família figura como um dos principais agentes de produção de violências, inclusive para jovens LGBTI+ – aprofunda as dificuldades para a redução e o combate da LGBTI+fobia, bem como o combate aos maus-tratos e abusos ocorridos em âmbito familiar ou doméstico.

Diferentes organizações e entidades têm apresentado críticas e empenhado ações para barrar essas agendas. Em relação à oposição às terapias de cura e conversão realizadas contra pessoas LGBTI+, destacamos o trabalho realizado por grupos como o Evangélicxs pela Diversidade e a Rede Nacional de Grupos Católicos LGBT, sobretudo no sentido de proporcionarem uma visão inclusiva do pertencimento religioso para pessoas LGBTI+[23]. Outras entidades, como o Conselho Federal de Psicologia e seus conselhos estaduais, também têm se debruçado nas últimas décadas em esforços de análise, regulamentação e combate a essas práticas. Além disso, recentemente, alguns projetos de lei sobre o

23 A página do grupo Evangélicxs pela Diversidade pode ser acessada em https://www.facebook.com/evangelicxs/?locale=pt_BR. Para mais informações sobre a Rede Nacional de Grupos Católicos LGBT, acesse: https://redecatolicoslgbt.com.br/.

tema foram propostos tanto em nível federal como em nível estadual[24]. Esses esforços reafirmam a necessidade de construir medidas que não apenas efetivem os direitos LGBTI+ como também façam frente ao avanço de uma agenda anti-LGBTI+ que não apresenta indícios de desaparecimento com o fim do governo Bolsonaro.

Conclusão

As transformações ocorridas nas duas primeiras décadas dos anos 2000 em torno da efetivação dos direitos LGBTI+ têm sido marcadas por uma série de avanços e reveses. A consolidação de uma gramática e a disseminação de uma visão de mundo contrária a esses direitos nos últimos anos foi eficaz não apenas na difusão de uma agenda anti-LGBTI+ no nível da política institucional realizada por gestões públicas e representantes políticos. A atuação de grupos e políticos contrários aos direitos LGBTI+ também propiciou expansão de modos de pertencimento e de construção de sentidos que continuam a orientar opiniões, posicionamentos e preferências morais de uma parcela significativa da população brasileira.

Embora o fim do governo Bolsonaro represente um marco decisivo para a defesa dos direitos LGBTI+, os caminhos pelos quais a agenda contrária a eles foi sendo construída sugerem que os desafios da militância LGBTI+ e de seus apoiadores extrapolam a esfera institucional dos governos e mandatos parlamentares. Há, além disso, o contínuo espraiamento de práticas, conceitos, instituições, serviços profissionais, espaços religiosos, promessas de cura, processos de terapia, prescrições médicas, acampamentos, comunidades terapêuticas, dentre outros, nos quais tem sido promovida a ideia de que as orientações sexuais, expressões e identidades de gênero LGBTI+ pertencem ao âmbito do pecado, da doença ou do abominável e merecem ser combatidas.

Com a derrota eleitoral de Bolsonaro e a consequente vitória de Lula, mesmo os desafios sobre os direitos LGBTI+ mais atrelados às demandas institucionais também não apresentam sinais de arrefecimento. Além da expressiva vitória, também no pleito de 2022, de parlamentares estaduais e federais e de governadores que se apresentaram como favoráveis ou mesmo defensores de uma agenda anti-LGBTI+, o Brasil

24 Em nível federal, por meio dos PL n. 1.795/2022 e n. 737/2022; em nível estadual, citamos o PL n. 22/2023, em tramitação na Assembleia Legislativa do Estado de São Paulo.

ainda convive com uma série de vereadores e prefeitos que se alinharam nos últimos anos ao combate aos direitos LGBTI+ em seus municípios e regiões. Se essas disputas não parecem próximas de um fim, as eleições municipais de 2024 poderão ser determinantes para compreender se a aposta na reconstrução dos direitos LGBTI+ conseguiu ou não superar os efeitos de seu recente desmonte.

O ATIVISMO LGBTI+ BRASILEIRO SOB AS RUÍNAS DO NEOLIBERALISMO

BRUNA ANDRADE IRINEU

As ruínas fazem referência a algo antigo, mas que ainda não morreu. Wendy Brown usa o termo para intitular o livro *Nas ruínas do neoliberalismo: a ascensão da política antidemocrática no Ocidente*, publicado em português em 2019. Tomo-o de empréstimo em consonância com a filósofa, que o utiliza para evidenciar que o neoliberalismo não acabou, mas está em decadência. Na economia, por exemplo, houve um deslocamento das empresas locais, substituídas por globais, o que levou milhões de pessoas à precariedade. Mas as ruínas se expressam ainda no desmoronamento de uma forma de governar, produtora de uma moralidade tradicional. O neoliberalismo demonizou as formas de associação, a soberania dos povos, os projetos de igualdade e justiça social, pelo viés da busca de uma (falsa) liberdade que expressa uma forma de totalitarismo[1].

Em trabalho anterior, Brown afirma que, com a convergência entre o neoconservadorismo e o neoliberalismo, iniciada na década de 1970, há um enfraquecimento dos princípios democráticos[2]. Destaco que muitos teóricos da Teoria Social Crítica desaprovaram esses princípios por sua capacidade ilusória, ao promover crenças em projetos de "humanização" do capitalismo. Para ilustrar essa fragilização de princípios, podemos citar, em contextos como o do Brasil recente, a redução de investimentos em educação pública, a centralidade da eficácia econômica como base para governar e a desmoralização do poder popular através de instituições como sindicatos e partidos, que passam a ser gradativamente imêmores. Logo, a partir desse cenário, que se intensificou com a ascensão do bolsonarismo[3], cria-se um imaginário no qual a democracia é desvinculada da organização coletiva e do povo, o que contribui para a destruição de seu estabelecimento político ao minar seu vínculo identitário.

A perda de confiança na democracia e o ataque à redistribuição e à justiça social é responsabilidade do neoliberalismo, regime no qual prevalecem o subsídio aos mercados e a promoção da moralidade conservadora. A família "funciona como rede de proteção, reservatório de disciplina e estrutura de autoridade"[4]. Ela assume a função de ser um

1 Wendy Brown, *Nas ruínas do neoliberalismo: a ascensão da política antidemocrática no Ocidente*, trad. Mario A. Marino e Eduardo A. Camargo Santos, São Paulo: Editora Filosófica Politeia, 2019.

2 *Ibidem*, 2015.

3 Bruna Andrade Irineu, Brendhon Andrade Oliveira e Milena Carlos Lacerda, "Um balanço crítico acerca da regressão dos direitos LGBTI no Brasil sob ascensão do bolsonarismo", em: Bruna Andrade Irineu *et al.* (org.), *Diversidade sexual, étnico-racial e de gênero: temas emergentes*, Salvador: Devires, 2020, p. 98-115.

4 Wendy Brown, *Nas ruínas do neoliberalismo*, *op. cit.*, p. 114.

entrave aos excessos da democracia e das minorias sociais. Demonstra-se, assim, que um dos focos do neoconservadorismo é a destruição de qualquer coisa que faça alusão à justiça social.

A pandemia de covid-19 nos auxilia a compreender o fracasso da racionalidade neoliberal, pautada na centralidade do mercado, do consumo e do individualismo na organização da sociedade. Ressignificar a liberdade distinguindo-a da concepção empregada pela direita e evidenciar a necessidade do comum e do cuidado mútuo é um horizonte possível para o campo progressista, em especial para a esquerda. Nesse sentido, os obstáculos para a reconstrução democrática impõem inúmeros desafios aos movimentos sociais, inclusive àqueles que se articulam em torno das pautas de gênero e sexualidade, como o ativismo LGBTI+ (lésbicas, gays, bissexuais, travestis, transexuais, intersexos e mais), foco deste texto.

A sedução do "mercado *pink*", da cidadania via consumo, da assimilação das normas sociais através do casamento e dos arranjos familiares inspirados no modelo heterossexual (heteronormativo e/ou homonormativo) são ameaças prementes produzidas pelo receituário neoliberal.

Neste ensaio articulo noções sobre LGBTI+fobia cordial, hetero/homonormatividade, *pinkwashing* e homonacionalismo, com as quais tenho trabalhado em minhas pesquisas nos últimos dez anos. O conceito de homonacionalismo problematiza a compreensão de como as complexidades de "aceitação" e "tolerância" à população LGBTI+ e suas demandas se "tornaram um barômetro pelo qual o direito e a capacidade de soberania nacional são avaliados" e considerados democráticos[5]. Os nacionalismos de gênero e sexualidade representam direitos e privilégios para alguns, enquanto para outros – especialmente segmentos precarizados, racializados e imigrantes – se tornam instrumentos de opressão, dominação e exploração. Cria-se, assim, um conjunto de políticas focadas em estratégias consumistas e elitistas para homens e mulheres cisgênero, brancos, homossexuais[6] e bissexuais.

Diversos autores utilizaram os conceitos de homonacionalismo, *pinkwashing*, cidadania precária e cidadania de consolação para criticar a

5 Jasbir K. Puar, "Homonacionalismo como mosaico: viagens virais, sexualidades afetivas", *Revista Lusófona de Estudos Culturais*, v. 3, n. 1, 2015, p. 336. Disponível em: https://doi.org/10.21814/rlec.98.

6 Tibério Lima Oliveira, *O homonacionalismo na sociabilidade do consumo de lazer LGBTI+ em Fortaleza/CE*, tese (Doutorado em Política Social) – Instituto de Ciências Humanas, Universidade de Brasília, Brasília: 2022.

produção de nacionalismos de gênero e sexualidade por parte do ativismo LGBTI+[7]. Em nome do reconhecimento de suas demandas pelo Estado, esse ativismo promoveu midiaticamente governos que são violentos com povos tradicionais ou imigrantes em situação de pobreza, ao mesmo tempo que, por suas iniciativas pró-LGBT, normalizam as vidas das minorias sexuais por meio do acesso às instituições sociais do Estado, como as Forças Armadas.

Um exemplo abrasileirado das armadilhas do homonacionalismo pode ser ilustrado por duas decisões do Supremo Tribunal Federal (STF) que ocorreram em uma mesma semana em 2019. Acionado com frequência para garantir a permanência das instituições democráticas (e profundamente atacado) durante o governo Bolsonaro, o STF aprovou a criminalização da LGBTI+fobia – pauta antiga e fundamental do ativismo LGBTI+ – na mesma semana em que aprovou a não obrigatoriedade de custeio da União aos remédios de alto custo, desfavorecendo inúmeras pessoas empobrecidas que dependem da gratuidade dessas medicações. Em suma, a narrativa dos direitos é suficientemente sedutora para que o ativismo LGBTI+ comemore, congratule e assimile as normas sociais gestadas pelo Estado, mobilizando ativistas para "abraçar o STF"[8], a despeito de uma leitura crítica capaz de evitar os nacionalismos sexuais e alinhar-se aos confrontos que atacam o âmago do capitalismo.

Assim, recuperando a história do ativismo LGBTI+ no Brasil, bem como os rastros do neoliberalismo nas relações entre Estado e sociedade civil, elaboro uma crítica aos limites de uma cidadania precária, subsumida na lógica do consumo e da assimilação das normas sexuais e de gênero. A partir daí, proponho alguns caminhos para desimperializarmos o orgulho e nossas estratégias ativistas.

7 Jasbir Puar, *Terrorist Assemblages: Homonationalism in Queer Times*, Durham, NC: Duke University Press, 2007; Bruna Andrade Irineu, *Nas tramas da política pública LGBT: um estudo crítico da experiência brasileira (2003-2015)*, Cuiabá: EdUFMT, 2019; Berenice Bento, "'Pinkwashing à brasileira': do racismo cordial à LGBTTTfobia cordial", *Cult*, 2015. Disponível em: https://revistacult.uol.com.br/home/pinkwashing-brasileira-do-racismo-cordial-lgbtttfobia-cordial/; João Manuel Oliveira, "Cidadania sexual sob suspeita: uma meditação sobre as fundações homonormativas e neoliberais de uma 'cidadania' de consolação", *Psicologia & Sociedade*, v. 25, n. 1, p. 68-78, 2013. A partir do entendimento do conceito de *pinkwashing* ("lavar de rosa", em inglês), Puar explica como Israel buscou ser reconhecido como um país defensor dos direitos humanos por suas políticas LGBTI+ ao mesmo tempo que dizima o povo da Palestina. "Lavar de rosa" refere-se a lavar o sangue do Outro com o *"pink"* do ativismo gay e lésbico do Norte Global.

8 Em texto anterior, recupero as Marchas contra a LGBTFobia em Brasília (DF), que ocorreram entre os anos de 2010 e 2012, destacando uma ação coordenada por segmentos do ativismo LGBTI+ em que se abraçou o STF como "agradecimento" a uma decisão relacionada ao casamento. Parcela do movimento LGBTI+ questionou o "peleguismo" dessa atividade. Ver Bruna Andrade Irineu, *Nas tramas da política pública LGBT*, *op. cit.*

Breve história do ativismo LGBTI+ no Brasil: da década de 1970 à ofensiva antigênero

Os 45 anos de ativismo LGBTI+ no Brasil são marcados por fatos como a existência do *Jornal Lampião de Esquina*, instituindo uma imprensa *gay*; a fundação do Grupo Somos, do Triângulo Rosa, entre outros, e suas cisões identitárias, que geraram novos coletivos exclusivamente de lésbicas e organizações de travestis[9]; a epidemia do HIV/aids e a onguização do movimento. Somam-se, ainda, o engavetamento de demandas no Legislativo e, por consequência, o investimento no diálogo com o Executivo para criação de políticas e programas específicos, e, na última década, a obtenção de decisões favoráveis, no Judiciário, ao matrimônio entre pessoas do mesmo sexo/gênero, à criminalização da homofobia, à retificação do registro civil de pessoas trans e à doação de sangue de homossexuais e bissexuais masculinos, mulheres trans e travestis[10].

Esse percurso de quatro décadas também expressa reconfigurações no ativismo LGBTI+, com ampliação do ativismo travesti e de mulheres transexuais, somado posteriormente à emergência das transmasculinidades[11] e, mais recentemente, ao fortalecimento de coletivos de ativismo bissexual e ao nascimento de organizações de pessoas intersexo e não binárias. Tal trajetória mostra a capilaridade dos sujeitos políticos LGBTI+, a pluralidade de demandas e novas identidades, o crescimento das Paradas do Orgulho, a constituição de outras manifestações para além das paradas, o nascimento de um ativismo mediatizado e os efeitos da coprodução entre militância e academia, que foram fundamentais para a consolidação da LGBTI+fobia na agenda do poder público e na gramática do cotidiano[12].

Não obstante, nesse largo caminho para a efetivação dos direitos LGBTI+, o movimento tem enfrentado tensões e disputas com setores conservadores reacionários, como: (1) as reações da ditadura heteromilitar de 1964 na perseguição a homossexuais e travestis; (2) a não aprovação

9 James N. Green, "O grupo Somos, a esquerda e a resistência à ditadura", em James N. Green e Renan Quinalha, *Ditadura e homossexualidade: repressão, resistência e a busca da verdade*, São Carlos: EDUFSCar, 2014.

10 Bruna Andrade Irineu, *Nas tramas da política pública LGBT*, *op. cit.*; Renan Quinalha, *Movimento LGBTI+: uma breve história do século XIX aos nossos dias*, Belo Horizonte: Autêntica.

11 Guilherme S. Almeida, "Homens trans": novos matizes na aquarela das masculinidades?", *Estudos Feministas*, v. 20, n. 2, p. 513-23, 2012.

12 Bruna Andrade Irineu, *Nas tramas da política pública LGBT*, *op. cit.*

da inclusão do termo "opção sexual" na Carta Magna, ainda no período da Constituinte; (3) o tardio reconhecimento pelo Estado da existência da população LGBTI+, citada pela primeira vez em um documento oficial fora do escopo estigmatizador do HIV/aids apenas em meados da década de 1990, no Programa Nacional de Direitos Humanos; (4) o engavetamento do projeto de lei que criminaliza a homofobia, após ter circulado e sido alterado por mais de uma década no plenário sem ser votado, recebendo alcunha de "mordaça gay" pela bancada evangélica do Congresso Nacional; (5) a inexistência de uma política nacional LGBTI+ institucionalizada por decreto, com dotação orçamentária e pactuação tripartite, interpretada por mim em pesquisa anterior como um aspecto da homofobia cordial advinda de governos e partidos com lastro histórico de aliança com as pautas da diversidade sexual e de gênero[13].

O avanço da extrema direita, em uma onda transnacional antigênero, colocou paradoxalmente em tela a fragilidade dos avanços políticos resultantes das demandas feministas e LGBTI+ e, concomitantemente, a força política das estratégias feministas e LGBTI+[14]. A reação conservadora antigênero ocorre como resposta aos avanços da agenda feminista e LGBTI+ junto aos Estados. Ultrapassando manifestações pontuais e dispersas, encontrou força em um projeto de ataque ao debate de gênero, por vezes acionado a partir da terminologia "ideologia de gênero". A ofensiva antigênero articula estratégias discursivas em nível global e tem atingido países de distintos continentes e figuras de múltiplos perfis, incluindo atores religiosos e políticos de direita, mas também de esquerda.

No Brasil, apesar da proeminência do perfil católico-evangélico, Prado e Correa consideram fundamental perfilar outros sujeitos, como kardecistas e judeus de direita e de setores seculares, além dos liberais do Movimento Brasil Livre (MBL), de profissionais juristas, da medicina, do ensino e políticos que nem sempre são religiosos[15]. Essa heterogeneidade foi observada nas articulações em torno do projeto Escola sem Partido, que envolveu distintos sujeitos políticos e/ou religiosos. Recentemente

13 Sobre essas questões, ver James N. Green, "O grupo Somos, a esquerda e a resistência à ditadura", *op. cit.*; Bruna Andrade Irineu, *Nas tramas da política pública LGBT*, *op. cit.*; Renan Quinalha, *Movimento LGBTI+*, *op. cit.*

14 Rogério Diniz Junqueira, "A invenção da 'ideologia de gênero': a emergência de um cenário político-discursivo e a elaboração de uma retórica reacionária antigênero". *Psicologia Política*, v. 18, n. 43, p. 449-502, set.-dez. 2018. Disponível em: http://pepsic.bvsalud.org/scielo.php?script=sci_arttext&pid=S1519-549X2018000300004&lng=pt&nrm=iso.

15 Marco Aurélio Máximo Prado e Sonia Correa, "Retratos transnacionais e nacionais das cruzadas antigênero", *Psicologia Política*, v. 18, n. 43, p. 444-8, set.-dez. 2018. Disponível em: http://pepsic.bvsalud.org/scielo.php?script=sci_arttext&pid=S1519-549X2018000300003&lng=pt&nrm=iso.

também temos identificado setores feministas transexcludentes (TERF) como um braço da ofensiva antigênero com lastro no campo de esquerda.

Assim, as cruzadas antigênero envolvem a investida desses setores conservadores contra as mudanças nas estruturas familiares e no campo jurídico em relação ao direito ao aborto e aos direitos das pessoas LGBTI+, com recente destaque para a questão das transidentidades. Essas transformações estão em curso desde a década de 1970, o que nos possibilita compreender a estratégia antigênero como um ataque à democracia de gênero e sexualidade[16].

Tanto o processo de impeachment de Dilma Rousseff, em 2016, quanto nas eleições de 2018, quando Jair Bolsonaro se elegeu, houve uma intensificação das mobilizações antigênero. Estas, porém, já vinham se fortalecendo durante o cenário eleitoral de 2010, quando Dilma apresenta a "Carta ao Povo de Deus", documento no qual se compromete com parte da agenda antigênero[17].

Pode-se afirmar que o governo Bolsonaro fortaleceu um populismo que se caracteriza por seu perfil: a) antigênero, com políticas estatais de manutenção da ordem binária de gênero; b) antidiversidade, estimulando o ódio às pessoas LGBTI+, indígenas e negras; c) de militarização e punitivismo, nas políticas educacionais e de segurança pública; d) pró-meritocracia e antidireitos sociais, se expressando contra as políticas sociais, como cotas, distribuição de renda e o auxílio emergencial na pandemia de covid-19; e) submisso ao capital financeiro e ao mercado, promovendo contrarreformas e políticas que favoreceram empresários e, durante a pandemia, buscando lucrar com as vacinas; f) de radicalização autocrática, com o número expressivo de militares na gestão do governo; e, por último, g) negacionista em relação à ciência, por sua programática baseada na proliferação de notícias falsas e postura na pandemia[18].

Ao recontar a história do movimento LGBTI+ observando ciclos, Quinalha aponta o momento exposto como "ciclo do *backlash*"[19]. Nos termos do pesquisador, a ideia de reação conservadora seria mais adequada do que a de uma ofensiva conservadora, já que os ataques contra as pautas

16 *Ibidem.*

17 Bruna Andrade Irineu, *Nas tramas da política pública LGBT, op. cit.*

18 Ver também Bruna Andrade Irineu, Brendhon Andrade Oliveira e Milena Carlos Lacerda, "Um balanço crítico acerca da regressão dos direitos LGBTI no Brasil sob ascensão do bolsonarismo", em Bruna Andrade Irineu *et al.* (org.). *Diversidade sexual, étnico-racial e de gênero: temas emergentes.* Salvador: Devires, 2020, p. 98-115.

19 Renan Quinalha, *Movimento LGBTI+, op. cit.*

de gênero e sexualidade sempre estiveram presentes em nossa história. Para ele, um dos maiores equívocos no campo das lutas LGBTI+ foi não se preparar para essa reação conservadora.

Em trabalhos anteriores, apontei o neoliberalismo como uma lógica ideopolítica e socioeconômica determinante nos rumos do capitalismo recente, especialmente no que tange a sua vinculação com setores conservadores que darão nova roupagem à extrema direita[20]. Pode-se inferir que há forte distinção entre esse segmento que reúne liberais na economia e conservadores nos costumes, e a direita liberal mais clássica. No entanto, o ufanismo, o negacionismo, a defesa da tradição, da família e da propriedade são elementos intrínsecos à política brasileira, que vemos antes mesmo da instituição da República no Brasil.

Como ideário e modelo socioeconômico que orienta as políticas no capitalismo, o neoliberalismo produz uma racionalidade que extrapola seus adeptos convictos e contamina também a subjetividade de setores que lhes são críticos. Tomo esse argumento de empréstimo de Brown, quando afirma que nada permanece intocado pela forma neoliberal[21]. As formulações neoliberais promovem a emergência da extrema direita ao mobilizar um discurso de liberdade que justifica exclusões e violações de direitos, objetivando assegurar a hegemonia branca, masculina, heterossexual e cristã. O interesse na expansão do capital leva à demonização da justiça social, ao mesmo tempo que a responsabiliza pelo esgarçamento do tecido moral e pela inexistência de empregos e acusa as políticas igualitárias de laurear quem não merece (os "maus cidadãos").

Em hipótese alguma pretendo argumentar, aqui, uma autonomia do neoliberalismo em relação ao capitalismo, equívoco muito recorrente em análises do próprio campo de esquerda, em sua ampla gama de sujeitos políticos. Logo, intenciono discutir nos próximos tópicos o efeito dessa racionalidade neoliberal na experiência dos governos de esquerda petistas e a ressonância disso no ativismo LGBTI+ brasileiro.

20 Bruna Andrade Irineu, Brendhon Andrade Oliveira e Milena Carlos Lacerda, "Um balanço crítico acerca da regressão dos direitos LGBTI no Brasil sob ascensão do bolsonarismo", *op. cit.*; Bruna Andrade Irineu, *Nas tramas da política pública LGBT*, *op. cit.*

21 Wendy Brown, *Undoing the Demos: Neoliberalism's Stealth Revolution*, New York: Zone, 2015; *idem*, *Nas ruínas do neoliberalismo*, *op. cit.*

A política LGBTI+ brasileira e os limites de uma cidadania precária: homonacionalismo e LGBTI+fobia cordial

Qualquer análise sobre a política governamental LGBTI+ no Brasil precisa considerar o vínculo histórico do movimento LGBTI+ com a história de construção do Partido dos Trabalhadores (PT). Esse aspecto será determinante para a ambivalência que as políticas de governo para essa população assumiram desde sua origem. Essa ambivalência se desenhou nos dois primeiros mandatos de Lula e nos de Dilma, circunscrevendo ao mesmo tempo a conquista da inserção do tema na agenda pública nacional e a baixa institucionalização da política, de modo que a pauta se tornou dependente de uma relação *gayfriendly* com o ministro ou secretário do momento nas mais diversas regiões do país. Identifico essa contradição no bojo da "homofobia cordial", categoria definitiva para entender a correlação de forças que marcou a política conciliatória do PT no poder, mesmo reconhecendo distinções entre os quadriênios dessas gestões[22].

As reações antigênero vão se expressar com maior rigor e aderência na gestão de Dilma Rousseff. A exemplo, cabe recuperar o veto ao Kit Escola sem Homofobia, material didático destinado à formação de professoras e professores no combate à homofobia, que supostamente foi vetado a partir de um pacto entre a bancada evangélica e o governo federal em defesa da manutenção de Antonio Palocci, que era chefe da Casa Civil e estava sob suspeição na época.

Primeira presidenta mulher em um país sexista, Dilma já assume o governo sob suspeição em razão de seu gênero e sua trajetória militante durante a ditadura militar. Sob pressão, veta o kit e publicamente se manifesta em defesa da "não propaganda de opções sexuais" em seu governo, cuja base de apoio religiosa já se expressava desde as eleições, quando do compromisso com a "Carta ao Povo de Deus". Foi também nessa gestão que os tensionamentos com a bancada evangélica levaram ao engavetamento do PLC n. 122, que propunha a criminalização da homofobia, a partir de uma tentativa de coalizão com a própria bancada evangélica. Pauta esta que foi aprovada anos depois pelo Superior

22 Recupero aqui o contexto histórico que fiz em texto anterior: Bruna Andrade Irineu, *Nas tramas da política pública LGBT*, *op. cit.*

Tribunal Federal, demonstrando que os direitos LGBTI+ têm sido conquistados exclusivamente através da judicialização.

Tenho chamado atenção para o fato de que Lula teve mais condições políticas do que Dilma para avançar nos temas de diversidade sexual e de gênero. Entretanto, são as políticas do governo Lula que nos darão a dimensão da capacidade do Estado brasileiro para produzir homonacionalismo e LGBTI+fobia cordial[23].

O homonacionalismo é um processo que indica uma mudança histórica na constituição de Estados-nação, através da persistência da heteronormatividade "como forma de aumentar a inclusão da homonormatividade"[24]. Logo, o homonacionalismo produz narrativas de progresso e modernidade que, com base em uma concepção liberal de direitos LGBTI+, permanecem concedendo a algumas populações o acesso a formas culturais e legais de cidadania, em prejuízo dos direitos das demais populações, que vivenciam uma cidadania precária.

Já a LGBTI+fobia cordial ou "homofobia cordial" foi considerada uma expressão brasileira do *pinkwashing*. Embora a LGBTI+fobia e a cordialidade sejam expressões contraditórias uma com a outra, demonstram a convivência pacífica entre comportamentos, demarcando uma fronteira que não deve ser ultrapassada, em que a cultura política nacional incentiva o apagamento das diferenças e a assimilação das normas sociais.

Tanto o homonacionalismo quanto a LBGTI+fobia cordial expressam processos que se engendram seguindo o receituário neoliberal. Políticas que se desenham assegurando a restauração das taxas de lucros para garantir a acumulação capitalista ou fazendo uso da narrativa do progresso dos direitos para determinadas populações, através de guerras e invasões contra povos ou sujeitos, se articulam com a lógica mercantil e de cidadanização pelo consumo[25].

Ratifico que, na experiência brasileira, as políticas LGBTI+ surgidas na primeira década deste século produziram um importante efeito, que culminou na constituição de uma agenda anti-homofobia por parte do governo federal. Uma forte comoção em relação ao ineditismo dessas ações tomou conta de parte do ativismo LGBTI+ naquele momento

23 Tibério Lima Oliveira, *O homonacionalismo na sociabilidade do consumo de lazer LGBTI+ em Fortaleza/CE*, *op. cit.*; Bruna Andrade Irineu, *Nas tramas da política pública LGBT*, *op. cit.*; Jasbir K. Puar, "Homonacionalismo como mosaico", *op. cit.*; Berenice Bento, "'Pinkwashing à brasileira'", *op. cit.*

24 Jasbir K. Puar, "Homonacionalismo como mosaico", *op. cit.*, p. 300.

25 Tibério Lima Oliveira, *O homonacionalismo na sociabilidade do consumo de lazer LGBTI+ em Fortaleza/CE*, *op. cit.*

histórico. No entanto, as ações e iniciativas que articularam os programas e planos LGBTI+ foram extremamente dependentes do orçamento vindo dos organismos internacionais[26] e viveram uma descontinuidade típica de uma área politicamente secundária.

Passados mais de seis anos do lançamento do Programa Brasil sem Homofobia (2004), se iniciaram em 2011 os trabalhos do Conselho Nacional LGBT. Sua criação gerou uma ampliação do diálogo com a sociedade civil e uma capilarização maior das ações LGBTI+ em pastas que até então não detinham expertise em transversalidade de gênero e diversidade, como o Ministério do Trabalho e Emprego (MTE) e o do Desenvolvimento Social (MDS)[27].

Como efeito disso, o Conselho produziu resoluções e documentos orientadores quanto ao uso do nome social por pessoas transexuais e travestis em escolas e órgãos públicos e ao atendimento da população LGBTI+ em situação prisional. Em um comparativo com os governos Lula, os recursos financeiros da política sofrem uma redução na gestão de Rousseff, mas é após seu *impeachment*[28] que o orçamento sofrerá impacto ainda maior com o governo de Michel Temer e, em seguida, com o governo Bolsonaro, que não gastou nenhum recurso destinado previsto para as ações LGBTI+[29].

O governo Temer deu continuidade parcial às ações previstas pela área LGBTI+[30]. O anúncio, para o Ministério da Cultura, do "primeiro" ministro assumidamente homossexual, Marcelo Calero (atualmente deputado federal pelo Rio de Janeiro), despertou expectativas por parte do ativismo. Alguns *websites* gays noticiaram em tom celebratório: "Temer dá posse ao primeiro ministro gay". No período em que esteve como ministro, circularam apoios de ativistas históricos e congratulações ao presidente pela indicação do ministro gay. Calero encerrou sua participação no governo

26 Citamos, entre outros, a Organização das Nações Unidas (ONU), a Organização das Nações Unidas para a Educação, a Ciência e a Cultura (Unesco) e a Organização Pan-Americana da Saúde (Opas).

27 Bruna Andrade Irineu, *Nas tramas da política pública LGBT*, *op. cit.*

28 Dilma Rousseff sofreu um *impeachment* durante o segundo ano de seu segundo mandato. Esse processo se caracterizou como um golpe jurídico-parlamentar que objetivou a desmoralização da esquerda no Brasil, ampliou o antipetismo e culminou na eleição de Jair Bolsonaro, após a prisão antes do exaurimento de recursos no julgamento em segunda instância de Lula da Silva, pré-candidato à Presidência em 2018. Recentemente, Dilma foi inocentada na matéria do processo que justificou seu *impeachment*.

29 Bruna Andrade Irineu, Brendhon Andrade Oliveira e Milena Carlos Lacerda, "Um balanço crítico acerca da regressão dos direitos LGBTI no Brasil sob ascensão do bolsonarismo", *op. cit.*

30 Tibério Lima Oliveira, *O homonacionalismo na sociabilidade do consumo de lazer LGBTI+ em Fortaleza/CE*, *op. cit.*

em um curto prazo de tempo, com o ministério rebaixado a secretaria e no centro de uma crise política com Temer.

A estratégia homonacionalista coproduzida entre governo e ativismo preservou sutis semelhanças com aquelas que se evidenciaram durante os governos Lula e Dilma. A apropriação das questões de gênero e sexualidade mascarando massacres e ocupações coloniais como Belo Monte[31] no governo Dilma ou a regressão de direitos no governo Temer com o congelamento de investimentos nas políticas públicas são exemplos de homonacionalismo.

O movimento de Jair Bolsonaro, ao eleger-se em 2018, envolveu um claro discurso de combate a "ideologia de gênero". Sua posição antigênero e antidireitos humanos, é bem sabido, se inicia ainda quando era deputado federal. Bolsonaro se apresentou para a mídia como um combatente da ofensiva antigênero, deturpando o Plano Nacional LGBT e o Kit Escola sem Homofobia vetado por Dilma, assim como outros documentos oficiais da gestão PT destinados ao debate da diversidade sexual e de gênero, em estratégia semelhante à do próprio período eleitoral com as *fake news* sobre "mamadeira de piroca" nas escolas.

Em seu primeiro discurso como presidente, Bolsonaro reafirmou sua retórica antigênero, que, segundo Junqueira, envolve um cenário político-discursivo reacionário, articulado através do conservadorismo sexual[32]. Parcela dos movimentos sociais do campo democrático e dos setores progressistas se seduziram inicialmente com os discursos conciliatórios e com a falsa imagem inclusiva que a primeira-dama Michelle Bolsonaro tentou construir exclusivamente para as pessoas com deficiência, aniquilando ou hierarquizando direitos humanos de outros grupos sociais.

Naquela gestão, a presença das mulheres no alto escalão do governo reduziu-se drasticamente. Damares Alves, como ministra da Mulher, Família e Direitos Humanos, foi uma das poucas mulheres a ocupar pastas importantes. Mesmo com a permanência da área LGBTI+ em seu ministério, Damares inicia sua gestão afirmando que "meninos vestem azul e meninas

31 Ver Jasbir Puar, *Terrorist Assemblages*, *op. cit.* Em trabalho anterior, analisei os mandatos do PT a partir desse conceito, indicando que as mortes indígenas e desastres como o de Belo Monte foram mascarados por aquele governo a partir da imagem internacional de país comprometido com os direitos humanos, especialmente pela iniciativa inédita no campo das políticas públicas para pessoas LGBT; ver Bruna Andrade Irineu, *Nas tramas da política pública LGBT*, *op. cit.*

32 Rogério Diniz Junqueira, "A invenção da 'ideologia de gênero': a emergência de um cenário político-discursivo e a elaboração de uma retórica reacionária antigênero", *Psicologia Política*, v. 18, n. 43, p. 449-502, set.-dez. 2018. Disponível em: http://pepsic.bvsalud.org/scielo.php?script=sci_arttext&pid=S1519-549X2018000300004&lng=pt&nrm=iso.

vestem rosa" e que "feministas não gostam de homens porque são feias". De fato, seu ministério agregou as principais pautas relacionadas à retórica antigênero daquele governo. Em quatro anos, a ministra colecionou ações familistas anti-LGBTI e antidireitos, ferindo legislações que asseguram o direito ao aborto em determinados casos, promovendo desinformação e tornando política a abstinência sexual como método de contracepção.

Tanto a postura de Bolsonaro durante a pandemia da covid-19 quanto as ações de Damares para impedir o aborto legal em razão de estupro consistem em estratégias de desdemocratização[33]. Essa desdemocratização é especialmente ancorada na corrosão dos fundamentos da democracia pelo neoliberalismo, a partir de iniciativas de deterioração de instituições, regras, normas e direitos. Produz-se, assim, nos termos de Dardot e Laval, uma conversão tácita de valores políticos em econômicos, através de táticas de incidência sobre práticas, instituições e hábitos democráticos[34]. Sob a racionalidade neoliberal, a lei e os dispositivos jurídico-legais tendem a difundir valores e princípios que concebem a cidadania e a democracia a partir de uma matriz exclusivamente econômica, suficientemente capaz de destruir as organizações populares e a própria ideia de solidariedade presente nos fundamentos da democracia.

Rastros do neoliberalismo no ativismo LGBTI+ brasileiro: homonormatividade e *pinkwashing*

A ascensão antidemocrática no Ocidente gerou esse processo de desdemocratização. No caso brasileiro, o governo Bolsonaro promoveu o extermínio das condições objetivas e subjetivas dos sujeitos a partir da perseguição política à oposição de seu governo, de cortes orçamentários, da flexibilização das leis de trânsito, da descredibilização das instituições históricas de defesa de direitos, como a Fundação Nacional do Índio (Funai), sindicatos e outros movimentos sociais, e da intensificação da política de armamento, mas principalmente a aprovação de uma (contra)reforma devastadora para a classe trabalhadora[35].

A precariedade da vida reflete uma cidadania também precária ou vice-versa. Qual seja a manobra neoliberal, ela se estabelece com o

33 Wendy Brown, *Undoing the Demos*, *op. cit.*

34 Pierre Dardot e Christian Laval, *A nova razão do mundo: ensaio sobre a sociedade neoliberal*, trad. Mariana Echalar, São Paulo: Boitempo, 2016.

35 Bruna Andrade Irineu, Brendhon Andrade Oliveira e Milena Carlos Lacerda, "Um balanço crítico acerca da regressão dos direitos LGBTI no Brasil sob ascensão do bolsonarismo", *op. cit.*

objetivo de sustentar o capitalismo. Para além de um sistema econômico, isso também envolve uma racionalidade capaz de operar com uma moral burguesa conservadora e tradicional. Faz parte disso a manutenção da heteronormatividade, a qual expede demandas, expectativas e obrigações sociais que provêm da naturalização da heterossexualidade[36] e estabelece determinações que regulam, controlam e reproduzem regimes de exclusão baseados na sexualidade e no gênero.

A valorização de padrões heteronormativos tem pressupostos irrefutáveis, contando com instituições que asseveram essas normas definindo padrões estéticos e comportamentais homogeneizantes. Gays cisgênero, ao se associarem a uma moralidade masculina, branca e de classe média e alta, nutrem uma "homonormatividade"[37]. Isso não isenta as pessoas LBTI+ de também reproduzirem a homonormatividade em seu cotidiano profissional, buscas amorosas e escolhas políticas, por exemplo.

As políticas homonormativas e o *pinkwashing* são pilares importantes para o homonacionalismo e fundamentais para o "capitalismo rosa". A partir das ideias de Puar, Tibério Oliveira nos ajuda a entender o homonacionalismo de mercado presente nos consumos homonacionalistas de gays e lésbicas no turismo[38]. Igualmente, visando compreender o homonacionalismo do ponto de vista econômico, afirmo que o mercado *pink* tem como sustentação o Estado neoliberal.

Brown destaca a experiência do "neoliberalismo do Vale do Silício", no qual convergem a defesa da desregulação absoluta, a contrariedade à intervenção do Estado, com forte apelo ao grande capital financeiro, e as posições socialmente progressistas – gay, parcialmente feminista e com frequência alusivo ao multiculturalismo[39]. Com o crescimento da ideia de responsabilidade social e sua refundação com a chamada "agenda ESG"[40], tornou-se recorrente nos últimos anos que empresas privadas

36 Judith Butler, *Corpos que importam: os limites discursivos do "sexo"*, trad. Veronica Daminelli e Daniel Yago Françoli, São Paulo: n-1 edições/Crocodilo, 2019

37 Jasbir K. Puar, "Homonacionalismo como mosaico", *op. cit.*; Judith Butler, *Corpos que importam, op.cit.*; Bruna Andrade Irineu, *Nas tramas da política pública LGBT, op. cit.*; Berenice Bento, "'Pinkwashing à brasileira'", *op. cit.*

38 Tibério Lima Oliveira, *O homonacionalismo na sociabilidade do consumo de lazer LGBTI+ em Fortaleza/CE, op. cit.*; Jasbir Puar, *Terrorist Assemblages, op. cit.*; *idem*, *Keynote from the Homonationalism and Pinkwashing Conference*, CLAGS: The Center for LGBTQ Studies, New York, 2013. Disponível em: https://www.youtube.com/watch?v=3S1eEL8ElDo&t=1152s.

39 Wendy Brown, *Undoing the Demos, op. cit.*

40 Ancorada na herança do conceito de responsabilidade social, a sigla ESG (*Environmental, Social and Governance* – Governança ambiental, social e corporativa) foi cunhada em 2005, em uma conferência do Programa das Nações Unidas para o Meio Ambiente (Unep). Cabe destacar que a ONU vinha de diversos acúmulos no mesmo sentido na década de 1990, como o Protocolo de Kyoto. A prática do ESG vem se capilarizando pelo Brasil mais recentemente, em especial em

adotem medidas de inclusão de pessoas LGBTI+ nas corporações, como é o caso de Uber, Burger King, McDonald's, Amstel etc.

Algumas dessas empresas têm investido nas políticas de inclusão LGBTI+ enquanto são alvo de processos judiciais e trabalhistas. É o caso da Amstel, do grupo Heineken, a qual vem sendo investigada pelo Ministério Público a partir de uma denúncia do Instituto Chico Mendes de Conservação da Biodiversidade (ICMBio), órgão ligado ao Ministério do Meio Ambiente. Para o ICMBio, a empresa não considerou os impactos que a fábrica que vem sendo construída na região metropolitana de Belo Horizonte teria na captação de água do subsolo para produzir cerveja. A captação geraria danos aos lençóis freáticos, grutas e cavernas da região, podendo até ocasionar soterramentos no local. Além disso, a região também possui um sítio arqueológico onde foi encontrado o fóssil mais antigo das Américas.

Em 2021, a Heineken e a Ambev foram autuadas por uso de trabalho escravo de migrantes venezuelanos[41]. As companhias alegaram que a empresa envolvida com o trabalho escravo seria uma terceirizada que presta serviço a elas e que já teriam rescindido o contrato com ela. Ainda assim, essas corporações lucram com a cadeia produtiva que superexplorou os trabalhadores migrantes. Paradoxalmente, a Amstel tem investido 10% de seus lucros na promoção da diversidade, levando às ruas de São Paulo uma ação de retificação de nome para pessoas trans. Ela já é a "cerveja da Parada" há mais de um ano, através de parceria com a Associação da Parada do Orgulho LGBT de São Paulo (APLGBT), e veiculou em horário nobre, ainda na pandemia, em maio de 2021, a propaganda "*I am what I am*", com artistas e influenciadores LGBTI+. Uma astuta estratégia de *rainbow-washing* com gosto de puro malte.

Há críticas ao formato que as paradas do orgulho tomaram no contexto brasileiro, muitas delas inscritas em posições contrárias às conexões entre mercado e ativismo. Diante disso, ressalta-se que o projeto neoliberal, embora incida sobre os modos de vida e amplie a seletividade dos corpos passíveis de morrer, nos termos de Butler[42], também acolhe demandas socialmente progressistas, tornando-as palatáveis aos

— grandes centros, como São Paulo e Rio de Janeiro. É a partir dela que as ações de diversidade, equidade e inclusão vêm se estabelecendo no mundo corporativo.

41 Gil Alessi, "Ambev e Heineken são autuadas por trabalho escravo de imigrantes venezuelanos em São Paulo", *El País*, 17 maio 2021. Disponível em: https://brasil.elpais.com/brasil/2021-05-17/ambev-e-heineken-sao-autuadas-por-trabalho-escravo-de-imigrantes-venezuelanos-em-sao-paulo.html

42 Judith Butler, *Corpos que importam*, *op. cit.*

interesses do grande capital ou mesmo úteis ao projeto nacional das elites locais.

Com a emergência do movimento LGBTI+ paulistano, no final da década de 1970, ocorre uma ampliação do gueto com a abertura de boates e bares. Cada estabelecimento abertamente gay inaugurado era comemorado como vitória da luta homossexual[43]. Dessa década até os tempos atuais, houve uma tendência de transformação do consumo em arena de ação política, já que as fronteiras entre mercado e ativismo LGBTI+ caminharam embaralhadas. No entanto, há uma enorme distância entre os interesses de negócios e a formação de uma cidadania responsável, mesmo que o mercado tenha passado a sofrer inúmeras cobranças de responsabilidade social por parte da sociedade civil[44]. O lugar da construção de solidariedade e da disputa por uma cidadania plena encontra centralidade no discurso ativista, e não no mercado.

Butler nos aponta que falar da política das ruas implica inicialmente reconhecer que nem tudo que acontece nelas nem todos os corpos que nelas estão devem ser vistos como "esperança revolucionária"[45]. Para ela, as lutas movidas por esperança revolucionária envolvem necessariamente corpos que foram constrangidos e que correm risco de ser constrangidos, sem trabalho ou mesmo sem mobilidade, vulneráveis à violência e a formas de coerção. As vidas precárias, que não importam e que são desprotegidas, são atingidas por formas específicas de desamparo político mesmo quando se travam iniciativas de reparação a partir de processos de judicialização, que em alguma medida marcaram a política de coligação feminista e de direitos humanos global.

Butler nos convoca a pensar na importância de evitar o "retrincheiramento do paternalismo" – a exemplo de algumas estratégias homonacionalistas –, ocasionado pelo limite da linguagem presente nesse deslocamento da resistência mobilizada pela vulnerabilidade à resistência institucionalizada[46]. Do mesmo modo, ela nos leva a compreender os sentidos de coligação e aliança, que acredito serem fundamentais neste momento de reconstrução democrática no Brasil.

43 Isadora Lins de França, "Sexualidade e política: uma abordagem a partir do mercado e do consumo", *Bagoas*, v. 6, n. 7, 2012. Disponível em: https://periodicos.ufrn.br/bagoas/article/view/2243.

44 *Ibidem*.

45 Judith Butler, *Corpos em aliança e a política das ruas: notas para uma teoria performativa da assembleia*, trad. Fernanda Siqueira Miguens, Rio de Janeiro: Civilização Brasileira, 2018.

46 *Ibidem*.

À guisa de conclusão

Reivindicar uma vida possível de ser vivida nos mostra a mutualidade de ser precarizado e agir; logo, expor-se e persistir deliberadamente é o sentido da resistência. Ocupar as ruas e o domínio virtual, desimperializar o orgulho LGBTI+, produzir alianças e nos reunir sob uma ética da convivência também são linhas possíveis para enfrentar o projeto neoliberal e constituir políticas de vida.

As narrativas norte-americanas são mais populares porque são construídas e valorizadas como uma história única. Este é um bom exemplo do poder imperialista que os Estados Unidos exercem sobre outras culturas e histórias. Não somos estranhos às raízes do imperialismo estadunidense, colocadas a cada invasão desse país na América Latina e Caribe e a cada golpe militar por ele financiado em vários países sul-americanos.

A lógica imperialista estadunidense tem colonizado nosso imaginário LGBTI+ desde o estilo de vida – de se vestir, se divertir, comer e até de amar. Expressão máxima do imperialismo, os Estados Unidos são referência constante em nosso repertório simbólico, o que se explica no fato de que o próprio surgimento da identidade gay se correlaciona ao capitalismo[47]. A afirmação se baseia na noção de que o surgimento de empregos assalariados e a entrada de mulheres no mundo do trabalho provocaram mudanças nas famílias nucleares, no casamento e na relação das pessoas com a sexualidade. Da mesma forma, o capitalismo não conseguiu acabar com o preconceito contra pessoas LGBTI+ nem garantiu redes de segurança social para elas – aliás, para ninguém. Os indicadores sociais revelam que vivemos um aprofundamento da desigualdade. A crise ambiental, a superexploração do trabalho e a precariedade da vida nos mostraram que destruir o capitalismo é o único caminho possível para construir uma sociedade mais justa.

As estratégias do ativismo LGBTI+ brasileiro tardaram em pautar a necessidade de trabalho, emprego e renda. Mesmo com experiências recentes importantes sobre empregabilidade trans e inclusão LGBTI+ no mercado de trabalho, a inserção do ativismo LGBTI+ na agenda do

47 John D'Emilio, "Capitalism and Gay Identity", em Ann Snitow, Christine Stansell e Sharon Thompson (org.), *Powers of Desire: the Politics of Sexuality*, New York: Monthly Review Press, 1983, p. 100-13.

trabalho decente da Organização Internacional do Trabalho (OIT) ainda é incipiente. Do mesmo modo, é urgente convocarmo-nos a desimperializar o orgulho e questionar: Quais corpos são bem-vindos em nossas paradas? Quem pode marchar por orgulho? Que cidades foram "pintadas em arco-íris" como amistosas e *LGBTIfriendly*? E quais outras foram excluídas dos nossos roteiros? Por que nosso imaginário colore Nova York e San Francisco, e não Caracas, Medellín, Santiago ou Chiapas, por exemplo?

A dominação social, política, econômica, cultural e linguística estadunidense colonizou nosso orgulho e nossas estratégias ativistas. A lógica imperialista colonizou nossa imaginação para nos convencer de que em um país como os Estados Unidos a liberdade será uma garantia sólida para todos. Mas que liberdade? É irreal acreditar que em uma ordem social baseada na exploração seja possível produzir algo que não aprofunde a desigualdade.

Desimperializar o orgulho envolve conhecermos nossas histórias, ao sul de Stonewall. Tomar nossa memória pelas mãos, entender em qual lado da história aquelas que nos antecederam estiveram. Parte de nosso processo organizativo LGBTI+ tardou a acontecer porque fora abruptamente interrompido pela violência das ditaduras na América Latina e Caribe[48], processos estes amplamente financiados pelos Estados Unidos.

A exemplo, cito que, depois de Stonewall, estudantes da Faculdade de Filosofia e Letras da Universidade Nacional do México (Unam) se mobilizaram violentamente na Cidade do México em 1971 para protestar contra a discriminação a um trabalhador demitido por ser gay. A mobilização também lançou o primeiro manifesto em defesa dos gays, que também marcou a criação da Frente de Libertação Gay (FLH) do país. No Brasil, em junho de 1980, com a presença do grupo Somos nas escadarias do Theatro Municipal de São Paulo, mil manifestantes se uniram contra a "Operação Limpeza" dirigida pelo delegado Richetti, que ordenara a retirada de pessoas LGBTI+ do centro de São Paulo[49].

É urgente desimperializar as lutas LGBTI+ priorizando o cuidado com a vida humana e não humana e nos libertando de ameaças econômicas, militares e socioambientais à América Latina e Caribe. Reconhecer a

48 A exemplo, no ano de 1967, criou-se na Argentina a primeira organização LGBTI+ da América Latina, a Nuestro Mundo. No Brasil, a Turma OK, um clube de sociabilidade LGBTI+, já existia desde 1962. Mesmo que com uma perspectiva distinta do que entendemos como organização política de ativismo, são expressões anteriores a Stonewall.

49 Renan Quinalha, *Movimento LGBTI+*, *op. cit.*

necessidade do acesso equânime a bens, serviços e toda a gramática de direitos em condições justas e gerar justiça social. Marchar lado a lado contra todas as formas de exploração e opressão, reconhecendo nossa história e defendendo nossa autonomia e autodeterminação. Como diz a canção "Pra não dizer que não falei das flores"[50], com "a certeza na frente e a história na mão", desimperializar o orgulho, o desejo, a política e o mundo.

50 Canção de Geraldo Vandré, lançada em 1968, que fez uma crítica contundente à ditadura militar e comunicou o anseio dos movimentos sociais pela reabertura política.

BIBLIOGRAFIA

PARTE 01
OS DIREITOS CIVIS: PRAZER, AFETIVIDADE E CONJUGALIDADE

Do direito ao prazer à cidadania LGBTI+ no Brasil: uma história das conquistas jurídicas

Renan Quinalha

AEL/Unicamp. Fundo SOMOS. Diversos Documentos.

BRASIL. Senado Federal. *Anais da Assembleia Constituinte (Atas de Comissões)*. Comissão da Soberania e dos Direitos e Garantias do Homem e da Mulher – Subcomissão dos Direitos Políticos e Garantias Individuais. Ata da 12ª Reunião em 30 de abril de 1987. Brasília: Congresso Nacional, 1987.

BRASIL. Supremo Tribunal Federal (STF); Conselho Nacional de Justiça (CNJ); MAX PLANCK INSTITUTE FOR COMPARATIVE PUBLIC LAW AND INTERNATIONAL LAW. *Cadernos de jurisprudência do Supremo Tribunal Federal: concretizando direitos humanos – Direito das pessoas LGBTQIAP+*. Brasília: STF/CNJ/Max Planck Institute, 2022. Disponível em: https://www.cnj.jus.br/wp-content/uploads/2022/12/cadernos-stf-lgbtqia-3.pdf.

BUTLER, Judith. *Problemas de gênero: feminismo e subversão da identidade*. Trad. Renato Aguiar. Rio de Janeiro: Civilização Brasileira, 2003.

CALDEIRA, Teresa Pires do Rio. "Direitos Humanos ou 'Privilégios de Bandidos'?". *Novos Estudos Cebrap*, n. 30, jul. 1991, p. 162-74.

CARDINALI, Daniel Carvalho. *A judicialização dos direitos LGBT no STF: limites, possibilidades e consequências*. Belo Horizonte: Arraes, 2018.

CARRANO LELIS, Rafael; VIDAL DE OLIVEIRA, Adriana. "Inclusão excludente: limitações da incidência política na luta pela inclusão da orientação sexual na Assembleia Nacional Constituinte". *Direito Público*, v. 18, n. 97, abr. 2021. Disponível em: https://www.portaldeperiodicos.idp.edu.br/direitopublico/article/view/5050.

CARVALHO, José Murilo de. *Cidadania no Brasil: o longo caminho*. 7. ed. Rio de Janeiro: Civilização Brasileira, 2005.

CARVALHO, Salo de. "Sobre a criminalização da homofobia: perspectivas desde a criminologia queer". Em: CARVALHO, Salo de; DUARTE, Evandro Piza. *Criminologia do preconceito: racismo e homofobia nas ciências criminais*. São Paulo: Saraiva, 2017, p. 229-54.

COSTA, Angelo Brandelli; NARDI, Henrique Caetano. "O casamento 'homoafetivo' e a política da sexualidade: implicações do afeto como justificativa das uniões de pessoas do mesmo sexo". *Estudos Feministas*, v. 23, n. 1, p. 137-50, abr. 2015.

CRUZ, Rodrigo. *Do protesto às urnas: o movimento homossexual na transição política*. 189 f. Dissertação (Mestrado em Ciências Sociais) – Escola de Filosofia, Letras e Ciências Humanas, Universidade Federal de São Paulo. Guarulhos: 2015.

DA SILVA, Jovanna Cardoso. *Bajubá Odara: resumo histórico do nascimento do movimento de travestis do Brasil*. Picos (PI): Autopublicação, 2021.

FRANK, André Gunder; FUENTES, Marta. "Dez teses acerca dos movimentos sociais". *Lua Nova*, n. 17, p. 19-48, 1989. Disponível em: https://www.scielo.br/j/ln/a/HWC6mySwxm5GvCkK5bhXVrt.

GREEN, James Naylor. *Além do carnaval: a homossexualidade masculina no Brasil do século XX*. São Paulo: Editora Unesp, 2000.

GREEN, James Naylor *et al.* (org.). *História do movimento LGBT no Brasil*. 1. ed. São Paulo: Alameda, 2018.

GRUPO GAY DA BAHIA (GGB). *Boletim do Grupo Gay da Bahia*, ano IV, n. 11, jun. 1985.

IOTTI, Paulo. *O STF, a homotransfobia e seu reconhecimento como crime de racismo*. Bauru, SP: Spessotto, 2020.

BIBLIOGRAFIA

LAMPIÃO DA ESQUINA, n. 18, p. 6, nov. 1979.

LAURENTI, Ruy. "Homossexualismo e a classificação internacional de doenças". *Revista de Saúde Pública*, v. 18, n. 5, p. 344-7, 1984. Disponível em: https://www.scielo.br/j/rsp/a/rnPK5HhLVnFKvCJj5qN7R8n/.

MARSHALL, T. H. "Citizenship and Social Class". Em: MARSHALL, T. H.; BOTTOMORE, Tom. *Citizenship and Social Class*. Chicago: Pluto Classic, 1996, p. 3-51.

MARTINS, Alexandre Nogueira. *Caminhos da criminalização da LGBTfobia: racionalidade criminalizante, neoliberalismo e democratização*. São Paulo: IBCCRIM, 2021.

MASIERO, Clara Moura. *Direito penal antidiscriminatório: movimentos sociais e os crimes de ódio no Brasil*. Florianópolis: Emais, 2021.

MELUCCI, Alberto. "Um objetivo para os movimentos sociais?". *Lua Nova*, n. 17, p. 49-66, 1989. Disponível em: https://doi.org/10.1590/S0102-64451989000200004.

MONICA, Eder Fernandes. "A hegemonia do discurso liberal sobre direitos homossexuais no STF". *Direito e Práxis*, v. 11, n. 2, p. 1.358-90, 2020.

MONICA, Eder Fernandes; MARTINS, Ana Paula Antunes (org.). *Qual o futuro da sexualidade no direito?* Rio de Janeiro: Bonecker Editora; Editora Universidade Federal Fluminense, 2017.

MOREIRA, Adilson José. *Cidadania sexual: estratégia para ações inclusivas*. Belo Horizonte: Arraes, 2017.

MOTT, Luiz. "Homoafetividades e direitos humanos". *Estudos Feministas*, v. 14, n. 2, p. 509-21, maio-ago. 2006.

QUINALHA, Renan. "Do armário para o altar: entre reconhecimento e normalização no julgamento da ADPF 132 pelo STF". Em: FERRAZ, Carolina Valença *et al*. Diferentes, mas iguais*: estudos sobre a decisão do STF sobre a união homoafetiva* (ADPF 132 e ADI 4277). Rio de Janeiro: Lumen Juris, 2017.

QUINALHA, Renan. "O mito fundador de Stonewall". *Cult*, n. 246, São Paulo: jun. 2019.

QUINALHA, Renan. *Contra a moral e os bons costumes: a ditadura e a repressão à comunidade LGBT*. São Paulo: Companhia das Letras, 2021.

QUINALHA, Renan. *Movimento LGBTI+: Uma breve história do século XIX aos nossos dias*. Belo Horizonte: Autêntica, 2022.

RIOS, Roger Raupp. "Para um direito democrático da sexualidade". *Horizontes Antropológicos*, ano 12, n. 26, p. 71-100, 2006.

RIOS, Roger Raupp. "Perspectivas e tensões no desenvolvimento dos direitos sexuais no Brasil". *Revista de Informação Legislativa*, v. 52, n. 207, p. 331-53, jul.-set. 2015.

RIOS, Roger Raupp; MELLO, Lawrence Estivalet de. "Direito da antidiscriminação, criminalização da homofobia e abolicionismo penal". *Revista Crítica do Direito*, n. 5, v. 65, abr./jul. 2015, p. 99-121.

ROMFELD, Victor Sugamosto. "Aproximações entre Direito Penal e Direito da Antidiscriminação: um (novo?) modelo normativo para pensar a criminalização da LGBTfobia no Brasil". *Revista Brasileira de Ciências Criminais*, v. 170, ano 28. São Paulo: RT, ago/2020, p. 73-103.

SHORE, Chris; WRIGHT, Susan. "Policy: A New Field of Anthropology". In: SHORE, Chris; WRIGHT, Susan (eds.). *Anthropology of Policy*. Londres: Routledge, 1997.

SIMÕES, Júlio; FACCHINI, Regina. *Na trilha do arco-íris: do movimento homossexual ao LGBT*. São Paulo: Editora Fundação Perseu Abramo, 2009.

TEIXEIRA, Matheus. CNJ proíbe que cartórios reconheçam uniões poliafetivas. Jota, on-line, 26 jun. 2018. Disponível em: https://www.jota.info/justica/cnj-proibe-que-cartorios-unioes-poliafetivas-26062018. Acesso em: 23 nov. 2023.

VIEIRA, Adriana Dias; EFREM FILHO, Roberto. "O rei está nu: gênero e sexualidade nas práticas e decisões no STF". *Direito e Práxis*, v. 11, n. 2, p. 1.084-136, 2020. Disponível em: https://doi.org/10.1590/2179-8966/2020/50699.

Entre o reconhecimento e a regulação: os fluxos decisórios e legislativos nos processos de busca por legitimidade das famílias homoafetivas e não monogâmicas

Laura Mostaro Pimentel e Luiza Cotta Pimenta

BECKER, Howard S. *Métodos de pesquisa em Ciências Sociais*. Trad. Marco Estevão e Renato Aguiar. São Paulo: Hucitec, 1993.

BIROLI, Flávia. *Gênero e desigualdades: limites da democracia no Brasil*. São Paulo: Boitempo, 2018.

BIROLI, Flávia. "Democracy, Family, and the Backlash against Gender in Latin America". Em: FLACSO-IFJP. Feminismos y conservadorismos América Latina. Ciudad de México, 2019, p. 19-20.

BIROLI, Flávia; CAMINOTTI, Mariana. "The Conservative Backlash against Gender in Latin America". *Politics & Gender*, v. 16, n. 1, p. 1-38, mar. 2020.

BOURDIEU, Pierre. *O poder simbólico*. Trad. Fernando Tomaz. Rio de Janeiro: Bertrand Brasil, 1989.

BUTLER, Judith. "O parentesco é sempre tido como heterossexual?". Trad. Valter Arcanjo da Ponte. *Cadernos Pagu*, n. 21, p. 219-60, 2003.

BUTLER, Judith. *Corpos em aliança e a política das ruas: notas para uma teoria performativa de assembleia*. Trad. Fernanda Siqueira Miguens. Rio de Janeiro: Civilização Brasileira, 2018.

CARDINALI, Daniel Carvalho. *A judicialização dos direitos LGBT no STF: limites, possibilidades e consequências*. Dissertação (Mestrado em Direito) – Faculdade Nacional de Direito, Universidade Federal do Rio de Janeiro, Rio de Janeiro, 2017.

COACCI, Thiago. "Do homossexualismo à homoafetividade: discursos judiciais brasileiros sobre homossexualidades, 1989-2012". *Sexualidad, Salud y Sociedad*, n. 21, p. 53-84, dez. 2015.

FOUCAULT, Michel. *A verdade e as formas jurídicas*. Trad. Eduardo Jardim e Roberto Machado. 3. ed. Rio de Janeiro: Nau, 2002.

FOUCAULT, Michel. "Michel Foucault, uma entrevista: sexo, poder e a política da identidade". Trad. Wanderson Flor do Nascimento. *Verve*, n. 5, p. 260-77, 2004.

FRANCO, Simone. "Proposta de Estatuto das Famílias garante amparo legal para uniões homoafetivas". *Agência Senado*, 23 out. 2014. Disponível em: https://www12.senado.leg.br/noticias/materias/2014/10/23/proposta-de-estatuto-das-familias-garante-amparo-legal-para-unioes-homoafetivas. Acesso em: jan. 2023.

GEISLER, Adriana Ribeiro; MARTINS, Ana Paula Antunes. "Do 'ultraje público' à potência dos corpos 'obscenos': o direito (penal) na perspectiva queer". Em: GEISLER, Adriana Ribeiro (org.). *Protagonismo trans*: política, direito e saúde na perspectiva da integralidade*. Niterói: Alternativa, 2015, p. 145-64.

LOEWENSTEIN, Karl. *Teoria de la Constitución*. Barcelona: Ariel, 1979.

LOPARIC, Zelijko. "Kant entre o ficcionalismo de Vaihinger e a fenomenologia de Heidegger". *Aprender – Caderno de Filosofia e Psicologia da Educação*, ano IV, n. 10, p. 73-100, 2008.

MISKOLCI, Richard. "Pânicos morais e controle social: reflexões sobre o casamento gay". *Cadernos Pagu*, n. 28, p. 101-28, jun. 2007.

RIOS, Roger Raupp. "Direito à diferença ou direito geral de igualdade?". Em: LIMA, Antônio Carlos de (org.). *Antropologia e direito: temas antropológicos para estudos jurídicos*. Brasília/Rio de Janeiro/Blumenau: ABA/Laced/Nova Letra, 2012.

STOLL, Timothy. "Hans Vaihinger". Em: ZALTA, Edward (org.). *The Stanford Encyclopedia of Philosophy*. Stanford University, 2020. Disponível em: https://plato.stanford.edu/archives/spr2020/entries/vaihinger/. Acesso em: jan. 2023.

STRECK, Lênio L. "O caso da ADPF 132: defender o texto da Constituição é uma atitude positivista (ou 'originalista')?". *Direito UnB*, v. 1, n. 1, p. 280-304, jan./jun. 2014.

STRECK, Lênio L.; BARRETTO, Vicente de Paulo; OLIVEIRA, Rafael Tomaz de. "Ulisses e o canto das sereias: sobre ativismos judiciais e os perigos da instauração de um 'terceiro turno da Constituinte'". *Revista de Estudos Constitucionais, Hermenêutica e Teoria do Direito*, v. 1, n. 2, jul.-dez. 2009.

VAIHINGER, Hans. *A filosofia do como se: sistema de ficções teóricas, práticas e religiosas da humanidade, na base de um positivismo idealista*. Trad. Johannes Kretschmer. Chapecó: Argos, 2011.

Referências legislativas e jurisprudenciais

BRASIL. Câmara dos Deputados. Projeto de Lei n. 6.583/2013. Dispõe sobre o Estatuto da Família e dá outras providências. Autoria: Anderson Ferreira, 2013. Disponível em: https://www.camara.leg.br/proposicoesWeb/fichadetramitacao?idProposicao=597005. Acesso em: jan. 2023.

BRASIL. Câmara dos Deputados. Projeto de Lei n. 3.369/2015. Institui o Estatuto das Famílias do Século XXI. Autoria: Orlando Silva, 2015. Disponível em: https://www.camara.leg.br/proposicoesWeb/fichadetramitacao?idProposicao=2024195. Acesso em: jan. 2023.

BRASIL. Câmara dos Deputados. Projeto de Lei n. 4.302/2016. Proíbe o reconhecimento da "União Poliafetiva" formada por mais de um convivente. Autoria: Vinícius Carvalho, 2016. Disponível em: https://www.camara.leg.br/proposicoesWeb/fichadetramitacao?idProposicao=2076754. Acesso em: 18 maio 2021.

BRASIL. Câmara dos Deputados. Projeto de Lei n. 4.590/2019. Institui o Estatuto das Famílias. Autoria: Pastor Eurico, 2019. Disponível em: https://www.camara.leg.br/proposicoesWeb/fichadetramitacao?idProposicao=2216200. Acesso em: jan. 2023.

BRASIL. Congresso Nacional. Câmara dos Deputados. *Regimento interno da Câmara dos Deputados*. 19. ed. Brasília: Câmara dos Deputados/Edições Câmara, 2018.

BRASIL. Conselho Nacional de Justiça. Resolução n. 175 de 14 de maio de 2013. Dispõe sobrea habilitação, celebração de casamento civil, ou de conversão de união estável em casamento entre pessoas do mesmo sexo. Brasília: DJE/CNJ n. 89/2013, de 15 de maio de 2013. Disponível em: https://atos.cnj.jus.br/files/resolucao_175_14052013_16052013105518.pdf. Acesso em: jan. 2023.

BRASIL. Presidência da República. Constituição da República Federativa do Brasil de 5 de outubro de 1988. Brasília: Presidência da República, 1988. Disponível em: http://www.planalto.gov.br/ccivil_03/constituicao/constituicaocompilado.htm. Acesso em: jan. 2023.

BRASIL. Presidência da República. Lei n. 9.278/1996. Regula o § 3° do art. 226 da Constituição Federal. Brasília: Presidência da República, 1996.

BRASIL. Presidência da República. Lei n. 10.406/2002. Institui o Código Civil. Brasília: Presidência da República, 2002. Disponível em: http://www.planalto.gov.br/ccivil_03/leis/2002/l10406compilada.htm. Acesso em: jan. 2023.

BRASIL. Senado Federal. Projeto de Lei do Senado Federal n. 612/2011. Altera os arts. 1.723 e 1.726 do Código Civil, para permitir o reconhecimento legal da união estável entre pessoas do mesmo sexo. Autoria: Marta Suplicy, 2011. Disponível em: https://www25.senado.leg.br/web/atividade/materias/-/materia/102589. Acesso em: jan. 2023.

BRASIL. Senado Federal. Projeto de Lei do Senado Federal n. 470/2013. Dispõe sobre o Estatuto das Famílias e dá outras providências. Autoria: Lídice da Mata, 2013. Disponível em: https://www25.senado.leg.br/web/atividade/materias/-/materia/115242. Acesso em: jan. 2023.

BRASIL. Senado Federal. *Regimento interno do Senado Federal*. Resolução do Senado Federal n. 93, de 1970. Versão consolidada pela Secretaria-Geral da Mesa do Senado Federal. Brasília: Suplemento E da edição de 22 de dezembro de 2018 do Diário do Senado Federal.

BRASIL. Supremo Tribunal Federal. STF – Acórdão da ADI n. 4.277. Relator: Ministro Ayres Brito. Requerente: Procuradoria-Geral da República. Data de Julgamento: 5 maio 2011. Disponível em: https://redir.stf.jus.br/paginadorpub/paginador.jsp?docTP=AC&docID=628635. Acesso em: jan. 2023.

BRASIL. Supremo Tribunal Federal. STF – RE 1045273 SE. Relator: Ministro Alexandre de Moraes. Data do julgamento: 21 dez. 2020, Tribunal Pleno. Data de Publicação: 9 abr. 2021.

Nem véu nem grinalda: uma reescrita queer do julgamento que reconheceu a união estável homoafetiva

Eder van Pelt

BORRILLO, Daniel. "Direitos emergentes: uma crítica do gênero e dos direitos sexuais desde a perspectiva latina". Em: ABREU, Célia *et al.* (org.). *Diálogos sobre direitos humanos fundamentais*, v. I. Curitiba: Lúmen Juris, 2016, p. 117-44.

BRASIL. Lei n. 10.406/2002. Institui o Código Civil brasileiro. Brasília, 10 jan. 2002. Disponível em: https://www.camara.leg.br/proposicoesWeb/prop_mostrarintegra?codteor=247357&filename. Acesso em: 11 jan. 2023.

BRASIL. Supremo Tribunal Federal. Arguição de Descumprimento de Preceito Fundamental 132 – ADPF/132. Brasília, maio 2011. Disponível em: https://redir.stf.jus.br/paginadorpub/paginador.jsp?docTP=AC&docID=628633. Acesso em 11 jan. 2023.

CARDINALI, Daniel Carvalho. *A judicialização dos direitos LGBT no STF: limites, possibilidades e consequências*. Belo Horizonte: Arraes, 2018.

CLAVEL, Pau López. "Trés debates sobre la homonormativización de las identidades gay y lesbiana". *Asparkía*, n. 26, p. 137-53, 2015.

COACCI, Thiago. "Do homossexualismo à homoafetividade: discursos judiciais brasileiros sobre homossexualidades, 1989-2012". *Sexualidad, Salud y Sociedad*, n. 21, p. 53-84, dez. 2015.

DIAS, Maria Berenice. "Homoafetividade: um novo substantivo". *Portal Jurídico Investidura*, Florianópolis, 17 dez. 2004. Disponível em: https://investidura.com.br/biblioteca-juridica/artigos/sociedade/2198-homoafetividade-um-novo-substantivo. Acesso em: 11 jan. 2023.

DIAS, Maria Berenice. *União homoafetiva: o preconceito e a justiça*. São Paulo: Revista dos Tribunais, 2011.

FERNÁNDEZ, Encarnación. "¿Cómo conjugar universalidad de los derechos y diversidad cultural?". *Persona y Derecho*, v. 49, p. 393-444, 2003.

MONICA, Eder Fernandes [Eder van Pelt]. "A hegemonia do discurso liberal sobre direitos homossexuais no STF". *Direito & Práxis*, v. 11, n. 2, p. 1.358-91, 2020.

QUIJANO, Aníbal. "Colonialidade do poder e classificação social". Em: SANTOS, Boaventura de Sousa; MENESES, Maria Paula (org.). *Epistemologias do Sul*. Coimbra: Almedina, 2010, p. 73-117.

RIOS, Roger Raupp. "As uniões homossexuais e a 'família homoafetiva': o direito de família como instrumento de adaptação e conservadorismo ou a possibilidade de sua transformação e inovação". *Civilistica.com*, v. 2, n. 2, p. 1-21, 2013.

SILVA, Virgílio Afonso da. *Direito constitucional brasileiro*. São Paulo: Edusp, 2021.

VAN PELT, Eder. *Encruzilhadas queer no direito*. Salvador: Devires, 2022.

VECCHIATTI, Paulo Iotti. *Manual da Homoafetividade: da possibilidade jurídica do casamento civil, da união estável e da ação por casais homoafetivos*. 3. ed. Bauru: Spessotto, 2019.

PARTE 02
OS DIREITOS SOCIAIS: EDUCAÇÃO, SAÚDE E CULTURA

O dispositivo dos direitos humanos na cultura escolar: direitos, autonomia dos jovens e uma nova geografia dos prazeres

Carlos Eduardo Barzotto e Fernando Seffner

ACOSTA, Tássio; GALLO, Sílvio. "A educação em disputa no Brasil contemporâneo: entre os estudos de gênero, a dita ideologia de gênero e a produção de uma 'ideologia de gênesis'". *Educação (UFSM)*, v. 45, p. 1-28, 2020. Disponível em: https://periodicos.ufsm.br/reveducacao/article/view/43607. Acesso em: 14 dez. 2022.

BARZOTTO, Carlos E.; SEFFNER, Fernando. "Escola sem partido e sem gênero: redefinição das fronteiras público e privado na Educação". *Revista da FAEEBA: Educação e Contemporaneidade*, v. 29, n. 58, p. 150-167, 2022. Disponível em: https://www.revistas.uneb.br/index.php/faeeba/article/view/9043. Acesso em: 31 out. 2023.

BARZOTTO, Carlos E.; SEFFNER, Fernando. "Do governamento via desejos ao governamento via valores: a capilarização do dispositivo dos direitos humanos na educação brasileira". *Prâksis*, v. 19, n. 2, p. 136-59, 2022. Disponível em: https://periodicos.feevale.br/seer/index.php/revistapraksis/article/view/2982. Acesso em: 16 dez. 2022.

BENEVIDES, Bruna G. (org.). *Dossiê assassinatos e violências contra travestis e transexuais brasileiras*. Brasília: Distrito Drag/Antra, 2022.

BRASIL. Conselho Nacional de Combate à Discriminação. *Brasil Sem Homofobia: Programa de combate à violência e à discriminação contra GLTB e promoção da cidadania homossexual*. Brasília: Ministério da Saúde, 2004.

BRASIL. Ministério da Mulher, da Família e dos Direitos Humanos. *Minuto Direitos Humanos – Episódio 10*. 2021. Disponível em: https://www.youtube.com/watch?v=PHJP9bRiApY. Acesso em: 15 jan. 2023.

BRASIL. Ministério da Mulher, da Família e dos Direitos Humanos. *Minuto Direitos Humanos – Episódio 13*. 2021. Disponível em: https://www.youtube.com/watch?v=ciXayupFb94. Acesso em: 15 jan. 2023.

BRASIL. Presidência da República. Decreto n. 8.727, de 28 de abril de 2016. Dispõe sobre o uso do nome social e o reconhecimento da identidade de gênero de pessoas travestis e transexuais no âmbito da administração pública federal direta, autárquica e fundacional. 2016. Disponível em: http://www.planalto.gov.br/ccivil_03/_ato2015-2018/2016/decreto/d8727.htm. Acesso em: 20 mar. 2021.

BRASIL. Secretaria de Direitos Humanos da Presidência da República. *Programa Nacional de Direitos Humanos (PNDH-3) – revisada*. Brasília: SDH-PR, 2010.

BROWN, Wendy. *Undoing the Demos: Neoliberalism's Stealth Revolution*. New York: Zone, 2015.

BROWN, Wendy. "American Nightmare: Neoliberalism, Neoconservatism and De-democratization". *Political Theory*, v. 34, n. 6, p. 690-714, 2016. Disponível em: https://sxpolitics.org/wp-content/uploads/2018/05/Wendy-Brown-American-Nightmare.pdf. Acesso em: 15 jan. 2023.

CARRARA, Sérgio. "Moralidades, racionalidades e políticas sexuais no Brasil contemporâneo". Mana, v. 21, n. 2, p. 323-45, 2015. Disponível em: https://www.scielo.br/j/mana/a/6D5zmtb3VK98rjtWTQhq8Gg/?lang=pt&format=pdf. Acesso em: 3 jan. 2023.

CASTRO, Edgardo. *Vocabulário de Foucault: um percurso pelos seus temas, conceitos e autores*. Trad. Ingrid Müller Xavier. Belo Horizonte: Autêntica, 2009.

BIBLIOGRAFIA

CÉSAR, Maria Rita de A. "Gênero, sexualidade e educação: notas para uma 'epistemologia'". *Educar em Revista*, v. 25, n. 35, p. 37-51, 2009. Disponível em: https://revistas.ufpr.br/educar/article/view/16692. Acesso em: 20 jan. 2023.

CHANCEL, Lucas *et al. World Inequality Report 2022*. World Inequality Lab, 2022. Disponível em: wir2022.wid.world. Acesso em: 20 jan. 2023.

DARDOT, Pierre; LAVAL, Christian. *A nova razão do mundo: ensaio sobre a sociedade neoliberal*. Trad. Mariana Echalar. São Paulo: Boitempo, 2016.

DUARTE, Luiz F. D. *et al*. "Vicissitudes e limites da conversão à cidadania nas classes populares brasileiras". *Revista Brasileira de Ciências Sociais*, n. 22, v.1, p. 5-19, 1993.

FOUCAULT, Michel. *História da sexualidade 1: a vontade de saber*. Trad. Maria Thereza da Costa Albuquerque e J. A. Guilhon Albuquerque. São Paulo: Paz e Terra, 2014.

JUNQUEIRA, Rogério Diniz. *Diversidade sexual na educação: problematizações sobre homofobia nas escolas*. Brasília: MEC/Secad/Unesco, 2009. Disponível em: https://unesdoc.unesco.org/ark:/48223/pf0000187191. Acesso em: 16 dez. 2022.

JUNQUEIRA, Rogério Diniz. "A invenção da 'ideologia de gênero': a emergência de um cenário político-discursivo e a elaboração de uma retórica reacionária antigênero". *Psicologia Política*, v. 18, n. 43, p. 449-502, set.-dez. 2018. Disponível em: http://pepsic.bvsalud.org/pdf/rpp/v18n43/v18n43a04.pdf. Acesso em: 3 jun. 2021.

KALIL, Isabela. "Políticas antiderechos en Brasil: neoliberalismo y neoconservadurismo en el gobierno de Bolsonaro". Em: SANTANA, Ailynn T. (org.). *Derechos en riesgo en América Latina: 11 estudios sobre grupos neoconservadores*. Quito: Fundación Rosa Luxemburg/Desde Abajo, 2020, p. 35-54.

LIMA, Rosemeiry A. A. Z.; MARIANO, Jorge L. M. "'Homem não rebola'; 'Essa menina contamina as colegas': reflexões sobre direitos humanos, gênero e escola". *Retratos da Escola*, v. 16, n. 36, p. 809-25, 2022. Disponível em: https://retratosdaescola.emnuvens.com.br/rde/article/view/1615. Acesso em: 20 jan. 2023.

LOURO, Guacira Lopes. *Gênero, sexualidade e educação: uma perspectiva pós-estruturalista*. Petrópolis, RJ: Vozes, 1997.

MENDONÇA, Amanda de; MOURA, Fernanda; AQUINO, Renata. "Educação em gênero e sexualidade: um direito constitucional". *Diversidade e Educação*, v. 9, n. 2, p. 642-67, 2021. Disponível em: https://periodicos.furg.br/divedu/article/view/12929. Acesso em: 20 jan. 2023.

MIGUEL, Luis Felipe. "Da 'doutrinação marxista' à 'ideologia de gênero': Escola sem Partido e as leis da mordaça no Parlamento brasileiro". *Direito & Práxis*, v. 7, n. 15, p. 590-621, 2016. Disponível em: https://www.e-publicacoes.uerj.br/index.php/revistaceaju/article/view/25163. Acesso em: 20 jan. 2023.

PORTO ALEGRE. Câmara de Vereadores. Projeto de Lei n. 077/21. Disponível em: https://www.camarapoa.rs.gov.br/processos/136350. Acesso em: 15 dez. 2022.

RIOS, Roger Raupp. "Para um direito democrático da sexualidade". *Horizontes Antropológicos*, v. 12, n. 26, p. 71-100, jul.- dez. 2006. Disponível em: https://doi.org/10.1590/S0104-71832006000200004. Acesso em: 20 jan. 2023.

RIZZA, Juliana Lapa; RIBEIRO, Paula R. C. "Produzindo olhares sobre a sexualidade em políticas públicas educacionais". Em: RIBEIRO, Paula R. C.; MAGALHÃES, Joanalira C. (org.). *Debates contemporâneos sobre Educação para a sexualidade*. Rio Grande: Ed. da Furg, 2017, p. 53-70.

SKLIAR, Carlos; DUSCHATZKY, Silvia. "O nome dos outros: narrando a alteridade na cultura e na educação". Em: LARROSA, Jorge; SKLIAR, Carlos (org.). *Habitantes de Babel: políticas e poéticas da diferença*. Belo Horizonte: Autêntica, 2001, p. 119-38.

SOARES, Felipe F.; RICOLDI, Arlene M. "A escalada neoconservadora e a agenda antigênero: o caso da participação do Brasil na Cúpula Demográfica de Budapeste". *Revista Brasileira de Estudos Populares*, v. 39, p. 1-22, 2022. Disponível em: http://dx.doi.org/10.20947/S0102-3098a0183. Acesso em: 20 jan. 2023.

VAGGIONE, Juan M. "A restauração legal: o neoconservadorismo e o direito na América Latina". Em: BIROLI, Flávia *et al. Gênero, neoconservadorismo e democracia: disputas e retrocessos na América Latina*. São Paulo: Boitempo, 2020, p. 41-82.

VECCHIATTI, Paulo R. Iotti. "Mobilização judicial pelos direitos da diversidade sexual e de gênero no Brasil". Em: GREEN, James Naylor *et al.* (org.). *História do Movimento LGBT no Brasil*. São Paulo: Alameda, 2018, p. 449-70.

WEEKS, Jeffrey. "O corpo e a sexualidade". Em: LOURO, Guacira Lopes (org.). *O corpo educado: pedagogias da sexualidade*. 3. ed., Belo Horizonte: Autêntica, 2010, p. 35-82.

O direito à educação sexual anti-LGBTfóbica: da construção psicanalítica das sexualidades à desconstrução pedagógica das categorias dissidentes

Arthur Albuquerque de Andrade

BUTLER, Judith. *Problemas de gênero: feminismo e subversão da identidade*. Trad. Renato Aguiar. Rio de Janeiro: Civilização Brasileira, 2019.

BUTLER, Judith. *Corpos que importam: os limites discursivos do "sexo"*. Trad. Veronica Daminelli e Daniel Yago Françoli. São Paulo: n-1 edições/Crocodilo, 2020.

COSTA, Teresinha. *Psicanálise com crianças*. São Paulo: Zahar, 2007.

FERRAZ, Carolina Valença; Leite, Glauber Salomão. "A desconstrução da relevância jurídica do sexo biológico em face da identidade de gênero na transexualidade: a tutela jurídica da mulher transgênero". *Conpedi Law Review*, v. 1, n. 1, p. 67-87, 2016. Disponível em: http://dx.doi.org/10.26668/2448-3931_conpedilawreview/2015.v1i1.3347.

FOUCAULT, Michel. *História da sexualidade I: a vontade de saber*. 13. ed. Trad. Maria Thereza da Costa Albuquerque e J. A. Guilhon Albuquerque. Rio de Janeiro: Graal, 1988.

FREIRE, Paulo. *Educação como prática da liberdade*. São Paulo: Paz e Terra, 2014.

FREUD, Sigmund. *Três ensaios sobre a teoria da sexualidade*. Trad. Ramiro da Fonseca. Lisboa: Livros do Brasil, 1997.

HOOKS, Bell. *Ensinando a transgredir: a educação como prática da liberdade*. Trad. Marcelo Brandão Cipolla. São Paulo: WMF Martins Fontes, 2017.

KLEIN, Melanie. *Selected Melanie Klein*. New York: Simon and Schuster, 1987.

LOURO, Guacira Lopes. *Gênero, sexualidade e educação: uma perspectiva pós-estruturalista*. Petrópolis, RJ: Vozes, 1997.

SALDAÑA, Paulo. "73% dos jovens LGBT dizem ter sido agredidos na escola, mostra pesquisa". *Folha de S.Paulo*, 21 nov. 2016. Disponível em: https://www1.folha.uol.com.br/educacao/2016/11/1834166-73-dos-jovens-lgbt-dizem-ter-sido-agredidos-na-escola-mostra-pesquisa.shtml. Acesso em: 11 dez. 2021.

SHECAIRA, Sérgio Salomão. "Tolerância zero". *Revista internacional de Direito e Cidadania*, v. 5, p. 165-76, 2009.

TORRES, Marco Antônio. *A diversidade sexual na educação e os direitos de cidadania LGBT na escola*. 2. ed. Belo Horizonte/Ouro Preto, MG: Autêntica/ Editora UFOP, 2013. (Série Cadernos da Diversidade.)

A política de morte das pessoas LGBTQIA+ no sistema carcerário: uma análise a partir dos casos de autoextermínio no presídio de São Joaquim de Bicas/MG

Bruno Roberto de Souza Siqueira e Alexandre Melo Franco Bahia

ABÍLIO, Adriana G. M. "Travestilidade e transexualidade: o reconhecimento jurídico das identidades sociais". *Libertas*, v. 3, n. 1, set.-out. 2017. Disponível em: https://periodicos.ufop.br/libertas/article/view/408. Acesso em: 14 jun. 2022.

ANDRADE, Mariana D. de; CARTAXO, Marina A.; CORREIA, Daniel C. "Representações sociais no sistema de justiça criminal: proteção normativa e políticas públicas para o apenado LGBT". *Revista Brasileira de Políticas Públicas*, v. 8, n. 1, p. 494-513, abr. 2018.

BAHIA, Alexandre G. Melo Franco. "Fundamentos de teoria da Constituição: a dinâmica constitucional no Estado democrático de direito brasileiro". Em: FIGUEIREDO, Eduardo H. Lopes; MONACO, Gustavo F. de Campos; MAGALHÃES, José Luiz Quadros (org.). *Constitucionalismo e democracia*. Rio de Janeiro: Elsevier, 2012, p. 101-25. Disponível em: https://www.academia.edu/30682584/Fundamentos_de_Teoria_da_Constituic_a_o_a_Dina_mica_Constitucional_no_Estado_Democra_tico_de_Direito_brasileiro. Acesso em: 25 jan. 2023.

BAHIA, Alexandre G. Melo Franco de M.; BACHA E SILVA, Diogo. "Necessidade de criminalizar a homofobia no Brasil: porvir democrático e inclusão de minorias". *Revista da Faculdade de Direito – UFPR*, v. 60, n. 2, maio/ago. 2015, p. 177-207. Disponível em: https://revistas.ufpr.br/direito/article/view/38641/26050. Acesso em: 18 jan. 2023.

BAHIA, Alexandre G. Melo Franco *et al. Processo e Constituição: estudos sobre a judicialização da saúde, da educação e dos direitos homoafetivos*. Florianópolis: Empório do Direito, 2015. Disponível em: https://www.researchgate.net/publication/295656871_Processo_e_constituicao_estudos_sobre_a_judicializacao_da_saude_da_educacao_e_dos_direitos_homoafetivos. Acesso em: 18 jan. 2023.

BAHIA, Alexandre G. Melo Franco; SANTOS, Daniel Moraes dos. "O longo caminho contra a discriminação por orientação sexual no Brasil no constitucionalismo pós-88: igualdade e liberdade religiosa". *Libertas*, v. 1, n. 1, jan.-jun. 2013. Disponível em: https://periodicos.ufop.br/libertas/article/view/249.

BAHIA, Alexandre G. Melo Franco de M.; RAMOS, Emerson E. A. "Pessoas trans na pandemia de covid-19: amparo social e condições de enfrentamento". Em: VELOSO, Heloísa H. Pinho; CALDAS, José M. Peixoto (org.). *Medicina social: direito, saúde e cidadania*. Teresina: Piauí Gráfica e Editora, 2021, p. 25-41. Disponível em: http://www.ccs.ufpb.br/iohc/contents/documentos/books/e-book-medicina-social.pdf.

BAHIA, Alexandre G. Melo Franco de M.; VECCHIATTI, Paulo Roberto Iotti. "ADI n. 4.277 – Constitucionalidade e relevância da decisão sobre união homoafetiva: o STF como instituição contramajoritária no reconhecimento de uma concepção plural de família". *Revista Direito GV*, v. 9, n. 1, p. 65-92, 2013. Disponível em: https://doi.org/10.1590/S1808-24322013000100004. Acesso em: 9 maio 2022.

BIBLIOGRAFIA

BRASIL. Supremo Tribunal Federal (Pleno). Ação de Descumprimento de Preceito Fundamental n. 347/DF. Rel. Min. Marco Aurélio Melo. Brasília: STF, 2015.

BUSS, Paulo M.; PELLEGRINI FILHO, Alberto. "A saúde e seus determinantes sociais". *Physis*, n. 17, v. 1, p. 77-93, 2007.

CAPPELLARI, Mariana P. M. "Gêneros encarcerados: LGBTs no sistema prisional brasileiro". *Revista Eletrônica da Faculdade de Direito da UFPel*, v. 4, n. 1, p. 91-112, 2018.

CANGUILHEM, Georges. *O normal e o patológico*. 6. ed. Trad. Maria Thereza Redig de C. Barrocas. Rio de Janeiro: Forense Universitária, 2009.

CERQUEIRA, Daniel (org.). *Atlas da Violência 2021*. São Paulo: FBSP, 2021.

DESLANDES, Keila (coord.); BAHIA, Alexandre G. Melo Franco de M. (org.). *Homotransfobia e direitos sexuais: debates e embates contemporâneos*. Belo Horizonte: Autêntica, 2018.

FOUCAULT, Michel. *Em defesa da sociedade*. Trad. Maria Ermantina Galvão. São Paulo: Martins Fontes, 1999.

HOWES, Robert. "João Antônio Mascarenhas (1927-1998): pioneiro do ativismo homossexual no Brasil". *Cadernos AEL*, v. 10, n. 18/19, p. 291-309, 2003. Disponível em: https://ojs.ifch.unicamp.br/index.php/ael/article/view/2516/1926. Acesso em: 14 jun. 2022.

INFOPEN. Atualização – junho de 2016. Org. Thandara Santos, colab. Marlene Inês da Rosa *et al.* Brasília: Ministério da Justiça e Segurança Pública/Departamento Penitenciário Nacional, 2017.

MBEMBE, Achille. "Necropolítica". Trad. Renata Santini. *Arte & Ensaios*, n. 32, dez. 2016. Disponível em: https://revistas.ufrj.br/index.php/ae/article/view/8993/7169. Acesso em: 11 dez. 2022.

MENDES, Wallace G.; SILVA, Cosme M. F. Passos da. "Homicídios da população de lésbicas, gays, bissexuais, travestis, transexuais ou transgêneros (LGBT) no Brasil: uma análise espacial". *Ciência & Saúde Coletiva*, v. 25, n. 5, maio 2020. Disponível em: https://doi.org/10.1590/1413-81232020255.33672019. Acesso em: 11 dez. 2022.

MOTT, Luiz; OLIVEIRA, José Marcelo Domingos de. *Mortes violentas de LGBT+ no Brasil: relatório 2021*. Salvador: Editora Grupo Gay da Bahia, 2022.

PRADO, Marco A. Máximo *et al.* "Segurança pública e população LGBT: formação, representações e homofobia". Em: LIMA, Cristiane do Socorro Loureiro; BAPTISTA, Gustavo Camilo; FIGUEIREDO, Isabel Seixas de (org.). *Segurança pública e direitos humanos: temas transversais*, v. 5. Brasília: Ministério da Justiça, Secretaria Nacional de Segurança Pública, 2014, p. 57-79. Disponível em: https://www.gov.br/mj/pt-br/assuntos/sua-seguranca/seguranca-publica/analise-e-pesquisa/download/pensando/pensando-a-seguranca-publica_vol-5.pdf. Acesso em: 18 jan. 2023.

PRADO, Marco A. Máximo *et al.* "Travestilidades, transexualidades e saúde: acessos, restrições e vulnerabilizações do cuidado integral". Em: RAMOS, Marcelo M.; NICOLI, Pedro A. G.; ALKMIN, Gabriela C. (org.). *Gênero, sexualidade e direitos humanos: perspectivas multidisciplinares*. Belo Horizonte: Initia Via, 2017, p. 63-82.

SANTANA, Leonardo da Silva. *O Estado laico no confessionário: a atuação religiosa e a luta pela cidadania LGBT durante a tramitação do PLC 122/2006*. 2016. 141 f. Dissertação (Mestrado em Direito) – Faculdade de Direito, Universidade de Brasília, Brasília: 2016.

SANTOS, Daniel Moraes dos [Daniel Melo Franco de Moraes]. *Eurocentrismo, estado nacional e "humanos direitos": por que o Brasil não tem sido capaz de garantir os direitos das pessoas LGBTTTI?*. Dissertação (Mestrado em Direito) – Pontifícia Universidade Católica de Minas Gerais, Belo Horizonte: 2015. Disponível em: http://www.biblioteca.pucminas.br/teses/Direito_SantosDM_1.pdf. Acesso em: 2 jan. 2023.

SILVA, Jéssica de P. Bueno da; BOMFIM, Rainer; BAHIA, Alexandre G. Melo Franco de M. "Decolonialidade e a perspectiva LGBTI: a exclusão das sexualidades e gênero pelas construções hegemônicas". *Revista da AGU*, v. 20, n. 1, 4 jan. 2021. Disponível em: https://seer.agu.gov.br/index.php/AGU/article/view/2460. Acesso em: 10 dez. 2022.

SIMAS, Luciana *et al.* "Análise crítica do modelo de atenção à saúde das pessoas privadas de liberdade no Brasil". *Cadernos Ibero-americanos de Direito Sanitário*, v. 10, n. 1, p. 39-55, 2021. Disponível em: https://doi.org/10.17566/ciads.v10i1.746.

SOUZA, Luís Paulo S. *et al.* "Direito à saúde das pessoas LGBTQ+ em privação de liberdade: o que dizem as políticas sociais de saúde no Brasil?" *Cadernos Ibero-americanos de Direito Sanitário*, Brasília, v. 9, n. 2, p. 135-48, abr.-jun. 2020. Disponível em: http://dx.doi.org/10.17566/ciads.v9i2.582. Acesso em: 18 jan. 2023.

THEODORO JÚNIOR, Humberto; NUNES, Dierle José Coelho; BAHIA, Alexandre G. Melo Franco. "Breves considerações sobre a politização do Judiciário e sobre o panorama de aplicação no direito brasileiro: análise da convergência entre o *civil law* e o *common law* e dos problemas da padronização decisória". *Revista de Processo*, v. 35, n. 189, p. 9-52, nov. 2010.

VIEIRA, José Guilherme Silva. *Metodologia de pesquisa científica na prática*. Curitiba: Fael, 2010.

VIEIRA, Marcela F.; REIS, Renata. "Litigância estratégica em direitos humanos: a atuação da sociedade civil no acesso a medicamentos no Brasil". Em: FRIGO, Darci; PRIOSTE, Fernando; ESCRIVÃO FILHO, Antônio Sérgio (org.). *Justiça e direitos humanos: experiências de assessoria jurídica popular*. Curitiba: Terra de Direitos, 2010, p. 61-83. Disponível em: https://terradedireitos.org.br/uploads/arquivos/Miolo_PB_final.pdf. Acesso em: 18 jan. 2023.

As imagens de controle e os bloqueios de acesso nas políticas culturais das manifestações artísticas negras LGBTQIA+

Semirames Khattar e Vanessa Batista Berner

ALMEIDA, Silvio. *Racismo estrutural*. São Paulo: Pólen, 2019.

BRASIL. Constituição da República Federativa do Brasil de 5 de outubro de 1988. Brasília: 1988.

BRASIL. Lei n. 12.343, de 2 de dezembro de 2010. Institui o Plano Nacional de Cultura – PNC, cria o Sistema Nacional de informações e Indicadores Culturais – SNIIC e dá outras providências. Brasília, 2010.

BRASIL. Ministério da Cultura. *I Conferência Nacional de Cultura 2005/2006: Estado e sociedade construindo políticas públicas de cultura*. Brasília: Minc, Secretaria de Articulação Institucional, 2007.

BRASIL. Ministério da Cultura. *As metas do Plano Nacional de Cultura*. São Paulo/Brasília: Instituto Via Pública/Minc, 2012.

BENTO, Maria Aparecida. "Branqueamento e branquitude no Brasil". Em: PIZA, Edith Pompeu (org.). *Psicologia social do racismo: estudos sobre branquitude e branqueamento no Brasil*. Petrópolis, RJ: Vozes, 2002, p. 25-58.

BIROLI, Flávia.; MIGUEL, Luís Felipe. "Gênero, raça, classe: opressões cruzadas e convergências na reprodução das desigualdades". *Mediações*, v. 20, n. 2, p. 27-55, jul.-dez. 2015.

COLLINS, Patricia Hill. *Black Feminist Thought: Knowledge, Consciousness and the Politics of Empowerment*. Boston: Unwin Hyman, 1990.

HERRERA FLORES, Joaquín. *Los derechos humanos como productos culturales: crítica del humanismo abstracto*. Madrid: Catarata, 2005.

HERRERA FLORES, Joaquin. "Direitos humanos, interculturalidade e racionalidade da resistência". Trad. Carol Proner, *Direito e Democracia*, v. 4, n. 2, p. 287-304, 2003.

KAMARA, Yarri. "Challenges for African women entrepreneurs in the performing arts and designer fashion sectors". Em: UNESCO. *Gender Equality: Heritage and Creativity*. Paris: Unesco, 2014, p. 108-21.

MENGER, Pierre-Michel. *Retrato do artista enquanto trabalhador: metamorfoses do capitalismo*. Trad. Vera Borges, Danielle Place e Isabel Gomes. Lisboa: Roma, 2005.

MOREIRA, Adilson José. *Tratado de direito antidiscriminatório.* São Paulo: Contracorrente, 2020.

MOREIRA, Raquel; CALABRE, Lia. "Financiamento da cultura sob a ótica dos direitos culturais: possibilidades e desafios do Plano Nacional de Cultura". *Políticas Culturais em Revista*, v. 5, n. 2, p. 97-114, 2012.

SEGNINI, Liliana. *Criação rima com precarização: análise do mercado de trabalho artístico no Brasil. Paper* apresentado ao GT 29 –XIII Congresso Brasileiro de Sociologia, Campinas, 29 maio-1º jun. 2007. Disponível em: https://idanca.net/wp-content/uploads/2008/03/liliana.pdf.

SEGNINI, Liliana. "Relações de gênero nas profissões artísticas: comparação Brasil-França". Em: COSTA, Albertina de Oliveira *et al.* (org.). *Mercado de trabalho e gênero: comparações internacionais.* São Paulo, Editora FGV.

UNESCO. *Declaração universal sobre a diversidade cultural*, 2002. Disponível em: http://www.dominiopublico.gov.br/download/texto/ue000115.pdf.

PARTE 03
USOS E LIMITES DO DIREITO PENAL PARA O ENFRENTAMENTO DA LGBTI+FOBIA

Homotransfobia como crime de racismo: diretrizes para uma justa tutela penal da diversidade sexual e de gênero

Emerson Ramos e Paulo Iotti

ALEXANDER, Michelle. *A nova segregação: racismo e encarceramento em massa.* Trad. Pedro Davoglio. São Paulo: Boitempo, 2017.

BITTENCOURT, Cezar Roberto. *Tratado de direito penal*, v. 1. 17. ed. São Paulo: Saraiva, 2012.

BRITO FILHO, José Claudio Monteiro de. "Comentário ao art. 5º, XLI". Em: CANOTILHO, J. J. Gomes *et al.* (org.). *Comentários à Constituição do Brasil.* São Paulo: Saraiva/Almedina, 2018, p. 416-8.

CURIEL, Ochy. *La nación heterosexual: análisis del discurso jurídico y el régimen heterosexual desde la antropología de la dominación.* Bogotá: En la Frontera, 2013.

FELDENS, Luciano. *Direitos fundamentais e direito penal: a Constituição penal.* 2. ed. Porto Alegre: Livraria do Advogado, 2012.

FERRAJOLI, Luigi. *Direito e razão. teoria do garantismo penal.* Trad. Ana Paula Zomer Sica, Fauzi Hassan Choukr, Juarez Tavares e Luiz Flávio Gomes. 3. ed. São Paulo: Revista dos Tribunais, 2010.

GARLAND, David. *A cultura do controle: crime e ordem social na sociedade contemporânea.* Trad. André Nascimento. Rio de Janeiro: Revan, 2008.

GONÇALVES, Luiz Carlos dos Santos. *Mandados expressos de criminalização e a proteção dos direitos fundamentais na Constituição brasileira de 1988.* Belo Horizonte: Fórum, 2007.

IOTTI, Paulo. "Criminalização da homotransfobia e o direito penal mínimo". Em: DE BEM, Leonardo Schmitt (org.). *Estudos de direito público: aspectos penais e processuais*, v. 1. Belo Horizonte: D'Plácido, 2018, p. 349-59.

IOTTI, Paulo. *Manual da homoafetividade: da possibilidade jurídica do casamento civil, da união estável e da adoção por casais homoafetivos.* 4. ed. Bauru: Spessotto, 2022.

IOTTI, Paulo (org.). *O STF e a hermenêutica penal que gerou o reconhecimento da homotransfobia como crime de racismo (sem legislar nem fazer analogia).* Bauru: Spessotto, 2022.

IOTTI, Paulo. *O STF, a homotransfobia e seu reconhecimento como crime de racismo: análise e defesa da decisão do Supremo Tribunal Federal que reconheceu a homotransfobia como crime de racismo.* 2. ed. Bauru: Spessotto, 2022 (no prelo: 3. ed., 2023).

KUHLEN, Lothar. *La interpretación conforme a la constitución de las leyes penales*. Madrid/Barcelona/Buenos Aires: Marcial Pons, 2012.

LIMA, Raquel da Cruz. *O direito penal dos direitos humanos: paradoxos do discurso punitivo da Corte Interamericana de Direitos Humanos*. Belo Horizonte: CEI, 2018.

MENDES, Soraia da Rosa. *Criminologia feminista: novos paradigmas*. São Paulo: Saraiva, 2014.

MOREIRA, Adilson José. *Cidadania sexual: estratégia para ações inclusivas*. São Paulo: Arraes, 2017.

MOREIRA, Adilson José. *Tratado de direito antidiscriminatório*. São Paulo: Contracorrente, 2020.

RAMOS, Emerson E. A. "Epistemologia transfeminista: uma nova política dos conceitos para os estudos de gênero". Em: RAMOS, Emerson E. A.; PEREIRA, Francisco Jomário; LEÓN, Adriano Azevedo Gomes de (Org.). *Gênero e sexualidade em perspectiva social*, v. 1. João Pessoa: Ed. UFPB, 2020, p. 225-41.

RAMOS, Emerson E. A. "Transfeminicídio: genealogia e potencialidades de um conceito". *Direito e Práxis*, v. 13, n. 2, p. 1.074-96, 2022.

RIOS, Roger Raupp. *Direito da antidiscriminação: discriminação direta, indireta e ações afirmativas*. Porto Alegre: Livraria do Advogado, 2008.

ROXIN, Claus. *Derecho penal: parte general – fundamentos – la estructura de la teoria general del delito*, t. I. Madrid: Civitas, 1997.

SÁNCHEZ, Jesús-María Silva. *A expansão do direito penal: aspectos da política criminal nas sociedades pós-industriais*. Trad. Luiz Otavio de Oliveira Rocha. São Paulo: Revista dos Tribunais, 2011.

STRECK, Maria Luiza Schäfer. *Direito penal e Constituição: A face oculta da proteção dos direitos fundamentais*. Porto Alegre: Livraria do Advogado, 2009.

VECCHIATTI, Paulo Roberto Iotti. "Racismo homotransfóbico e a população LGBTI como grupo racializado". *JOTA*, 28 maio 2019. Disponível em: https://www.jota.info/opiniao-e-analise/artigos/racismo-homotransfobico-e-a-populacao-lgbti-como-um-grupo-racializado-28052019. Acesso em: 14 mar. 2023.

VECCHIATTI, Paulo Roberto Iotti. "STF não legislou nem fez analogia ao reconhecer homofobia como racismo". *Consultor Jurídico*, 19 ago. 2019. Disponível em: https://www.conjur.com.br/2019-ago-19/paulo-iotti-stf-nao-legislou-equipararhomofobia-racismo. Acesso em: 14 mar. 2023.

WACQUANT, Loïc. *As prisões da miséria*. Trad. André Telles. Rio de Janeiro: Zahar, 2011.

WACQUANT, Loïc. *Punir os pobres: a nova gestão da miséria nos Estados Unidos (a onda punitiva)*. 3. ed. Trad. Sérgio Lamarão. Rio de Janeiro: Revan, 2007.

Além da criminalização: leitura queer sobre legalismo progressista

Fernanda Pereira e Thiago Amparo

BROWN, Wendy; HALLEY, Janet (org.). *Left Legalism / Left Critique*. Durham: Duke University Press, 2002.

FACCHINI, Regina. "Entre compassos e descompassos: um olhar para o 'campo' e para a 'arena' do movimento LGBT brasileiro". *Bagoas*, v. 3, n. 4, p. 131-58, 2009.

FACCHINI, Regina; CARMO, Íris Nery do; LIMA, Stephanie Pereira. "Movimentos feminista, negro e LGBTI no Brasil: sujeitos, teias e enquadramentos". *Educação & Sociedade*, v. 41, 2020. Disponível em: https://www.scielo.br/j/es/a/KkBXLLPzyYtPn5FHgk3kMLC#.

JOSEPH, Peniel E. "Reconstructing the Dream: Martin Luther King Jr., Black Radicalism, and African-American Political Thought". *The CLR James Journal*, v. 8, n. 2, p. 178-86, 2001.

MARTINS, Alexandre Nogueira. *Caminhos da criminalização da LGBTfobia: racionalidade criminalizante, neoliberalismo e democratização*. 268 f. 2020. Dissertação (Mestrado em Sociologia) – Faculdade de Filosofia, Letras e Ciências Humanas, Universidade de São Paulo, São Paulo: 2020. Disponível em: doi.org/10.11606/D.8.2020.tde-19022021-174812. Acesso em: 13 jan. 2023.

QUINALHA, Renan. "O mito fundador de Stonewall". *Cult*, São Paulo: 3 jun. 2019. Disponível em: https://revistacult.uol.com.br/home/o-mito-fundador-de-stonewall/.

ROSENBERG, Gerald N. *The Hollow Hope: Can Courts Bring about Social Change*. 2. ed. Chicago/London: The University of Chicago Press, 2008.

SANTOS, Gustavo Gomes da Costa. "Movimento LGBT e partidos políticos no Brasil". *Contemporânea: Revista de Sociologia da UFSCar*, v. 6, n. 1, p. 179-179, 2016.

SPADE, Dean. *Normal Life: Administrative Violence, Critical Trans Politics, and the Limits of Law*. Durham: Duke University Press, 2015.

STANLEY, Eric A. "Introduction: Fugitive Flesh: Gender Self-Determination, Queer Abolition, and Trans Resistance". Em: STANLEY, Eric A.; SMITH, Nat (org.). *Captive Genders: Trans Embodiment and the Prison Industrial Complex*. Oakland: Ak Press, 2011.

VESTENA, Carolina Alves. *Participação ou formalismo?: o impacto das audiências públicas no Supremo Tribunal Federal brasileiro*. 111 f. Dissertação (Mestrado Profissional em Poder Judiciário) – FGV Direito, Fundação Getúlio Vargas, Rio de Janeiro: 2010.

A LGBTfobia entre a ausência e o reconhecimento: uma análise empírica a partir dos casos criminais julgados pelo Tribunal de Justiça do Estado do Paraná entre 2010 e 2020

Victor Sugamosto Romfeld

BENEVIDES, Bruna G; NOGUEIRA, Sayonara Naider Bonfim. *Dossiê: Assassinatos e violência contra travestis e transexuais brasileiras em 2020*. São Paulo: Expressão Popular/ Antra/IBTE, 2021.

BERTÚLIO, Dora Lucia de Lima. *Direito e relações raciais: uma introdução crítica ao racismo*. Rio de Janeiro: Lumen Juris, 2019.

BORRILLO, Daniel. *Homofobia: história e crítica de um preconceito*. Trad. Guilherme João de Freitas Teixeira. Belo Horizonte: Autêntica, 2015.

BRASIL. Conselho Nacional de Justiça. "CNJ divulga pesquisa e formulário para subsidiar combate à LGBTfobia", 8 ago. 2022. Disponível em: https://www.cnj.jus.br/cnj-divulga-pesquisa-e-formulario-para-subsidiar-combate-a-lgbtfobia/. Acesso em: 14 ago. 2022.

BRASIL, Secretaria Especial de Direitos Humanos do Ministério das Mulheres, da Igualdade Racial e dos Direitos Humanos. *Relatório de Violência Homofóbica no Brasil: ano 2013*. Brasília: MMIRDH. Disponível em: https://direito.mppr.mp.br/arquivos/File/RelatorioViolenciaHomofobicaBR2013.pdf. Acesso em: 24 jun. 2021.

BRASIL, Ministério da Mulher, da Família e dos Direitos Humanos. *LGBT nas prisões do Brasil: diagnóstico dos procedimentos institucionais e experiências de encarceramento*. Brasília: MMFDH, 2020. Disponível em: https://www.gov.br/mdh/pt-br/assuntos/noticias/2020-2/fevereiro/TratamentopenaldepessoasLGBT.pdf. Acesso em: 9 jul 2021.

BRASIL, Tribunal de Justiça do Estado do Paraná (3ª Câmara Criminal). *Apelação Criminal 680.862-6*. Relator Rogério Kanayama, 26 ago. 2010.

BRASIL, Tribunal de Justiça do Estado do Paraná (3ª Câmara Criminal). *Revisão Criminal 689.842-0*. Relator Rogério Kanayama, 11 nov. 2010.

BRASIL, Tribunal de Justiça do Estado do Paraná (1ª Câmara Criminal). *Recurso de Agravo 934.795-7*. Relator Marcos S. Galliano Daros, 22 fev. 2013.

BRASIL, Tribunal de Justiça do Estado do Paraná (1ª Câmara Criminal). *Apelação Crime 1.266.4670-2*. Relator Macedo Pacheco, 23 abr. 2015.

BRASIL, Tribunal de Justiça do Estado do Paraná (1ª Câmara Criminal). *Apelação Crime 1387178-2*. Relator Miguel Kfouri Neto, 6 ago. 2015.

BIBLIOGRAFIA

BRASIL, Tribunal de Justiça do Estado do Paraná (1ª Câmara Criminal). *Apelação Crime 1409217-0*. Relator Desembargador Miguel Kfouri Neto, 5 nov. 2015.

BRASIL, Tribunal de Justiça do Estado do Paraná (4ª Câmara Criminal). *Apelação Crime 1.525.052-1*. Relator Desembargador Renato Naves Barcellos, 29 set. 2016.

BRASIL, Tribunal de Justiça do Estado do Paraná (1ª Câmara Criminal). *Recurso em Sentido Estrito e Apelação Crime 1528790-8*. Relator Naor R. de Macedo Neto, 9 fev. 2017.

BRASIL, Tribunal de Justiça do Estado do Paraná (1ª Câmara Criminal). *Apelação Crime 1677651-9*. Relator Naor R. de Macedo Neto, 26 out. 2017.

BRASIL, Tribunal de Justiça do Estado do Paraná (5ª Câmara Criminal). *Apelação Crime 0000313-87.2017.8.16.0019*. Relator Ruy Alves Henriques Filho, 2 de agosto de 2018.

BRASIL, Tribunal de Justiça do Estado do Paraná (3ª Câmara Criminal). *Habeas Corpus 0027978-04.2018.8.16.0000*. Relator Desembargador José Cichoki Neto, 4 out. 2018.

BRASIL, Tribunal de Justiça do Estado do Paraná (5ª Câmara Criminal). *Apelação Crime 0008488-97.2018.8.16.0031*. Relator Desembargador Renato Naves Barcellos, 29 nov. 2018.

BRASIL, Tribunal de Justiça do Estado do Paraná (4ª Câmara Criminal). *Apelação Criminal 0016446-76.2014.8.16.0031*. Relator Desembargador Celso Jair Mainardi, 7 mar. 2019.

BRASIL, Tribunal de Justiça do Estado do Paraná (3ª Câmara Criminal). *Habeas Corpus 0015339-17.2019.8.16.0000*. Relator Desembargador Eugênio Achille Grandinetti, 16 maio 2019.

BRASIL, Tribunal de Justiça do Estado do Paraná (1ª Câmara Criminal). *Apelação Criminal 0002969-85.2017.8.16.0158*. Relator Desembargador Miguel Kfouri Neto, 29 ago. 2019.

BRASIL, Tribunal de Justiça do Estado do Paraná (1ª Câmara Criminal). *Recurso em Sentido Estrito 0000002-96.2014.8.16.0150*. Relator Desembargador Miguel Kfouri Neto, 10 out. 2019.

BRASIL, Tribunal de Justiça do Estado do Paraná (3ª Câmara Criminal). *Apelação Criminal 0010662-79.2018.8.16.0031*. Relator Desembargador Sérgio Roberto Nóbrega Rolanski, 5 dez. 2019.

BRASIL, Tribunal de Justiça do Estado do Paraná (1ª Câmara Criminal). *Apelação Criminal 0002887-13.2011.8.16.0175*. Relator Desembargador Antonio Loyola Vieira, 20 fev. 2020.

BRASIL, Tribunal de Justiça do Estado do Paraná (3ª Câmara Criminal). *Apelação Criminal 0002971-03.2019.8.16.0088*. Relator Antonio Carlos Choma, 8 maio 2020.

BRASIL, Tribunal de Justiça do Estado do Paraná (1ª Câmara Criminal). *Recurso em Sentido Estrito 0084049-81.2018.8.16.0014*. Relator Sérgio Luiz Patitucci, 15 maio 2020.

BRASIL, Tribunal de Justiça do Estado do Paraná (3ª Câmara Criminal). *Habeas Corpus 0061666-83.2020.8.16.0000*. Relator Desembargador Gamaliel Seme Scaff, 19 nov. 2020.

BRASIL, Tribunal de Justiça do Estado do Paraná (1ª Câmara Criminal). *Apelação Crime 0007414-38.2013.8.16.0013*. Relator Macedo Pacheco, 17 dez. 2020.

BRASIL, Tribunal de Justiça do Estado do Paraná (2ª Câmara Criminal). *Habeas Corpus 0006611-16.2021.8.16.0000*. Relator Desembargador Luís Carlos Xavier, 12 mar. 2021.

BULGARELLI, Lucas *et al*. *LGBTIfobia no Brasil: barreiras para o reconhecimento institucional da criminalização*. São Paulo: All Out/Instituto Matizes, 2021, p. 56. Disponível em: https://s3.amazonaws.com/s3.allout.org/images/LGBTIfobia_no_Brasil_-_All_Out_e_Instituto_Matizes.pdf. Acesso em: 7 ago. 2022.

CAPPELLARI, Mariana Py Muniz. "Gêneros encarcerados: LGBTs no sistema prisional brasileiro". *Revista Eletrônica da Faculdade de Direito da UFPel*, v. 4, n. 1, p. 91-112, 2018.

CARVALHO, Salo de. *Como (não) se faz um trabalho de conclusão: provocações úteis para orientadores e estudantes de direito*. 3. ed. São Paulo: Saraiva, 2015.

COMISSÃO INTERAMERICANA DE DIREITOS HUMANOS. *Violência contra pessoas lésbicas, gays, bissexuais, trans e intersexo nas Américas*. OEA, Documentos oficiais, 2015. Disponível em: http://www.oas.org/pt/cidh/docs/pdf/violenciapessoaslgbti.pdf. Acesso em: 24 jul. 2022.

DINIZ, Pedro. "Na mente de um serial killer: entenda como agiu o homem que matava gays em Curitiba". *Folha de S.Paulo*, São Paulo: 18 jun. 2021. Disponível em: https://www1.folha.uol.com.br/ilustrada/2021/06/na-mente-de-um-serial-killer-entenda-como-agiu-o-homem-que-matava-gays-em-curitiba.shtml. Acesso em: 8 jul. 2021.

FERREIRA, Guilherme Gomes. *Travestis e prisões: experiência social e mecanismos particulares de encarceramento no Brasil*. Curitiba: Multideia, 2015.

FONSECA, Weber. *Lgbtfobia: casos de violência por discriminação de gêneros, identidades e orientações sexuais na Grande São Paulo*. São Bernardo do Campo: Lamparina Luminosa, 2015.

JESUS, Jaqueline Gomes de. "Transfobia e crimes de ódio: assassinatos de pessoas transgênero como genocídio". *História Agora*, v. 16, n. 2, p. 101-23, 2013.

JESUS, Jaqueline Gomes de. *Homofobia: identificar e prevenir*. 2. ed. rev. e ampl. Rio de Janeiro: Metanoia, 2015.

KARAM, Maria Lúcia. "A esquerda punitiva". *Discursos Sediciosos: Crime, Direito e Sociedade*, v. 1, n. 1, p. 79-92, 1996.

MOREIRA, Adilson José. *O que é discriminação?* Belo Horizonte: Letramento/Casa do Direito/Justificando, 2017.

MOTT, Luiz; OLIVEIRA, José Marcelo Domingos de. *Mortes violentas de LGBT+ no Brasil – 2019: Relatório do Grupo Gay da Bahia*. Salvador: Editora Grupo Gay da Bahia, 2020.

PEDRA, Caio Benevides. *Direitos LGBT: a LGBTfobia estrutural e a diversidade sexual e de gênero no direito brasileiro*. Curitiba: Appris, 2020.

PERES, Milena Cristina Carneiro; SOARES, Suane Felippe; DIAS, Maria Clara. *Dossiê sobre lesbocídio no Brasil: de 2014 até 2017*. Rio de Janeiro: Livros Ilimitados, 2018.

PRADO, Marco Aurélio Máximo; MACHADO, Frederico Viana. *Preconceito contra homossexualidades: a hierarquia da invisibilidade*. 2. ed. São Paulo: Cortez, 2012.

RAMOS, Marcelo Maciel; NICOLI, Pedro Augusto Gravatá. "O que é LGBTfobia?". Em: RAMOS, Marcelo Maciel; NICOLI, Pedro Augusto Gravatá; BRENER, Paula Rocha Gouvêa (org.). *Gênero, sexualidade e direito: uma introdução*. Belo Horizonte: Initia Via, 2016.

ROMFELD, Victor Sugamosto. "Criminalização da LGBTfobia: narrativas jurídicas em disputa no julgamento da ADO 26 e do MI 4.733". Em: TOMAZONI, Larissa Ribeiro; PRATA, Marcela; ABIKO, Paula Yurie (org.). *Mulheres e o direito: um chamado real à visibilidade*, v. 2. Curitiba: Sala de Aula Criminal, 2021, p. 825-53.

ROMFELD, Victor Sugamosto. "O conceito de 'esquerda punitiva' e sua utilização como 'tutoria arrogante': tensões a partir da criminalização da LGBTfobia". *Revista Brasileira de Ciências Criminais*, v. 30, n. 190, p. 309-43, maio/jun. 2022.

ROMFELD, Victor Sugamosto. *"Viado bom é viado morto"? LGBTfobia no Brasil e possibilidades de instrumentalização do direito penal*. Rio de Janeiro: Lumen Juris, 2022.

SERRA, Victor Siqueira. *"Pessoa afeita ao crime": criminalização de travestis e os discursos do Tribunal de Justiça do Estado de São Paulo*. São Paulo: IBCCRIM, 2019.

SIQUEIRA, Gustavo Silveira. *Pequeno manual de metodologia da pesquisa jurídica: ou roteiro de pesquisa para estudantes de direito*. Belo Horizonte: Instituto Pazes, 2020.

TvT RESEARCH PROJECT. "Trans Murder Monitoring Results: TMM TDV 2016 Update", Transrespect versus Transphobia Worldwide, 2016. Disponível em: https://transrespect.org/wp-content/uploads/2016/03/TvT_TMM_TDoV2016_Tables_EN.pdf. Acesso em: 24 jun. 2021.

PARTE 04

PARA ALÉM DA CISGENERIDADE E DA ENDOSSEXUALIDADE: OS DIREITOS DAS PESSOAS TRANS E INTERSEXO

Autodeterminação da identidade de gênero como direito fundamental das pessoas trans: uma leitura a partir do direito antidiscriminatório

Antonella Galindo

ARGENTINA, Ley n. 26.743 de mayo de 2012. Disponível em: http://www.infoleg.gov.ar/infolegInternet/anexos/195000-199999/197860/norma.htm. Acesso em: 27 jan. 2023.

BARNETT, Randy E. *Restoring the Lost Constitution: the Presumption of Liberty*. Princeton: Princeton University Press, 2004.

BRASIL. Supremo Tribunal Federal. Ação Declaratória de Constitucionalidade n. 26, Rel. Min. Celso de Mello, DJe 06 out. 2020.

BRASIL. Supremo Tribunal Federal. Ação Direta de Inconstitucionalidade n. 4.275, Rel. Min. Edson Fachin, DJe 7 mar. 2019.

CORTE INTERAMERICANA DE DIREITOS HUMANOS. Parecer Consultivo OC-24/2017, 24 nov. 2017. Disponível em: http://www.corteidh.or.cr/docs/opiniones/seriea_24_por.pdf.

DIMOULIS, Dimitri. *Direitos de igualdade: antidiscriminação, minorias sociais, remédios constitucionais*. São Paulo: Almedina, 2021.

GALINDO, Bruno.* "Princípio da legalidade oblíqua e súmula vinculante: a atuação legislativa da jurisdição constitucional nos 20 anos da Constituição de 1988". Em: BRANDÃO, Cláudio; CAVALCANTI, Francisco; ADEODATO, João Maurício (org.). *Princípio da legalidade: da dogmática jurídica à teoria do direito*. Rio de Janeiro: Forense, 2009, p. 175-202.

GALINDO, Bruno.* "O direito antidiscriminatório entre a forma e a substância: igualdade material e proteção de grupos vulneráveis pelo reconhecimento da diferença". Em: FERRAZ, Carolina Valença; LEITE, Glauber Salomão (org.). *Direito à diversidade*. São Paulo: Atlas, 2015, p. 43-60.

GALINDO, Bruno.* "O Estado laico segundo o Supremo Tribunal Federal: aspectos da legalidade oblíqua e contramajoritária no Brasil". *Revista Acadêmica da Faculdade de Direito do Recife*, Edição Comemorativa dos 130 anos da Revista Acadêmica, p. 56-79, 2021. Disponível em: https://periodicos.ufpe.br/revistas/ACADEMICA/article/view252585.

GOMES, Inês Espinhaço. "Direitos fundamentais e identidade de género". Em: LEÃO, Anabela Costa; IBAÑEZ, Jorge Gracia; NETO, Luisa (org.). *Vulnerabilidade e direitos: género e diversidade*. Porto: Universidade do Porto, 2021, p. 61-86.

GOYARD-FABRE, Simone. *Os princípios filosóficos do direito político moderno*. Trad. Irene A. Paternot. São Paulo: Martins Fontes, 2002.

KRAMER, Larry D. *The People Themselves: Popular Constitutionalism and Judicial Review*. New York: Oxford University Press, 2004.

LIMA, Flávia Santiago. *Jurisdição constitucional e política (ativismo e autocontenção no STF)*. Curitiba: Juruá, 2014.

MENDES, Gilmar. *Estado de direito e jurisdição constitucional, 2002-2010*. São Paulo: Saraiva, 2011.

MOREIRA, Adilson José. *Tratado de direito antidiscriminatório*. São Paulo: Contracorrente, 2020.

* Textos da autora publicados antes de sua transição de gênero e alteração de nome.

NAÇÕES UNIDAS. Direitos Humanos – Escritório do Alto-Comissariado. "Pessoas transgênero", *Nota Informativa, 2017*. Disponível em: https://www.unfe.org/wp-content/uploads/2017/05/Transgender-PT.pdf.

NEVES, Marcelo. *Entre Têmis e Leviatã: uma relação difícil: o estado democrático de direito a partir e além de Luhmann e Habermas*. São Paulo: Martins Fontes, 2006.

ORGANIZAÇÃO DOS ESTADOS AMERICANOS. *Convenção Americana sobre Direitos Humanos*, 22 nov. 1969. Disponível em: https://www.cidh.oas.org/basicos/portugues/c.convencao_americana.htm.

RAWLS, John. *Uma teoria da justiça*. Trad. Almiro Pisetta e. Lenita M. R. Esteves. São Paulo: Martins Fontes, 1997.

QUINALHA, Renan. *Movimento LGBTI+: uma breve história do século XIX aos nossos dias*. Belo Horizonte: Autêntica, 2022.

SANCHES, Patrícia. "A pessoa transgênera e a promoção do direito à identidade de gênero no nome e no sexo civil". Em: FERRAZ, Carolina Valença; LEITE, Glauber Salomão (org.). *Direito à diversidade*. São Paulo: Atlas, 2015, p. 271-9.

TRIBE, Laurence H. *American Constitutional Law*. 13. ed. New York: Foundation Press, 2000. v. 1.

VALLE, Vanice Regina Lírio do (org.). *Ativismo jurisdicional e o Supremo Tribunal Federal (Laboratório de Análise Jurisprudencial do STF)*. Curitiba: Juruá, 2009.

VECCHIATTI, Paulo Roberto Iotti. "Tutela jurídica de travestis e transexuais que não se submeteram à cirurgia de transgenitalização". Em: FERRAZ, Carolina Valença; LEITE, Glauber Salomão (org.). *Direito à diversidade*. São Paulo: Atlas, 2015, p. 280-306.

VIEIRA, Tereza Rodrigues. "Direito à identidade de gênero, redesignações identitárias e o Estatuto da Diversidade Sexual". Em: *Família entre o público e o privado*. Porto Alegre: IBDFAM LexMagister, 2012, p. 359-69. Disponível em: https://ibdfam.org.br/assets/upload/anais/287.pdf.

WALZER, Michael. *Esferas da justiça: uma defesa do pluralismo e da igualdade*. Trad. Jussara Simões. São Paulo: Martins Fontes, 2003.

Entre a inclusão conservadora e o reconhecimento afirmativo: discursos que constituem as decisões do STF sobre travestis e pessoas trans

Alice Hertzog Resadori

ARCENO, Yolanda. "A hipersexualização da mulher trans: entre o radfem e o conservadorismo". *Transfeminismo*. 21 set. 2019.

ARGENTINA. Lei n. 26.743, de 23 de maio de 2012.

BEASLEY, Chris. *Gender and Sexuality: Critical Theories, Critical Thinkers*. London: Sage, 2006.

BENEVIDES, Bruna G. *Dossiê Assassinatos e violências contra travestis e transexuais brasileiras em 2021*. Brasília: Distrito Drag/Antra, 2022.

BOLÍVIA. Lei n. 807, de 21 de maio de 2016.

BRASIL. Câmara dos Deputados. Projeto de Lei n. 5.002, de 20 de fevereiro de 2013. Brasília: Câmara dos Deputados, 2013.

BRASIL. Conselho Nacional de Política Criminal e Penitenciária; Conselho Nacional de Combate à Discriminação. Resolução Conjunta n. 01, de 15 de janeiro de 2014. *Resolução Conjunta*. Brasília: Diário Oficial da União, 17 jan. 2014.

BRASIL. Lei 6.015, de 31 de dezembro de 1973.

BRASIL. Ministério da Justiça e da Segurança Pública. Nota Técnica n. 7/2020/DIAMGE/CGCAP/DIRPP/DEPEN/MJ. 2020.

BIBLIOGRAFIA

BRASIL. Ministério da Mulher, da Família e dos Direitos Humanos. LGBT nas prisões do Brasil: diagnóstico dos procedimentos institucionais e experiências de encarceramento. Brasília: MMFDH, 2020. Disponível em: https://www.gov.br/mdh/pt-br/assuntos/noticias/2020-2/fevereiro/TratamentopenaldepessoasLGBT.pdf.

BRASIL. Senado Federal. Projeto de Lei da Câmara n. 122, de 2006. Brasília: Senado Federal, 2006.

BRASIL. Supremo Tribunal Federal. Recurso Extraordinário n. 845.779 - SC. Relator: Ministro Roberto Barroso. Brasília, 31 jan. 2014. *Diário da Justiça Eletrônico*. 10 mar. 2015.

BRASIL. Supremo Tribunal Federal. Ação Direta de Inconstitucionalidade n. 4275. Relator: Ministro Marco Aurélio. Brasília, 1 mar. 2018. *Diário de Justiça Eletrônico*, 7 mar. 2019.

BRASIL. Supremo Tribunal Federal. Recurso Extraordinário n. 670.422 - RS. Relator: Ministro Dias Toffoli. Brasília, 15 ago. 2018. *Diário da Justiça Eletrônico*. 17 ago. 2018.

BRASIL. Supremo Tribunal Federal. Arguição de Descumprimento de Preceito Fundamental n. 527. Relator: Ministro Roberto Barroso. Brasília, 26 jun. 2019. *Diário de Justiça Eletrônico*, 1 jul. 2019.

BRASIL. Supremo Tribunal Federal. Ação Direta de Inconstitucionalidade por Omissão n. 26. Relator: Ministro Celso de Mello. Brasília, 13 jun. 2019. *Diário de Justiça Eletrônico*, 6 out. 2020.

BRASIL. Supremo Tribunal Federal. Mandado de Injunção n. 4.733. Relator: Ministro Edson Fachin. Brasília, 13 jun. 2019. *Diário de Justiça Eletrônico*, 29 set. 2020.

BRASIL. Supremo Tribunal Federal. Arguição de Descumprimento de Preceito Fundamental n. 527. Relator: Ministro Roberto Barroso. Brasília, 19 mar. 2021. *Diário de Justiça Eletrônico*, 22 mar. 2021.

BRASIL. Supremo Tribunal Federal. Arguição de Descumprimento de Preceito Fundamental n. 787. Relator: Ministro Gilmar Mendes. Brasília, 28 jun. 2021. *Diário de Justiça Eletrônico*, 29 jun. 2021.

BUTLER, Judith. *Problemas de gênero: feminismo e subversão da identidade*. Trad. Renato Aguiar. Rio de Janeiro: Civilização Brasileira, 2003.

CARDINALI, Daniel Carvalho. "Direitos LGBT e cortes constitucionais latino-americanas: uma análise da jurisprudência da Colômbia, Peru, Chile e Brasil". *Revista da Faculdade de Direito-RFD-Uerj*, n. 31, p. 25-68, jun. 2017.

CARVALHO, Salo de. "Sobre a criminalização da homofobia: perspectivas desde a criminologia queer". *Revista Brasileira de Ciências Criminais*, v. 20, n. 99, p. 187-211, 2012.

CHILE. Lei 21.120, de 28 de novembro de 2018. Santiago: Diário Oficial, 10 dez. 2018.

FOUCAULT, Michel. *A arqueologia do saber*. 8. ed. Trad. Luiz Felipe Baeta Neves. Rio de Janeiro: Forense, 2017.

GOMES, Camilla de Magalhães. *Têmis travesti: as relações entre gênero, raça e direito na busca de uma hermenêutica expansiva do "humano" no direito*. Rio de Janeiro: Lumen Juris, 2019.

KARAM, Maria Lúcia. "A pretendida criminalização da homofobia e da transfobia e a destruição das normas garantidoras de direitos humanos e fundamentais". *Empório do Direito*, 27 fev. 2019. Disponível em: https://emporiododireito.com.br/leitura/a-pretendida-criminalizacao-da-homofobia-e-da-transfobia-e-a-destruicao-das-normas-garantidoras-de-direitos-humanos-fundamentais. Acesso em: 7 maio 2020.

LOURO, Guacira Lopes. *Gênero, sexualidade e educação: uma perspectiva pós-estruturalista*. 11. ed. Petrópolis, RJ: Vozes, 2010.

MARTINS, Alexandre Nogueira. *Caminhos da criminalização da LGBTfobia: racionalidade criminalizante, neoliberalismo e democratização*. 268 f. 2020. Dissertação (Mestrado em Sociologia) – Faculdade de Filosofia, Letras e Ciências Humanas, Universidade de São Paulo, São Paulo: 2020.

OLIVEIRA, Melissa Barbieri de. *Trans tornando o campo do direito: uma análise da construção da categoria transexual na doutrina jurídica brasileira e seus efeitos no reconhecimento das pessoas trans como sujeito de direitos.* 357 f. Tese (Doutorado em Ciências Humanas) – Centro de Filosofia e Ciências Humanas, Universidade Federal de Santa Catarina, Florianópolis: 2017.

PRINCÍPIOS DE YOGYAKARTA. *Princípios sobre a aplicação da legislação internacional de direitos humanos em relação à orientação sexual e identidade de gênero*, jul. 2007.

RIOS, Roger Raupp. "Notas para o desenvolvimento de um direito democrático da sexualidade". Em: RIOS, Roger Raupp (org.). *Em defesa dos direitos sexuais.* Porto Alegre: Livraria do Advogado, 2007.

RIOS, Roger Raupp; RESADORI, Alice Hertzog. "Direitos humanos, transexualidade e 'direito dos banheiros'". *Direito e Práxis*, v. 6, p. 196-227, 2015.

SUIAMA, Sérgio Gardenghi. "Um modelo autodeterminativo para o direito de transgêneros". *Boletim Científico Esmpu*, Brasília, v. 37, p. 101-39, 2012.

TvT. *Trans Murder Monitoring Update 2022.* Disponível em: https://transrespect.org/en/tmm-update-tdor-2022/. Acesso em: 4 jan. de 2023.

URUGUAI. Lei n. 18.620, de 17 de novembro de 2009.

Os cartórios extrajudiciais e seu paradigma jurídico: a luta das pessoas trans

Carla Watanabe

ANOREGBR. *Cartório em números 2021.* Anoreg, 2022. Disponível em: https://www.anoreg.org.br/site/wp-content/uploads/2021/12/Anoreg_BR-Cartórios-em-Números-2021-3ª-Edição.pdf. Acesso em: 13 fev. 2022.

ANOREG-SP. *Tabelas de custas e emolumentos.* Anoreg/SP, 2023. Disponível em: https://www.anoregsp.org.br/paginas/1022/tabelas-custas. Acesso em: 20 jan. 2023.

ARGENTINA. Ley 26.743. Estabélecese el derecho a la identidad de género de las personas. Buenos Aires, 2012. Disponível em: https://servicios.infoleg.gob.ar/infolegInternet/anexos/195000-199999/197860/norma.htm.

BARROS, Henrique da Gama. *História da administração pública em Portugal: séculos XII a XV*, v. III. 1. ed. Lisboa: Typographia Castro Irmão, 1922.

BEAUVOIR, Simone de. *O segundo sexo*, v. 2. 5. ed. Trad. Sérgio Milliet. Rio de Janeiro: Nova Fronteira, 2019.

BOTELHO, Tarcísio R. "Registro de batismos, casamentos e óbitos". Em: GUIMARÃES, Elione; MOTTA, Marcia. *Propriedades e disputas: fontes para a história do oitocentos.* 1. ed. Niterói: Eduff, 2011, p. 241-6.

BRASIL. Conselho Nacional de Justiça. Provimento 73, de 28 de junho de 2018. Dispõe sobre a averbação da alteração do prenome e do gênero nos assentos de nascimento e casamento de pessoa transgênero no Registro Civil das Pessoas Naturais (RCPN). Brasília: CNJ, 2018. Disponível em: https://atos.cnj.jus.br/atos/detalhar/2623. Acesso em: 28 nov. 2022.

BRASIL. Senado Imperial. *Annaes do Senado do Império do Brasil*, v. 3, 1870. 1. ed. Brasília: Secretaria Especial de Editoração e Publicações, s.d.

BRASIL. Supremo Tribunal Federal. Ação Direta de Inconstitucionalidade: ADI 4.275 DF. Relator: Ministro Marco Aurélio. Relator para o Acórdão: Ministro Edson Fachin. DJ: 01 mar. 2018. Disponível em: https://redir.stf.jus.br/paginadorpub/paginador.jsp?docTP=TP&docID=749297200. Acesso em: 31 dez. 2022.

BUTLER, Judith. *Corpos que importam: os limites discursivos do "sexo".* Trad. Veronica Daminelli e Daniel Yago Françoli. São Paulo: n-1 edições/Crocodilo, 2020.

BIBLIOGRAFIA

BUTLER, Judith. *Desfazendo gênero*. Trad. Victor Galdino, Ana Luiza Gussen, Gabriel Lisboa Ponciano, Carla Rodrigues, Luis Felipe Teixeira, Nathan Teixeira, Beatriz Zampieri. São Paulo: Ed. Unesp, 2022.

CARDINALI, Daniel Carvalho. *A judicialização dos direitos LGBT no STF: limites, possibilidades e consequências*. 1. ed. Belo Horizonte: Arraes, 2018.

CARVALHO, Newton Teixeira. *Redesignação de sexo e a desnecessidade de judicialização para retificação do registro de nascimento*. 1. ed. Belo Horizonte: Conhecimento, 2019.

CAVICHIOLI, Anderson. *Uma história de extermínio transfóbico no Brasil: a disputa de nomeação do assassinato da travesti Dandara Katheryn*. Tese (Mestrado em Direitos Humanos e Cidadania) – Centro de Estudos Avançados e Multidisciplinares, Universidade de Brasília, Brasília: 2019.

CETIC.BR. *Pesquisa TIC Domicílios 2020*. CETIC.BR, 2021. Disponível em: https://cetic.br/pt/pesquisa/domicilios/. Acesso em: 9 dez. 2022.

DUQUE, Tiago. *Gêneros incríveis: um estudo sócio-antropólogico sobre as experiências de (não) passar por homem e/ou mulher*. 1. ed. Simões Filho: Devires, 2019.

EL DEBS, Martha; FERRO JUNIOR, Izaías G.; SCHWARZER, Márcia Rosália. *O registro civil das pessoas naturais: temas aprofundados*. 1. ed. Salvador: Juspodivm, 2019.

FACHIN, Luiz Edson. *Direito civil. sentidos, transformações e fim*. 1. ed. Rio de Janeiro: Renovar, 2015.

FOUCAULT, Michel. *História da sexualidade I: a vontade de saber*. 12. ed. Trad. Maria Thereza da Costa Albuquerque e J. A. Guilhon Albuquerque. Rio de Janeiro: Graal, 1997.

GRAÇA FILHO, Afonso de Alencastro; LIBBY, Douglas Cole. "As diversas fontes documentais das alforrias: as alforrias batismais, as alforrias notariais, as alforrias em sisas e as testamentais em São João del Rey, séculos XVIII e XIX". Em: GUEDES, Roberto; FRAGOSO, José. *História social em registros paroquiais (Sul--Sudeste do Brasil, Séculos XVIII e XIX)*. 1. ed. Rio de Janeiro: Mauad X, 2016, p. 11-37.

HESPANHA, António Manuel. *Cultura jurídica europeia: síntese de um milênio*. 1. ed. Coimbra: Almedina, 2019.

LACERDA, Marina Basso. *O novo conservadorismo brasileiro: de Reagan a Bolsonaro*. 1. ed. Porto Alegre: Zouk, 2019.

LAVAL, Christian. *Foucault, Bourdieu e a questão neoliberal*. 1. ed. Trad. Márcia Pereira Cunha e Nilson Ken Ota. São Paulo: Elefante, 2020.

LIMONGI FRANÇA, Rubens. *Do nome civil da pessoa natural*. 2. ed. São Paulo: Revista dos Tribunais, 1964.

MARTINS-COSTA, Judith. *A boa-fé no direito privado*. 2. ed. São Paulo: Saraiva Educação, 2018.

PARANÁ. TJPR. Apelação Cível: AC 300198 PR. Relator: Osiris Fontoura. DJ: 08 nov. 1994. Disponível em: https://tj-pr.jusbrasil.com.br/jurisprudencia/4044876/apelacao-civel-ac-300198. Acesso em: 26 nov. 2022.

PRINCÍPIOS DE YOGYAKARTA. *Princípios sobre a aplicação da legislação internacional de direitos humanos em relação à orientação sexual e identidade de gênero*, jul. 2007. Disponível em: http://www.clam.org.br/uploads/conteudo/principios_de_yogyakarta.pdf. Acesso em: 26 nov. 2021.

SÁ NOGUEIRA, Bernardo de. *Tabelionado e instrumento público em Portugal: gênese e implantação (1212-1279)*. 1. ed. Lisboa: Imprensa Nacional/Casa da Moeda, 2008.

SAADEH, Alexandre. *Como lidar com a disforia de gênero (transexualidade): guia prático para pacientes, familiares e profissionais de saúde*. 2. ed. São Paulo: Hogrefe, 2019.

SÃO PAULO (MUNICÍPIO). CÂMARA MUNICIPAL. *CPI da Violência Contra Pessoas Trans e Travestis*. Câmara Municipal de São Paulo, 10 mar. 2022. Disponível em: https://youtu.be/WJlLLKNPOlY. Acesso em: 10 dez. 2022.

SÃO PAULO (MUNICÍPIO). Centro de Estudo de Cultura Contemporânea. *Mapeamento das pessoas trans no Município de São Paulo*. São Paulo: Cedec, jan. 2021. Disponível em: https://www.prefeitura.sp.gov.br/cidade/secretarias/upload/direitos_humanos/LGBT/AnexoB_Relatorio_Final_Mapeamento_Pessoas_Trans_Fase1.pdf. Acesso em: 28 nov. 2021.

SCHREIBER, Anderson. *Direitos da personalidade*. 3. ed. São Paulo: Atlas, 2014.

TEIXEIRA, Flavia de Bomsucesso. *Dispositivos de dor: saberes-poderes que (con)formam as transexualidades*. 1. ed. São Paulo: Annablume, 2013.

VAMPRÉ, Spencer. *Do nome civil (sua origem e significação sociológica; teorias que o explicam; suas alterações; direitos e deveres correlativos)*. 1. ed. Rio de Janeiro: F. Briguiet & Cia, 1935.

O direito ao nome da criança intersexo: nomeação e registro civil

Luana Lemos de Almeida e Sumaia Midlej Pimentel Sá

ALCÂNTARA, Miriã Alves Ramos. "Nascimento e morte na família: originalidade e evidência da existência humana". Em: ALCÂNTARA, Miriã Alves Ramos; RABINOVICH, Elaine Pedreira; PETRINI, Giancarlo (org.). *Família, natureza e cultura: cenários de uma transição*. Salvador: Edufba, 2013, p. 57-77.

ALEMANHA. Personenstandsgesetz. Berlin, 19 fev. 2007. Disponível em: https://www.gesetze-im-internet.de/pstg/BJNR012210007.html. Acesso em: 24 fev. 2021.

ARGENTINA. Ley n. 26.743. Identidad de Genero. Buenos Aires: 9 maio 2012. Disponível em: http://servicios.infoleg.gob.ar/infolegInternet/anexos/195000-199999/197860/norma.htm.Acesso em: 24 fev. 2021.

AUSTRÁLIA. *Australian Government Guidelines on the Recognition of Sex and Gender*. Camberra: jul 2013. Disponível em: https://www.ag.gov.au/sites/default/files/2020-03/AustralianGovernmentGuidelinesontheRecognitionofSexandGender.pdf. Acesso em: 24 fev. 2021.

BORGES, Roxana Cardoso Brasileiro. *Disponibilidade dos direitos de personalidade e autonomia privada*. São Paulo: Saraiva, 2005.

BRASIL. Constituição da República Federativa do Brasil de 5 de outubro de 1988. Brasília: Presidência da República, 1988. Disponível em: http://www.planalto.gov.br/ccivil_03/constituicao/constituicao.htm. Acesso em: 24 jun. 2019.

BRASIL. Constituição. Lei nº 12.662, de 05 de junho de 2012. Assegura validade nacional à Declaração de Nascido Vivo - DNV, regula sua expedição, altera a Lei nº 6.015, de 31 de dezembro de 1973, e dá outras providências. Brasília, Disponível em: https://www.planalto.gov.br/ccivil_03/_ato2011-2014/2012/lei/l12662.htm. Acesso em: 03 nov. 2023.

BRASIL. Decreto n. 99.710, de 21 de novembro de 1990, promulga a Convenção sobre os Direitos da Criança, de 24 set. 1990, Brasília: Presidência da República. Disponível em: http://www.planalto.gov.br/ccivil_03/decreto/1990-1994/d99710.htm. Acesso em: 24 jun. 2019.

BRASIL. Lei n. 10.406, de 10 de fevereiro de 2002. Código Civil. Brasília: Presidência da República, 2002. Disponível em: https://www.planalto.gov.br/ccivil_03/leis/2002/l10406compilada.htm. Acesso em: 24 jun. 2019.

BRASIL. Lei n. 8.069, de 13 de maio de 1990. Estatuto da Criança e do Adolescente. Brasília, DF: Presidência da República, 1990. Disponível em: http://www.planalto.gov.br/ccivil_03/leis/l8069.htm. Acesso em: 24 jun. 2019.

BRASIL. Conselho Nacional de Justiça. Provimento n. 122, de 13 de agosto de 2021. Disponível em: https://atos.cnj.jus.br/atos/detalhar/4066. Acesso em: 24 fev. 2022.

BRASIL. Ministério da Saúde. Secretaria de Vigilância em Saúde. Departamento de Análise de Situação de Saúde. *Manual de Instruções para o preenchimento da Declaração de Nascido Vivo*. Brasília: Ministério da Saúde, 2011.

BRUÑOL, Miguel Cillero. "El interés superior del niño en marco de la Convención Internacional sobre Derechos del Niño". Em: MÉNDEZ, Emílio Garcia; BELLOFF, Mary (org.). *Infancia, ley y democracia en América Latina*, t. 1. Bogotá/Buenos Aires: Temis/Depalma, 1999.

BIBLIOGRAFIA

BUTLER, Judith. *Problemas de gênero: feminismo e subversão da identidade*. Trad. Renato Aguiar. 18. ed. Rio de Janeiro: Civilização Brasileira, 2019.

CABRAL, Mauro. "Pensar la intersexualidad, hoy: dedicado a Mario Perelstein". Em: MAFFIA, Diana (org.). *Sexualidades migrantes, género y transgénero*. Buenos Aires: Editorial Feminaria, 2003, p. 117-26. Disponível em: https://flacsoandes.edu.ec/web/imagesFTP/1246657539.Pensar_la_intersexualidad.pdf. Acesso em: 17 fev. 2021.

CANGUÇÚ-CAMPINHO, Ana Karina Figueira. *A construção dialógica da identidade em pessoas intersexuais: o X e o Y da questão*. 204 f. Tese (Doutorado em Saúde Pública) – Instituto de Saúde Coletiva, Universidade Federal da Bahia, Salvador, 2012. Disponível em: https://repositorio.ufba.br/ri/handle/ri/6776. Acesso em: 20 maio 2019.

CANGUÇÚ-CAMPINHO, Ana Karina; LIMA, Isabel Maria Sampaio Oliveira. "O nascimento do bebê intersexo e as metáforas sociomédicas sobre corpo, sexo e gênero". Em: BASTOS, Ana Cecília; PONTES, Vivian Volkmer (org.). *Nascer não é igual para todas as pessoas*. Salvador: Edufba, 2020, p. 415-32.

COSTA, Antônio Carlos Gomes da; MÉNDEZ, Emílio Garcia. *Das necessidades aos direitos*. São Paulo: Malheiros, 1994.

DALLARI, Dalmo de Abreu. "Art. 4º". Em: CURY, Munir *et al.* (org). *Estatuto da Criança e do Adolescente comentado*. São Paulo: Malheiros, 2002, p. 21-9.

DEZMANN, Vanete Santana. "O registro civil como 'terceiro sexo' na Alemanha: uma questão de interpretação, tradução ou ideologia?" *Observatório da Imprensa*. São Paulo, n. 1.020, p. 1-5, 15 jan. 2019. Disponível em: http://www.observatoriodaimprensa.com.br/genero-e-inclusao/generos/o-registro-civil-como-terceiro-sexo-na-alemanha-uma-questao-de-interpretacao-traducao-ou-ideologia/. Acesso em: 24 fev. 2021.

ELESBÃO, Elsita Collor. "Os direitos da personalidade no novo Código Civil brasileiro". Em: CASTRO, Adriana Mendes Oliveira de *et al. Pessoa, gênero e família: uma visão integrada do direito*. Porto Alegre: Livraria do Advogado, 2002, p. 9-34.

FARIAS, Cristiano Chaves de; ROSENVALD, Nelson. *Direito civil: teoria geral*. 8. ed. Rio de Janeiro: Lumen Juris, 2010.

FRASER, Roberta Tourinho Dantas; LIMA, Isabel Maria Sampaio Oliveira. "Intersexualidade e direito à identidade: uma discussão sobre o assentamento civil de crianças intersexuadas". *Journal of Human Growth and Development*, São Paulo, v. 22, n. 3, p. 358-66, 2012. Disponível em: http://pepsic.bvsalud.org/pdf/rbcdh/v22n3/pt_12.pdf. Acesso em: 24 jun. 2019.

FREEMAN, Michael. "Children's Rights as Human Rights: Reading the UNCRC". Em: QVORTRUP, Jens; CORSARO, William A.; HONIG, Michael-Sebastian (org.). *The Palgrave Handbook of Childhood Studies*. London: Palgrave Macmillan, 2009.

FRITZ, Karina Nunes. "Tribunal Constitucional Alemão admite a existência de um terceiro gênero (comentário e tradução)". *Civilistica.com*, v. 6, n. 2, 2017. Disponível em: http://civilistica.com/tribunal-constitucional-alemao-admite/. Acesso em: 24 fev. 2021.

GERHARDT, Tatiana Engel *et al.* "Estrutura do projeto de pesquisa". Em: GERHARDT, Tatiana Engel; SILVEIRA, Denise Tolfo (org.). *Métodos de pesquisa*. Porto Alegre: Editora da Ufrgs, 2009, p. 65-95.

GIL, Antonio Carlos. *Métodos e técnicas de pesquisa social*, 6. ed. São Paulo: Atlas, 2008.

JESUS, Jaqueline Gomes de. *Orientações sobre a população transgênero: conceitos e termos*. Brasília: Edição da Autora, 2012. Disponível em: https://files.cercomp.ufg.br/weby/up/16/o/ORIENTA%C3%87%C3%95ES_POPULA%C3%87%C3%83O_TRANS.pdf?1334065989. Acesso em: 17 fev. 2021.

MALTA. Gender Identity, Gender Expression And Sex Characteristics Act, de 14 de abril de 2015. Valeta, 2015. Disponível em:https://tgeu.org/wp-content/uploads/2014/02/Malta_GIGESC_2015.pdf. Acesso em: 24 fev. 2021.

MINAYO, Maria Cecília de Souza (org.) *Pesquisa social: teoria, método e criatividade*. 21. ed. Petrópolis, RJ: Vozes, 2002.

PARANÁ. Corregedoria-Geral da Justiça. Provimento n. 292/2019-CGJ, de 05 de dezembro de 2019. Curitiba, 2019. Disponível em: https://www.tjpr.jus.br/legislacao-atos-normativos/-/atos/documento/4594213. Acesso em: 24 fev. 2021.

PEIRANO, Mariza G. S. "'This Horrible Time of Papers': Documents and National Values". Brasília: Universidade de Brasília, 2002.

PETRINI, Giancarlo; DIAS, Marcelo Couto. "A família e os seus desafios na contemporaneidade". Em: MOREIRA, Lúcia Vaz de Campos (org.). *Psicologia, família e direito: interfaces e conexões*. Curitiba: Juruá, 2013, p. 275-88.

PORTUGAL. Lei n.º 38/2018, de 7 de agosto de 2018. Direito à autodeterminação da identidade de género e expressão de género e à proteção das características sexuais de cada pessoa. Lisboa, 2018. Disponível em: https://dre.pt/dre/detalhe/lei/38-2018-115933863. Acesso em: 24 fev. 2021.

RABINOVICH, Elaine Pedreira. "Nomes, famílias e poética". Em: RABINOVICH, Elaine Pedreira *et al.* (org.). *Nomes de família: nomeação, pertencimento e identidades*. Salvador: Fabec-Ucsal, 2011, p. 8-23.

RIO GRANDE DO SUL. Provimento n. 016/2019-CGJ, de 06 de junho de 2019. RCPN – Possibilita o registro de nascimento de forma específica quando diagnosticada Anomalia de Diferenciação Sexual – ADS. Inclui os artigos 101-A, 101-B, 101-C e 101-D na Consolidação Normativa Notaria e Registral – CNNR. Porto Alegre, RS: Corregedoria-Geral da Justiça, 2019. Disponível em: https://www.conjur.com.br/dl/provimento-corregedoria-tj-rs-cria.pdf. Acesso em: 24 jun. 2019.

ROMÃO, Luis Fernando da França. *Microssistema dos direitos da criança e do adolescente*. Rio de Janeiro: Lumen Juris, 2017.

SÃO PAULO. Provimento n. 56/2019-CGJ, de 11 de dezembro de 2019. Atualiza o Tomo II das Normas de Serviço da Corregedoria Geral da Justiça – Serviços Extrajudiciais de Notas e de Registro do Estado de São Paulo. São Paulo, SP: Corregedoria-Geral de Justiça, 2019. Disponível em: https://api.tjsp.jus.br/Handlers/Handler/FileFetch.ashx?codigo=116975, p. 5. Acesso em: 24 fev. 2021.

SARLET, Ingo Wolfgang. *Dignidade da pessoa humana e direitos fundamentais na Constituição Federal de 1988*. Porto Alegre: Livraria do Advogado, 2012.

SÊDA, Edson. *A criança e o direito alternativo*. Campinas: Adês, 1995.

SILVA, Anílson Rodrigues. "A literatura e os nomes 2: Aluísio Azevedo". Em: RABINOVICH, Elaine Pedreira *et al.* (org.). *Nomes de família: nomeação, pertencimento e identidades*. Salvador: Fabec-Ucsal, 2011, p. 60-71.

SILVA, Carmedite Moreira Santos; REIS, Daniela Maria Ladeira; FITERMAN, Hannah Pedreira. "'Dar nome'... Caminhos para construção de identidades". Em: RABINOVICH, Elaine Pedreira *et al.* (org.). *Nomes de família: nomeação, pertencimento e identidades*. Salvador: Fabec-Ucsal, 2011, p. 24-33.

SOUZA, Andréa Santana Leone de. *Protagonismo e dignidade das crianças intersex diante de um protocolo biomédico de designação sexual*. 163 f. Tese (Doutorado em Relações Sociais e Novos Direitos) – Faculdade de Direito, Universidade Federal da Bahia, Salvador: 2019. Disponível em: https://repositorio.ufba.br/ri/bitstream/ri/32376/1/TESE%20-%20ANDR%c3%89A%20SANTANA%20LEONE%20DE%20SOUZA.pdf. Acesso em: 17 fev. 2021.

SOUZA, Carlos Antônio Braga de. *Cada nascimento de uma criança intersexual é um tapa na cara da sociedade: uma reflexão sobre religião e gênero na sociedade brasileira*. 381 f. Tese (Doutorado de Ciências da Religião) – Pontifícia Universidade Católica de São Paulo, São Paulo: 2017. Disponível em: https://tede2.pucsp.br/handle/handle/20604. Acesso em: 17 fev. 2021.

VERCELONE, Paolo. "Art. 3º". Em: CURY, Munir (org.). *Estatuto da Criança e do Adolescente comentado*. São Paulo: Malheiros, 2002, p. 17-20.

VERONESE, Josiane Rose Petry; SILVEIRA, Mayra. *Estatuto da Criança e do Adolescente comentado*. São Paulo: Conceito, 2011.

ZITTOUN, Tania. "Symbolic Competencies for Developmental Transitions: the Case of the Choice of First Names". *Culture & Psychology*, v. 10, n. 2, p. 131-61, 2004.

Cotas para pessoas travestis e transexuais: um debate necessário no campo dos direitos da população LGBTI+

Dyego de Oliveira Arruda e Caroline Oliveira Santos

ANGONESE, Mônica; LAGO, Mara C. S. "Direitos e saúde reprodutiva para a população de travestis e transexuais: abjeção e esterilidade simbólica". *Saúde e Sociedade*, v. 26, n. 1, p. 256-70, 2017.

ASSOCIAÇÃO NACIONAL DE TRAVESTIS E TRANSEXUAIS (ANTRA). *Carta da Antra ao presidente Lula e a equipe de transição de governo*. 10 nov. 2022. Disponível em: https://antrabrasil.org/noticias/. Acesso em: 5 jan. 2023.

ASSOCIAÇÃO NACIONAL DE TRAVESTIS E TRANSEXUAIS (ANTRA). *Nota pública da Antra sobre cotas e reservas de vagas em universidades destinadas às pessoas trans*. Brasil, 17 dez. 2020. Disponível em: https://antrabrasil.files.wordpress.com/2020/12/nota-sobre-cotas-trans-antra.pdf. Acesso em: 5 jan. 2023

ARGENTINA. Ley n. 27.636 – Ley de promoción del acceso al empleo formal para personas travestis, transexuales y transgénero "Diana Sacayán – Lohana Berkins". 2021. Disponível em: https://www.argentina.gob.ar/normativa/nacional/ley-27636-351815/texto. Acesso em: 8 jan. 2023.

BORGES, Antonádia; BERNARDINO-COSTA, Joaze. "Dessenhorizar a academia: ações afirmativas na pós-graduação". *Mana*, v. 28, n. 3, p. 1-30, 2022.

BRASIL. Constituição da República Federativa do Brasil de 5 de outubro de 1988. Brasília: Presidência da República, 1988.

BRASIL. Decreto n. 9.508, de 24 de setembro de 2018. Reserva às pessoas com deficiência percentual de cargos e de empregos públicos ofertados em concursos públicos e em processos seletivos no âmbito da administração pública federal direta e indireta. Brasília: Presidência da República, 2018.

BRASIL. Lei n. 12.711, de 29 de agosto de 2012. Dispõe sobre o ingresso nas universidades federais e nas instituições federais de ensino técnico de nível médio e dá outras providências. Brasília: Presidência da República, 2012.

BRASIL. Lei n. 12.990, de 9 de junho de 2014. Reserva aos negros 20% (vinte por cento) das vagas oferecidas nos concursos públicos para provimento de cargos efetivos e empregos públicos no âmbito da administração pública federal, das autarquias, das fundações públicas, das empresas públicas e das sociedades de economia mista controladas pela União. Brasília: Presidência da República, 2014.

BRAZ, Laís Müller *et al*. "Ações afirmativas e desempenho acadêmico: uma análise da Universidade Federal do Piauí". *Textos para discussão GEMAA*, n. 20, p. 1-22, 2019.

CARVALHO, José Jorge de. "Encontro de Saberes e descolonização: para uma refundação étnica, racial e epistêmica das universidades brasileiras". Em: BERNARDINO-COSTA, Joaze; MALDONADO-TORRES, Nelson; GROSFOGUEL, Ramón (org.). *Decolonialidade e pensamento afrodiaspórico*. 2. ed. Belo Horizonte: Autêntica, 2020, p. 79-106.

FERES JÚNIOR, João *et al*. *Ação afirmativa: conceito, história e debates*. Rio de Janeiro: Eduerj, 2018.

FREITAS, Jefferson *et al*. *Políticas de ação afirmativa nas Universidades Federais e Estaduais (2013-2018). Levantamento das políticas de ação afirmativa (GEMAA)*. Rio de Janeiro: Iesp-Uerj, 2020, p. 1-33.

GOMES, Mário Soares Caymmi; YORK, Sara Wagner; COLLING, Leandro. "Sistema ou CIS-tema de justiça: quando a ideia de unicidade dos corpos trans dita as regras para o acesso aos direitos fundamentais". *Direito e Práxis*, v. 13, n. 2, p. 1.097-135, 2022.

GOMES, Joaquim Benedito Barbosa. "A recepção do instituto da ação afirmativa pelo direito constitucional brasileiro"; Em: SANTOS, Sales Augusto dos (org.). *Ações afirmativas e combate ao racismo nas Américas*. Brasília: Ministério da Educação/Unesco, 2005, p. 64.

GOMES, Nilma Lino. *O movimento negro educador: saberes construídos nas lutas por emancipação*. Petrópolis, RJ: Vozes, 2017.

IBGE. *Conheça o Brasil – Cor ou Raça – Dados da PNAD Contínua*. IBGE Educa, 2021. Disponível em: https://educa.ibge.gov.br/jovens/conheca-o-brasil/populacao/18319-cor-ou-raca.html. Acesso em: 10 dez. 2022.

MARIA, Jonas. "Cotas trans: breves reflexões sobre fraudes". *Notícias – Revista Docência e Cibercultura*, 1 jan. 2023. Disponível em: https://www.e-publicacoes.uerj.br/index.php/re-doc/announcement/view/1573. Acesso em: 25 jan. 2023.

MBEMBE, Achille. *Necropolítica: biopoder, soberania, estado de exceção, política de morte*. Trad. Renata Santini. São Paulo: n-1 edições, 2018.

MUNANGA, Kabengele. "Políticas de ação afirmativa em benefício da população negra no Brasil: um ponto de vista em defesa de cotas". *Sociedade e Cultura*, v. 4, n. 2, p. 31-43, 2001.

NOLASCO, Gabriel Luis Pereira; LOPES, Zaira de Andrade; ARRUDA, Dyego de Oliveira. "'Ela é boa de cuspir, maldita Geni!': reflexões sobre violências contra os corpos dissidentes de travestis em Campo Grande/MS". *Ártemis*, v. 29, n. 1, p. 205-21, 2020.

PORTELA, Poema Eurístenes; FERES JÚNIOR, João. *Pessoas trans nas universidades federais do Brasil*. GEMAA, 24 fev. 2021. Disponível em: http://gemaa.iesp.uerj.br/infografico/pessoas-trans-na-universidades-federais-do-brasil/. Acesso em: 28 dez. 2022.

SENKEVICS, Adriano Souza; MELLO, Ursula Mattioli. "Balanço dos dez anos da política federal de cotas na educação superior (Lei n. 12.711/2012)". *Cadernos de Estudos e Pesquisas em Políticas Educacionais*, v. 6, p. 209-32, 2022.

SILAME, Thiago Rodrigues; MARTINS JÚNIOR, Hernani; FONSECA, Agnaldo Henrique Silva. "O efeito das cotas: desempenho acadêmico dos estudantes cotistas da Universidade Federal de Viçosa – Campus Rio Paranaíba". *Revista Brasileira de Ciência Política*, n. 33, p. 1-36, 2020.

SILVA, Tatiana Dias; LOPEZ, Felix Garcia. *Cor ou raça do serviço civil ativo do Executivo Federal (1999-2020) – publicação preliminar*. Rio de Janeiro: Ipea, 2021. Disponível em: https://repositorio.ipea.gov.br/bitstream/11058/10673/2/NT_Diest_Cor_ou_raca_servid_civil_ativo_Public_Preliminar.pdf. Acesso em: 5 jan. 2023.

TEIXEIRA, Juliana Cristina *et al.*, "Inclusão e diversidade na administração: manifesta para o futuro-presente". *Revista de Administração de Empresas*, v. 61, n. 3, p. 1-11, 2021.

TvT. *Trans Murder Monitoring – Absolute Numbers*. 2023. Disponível em: https://transrespect.org/en/map/trans-murder-monitoring/. Acesso em: 7 jan. 2023.

ZERBINATI, João Paulo; BRUNS, Maria Alves de Toledo. "Transfobia: contextos de negatividade, violência e resistência". *Periódicus*, v. 2, n. 11, p. 195-216, 2019.

Inclusão das pessoas trans no processo eleitoral brasileiro: impacto do reconhecimento judicial do direito à identidade de gênero no exercício da cidadania

Leandro Reinaldo da Cunha e Nicole Gondim Porcaro

AGÊNCIA CÂMARA DE NOTÍCIAS. "Câmara lança campanha contra violência política de gênero com foco nas eleições municipais", 7 out. 2020. Disponível em: https://www.camara.leg.br/noticias/698624-camara-lanca-campanha-contra-violencia-politica-de-genero-com-foco-nas-eleicoes-municipais/.

ANTRA. Associação Nacional de Travestis e Transexuais. *Nota pública da ANTRA em apoio a vereadora Lins Robalo*, 25 maio 2021. Disponível em: https://antrabrasil.org/author/brunabenevides/page/2/.

BIBLIOGRAFIA

ANTRA. *Candidaturas Trans em 2022*. Disponível em: https://antrabrasil.org/eleicoes2022/.

ANTRA. *Carta da Antra sobre as eleições 2022*. Brasil, 25 ago. 2022. Disponível em: https://antrabrasil.org/2022/08/28/carta-da-antra-sobre-as-eleicoes-2022/.

ANTRA. Dossiês anuais sobre assassinatos e violências contra pessoas trans. Disponíveis em: https://antrabrasil.org/assassinatos/.

ARNAUT, Barbara *et al. Propostas de resoluções de incentivo e proteção de candidaturas negras e LGBTQIA+ na política brasileira*. São Paulo: Clínica de Políticas de Diversidade da FGV Direito SP/Antra, 2021. Disponível em: https://bibliotecadigital.fgv.br/dspace/handle/10438/30756.

AVELAR, Lúcia; CINTRA, Antônio Octávio (org.). *Sistema político brasileiro: uma introdução*. 2. ed. Rio de Janeiro/São Paulo: Konrad-Adenauer-Stiftung/Editora ad Unesp, 2007.

BIROLI, Flávia. "Political Violence against Women in Brazil: Expressions and Definitions". *Direito & Práxis*, v. 7, n. 15, p. 557-89, 2016.

BRASIL. TSE. Corregedoria-Geral da Justiça Eleitoral. *Relatório de atividades 2022*. Brasília: TSE, 2022. Disponível em: https://www.tse.jus.br/institucional/corregedoria-geral-eleitoral/ arquivos/relatorio-de-atividades-2022.

BRASIL. TSE. "TSE aprova uso do nome social de candidatos na urna". 1 mar. 2018. Disponívelem: https://www.tse.jus.br/imprensa/noticias-tse/2018/Marco/tse-aprova-uso-do-nome-social-de-candidatos-na-urna.

CIDH – Comissão Interamericana de Direitos Humanos. Resolução n. 34/2022, de 11 de julho de 2022. Disponível em: http://www.oas.org/pt/cidh/decisiones/mc/2022/res_34-22%20_mc_408-22_br_pt.pdf.

COMISSÃO INTERAMERICANA DE MULHERES. Ley Modelo Interamericana Para Prevenir, Sancionar y Erradicar la Violencia contra las Mujeres en la Vida Política. Washington, DC: Mecanismo de Seguimiento de la Convención de Belém do Pará-OAS, 2017. Disponível em: https://www.oas.org/en/cim/docs/ViolenciaPolitica-LeyModelo-ES.pdf.

CORTE INTERAMERICANA DE DIREITOS HUMANOS. Parecer Consultivo OC-24/17, 24 nov. 2017. Disponível em: https://www.corteidh.or.cr/docs/opiniones/seriea_24_por.pdf.

CUNHA, Leandro Reinaldo da. "Identidade de gênero e a responsabilidade civil do Estado pela leniência legislativa". *Revista dos Tribunais*, v. 104, n. 962, p. 37-52, dez. 2015.

CUNHA, Leandro Reinaldo da. *Identidade e redesignação de gênero: aspectos da personalidade, da família e da responsabilidade civil*. 2 ed. rev. e ampl., Rio de Janeiro: Lumen Juris, 2018.

CUNHA, Leandro Reinaldo da. "A proteção constitucional da identidade de gênero". Em: CUNHA JÚNIOR, Dirley da; BORGES, Lázaro Alves; SANTOS, Yago da Costa Nunes dos (org.). *Os 30 anos da Constituição Federal de 1988*. Salvador: Paginae, 2018.

CUNHA, Leandro Reinaldo da. "A atual situação jurídica dos transgêneros no Brasil". *Interfaces Científicas – Direito*, v. 7, n. 2, p. 25-38, jul. 2019.

CUNHA, Leandro Reinaldo da. "Transgêneros: conquistas e perspectivas". Em: LISBOA, Roberto Senise (org.). *Direito na Sociedade da Informação V*. São Paulo: Almedina, 2020.

CUNHA, Leandro Reinaldo da. "Do dever de especial proteção dos dados de transgêneros". *Direito e Sexualidade*, v. 2, n. 2, p. 213-31, jul.-dez. 2021.

CUNHA, Leandro Reinaldo da. "Genocídio trans: a culpa é de quem?". *Direito e Sexualidade*, v. 3, n. 1, 2022. Disponível em: https://periodicos.ufba.br/index.php/revdirsex/article/view/49892/27021.

CUNHA, Leandro Reinaldo da; CAZELATTO, Caio Eduardo Costa. "Pluralismo jurídico e movimentos LGBTQIA+: do reconhecimento jurídico da liberdade de expressão sexual minoritária enquanto uma necessidade básica humana". *Revista Jurídica –Unicuritiba*, v. 1, n. 68, p. 486-526, mar. 2022.

CUNHA, Leandro Reinaldo da; RIOS, Vinícius Custódio. "Mercado transgênero e a dignidade da pessoa humana sob a perspectiva do capitalismo humanista", *Revista dos Tribunais*, São Paulo, v. 105, n. 972, p. 165-84, out. 2016.

DAHL, Robert A. *Sobre a democracia*. Trad. Beatriz Sidou. Brasília: Editora da UNB, 2001.

BIBLIOGRAFIA

ESCOLA NACIONAL DE GÊNERO E SEXUALIDADE. *Resultados – Análise no Poder Legislativo*, 2022. Disponível em: https://escolageneros.com.br/pesquisa-legislativa/resultado-analise-legislativo/.

FERREIRA, Lara Marina. A emancipação pela via da representatividade: considerações sobre as pesquisas realizadas no eixo participação política dos grupos minorizados, no âmbito do projeto Sistematização das Normas Eleitorais (SNE). Em: BRASIL. Tribunal Superior Eleitoral. Sistematização das normas eleitorais: eixo temático VII: participação política dos grupos minorizados (Coleção SNE - Fase II, v. 8), p. 195-218. Brasília: Tribunal Superior Eleitoral, 2022.

GONÇALVES, Carolina *et al. Candidaturas trans e travestis: obstáculos e violências na política brasileira – nota técnica*. São Paulo: Clínica de Políticas de Diversidade da FGV Direito SP, 2021. Disponível em: https://bibliotecadigital.fgv.br/dspace/handle/10438/30757.

INSTITUTO MARIELLE FRANCO. *Ações de pesquisa e incidência sobre violência política de gênero e raça no Brasil. 2020 e 2021*. Disponíveis em: www.violenciapolitica.org.

IPU – Interparliamentary Union. *Sexism, harassment and violence against women parliamentarians*. Genève: IPU, out. 2016. Disponível em: https://www.ipu.org/resources/publications/issue-briefs/2016-10/sexism-harassment-and-violence-against-women-parliamentarians.

LAURIS, Élida; HASHIZUME, Maurício. *Violência política e eleitoral no Brasil: panorama das violações de direitos humanos de 2016 a 2020*. Curitiba: Terra de Direitos/Justiça Global, 2020. Disponível em: https://terradedireitos.org.br/uploads/arquivos/24-09_DIAGRAMACAO_Violencia-Politica_FN.pdf.

MACHADO, Raquel C. Ramos; ALMEIDA, Jessica Teles de. "O Tribunal Superior Eleitoral na vanguarda da concretização do direito à participação das pessoas 'trans' no processo eleitoral". *Populus*, n. 4, p. 333-47, jun. 2018.

MARQUES, George. "Parlamentares negras, cis e trans denunciam violência política no Brasil à CIDH". *Mídia Ninja*, 23 mar. 2021. Disponível em: https://midianinja.org/news/parlamentares-negras-cis-e-trans-denunciam-violencia-politica-no-brasil-a-cidh/.

MUNIZ, Lívia. "Benny Briolly afirma que deixou o Brasil após ser ameaçada de morte". *Revista Híbrida*, 2021. Disponível em: https://revistahibrida.com.br/brasil/benny-briolly-afirma-que-deixou-o-brasil-apos-ser-ameacada-de-morte/.

NEPEM – Núcleo de Estudos e Pesquisa sobre a Mulher da Faculdade de Filosofia e Ciências Humanas da Universidade Federal de Minas Gerais (UFMG). *Violência política contra as mulheres*. Coord. Marlise Matos. Belo Horizonte: Nepem, 2020. Disponível em: https://abmcj.ong.br/cartilha-nepem-violencia-politica-contra-as-mulheres/.

NOMURA, Bruno; MALVEZZI, Paulo. "Em 3 anos, deputados apresentaram mais de 120 PLs anti-LGBTI+ nos estados". *Agência Diadorim*, 28 jul. 2022. Disponível em: https://www.casaum.org/em-3-anos-deputados-apresentaram-mais-de-120-pls-anti-lgbti-nos-estados/.

NORRIS, Pippa. "The Impact of Electoral Reform on Women's Representation". *Acta Politica*, n. 41, p. 197-213, 2006.

PEDRA, Caio Benevides. *Direitos LGBT: a LGBTfobia estrutural e a diversidade sexual e de gênero no direito brasileiro*. Curitiba: Appris, 2020.

PIMENTA, Luiza Cotta; SILVA, Marion Francisco da. "Nome e gênero". Em: RAMOS, Marcelo Maciel; VALENTIN, Márcia F. Ribeiro da C.; NICOLI, Pedro Augusto Gravatá (org.). *Dicionário jurídico do gênero e da sexualidade*. 1. ed. Salvador: Devires, 2022, p. 531-40.

RIO DE JANEIRO. TRE-RJ. Petição Criminal n. 0600472-46.2022.6.19.0000. Rel. Kátia Valverde Junqueira – julgado em 23 ago. 2022.

TREVISAN, João Silvério. *Devassos no paraíso: a homossexualidade no Brasil, da colônia à atualidade*. 6. ed. Rio de Janeiro: Record, 2004.

VOTE LGBT. *Eleições 2022*. Disponível em: https://votelgbt.org/2022.

WALZER, Michael. *Política e paixão: rumo a um liberalismo mais igualitário*. Trad. Patrícia de Freitas Ribeiro. São Paulo: WMF Martins Fontes, 2008.

PARTE 05
(RE)PENSANDO UM DIREITO INTERNACIONAL PARA A DIVERSIDADE SEXUAL E DE GÊNERO

A proteção dos direitos das pessoas LGBTI+: diálogos entre o sistema interamericano de proteção dos direitos humanos e o Supremo Tribunal Federal

Flávia Piovesan e Nathércia Magnani

BENEVIDES, Bruna G.; NOGUEIRA, Sayonara Naider Bonfim. *Dossiê: Assassinatos e violência contra travestis e transexuais brasileiras em 2020*. São Paulo: Expressão Popular/Antra/IBTE, 2021.

BRASIL. Constituição da República Federativa do Brasil de 5 de outubro de 1988. Brasília: Presidência da República, 1988. Disponível em: https://www.planalto.gov.br/ccivil_03/constituicao/constituicao.htm. Acesso em: 23 jan. 2023.

BRASIL. Supremo Tribunal Federal (site). Disponível em: https://portal.stf.jus.br/. Acesso em: 23 jan. 2023.

BRASIL. Supremo Tribunal Federal; Conselho Nacional de Justiça; MAX PLANCK INSTITUTE FOR COMPARATIVE PUBLIC LAW AND INTERNATIONAL LAW. *Cadernos de jurisprudência do Supremo Tribunal Federal: concretizando direitos humanos – Direito das pessoas LGBTQIAP+*. Brasília: STF/CNJ/Max Planck Institute, 2022. Disponível em: https://www.cnj.jus.br/wp-content/uploads/2022/12/cadernos-stf-lgbtqia-3.pdf. Acesso em: 23 jan. 2023.

COMISSÃO INTERAMERICANA DE DIREITOS HUMANOS. Disponível em: https://www.oas.org/pt/sobre/comissao_direitos_humanos.asp. Acesso em: 23 jan. 2023.

CONVENÇÃO AMERICANA SOBRE OS DIREITOS HUMANOS. São José, Costa Rica: OEA, 22 nov. 1969. Disponível em: https://www.cidh.oas.org/basicos/portugues/c.convencao_americana.htm. Acesso em: 23 jan. 2023.

CORTE INTERAMERICANA DE DIREITOS HUMANOS. Disponível em: https://www.corteidh.or.cr/que_es_la_corte.cfm?lang=pt. Acesso em: 23 jan. 2023.

SIKKINK, Kathryn. *Evidence for Hope: Making Human Rights Work in the 21st Century*. Princeton: Princeton University Press, 2019.

Descolonizar/deslocalizar e desbinarizar/desbaratinar o direito internacional

Gabriel Mantelli, Isabela Soares Bicalho e João Vicente F. Pereira

AHUJA, Sundhya. "The Postcoloniality of International Law". *Harvard International Law Journal*, v. 46, n. 2, p. 459-70, 2005.

ALCOFF, Linda, "Decolonizing Feminist Theory". Em: PITTS, Andrea; ORTEGA, Mariana; Medina, José. *Theories of the Flesh*. Oxford: Oxford University Press, 2020.

AMPARO, Thiago; SILVA, Andressa Vieira e. "George Floyd at the UN: Whiteness, International Law, and Police Violence". *UC Irvine Journal of International, Transnational, and Comparative Law*, v. 7, p. 92-121, 27 set. 2022. Disponível em: https://scholarship.law.uci.edu/ucijil/vol7/iss1/5/. Acesso em: 27 jan. 2023.

ANGHIE, Antony. The Evolution of International Law: Colonial and Postcolonial Realities. *Third World Quarterly*, v. 27, n. 5, p. 739-53, 2006.

BIBLIOGRAFIA

ARTICULAÇÃO DOS POVOS INDÍGENAS DO BRASIL. "Fim de intermediátios: povos indígenas do mundo emitem comunicado exigindo que financiamento para proteção das florestas chegue às comunidades tradicionais". Apib, 2 nov. 2021. Disponível em: https://apiboficial.org/2021/11/02/fim-de-intermediarios-povos-indigenas-do-mundo-emitem-comunicado-exigindo-que-financiamento-para-protecao-das-florestas-chegue-as-comunidades-tradicionais/.

ARTICULAÇÃO DOS POVOS INDÍGENAS DO BRASIL. *Unprecedented: Apib denounces Bolsonaro before the ICC, in The Hague, for indigenous genocide*. Apib, 9 ago. 2021.

AYDEMIR, Murat. "Introduction: Indiscretions at the Sex/Culture Divide". Em: AYDEMIR, Murat (org.). *Indiscretions: at the Intersection of Queer and Postcolonial Theory*. Amsterdam: Rodopi, 2011, p. 9-30.

BALLESTRIN, Luciana. "América Latina e o giro decolonial". *Revista Brasileira de Ciência Política*, n. 11, p. 89-117, 2013.

BARNARD, Ian. "Gloria Anzaldúa's Queer Mestizaje". *Melus*, v. 22, n. 1, p. 35-53, 1997.

BARRETO JR., Raimundo C. "The COVID-19 Pandemic and the Ongoing Genocide of Black and Indigenous Peoples in Brazil". *International Journal of Latin American Religions*, v. 4, n. 2, p. 417-39, 2020.

BOANADA FUCHS, Vanessa. "The Case of Brazil: Coloniality and Pandemic Misgovernance as Necropolitical Tools in the Amazon". *The International Journal of Social Quality*, v. 11, n. 1-2, p. 111-42, 2021.

BORRILLO, Daniel. "Por uma teoria queer do direito das pessoas e das famílias". Em: BORRILLO, Daniel; RIOS, Roger Raupp; SEFFNER, Fernando (org.). *Direitos sexuais e direito de família em perspectiva queer*. Porto Alegre: Editora da UFCSPA, 2018, p. 45-77.

BRAGATO, Fernanda Frizo; FERNANDES, Karina Macedo. "Da colonialidade do poder à descolonialidade como horizonte de afirmação dos direitos humanos no âmbito do constitucionalismo latino-americano". *Revista Culturas Jurídicas*, v. 2, n. 4, p. 15-41, 2015. Disponível em: www.culturasjuridicas.uff.br/index.php/rcj/article/view/157. Acesso em: 27 jan. 2023.

BUTLER, Judith. *Critically Queer. GLQ: A Journal of Lesbian and Gay Studies*, v. 1, p. 17-32, 1993.

CASHMORE, Ellis. "Colonialismo". Em: *Dicionário das relações étnicas e raciais*. 2. ed. Trad. Dinah Kleve. São Paulo: Selo Negro, 2000, p. 130.

CASTRO-GÓMEZ, Santiago; GROSFOGUEL, Ramón (org.). *El giro decolonial: reflexiones para una diversidad epistémica más allá del capitalismo global*. Bogotá: Siglo del Hombre, 2007.

CÉSAR, Maria Rita de Assis; SIERRA Jamil Cabral. "Políticas queer e educação". Em: MARTINS, Ana Paula Vosne; GUEVARA, María de los A. (org.). *Políticas de gênero na América Latina: aproximações, diálogos e desafios*. Jundiaí: Paco, 2015.

COLAÇO, Thais Luzia; DAMÁZIO, Eloise da Silveira Petter. *Novas perspectivas para a antropologia jurídica na América Latina: o direito e o pensamento decolonial*, v. IV. Florianópolis: Funjab, 2012.

CONNELL, Raewyn; PEARSE, *Rebecca. Gênero: uma perspectiva global*. 3.ed. Trad. Marília Moschkovich. São Paulo: nVersos, 2015.

CORRALES, Javier. *The Politics of LGBTQ Rights Expansion in Latin America and the Caribbean*. Cambridge: Cambridge University Press, 2022. (Elements in Politics and Society in Latin America.)

CORREA, Sonia; KALIL, Isabela. *Políticas antigénero en América Latina: Brasil, ¿la catástrofe perfecta?* Rio de Janeiro: ABIA/SPW, 2021.

CORTE INTERAMERICANA DE DIREITOS HUMANOS. Demanda ante a Corte Interamericana de Direitos Humanos, *Caso 12.502*. Karen Atala e filhas. Chile. 17 set. 2010.

CORTE INTERAMERICANA DE DIREITOS HUMANOS. *Sentença*. Atala Riffo e filhas. Chile. 24 fev. 2012.

COSTA, Sérgio. "Desprovincializando a sociologia: a contribuição pós-colonial". *Revista Brasileira de Ciências Sociais*, v. 21, n. 60, 2006, p. 117-34.

DE JESUS, Diego Santos Vieira. "O mundo fora do armário: teoria queer e relações internacionais". *Universitas: Relações Internacionais*, v. 12, n. 1, p. 51-9, 2014.

BIBLIOGRAFIA

DELGADO, Richard; STEFANCIC, Jean. *Critical Race Theory: An Introduction*. New York: New York University Press, 2017.

EICHBERT, David. "Decolonizing the Corpus: a Queer Decolonial Re-examination of Gender in International Law's Origins". *Michigan Journal of International Law*, v. 43, n. 3, p. 557-93, 2022.

EMLS, Emma. "Why Indigenous Peoples Are The Most Important Delegates At COP26", *#TogetherBand*, 8 nov. 2021. Disponível em: https://togetherband.org/blogs/news/indigenous-peoples-cop26.

ESCOBAR, Arturo. "The Latin American Modernity/Coloniality Research Program: Worlds and Knowledges Otherwise". *Cuadernos del CEDLA n. 16 – Cruzando fronteras en América Latina*, v. 16, p. 31-67, 2002.

ESLAVA, Luis; PAHUJA, Sundhya. "Between resistance and reform: TWAIL and the Universality of International Law". *Trade, Law and Development*, v. 3, n. 1, p. 103-130, 2011.

ESLAVA, Luis; PAHUJA, Sundhya. "The State and International Law: a Reading from the Global South". *Humanity*, v. 11, n. 1, p. 118-38, maio 2020. Disponível em: http://humanityjournal.org/issue11-1/the-state-and-international-law-a-reading-from-the-global-south/. Acesso em: 28 jan. 2023.

FOUCAULT, Michel. "The Subject and Power". Em: *Power: Essential Works of Foucault, 1954-1984*. New York: The New Press, 2000, p. 326-48.

FRANCO, Fernanda Cristina de Oliveira. "Oportunidades e desafios das TWAIL no contexto latino-americano a partir de perspectivas dos povos indígenas ao direito internacional". *Revista de Direito Internacional*, v. 12, n. 2, p. 226-44, 2015.

FRIEDMAN, Elizabeth Jay. "Conceiving Latin American Feminist Counterpublics". Em: *Interpreting the Internet: Feminist and Queer Counterpublics in Latin America*. Oakland, CA: University of California Press, 2017, p. 27-56.

GALINDO, George Rodrigo Bandeira. "A volta do terceiro mundo ao direito internacional". *Boletim da Sociedade Brasileira de Direito Internacional*, n. 119-124, v. 1, p. 46-68, 2013.

GATHII, James Thuo. "TWAIL: a Brief History of its Origins, its Decentralized Network, and a Tentative Bibliography". *Trade, Law and Development*, v. 3, n. 1, p. 26-64, 2011.

GO, Julian. "For a Postcolonial Sociology". *Theory and Society*, v. 42, n. 1, p. 25-55, 2013.

GOMES PEREIRA, Pedro Paulo. "Decolonial Queer". Em: *Queer in the Tropics: Gender and Sexuality in the Global South*. Cham: Springer, 2019, p. 47-68.

GONZALEZ, Lélia. "Discurso na Constituinte, 1987". Em: *Por um feminismo afrolatinoamericano – Lélia Gonzalez*. Org. Flávia Rios e Márcia Lima. Rio de Janeiro: Zahar, 2020.

GONZALEZ, Lélia. "Racismo e sexismo na cultura brasileira, 1983". Em: *Por um feminismo afrolatinoamericano – Lélia Gonzalez*. Org. Flávia Rios e Márcia Lima. Rio de Janeiro: Zahar, 2020.

LIZARAZO-RODRÍGUEZ, Liliana. "Mapping Law and Development". *Indonesian Journal of International & Comparative Law*, v. 4, n. 4, p. 824-31, 2017.

LORCA, Arnulf Becker. "Eurocentrism in the History of International Law". Em: FASSBENDER, Bardo; PETERS, Anne (org.). *The Oxford Handbook of the History of International Law*. Oxford: Oxford University Press, 2012, p. 1.034-57.

LOURO, Guacira Lopes. *Um corpo estranho: ensaios sobre sexualidade e teoria queer*. 3. ed. Belo Horizonte: Autêntica, 2018.

LUGONES, Maria. "Toward a Decolonial Feminism". *Hypatia*, v. 25, n. 4, p. 742-59, 2010.

MAGALHÃES, José Luiz Quadros de; AFONSO, Henrique Weil. "Para contar as outras estórias: direito internacional e resistência contra hegemônica no Terceiro Mundo", *Revista da Faculdade de Direito do Sul de Minas*, v. 29, n. 1, p. 155-82, 2013.

MALDONADO-TORRES, Nelson. "On the Coloniality of Being: Contributions to the Development of a Concept". *Cultural Studies*, v. 21, p. 240-70, 2007.

MANTELLI, Gabriel. "Quem tem medo do pós-colonial no direito internacional? Uma resenha de 'Decolonising International Law: Development, Economic Growth and the Politics of Universality' de Sundhya Pahuja". *Revista de Direito Internacional*, v. 15, n. 2, p. 484-8, 2018.

MANTELLI, Gabriel; BADIN, Michelle Ratton Sanchez. "Repensando o direito internacional a partir dos estudos pós-coloniais e decoloniais". *Prim@ Facie*, v. 17, n. 34, p. 1-33, 2018.

MCEWAN, Cheryl. "Postcolonialism". Em: DESAI, Vandana; POTTER, Robert B. (org.). *The Companion to Development Studies*. 3. ed. New York: Routledge, 2014, p. 127-31.

MENDOZA, Breny. "Coloniality of Gender and Power: From Postcoloniality to Decoloniality". Em: DISCH, Lisa; Hawkesworth, Mary (org.). *The Oxford Handbook of Feminist Theory*, v. 1. Oxford: Oxford University Press, 2016.

MICKELSON, Karin. "Rhetoric and Rage: Third World Voices in International Legal Discourse". *Wisconsin International Law Journal*, v. 16, n. 2, p. 353-420, 1997.

MICKELSON, Karin; ODUMOSU, Ibironke; PARMAR, Pooja. "Situating Third World Approaches to International Law (TWAIL): Inspirations, Challenges and Possibilities". *International Community Law Review*, v. 10, n. 4, p. 351-3, 2008.

MIGNOLO, Walter. *Historias locales/diseños globales: colonialidad, conocimientos subalternos y pensamiento fronterizo*. 1. ed. Madrid: Akal, 2003.

MIGNOLO, Walter. Sylvia Wynter: What Does it Mean to be Human. Em: MCKRITTICK, Katherine (org.). *Sylvia Wynter – On Being Human as Praxis*. Durham: Duke University Press, 2015, p. 106-123.

MILES, Robert. "Capitalismo". Em: CASHMORE, Ellis. *Dicionário das relações étnicas e raciais*. 2. ed. São Paulo: Selo Negro, 2000, p. 114.

MUTUA, Makau. "What is TWAIL?" *Proceedings of the ASIL Annual Meeting*, v. 94, p. 31-40, 2000.

OBREGÓN, Liliana. "Between Civilisation and Barbarism: Creole interventions in International Law". *Third World Quarterly*, v. 27, n. 5, p. 815-32, 2006.

OTTO, Dianne. *Queering International Law: Possibilities, Alliances, Complicities and Risks*. New York: Routledge, 2017.

PAHUJA, Sundhya. "The Postcoloniality of International Law", *Harvard International Law Journal*, v. 46, n. 2, p. 459-70, 2005.

PAREDES, Julieta. *Hilando fino desde el feminismo comunitario*. La Paz: Comunidad Mujeres Creando Comunidad/Cedec/Asociación Centro de Defensa de la Cultura, 2008.

PRAKASH, Gyan. "Subaltern Studies as Postcolonial Criticism". *The American Historical Review*, v. 99, n. 5, p. 1.475-90, 1994.

QUIJANO, Aníbal. "Colonialidad del poder, eurocentrismo y América Latina". Em: LANDER, Edgardo (org.), *La colonialidad del saber: eurocentrismo y ciencias sociales. Perspectivas latinoamericanas*, Buenos Aires: Clacso/Unesco, 2000, p. 201-46.

QUIJANO, Aníbal. "Colonialidade do poder e classificação social". Em: SANTOS, Boaventura de Sousa; MENESES, Maria Paula (org.). Epistemologias do Sul. São Paulo: Cortez, 2010, p. 84-130.

QUIJANO, Aníbal. "Coloniality of Power and Eurocentrism in Latin America". *International Sociology*, v. 15, n. 2, p. 215-32, 2000.

RESTREPO, Eduardo; ROJAS, Axel. *Inflexión decolonial: fuentes, conceptos y cuestionamientos*. 1. ed. Popayán: Editorial Universidad del Cauca, 2010.

RIVERA CUSICANQUI, Silvia. "Ch'ixinakax utxiwa: A Reflection on the Practices and Discourses of Decolonization". *South Atlantic Quarterly*, v. 111, n. 1, p. 95-109, 2012.

SANTOS, Antônio Bispo dos. *Quilombos, modos e significados*. Teresina: Comepi, 2007.

SANTOS, Boaventura de Sousa. "Entre Próspero e Caliban: colonialismo, pós-colonialismo e interidentidade". *Novos Estudos Cebrap*, n. 66, p. 23-52, 2003.

SEGATO, Rita Laura. "Patriarchy from Margin to Center: Discipline, Territoriality, and Cruelty in the Apocalyptic Phase of Capital". *South Atlantic Quarterly*, v. 115, n. 3, p. 615-24, 2016.

SEN, Rohini. "A Queer Reading of International Law and its anxieties". *GNLU Law & Society Review*. v. 3, p. 33-55, 2021.

SHAFFER, Gregory. "Transnational Legal Ordering and State Change". Em: SHAFFER, Gregory (org.). *Transnational Legal Ordering and State Change*. Cambridge: Cambridge University Press, 2013, p. 1-22.

SKIDMORE, Thomas E.; SMITH, Peter H. *Modern Latin America*. 6. ed. New York/Oxford: Oxford University Press, 2005, p. 13-26.

STRECK, Lênio Luiz, TASSINARI, Clarissa, LEPPER, Adriano O. "O problema do ativismo judicial: uma análise do caso MS3326". *Revista Brasileira de Políticas Públicas*, v. 5, n. especial, p. 23-50, 2015.

UNKUCH, Kevin *et al. REDD+ Indígena Amazónico – RIA. Gestión Holística de Território de Vida Plena*. Coica, 2014.

WALSH, Catherine. "(Decolonial) Notes to Paulo Freire: Walking and Asking". Em: AMAN, Robert; IRELAND, Timothy (org.). *Educational Alternatives in Latin America, New Modes of Counter-Hegemonic Learning*. Cham: Palgrave Macmillan, 2019, p. 207-30.

WALSH, Catherine. "Shifting the Geopolitics of Critical Knowledge: Decolonial Thought and Cultural Studies 'Others' in the Andes". *Cultural Studies*, v. 21, n. 2-3, p. 224-39, 2007.

WYNTER, Sylvia. "Unsettling the Coloniality of Being/Power/Truth/Freedom: Towards the Human, After Man, Its Overrepresentation – An Argument". *The New Centennial Review*, v. 3, n. 3, p. 257-337, 2003.

ZAREMBERG, Gisela, TABUSH, Constanza; FRIEDMAN, Elisabeth J. "Feminism(s) and Anti-Gender Backlash: Lessons from Latin America". *International Feminist Journal of Politics*, v. 23, n. 4, p. 527-34, 2021.

PARTE 06
HORIZONTES E DESAFIOS PARA A RECONSTRUÇÃO DA CIDADANIA LGBTI+ NO BRASIL

Entre desmontes e expectativas de reconstrução: os efeitos da agenda anti-LGBTI+ no Brasil

Lucas Bulgarelli e Arthur Fontgaland

AÇÃO EDUCATIVA. "Ação no STF questiona uso do Disque 100 para perseguição política". Notícias Ação Educativa. São Paulo, 9 fev. 2022. Disponível em: https://acaoeducativa.org.br/acao-no-stf-questiona-uso-do-disque-100-para-perseguicao-politica/. Acesso em 24 fev. 2023.

AGUIÃO, Silvia. "Não somos um simples conjunto de letrinhas: disputas internas e (re) arranjos da política LGBT". *Cadernos Pagu*, n. 46, p. 279-310, abr. 2016.

AGUIÃO, Silvia. *Fazer-se no "Estado": uma etnografia sobre o processo de constituição dos "LGBT" como sujeitos de direitos no Brasil contemporâneo*. Rio de Janeiro: Eduerj, 2018.

AGUIÃO, Silvia. "O processo contínuo de (re)fazer-se no Estado: leitura de um ciclo da constituição da população LGBT(I)+". Em: FACCHINI, Regina; FRANÇA, Isadora Lins (org.). *Direitos em disputa: LGBTI+: poder e diferença no Brasil contemporâneo*. Campinas: Editora Unicamp, 2020, p. 149-64.

BENTO, Paula Alegria; BULGARELLI, Lucas; PINHEIRO-MACHADO, Rosana. "Movimentos sociais contemporâneos: um balanço da produção de teses e dissertações em antropologia (2008-2018)". Em: MACHADO, Igor José de Renó *et al.* (org.). *Ciências Sociais Hoje: Antropologia*. 1. ed. São Paulo: Anpocs/Zepellini, 2020, v. 1, p. 191-217.

BIBLIOGRAFIA

BRASIL. Decreto n. 9.759, de 11 de abril de 2019. Extingue e estabelece diretrizes, regras e limitações para colegiados da administração pública federal. *Diário Oficial da União*, Brasília, 2019.

BRASIL. Decreto n. 9.795, de 17 de maio de 2019. Aprova a Estrutura Regimental e o Quadro Demonstrativo dos Cargos em Comissão e das Funções de Confiança do Ministério da Saúde, remaneja cargos em comissão e funções de confiança, transforma funções de confiança e substitui cargos em comissão do Grupo-Direção e Assessoramento Superiores – DAS por Funções Comissionadas do Poder Executivo – FCPE. *Diário Oficial da União*, Brasília, 2019.

BRASIL. Decreto n. 9.883, de 27 de junho de 2019. Dispõe sobre o Conselho Nacional de Combate à Discriminação. *Diário Oficial da União*, Brasília, 2019.

BRASIL. Decreto n. 10.346, de 11 de maio de 2020. Declara a revogação, para os fins do disposto no art. 16 da Lei Complementar n. 95, de 26 de fevereiro de 1998, de decretos normativos. *Diário Oficial da União*, Brasília, 2020.

BRASIL. Decreto n. 10.570, de 9 de dezembro de 2020. Institui a Estratégia Nacional de Fortalecimento dos Vínculos Familiares e o seu Comitê Interministerial. I, Brasília, 2020.

BRASIL. Decreto n. 10.883, de 6 de dezembro de 2021. Aprova a Estrutura Regimental e o Quadro Demonstrativo dos Cargos em Comissão e das Funções de Confiança do Ministério da Mulher, da Família e dos Direitos Humanos, e remaneja e transforma cargos em comissão e funções de confiança. *Diário Oficial da União*, Brasília, 2021.

BRASIL. Decreto n. 11.371, de 1 de janeiro de 2023. Revoga o Decreto n 9.759, de 11 de abril de 2019, que extingue e estabelece diretrizes, regras e limitações para colegiados da administração pública federal. *Diário Oficial da União*, Brasília, 2023.

BRASIL. Decreto n. 11.406, de 31 de janeiro de 2023. Institui o Conselho de Participação Social. *Diário Oficial da União*, Brasília, 2023.

BRASIL. Decreto n. 11.407, de 31 de janeiro de 2023. Institui o Sistema de Participação Social Interministerial. *Diário Oficial da União*, Brasília, 2023.

BRASIL. MINISTÉRIO DA MULHER, DA FAMÍLIA E DOS DIREITOS HUMANOS. Portaria n. 2.904, de 13 de novembro de 2020. Institui o Programa de Equilíbrio Trabalho-Família. *Diário Oficial da União*, Brasília, 2020.

BRASIL. MINISTÉRIO DA SAÚDE. Secretaria de Vigilância em Saúde. Ofício n. 1023/2022/SVS/MS, de 15 de julho de 2022, assunto: Resposta ao Ofício n. 01685/2022-CGP/CFF, referente a explicação formal sobre a suspensão da prescrição da PrEP e PEP por farmacêuticos. Brasília, 2022.

BULGARELLI, Lucas. "Das políticas de gênero e sexualidade às políticas antigênero e antissexualidade no Brasil". Em: FACCHINI, Regina; FRANÇA, Isadora Lins (org.). *Direitos em disputa: LGBTI+: poder e diferença no Brasil contemporâneo*. Campinas: Editora Unicamp, 2020, p. 393-411.

CENTRO BRASILEIRO DE ANÁLISE E PLANEJAMENTO; CONECTAS DIREITOS HUMANOS. *Financiamento público de comunidades terapêuticas brasileiras entre 2017 e 2020*. São Paulo: Cebrap/Conectas Direitos Humanos, 2022.

CONSELHO FEDERAL DE PSICOLOGIA. *Tentativas de aniquilamento de subjetividades LGBTIs*. Brasília: CFP, 2019.

CONSELHO FEDERAL DE PSICOLOGIA; MECANISMO NACIONAL DE COMBATE À TORTURA; PROCURADORIA FEDERAL DOS DIREITOS DO CIDADÃO DO MINISTÉRIO PÚBLICO FEDERAL. *Relatório da inspeção nacional em comunidades terapêuticas – 2017*. Brasília: CFP/MNPCT/MPF, 2018.

CORRÊA, Sônia. "A 'política do gênero': um comentário genealógico". *Cadernos Pagu*, n. 53,2018. Disponível em: https://www.scielo.br/j/cpa/a/vwdzHh6pHS6ZBVskqfLrqrg/?lang=pt#ModalHowcite.

BIBLIOGRAFIA

CORRÊA, Sônia. "Ideología de género: rastreando sus orígenes y significados en la política de género actual". *Observatorio de Sexualidad y Política (SPW)*. Rio de Janeiro, 16 fev. 2018. Disponível em: https://sxpolitics.org/es/ideologia-de-genero-rastreando-sus-origenes-y-significados-en-la-politica-de-genero-actual/3858.

DIP, Andrea. "'Ideologia de gênero' no Disque 100 pode criminalizar professores, diz pesquisador". *Agência Pública*, 14 dez. 2021. Disponível em: https://apublica.org/2021/12/ideologia-de-genero-no-disque-100-pode-criminalizar-professores-diz-pesquisador/. Acesso em 15 fev. 2023.

FACCHINI, Regina; FRANÇA, Isadora Lins (org.). "Apresentação". Em: *Direitos em disputa: LGBTI+. poder e diferença no Brasil contemporâneo*. Campinas: Editora Unicamp, 2020, p. 17-27.

FRÓES, Anelise; BULGARELLI, Lucas; FONTGALAND, Arthur. *Entre curas e terapias: práticas de conversão sexual e de gênero no Brasil*. São Paulo: All Out/Instituto Matizes, 2022.

FRÓES, Anelise; FONTGALAND, Arthur; BULGARELLI, Lucas. *Pontos de destaque sobre o desmonte de políticas LGBTI+ para o relatório do grupo técnico de direitos humanos do gabinete de transição do novo Governo Federal (2023-2026)*. São Paulo: Instituto Matizes, 2022.

GROOT, David de. *Bans on conversion "therapies": the situation in selected EU Member States*. Bruxelles: European Parliamentary Research Service, European Union, 2022.

ILGA MUNDO; MENDOS, Lucas Ramón. *Poniéndole límites al engaño: un estudio jurídico mundial sobre la regulación legal de las mal llamadas "terapias de conversión"*. Genève: ILGA Mundo, 2020.

JUNQUEIRA, Rogério Diniz. "A invenção da 'ideologia de gênero': a emergência de um cenário político-discursivo e a elaboração de uma retórica reacionária antigênero". *Psicologia Política*, v. 18, n. 43, p. 449-502, set.-dez. 2018.

JUNQUEIRA, Rogério Diniz. *A invenção da "ideologia de gênero": um projeto reacionário de poder*. Brasília: Letras Livres, 2022.

LIONÇO, Tatiana. "'Ideologia de gênero' como elemento da retórica conspiratória do 'globalismo'". Em: FACCHINI, Regina; FRANÇA, Isadora Lins (org.). *Direitos em disputa: LGBTI+, poder e diferença no Brasil contemporâneo*. Campinas: Editora Unicamp, 2020, p. 373-93.

MACHADO, Leandro. "Sob Bolsonaro, comunidades religiosas viram principal terapia de dependentes químicos mesmo sem controle e resultados atestados". *BBC Brasil*. São Paulo, 25 abr. 2022. Disponível em: https://www.bbc.com/portuguese/brasil-61184132. Acesso em: 19 fev. 2023.

MADRIGAL-BORLOZ, Victor. *Practices of so-called "conversion therapy": report of the Independent Expert on Protection against Violence and Discrimination based on Sexual Orientation and Gender Identity*. Genève: Conselho de Direitos Humanos das Nações Unidas, 2020. Disponível em: https://digitallibrary.un.org/record/3870697. Acesso em: 20 jan. 2023.

MELLO, Luiz; BRITO, Walderes; MAROJA, Daniela. "Políticas públicas para a população LGBT no Brasil: notas sobre alcances e possibilidades". *Cadernos Pagu*, n. 39, p. 403-29, 2012.

MIGUEL, Luis Felipe. "Da 'doutrinação marxista' à 'ideologia de gênero': Escola sem Partido e as leis da mordaça no Parlamento brasileiro". *Direito & Práxis*, v. 7, n. 15, p. 590-621, 2016.

PROJETO DE LEI 737/2022. Criminaliza as condutas de quem submete outra pessoa a terapia de conversão, anuncia ou promove terapia de conversão, obtém, direta ou indiretamente, vantagem material oriunda de terapia de conversão. Brasília: Câmara dos Deputados, mar. 2022.

PROJETO DE LEI 1.338/2022. Altera as Leis n. 9.394, de 20 de dezembro de 1996 (Lei de Diretrizes e Bases da Educação Nacional), e 8.069, de 13 de julho de 1990, (Estatuto da Criança e do Adolescente), para dispor sobre a possibilidade de oferta domiciliar da educação básica. Brasília: Câmara dos Deputados, maio 2022.

PROJETO DE LEI 1.795/2022. Altera o Decreto-Lei n. 2.848, de 7 de dezembro de 1940 (Código Penal), para tipificar o crime de prescrição de terapia de reversão de orientação sexual. Brasília: Câmara dos Deputados, jun. 2022.

PROJETO DE LEI 22/2023. Dispõe sobre a responsabilização administrativa em caso de prática de esforços ou terapias de "conversão" da orientação sexual, identidade e/ou expressão de gênero, e institui data de conscientização e combate a estas práticas. São Paulo: Assembleia Legislativa do Estado de São Paulo, fev. 2023.

VIVAS, Fernanda. "'Estado é laico, mas esta ministra é terrivelmente cristã', diz Damares ao assumir Direitos Humanos". *G1*, Brasília, jan. 2019. Disponível em: https://g1.globo.com/politica/noticia/2019/01/02/estado-e-laico-mas-esta-ministra-e-terrivelmente-crista-diz-damares-ao-assumir-direitos-humanos.ghtml. Acesso em: 15 fev. 2023.

O ativismo LGBTI+ brasileiro sob as ruínas do neoliberalismo

Bruna Andrade Irineu

ALESSI, Gil. "Ambev e Heineken são autuadas por trabalho escravo de imigrantes venezuelanos em São Paulo". *El País*, 17 maio 2021. Disponível em: https://brasil.elpais.com/brasil/2021-05-17/ambev-e-heineken-sao-autuadas-por-trabalho-escravo-de-imigrantes-venezuelanos-em-sao-paulo.html. Acesso em: 21 nov. 2023.

ALMEIDA, Guilherme S. "Homens trans: novos matizes na aquarela das masculinidades?". *Estudos Feministas*, v. 20, n. 2, p. 513-23, 2012.

BENTO, Berenice. "'Pinkwashing à brasileira': do racismo cordial à LGBTTTfobia cordial". *Cult*, 2015. Disponível em: https://revistacult.uol.com.br/home/pinkwashing-brasileira-do-racismo-cordial-lgbtttfobia-cordial/. Acesso em: 10 dez. 2015.

BROWN, Wendy. *Undoing the Demos: Neoliberalism's Stealth Revolution*. New York: Zone, 2015.

BROWN, Wendy. *Nas ruínas do neoliberalismo: a ascensão da política antidemocrática no Ocidente*. Trad. Mario A. Marino e Eduardo A. Camargo Santos. São Paulo: Editora Filosófica Politeia, 2019.

BUTLER, Judith. *Corpos em aliança e a política das ruas: notas para uma teoria performativa da assembleia*. Trad. Fernanda Siqueira Miguens. Rio de Janeiro: Civilização Brasileira, 2018.

BUTLER, Judith. *Corpos que importam: os limites discursivos do "sexo"*. Trad. Veronica Daminelli e Daniel Yago Françoli. São Paulo: n-1 edições/Crocodilo, 2019.

D'EMILIO, John. "Capitalism and Gay Identity". Em: SNITOW, Ann; STANSELL, Christine; THOMPSON, Sharon (org.). *Powers of Desire: the Politics of Sexuality*. New York: Monthly Review Press, 1983, p. 100-13.

DARDOT, Pierre. LAVAL, Christian. *A nova razão do mundo: ensaio sobre a sociedade neoliberal*. Trad. Mariana Echalar. São Paulo: Boitempo, 2016.

FRANÇA, Isadora Lins de. "Sexualidade e política: uma abordagem a partir do mercado e do consumo". *Bagoas*, v. 6, n. 7, 2012. Disponível em: https://periodicos.ufrn.br/bagoas/article/view/2243. Acesso em: 26 jan. 2023.

GREEN, James N. "O grupo Somos, a esquerda e a resistência à ditadura". Em: GREEN, James N.; QUINALHA, Renan. *Ditadura e homossexualidade: repressão, resistência e a busca da verdade*. São Carlos: EDUFSCar, 2014.

IRINEU, Bruna Andrade. *Nas tramas da política pública LGBT: um estudo crítico da experiência brasileira (2003-2015)*. Cuiabá: EdUFMT, 2019.

IRINEU, Bruna Andrade; OLIVEIRA, Brendhon Andrade; LACERDA, Milena Carlos. "Um balanço crítico acerca da regressão dos direitos LGBTI no Brasil sob ascensão do bolsonarismo". Em: IRINEU, Bruna Andrade *et al.* (org.). *Diversidade sexual, étnico--racial e de gênero: temas emergentes*. Salvador: Devires, 2020, p. 98-115.

JUNQUEIRA, Rogério Diniz. "A invenção da 'ideologia de gênero': a emergência de um cenário político-discursivo e a elaboração de uma retórica reacionária antigênero". *Psicologia Política*, v. 18, n. 43, p. 449-502, set.-dez. 2018. Disponível em: http://pepsic.bvsalud.org/scielo.php?script=sci_arttext&pid=S1519-549X2018000300004&lng=pt&nrm=iso. Acesso em: 11 jun. 2019.

OLIVEIRA, João Manuel. "Cidadania sexual sob suspeita: uma meditação sobre as fundações homonormativas e neoliberais de uma 'cidadania' de consolação". *Psicologia & Sociedade*, v. 25, n. 1, 2013, p. 68-78.

OLIVEIRA, Tibério Lima. *O homonacionalismo na sociabilidade do consumo de lazer LGBTI+ em Fortaleza/CE*. 2022. 343 f. Tese (Doutorado em Política Social) — Instituto de Ciências Humanas, Universidade de Brasília, Brasília: 2022.

PRADO, Marco Aurélio Máximo; CORREA, Sonia. "Retratos transnacionais e nacionais das cruzadas antigênero". *Psicologia Política*, v. 18, n. 43, p. 444-8, set.-dez. 2018. Disponível em: http://pepsic.bvsalud.org/scielo.php?script=sci_arttext&pid=S1519-549X2018000300003&lng=pt&nrm=iso. Acesso em: 11 jun. 2019.

PUAR, Jasbir K. *Terrorist Assemblages: Homonationalism in Queer Times*. Durham, NC: Duke University Press, 2007.

PUAR, Jasbir K. *Keynote from the Homonationalism and Pinkwashing Conference*. CLAGS: The Center for LGBTQ Studies, New York, 2013. Disponível em: https://www.youtube.com/watch?v=3S1eEL8E1Do&t=1152s. Acesso em: 22 maio 2015.

PUAR, Jasbir K. "Homonacionalismo como mosaico: viagens virais, sexualidades afetivas". *Revista Lusófona de Estudos Culturais*, v. 3, n. 1, p. 297-318, 2015. Disponível em: https://doi.org/10.21814/rlec.98. Acesso em: 21 jan. 2023.

QUINALHA, Renan. *Movimento LGBTI+: uma breve história do século XIX aos nossos dias*. Belo Horizonte: Autêntica, 2022.

SOBRE OS AUTORES

Renan Quinalha [org.]

Advogado e professor de Direito da Unifesp, onde também coordena o Núcleo TransUnifesp. É autor dos livros *Justiça de transição: contornos do conceito* (Expressão Popular, 2013), *Contra a moral e os bons costumes: a ditadura e a repressão contra a comunidade LGBT* (Companhia das Letras, 2021) e *Movimento LGBTI+: uma breve história do século XIX aos nossos dias* (Autêntica, 2022), que foi vencedor do Prêmio Cidadania e Diversidade da Parada LGBT de São Paulo e um dos cinco finalistas do Prêmio Jabuti em 2023. Co-organizou as obras *Ditadura e homossexualidades: repressão, resistência e a busca da verdade* (EdUFSCar, 2014), *História do Movimento LGBT no Brasil* (Alameda, 2018), *Espectros da ditadura: da comissão da verdade ao bolsonarismo* (Autonomia Literária, 2020) e *Novas fronteiras das histórias LGBTI+ no Brasil* (Elefante, 2023). É editor e colunista da seção Livros e Livres, dedicada à literatura LGBTI+ na *Revista 451*. Presidente do Grupo de Trabalho para Reparação Histórica à População LGBTQIA+ do Ministério de Direitos Humanos e Cidadania do Brasil.

Alexandre Melo Franco Bahia [org.]

Doutor em Direito Constitucional pela Universidade Federal de Minas Gerais (UFMG). Pós-doutor pelo Instituto de Saúde Pública da Universidade do Porto. Professor da Universidade Federal de Ouro Preto (Ufop). Bolsista de produtividade do Conselho Nacional de Desenvolvimento Científico e Tecnológico (CNPq). Vice-presidente da Comissão de Diversidade Sexual e Gênero da Ordem dos Advogados do Brasil – Minas Gerais (OAB-MG).

Emerson Ramos [org.]

Professor do curso de Direito da Universidade Federal do Tocantins (UFT). Pós-doutorado pelo Programa de Pós-Graduação em Direito da Universidade Federal de Minas Gerais (PPGD/UFMG). Doutor em Sociologia pelo Programa de Pós-Graduação em Ciências Jurídicas da Universidade Federal da Paraíba (PPGS/UFPB). Mestre em Ciências Jurídicas pela Universidade Federal da Paraíba (PPGCJ/UFPB). Líder do Grupo de Pesquisa e Estudos sobre Desvio e Controle Social (Gedecon).

Alice Hertzog Resadori
Doutora em Direito pela Universidade Federal do Rio Grande do Sul (UFRGS), mestra em Direito, com ênfase em Direitos Humanos, pelo Centro Universitário Ritter dos Reis (UniRitter). Membro da Rede Nacional de Advogados e Advogadas Populares (Renap), integrante do Instituto de Pesquisa em Direitos e Movimentos Sociais (IPDMS). Professora do MBA em Diversidade e Inclusão nas Organizações, na Universidade La Salle.

Antonella Galindo
Professora associada e vice-diretora da Faculdade de Direito do Recife, da Universidade Federal de Pernambuco (UFPE). Doutora em Direito pela UFPE/Universidade de Coimbra-Portugal (PDEE). É mulher trans, e teve registrada sob seu nome de nascimento, Bruno Galindo, a maioria de seus textos (livros, artigos e demais) já publicados.

Arthur Albuquerque de Andrade
Mestre e doutor em Direito pela Universidade Federal de Pernambuco (UFPE) na linha Direitos Humanos e Justiça na América Latina. Professor da UFPE. Advogado.

Arthur Fontgaland
Cientista Social pela Universidade Federal de Viçosa (UFV). Mestre em Antropologia Social pela Universidade de São Paulo (USP). Diretor de Operações do Instituto Matizes.

Bruna Andrade Irineu
Assistente social, mestre em Sociologia pela Universidade Federal de Goiás (UFG) e doutora em Serviço Social pela Universidade Federal do Rio de Janeiro (UFRJ). Professora do Departamento de Serviço Social, do Programa de Pós-Graduação em Política Social e do Programa de Pós-Graduação em Saúde Coletiva da Universidade Federal de Mato Grosso (UFMT). Bolsista de produtividade em pesquisa PQ-2 do Conselho Nacional de Desenvolvimento Científico e Tecnológico (CNPq). Coordena o Núcleo de Estudos e Pesquisas sobre as Relações de Gênero (Nuepom/UFMT) e é pesquisadora do Núcleo de Antropologia e Saberes Plurais (NAPlus/UFMT).

Bruno Roberto de Souza Siqueira
Mestrando em Direito pela Universidade Federal de Ouro Preto (Ufop). Especialista em Direito Processual pela Pontifícia Universidade Católica de Minas Gerais (PUC-Minas). Bacharel em Direito pelo Centro Universitário Newton Paiva. Bacharel em Gestão Pública pela Universidade Federal de Minas Gerais (UFMG).

Carla Watanabe
Mestra e doutoranda em direito constitucional pelo IDP; especialista em direito tributário e em administração pública; graduada em direito pela UnB e em engenharia de mecânica-aeronáutica pelo ITA. Atualmente é titular concursada do 28º Tabelião de Notas de SP/SP e única LGBT assumida entre os 13.440 titulares de cartório do país.

Carlos Eduardo Barzotto
Mestre em Educação pela Universidade Federal do Rio Grande do Sul (UFRGS), licenciado e bacharel em História pela mesma instituição. Atualmente, é professor de História na rede municipal de ensino da Prefeitura de Canoas/RS.

Caroline Oliveira Santos
Mestra em Estatística pela Universidade Federal de Lavras (UFLA). Professora do campus Valença do Centro Federal de Educação Tecnológica Celso Suckow da Fonseca (Cefet/RJ).

Dyego de Oliveira Arruda
Doutor em Administração de Organizações pela Universidade de São Paulo (USP). Professor e pesquisador do Programa de Pós-Graduação (mestrado acadêmico) em Relações Étnico-Raciais (PPRER) do Centro Federal de Educação Tecnológica Celso Suckow da Fonseca (Cefet/RJ), na linha de pesquisa "Pensamento e políticas públicas: dimensões institucionais das relações étnico-raciais". É também professor permanente do Programa de Pós-Graduação (mestrado e doutorado) em Políticas Públicas, Estratégias e Desenvolvimento (PPED) da Universidade Federal do Rio de Janeiro (UFRJ), na linha de pesquisa "Desigualdades, políticas de bem-estar e capacidades estatais".

(USP), graduado pela mesma universidade. Mestre em Direito e Desenvolvimento pela Fundação Getulio Vargas (FGV).

Eder van Pelt
Professor de Direito da Universidade Federal Fluminense (UFF). Autor do livro *Encruzilhadas queer no direito*, organizador do livro *Qual o futuro da sexualidade no direito?* e autor de inúmeros artigos científicos que inter-relacionam direito, gênero e sexualidade.

Fernanda Pereira
Mestranda em Sociologia pela Universidade de São Paulo (USP). Pesquisadora no Núcleo de Justiça Racial e Direito da Fundação Getulio Vargas de São Paulo (FGV-SP) e membro do Núcleo de Estudos da Violência (NEV-USP).

Fernando Seffner
Professor Titular da Faculdade de Educação da Universidade Federal do Rio Grande do Sul (UFRGS). Doutor e mestre em Educação pela Universidade Federal do Rio Grande do Sul (UFRGS). Foi coordenador do GT23 - Gênero, Sexualidade e Educação da ANPED Associação Nacional de Pós-Graduação e Pesquisa em Educação (2017-2021).

Flávia Piovesan
Mestre e doutora em Direito pela Pontifícia Universidade Católica de São Paulo (PUC-SP). É professora PUC-SP nos programas de Graduação e Pós-graduação em Direito; *visiting fellow* de programas internacionais como o Human Rights Program da Harvard Law School, Centre for Brazilian Studies da University of Oxford, Max-Planck-Institute for Comparative Public Law and International Law e Humboldt Foundation Georg Forster Research Fellow no Max-Planck-Institute for Comparative Public Law and International Law. Foi Membro do Conselho de Defesa dos Direitos da Pessoa Humana; da UN High Level Task Force on the implementation of the right to development; e do OAS Working Group. Eleita para a Comissão Interamericana de Direitos Humanos da OEA (2018-2021).

Gabriel Mantelli
Doutorando em Filosofia e Teoria Geral do Direito pela Universidade de São Paulo

Isabela Soares Bicalho
Pesquisadora e graduanda em direito pela Universidade Federal de Uberlândia (UFU).

João Vicente F. Pereira
Doutorando na Universidade de Amsterdam.

Leandro Reinaldo da Cunha
Doutor em Direito pela Pontifícia Universidade Católica de São Paulo (PUC-SP) e professor titular de Direito Civil da Universidade Federal da Bahia (UFBA).

Laura Mostaro Pimentel
Doutoranda em Ciências Sociais e Jurídicas (PPGSD-UFF). Mestra em Ciências Sociais pelo Programa de Pós-Graduação em Ciências Sociais da Universidade Federal de Juiz de Fora - PPGCSO-UFJF (2021). Especialista em Direito Processual Civil (IBMEC). Advogada, graduada em Direito pela UFJF (2014). Desenvolve pesquisa nos temas de relações de gênero, campo jurídico e profissões jurídicas. Também se dedica ao tema de compliance de gênero, assédio sexual e moral.

Luana Lemos de Almeida
Mestre em Família na Sociedade Contemporânea pela Universidade Católica do Salvador (UCSal), pós-graduada em Direito Processual Civil pela Faculdade Baiana de Direito e graduada em Direito pela Universidade do Estado da Bahia (Uneb). Integra os grupos de pesquisa Família, Inclusão e Desenvolvimento Humano (UCSal/CNpq) e EXiSTo (Ufob/ CNpq), na linha de pesquisa "Intersexualidade: direitos humanos, gênero e sexualidade humanos".

Lucas Bulgarelli
Bacharel em Direito pela Universidade de São Paulo (USP). Mestre em Antropologia Social (USP). Diretor executivo do Instituto Matizes.

Luiza Cotta Pimenta
Advogada. Doutoranda e Mestra em Ciências Sociais pelo Programa de Pós-Graduação em Ciências Sociais da Universidade Federal de

Juiz de Fora (2020). Especialista em Direito Civil Aplicado pela PUC MINAS (2017). Bacharel em Direito (2013), e em Ciências Humanas (2017), ambos pela Universidade Federal de Juiz de Fora. Integrante do Grupo de Pesquisa em Família, Emoções, Gênero e Sexualidade (FEGS/UFJF) e investigadora visitante do Instituto Universitário de Lisboa (CRIA/ISCTE). Se dedica ao estudo interdisciplinar entre o Direito e as Ciências Sociais, com foco nos temas de gênero e sexualidade.

Nathércia Magnani

Doutoranda, mestre e especialista em Direito pela Pontifícia Universidade Católica de São Paulo (PUC-SP). Bacharel em Direito pela Universidade Estadual de Londrina. Atuou como advogada orientadora do Núcleo de Prática Jurídica vinculado à Faculdade de Direito da PUC-SP (2014/2018), em convênio com a Defensoria Pública de São Paulo.

Nicole Gondim Porcaro

Mestra em Direito Público pela Universidade Federal da Bahia (UFBA) e especialista em Direitos Fundamentais pelo Ius Gentium Conimbrigae (IGC), da Faculdade de Direito de Coimbra.

Paulo Iotti

Doutor e mestre em Direito Constitucional pela Instituição Toledo de Ensino (ITE). Especialista em Direito Constitucional pela Pontifícia Universidade Católica de São Paulo (PUC/SP). Bacharel em Direito pelo Instituto Presbiteriano Mackenzie. Advogado. Professor do curso de Pós-Graduação em Direito Homoafetivo e de Gênero da Universidade Santa Cecília (Unisanta). Professor da Pós-Graduação em Ciências Criminais e Interseccionalidades e em Direitos LGBTQIA+ da Verbo Jurídico. Professor convidado para a aula sobre Gêneros e Identidades de Gênero, na Pós-Graduação de Direito das Famílias e Sucessões da Faculdade Damásio, e para aula sobre Mandado de Injunção e Ação Direta de Inconstitucionalidade por Omissão, na Pós-Graduação em Direito Constitucional da mesma instituição.

Semirames Khattar

Professora da Faculdade de Direito da Universidade Federal do Tocantins (UFT). Doutoranda em Direito pela Universidade Federal do Rio de Janeiro (UFRJ). Mestre em Direito Público pela Universidade do Estado do Rio de Janeiro (Uerj).

Sumaia Midlej Pimentel Sá

Mestra (2005) e doutora (2015) em Família na Sociedade Contemporânea pela Universidade Católica do Salvador (UCSal), graduada em Fisioterapia pela Fundação para o Desenvolvimento das Ciências (1982). Professora emérita da Universidade Católica do Salvador e professora adjunta da Universidade do Estado da Bahia (Uneb). Lidera o grupo de pesquisa Família, Inclusão e Desenvolvimento Humano. Membro do grupo de pesquisa Família (auto)Biografia e Poética (Fabep).

Thiago Amparo

Professor de direitos humanos e direito internacional da Fundação Getulio Vargas (FGV Direito SP) e coordenador do Núcleo de Justiça Racial e Direito na mesma instituição. Advogado, mestre e doutor pela Universidade Centro-Europeia (Budapeste, Hungria), fez estágio de pós-doutorado na Universidade de Nova York (NYU) e hoje é pesquisador visitante na Universidade de Columbia, também nos Estados Unidos.

Vanessa Batista Berner

Professora titular na Faculdade Nacional de Direito, da Universidade Federal do Rio de Janeiro (FND-UFRJ). Coordena o Laboratório de Direitos Humanos (LADIH) da UFRJ.

Victor Sugamosto Romfeld

Doutor, mestre e bacharel em Direito pela Universidade Federal do Paraná (UFPR). Especialista em Direito Penal e Criminologia pelo Instituto de Criminologia e Política Criminal (ICPC). Especialista em Direito Homoafetivo e de Gênero pela Universidade Santa Cecília (Unisanta). Pesquisador na área de ciências criminais.

Tipografias Tusker Grotesk e Swear Text
Papel Pólen Natural 70 g/m²
Impressão Visão Gráfica
Data Agosto de 2024

FSC
www.fsc.org
MISTO
Papel | Apoiando o manejo florestal responsável
FSC® C172712